Ines Zenke, Stefan Wollschläger und Jost Eder (Hrsg.)

Energiepreise

De Gruyter Praxishandbuch

Energiepreise

Von der Kalkulation bis zur Abrechnung
von Preisen für Strom, Gas, Fernwärme,
Wasser und CO_2

2. Auflage

Herausgegeben von
Ines Zenke, Stefan Wollschläger und Jost Eder

Bearbeitet von
Jost Eder, Claudia Fischer, Andreas Große,
Stefan Missling, Roland Monjau, Thomas Pilgram,
Matthias Puffe, Daniel Schiebold, Jana Siebeck,
Jan-Hendrik vom Wege, Stefan Wollschläger,
Ines Zenke, Regina Zorn

DE GRUYTER

Zitiervorschlag: Zenke/Wollschläger/Eder/*Bearbeiter*, Kap. 1 Rn 10.

Hinweis:
Alle Angaben in diesem Werk sind nach bestem Wissen unter Anwendung aller gebotenen Sorgfalt erstellt worden. Trotzdem kann von dem Verlag und den Autoren keine Haftung für etwaige Fehler übernommen werden.

ISBN 978-3-11-071482-1
e-ISBN (PDF) 978-3-11-071630-6
e-ISBN (EPUB) 978-3-11-071640-5

Library of Congress Control Number: 2020949819

Bibliografische Information der Deutschen Nationalbibliothek
Die Deutsche Nationalbibliothek verzeichnet diese Publikation in der Deutschen Nationalbibliografie; detaillierte bibliografische Daten sind im Internet über http://dnb.dnb.de abrufbar.

Einbandabbildung: AvigatorPhotographer/iStock/Getty Images Plus
Datenkonvertierung/Satz: jürgen ullrich typosatz, Nördlingen
Druck: CPI books GmbH, Leck
♾ Gedruckt auf säurefreiem Papier
Printed in Germany

www.degruyter.com

Vorwort

Liebe Leserinnen und Leser,

die Energie- und Versorgungspreise sind ein bisschen wie das Wetter: Jeder ist davon betroffen, alle sprechen darüber und jeder hat auch eine eigene Meinung dazu. Wir haben in zahlreichen beruflichen, politischen und auch privaten Diskussionen und Gesprächen festgestellt, dass es häufig schwierig ist, die Zusammenhänge des Entstehens, der Anpassung und der Abrechnung von Versorgerpreisen umfassend im Blick zu behalten.

Dies gilt umso mehr als sich die Energiewirtschaft heute in einem grundlegenden Transformationsprozess befindet, den wir uns zur Zeit der ersten Auflage dieses Buches – im Jahr 2014 – so ganz sicher nicht haben vorstellen können: Die Energiewende mit dem enormen Zubau von erneuerbaren Energien bei gleichzeitigem Atomenergie- und Kohleausstieg, die Implementierung von Wasserstoff als dem aktuell populärem „Must-have" zur Speicherung von Energie und dem Instrument, das den Klimaschutz endlich voranbringen soll, die Digitalisierung der Energiewirtschaft... Die Energiewirtschaft befindet sich mittendrin im Umbau hin zu nachhaltigen und dezentralen Strukturen. Mit ihm wandeln sich die Marktmechanismen und mit ihm wandelt sich die Preisgestaltung der Versorgungsbranche. Energieversorger stehen heute umso mehr vor der Herausforderung, wettbewerbsfähige und seriöse Preise anzubieten und gleichzeitig die komplexen Kostenstrukturen für Beschaffung und Vertrieb sowie die Umlagemechanismen entsprechend abzubilden. Die mittlerweile ca. 15.000 energiewirtschaftlichen Normen vereinfachen die Preisgestaltung nicht. Dies zeigt allein der Blick auf das neue Brennstoffemissionshandelsgesetz, das seit 2021 zwar unmittelbar nur die rund 4.000 Inverkehrbringer von Brennstoffen in Deutschland anspricht, damit jedoch einen weiteren Kostenfaktor für alle schafft, die mit Brennstoffen umgehen. In der versorgenden Energiewirtschaft ist dies natürlich eher der Regelfall als die Ausnahme – in allen Gas- bzw. Wärmeversorgungsverträgen sind dadurch zusätzliche Preisanpassungen erforderlich.

Dieses Buch soll Ihnen Unterstützung geben, die komplexen und vielschichtigen Fragestellungen rund um das Thema Energie- und Versorgungspreise systematisch und übersichtlich zu erfassen. Bestenfalls finden Sie Antworten auf Fragen, die Sie aktuell oder schon lange umtreiben.

Großen Dank schulden wir jedenfalls unseren Autorinnen und Autoren, die mit ihrer Expertise maßgeblich zum Gelingen dieses Buches beigetragen haben. Unser besonderer Dank gilt ebenfalls der Abteilung PR & Wissensmanagement bei BBH, die das Entstehen des Werkes wie immer wertvoll begleitet und unter anderem redaktionell betreut hat. Gesondert bedanken möchten wir uns bei unserem Verlag De Gruyter, auch weil er sich weiterhin an dieses komplexe Thema wagt.

Ein Buch kann schließlich nur geschrieben werden, wenn der nötige Freiraum hierfür besteht. Besonderer Dank gilt daher unseren Ehepartnern Rhett, Christin und

https://doi.org/10.1515/9783110716306-202

Catharina für das Verständnis, für unsere Schreibwut und unser Interesse, dieses Werk neben unserer Tätigkeit als unternehmerische Anwältin und Anwälte von BBH herauszugeben. Ein ganz spezieller Gruß geht an unsere insgesamt mittlerweile sieben Kinder, die wir lieben und die uns in der Schreibphase entbehren mussten. Danke, @ Florentine, Edgar & Leo sowie Medine & Mila, Jasper & Josephine.

Liebe Leserinnen und Leser. Wir hoffen, Ihnen mit unserer 2. Auflage für die tägliche Praxis wertvolle Anregungen und Hilfestellungen geben zu können und freuen uns über Ihr Feedback.

Sie erreichen uns unter:
Becker Büttner Held
Rechtsanwälte Wirtschaftsprüfer Steuerberater
Magazinstraße 15–16, 10179 Berlin

oder per E-Mail:
ines.zenke@bbh-online.de,
stefan.wollschlaeger@bbh-online.de,
jost.eder@bbh-online.de.

Berlin, Dezember 2020

Prof. Dr. Ines Zenke
Stefan Wollschläger
Dr. Jost Eder

Aus Gründen der besseren Lesbarkeit wird auf die gleichzeitige Verwendung der Sprachformen männlich, weiblich und divers (m/w/d) zugunsten des generischen Maskulinums verzichtet. Sämtliche Personenbezeichnungen gelten gleichermaßen für alle Geschlechter.

Inhaltsübersicht

Inhaltsverzeichnis

Abkürzungsverzeichnis

%	Prozent
§/§§	Paragraf/en
€	Euro
a. A.	andere Ansicht, anderer Auffassung
a. F.	Alte Fassung
Abb.	Abbildung
ABl EU	Amtsblatt der Europäischen Union
AbLaV	Verordnung zu abschaltbaren Lasten
Abs.	Absatz
AEB	Allgemeine Entsorgungsbedingungen (für Abwasser)
AG	Aktiengesellschaft
AGB	Allgemeine Geschäftsbedingungen
AGBG	Gesetz zur Regelung des Rechts der Allgemeinen Geschäftsbedingungen
Anm.	Anmerkung
ARegV	Anreizregulierungsverordnung
AtG	Atomgesetz
Aufl.	Auflage
AusglMechV	Ausgleichsmechanismusverordnung
AVBEltV	Verordnung über Allgemeine Bedingungen für die Elektrizitätsversorgung von Tarifkunden
AVBFernwärmeV	Verordnung über Allgemeine Bedingungen für die Versorgung mit Fernwärme
AVBGasV	Verordnung über Allgemeine Bedingungen für die Gasversorgung von Tarifkunden
AVBWasserV	Verordnung über Allgemeine Bedingungen für die Versorgung mit Wasser
BAFA	Bundesamt für Wirtschaft und Ausfuhrkontrolle
BaFin	Bundesanstalt für Finanzdienstleistungen
BayVerwBl	Bayerische Verwaltungsblätter (Zeitschrift)
BB	Betriebs-Berater (Zeitschrift)
BBH	Becker Büttner Held
Bd.	Band
BDI	Bundesverband der Deutschen Industrie e.V.
BeckRS	Beck'sche Rechtsprechung
BEHG	Brennstoffemissionshandelsgesetz
Bek.	Bekanntmachung
BerlBG	Berliner Betriebe-Gesetz
BerlKommEnR	Berliner Kommentar zum Energierecht
Beschl.	Beschluss
BFH	Bundesfinanzhof
BGB	Bürgerliches Gesetzbuch
BGBl. I/II	Bundesgesetzblatt Teil 1/Teil 2
BGH	Bundesgerichtshof
BGHZ	Entscheidungen des Bundesgerichtshofes in Zivilsachen
Bill.	Billionen
BK	Beschlusskammer
BKartA	Bundeskartellamt
BMF	Bundesfinanzministerium

https://doi.org/10.1515/9783110716306-205

BMWi	Bundesministerium für Wirtschaft und Technologie
BNetzA	Bundesnetzagentur
BR-Drucks.	Bundesrats-Drucksache
bspw.	beispielsweise
BT-Drucks.	Bundestags-Drucksache
BTOElt	Bundestarifordnung Elektrizität
BTOGas	Bundestarifordnung Gas
BVerfG	Bundesverfassungsgericht
BVerfGE	Entscheidungen des Bundesverfassungsgerichts
BVerwG	Bundesverwaltungsgericht
bzgl.	bezüglich
bzw.	beziehungsweise
ca.	circa
CO_2	Kohlendioxid
ct	Cent
ct/kWh	Cent pro Kilowattstunde
CuR	Contracting und Recht (Zeitschrift)
d. h.	das heißt
DE	Deutschland
DEA	Data Envelopment Analysis (Dateneinhüllanalyse)
DEHSt	Deutsche Emissionshandelsstelle
DIN	Deutsches Institut für Normung
DM	Deutsche Mark
DÖV	Die öffentliche Verwaltung (Zeitschrift)
DSPV	Besondere-Ausgleichsregelung-Durchschnittsstrompreis-Verordnung
DVBl	Deutsches Verwaltungsblatt (Zeitschrift)
DVGW	Deutscher Verein des Gas- und Wasserfaches e.V.
DVGW ewp	DVGW energie I wasser-praxis (Zeitschrift)
E&M	Energie & Management (Zeitschrift)
EE	erneuerbare Energien
EEG	Erneuerbare-Energien-Gesetz
EEX	European Energy Exchange
EFET	European Federation of Energy Traders (Verband europäischer Energiehändler)
EKFG	Gesetz zur Errichtung eines Sondervermögens „Energie- und Klimafonds“
EltRL	Elektrizitätsbinnenmarktrichtlinie
EMAS	Eco Management and Audit Scheme
EMIR	European Market Infrastructure Regulation
EmissH-RL	Emissionshandels-Richtlinie
EN	Europäische Norm
endg.	endgültig
EnergieStG	Energiesteuergesetz
engl.	englisch
EnWG	Energiewirtschaftsgesetz
EnWRÄndVO	Energiewirtschaftsänderungsverordnung
EnWZ	Zeitschrift für das gesamte Recht der Energiewirtschaft (Zeitschrift)
EPEX	European Power Exchange

ER	EnergieRecht (Zeitschrift)
et	Energiewirtschaftliche Tagesfragen (Zeitschrift)
et al.	et alii (und andere)
etc.	et cetera
EU	Europäische Union
EUA-Preis	CO_2 European Emission Allowances (erlaubte CO_2-Emissionen)
EuGH	Europäischer Gerichtshof
EuZW	Europäische Zeitschrift für Wirtschaftsrecht (Zeitschrift)
EVU	Energieversorgungsunternehmen
EWerk	Zeitschrift des Instituts für Energie- und Wettbewerbsrecht (Zeitschrift)
EXAA	Energy Exchange Austria
f./ff.	folgend/fortfolgend
FAQ	Frequently asked questions (häufig gestellte Fragen)
FG	Finanzgericht
FMS	Formular-Management-System
Fn.	Fußnote
G20	Gruppe der 20
GasGVV	Gasgrundversorgungsverordnung
GasNEV	Gasnetzentgeltverordnung
GasNZV	Gasnetzzugangsverordnung
GasRL	Gasrichtlinie
GEG	Gebäudeenergiegesetz
gem.	gemäß
GG	Grundgesetz für die Bundesrepublik Deutschland
ggf.	gegebenenfalls
GmbH	Gesellschaft mit beschränkter Haftung
GRUR-RR	Gewerblicher Rechtsschutz und Urheberrecht Rechtsprechungs-Report (Zeitschrift)
GuD	Kombinierte Gas-und Dampfkraftwerke
GuV	Gewinn- und Verlustrechnung
GVBl.	Gesetz- und Verordnungsblatt
GVG	Gerichtsverfassungsgesetz
GVV	Grundversorgungsverordnung
GWB	Gesetz gegen Wettbewerbsbeschränkungen
GWh	Gigawattstunde
GWh/a	Gigawattstunde pro Jahr
h	Stunde
HBEnWR	Recht der Energiewirtschaft (Handbuch)
HEL	leichtes Heizöl
HessVGH	Hessischer Verwaltungsgerichtshof
H-Gas	hochkalorisches Gas
HPFC	Hourly-Price-Forward-Curve (Stundenterminpreiskurve)
Hs.	Halbsatz
HSL	schweres Heizöl
i. d. F.	in der Fassung
i. d. R.	in der Regel

i. H. v.	in Höhe von
i. S.	im Sinne
i. S. d.	im Sinne des
i. S. v.	im Sinne von
i. V. m.	in Verbindung mit
inkl.	inklusive
IR	InfrastrukturRecht (Zeitschrift)
ISO	International Organization for Standardization
IT	Informationstechnik
KAG	Kapitalanlagegesellschaft
Kap.	Kapitel
KAV	Konzessionsabgabenverordnung
KernbrStG	Kernbrennstoffsteuergesetz
KG	Kammergericht
km	Kilometer
KMU	kleine und mittlere Unternehmen
KoV	Kooperationsvereinbarung
KVBG	Kohleverstromungsbeendigungsgesetz
kW	Kilowatt
KWG	Kreditwesengesetz
kWh	Kilowattstunde/n
KWK	Kraft-Wärme-Kopplung
KWKG	Kraft-Wärme-Kopplungsgesetz
LBEG	Landesamt für Bergbau, Energie und Geologie
lfd. Nr.	laufende Nummer
Lfg.	Lieferung
LG	Landgericht
L-Gas	niederkalorisches Gas
lit	littera
LKV	Landes- und Kommunalverwaltung
LNG	Liquified Natural Gas
LRegB	Landesregulierungsbehörde
m^3/a	Kubikmeter pro Jahr
m. w. N.	mit weiteren Nachweisen
MaComp	Mindestanforderungen an die Compliance-Funktion und die weiteren Verhaltens-, Organisations- und Transparenzpflichten nach §§ 31ff. WpHG für Wertpapierdienstleistungsunternehmen
MaPrV	Managementprämienverordnung
MaRisk	Mindestanforderungen an das Risikomanagement
MCP	Market Clearing Price (Markträumungspreis)
MDR	Monatsschrift für Deutsches Recht (Zeitschrift)
MiFID	Markets in Financial Instruments Directive (Finanzmarktrichtlinie)
min	Minute
min.	mindestens
Mio.	Million/en
Mrd.	Milliarde/n

MsbG	Messstellenbetriebsgesetz
MTF	Multilateral Trading Facility (multilaterale Handelsplattform)
MTSG	Markttransparenzstellengesetz
MüKo	Münchener Kommentar
MW	Megawatt
MWh	Megawattstunde
MWh/h	Megawattstunde pro Stunde
N&R	Netzwirtschaften und Recht (Zeitschrift)
n. v.	nicht veröffentlicht
NCG	NetConnect Germany
NEMoG	Netzentgeltmodernisierungsgesetz
NJW	Neue Juristische Wochenschrift (Zeitschrift)
NJW-RR	NJW-Rechtsprechungs-Report (Zeitschrift)
Nr.	Nummer
NVwZ	Neue Zeitschrift für Verwaltungsrecht (Zeitschrift)
NVwZ-RR	NVwZ-Rechtsprechungs-Report Verwaltungsrecht (Zeitschrift)
NW	Nordrhein-Westfalen
NWVBl.	Nordrhein-Westfälische Verwaltungsblätter (Zeitschrift)
OLG	Oberlandesgericht
OTC	Over the Counter (außerbörslicher Handel)
OTF	Organised Trading Facility (organisierte Handelsplattform)
OVG	Oberverwaltungsgericht
PaR	Profit at Risk
PPA	Power Purchase Agreement
PV-Anlage	Photovoltaik-Anlage
RdE	Recht der Energiewirtschaft (Zeitschrift)
REMIT	Regulation on wholesale Energy Market Integrity and Transparency
RL	Richtlinie
rLM	registrierende Leistungsmessung
Rn	Randnummer
RWE	Rheinisch-Westfälisches Elektrizitätswerk AG
S.	Satz, Seite
SächsKAG	Sächsisches Kommunalabgabengesetz
SFA	Stochastic Frontier Analysis (Stochastische Effizienzgrenzenanalyse)
sog.	sogenannt/e/er/es
SpaEfV	Spitzenausgleich-Effizienzsystemverordnung
StE	Steuern der Energiewirtschaft (Zeitschrift)
StromGVV	Stromgrundversorgungsverordnung
StromNEV	Stromnetzentgeltverordnung
StromNZV	Stromnetzzugangsverordnung
StromStG	Stromsteuergesetz
StromStV	Stromsteuer-Durchführungsverordnung
t	Tonne
TEHG	Treibhausgasemissionshandelsgesetz

Teilurt.	Teilurteil
TTF	Title Transfer Facility
TV-V	Tarifverträge für kommunale Versorgungsbetriebe
TWh	Terrawattstunde/n
u. a.	unter anderem/n
UA	Unterabschnitt
ÜNB	Übertragungsnetzbetreiber
Urt.	Urteil
UStG	Umsatzsteuergesetz
usw.	und so weiter
UWG	Gesetz gegen den unlauteren Wettbewerb
v.	von, vom
VaR	Value-at-Risk (Marktrisiko)
VDE	Verband Deutscher Elektrotechniker
VDEW	Vereinigung Deutscher Elektrizitätswerke
VEnergR	Veröffentlichungen des Instituts für Energierecht
VersR	Versicherungsrecht (Zeitschrift)
VerwRspr.	Verwaltungsrechtsprechung (Zeitschrift)
VG	Verwaltungsgericht
VGH	Verwaltungsgerichtshof
vgl.	vergleiche
VHP	virtueller Handelspunkt
VIK	Verband der Industriellen Energie- und Kraftwirtschaft
VKU	Verband kommunaler Unternehmen e. V.
VNB	Verteilnetzbetreiber
VO	Verordnung
VPI	Verbraucherpreisgesamtindex
VV	Verbändevereinbarung
VwGO	Verwaltungsgerichtsordnung
WA	Wertpapieraufsicht
WM	Wertpapier-Mitteilungen (Zeitschrift)
WpHG	Wertpapierhandelsgesetz
WuW	Wirtschaft und Wettbewerb (Zeitschrift)
WZ	Wirtschaftszweige
z. B.	zum Beispiel
z. T.	zum Teil
ZfW	Zeitschrift für Wasserrecht (Zeitschrift)
Ziff.	Ziffer
ZIP	Zeitschrift für Wirtschaftsrecht (Zeitschrift)
ZMR	Zeitschrift für Miet- und Raumrecht (Zeitschrift)
ZNER	Zeitschrift für Neues Energierecht (Zeitschrift)
ZPO	Zivilprozessordnung
ZRFC	Risk, Fraud & Compliance (Zeitschrift)
ZUR	Zeitschrift für Umweltrecht

Literaturverzeichnis

Altrock, Martin/Oschmann, Volker/Theobald, Christian (Hrsg.), Erneuerbare-Energien-Gesetz (EEG), Kommentar, 4. Aufl., München 2013 (zit.: Altrock/Oschmann/Theobald/*Bearbeiter*, EEG, §)

Arthur Andersen (Hrsg.), Energiehandel – Aktueller Stand und Entwicklung in Deutschland, Österreich, Schweiz, Stuttgart, Eschborn 2000 (zit.: Arthur Andersen, Energiehandel)

Bartsch, Michael/Röhling, Andreas/Salje, Peter/Scholz, Ulrich (Hrsg.), Stromwirtschaft – Ein Praxishandbuch, 2. Aufl., Köln 2008 (zit.: Bartsch/Röhling/Salje/Scholz/*Bearbeiter*, Stromwirtschaft)

Baur, Jürgen F. (Hrsg.), Deregulierung und Regulierung durch nationales und europäisches Kartellrecht, Die Entwicklung des Wettbewerbsrechts und ihre Auswirkungen auf die deutsche Versorgungswirtschaft, VEnergR Band 71, Baden-Baden 1994 (zit.: Baur/*Bearbeiter*, Deregulierung und Regulierung, VEnergR Bd. 71)

Becker, Carsten/Blau, Claudia, Die Preismissbrauchsnovelle in der Praxis, München 2010 (zit.: *Becker/Blau*, Preismissbrauchsnovelle)

Becker, Peter, Aufstieg und Krise der deutschen Stromkonzerne, Bochum 2010 (zit.: *Becker*, Aufstieg und Krise der deutschen Stromkonzerne)

Bongartz, Matthias/Jatzke, Harald/Schröer-Schallenberg, Sabine (Hrsg.), EnergieStG StromStG – Energiesteuer, Stromsteuer, Zolltarif, Lose-Blatt-Kommentar, München (zit.: Bongartz/Jatzke/Schröer-Schallenberg/*Bearbeiter*, EnergieStG StromStG, §)

Borchert, Jörg/Schemm, Ralf/Korth, Swen, Stromhandel – Institutionen, Marktmodelle, Pricing und Risikomanagement, Stuttgart 2006 (zit.: *Borchert/Schemm/Korth*, Stromhandel)

Britz, Gabrielle/Hellermann, Johannes/Hermes, Georg (Hrsg.), Energiewirtschaftsgesetz, Kommentar, 3. Aufl., München 2015 (zit.: Britz/Hellermann/Hermes/*Bearbeiter*, EnWG, §)

Brösse, Ulrich, Einführung in die Volkswirtschaftslehre – Mikroökonomie, 3. Aufl., München 1999 (zit.: *Brösse*, Mikroökonomie)

Brunke, Oliver, Die Strafbarkeit marktmissbräuchlichen Verhaltens am Spotmarkt der European Energy Exchange, Dissertation, Erlangen 2010 (zit.: *Brunke*, Die Strafbarkeit marktmissbräuchlichen Verhaltens)

Büdenbender, Ulrich, Zulässigkeit der Preiskontrolle von Fernwärmeversorgungsverträgen nach § 315 BGB, Essen 2005 (zit.: *Büdenbender*, Zulässigkeit Preiskontrolle Fernwärmeversorgungsverträge)

Büdenbender, Ulrich/Rosin, Peter, Energierechtsreform 2005, Essen 2005 (zit.: *Büdenbender/Rosin*, Energierechtsreform)

Burger, Markus/Graeber, Bernhard/Schindlmayr, Gero, Managing Energy Risk – An Integrated View on Power and Other Energy Markets, New York 2007 (zit.: *Burger/Graeber/Schindlmayr*, Managing Energy Risk)

Christiansen, Neele Ann, Optimierung des Rechtsschutzes im Telekommunikations- und Energierecht – Vereinheitlichung oder systemimmanente Reform, Dissertation, Tübingen 2013 (zit.: *Christiansen*, Optimierung des Rechtsschutzes)

Dowd, Kevin, Beyond Value at Risk – New Science of Risk Management, New York 1999 (zit.: *Dowd*, Value at Risk)

Eichhorn, Frank/Utescher-Dabitz, Tanja (Hrsg.), Praxishandbuch – Die Besteuerung von Strom, Erdgas und Kohle, Frankfurt a. M. 2009 (zit.: Eichhorn/Utescher-Dabitz/*Bearbeiter*, Besteuerung von Strom, Erdgas und Kohle)

Elspas, Maximilian Emanuel/Graßmann, Nils/Rasbach, Winfried (Hrsg.), Energiewirtschaftsgesetz, Kommentar, Berlin 2018 (zit.: Elspas/Graßmann/Rasbach/*Bearbeiter*, §)

Erdmann, Georg/Zweifel, Peter, Energieökonomik – Theorie und Anwendungen, 2. Aufl., Berlin 2010 (zit.: *Erdmann/Zweifel*, Energieökonomik)

https://doi.org/10.1515/9783110716306-206

Erman, Walter (Hrsg.), Bürgerliches Gesetzbuch (BGB), 16. Aufl., Köln 2020 (zit.: Erman/*Bearbeiter,* §)

Frank, Robert H., Microeconomics and Behavior, 4. Aufl., Boston 2000 (zit.: *Frank*, Microeconomics and Behavior)

Friedrich, Klaus/Meißner, Cornelius (Hrsg.), Energiesteuern einschließlich ökologische Steuerreform, Lose-Blatt-Kommentar, Planegg (zit.: Friedrich/Meißner/*Bearbeiter,* Energiesteuern, §)

Fusaro, Peter C./Miller, Ross M., What went wrong at Enron – Everyone's guide to the largest bankruptcy in U. S. History, New York 2002 (zit.: *Fusaro/Miller,* What went wrong at Enron)

Graeber, Dietmar Richard, Handel mit Strom aus erneuerbaren Energien, Wiesbaden 2014 (zit.: *Graeber,* Handel mit Strom aus erneuerbaren Energien)

Haubrich, Hans J. (Hrsg.), Jahresbericht 1999 des Instituts für Elektrische Anlagen und Energiewirtschaft der RWTH Aachen in Verbindung mit der Forschungsgesellschaft Energie an der RWTH Aachen e. V., Aachener Beiträge zur Energieversorgung, Band 61, Aachen 1999 (zit.: Haubrich/*Bearbeiter,* Energieversorgung)

Held, Christian/Theobald, Christian (Hrsg.), Kommunale Wirtschaft im 21. Jahrhundert – Rahmenbedingungen, Strategien und Umsetzungen, Frankfurt a. M. 2006 (zit.: Held/Theobald/*Bearbeiter,* Kommunale Wirtschaft im 21. Jahrhundert)

Holznagel, Bernd/Schütz, Raimund (Hrsg.), Anreizregulierungsverordnung, Kommentar, 2. Aufl., München 2019 (zit.: Holznagel/Schütz/*Bearbeiter,* §)

Horstmann, Karl-Peter/Cieslarczyk, Michael (Hrsg.), Energiehandel, Köln 2006 (zit.: Horstmann/Cieslarczyk/*Bearbeiter,* Energiehandel)

Koenig, Christian/Kühling, Jürgen/Rasbach, Winfried, Energierecht, 3. Aufl., Baden-Baden 2013 (zit.: *Koenig/Kühling/Rasbach*, Energierecht)

Kraft, Manfred/Wollschläger, Stefan, Leitfaden zur Kalkulation und Änderung von Fernwärmepreisen, Frankfurt a. M. 2012 (zit.: *Kraft/Wollschläger,* Leitfaden Fernwärmepreise)

Marrison, Christopher, The Fundamentals of Risk Measurement, New York 2002 (zit.: *Marrison*, Risk Measurement)

Morell, Klaus-Dieter, Verordnung über Allgemeine Bedingungen für die Versorgung mit Wasser (AVBWasserV), Lose-Blatt-Kommentar (zit.: *Morell*, AVBWasserV, §)

Ockenfels, Axel, Strombörse und Marktmacht – Gutachten für das Ministerium für Wissenschaft, Wirtschaft und Verkehr des Landes Schleswig Holstein, Köln 2007 (zit.: *Ockenfels,* Strombörse und Marktmacht)

Palandt, Otto (Hrsg.), Bürgerliches Gesetzbuch, Kommentar, 80. Aufl., München 2021 (zit.: Palandt/*Bearbeiter,* §)

Säcker, Franz Jürgen (Hrsg.), Berliner Kommentar zum Energierecht, 4. Aufl., Frankfurt a. M. 2018 (zit.: BerlKommEnR Bandangabe (römisch) Teilbandangabe (arabisch)/*Bearbeiter,* §)

Säcker, Franz Jürgen/Busse von Colbe, Walther (Hrsg.), Wettbewerbsfördernde Anreizregulierung – zum Anreizregulierungsbericht der Bundesnetzagentur vom 30. Juni 2006, Frankfurt a. M. u. a. 2007 (zit.: Säcker/Busse von Colbe/*Bearbeiter,* Anreizregulierung)

Säcker, Franz Jürgen/Rixecker, Roland (Hrsg.), Münchener Kommentar zum Bürgerlichen Gesetzbuch, Bd. 2, 7. Aufl., München 2017 (zit.: MüKo/*Bearbeiter,* §)

Salje, Peter, Energiewirtschaftsgesetz, Kommentar, Köln/Berlin/München 2006 (zit.: *Salje*, §)

Samuelson, Paul A./Nordhaus William D., Volkswirtschaftslehre, 15. Aufl., Wien 1998 (zit.: *Samuelson/Nordhaus*, Volkswirtschaftslehre)

Schäfer, Michael (Hrsg.), Kommunalwirtschaft, Eine gesellschaftspolitische und volkswirtschaftliche Analyse, Wiesbaden 2014 (zit.: Schäfer/*Bearbeiter,* Kommunalwirtschaft)

Schiffer, Hans-Wilhelm, Energiemarkt Deutschland – Jahrbuch 2014 – Daten und Fakten zu konventionellen und erneuerbaren Energien, 12. Aufl., Köln 2014 (zit.: *Schiffer,* Jahrbuch 2014)

Schneider, Jens-Peter/Theobald, Christian (Hrsg.), Recht der Energiewirtschaft, Praxishandbuch, 4. Aufl., München 2013 (zit.: Schneider/Theobald/*Bearbeiter,* HBEnWR, §)

Scholtka, Boris/Brucker, Guido, Entgeltregulierung der Energienetze – eine Bestandsaufnahme anhand der Rechtsprechung, Berlin 2013 (zit.: *Scholtka/Brucker*, Entgeltregulierung)

Schwintowski, Hans-Peter (Hrsg.), Handbuch Energiehandel, 4. Aufl., Berlin 2018 (zit.: Schwintowski/Scholz/Schuller/*Bearbeiter*, Energiehandel)

Seifert, Jan, Preismodellierung und Derivatebewertung im Strommarkt – Theorie und Empirie, Dissertation, Karlsruhe 2010 (zit.: *Seifert*, Preismodellierung und Derivatebewertung)

Smith, Adam, An Inquiry into the Nature and Causes of the Wealth of Nations, London 1776 passim (dt. Übersetzung von Rechtenwald „Der Wohlstand der Nationen", 5. rev. Taschenbuchausgabe, 1978) (zit.: *Smith*, Wealth of Nations)

Soergel, Theodor (Hrsg.), Bürgerliches Gesetzbuch mit Einführungsgesetz und Nebengesetzen, 13. Aufl., Stuttgart 2012 (zit.: Soergel/*Bearbeiter*, §)

Soyk, Stefan, Energie- und Stromsteuerrecht – Die besonderen Verbrauchsteuern auf die Energieverwendung, 3. Aufl., Köln 2013 (zit.: *Soyk*, Energie- und Stromsteuerrecht)

Staudinger, Julius von (Hrsg.), Kommentar zum Bürgerlichen Gesetzbuch: mit Einführungsgesetz und Nebengesetzen, Berlin 2001, Neubearbeitung 2020 (zit.: Staudinger/*Bearbeiter*, §)

Stiglitz, Joseph E., The Roaring Nineties – A New History of the World's Most Prosperous Decade, New York 2006 (zit.: *Stiglitz*, World's Most Prosperous Decade)

Swider, Derk J./Ellersdorfer, Ingo/Hundt, Matthias/Voß, Alfred, Anmerkungen zu empirischen Analysen der Preisbildung am deutschen Spotmarkt für Elektrizität. Gutachten, Stuttgart 2007 (zit.: *Swider/Ellersdorfer/Hundt/Voß*, Preisbildung am deutschen Spotmarkt)

Theobald, Christian/Kühling, Jürgen (Hrsg.), Energierecht, Lose-Blatt-Kommentar, München (zit.: Theobald/Kühling/*Bearbeiter*, §)

Theobald, Christian/de Wyl, Christian/Eder, Jost, Der Wechsel des Stromlieferanten, München 2004 (zit.: *Theobald/de Wyl/Eder*, Wechsel des Stromlieferanten)

VDEW (Hrsg.), Begriffe der Versorgungswirtschaft, Teil B, Frankfurt a.M. 1999 (zit.: *VDEW*, Versorgungswirtschaft)

Weron, Rafał, Modeling and forecasting electricity loads and prices – An Approach, New York 2006 (zit.: *Weron*, Electricity loads and prices)

Witzel, Horst/Topp, Adolf, Allgemeine Versorgungsbedingungen für Fernwärme, Erläuterungen für die Praxis zur Verordnung über allgemeine Bedingungen für die Versorgung mit Fernwärme, 2. Aufl., Frankfurt a.M. 1997 (zit.: *Witzel/Topp*, Versorgungsbedingungen Fernwärme)

Zander, Wolfgang/Riedel, Martin (Hrsg.), Praxishandbuch Energiebeschaffung – wirtschaftlicher Strom- und Gaseinkauf, Lose-Blatt-Werk, Berlin u.a. (zit.: Zander/Riedel/*Bearbeiter*, Praxishandbuch Energiebeschaffung)

Zenke, Ines/Fuhr, Thomas, Handel mit CO_2-Zertifikaten, München 2006 (zit.: *Zenke/Fuhr*, CO_2-Zerfitikate)

Zenke, Ines/Schäfer, Ralf (Hrsg.), Energiehandel in Europa, 4. Aufl., München 2017 (zit.: Zenke/Schäfer/*Bearbeiter*, Energiehandel)

Zenke, Ines/Wollschläger, Stefan (Hrsg.), § 315 BGB: Streit um Versorgerpreise, 2. Aufl., Frankfurt a.M. 2009 (zit.: Zenke/Wollschläger/*Bearbeiter*, § 315 BGB)

Bearbeiterverzeichnis

Dr. Jost Eder ist Rechtsanwalt und Partner bei der auf Energie- und Infrastrukturrecht spezialisierten Partnerschaft Becker Büttner Held in Berlin mit den Beratungsschwerpunkten Netzzugangs- und Energielieferverträge, Entflechtung („Unbundling"), Zähler- und Messwesen, Regulierung sowie Arbeitsrecht. Er ist Herausgeber und Autor zahlreicher Fachpublikationen; u. a. Mitherausgeber von de Wyl/Eder/Hartmann, Praxis-Kommentar Netzanschluss- und Grundversorgungsverordnungen, VWEW Energieverlag, 2016; Mitautor von Theobald/de Wyl/Eder, Der Wechsel der Stromlieferanten, Beck-Rechtsberater im dtv, 2004, sowie Mitautor des energierechtlichen Kommentarbandes Theobald/Kühling, Energierecht, Verlag C.H.BECK (Loseblattsammlung).

Dr. Claudia Fischer ist Hauptabteilungsleiterin des Bereiches Recht/Beteiligungen/Compliance und Compliancebeauftragte bei der Neubrandenburger Stadtwerke GmbH. Zuvor war sie seit 2010 Rechtsanwältin in der auf Energie- und Infrastrukturrecht spezialisierten Partnerschaft Becker Büttner Held und beschäftigte sich dort mit dem Energiehandels-, Emissionshandels- und Bankaufsichtsrecht. Sie hat mit einem naturschutzrechtlichen Thema promoviert (Universität Rostock). Claudia Fischer ist u. a. Mitautorin des Werkes Zenke/Schäfer, Energiehandel in Europa, Verlag C.H.BECK.

Andreas Große ist Rechtsanwalt, Fachanwalt für Verwaltungsrecht und Partner Counsel der auf Energie- und Infrastrukturrecht spezialisierten Partnerschaft Becker Büttner Held in Berlin. Seine Beratungsschwerpunkte sind das Strom- und Energiesteuerrecht, die erneuerbaren Energien und das Anlagenzulassungsrecht. Er ist Verfasser verschiedener Fachpublikationen in diesen Bereichen, u. a. als Mitautor des Kommentars von Altrock/Oschmann/Theobald, Erneuerbare-Energien-Gesetz, Verlag C.H.BECK.

Stefan Missling ist Rechtsanwalt und Partner der auf Energie- und Infrastrukturrecht spezialisierten Partnerschaft Becker Büttner Held in Berlin mit den Beratungsschwerpunkten Regulierungs- und Genehmigungsrecht im Bereich der Infrastrukturwirtschaften, vornehmlich im Bereich der Strom- und Gasverteilernetze in Deutschland. Er vertritt die Interessen von zahlreichen Netzbetreibern und Investoren in gerichtlichen und außergerichtlichen Verfahren, insbesondere zu Erlösobergrenzen und Netzentgelten. Im Regulierungsrecht ist er als Berater eines europäischen Netzbetreiberverbandes national und international tätig im Bereich der Rechtsvergleichung sowie der Begleitung europäischer Rechtssetzungsverfahren. Im Telekommunikationsrecht ist Stefan Missling im Bereich von Mobilfunknetzen und Rundfunksendeanlagen tätig. Er ist Mitautor des energierechtlichen Kommentarbandes Theobald/Kühling, Energierecht, Verlag C.H.BECK zu allen die Entgeltregulierung betreffenden Vorschriften sowie zum Recht der Energieleitungen.

Roland Monjau ist Diplomingenieur für Maschinenbau und Partner Counsel bei der auf Energie- und Infrastrukturberatung spezialisierten BBH Consulting AG. Seine Beratungsschwerpunkte umfassen Investitionsprojekte und Geschäftsmodellentwicklung im Bereich Energieerzeugung und Wärmeversorgung sowohl aus konventionellen als auch erneuerbaren Energien. Des Weiteren beschäftigt er sich mit Systemanalysen und Transformationsprozessen im Rahmen der deutschen Energiewende und tritt als Gutachter für Kraft-Wärme-Kopplungsanlagen auf. Neben seiner Beratertätigkeit für Infrastrukturunternehmen beantwortet er Fragestellungen zur Integration von neuen Technologien und deren regulatorischen Auswirkungen für öffentliche Auftraggeber in Politik und Forschung.

Dr. Thomas Pilgram ist Vorstand des Beratungsunternehmens Pillconsult AG. Zuvor war er CFO beim Stromspeicherhersteller SENEC in Leipzig. Zuvor war er Vorstand des Grünstromlieferanten und Direktvermarkters Clean Energy Sourcing AG. Seine energiewirtschaftliche Karriere begann er mit einer

https://doi.org/10.1515/9783110716306-207

langjährigen Beschäftigung bei der deutschen Strombörse, zuletzt als Leiter Business Development. Er ist Autor zahlreicher Fachpublikationen zu Börsen- und Stromgroßhandelsthemen; u.a. als Mitautor in Zenke/Ellwanger, Handel mit Energiederivaten, Verlag C.H.BECK, 2005, 2009 und 2012, Horstmann/Cieslarczyk, Energiehandel, Carl Heymanns Verlag, 2006, Zenke/Fuhr/Bornkamm, CO_2-Handel aktuell, VWEW Energieverlag, 2009 sowie Schwintowski/Scholz/Schuler, Handbuch Energiehandel, Erich Schmidt Verlag, 2017.

Matthias Puffe ist Partner Counsel bei der BBH Consulting AG in Berlin. Seine Schwerpunkte sind die Gestaltung und Durchführung von Ausschreibungen zur Strom- und Gasbeschaffung und der Aufbau von Preisformeln und -modellen von Strom- und Gaslieferkonzepten für Energieversorger und Industriekunden. Ebenso hat er zahlreiche Projekterfahrungen im Aufbau von Handelssignallogiken als Grundlage von Hedging-Strategien im Energiehandel, der Einführung von Portfolio- und Risikomanagementsystemen, im Aufbau eines kennzahlenbasierten Risikocontrolling sowie der Erstellung und Prüfung von Risikohandbüchern für Energieversorgungsunternehmen und Energiehändler. Zuvor war er sechs Jahre geschäftsführender Gesellschafter einer mittelständischen Unternehmensberatung in der Energiewirtschaft mit kaufmännischer Verantwortung.

Daniel Schiebold ist Rechtsanwalt, Fachanwalt für Verwaltungsrecht und Partner der auf Energie- und Infrastrukturrecht spezialisierten Partnerschaft Becker Büttner Held. Seine Beratungsschwerpunkte liegen im Wasserver- und Abwasserentsorgungsrecht, im Kommunalrecht sowie im Strom- und Energiesteuerrecht. Daniel Schiebold ist Redakteur der Fachzeitschrift InfrastrukturRecht (IR) für den Bereich Wasser/Abwasser im Verlag C.H.BECK und Autor zahlreicher Fachartikel und Beiträge in Fachbüchern.

Jana Siebeck ist Rechtsanwältin bei der auf Energie- und Infrastrukturrecht spezialisierten Partnerschaft Becker Büttner Held in Berlin. Ihr Beratungsschwerpunkt liegt im Bereich des Wasser- und Abwasserrechts und dort insbesondere auf den Themen Bildung von Wasser- und Abwasserpreisen, kartellrechtliche Wasserpreiskontrolle, Verträge zwischen Wasserversorgern bzw. Abwasserentsorgern und Kunden sowie Wasserkonzessionsverträge und -konzessionierungsverfahren.

Jan-Hendrik vom Wege ist Rechtsanwalt und Partner der auf Energie- und Infrastrukturrecht spezialisierten Partnerschaft Becker Büttner Held in Hamburg. Er berät Unternehmen umfassend bei energie- und zivilrechtlichen Fragestellungen, Vertragsgestaltungen und strategischen Themen. Derzeit befasst er sich mit Projekten in den Bereichen Wasserstoff, E-Mobility und der Digitalisierung der Energiewirtschaft. Zudem begleitet er Unternehmen aus der Energiewirtschaft in Regulierungsfragen und bei der Umsetzung der vorgeschriebenen Entflechtung. Er ist Experte in den Bereichen Smart Metering, Smart Grid und E-Mobility.

Stefan Wollschläger ist Rechtsanwalt und Partner der auf Energie- und Infrastrukturrecht spezialisierten Partnerschaft Becker Büttner Held in Hamburg. Seine Beratungsschwerpunkte liegen im Bereich des Wärmerechts und des Contractings, des Wettbewerbs- und Kartellrechts sowie des Regulierungsrechts. Neben seiner forensischen und außergerichtlichen Tätigkeit ist er Autor zahlreicher Fachpublikationen, u.a. als Mitautor des energierechtlichen Kommentarbandes Theobald/Kühling, Energierecht, Verlag C.H.BECK; als Autor und Herausgeber des Leitfadens zur Kalkulation mit Änderung von Fernwärmepreisen, AGFW-Projektgesellschaft mbH, Frankfurt a. M. 2012. Des Weiteren ist Stefan Wollschläger Redakteur der Rubrik „Wärme" der monatlich erscheinenden Zeitschrift InfrastrukturRecht (IR).

Prof. Dr. Ines Zenke ist Rechtsanwältin, Fachanwältin für Verwaltungsrecht und Partnerin der auf Energie- und Infrastrukturrecht spezialisierten Partnerschaft Becker Büttner Held mit den Beratungsschwerpunkten Kartell- und Regulierungsrecht, Energie- und Emissionshandel, Umwelt- und Immissionsschutzrecht und EU-Beihilfenrecht sowie im Bereich der Compliance- und Politikberatung tätig. Ines Zenke ist Verfasserin und Mitverfasserin von zusammen rund 200 Fachpublikationen und Honorarprofessorin an der Hochschule für nachhaltige Entwicklung Eberswalde (HNEE), Fachbereich Wirtschaft, Studiengang Master Kommunalwirtschaft. Weiteres: https://www.die-bbh-gruppe.de/de/experten/info/ines-zenke.

Regina Zorn ist Rechtsanwältin der auf Energie- und Infrastrukturrecht spezialisierten Partnerschaft Becker Büttner Held in Hamburg. Ihre Beratungsschwerpunkte liegen neben dem Wärmerecht und Contracting auch im Bereich des Kartell- und Regulierungsrechts, der Billigkeit von Entgelten sowie im allgemeinen Energiewirtschaftsrecht. Sie berät in diesen Bereichen umfassend außergerichtlich und auch forensisch. Hierneben publiziert sie regelmäßig in Fachzeitschriften.

Rechtsprechungsübersicht

Gericht	Datum	Aktenzeichen	Kurztext	Fundstelle
Europäischer Gerichtshof	23.10.2014	C-359/11	Wirksamkeit von Preisanpassungsklauseln nach § 5 StromGVV/§ 5 GasGVV	EnWZ 2014, 560 ff.
Europäischer Gerichtshof	23.10.2014	C-400/11	Wirksamkeit von Preisanpassungsklauseln nach § 5 StromGVV/§ 5 GasGVV	EnWZ 2014, 560 ff.
Europäischer Gerichtshof	21.3.2013	C-92/11	Preisanpassungsklauseln in Erdgas-Sonderverträgen unterliegen der Missbrauchskontrolle	EuZW 2013, 461 = NJW 2013, 2253 = et 2013, 114
Bundesverfassungsgericht	17.11.2017	2 BvR 1131/16	Vorlagepflicht bei Streit um Preisänderungsrecht eines Gasversorgungsunternehmens	NJW-RR 2018, 305
Bundesverfassungsgericht	26.9.2017	1 BvR 1486/16	Verfassungsbeschwerden gegen zivilgerichtliche Entscheidungen zu regulierten Stromnetzentgelten	NJW 2017, 3507 ff.
Bundesverfassungsgericht	27.9.2017	1 BvR 1487/16	Verfassungsbeschwerden gegen zivilgerichtliche Entscheidungen zu regulierten Stromnetzentgelten	NJW 2017, 3507 ff.
Bundesverfassungsgericht	28.9.2017	1 BvR 2490/16	Verfassungsbeschwerden gegen zivilgerichtliche Entscheidungen zu regulierten Stromnetzentgelten	NJW 2017, 3507 ff.
Bundesverfassungsgericht	29.9.2017	1 BvR 2491/16	Verfassungsbeschwerden gegen zivilgerichtliche Entscheidungen zu regulierten Stromnetzentgelten	NJW 2017, 3507 ff.
Bundesverfassungsgericht	16.9.2016	1 BvR 2971/15	Verfassungsbeschwerde gegen BGH (Preisanpassungsrecht der Energieversorgungsunternehmen) nicht zur Entscheidung angenommen	n. v.
Bundesgerichtshof	3.6.2020	EnVR 50/18	DDR-Altanlagevermögen	EnWZ 2020, 311 ff.

https://doi.org/10.1515/9783110716306-208

Gericht	Datum	Aktenzeichen	Kurztext	Fundstelle
Bundesgerichtshof	5.5.2020	EnVR 59/19	Zum Kapitalkostenaufschlag gem. § 10a ARegV/ Kapitalkostenaufschlag I	RdE 2020, 404 ff.
Bundesgerichtshof	23.4.2020	I ZR 86/19	Fernwärmepreise: Informationspraxis zulässig	CuR 2020, 134 ff.
Bundesgerichtshof	23.4.2020	I ZR 85/19	Fernwärmepreise: Informationspraxis zulässig	EnWZ 2020, 254 ff.
Bundesgerichtshof	18.12.2019	VIII ZR 209/18	in Fernwärmelieferungsverträgen enthaltene Anpassungsklauseln	NJW 2020, 1205
Bundesgerichtshof	12.11.2019	EnVR 66/18	zum Vorliegen einer einheitlichen Kundenanlage	RdE 2020, 193 ff.
Bundesgerichtshof	12.11.2019	EnVR 65/18	Kundenanlage i. S. d. § 3 Nr. 24a EnWG in Abgrenzung zum regulierten Netz	IR 2020, 106 f.
Bundesgerichtshof	9.7.2019	EnVR 5/18	Festlegung von Eigenkapitalzinssätzen für Alt- und Neuanlagen	ZNER 2019, 441 f. = EnWZ 2019, 403 ff.
Bundesgerichtshof	9.7.2019	EnVR 52/18	Eigenkapitalzinssatz II	RdE 2019, 456 ff.
Bundesgerichtshof	12.6.2018	EnVR 53/16	Einbeziehung aller Netzbetreiber in den Effizienzvergleich	EnWZ 2018, 317
Bundesgerichtshof	12.6.2018	EnVR 54/17	Einbeziehung regionaler Fernleitungsnetzbetreiber in den Vergleich zur Ermittlung der Effizienzwerte	BeckRS 2018, 15489
Bundesgerichtshof	22.7.2017	VIII ZR 279/15	Billigkeit einer geänderten Grundpreiserhebung für Wasser nach Nutzergruppen	BeckRS 2017, 126638
Bundesgerichtshof	19.7.2017	VIII ZR 268/15	Gestaltung der Preisanpassungsklausel von Fernwärmeunternehmen	NJW-RR 2017, 1200
Bundesgerichtshof	5.7.2017	VIII ZR 163/16	Pflicht des Lieferanten zur Unterrichtung über Entgeltänderungen	ZIP 2018, 1451
Bundesgerichtshof	20.6.2017	EnVR 24/16	Netzentgeltbefreiung III	RdE 2017, 462 = EnWZ 2017, 219 ff.

Gericht	Datum	Aktenzeichen	Kurztext	Fundstelle
Bundesgerichtshof	17.5.2017	VIII ZR 245/15	Tarifgestaltung für die Lieferung von Trinkwasser – Wohneinheitenmaßstab	NJW 2018, 46 ff.
Bundesgerichtshof	25.4.2017	EnVR 57/15	SWL Verteilungsnetzgesellschaft mbH	ZNER 2018, 49 ff.
Bundesgerichtshof	11.5.2016	EnZR 72/14	zu Rückforderungen genehmigter Entgelte	BeckRS 2016, 10109
Bundesgerichtshof	26.4.2016	VIII ZR 76/13	Gewährleistung einer sicheren Energieversorgung	BeckRS 2016, 9348
Bundesgerichtshof	8.3.2016	EnZR 50/14	zu Rückforderungen genehmigter Entgelte	RdE 2016, 401
Bundesgerichtshof	8.3.2016	EnZR 72/14	zu Rückforderungen genehmigter Entgelte	BeckRS 2016, 6674
Bundesgerichtshof	9.12.2015	VIII ZR 349/14	unwirksame Vertragsanpassungsklausel in AGB von Normsonderkundenverträgen eines Gasversorgungsunternehmens	NJW 2016, 2101
Bundesgerichtshof	25.11.2015	VIII ZR 360/14	zur Wirksamkeit einer Preisanpassungsklausel im Stromlieferungsvertrag für Sonderkunden	BGHZ 208, 52
Bundesgerichtshof	10.11.2015	EnVR 26/14	Guthaben auf Gesellschafter-Privatkonten sind kein betriebsnotwendiges Eigenkapital nach § 7 Abs. 1 S. 2 GasNEV	RdE 2016, 70 ff.
Bundesgerichtshof	28.10.2015	VIII ZR 13/12	Preisanpassungsrecht der Energieversorgungsunternehmen	NJOZ 2016, 1521
Bundesgerichtshof	6.10.2015	EnZR 50/14	zu Rückforderungen genehmigter Entgelte	RdE 2016, 401
Bundesgerichtshof	6.10.2015	EnZR 72/14	zu Rückforderungen genehmigter Entgelte	BeckRS 2016, 6673
Bundesgerichtshof	14.7.2015	KVR 77/13	Wasserpreise Calw II	IR 2015, 261 f.
Bundesgerichtshof	20.5.2015	VIII ZR 136/14	verbrauchsunabhängige Grundpreise in der Wasserversorgung	NVwZ-RR 2015, 722

Gericht	Datum	Aktenzeichen	Kurztext	Fundstelle
Bundes-gerichtshof	20.5.2015	VIII ZR 164/14	Anforderungen an die Tarif-gestaltung eines Wasser-versorgungsunternehmens	Versorgungswirt-schaft 2015, 276 ff.
Bundes-gerichtshof	15.4.2015	VIII ZR 59/14	Rückerstattung von Ener-gielieferungsentgelt nach übersteigerter Preiserhö-hung	BGHZ 205, 43
Bundes-gerichtshof	27.1.2015	EnVR 39/13	Thyssengas GmbH	EnWZ 2015, 273 ff.
Bundes-gerichtshof	25.6.2014	VIII ZR 344/13	Wirksamkeit von Preis-anpassungsklauseln bei Fernwärmelieferungen	BGHZ 201, 363
Bundes-gerichtshof	14.5.2014	VIII ZR 114/13	Preisnebenabreden der In-haltskontrolle nach § 307 BGB	BGHZ 201, 230
Bundes-gerichtshof	14.5.2014	VIII ZR 116/13	Preisnebenabreden der In-haltskontrolle nach § 307 BGB	NJW 2014, 2715
Bundes-gerichtshof	15.1.2014	VIII ZR 111/13	Einbeziehung von AGB bei einem konkludent ge-schlossenen Fernwär-meversorgungsvertrag	NJW 2014, 1296 ff.
Bundes-gerichtshof	12.11.2013	EnVR 33/12	Festlegung Tagesneu-werte I	EnWZ 2014, 129 ff.
Bundes-gerichtshof	31.7.2013	VIII ZR 162/09	Unwirksamkeit von Preis-änderungsklauseln in Gas-sonderverträgen	BGHZ 198, 111 = NJW 2013, 3647 ff.
Bundes-gerichtshof	6.6.2013	IX ZR 204/12	Haftung des Steuerberaters wegen verspäteter Insol-venzantragstellung	NJW 2013, 2345 ff.
Bundes-gerichtshof	24.4.2013	VIII ZR 106/12	Zur Wirksamkeit einer Preisanpassungsklausel in einem Fernwärmeliefer-vertrag	n. v.
Bundes-gerichtshof	15.5.2012	EnZR 105/10	auch genehmigte Netznut-zungsentgelte unterliegen der Billigkeitskontrolle nach § 315 BGB	RdE 2012, 382
Bundes-gerichtshof	15.5.2012	KVR 51/11	Wasserpreise Calw I	NJW 2012, 3243 = ZNER 2012, 485 ff. = N&R 2012, 299

Gericht	Datum	Aktenzeichen	Kurztext	Fundstelle
Bundesgerichtshof	31.1.2012	EnVR 16/10	Neufassung des § 9 ARegV auf die gesamte erste Regulierungsperiode anzuwenden	ZNER 2021, 272 = N&R 2012, 174
Bundesgerichtshof	18.10.2011	KVR 9/11	Niederbarnimer Wasserverband	NJW 2012, 1150 = RdE 2012, 157 = N&R 2012, 117
Bundesgerichtshof	18.10.2011	KZR 18/10	Stornierungsentgelt – Billigkeitskontrolle von Eisenbahninfrastrukturentgelten	NVwZ 2012, 189 ff.
Bundesgerichtshof	19.7.2011	VIII ZR 268/15	Gestaltung der Preisanpassungsklausel von Fernwärmeunternehmen	NJW-RR 2017, 1200
Bundesgerichtshof	13.7.2011	VIII ZR 339/10	Anforderungen an Preisanpassungsklauseln für den Arbeitspreis in Fernwärmelieferverträgen	NJW 2011, 3222 ff.
Bundesgerichtshof	6.7.2011	VIII ZR 37/10	Wirksamkeit einer Preisanpassungsklausel in einem Fernwärmeliefervertrag	NJW, 2011, 3219 ff.
Bundesgerichtshof	29.6.2011	VIII ZR 211/10	Vorlagebeschluss an den EuGH zum Preisbestimmungsrecht eines Stromversorgers	NJW 2011, 3096
Bundesgerichtshof	28.6.2011	EnVR 34/10	Anreizregulierung bei Durchleitung von Elektrizität durch fremde Stromnetze	IR 2011, 206
Bundesgerichtshof	28.6.2011	EnVR 48/10	Anreizregulierung bei Durchleitung von Elektrizität durch fremde Stromnetze	RdE 2011, 308
Bundesgerichtshof	11.5.2011	VIII ZR 42/10	Berücksichtigung eines Verfahrensmangels von Amts wegen bei Erlass eines unzulässigen Teilurteils	BGHZ 189, 356
Bundesgerichtshof	6.4.2011	VIII ZR 66/09	Wirksamkeit von Preisanpassungsklauseln in Fernwärmelieferverträgen	NJW 2011, 2501 ff. = BB 2011, 1421 ff. = ZNER 2011, 304 ff.

Gericht	Datum	Aktenzeichen	Kurztext	Fundstelle
Bundesgerichtshof	6.4.2011	VIII ZR 273/09	Wirksamkeit von Preisanpassungsklauseln in Fernwärmelieferverträgen	BGHZ 189, 131 ff.
Bundesgerichtshof	14.7.2010	VIII ZR 246/08	Rückforderung überzahlter Gaspreise bei unwirksamer Preisänderungsklausel in einem Sonderkundenvertrag	NJW 2011, 50 ff.
Bundesgerichtshof	20.4.2010	EnVR 20/09	Beschwerderücknahme und darauffolgende Kostenverteilung	BeckRS 2010, 10581
Bundesgerichtshof	30.3.2010	XI ZR 200/09	Zwangsvollstreckung aus einer Unterwerfungserklärung für den Zessionar einer Sicherungsgrundschuld nur bei Eintritt in den Sicherungsvertrag	BGHZ 185, 133 ff.
Bundesgerichtshof	24.3.2010	VIII ZR 304/08	unwirksame HEL-Preisanpassungsklauseln in Gassonderverträgen	NJW 2010, 2793 ff. = RdE 2010, 215 ff.
Bundesgerichtshof	24.3.2010	VIII ZR 178/08	unwirksame HEL-Preisanpassungsklauseln in Gassonderverträgen	BGHZ 185, 96 ff. = NJW 2010, 2789 ff.
Bundesgerichtshof	2.2.2010	KVR 66/08	Wasserpreise Wetzlar	et 7/2010, 70 = NJW 2010, 2573 = ZfW 2011, 18
Bundesgerichtshof	13.1.2010	VIII ZR 81/08	Unwirksamkeit von Preisanpassungsklauseln in Gaslieferverträgen mit Normsonderkunden	NJW-RR 2010, 1202 ff.
Bundesgerichtshof	28.10.2009	VIII ZR 320/07	Unwirksamkeit von nur preiserhöhenden Preisanpassungsklauseln in Gassonderverträgen	NJW 2010, 993 ff.
Bundesgerichtshof	21.7.2009	EnVR 12/08	rückwirkende Entgeltgenehmigung für Netzzugang nicht möglich	ZNER 2010, 72
Bundesgerichtshof	15.7.2009	VIII ZR 225/07	Wirksamkeit einer Preisanpassungsklausel in Gassonderkundenvertrag	BGHZ 182, 59
Bundesgerichtshof	23.6.2009	EnVR 19/08	Selbstbindung der Verwaltung bzgl. Schlüsselung von Gemeinkosten	ZNER 2009, 261 ff.

Gericht	Datum	Aktenzeichen	Kurztext	Fundstelle
Bundesgerichtshof	3.3.2009	EnVR 79/07	Berechnung der Netzkosten bei verpachtetem Netzbetrieb	ZNER 2009, 252 f.
Bundesgerichtshof	10.12.2008	KVR 2/08	Stadtwerke Uelzen – Gasversorgungsmarkt als sachlich relevanter Markt in der kartellrechtlichen Missbrauchskontrolle	WuW/E DE-R 2538 ff.
Bundesgerichtshof	19.11.2008	VIII ZR 138/07	Kontrolle des Gaspreises gem. § 315 BGB nach Tariferhöhung des Gasversorgers	BGHZ 178, 362 ff.
Bundesgerichtshof	14.8.2008	KVR 35/07	Stadtwerke Neustadt an der Weinstraße/kein Ansatz des Netzkaufpreises auf Sachzeitwertbasis bei Netzentgeltermittlung	RdE 2008, 341
Bundesgerichtshof	14.8.2008	KVR 36/07	Stadtwerke Trier/Berücksichtigung der Gewerbesteuer bei der Stromnetzentgeltermittlung	RdE 2008, 337
Bundesgerichtshof	14.8.2008	KVR 39/07	Vattenfall	RdE 2008, 323 ff. = ZNER 2008, 217 ff. = N&R 2008, 203 ff.
Bundesgerichtshof	14.8.2008	KVR 42/07	Rheinhessische Energie	ZNER 2008, 222
Bundesgerichtshof	29.4.2008	KZR 2/07	Erdgassondervertrag – Zur Unwirksamkeit einer Preiserhöhungsklausel in AGB	BGHZ 176, 244 = NJW 2008, 2172 ff. = RdE 2008, 204 ff.
Bundesgerichtshof	29.4.2008	KVR 30/07	zur gerichtlichen Zuständigkeit in Fällen der Organleihe	ZNER 2008, 160
Bundesgerichtshof	17.2.2008	VIII ZR 276/96	Inhaltskontrolle und Haftungsausschluss in den AGB eines EVU	RdE 1998, 194 ff. = NJW 1998, 1640 ff.
Bundesgerichtshof	13.6.2007	VIII ZR 36/06	Billigkeitskontrolle bei einseitigen Tariferhöhungen eines Gasversorgers	BGHZ 172, 315 ff. = NJW 2007, 2540 ff. = RdE 2007, 258 ff. = IR 2007, 206 f.
Bundesgerichtshof	28.3.2007	VIII ZR 144/06	keine Billigkeitskontrolle des anfänglich vereinbarten Strompreises	NJW 2007, 1672 ff. = N&R 2007, 114 ff.

Gericht	Datum	Aktenzeichen	Kurztext	Fundstelle
Bundes-gerichtshof	11.10.2006	VIII ZR 270/05	keine Billigkeitskontrolle gem. § 315 BGB bei Fernwärme	NJW 2007, 210f.
Bundes-gerichtshof	28.10.2005	VIII ZR 13/12	Preisanpassungsrecht der Energieversorgungsunternehmen	BGHZ 207, 209
Bundes-gerichtshof	28.10.2005	VIII ZR 158/11	Preisanpassungsrecht der Energieversorgungsunternehmen	BGHZ 207, 209
Bundes-gerichtshof	18.10.2005	KZR 36/04	Stromnetzentgelt I – Überprüfbarkeit des Stromnetznutzungsentgelts	RdE 2006, 81ff. = IR 2006, 36f.
Bundes-gerichtshof	21.9.2005	VIII ZR 38/05	Flüssiggas – Unwirksame Preisanpassungsklausel in Flüssiggasbelieferungsverträgen	RdE 2006, 52ff. = ZNER 2005, 323f.
Bundes-gerichtshof	1.2.2005	X ZR 10/04	Unwirksamkeit des Ausschlusses von Ersatz für verlorene Fahrscheine in den AGB eines Busreiseunternehmens	NJW 2005, 1774ff.
Bundes-gerichtshof	22.12.2003	VIII ZR 90/02	Weitergabe der Mehrbelastung aus EEG und KWKG	RdE 2004, 105ff.
Bundes-gerichtshof	30.10.2003	III ZR 380/02	Schadensersatzanspruch einer Jagdgenossenschaft wegen des Neubaus einer Gasversorgungsleitung durch den Jagdbezirk	IR 2004, 11f.
Bundes-gerichtshof	30.4.2003	VIII ZR 279/02	Vertragsschluss durch konkludentes Handeln mit einem Wasserversorgungsunternehmen	Versorgungswirtschaft 2003, 257
Bundes-gerichtshof	19.11.2002	X ZR 243/01	Kerosinzuschlag I – Transparenzverstoß einer Preisanpassungsklausel in Reiseverträgen	NJW 2003, 501ff.
Bundes-gerichtshof	19.11.2002	X ZR 253/01	Kerosinzuschlag II – Wirksamkeit von Preisanpassungsklauseln in Pauschalreiseverträgen	NJW 2003, 746ff.

Gericht	Datum	Aktenzeichen	Kurztext	Fundstelle
Bundes-gerichtshof	6.3.2001	KZR 37/99	Kabel-Hausverteilanlagen – Keine Beschränkung der Preisgestaltungsfreiheit durch Erstvertrag	NJW 2001, 2541ff.
Bundes-gerichtshof	3.11.1999	VIII ZR 269/98	Optionsklausel zur Laufzeitverlängerung einer Tankstellen-Alleinbezugsverpflichtung	NJW 2000, 1110ff.
Bundes-gerichtshof	25.2.1998	VIII ZR 276/96	Inhaltskontrolle und Haftungsausschluss in den AGB eines EVU	RdE 1998, 194ff. = NJW 1998, 1640ff.
Bundes-gerichtshof	30.6.1994	VII ZR 116/93	Unwirksamkeit einer Verjährungsklausel zulasten des Bauherrn bei Beteiligung des Baubetreuers an der Treuhändergesellschaft	BGHZ 126, 326ff.
Bundes-gerichtshof	17.5.1994	X ZR 82/92	Unbilligkeit der Gaspreiserhöhung sowie Pflicht des Versorgungsunternehmens zur Offenlegung der Kosten- und Gewinnkalkulation	BGHZ 126, 109ff.
Bundes-gerichtshof	10.12.1992	I ZR 186/90	Unwirksamkeit des uneingeschränkten „Verzichts auf die Einrede des Fortsetzungszusammenhangs“ in Vertragsstrafeklauseln	BGHZ 121, 13ff.
Bundes-gerichtshof	10.10.1991	III ZR 100/90	Gerichtliche Billigkeitskontrolle tariflicher Abwasserentgelte eines Zweckverbands	NJW 1992, 171
Bundes-gerichtshof	12.3.1987	VII ZR 37/86	Fälligkeit, Leistungsumfang und Schadensersatzbeschränkung in Reise-AGB	BGHZ 100, 157ff. = WM 1987, 652f.
Bundes-gerichtshof	6.3.1986	III ZR 195/84	Zinsanpassungsklausel in Kreditverträgen	NJW 1986, 1803ff.
Bundes-gerichtshof	29.10.1985	X ZR 12/85	AGB-Klausel über sofortige Fälligkeit des Restkaufpreises bei Sukzessivlieferungsvertrag	NJW-RR 1986, 211ff.

Gericht	Datum	Aktenzeichen	Kurztext	Fundstelle
Bundesgerichtshof	16.1.1985	VIII ZR 153/83	Formularmäßige Preisanpassungsklausel im Bezugsvertrag	BGHZ 93, 252ff.
Bundesgerichtshof	27.9.1984	X ZR 12/84	Zündholzschachteln – Wirksamkeit einer formularmäßigen Preiserhöhungsklausel in langfristigen Lieferverträgen des kaufmännischen Geschäftsverkehrs	BGHZ 92, 200ff.
Bundesgerichtshof	5.4.1984	III ZR 12/83	Gebührenerhebung für die Bereitstellung von Löschwasser	VersR 1984, 1040 = NJW 1985, 197
Bundesgerichtshof	8.3.1984	IX ZR 144/83	keine vorzeitige Auflösung eines Direktschulvertrages	BGHZ 90, 280ff. = NJW 1984, 1531ff.
Bundesgerichtshof	1.2.1984	VIII ZR 54/83	Schließung einer durch Unwirksamkeit der Tagespreisklausel entstandenen Regelungslücke in Kfz-Verkaufs-AGB durch ergänzende Auslegung	BGHZ 90, 69ff.
Bundesgerichtshof	1.2.1984	VIII ZR 106/83	Tagespreisklausel beim Kfz-Kauf	NJW 1984, 1180f.
Bundesgerichtshof	21.12.1983	VIII ZR 195/82	unzulässige Verkleinerung des Marktverantwortungsgebiets eines Vertragshändlers durch AGB	BGHZ 89, 206ff.
Bundesgerichtshof	18.5.1983	VIII ZR 20/82	Anforderungen an die Wirksamkeit einer Tagespreisklausel	NJW 1983, 1603ff. = BB 1983, 921ff.
Bundesgerichtshof	1.12.1981	KZR 37/80	Feststellung der generellen Unwirksamkeit einer Klausel in den AGB eines Liefervertrages	BGHZ 82, 238ff.
Bundesgerichtshof	7.10.1981	VIII ZR 229/80	Wirksamkeit von Tagespreisklauseln in Neuwagen-Verkaufsbedingungen	BGHZ 82, 21ff.
Bundesgerichtshof	11.6.1980	VIII ZR 174/79	Preiserhöhungsklausel in AGB bei Dauerschuldverhältnis	NJW 1980, 2518f.
Bundesgerichtshof	29.5.1979	KVR 4/78	Baukostenzuschuss an ein Elektrizitätsversorgungsunternehmen	RdE 1979, 153

Gericht	Datum	Aktenzeichen	Kurztext	Fundstelle
Bundesgerichtshof	8.2.1978	VIII ZR 240/76	Einschränkung der Haftungsfreistellung	BGHZ 70, 304ff.
Bundesgerichtshof	15.12.1976	IV ZR 197/75	Mindestprovisionsklausel als Individualvereinbarung oder AGB	NJW 1977, 624ff.
Bundesgerichtshof	26.11.1975	VIII ZR 164/74	Nichtgewährung von Preisvergünstigungen an Großabnehmer bei der Wasserversorgung	NJW 1976, 709f.
Bundesgerichtshof	27.1.1971	VIII ZR 151/69	wesentliche Bestandteile eines Pachtvertrages oder einer Vereinbarung zur Pachtverlängerung	BGHZ 55, 248ff.
Bundesgerichtshof	4.6.1970	VII ZR 187/63	Steuerberatungsvertrag unter Einbeziehung der Allgemeinen Gebührenordnung für die wirtschaftsprüfenden sowie wirtschafts- und steuerberatenden Berufe	BGHZ 54, 106ff.
Bundesgerichtshof	17.2.1964	II ZR 98/62	Nichtigkeit von AGB wegen Verstoßes gegen Treu und Glauben	BGHZ 41, 151ff. = NJW 1964, 1123f.
Bundesgerichtshof	5.2.1957	V BLw 37/56	Hoferbfolge – Genehmigung eines Übergabe- oder Übergabevorvertrages sowie Zustimmung zur Erbeinsetzung	BGHZ 23, 249ff.
Kammergericht	15.2.2005	7 U 140/04	Anwendung des § 315 Abs. 3 BGB auf die Tarife eines Wasserversorgungsunternehmens	IR 2005, 93 = ZMR 2006, 38
Brandenburgisches Oberlandesgericht	13.3.2018	6 Kart 2/14	Anschaffungs- und Herstellungskosten i.S.v. § 6 Abs. 3 S. 3 GasNEV	BeckRS 2018, 17473
Brandenburgisches Oberlandesgericht	10.6.2015	7 U 4/14	Bezugnahme einer Preisanpassungsklausel auf den Preis für leichtes Heizöl	EnWZ 2015, 371

Gericht	Datum	Aktenzeichen	Kurztext	Fundstelle
Brandenburgisches Oberlandesgericht	21.6.2006	7 U 175/05	Feststellung der Unwirksamkeit der Preisänderungsklausel in einem Fernwärmelieferungsvertrag	RdE 2007, 19 ff.
Brandenburgisches Oberlandesgericht	3.4.2002	7 U 185/01	Unwirksamkeit einer den Stromabnehmer unangemessen benachteiligenden Klausel eines Stromliefervertrages wegen Verstoßes gegen §§ 9 ff. AGBG	RdE 2002, 314 ff.
Oberlandesgericht Bremen	16.11.2007	5 U 42/06	Unwirksamkeit der von Gasversorgungsunternehmen verwendeten Preisanpassungsklauseln	ZNER 2008, 65 ff.
Oberlandesgericht Celle	2.6.2015	13 U 62/14	einseitige Änderung der Entgelte für die privatrechtlich organisierte Abwasserbeseitigung	IR 2015, 235 f.
Oberlandesgericht Celle	2.6.2015	13 U 66/14	einseitige Änderung der Entgelte für die privatrechtlich organisierte Abwasserbeseitigung	IR 2015, 235 f.
Oberlandesgericht Celle	2.6.2015	13 U 67/14	einseitige Änderung der Entgelte für die privatrechtlich organisierte Abwasserbeseitigung	IR 2015, 235 f.
Oberlandesgericht Celle	7.3.2012	7 U 62/11	Erhöhung der Abwasserentgelte	n. v.
Oberlandesgericht Celle	1.10.2010	13 AR 5/10 (Kart)	Zuständigkeit des Kartellgerichts bei Billigkeitsprüfung von Gaslieferverträgen	WuW 2011, 82 ff.
Oberlandesgericht Celle	19.8.2010	13 U 82/07 (Kart)	Billigkeitsprüfung von Preiserhöhungen der Gasversorgungsunternehmen gegenüber Tarifkunden	ZNER 2011, 63 ff.
Oberlandesgericht Dresden	14.7.2015	9 U 83/15	Rückforderungsansprüche aus Abwasserrechnungen	IR 2015, 263 f.
Oberlandesgericht Dresden	17.11.2009	9 U 1467/09	Ablehnung der Versorgung gem. § 36 Abs. 1 S. 2 EnWG wegen Altschulden	RdE 2010, 186 ff. = ZfK 2010, 6

Gericht	Datum	Aktenzeichen	Kurztext	Fundstelle
Oberlandesgericht Düsseldorf	19.8.2020	VI-3 Kart 776/19	Auswirkungen der Kostenzuordnung auf den Effizienzvergleich	BeckRS 2020, 20676
Oberlandesgericht Düsseldorf	18.12.2019	VI-3 Kart 401/18 (V)	Aufhebung des Beschlusses der BNetzA bzgl. der Festlegung des GSP Gas	n. v.
Oberlandesgericht Düsseldorf	10.7.2019	VI-3 Kart 721/18 (V)	Ermittlung der Höhe des generellen sektoralen Produktivitätsfaktors i. S. d. ARegV	RdE 2019, 510ff.
Oberlandesgericht Düsseldorf	7.3.2019	VI-5 Kart 49/18 (V)	Ermittlung des Kapitalkostenaufschlags eines Strom- und Gasverteilernetzbetreibers	EnWZ 2019, 183ff.
Oberlandesgericht Düsseldorf	4.7.2018	3 Kart 82/15 (V)	Anspruch auf eine „berichtigende" Aufnahme ausführlicher Darstellungen oder die Ergänzung nebensächlicher Punkte im Tatbestand	BeckRS 2018, 21065
Oberlandesgericht Düsseldorf	4.7.2018	3 Kart 82/15	Einordnung von Kosten für die Anschaffung von Informationstechnologie	BeckRS 2018, 21739
Oberlandesgericht Düsseldorf	22.3.2018	VI-3 Kart 549/16 (V)	Festlegung der Eigenkapitalzinssätze von Netzbetreibern für die 3. Regulierungsperiode durch die Bundesnetzagentur	BeckRS 2018, 7612
Oberlandesgericht Düsseldorf	10.1.2018	VI-3 Kart 1202/16 (V)	Beschwerdebefugnis von Stromanbieterin durch Festlegung der Eigenkapitalzinssätze für 3. Regulierungsperiode	RdE 2018, 365
Oberlandesgericht Düsseldorf	18.1.2017	VI-3 Kart 183/15 (V)	Netzknotenübergreifendes Pooling bei netznutzereigenen Transformatoren	RdE 2017, 214, 218
Oberlandesgericht Düsseldorf	16.1.2017	3 Kart 117/15 (V)	Beteiligung des Letztverbrauchers am Verwaltungsverfahren zur Einführung eines vollständigen und grundsätzlich abschließenden Vertragswerks für Netznutzungsverträge	RdE 2019, 180

Gericht	Datum	Aktenzeichen	Kurztext	Fundstelle
Oberlandesgericht Düsseldorf	20.10.2016	I-20 U 37/16	in E-Mails versteckte Preiserhöhung ist unwirksam	GRUR-RR 2017, 11
Oberlandesgericht Düsseldorf	24.2.2014	VI-2 Kart 4/12 (V)	Berliner Wasserbetriebe	IR 2014, 115 f. = ZNER 2014, 186 ff. = Versorgungswirtschaft 2014, 132
Oberlandesgericht Düsseldorf	6.4.2011	VI-3 Kart 133/10 (V)	Mehrerlösabgrenzung in der Anreizregulierung und Geltung der Genehmigungsfiktion	ZNER 2011, 333 ff.
Oberlandesgericht Düsseldorf	13.12.2010	VI-W (Kart) 8/10	sachliche und örtliche Zuständigkeit der Gerichte für Klagen aus Belieferungsverträgen mit einem EVU	IR 2011, 85
Oberlandesgericht Düsseldorf	29.3.2007	VI-3 Kart 466/06 (V)	Eilrechtsschutzverfahren im Netzentgeltgenehmigungsverfahren	ZNER 2007, 203
Oberlandesgericht Düsseldorf	2.11.2006	VI-3 Kart 165/06 (V)	zur Beiladung eines Stromlieferanten zum Verfahren auf Genehmigung von Netznutzungsentgelten eines Verteilnetzbetreibers	ZNER 2006, 349
Oberlandesgericht Düsseldorf	12.10.1995	13 U 134/94	Gebührenberechnung in der Trinkwasserversorgung	NWVBl. 1996, 277
Oberlandesgericht Frankfurt a. M.	21.3.2019	6 U 190/17	Irreführung des Kunden durch unzutreffende Mitteilung über die Wirksamkeit einer einseitig vorgenommenen Änderung einer bestehenden Preisänderungsregelung	GRUR-RR 2019, 440
Oberlandesgericht Frankfurt a. M.	16.12.2010	11 AR 3/10	Energieversorgungspreise – Zuständigkeit der Kartellgerichte bei Auseinandersetzungen über die Billigkeit von einseitigen Preiserhöhungen von Energieversorgern	WuW 2011, 415 ff.

Gericht	Datum	Aktenzeichen	Kurztext	Fundstelle
Oberlandesgericht Hamm	6.3.2008	2 U 114/07	Preiserhöhungen bei Gaslieferverträgen sind trotz unwirksamer Preisanpassungsklauseln wirksam	ZNER 2008, 68 ff.
Oberlandesgericht Koblenz	17.6.2010	U 1092/09.Kart	einseitige Preisänderung des Gasversorgungstarifes durch den Gasversorger	IR 2011, 36
Oberlandesgericht Koblenz	12.4.2010	12 U 18/08	Billigkeit von Preiserhöhungen in Gaslieferverträgen	IR 2010, 154 f.
Oberlandesgericht Koblenz	9.2.2007	W 50/07	Feststellung der Unwirksamkeit einer Preisbestimmung	n. v.
Oberlandesgericht Köln	3.4.2008	8 W 19/08	Zuständigkeit eines Gerichts bei Vertragsverletzung durch Energiekunden	NJW-RR 2009, 987
Oberlandesgericht München	28.1.2010	U (K) 4221/09	Ermessenspielraum der Versorger bei der Weitergabe von Bezugskostenänderungen	n. v.
Oberlandesgericht München	1.10.2009	U (K) 3772/08	Billigkeitskontrolle für einseitige Gaspreiserhöhungen gegenüber Endverbrauchern	IR 2010, 35 f.
Oberlandesgericht München	15.5.2009	AR (K) 7/09	Ausschließlichkeit der Zuständigkeit der Landgerichte für die Rüge der Unbilligkeit von Gaspreiserhöhungen nach § 102 Abs. 1 EnWG	ZNER 2009, 399 f.
Oberlandesgericht Naumburg	13.11.2008	6 U 63/08	Billigkeitskontrolle der Tariferhöhung durch ein Trinkwasserversorgungsunternehmen	IR 2009, 95
Oberlandesgericht Nürnberg	31.1.2009	1 W 988/03	zum Kundenbegriff in der ARegV	IR 2009, 156 f.
Oberlandesgericht Nürnberg	15.6.2012	1 U 605/11	Rechtmäßigkeit eines Belieferungsvertrages für Strom, Gas und Wasser	IR 2012, 207 ff. = et 6/2013, 101 ff.

Gericht	Datum	Aktenzeichen	Kurztext	Fundstelle
Oberlandesgericht Nürnberg	9.12.2008	1 U 1105/08	Beanstandung der Gaspreiserhöhungen durch Weitergabe der gestiegenen Bezugskosten	n. v.
Oberlandesgericht Oldenburg	3.1.2011	5 AR 35/10	Sonderzuständigkeit der Handelskammern für Streitigkeiten von Sondervertragskunden über Gaspreise	MDR 2011, 505
Oberlandesgericht Oldenburg	14.12.2010	12 U 49/07	Gasversorgung von Sondervertragskunden – Aussetzung des Verfahrens wegen einer EuGH-Vorlage	ZNER 2011, 76 ff.
Oberlandesgericht Rostock	5.3.2020	16 U 1/18	Nichtigkeit von Fernwärmelieferverträgen	NZKart 2020, 331
Oberlandesgericht Schleswig	26.9.2019	EnVR 33/12	Festlegung der Tagesneuwerte durch die BNetzA	EnWZ 2019, 453 ff.
Oberlandesgericht Schleswig	9.9.2019	53 Kart 4/18	zu Besonderheiten des Basisjahres gem. § 6 Abs. 2 ARegV und zum Kapitalkostenabzug	IR 2019, 302 f.
Oberlandesgericht Stuttgart	25.8.2011	201 Kart 2/11	Wasserpreise Calw I	IR 2011, 355 = ZNER 2011, 633
Oberlandesgericht Stuttgart	21.1.2010	202 EnWG 3/09	Festsetzung Erlösobergrenze Strom	BeckRS 2010, 13187
Oberlandesgericht Stuttgart	13.1.2005	2 U 134/04	Unwirksamkeit einer Preisanpassungsklausel in einem Energielieferungsvertrag	ZNER 2005, 163 ff.
Landgericht Bonn	7.9.2006	8 S 146/05	Billigkeitskontrolle von Gaspreiserhöhungen gem. § 315 BGB sowie Wirksamkeit einer nach § 4 Abs. 2 AVBGasV entsprechenden Preisanpassungsklausel	RdE 2007, 84 ff.

Gericht	Datum	Aktenzeichen	Kurztext	Fundstelle
Landgericht Bremen	24.5.2006	8 O 1065/05	Gaspreis – Unwirksamkeit einer Preisanpassungsklausel (Kostenelementeklausel) in einem Gaslieferungsvertrag mit Haushaltskunden	Versorgungswirtschaft 2006, 178 ff.
Landgericht Düsseldorf	16.4.2008	34 O (Kart) 168/07	Anforderungen an die Billigkeit eines angesetzten Gaspreises i. S. d. § 315 BGB	RdE 2008, 213 ff.
Landgericht Ellwangen	17.8.2012	2 O 366/10	Anwendbarkeit des § 315 BGB in Zeiten von Wettbewerb	IR 2012, 356 f.
Landgericht Frankenthal	10.9.2009	2 HK O 90/09	zur Nichtanwendbarkeit des § 315 BGB auf Preisanpassungen in Zeiten des Wettbewerbs	RdE 2010, 73
Landgericht Frankfurt (Oder)	28.2.2012	6a S 113/11	Preisanpassungsklausel verstößt gegen § 24 Abs. 3 S. 1 AVBFernwärme a. F.	BeckRS 2012, 70837
Landgericht Itzehoe	18.11.2008	1 S 82/08	Wirksamkeit einer Preisanpassungsklausel in einem Fernwärmeversorgungsvertrag	IR 2009, 39 f.
Landgericht Itzehoe	21.12.2006	3 O 52/06	Wirksamkeit von Preisanpassungsklauseln in Energielieferverträgen	IR 2007, 39 f.
Landgericht Köln	14.8.2009	90 O 41/07	Anforderungen an die Darlegung der Billigkeit von Gaspreisänderungen (Delta-Berechnung)	IR 2009, 352 f.
Landgericht Köln	4.2.2009	90 O 35/08	Rückforderung von gezahlten Strom- und Gasentgelten	BeckRS 2010, 4604
Landgericht Mannheim	16.4.1999	7 O 372/98 (Kart)	Anwendung von § 1 GWB auf Austauschverträge	WuW, 1999, 610
Landgericht Mönchengladbach	6.4.2017	1 O 170/15	Wirksamkeit der Anpassung der Tarife für Trinkwasserversorgung	BeckRS 2017, 13692
Landgericht Mönchengladbach	15.9.2011	6 O 61/11	Treuwidrigkeit des Unbilligkeitseinwandes bei Möglichkeit eines Lieferantenwechsels	IR 2011, 346 f.

Gericht	Datum	Aktenzeichen	Kurztext	Fundstelle
Landgericht Mühlhausen	4.3.2008	O 1132/06	keine entsprechende Anwendbarkeit der Billigkeitskontrolle gem. § 315 Abs. 3 BGB in der Grundversorgung bei jederzeit möglichem Anbieterwechsel	RdE 2008, 215 ff.
Landgericht Münster	13.7.2010	06 S 70/09	Billigkeitskontrolle von Tariferhöhungen auf dem liberalisierten Strom- und Gasmarkt	ZNER 2010, 609 f.
Landgericht Nürnberg-Fürth	22.5.2013	3 O 4143/12	Recht zur einseitigen Änderung der Preisanpassungsklausel in den Versorgungsbedingungen sowie zum Missbrauch der marktbeherrschenden Stellung bei Rabattgewährung an einzelne Endkunden	CuR 2013, 125 ff.
Landgericht Schweinfurt	21.9.2012	32 S 20/10	Widerspruch gegen Gaspreiserhöhungen, Anwendbarkeit von AVBGasV und GasGVV bei Tarifkunden	n. v.
Landgericht Verden	5.7.2007	5 O 419/06	Wirksamkeit von Preisanpassungsklauseln in Sonderlieferverträgen mit Haushaltskunden	IR 2007, 235 f.
Landgericht Würzburg	29.1.2019	3 S 1994/17	Zahlung eines Mehrbetrags im Fernwärmeversorgungsverhältnis	juris
Amtsgericht Ahaus	24.6.2009	16 C 646/08	Angemessenheit von Gas- und Strombezugspreisen	BeckRS 2011, 19058
Amtsgericht Bad Oldesloe	21.7.2009	2 C 471/08	keine Anwendbarkeit von § 315 BGB bei Wechselmöglichkeit des Stromanbieters	n. v.
Amtsgericht Erfurt	30.1.2008	5 C 1938/07	Zuständigkeit des Landgerichts bei Abhängigkeit der Entscheidung von den Normen des EnWG	n. v.

Gericht	Datum	Aktenzeichen	Kurztext	Fundstelle
Amtsgericht Halle (Westfalen)	9.6.2009	2 C 272/09	keine Preiskontrolle gem. § 315 BGB bei Möglichkeit des Stromversorgerwechsels	n. v.
Amtsgericht Heilbronn	15.4.2005	15 C 4394/04	Unbilligkeit der Gaspreiserhöhung sowie Pflicht des Versorgungsunternehmens zur Offenlegung der Kosten- und Gewinnkalkulation	RdE 2005, 176 ff. = ZNER 2005, 177 ff.
Amtsgericht Neustadt am Rübenberge	6.10.2010	41 C 11/10	Anwendbarkeit von § 315 BGB auf Gas- und Strompreiserhöhungen	IR 2011, 40 f.
Amtsgericht Nordhorn	11.6.2009	3 C 1426/08	sachliche Zuständigkeit eines Amtsgericht gem. § 102 Abs. 1 S. 2 EnWG und damit Verweisung an ein Landgericht	n. v.
Amtsgericht Potsdam	6.11.2012	21 C 32/12	Preisänderungsklauseln müssen Marktverhältnisse berücksichtigen	BeckRS 2014, 15158
Amtsgericht Viersen	27.9.2011	32 C 54/10	Widerspruch gegen Gaspreiserhöhung wegen Unbilligkeit und Recht zur Preisanpassung aus § 4 Abs. 1 und 2 AVBGasV/§ 5 Abs. 1 GasGVV	n. v.
Bundesverwaltungsgericht	11.11.2011	9 B 41.11	Maßstab einer verbrauchsunabhängigen Abfallgrundgebühr	BeckRS 2011, 56728
Bundesverwaltungsgericht	20.12.2000	11 C 7.00	Abfallgebühren für eine Biotonne bei eigener Biokompostierung	DVBl 2001, 488 ff. = NVwZ 2002, 199 ff.
Bundesverwaltungsgericht	1.8.1986	8 C 112.84	Erhebung einer Mindestgebühr bei der verbrauchsabhängigen Bemessung von Wassergebühren	NVwZ 1987, 231 f.
Bundesverwaltungsgericht	24.4.1970	VII B 58.69	Gebührenstaffelung eines Wassergroßverbrauchers	BeckRS 1970, 31298063
Oberverwaltungsgericht Berlin-Brandenburg	7.11.2012	OVG 9 A 7.10	Umstellung eines Grundgebührenmaßstabes für Abwasser auf die Anzahl von Wohneinheiten	BeckRS 2012, 5907

Gericht	Datum	Aktenzeichen	Kurztext	Fundstelle
Oberverwaltungsgericht Berlin-Brandenburg	22.5.2002	2 D 78/00.NE	Nichtigkeit einer Grundgebühr-Regelung in einer Wasserversorgungssatzung für zu Wohnzwecken genutzte Grundstücke	BeckRS 2003, 2037
Oberverwaltungsgericht Niedersachsen	26.8.2002	9 LA 305/02	Bemessungsmaßstab für die Grundgebühr bei der Wasserversorgung	BeckRS 2003, 25195
Oberverwaltungsgericht Niedersachsen	24.2.1997	3 K 2811/94	Bemessung von Gebühren für die Abholung und Beseitigung von Tierkörpern	BeckRS 1997, 21963
Oberverwaltungsgericht Nordrhein-Westfalen	1.12.2017	13 B 676/17	Rechtsschutz gegen die Versagung einer Genehmigung von Entgelten eines Schienenwegebetreibers	N&R 2018, 359 ff.
Oberverwaltungsgericht Nordrhein-Westfalen	2.2.2000	9 A 3915/98	Heranziehung zu Abfallentsorgungsgebühren	NVwZ-RR 2001, 122
Oberverwaltungsgericht Nordrhein-Westfalen	20.5.1996	9 A 5654/94	Erhebung einer Grund- und Mindestgebühr	NVwZ-RR 1997, 314
Oberverwaltungsgericht Sachsen	12.6.2019	5 A 614/18	Aufhebung eines Abwassergebührenbescheids	BeckRS 2019, 17846
Oberverwaltungsgericht Sachsen-Anhalt	21.6.2011	4 L 229/10	Bemessung einer Abwassergrundgebühr	BeckRS 2011, 52507
Oberverwaltungsgericht Sachsen-Anhalt	30.1.2003	1 L 362/01	Gebührenzahlungspflicht für die Benutzung einer öffentlichen Abwasserbeseitigungsanlage	BeckRS 2003, 21434
Oberverwaltungsgericht Thüringen	26.9.2005	4 EO 817/03	Abwassergrundgebühren nach der Nennweite des Anschlusskanals	DÖV 2006, 523
Oberverwaltungsgericht Thüringen	12.12.2001	4 N 595/94	Grund- und Verbrauchsgebühren für die Wasserversorgung	LKV 2002, 534

Gericht	Datum	Aktenzeichen	Kurztext	Fundstelle
Verwaltungs-gerichtshof Bayern	6.12.2001	23 B 01.1018	Bemessung der Grund-gebühr von Entwässe-rungsgebühren nach Wohneinheiten	BayVerwBl. 2002, 635
Verwaltungs-gerichtshof Bayern	20.10.1997	4 N 95.3631	Kostenüberdeckung	BayVerwBl. 1998, 148
Verwaltungs-gerichtshof Hessen	9.1.2014	6 A 71/13	Besondere Ausgleichsrege-lung nach EEG für selb-ständige Unternehmens-teile	ZUR 2014, 298ff.
Verwaltungs-gerichtshof Hessen	9.1.2014	6 A 1999/13	Besondere Ausgleichsrege-lung nach EEG für selb-ständige Unternehmens-teile	IR 2014, 206ff.
Verwaltungs-gerichtshof Hessen	7.3.2012	5 C 206/10.N	Gebührenstruktur für die Umlegung der Abfallbesei-tigungskosten	NVwZ-RR 2012, 696 = DÖV 2012, 606
Verwaltungs-gerichtshof Hessen	25.2.1966	R V 2/62	Normenprüfung hinsicht-lich eines Wassergeldtarifs	VerwRspr. 1967, 839ff.
Verwaltungs-gericht Frankfurt a. M.	14.3.2013	5 K 2071/12.F	Besondere Ausgleichsrege-lung nach EEG für selb-ständige Unternehmens-teile	ER 2014, 135
Bundes-finanzhof	30.4.2019	VII R 14/18	Stromsteuerentlastung für Abwasserunternehmen	ZfZ 2019, 348ff.
Bundes-finanzhof	25.9.2013	VII R 64/11	keine Steuerbegünstigung für den von beauftragten Subunternehmern ver-brauchten Strom	EnWZ 2014, 42
Bundes-finanzhof	13.12.2011	VII R 73/10	kein stromsteuerrecht-liches Herstellerprivileg auf die Beleuchtung und Kli-matisierung von Sozial-räumen	ZfZ 2012, 106
Bundes-finanzhof	9.9.2011	VII R 75/10	kein stromsteuerrecht-liches Herstellerprivileg für die Produktion von Ener-gieerzeugnissen	CuR 2011, 174ff.

Gericht	Datum	Aktenzeichen	Kurztext	Fundstelle
Bundes-finanzhof	7.6.2011	VII R 55/09	Stromsteuerbefreiung für kleine Anlagen, Eigenbedarf mindert Nennleistung nicht	ZNER 2011, 561 ff.
Bundes-finanzhof	7.6.2011	VII R 54/09	Stromsteuerbefreiung für kleine Anlagen, Eigenbedarf mindert Nennleistung nicht	n. v.
Bundes-finanzhof	23.6.2009	VII R 34/08	Auslegung des Anlagenbegriffs i. S. d. § 9 Abs. 1 Nr. 3 StromStG	StE 2010, 13 ff.
Bundes-finanzhof	23.6.2009	VII R 42/08	Auslegung des Anlagenbegriffs i. S. d. § 9 Abs. 1 Nr. 3 StromStG	IR 2009, 354 = StE 2010, 9 ff.
Bundes-finanzhof	31.1.2008	VII B 79/07	Entnahme von Strom nur durch tatsächlichen Letztverbraucher	StE 2008, 74 ff.
Bundes-finanzhof	22.11.2005	VII R 33/05	kein Vergütungsanspruch der Tochtergesellschaft für die gelieferte Wärme von der die Gasheizungsanlage betreibenden Muttergesellschaft	CuR 2006, 66 ff.
Finanzgericht Berlin-Brandenburg	1.8.2012	1 K 1106/09	Steuerfreiheit von Strom aus kleinen Anlagen	StE 2012, 16 ff.
Finanzgericht Gotha	31.7.2008	II 9/06	Stromsteuerbegünstigung eines Unternehmens des Produzierenden Gewerbes als Letztverbraucher von Strom zu betriebseigenen Zwecken	n. v.
Finanzgericht Hamburg	9.11.2010	4 K 94/10	Stromsteuerbegünstigung für stromerzeugende Anlagen	IR 2011, 67 f.
Finanzgericht München	21.9.2011	14 K 145/10	rechtliche Selbständigkeit eines Subunternehmers im Stromsteuerrecht	CuR 2012, 35
Bundesfinanz-ministerium	6.8.2014	III B 6 – V 4250/05/10003:004	Stromsteuerbefreiung nach § 9 Abs. 1 Nr. 3 StromStG	StE 2012, 6 f.
Bundesfinanz-ministerium	24.3.2014	IV A 2 – O 2000/13/10002	zentrale Steuerung der Stromerzeugung	n. v.

Gericht	Datum	Aktenzeichen	Kurztext	Fundstelle
Bundesfinanzministerium	30.3.2012	III B 6 – V 9950/06/10021:020	Neuregelung der Steuerbegünstigung und der Steuerentlastung für die Stromerzeugung und die gekoppelte Erzeugung von Kraft und Wärme nach den §§ 3, 37, 53, 53a und 53b EnergieStG	StE 2012, 6 f.
Bundesfinanzministerium	19.10.2011	IV C 2 – S 2741/10/10002	Mindestgewinnbesteuerung nach § 10d Abs. 2 S. 1 und 2 EStG	StE 2012, 6 f.
Bundesfinanzministerium	12.6.2007	III A 1 – V 8245/07/0010	Dienstvorschrift zur energiesteuerlichen Behandlung von Energieerzeugungsanlagen nach den §§ 2, 3 und 53 EnergieStG	n. v.
Bundesfinanzministerium	18.10.2004	III A 1 – V 4250 – 9/04	Stromsteuerbefreiung nach § 9 Abs. 1 Nr. 1, Nr. 3 StromStG	Versorgungswirtschaft 2015, 112
Bundeskartellamt	15.10.2015	B 8 – 34/13	Missbrauchsaufsicht über Fernwärmepreise – Stadtwerke Leipzig	EnWZ 2015, 573 ff.
Bundesnetzagentur	20.12.2017	BK6-17-168	Anpassung des Netznutzungsvertrages/Lieferantenrahmenvertrages an die Erfordernisse des Gesetzes zur Digitalisierung der Energiewende	n. v.
Bundesnetzagentur	5.10.2016	BK-16-161	Festlegung der Eigenkapitalzinssätze	n. v.
Bundesnetzagentur	11.12.2013	BK4-13-739	Ermittlung sachgerechter Entgelte nach § 19 Abs. 2 StromNEV	EnWZ 2014, 88 ff.
Bundesnetzagentur	31.10.2011	BK4-11-304	Festlegung der Eigenkapitalzinssätze	n. v.
Bundesnetzagentur	7.7.2008	BK4-08-068	Festlegung der Eigenkapitalzinssätze	n. v.

Kapitel 1
Einführung

„Die Höhe der Energiepreise beschäftigt die Nation mittlerweile fast so stark wie die Fußballergebnisse" – so begann dieses Kapitel in der 1. Auflage vor sechs Jahren. Diese Aussage gilt heute noch genauso wie damals. 1

Mit kaum einem Preis in seinem täglichen Leben beschäftigen sich die Bürgerinnen und Bürger so viel und so oft wie mit den Kosten für Strom und Gas. Auch wenn die Bürgerinnen und Bürger oftmals nicht genau wissen, wie hoch der zu zahlende Strompreis ist und aus welchen Bestandteilen er sich zusammensetzt, haben sie doch jedenfalls eine Meinung dazu: Er ist jedenfalls zu hoch. Dieser Eindruck wird verstärkt durch die Kosten für den Atom- und Kohleausstieg, auch wenn diese nicht unmittelbar über den Energiepreis abgebildet werden, sondern die (oft mit den Bürgerinnen und Bürgern identischen) Steuerzahlerinnen und Steuerzahler mit den Kosten über den Bundeshaushalt belastet werden. Die Kosten für die Erneuerbare-Energien-Finanzierung wiederum werden direkt an die Kunden durchgereicht (teilweise in abgemilderter, weil nur so verhältnismäßiger Höhe). Der Strompreis in Deutschland gehört fast zu den höchsten der Welt; von den G-20-Ländern ist Deutschland abgeschlagen das teuerste mit einem Abstand von fast 24 % auf den Nächstteuersten.[1] 2

Was ist dran an diesem Eindruck? Wie hat sich der Preis in den letzten Jahren nun entwickelt? Für Strom nach oben, das bleibt festzuhalten. Zahlte ein Drei-Personen-Haushalt mit einem jährlichen mittleren Stromverbrauch von 3.500 kWh im Jahr 1998 – dem Jahr der Liberalisierung der Strom- und Gasmärkte[2] – noch 17,11 ct/kWh und im Jahr 2000 lediglich 13,94 ct/kWh, wurde im Jahr 2020 erstmals die Grenze von 30 ct/kWh durchbrochen. Zum Stichtag 1.4.2019 betrug der Durchschnittspreis für Haushaltskunden 30,85 ct/kWh. Beim Gaspreis ist in den letzten Jahren eher eine Seitwärtsbewegung zu beobachten. Und wer nun glaubt, beim Wasserpreis seien die Steigerungen ähnlich wie beim Strom, der hat Recht. Und auch die Preise für CO_2-Zertifikate, die europäischen Emissionsberechtigungen, haben massiv angezogen, was mancher begrüßt, der hierin ein Signal verstärkter Klimaschutzanstrengungen sieht. Hinzu kommt mit dem Jahr 2021 der Kostenfaktor BEHG, der erst einmal alle Inverkehrbringer von Brennstoffen trifft, aber faktisch alle Energievertriebe vor weitere, an die Kunden weiterzugebende Kosten stellt (von der Situation der singulären Belieferung aus einer treibhausgaspflichtigen Anlage mal abgesehen, die ja schon dem europäischen Emissionshandel unterliegt und für die Doppelbelastungen ausgeschlossen sein soll). 3

---

1 Deutsche zahlen weltweit fast die höchsten Strompreise, vgl. Spiegel Online v. 18.9.2020, https://www.spiegel.de/wirtschaft/strompreis-deutsche-zahlen-weltweit-fast-die-hoechsten-preise-a-855acda7-44b8-4995-be8e-5c58e4ae2e84.

2 Gesetz über die Elektrizitäts- und Gasversorgung (Energiewirtschaftsgesetz 1998 – EnWG 1998) v. 24.4.1998 (BGBl. I S. 730).

https://doi.org/10.1515/9783110716306-001

4 Aber warum hat sich der Preis für Strom und Gas so entwickelt? Ist es wirklich wahr, dass die Energieversorger sich „weiter dumm und dusselig" verdienen und die Bürgerinnen und Bürger, der einfache Haushalt, zudem noch die deutsche Industrie entlasten soll, weil diese nicht ins Ausland abwandern soll/will? Und warum wünscht sich die Industrie eigentlich immer noch die Zeiten vor der Liberalisierung der Energiemärkte in 1998 zurück?

A. Preisbestandteile – Warum sind die Energiepreise wie sie sind?

5 Bevor der Frage der Preisbildung im Einzelnen nachgegangen werden soll, lohnt es sich, einmal einen Blick auf die Zusammensetzung des Strom- und Gaspreises zu werfen. Die größten Bestandteile des Strompreises (und mit kleinen Abstrichen des Gaspreises) bilden die staatlich veranlassten bzw. regulierten Preisbestandteile.

I. Strompreis

1. Zusammensetzung des Strompreises

6 Besonders deutlich wird der staatliche Anteil beim Strompreis. Schaut man sich hier die einzelnen Bestandteile an, wird man feststellen, dass der größte Teil des Strompreises entweder staatlich reguliert oder aber unmittelbar staatlich veranlasst wird.

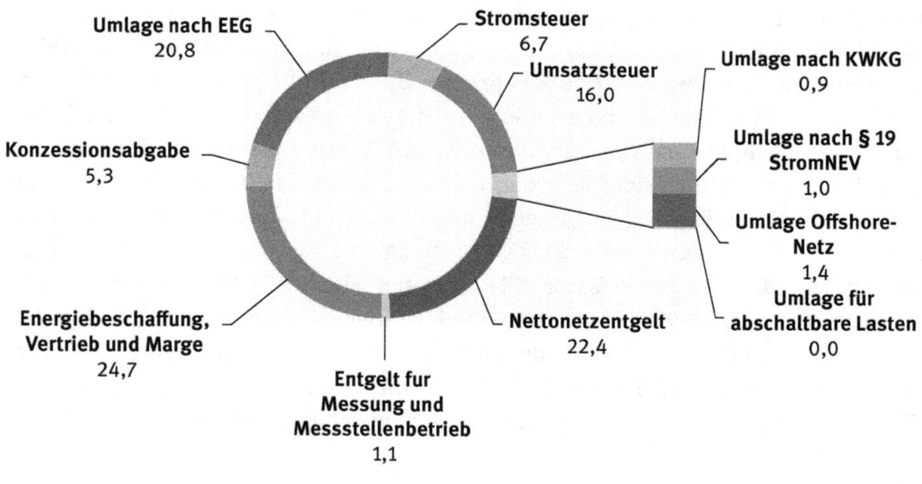

Abb. 1: Strompreis: Zusammensetzung prozentual[3]

3 Quelle: BNetzA/BKartA, Monitoringbericht 2019, S. 292, Abb. 125.

Dem Energiemonitoringbericht 2019 der BNetzA und des BKartA ist zu entnehmen, dass im April 2019 23,4 % des Anteils am Strompreis der Regulierung unterliegen. Weitere 51,9 % sind Steuern und staatlich veranlasste Umlagen, welche sich einer Beeinflussbarkeit des Versorgungsunternehmens entziehen. 24,7 % des Strompreises entfällt dann auf die Energiebeschaffung, den Vertrieb und die Marge.[4] Raum für Vorwürfe der Preistreiberei und der unbilligen Preisgestaltung wird man hier kaum erheben können. 7

2. Entwicklungen des Strompreises

Neben dem Ist-Bestand des Strompreises ist es aber auch interessant, sich einmal die Entwicklung des Strompreises und seiner Bestandteile anzusehen. 8

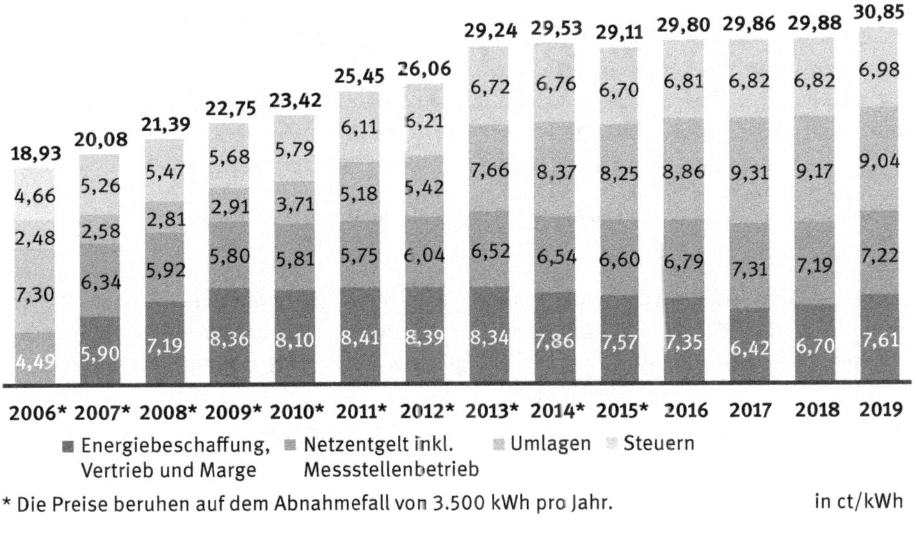

Abb. 2: Über alle Tarife mengengewichteter Elektrizitätspreis für Haushaltskunden[5]

Wie man dieser Darstellung entnehmen kann, ist das Gefühl vieler Kunden, der **Strompreis** würde immer teurer, tatsächlich nicht falsch. Zahlte der Kunde im Jahr 2006 noch einen Betrag von 18,93 ct/kWh so entwickelte sich der Strompreis bis zum Jahr 2013 deutlich nach oben. In den Jahren hiernach stagnierte der Preis dann, um im 9

4 Zur Energiebeschaffung und den Marktregularien siehe Kap. 4.

5 Quelle: BNetzA/BKartA, Monitoringbericht 2019, S. 291, Abb. 124.

Jahr 2019 dann erstmals die Grenze von 30 ct/kWh zu überschreiten. Der Strompreis hat sich also seit 2006 um ca. 61 % erhöht. Doch woher kommen diese Steigerungen?

10 Der größte Anstieg ist bei den **staatlichen Abgaben** zu sehen. Beliefen sich diese im Jahr 2006 noch auf 2,48 ct/kWh, betrugen sie im Jahr 2019 schon 9,04 ct/kWh. Dies ist eine Steigerung von mehr als 265 %. Größter Kostenbestandteil ist hierbei die **EEG-Umlage**.

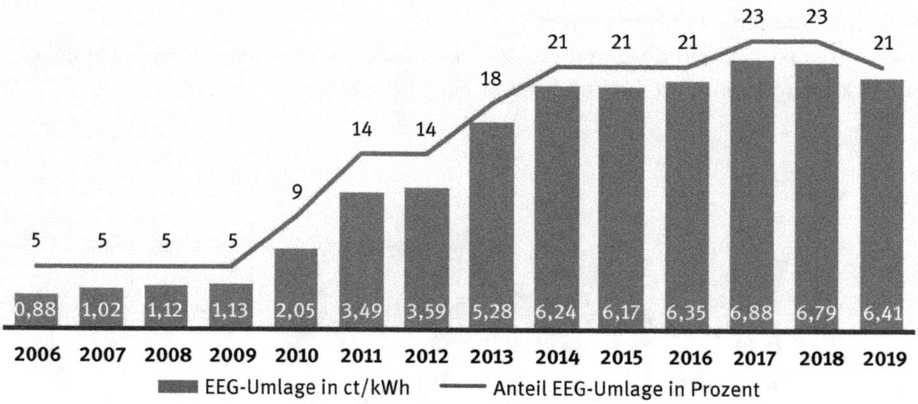

Abb. 3: Entwicklung EEG-Umlage und Anteil am Haushaltskundenpreis 2006 bis 2019[6]

11 Diese stieg von 0,88 ct/kWh (2006) auf 6,41 ct/kWh (2019), also um fast 630 %. In den Jahren 2018 und 2019 war, erstmals seit Einführung der EEG-Umlage, ein Rückgang der Höhe zu betrachten. Dieser war nur von kurzer Dauer, bereits im Jahr 2020 stieg die EEG-Umlage wieder auf 6,76 ct/kWh.[7] Mit dem EEG 2014[8] war u. a. bezweckt worden, dem fortwährenden und starken **Anstieg** der **EEG-Umlage** entgegenzuwirken. Jedoch erst nach der Einführung des EEG 2017[9] kam es dann zu einer Absenkung der Umlage. Ob es sich bei den zwei Umlagensenkungen nur um Ausreißer handelt und mit dem Jahr 2020 ein kontinuierlicher weiterer Anstieg startet, bleibt abzuwarten.

---

6 Quelle: BNetzA/BKartA, Monitoringbericht 2019, S. 294, Abb. 127.

7 Veröffentlicht auf der Informationsplattform der deutschen Übertragungsnetzbetreiber, abrufbar unter https://www.netztransparenz.de/EEG/EEG-Umlagen-Uebersicht/EEG-Umlage-2020.

8 Gesetz zur grundlegenden Reform des Erneuerbare-Energien-Gesetzes und zur Änderung weiterer Bestimmung des Energiewirtschaftsrechts v. 21.7.2014 (BGBl. I S. 1066).

9 Gesetz zur Einführung von Ausschreibungen für Strom aus erneuerbaren Energien aus erneuerbaren Energien und zur weiteren Änderung des Rechts der erneuerbaren Energien v. 13.10.2016 (BGBl. I S. 2258).

Die **Netzentgelte** sind mit Einführung der Regulierung, die aufgrund des sich hinziehenden Genehmigungsverfahrens vor den Regulierungsbehörden erst zum Jahr 2007 wirksam wurde, zunächst deutlich gefallen. 12

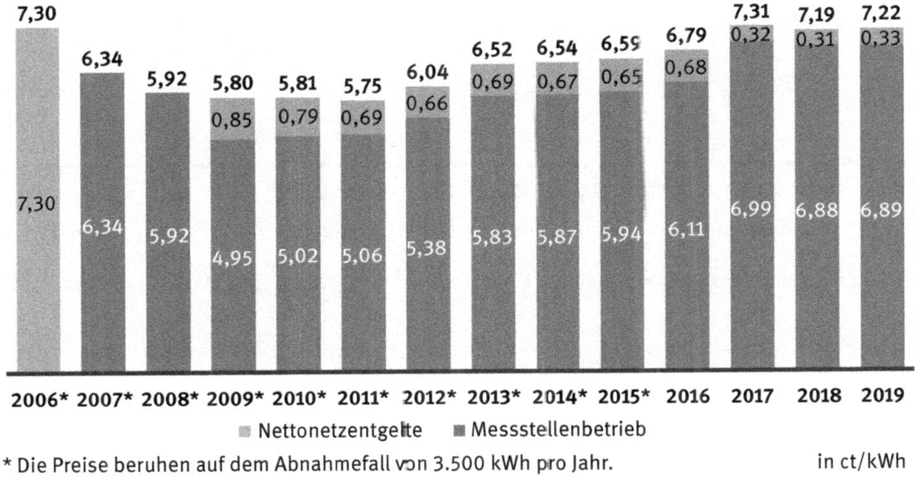

Abb. 4: Entwicklung Netzentgelte für Haushaltskunden 2006 bis 2019[10]

Seit 2011 ist ein Anstieg der Netzentgelte zu beobachten, die derzeit wieder über dem Niveau aus dem Jahr 2007 liegen und damit in etwa auf dem Niveau vor der Regulierung. Dies ist auch deshalb bemerkenswert, da sich die Netzentgelte ein Stück weit von den Kosten der Netzbetreiber gelöst haben und einem Effizienzvergleich unterliegen. 13

Die **Energiebeschaffungskosten inkl. Vertriebskosten und Marge** sind in den Jahren 2006 bis 2013 von 4,27 ct/kWh auf 7,61 ct/kWh gestiegen. 14

10 Quelle: BNetzA/BKartA, Monitoringbericht 2019, S. 293, Abb. 126.

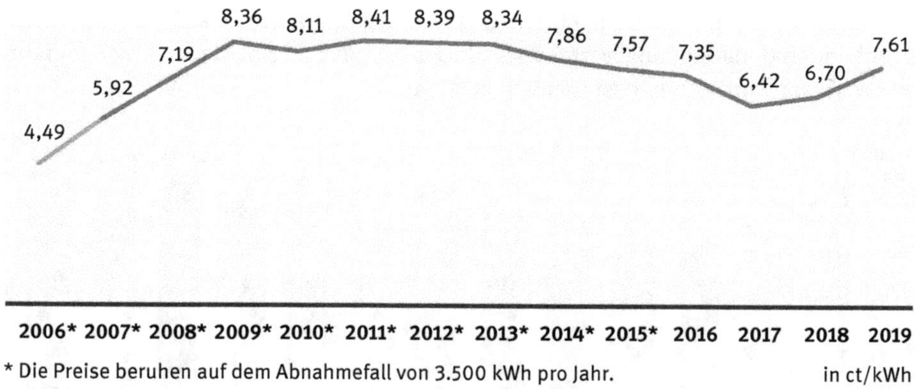

Abb. 5: Entwicklung des Preisbestandteils „Energiebeschaffung, Vertrieb und Marge" 2006 bis 2019[11]

15 Mit Beginn der Liberalisierung kam es auch zu einem Anstieg der Vertriebskosten. Gerade am Anfang der Liberalisierung war die Möglichkeit des Stromanbieterwechsels ein durchaus erklärungsbedürftiges Produkt und auch das Hinzutreten zahlreicher Wettbewerber hatte steigende Kosten für Werbeausgaben zur Folge. Im Jahr 2011 waren die Kosten für Energiebeschaffung auf dem Höhepunkt und sanken hiernach kontinuierlich bis zum Jahr 2017. Hiernach war wieder ein Anstieg der Kosten zu beobachten, der auch auf die gestiegenen Großhandelspreise zurückzuführen ist.

II. Gaspreis

1. Zusammensetzung des Gaspreises

16 Die Zusammensetzung des Gaspreises ist weniger komplex als diejenigen des Strompreises.

17 Wie der Abbildung 6 zu entnehmen ist, sind die Preisbestandteile, die der staatlichen Regulierung unterliegen oder aber Steuern und Abgaben sind, geringer als im Strombereich und betragen „nur" ca. 51 %. Auch dies ist allerdings ein sehr beachtlicher Teil. Wenn man dann parallel betrachtet, dass für den einzelnen Gaslieferanten der Gaseinkauf allenfalls in kleinem Rahmen steuerbar ist, macht dies deutlich, dass der Versorger nur einen begrenzten Einfluss auf das Gasentgelt hat, welches der Kunde zu zahlen hat.

11 Quelle: BNetzA/BKartA, Monitoringbericht 2019, S. 294, Abb. 128.

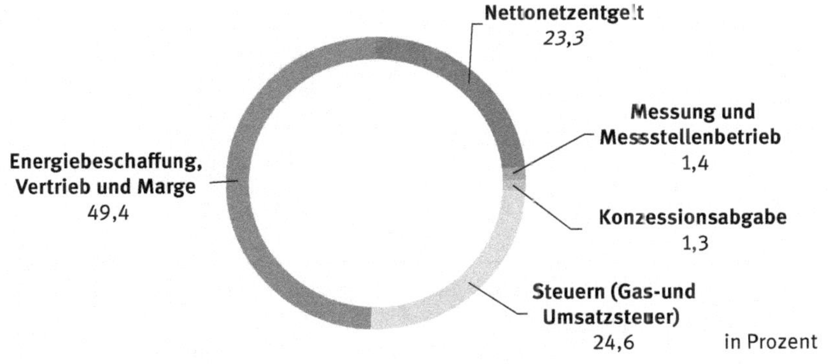

Abb. 6: Zusammensetzung des mengengewichteten Einzelhandelspreisniveaus Gas für Haushaltskunden bei der Belieferung in der Grundversorgung[12]

2. Entwicklungen des Gaspreises

Auch im Hinblick auf den Gaspreis hat sich die feste Vorstellung verankert, dass die- **18**
ser immer weiter steigt. Ein Blick auf die Zahlen bestätigt diesen Befund nicht. Zwar kam es in den Jahren 2006 bis 2009 zu einer deutlichen Preissteigerung, die durch Preissenkungen im Jahr 2010 allerdings teilweise mehr als kompensiert wurden.

Seit 2010 kam es dann zu einer mehr oder weniger stabilen Seitwärtsbewegung **19**
der Preise bis zum Jahr 2018. 2018 waren die Preise ungefähr auf dem Niveau von 2010 und teilweise auch darunter.

Im Jahr 2019 kam es dann zu einem Anstieg der Preise. Interessant hierbei ist al- **20**
lerdings die Betrachtung, welche Versorgergruppe wie stark Preisveränderungen vorgenommen hat. Während die Kunden des Grundversorgers außerhalb der Grundversorgung mit um rund 10 % gestiegenen Kosten konfrontiert wurden, mussten die Kunden in der Grundversorgung genau wie die Kunden die von einem dritten Lieferanten versorgt wurden, eine Steigerung von ca. 14 % hinnehmen.

12 Quelle: BNetzA/BKartA, Monitoringbericht 2019, S. 461, Abb. 220.

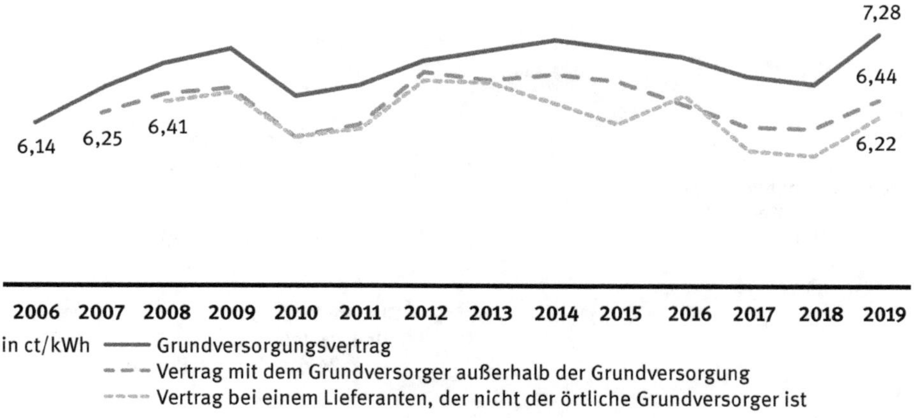

Abb. 7: Entwicklung der mengengewichteten Gaspreise für Haushaltskunden 2006 bis 2019[13]

21 Beachtenswert ist in dieser Darstellung auch die **Preisentwicklung** zwischen der **Grundversorgung** und der **Versorgung im Sondervertrag**. Die Preisentwicklung läuft parallel und es wird immer fast der gleiche Preisabstand zwischen den Tarifen eingehalten. Der Abstand zwischen den beiden Preisarten dürfte zum einen auf die unterschiedliche Höhe der **Konzessionsabgabe** nach der Konzessionsabgabenverordnung[14] (KAV) zurückzuführen sein,[15] zum anderen aber auch mit den Risiken des Kontrahierungszwangs zusammenhängen, der den Grundversorger trifft – er kann sich seine Kunden nicht aussuchen.

B. Reaktionsmöglichkeiten des Kunden

22 Kunden, die mit einer Preisänderung des Versorgers nicht einverstanden sind, sind dieser – entgegen weit verbreiteter Meinung unter Energiekunden – nicht schutzlos ausgeliefert. Sie können nicht nur die durchgeführten Preisanpassungen **(gerichtlich) überprüfen** lassen, sie können auch ohne Weiteres den **Versorger wechseln**, denn eine einseitige Preisanpassung durch den Versorger führt zu dem Recht der **einseitigen Vertragskündigung**.

13 Quelle: BNetzA/BKartA, Monitoringbericht 2019, S. 471, Abb. 228.

14 Verordnung über Konzessionsabgaben für Strom und Gas (Konzessionsabgabenverordnung – KAV) v. 9.1.1992 (BGBl. I S. 12, 407), zuletzt geändert durch Verordnung v. 1.11.2006 (BGBl. I S. 2477).

15 Vgl. § 2 Abs. 3 Nr. 2b und Abs. 3 Nr. 2 KAV.

I. Überprüfung der Preisanpassung des Versorgers

Ein Kunde hat die Möglichkeit, der einseitigen Preisanpassung eines Versorgers – untechnisch gesprochen – zu widersprechen. Welchen Umfang und welche Wirkung dies hat, richtet sich nach der Art der **Preisanpassungsklausel**. 23

Handelt es sich um eine Preisformel oder die Weitergabe von Preisbestandteilen in der jeweils gültigen Höhe, so kann der Kunde überprüfen, ob der Versorger richtig gerechnet, also die vertraglich vereinbarten Preismechanismen richtig zur Anwendung gebracht hat. Etwaige Zweifel an der Preisklausel selbst,[16] welche der Versorger nicht ausräumen kann, kann der Kunde gerichtlich überprüfen lassen. 24

Hat der Versorger eine Preisanpassungsmöglichkeit nach „billigem Ermessen“ mit dem Kunden vereinbart oder handelt es sich um eine Preisanpassung eines Grundversorgers, ist die Wirksamkeit einer Preisanpassung nicht schnell und einfach zu entscheiden. Zunächst wird man hier feststellen müssen, dass es kein „Richtig“ oder „Falsch“ einer Preisbestimmung gibt. Eine Preisbestimmung nach billigem Ermessen setzt einen Ermessensgebrauch des Versorgers voraus, der nicht zu „dem“ billigen Entgelt führt, sondern zu „einem“ (von mehreren möglichen) billigen Entgelten. Hierbei ist dem Versorger ein gewisser Spielraum einzuräumen, da ja eine in die Zukunft gerichtete Kalkulation denklogisch mit gewissen Unsicherheiten auskommen muss. Die Ermessensentscheidung des Versorgers kann der Strom- und Gaskunde aber gerichtlich überprüfen lassen.[17] 25

Allerdings bringt dies auch für den Kunden ein nicht unerhebliches Risiko. Da Preisanpassungen oftmals eine jährliche Anpassung von unter 100 € zur Folge haben, machen die Kosten für die gerichtliche Überprüfung schnell einen erheblichen Teil dieser Mehrbelastung aus. Wenn dann das Gericht noch einen Gerichtsgutachter bestellt, können schnell die Energiekosten für mehrere Jahre als Risiko für den Strom- und Gaskunden bestehen. Insbesondere, da er nicht einschätzen kann, ob die Kalkulation richtig war oder nicht. 26

Tipp **!**

Außergerichtlich muss der Versorger dem Kunden auch keine Auskunft über die betriebswirtschaftlichen Grundlagen der Preisveränderung geben. Erst im Gerichtsverfahren wird der Versorger, so das Gericht dies überhaupt für notwendig hält, zur Preiskalkulation vortragen müssen.

---

16 Vgl. zur Überprüfung von Preisanpassungsklauseln Kap. 5.

17 Zum Prüfungsmaßstab vgl. Kap. 6.

II. Wechsel des Anbieters oder des Tarifs

27 Will sich der Strom- und Gaskunde allerdings nicht auf einen längerfristigen Rechtsstreit mit ungewissem Ausgang einlassen, so kann er den Markt sondieren und sich ggf. für einen anderen Versorger entscheiden. Im Jahr 2018 waren 1.485 Unternehmen als Elektrizitätslieferanten tätig.[18] Diese Lieferanten sind nicht alle bundesweit tätig, sondern sind teilweise nur regional, teilweise sogar nur lokal tätig. Gleichwohl ergibt sich für den Stromkunden ein umfangreiches Angebot an potenziellen Lieferanten. Durchschnittlich standen dem Letztverbraucher im Jahr 2018 149 Stromlieferanten und dem Haushaltskunden noch 132 Stromlieferanten zur Auswahl.[19] Eine Zahl, die fortlaufend steigt.

28 Die Zahlen in der Gasversorgung sehen etwas schwächer aus, so standen 2018 1.028 Gaslieferanten zur Verfügung.[20] Ebenso wie bei der Stromversorgung gibt es auch hier Unternehmen, welche lediglich regional tätig sind. Durchschnittlich stehen einem Gaskunden 124 Lieferanten zur Auswahl, Haushaltskunden können zwischen 104 Gaslieferanten wählen.[21]

29 Sowohl bei der Strom- als auch bei der Gasversorgung kann ein Kunde aber nicht nur zwischen den einzelnen Lieferanten wählen, er hat auch die Wahl zwischen den verschiedensten Tarifmodellen. Neben den klassischen Tarifen mit der Zahlung eines (veränderlichen) Arbeits- und eines Grundpreises sind alle möglichen Varianten denkbar. Tarife mit Festpreisen, (eingeschränkten) Preisgarantien, Tarife mit fest vereinbarten Abnahmemengen, mit Bonuszahlungen und vieles mehr sind am Markt erhältlich.

30 Die Auswahl und das Auffinden von potenziellen Energieversorgern und des richtigen Tarifs werden den Kunden durch die im Internet angebotenen Vergleichsportale erleichtert. Hier kann der Kunde einen Anbieter nach seinen persönlichen Präferenzen auswählen – nicht nur das, auch zwischen mehreren Tarifen bei einem Anbieter kann der Kunde wählen. Ob es der Preis oder das Preismodell ist, die Art der verkauften Energie oder aber die räumliche Nähe des Kundenzentrums.

---

18 BNetzA/BKartA, Monitoringbericht 2019, S. 266; abrufbar unter https://www.bundesnetzagentur.de/SharedDocs/Mediathek/Berichte/2019/Monitoringbericht_Energie2019.pdf?__blob=publicationFile&v=5.

19 BNetzA/BKartA, Monitoringbericht 2019, S. 267; abrufbar unter https://www.bundesnetzagentur.de/SharedDocs/Mediathek/Berichte/2019/Monitoringbericht_Energie2019.pdf?__blob=publicationFile&v=5.

20 BNetzA/BKartA, Monitoringbericht 2019, S. 431; abrufbar unter https://www.bundesnetzagentur.de/SharedDocs/Mediathek/Berichte/2019/Monitoringbericht_Energie2019.pdf?__blob=publicationFile&v=5.

21 BNetzA/BKartA, Monitoringbericht 2019, S. 432; abrufbar unter https://www.bundesnetzagentur.de/SharedDocs/Mediathek/Berichte/2019/Monitoringbericht_Energie2019.pdf?__blob=publicationFile&v=5.

Aber auch bei den Vergleichsportalen ist eine gewisse Vorsicht geboten. Das Bundeskartellamt hat in einer Sektorenuntersuchung von Vergleichsportalen[22] auch verbraucherunfreundliche Tricks festgestellt, bei denen teilweise Unternehmen die keine/niedrigere Provision an die Portale zahlten, schlechter im Ranking waren oder bei denen Portalbetreiber einzelne Lieferangebote als nachteilig für die Verbraucher ansahen. Auch müssen sich natürlich nicht alle Versorger an allen Portalen beteiligen. 31

Oftmals allerdings muss ein Kunde seinen Versorger aber gar nicht wechseln, wenn er einen günstigeren Preis haben möchte: Es genügt sehr oft schon, allein von der Grundversorgung in einen anderen Tarif zu wechseln. Hier bieten zwischenzeitlich nahezu alle Versorger eine Vielzahl von Produkten an, die sich etwa durch die Verwendung bestimmter Arten von Energien (z. B. ausschließlich regenerativ erzeugter Strom) oder aber auch Verträge mit festen Laufzeiten (mit und ohne Preisanpassungen) unterscheiden. Die Sparpotenziale sind hierbei sofort errechenbar und hängen nicht von dem Ausgang eines Rechtsstreites ab. 32

C. Regelungsvielfalt in der Energiewirtschaft

Wie in den folgenden Kapiteln dieses Buches noch ausführlich beschrieben werden wird, ist das Energierecht zwischenzeitlich in einem sehr umfassenden Regelungskanon mit derzeit ca. 15.000 Normen in einer Vielzahl von Gesetzen und Verordnungen angewachsen. 33

22 BKartA, Sektoruntersuchung Vergleichsportale, V-21/17, April 2019, abrufbar unter https://www.bundeskartellamt.de/SharedDocs/Publikation/DE/Sektoruntersuchungen/Sektoruntersuchung_Vergleichsportale_Bericht.pdf?__blob=publicationFile&v=7.

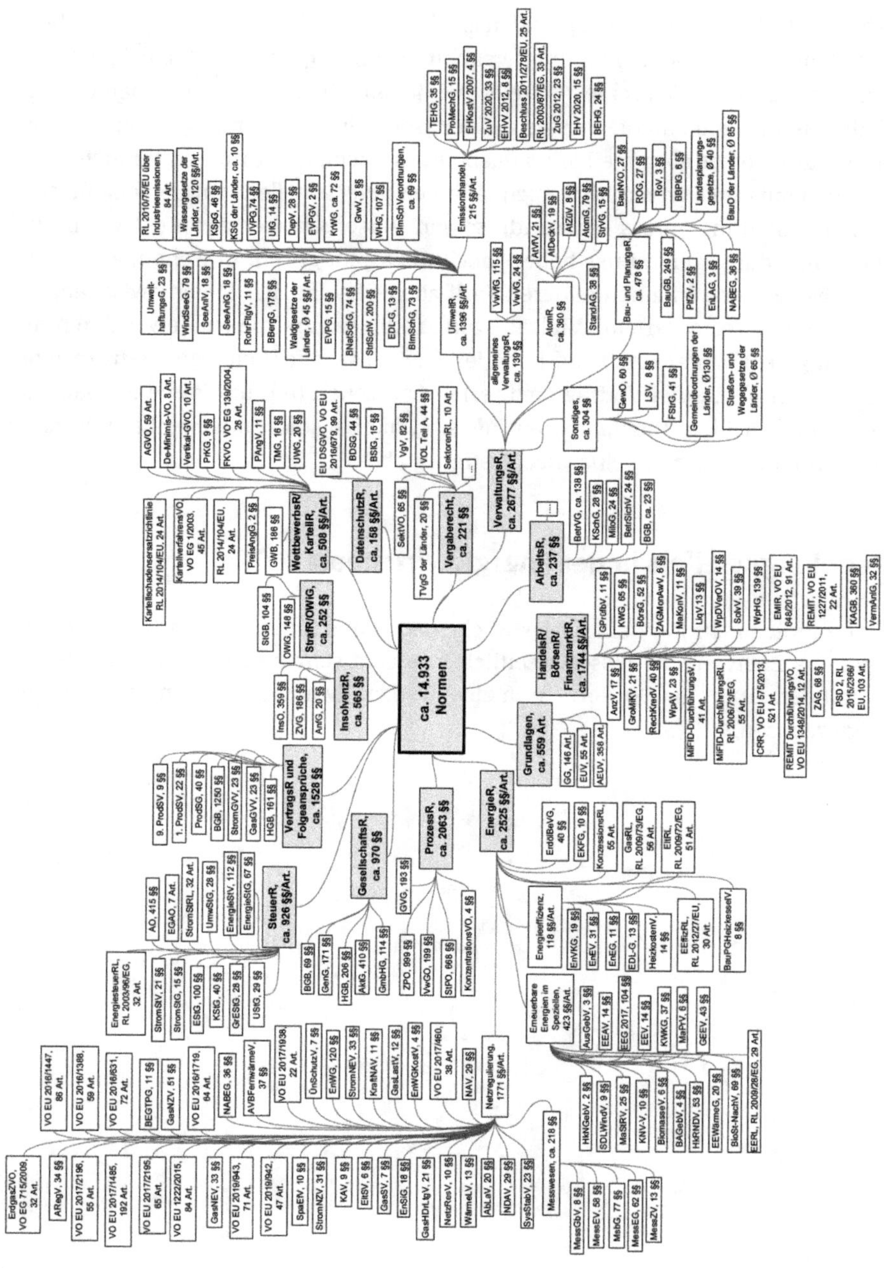

Abb. 8: Überblick Normenvielfalt[23]

23 Copyright Becker Büttner Held – Rechtsanwälte Steuerberater Wirtschaftsprüfer; Stand: Januar 2020.

Diese Normen beziehen sich nicht alle ausschließlich auf die Energiewirtschaft; es sind auch Normen aus anderen Rechtsgebieten, z. B. dem Gesellschaftsrecht oder dem allgemeinen Zivilrecht, enthalten. Aber auch diese sind von dem Versorger zu beachten. 34

Und auch die speziellen Normen haben erheblich zugenommen. Während man vor der Liberalisierung[24] noch mit einem EnWG mit weniger als 20 Normen auskam, umfasst allein das EnWG jetzt an die 200 Normen. Aber mit dem EnWG ist es nicht getan. Immer neue Gesetze, Verordnungen und Beschlüsse/Festlegungen der Regulierungsbehörden wurden und werden erlassen. Für die Preiszusammensetzung besonders relevant sind: 35

- Erneuerbare-Energien-Gesetz (EEG),[25]
- Kraft-Wärme-Kopplungsgesetz (KWKG),[26]
- Grundversorgungsverordnungen Strom (StromGVV)[27] und Gas (GasGVV),[28]
- Netzentgeltverordnungen Strom (StromNEV)[29] und Gas (GasNEV),[30]
- Anreizregulierungsverordnung (ARegV),[31]
- Konzessionsabgabenverordnung (KAV),[32]
- Energiesteuergesetz (EnergieStG)[33] und Stromsteuergesetz (StromStG),[34]

---

24 Zur historischen Entwicklung vgl. Zenke/Wollschläger/*Danner*, § 315 BGB, S. 7 ff.

25 Gesetz für den Ausbau erneuerbarer Energien (Erneuerbare-Energien-Gesetz – EEG 2017) v. 21.7.2014 (BGBl. I S. 1066), zuletzt geändert durch Gesetz v. 8.8.2020 (BGBl. I S. 1818).

26 Gesetz für die Erhaltung, die Modernisierung und den Ausbau der Kraft-Wärme-Kopplung (Kraft-Wärme-Kopplungsgesetz) v. 21.12.2015 (BGBl. I S. 2498), zuletzt geändert durch Gesetz v. 8.8.2020 (BGBl. I S. 1818).

27 Verordnung über Allgemeine Bedingungen für die Grundversorgung von Haushaltskunden und die Ersatzversorgung mit Elektrizität aus dem Niederspannungsnetz (Stromgrundversorgungsverordnung – StromGVV) v. 26.10.2006 (BGBl. I S. 2391), zuletzt geändert durch Verordnung v. 14.3.2019 (BGBl. I S. 333).

28 Verordnung über Allgemeine Bedingungen für die Grundversorgung von Haushaltskunden und die Ersatzversorgung mit Gas aus dem Niederdrucknetz (Gasgrundversorgungsverordnung – GasGVV) v. 26.10.2006 (BGBl. I S. 2391, 2396), zuletzt geändert durch Gesetz v. 29.8.2016 (BGBl. I S. 2034).

29 Verordnung über die Entgelte für den Zugang zu Elektrizitätsversorgungsnetzen (Stromnetzentgeltverordnung – StromNEV) v. 25.7.2005 (BGBl. I S. 2225), zuletzt geändert durch Verordnung v. 23.12.2019 (BGBl. I S. 2935).

30 Verordnung über die Entgelte für den Zugang zu Gasversorgungsnetzen (Gasnetzentgeltverordnung – GasNEV) v. 25.7.2005 (BGBl. I S. 2197), zuletzt geändert durch Verordnung v. 23.12.2019 (BGBl. I S. 2935).

31 Verordnung über die Anreizregulierung der Energieversorgungsnetze (Anreizregulierungsverordnung – ARegV) v. 29.10.2007 (BGBl. I S. 2529), zuletzt geändert durch Verordnung v. 23.12.2019 (BGBl. I S. 2935).

32 Verordnung über Konzessionsabgaben für Strom und Gas (Konzessionsabgabenverordnung – KAV) v. 9.1.1992 (BGBl. I S. 12, 407), zuletzt geändert durch Verordnung v. 1.11.2006 (BGBl. I S. 2477).

33 Energiesteuergesetz (EnergieStG) v. 15.7.2006 (BGBl. I S. 1534; 2008 I S. 660, 1007), zuletzt geändert durch Verordnung v. 19.6.2020 (BGBl. I S. 1328).

34 Stromsteuergesetz (StromStG) v. 24.3.1999 (BGBl. I S. 378; 2000 I S. 147), zuletzt geändert durch Verordnung v. 19.6.2020 (BGBl. I S. 1328).

- das Treibhausgasemissionshandelsgesetz[35] und das Brennstoffemissionshandelsgesetz,[36]
- das Messstellenbetriebsgesetz.[37]

36 Diese Regelungen, die sich immer wieder ändern, stellen an die Unternehmen der Energiewirtschaft erhebliche Anforderungen, die nicht immer einfach zu durchdringen sind. Aber auch für Verbraucherinnen und Verbraucher, zu deren Gunsten eine Vielzahl von Regelungen eingeführt wurde, ist nicht immer auf Anhieb Sinn und Umfang von bestimmten Regelungen verständlich.[38]

37 In diesem Buch widmen sich die Autorinnen und Autoren umfassend den rechtlichen und betriebswirtschaftlichen Grundlagen der verschiedenen Wertschöpfungsstufen, die Grundlage der Preiskalkulation sind.[39]

38 Große Mengen des Strombedarfs werden nach wie vor im Kraftwerk erzeugt; unter Umständen wird Gas dafür eingesetzt und bei der Verbrennung fossiler Stoffe wird CO_2 emittiert. Die deutsche Erzeugerlandschaft (mitten im grundlegenden Umbau wie sie ist: von der konventionellen Energie hin zu politisch gewollter möglichst flächig angelegter Treibhausgasemissionsfreiheit der Erzeugung. Zudem begleitet von der Mega-Fusion E.ON und RWE[40]) bestimmt einen Teil der Kosten. Deswegen ist ihr ein eigenes Kapitel[41] gewidmet. Der nächste Schritt in der Wertschöpfungskette – der Ein- und Verkauf von Gas, Strom, Fernwärme und CO_2 – bestimmt, wer und wie er am Markt besteht. Daher soll auch ein ausführlicher Blick[42] auf den Strom- und Gasgroßhandel und die strukturierte Energiebeschaffung erfolgen. Nach einem Blick auf die Sonderverträge in Strom und Gas[43] und auf die Grundversorgung (die Versorgungspflicht und die Preisgestaltung)[44] beschäftigen wir uns mit den Bereichen Fernwär-

35 Gesetz über den Handel mit Berechtigungen zur Emission von Treibhausgasen (Treibhausgas-Emissionshandelsgesetz – TEHG) v. 21.7.2011 (BGBl. I S. 1475), zuletzt geändert durch Gesetz v. 8.8.2020 (BGBl. I S. 1818).

36 Gesetz über einen nationalen Zertifikatehandel für Brennstoffemissionen (Brennstoffemissionshandelsgesetz – BEHG) v. 12.12.2019 (BGBl. I S. 2728).

37 Gesetz über den Messstellenbetrieb und die Datenkommunikation in intelligenten Energienetzen (Messstellenbetriebsgesetz – MsbG) v. 29.8.2016 (BGBl. I S. 2034), zuletzt geändert durch Gesetz v. 20.11.2019 (BGBl. I S. 1626).

38 Z. B. hat die Ausgestaltung der Rechnung, die in § 41 EnWG geregelt ist, einen Umfang angenommen, dass für den Strom- und Gaskunden die eigentliche Information, nämlich der konkrete Rechnungsbetrag, kaum noch zu finden ist neben den ganzen weiteren Informationen und grafischen Darstellungen.

39 Siehe Kap. 2.

40 Vgl. z. B. BBH-Blog v. 27.5.2020, abrufbar unter https://www.bbh-blog.de/alle-themen/energie/was-macht-eigentlich-die-fusion-von-rwe-und-e-on/.

41 Siehe Kap. 3.

42 Siehe Kap. 4.

43 Siehe Kap. 5.

44 Siehe Kap. 6.

meversorgung[45] und Wasserversorgung.[46] Die Strom- und Gaserzeugung, die Fernwärme- und die Wasserversorgung unterliegen verschiedenen Regeln, die wir darstellen. Bis ins Detail geregelt aber, inklusive der Verzinsung des eigenen Eigentums, sind die Netzentgelte für Strom und Gas, die in einem weiteren Kapitel dargestellt werden.[47] Auch individuelle Netznutzungsentgelte, die nur einem bestimmten Kundenkreis offen stehen, werden hier erstmals angesprochen. Das darauf folgende Kapitel setzt sich mit den Umlagen, Steuern, Förderungen und letztlich den Optimierungsmöglichkeiten auseinander.[48]

Dieses Buch schließt mit einem Resümee und Ausblick.[49] Eine Rechtsprechungs- 39
übersicht soll den Umgang mit der Materie erleichtern.

45 Siehe Kap. 7.
46 Siehe Kap. 8.
47 Siehe Kap. 9.
48 Siehe Kap. 10.
49 Siehe Kap. 11.

Kapitel 2
Preiskalkulation

In diesem Kapitel erklären wir die **Entstehung** von **Energiepreisen.** Einleitend sollen dafür die mikroökonomischen Grundlagen, die das Preissetzungsverhalten in Abhängigkeit der bestehenden Marktform beeinflussen, erläuternd dargestellt werden.[1] Die daraus gewonnenen Erkenntnisse werden Grundlage für die folgende Erklärung von **Marktgleichgewichtspreisen** zwischen Angebot und Nachfrage sein.[2] 1

Die weitere Analyse kann nicht ohne gewisse theoretische Grundlagen aus der Mathematik, Statistik und Ökonometrie geschehen[3] – damit der geneigte Leser jedoch nicht jetzt schon zum nächsten Kapitel blättert, sei versprochen, dass der Praxisbezug stets gewahrt bleiben soll. 2

In Anlehnung an *Borchert* et al.[4] wird weiterhin die Entwicklung und Ausgestaltung des Energiemarktes am Beispiel des Strommarktes in Deutschland nach der Marktliberalisierung in einer anschaulichen Art und Weise beschrieben werden.[5] Daraus soll hervorgehen, dass Intransparenz und Marktmacht sehr wichtige **Einflussfaktoren** für die **Preisbildung** sind. Die mit der Liberalisierung verbundenen Ziele sollen zudem während dieser Darstellung nochmals hervorgehoben werden, bevor auf die Preisbildung genauer einzugehen ist. 3

Aber ohne die Gründe für den bestehenden Wandel von einer monopolistischen Anbieterstruktur hin zur Marktliberalisierung mit allen Chancen und Risiken der freien Preisbildung für die unterschiedlichen Marktakteure zu nennen, sollte das Kapitel nicht begonnen werden. 4

A. Der Preis im Marktumfeld

Die leistungsgebundene Energiewirtschaft war lange Zeit eine vom Wettbewerb ausgenommene Branche, in der ein kompetitiver Ausnahmezustand bestand. Ein **Marktmechanismus** und damit verbundener echter **Preiswettbewerb** fanden nicht statt. Den Energieversorger „wählte" man über die Verlagerung des eigenen Wohnsitzes in das entsprechende Versorgungsgebiet. Die Bundesrepublik war in **Gebietsmonopole** aufgeteilt und damit die Energieversorgungsunternehmen (EVU) ihre Marktmacht nicht missbrauchten, wurden die Preise staatlich reguliert. Ein Handel zwischen den 5

1 Vgl. Rn 5ff.
2 Vgl. Rn 10ff.
3 Vgl. Rn 27ff.
4 Vgl. für die folgende Darstellung dazu *Borchert/Schemm/Korth*, Stromhandel, S. 3ff.
5 Vgl. Rn 33ff.

https://doi.org/10.1515/9783110716306-002

EVU gab es zwar bereits vor 1998, aber dieser fand jedoch nur bilateral und in einem begrenzten Umfang statt.

6 In Zeiten regulierter Strommärkte überließ die Stromerzeugung den Handel mit Strom zumeist ihrem Stromvertrieb zu **Durchschnittskosten**.[6] Bis dato wurden Energielieferverträge zumeist über einen längeren Zeitraum, zu mehr oder minder festen Preisen und hochgradig individualisiert abgeschlossen.[7] Die einzigen Vertragsanpassungen konnten in solchen Vollversorgungsverträgen, wenn nötig, nur über im Vorfeld definierte **Preisgleitklauseln** vorgenommen werden.

7 Nachdem in den 1970er Jahren u.a. infolge von Ölpreisschocks gleichzeitig Arbeitslosigkeit und Inflation auftraten, setzten sich in der folgenden Dekade in der internationalen wirtschaftspolitischen Debatte die Ideen des **Monetarismus**[8] durch.[9] Damit verbundene Vorstellungen waren positive Auswirkungen auf die Verteilungseffizienz und das allgemeine Preisniveau durch Wettbewerb auf der Erzeuger- und Vertriebsebene. Bezogen auf **Energiemärkte** bedeutet diese Überlegung etwa, dass Abnehmer ihren Lieferanten selbst wählen und gleichzeitig Erzeuger ihr Produkt an jeden potenziellen Kunden veräußern können sollten. Das Entstehen von Großhandelsmärkten, das Eintreten von Brokern und Arbitrageuren in den Energiehandel ließe Preisdifferenzen innerhalb des Marktes verschwinden, senke die Preisvolatilität, führe darüber hinaus zu einer steigenden Markttransparenz und zu einer Erhöhung der Liquidität – so die mit der Marktöffnung verbundene Hoffnung.

8 Als das zentrale Element für einen funktionierenden Wettbewerb auf den Energiemärkten ist die **Trennung** von **Netzbetrieb** und **Stromlieferung** bzw. die Trennung von **Erzeugung** und **Stromvertrieb** identifiziert worden.[10] Die Bedingungen für den Netzzugang müssen für alle Akteure des Marktes gleich sein, um Ineffizienzen im Markt nivellieren zu können. Energieerzeugern und reinen Vertriebsunternehmen wird durch einen diskriminierungsfreien Zugang die Notwendigkeit genommen, eine eigene Infrastruktur aufbauen zu müssen. Die immensen Kosten für den Aufbau und den Parallelbetrieb mehrerer Energienetze rechtfertigen allerdings mit Blick auf die Übertragung von Energie die Existenz sog. natürlicher Monopole, die auf der Netzebene auch heute weiterhin bestehen.[11] Die Erzeugerlandschaft sowie die involvierten Marktakteure in Stromvertrieb und -handel sahen sich währenddessen einer massiven Strukturveränderung in Form einer Entflechtung der einzelnen Wertschöpfungsstufen durch das Unbundling von Netz- und Vertriebsgesellschaften von EVU ausgesetzt.

---

6 Vgl. Schwintowski/*Spicker*, Energiehandel, S. 82.

7 Vgl. *Becker*, Aufstieg und Krise der deutschen Stromkonzerne, S. 85 ff.

8 Angebotsorientierte Wirtschaftspolitik und ein möglichst geringer regulatorischer Einfluss mit der Geldmenge als wichtigstem Einflussfaktor zur Steuerung der Wirtschaftsentwicklung.

9 *Samuelson/Nordhaus*, Volkswirtschaftslehre, S. 544.

10 Vgl. u.a. Zander/Riedel/*Zander*, Praxishandbuch Energiebeschaffung, II. Strombeschaffung – 1.1.2 Netzzugang, S. 23.

11 Vgl. Kap. 9 Rn 2.

Seit der Liberalisierung haben die Energiemärkte einen fast schon revolutionären Wandel durchlebt.

Bevor aber weiter auf die Preisbildungsmechanismen auf Energiemärkten eingegangen werden soll, betrachten wir zunächst ganz allgemein das Zusammenspiel von Angebot und Nachfrage. 9

I. Angebot und Nachfrage

In unserer heutigen Gesellschaft erfüllen Märkte eine ganz wesentliche Aufgabe, indem sie die Allokation von Waren und Dienstleistungen koordinieren. Was für eine überwältigende Aufgabe das ist, wird deutlich, wenn man sich allein für die Europäische Union die unglaubliche Summe von ca. 13,94 Bill. € vor Augen führt, die 2019 an Wirtschaftsleistung umgesetzt wurde.[12] Das zentrale Element dieser aus unendlich vielen Einzelbestandteilen bestehenden Produktions- und Handelsketten ist der **Preis**. Von Preisen gehen entscheidende Signale über Möglichkeiten und Bedürfnisse aus. Hohe Preise dämpfen zumeist die Nachfrage, während niedrige Preise das genaue Gegenteil bewirken. Produzenten und Konsumenten erhalten so die entscheidenden Signale, um ihr Anbieter- bzw. Nachfragerverhalten an die vorherrschenden Bedingungen anzupassen. Durch das Spiel von Angebot und Nachfrage ermitteln Käufer und Verkäufer den Preis und die Menge von handelbaren Waren und Dienstleistungen. Deren Entstehen kommt in dieser Hinsicht eine enorme Bedeutung zu. Die Interaktion zwischen Angebot und Nachfrage ist das ausgleichende Moment im **Marktmechanismus.**[13] 10

Wirtschaftswissenschaftler beantworten dadurch Fragen danach was, wann für wen produziert werden soll. Das Kalkül der Unternehmerseite ist es, sich im Wettbewerb durchzusetzen und den eigenen Gewinn zu maximieren. Steigt also der Preis für eine bestimmte Ware, etwa aufgrund einer **Nachfragesteigerung**, werden alle am Produktionsprozess beteiligten Unternehmen dieses Gut verstärkt anbieten. Die Differenz aus den erzielten Erlösen und den Produktionskosten bildet dabei den Unternehmensgewinn. Auf Käuferseite hingegen möchte man die Differenz aus vorhandener Kaufkraft und den bei Konsum anfallenden Kosten maximieren. 11

Ökonomen gehen davon aus, dass sich beim ständigen Interagieren von Käufern und Verkäufern auf diversen Märkten ein **Gleichgewicht** auf den entsprechenden Märkten einstellt. Der **Markt** ermittelt so die Gleichgewichtsmenge (q^*) als auch den Gleichgewichtspreis (p^*). Beim Austarieren dieser beiden Faktoren werden sowohl die Interessen der Verkäufer als auch der Käufer berücksichtigt. *Adam Smith* war derjeni- 12

12 Vgl. Europa in Zahlen – Eurostat-Jahrbuch, S. 92, abrufbar unter https://ec.europa.eu/eurostat/en/web/products-statistical-books/-/KS-HA-20-001.

13 *Samuelson/Nordhaus,* Volkswirtschaftslehre, S. 51.

ge, der in den einzelnen, dezentral getroffenen Entscheidungen der Produzenten und Käufer die Stärke eines solchen Marktsystems erkannte. Der Egoismus Einzelner ist der treibende Faktor hinter den Kräften des Marktes, die durch keine Planung je zu einer vergleichsweise annähernd guten Allokation von Waren und Dienstleistungen führen würde.[14] Im Spiel von Angebot und Nachfrage ist es die oft zitierte „unsichtbare Hand", die demnach eine Harmonie der verschiedenen Interessen der Marktakteure bewirkt – gänzlich ohne zentrale Planung und Koordination.

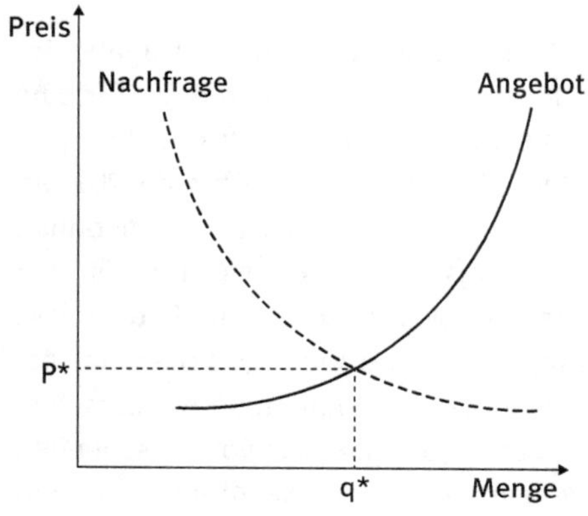

Abb. 1: Verlauf der Nachfrage- und Angebotskurve[15]

13 Werden alle Güter und Dienstleistungen auf einem Markt gehandelt und kann man ihnen dadurch in der Konsequenz auch einen Preis zuordnen, spricht man von einem vollständigen Wettbewerb. **Vollständiger Wettbewerb** bedeutet auch, dass kein Marktakteur, ob Produzent oder Konsument, Einfluss auf den Preis nehmen kann.

14 Die nachgefragte Menge eines Gutes hängt zum größten Teil von dessen Preis ab. Je teurer das Produkt, desto weniger werden (potenzielle) Konsumenten bereit sein, dieses zu kaufen. Je niedriger der Preis, desto mehr wird ceteris paribus[16] gekauft werden. Der Zusammenhang zwischen dem Marktpreis und der nachgefragten Menge ist demnach genau definiert und als **Nachfragefunktion** bezeichnet. Die grafische Darstellung der Nachfragefunktion wird als Nachfragekurve bezeichnet. Aus Anbietersicht gilt genau das umgekehrte Kalkül: Je höher der Preis eines Gutes, desto größere Mengen werden Produzenten von diesem Produkt auf dem Markt anbieten. Der positive Zusammenhang zwischen Preis und Angebot wird als **Angebotsfunktion** bezeichnet.

---

14 Vgl. *Brösse*, Mikroökonomie, S. 349.

15 Quelle: Eigene Darstellung nach *Samuelson*, S. 76.

16 Ceteris paribus ≙ unter sonst gleichen Bedingungen.

Äquivalent zur Nachfragerseite wird der grafische Zusammenhang zwischen Preis und Angebot als Angebotskurve bezeichnet. Bisher haben wir die Angebots- und Nachfragekurve unabhängig voneinander betrachtet. An der Schnittstelle von Angebots- und Nachfragekurve ergibt sich das **Marktgleichgewicht** – der resultierende Preis wird als Gleichgewichtspreis bezeichnet. Eine andere Bezeichnung für diesen ist Markträumungspreis bzw. „Market Clearing Price (MCP)", wodurch ausgedrückt werden soll, dass alle Angebots- und Nachfragevorstellungen zu diesem Schnittpunkt der jeweiligen Kurven befriedigt werden. Der Verlauf der Nachfrage- und Angebotskurve wird in Abbildung 1 veranschaulicht. 15

Angebots- und Nachfragekurven ändern sich nicht allein dadurch, dass sich Preise der entsprechenden Güter ändern. Weitere **Einflussfaktoren** sind u. a. politische Rahmenbedingungen, Produktinnovationen oder, etwa für Energiemärkte äußerst relevant, das Wetter. Der Einfluss auf die Nachfrage- und Angebotskurve ist bei Änderung eines der eben genannten Faktoren dann eine Verschiebung der Kurve. Stellen wir uns eine Angebotskurve für Strom aus erneuerbaren Energien vor: So senkt etwa eine anhaltende Schlechtwetterfront das Angebot von eingespeistem Photovoltaik-Strom zur Tagesmitte und sorgt für eine erhöhte Residuallast. In der Folge wird sich der Preis für Strom erhöhen, je mehr Kraftwerke für die Strombereitstellung zu sukzessive höheren Grenzkosten dann noch zusätzlich benötigt werden. Im umgekehrten Fall sorgen etwa (staatlich) verordnete Energieeffizienzmaßnahmen, unter sonst gleichen Bedingungen, für eine Verschiebung der Nachfragekurve „nach links". Eine Reduktion der Stromnachfrage ist die Folge, weil z. B. durch angepasste Bestimmungen zur Effizienz von Netzgeräten weniger Energie, um Laptops mit Strom zu versorgen, nachgefragt wird oder aber Kühlschränke und Waschmaschinen dieselbe Funktion mit geringerem Energieeinsatz vollbringen.[17] 16

Dass der **Marktmechanismus** nicht immer so einfach und reibungslos funktioniert, ist jedoch heute den meisten Menschen bewusst und wird auch innerhalb der Ökonomie heftig diskutiert.[18] Das Spiel der freien Kräfte allein reicht nicht aus, damit ein Marktmechanismus reibungslos funktionieren kann. Der Staat muss seiner ordnungspolitischen Rolle in vielerlei Hinsicht gerecht werden. Die Garantie von Eigentumsrechten fällt ebenso darunter wie ein verlässliches Rechtssystem und die Schaffung von Wettbewerbsmärkten, immer dort wo sich Monopole bilden, welche in Ineffizienzen münden. 17

---

17 Die Ceteris-paribus-Klausel ist in diesem Falle nicht ganz unkritisch zu betrachten. Man denke etwa an den sog. Rebound Effect. Eine Diskussion dieser Problematik würde aber den Rahmen des Kapitels überschreiten. Details zu diesem Thema finden Sie bspw. unter *Santarius*, Der Rebound-Effekt. Über die unerwünschten Folgen der erwünschten Energieeffizienz, abrufbar unter http://www.santarius.de/wp-content/uploads/2012/03/Der-Rebound-Effekt-2012.pdf.

18 Darauf kann an dieser Stelle nur hingewiesen werden; mehr dazu zu erfahren bei *Stiglitz*, World's Most Prosperous Decade, S. 13 in Anlehnung an *Smiths* unsichtbare Hand: „the reason that the invisible hand often seems invisible is that it is often not there."

II. Das Monopol

18 Nachdem die **Deregulierung 1998** in deutsches Recht umgesetzt wurde,[19] war die Grundlage für einen entstehenden **Energiegroßhandel** gelegt. Bis dato lagen Erzeugung, Übertragung und Vertrieb in den Händen einzelner Unternehmen. Diese versorgten klar abgegrenzte Gebiete. Die Belieferungen von Bewohnern des entsprechenden Gebietes durch Dritte wurden dadurch unmöglich gemacht. Wollte man den Anbieter wechseln, musste man den eigenen Wohnsitz in dessen Gebiet verlegen.

19 Anders als im vollkommenen Markt unter Wettbewerbsbedingungen hat der Monopolist Preissetzungsmacht und die Möglichkeit diese entsprechend zur Steigerung des eigenen wirtschaftlichen Vorteils gewinnbringend einzusetzen. Eine **monopolistische Marktstruktur** zeichnet sich dadurch aus, dass viele Nachfrager nur einen Anbieter für ein bestimmtes Gut vorfinden. Insofern kann man die wettbewerbliche Situation vor der Marktliberalisierung des deutschen Energiemarktes als monopolistisch verstehen. Mit der Trennung des Netzbetriebs von der Erzeugung und dem Vertrieb sind bis auf die Netzebene (aus den genannten Gründen) die Bedingungen für einen marktwirtschaftlichen Wettbewerb geschaffen worden.

20 Der **Monopolpreis** ergibt sich durch das Gewinnmaximierungskalkül an jener Stelle, an der die Grenzkosten genau den Grenzerlösen der Produktion entsprechen. Eine Produktionsausweitung über diesen Punkt hinaus hätte für den Monopolisten zwar einen steigenden Umsatz, aber auch einen sinkenden Gewinn zur Folge.[20] Aus wohlfahrtsökonomischer Sicht ist der Preis dadurch ineffizient hoch, weil Marktteilnehmer mit einer positiven Zahlungsbereitschaft vom Konsum ausgeschlossen werden, der zu einem Wettbewerbspreis stattgefunden hätte.

21 Warum sollte man sich mit der **Preisbildung** auf einem **Monopolmarkt** befassen, wo doch Dank der Marktöffnung Wettbewerb geschaffen worden ist? Der Grund liegt in der regelmäßigen Kritik, welche die Preisbildung an der Strombörse betrifft und 2007 sogar eine öffentliche Debatte auslöste.[21] Die Frage, ob Monopolpreise von den Nachfragern verlangt werden, ist zudem seit Jahren Gegenstand wissenschaftlicher Publikationen und Gutachten.[22] Ein Großteil der Erzeugerleistung Deutschlands lag in den Händen von vier großen Anbietern. Die Vorstellung allerdings, dass allein die hohe Konzentration der Erzeugungsleistung in Deutschland gleichbedeutend mit einer wettbewerbsschädlichen Marktsituation ist, wäre jedoch zu kurz gegriffen. Da Erzeuger ihre Leistung sowohl über den Terminmarkt – weit im Vorfeld der Erzeugung – vermarkten können als auch über den Spotmarkt bei Lieferung veräußern, ist die Frage danach, ob und wie viel Kapazität zu einem bestimmten Zeitpunkt am Spot-

---

19 Vgl. *Becker*, Aufstieg und Krise der deutschen Stromkonzerne, S. 78 ff.
20 Vgl. dazu *Bröss*, Mikroökonomie, S. 265 ff.
21 Vgl. *Brunke*, Die Strafbarkeit marktmissbräuchlichen Verhaltens, S. 22.
22 Monopolkommission, Sondergutachten 65, Energie, S. 60 ff.

markt angeboten werden kann, viel bedeutender.[23] Hat ein Unternehmen bereits all seine Leistung am Terminmarkt verkauft, hat es vereinfacht gesagt keinen unmittelbaren Anreiz die Börsenpreise am Spotmarkt zu beeinflussen. Ein Blick „nur" auf die absoluten Erzeugungspotenziale greift hierbei deshalb zu kurz.

Der **Wettbewerb** auf **Erzeugerebene** mit den „Großen Vier" entspricht aus dem 22
Blickwinkel volkswirtschaftlicher Theorie einem Oligopol. In welchem Zusammenhang das Preissetzungskalkül in einem Monopol- mit dem eines Oligopolmarktes steht, wird im folgenden Abschnitt gezeigt werden.

III. Das Oligopol

In der **Marktform** des **Oligopols** stehen viele Nachfrager wenigen Anbietern gegen- 23
über. Die Besonderheit der Preisbildung im Oligopol basiert auf der Interdependenz auf Anbieterseite. Diese ermöglicht **konzertierte Aktivitäten** bei der **Preis- und Mengensetzung**. Allerdings nur insofern die geringe Zahl der Anbieter gemeinsame Absprachen auch zulässt. Demzufolge ist ein weiterer, die Energiepreise beeinflussender Faktor im strategischen Verhalten der wenigen großen Anbieter zu sehen. Dominante Marktakteure haben die Möglichkeit, ihren Deckungsbeitrag zu erhöhen, indem sie Kapazitäten zu Preisen oberhalb der variablen Erzeugungskosten anbieten. Gleiches könnte erreicht werden, indem verfügbare Kapazitäten gänzlich aus dem Markt gehalten, also Angebotsmengen künstlich verknappt würden. Diese Strategie zu fahren, lohnt sich, solange der Anstieg der Marktpreise die Verluste an Marktanteilen kompensiert. Ähnlich wie im Monopolfall beschrieben, führen Absprachen zu überhöhten Preisen bzw. zu verringerten Mengenvolumina und in der Summe also zu Marktineffizienzen.

Das **Gewinnmaximierungskalkül** der (gemeinsam auftretenden) Oligopolisten 24
wäre es, analog zum Monopolverhalten, den Preis am Schnittpunkt von Grenzkosten und Grenzerlösen der (gemeinsamen) Produktionsfunktion festzulegen. Das wohl bekannteste Beispiel von Marktmanipulation auf Energiemärkten ist der Skandal um Enron.[24]

Oligopolistische Marktsituationen als solche müssen allerdings nicht zwangs- 25
läufig für Ineffizienzen sorgen, da die Anbieter im Markt nichtsdestotrotz im gegenseitigen Wettbewerb zueinander stehen – natürlich aber nur insofern hierbei im Hintergrund eben keinerlei Absprachen geführt worden sind oder aber sich im Markt durch die geringe Anzahl von potenziellen Anbietern eine kollektive Gebotsstrategie auch ohne Absprachen der einzelnen Marktanbieter einstellt und dadurch strategische Interdependenzen genutzt werden.

---

23 Vgl. *Ockenfels*, Strombörse und Marktmacht, S. 14.
24 Vgl. etwa *Fusaro/Miller*, What went wrong at Enron.

26 Die Natur eines Kartells ist nichtsdestotrotz eine unsichere. Denn um Absprachen auf die Spur zu kommen, haben Kartellbehörden die Möglichkeit, von der Kronzeugenregelung Gebrauch zu machen. Auf diese Weise bekommen die Unternehmen, die aus einem **Kartell** aussteigen wollen, die Möglichkeit, die Geldbuße bzw. einen Teil dieser erlassen zu bekommen. Im Gegenzug verpflichtet sich das Unternehmen, mit der Kartellbehörde zusammenzuarbeiten und alle Fragen der Kartellbehörde in Zusammenhang mit der vollständigen Aufdeckung des Kartells fristgemäß zu beantworten.[25]

B. Wie ein Preis entsteht

27 Dem Modell des vollständigen Wettbewerbs nach treffen auf einem Markt eine Vielzahl von Anbietern auf eine große Anzahl von Nachfragern, wobei jeder der Marktakteure seinen eigenen Vorteil sucht.

28 Generell gilt: **Perfekter Wettbewerb** ist ein Referenzpunkt, der unterstellt, dass kein Anbieter Preise beeinflussen kann.[26] Das freie Spiel der Marktkräfte verursacht die Herausbildung eines Marktpreises, dessen Beeinflussung über den Möglichkeiten eines jeden einzelnen Marktteilnehmers liegt.[27] Das Ausnutzen von Marktmacht ist (der Theorie nach) nicht möglich. Der sich auf einem Markt der vollständigen Konkurrenz einstellende Preis ist markträumend und entspricht den geringsten Grenzkosten.[28] Dementsprechend bestimmt sich der Wert eines Gutes durch die letzte am Markt gehandelte Einheit. Der Preissetzungsspielraum der Anbieter wird durch Reaktionen der Nachfrage auf Preiserhöhungen diszipliniert. Ein markträumender Preis verhindert die Produktion von Angebots- und Nachfrageüberschüssen. Die dem Modell des vollkommenen Wettbewerbs zugrunde liegenden Annahmen lassen das Modell lediglich als Referenzpunkt erscheinen. So wird etwa angenommen, dass vollständige Markttransparenz herrscht und Marktteilnehmer auf Änderungen unendlich schnell reagieren können.[29] Auch wenn sich mit der Etablierung von Börsenplätzen die Preisfindung wesentlich transparenter gestaltet, scheinen diese Annahmen fragwürdig.[30]

29 Die **marktwirtschaftliche Organisation** gewisser Teile der Wertschöpfungskette im **Energiebereich** fand in der EltRL 1996[31] und 1998 in der Neufassung des deut-

25 Vgl. Kap 9.
26 Vgl. *Samuelson/Nordhaus*, Volkswirtschaftslehre, S. 167–183.
27 Vgl. *Frank*, Microeconomics and Behavior, S. 18.
28 Vgl. *Brösse*, Mikroökonomie, S. 355.
29 Vgl. *Fama/Fisher/Jensen/Roll*, International Economic Review 10 (1), S. 1.
30 Vgl. die Diskussion über die Konsequenzen für die Strompreisbildung, Rn 48 f.
31 RL 96/92/EG v. 19.12.1996 (EltRL 1996) (ABl EU Nr. L 27 S. 20).

schen EnWG[32] ihren Niederschlag. Da Strom stets eine einheitliche Qualität aufweist, ist die Grundvoraussetzung für einen standardisierten und wettbewerblich organisierten Großhandel entsprechend erfüllt.

Nach 1998 kam es zu einer Verdrängung der langfristigen Stromlieferverträge 30 durch kurzfristigere, einfache Austauschbeziehungen, in deren Folge Märkte, ob börslich oder bilateral (OTC), entstehen konnten.[33] So konnten sich Handelsplätze wie die European Energy Exchange AG (EEX) mit Sitz in Leipzig bzw. der Spotmarkt im Rahmen der EPEX SPOT mit Sitz in Paris etablieren. In einem Markt der vollständigen Konkurrenz besitzt kein Marktakteur die Möglichkeit, den Preis entscheidend zu beeinflussen. Besitzen ein oder mehrere Marktteilnehmer aber dennoch die Fähigkeit, den Preis gewinnbringend auf ein Preisniveau zu heben, das über dem Preisniveau bei vollständigem Wettbewerb liegt, spricht man von Marktmacht.[34] Mögliche Auswirkungen durch strategische Manöver der Anbieter auf den Preis und die angebotene Menge wurden bereits erläutert.[35] Um diesen wettbewerblichen Problemen zu begegnen, trat Ende 2012 das **Gesetz zur Einrichtung einer Markttransparenzstelle** für den Großhandel mit Strom und Gas in Kraft.[36] Seitdem haben die BNetzA und das BKartA die Aufgabe, **Insiderhandel** und **Marktmanipulation** auf Energiegroßhandelsmärkten zu unterbinden – sei es etwa im Handelsbereich oder aufgrund des Missbrauchs von Marktmacht. Auf europäischer Ebene ist für die Überwachung der Integrität der Energiehandelsmärkte die hierfür geschaffene Energieaufsichtsbehörde ACER mit Sitz im slowenischen Ljubljana zuständig. Die Meldepflicht der ÜNB ist eine Konsequenz aus den sich zu Beginn des Energiegroßhandels ergebenden Marktintransparenzen.[37] Seit 2009 können bzw. müssen Akteure im Großhandel mit Energie marktrelevante Erzeugungs- und Verbrauchsdaten veröffentlichen, um die Transparenz auf dem Großhandelsmarkt zu erhöhen, was in der Regel auf der eigens hierfür geschaffenen Internetseite eex-transparency.com stattfindet und für jedermann einsehbar ist.

Mit der **Entstehung von Großhandelsmärkten** sowie dem sukzessive umgesetz- 31 ten diskriminierungsfreien Zugang zum Energievertrieb an Letztverbraucher im Rahmen von Drittbelieferungen gibt es nunmehr verschiedene Möglichkeiten, Energie zu vermarkten, zu handeln und zu beschaffen. Eine Teilnahme auf den Energiemärkten ermöglicht es den Unternehmen, freie Kapazitäten gewinnmaximierend abzusetzen bzw. Beschaffungsmengen zu den geringstmöglichen Kosten zu realisieren. Damit ge-

32 Gesetz über die Elektrizitäts- und Gasversorgung v. 24.4.1998 (BGBl. I S. 730), zuletzt geändert durch Gesetz v. 21.7.2014 (BGBl. I S. 1066).

33 Vgl. *Borchert/Schemm/Korth*, Stromhandel, S. 4.

34 Vgl. *Ockenfels*, Strombörse und Marktmacht, S. 5.

35 Vgl. Rn 16.

36 Gesetz zur Einrichtung einer Markttransparenzstelle v. 5.12.2012 (BGBl. I S. 2403), zuletzt geändert durch Gesetz v. 15.4.2015 (BGBl. I S. 578).

37 Siehe *Brunke*, Strafbarkeit marktmissbräuchlichen Verhaltens, S. 21 ff.

hen allerdings auch alle Chancen und Risiken einer freien Kalkulation von Preisen einher, die sich an Märkten bilden.

32 Am Beispiel von **Strom** soll in den folgenden Abschnitten die **Preisbildung** zwischen Angebot und Nachfrage zunächst aus theoretischer Sicht erfolgen[38], um danach auf entscheidende Rahmenparameter einzugehen, die im Strommarkt die Höhe des verfügbaren Angebots bzw. der Nachfragemengen beeinflussen. Inwiefern sich Preise vorhersagen und planen lassen und welche Risiken damit einhergehen, wird ebenfalls Gegenstand der folgenden Seiten sein.

I. Preisbildung zwischen Angebot und Nachfrage in der praktischen Umsetzung am Beispiel Strom

33 Strom kann mit unterschiedlichen Zeithorizonten der Lieferung gehandelt werden – im Vorfeld der Lieferung als sog. **Termingeschäft** als auch am **Spotmarkt** mit zeitnaher Lieferung der entsprechend kontrahierten Mengen. Das an der Börse zur Verfügung stehende Angebot an Elektrizität hat – aus der physikalischen Notwendigkeit heraus – die Funktion, die zu bedienende Nachfrage an Strom zu jedem Zeitpunkt komplett decken zu müssen.

34 Am **Terminmarkt** der EEX werden langfristige Kontrakte mit einer Laufzeit von einer Woche bis zu mehreren Jahren realisiert. Die Absicherung gegen Preisschwankungen soll für die Teilnehmer eine möglichst risikofreie Grundversorgung über einen längeren Zeitraum hinweg gewährleisten. Darüber hinaus ist der Terminmarkt der Ort für Spekulanten und reine Händler. Auf Termin werden zum großen Teil Grundlast- und Spitzenlast-Bandlieferungen gehandelt. Die Handelsteilnehmer haben die Möglichkeit, die physische Lieferung von Strom durchführen zu lassen, müssen hiervon aber keinen Gebrauch machen.

35 **Spotgeschäfte** stehen hingegen für den Handel mit kurzfristigen Kontrakten einer konstanten Lieferung Strom für eine Stunde des folgenden Tages (Day-Ahead-Markt). Darüber hinausgehend können aber auch sowohl Stunden- als auch 1/4-h-Kontrakte mit Lieferung noch am selben Tag bis zu 15 min vor Fälligkeit gehandelt werden (kontinuierlicher Handel im Intraday-Markt). An der EPEX SPOT sind mehrere europäische Marktgebiete über den Marktkopplungsmechanismus miteinander verbunden, um einen grenzüberschreitenden Handel zu ermöglichen.[39]

36 Mit Blick auf die **Preisbildung** der **Handelsware Strom** im Spiel zwischen Angebot und Nachfrage ist es zielführend, zu betrachten, wie der Marktpreis für Strom für einzelne Stunden zustande kommt. Die Preisfindung an der EPEX Spot findet über ein

38 Vgl. Rn 33 ff.

39 Für detaillierte Ausführungen zur Unterscheidung der einzelnen Handelsplätze und Märkte, der Unterscheidung von börslichem und außerbörslichem Handel sowie zum Grad der Standardisierung der einzelnen Handelsprodukte sind die Ausführungen in Kap. 4 zu empfehlen.

zweiseitiges Auktionsverfahren im Rahmen von sog. **Day-ahead-Auktionen** statt. Die Auktionen sind dabei als Einheitspreisauktionen organisiert. Alle gehandelten Einheiten werden zum daraus resultierenden Markträumungspreis ge- oder verkauft. In der Einheitspreisauktion liegt der Fokus auf der Gebotserstellung, basierend auf den eigenen Grenzkosten. An der Strombörse muss jeder Anbieter für jede Stunde oder für Stundenblöcke des folgenden Tages individuelle Angebotsfunktionen abgeben. Die Strombörse sortiert daraufhin alle Angebotseingänge ihrer Höhe nach und im Ergebnis entsteht eine aggregierte Angebotsfunktion.

Analog geht die **Strombörse** für die Nachfragefunktion vor und erstellt so die ag- **37**
gregierte Nachfrage auf Basis der einzelnen Gebote aller Börsenteilnehmer. Ist die Stromnachfrage groß, so müssen vermehrt Anlagen genutzt werden, deren variable Kosten sich auf sukzessiv steigendem Niveau befinden. So hängen die Kosten der Angebotsseite zum einen maßgeblich von der Verfügbarkeit von Kraftwerkskapazitäten (beeinflusst beispielsweise durch aktuell in der Umsetzung befindliche Kraftwerksrevisionen) und zum anderen von den Marktpreisen für Primärenergieträger, wie z. B. Steinkohle, Braunkohle und auch Erdgas, ab, welche im Rahmen der Erzeugung – je nach Typ der eingesetzten Kraftwerksanlage – eingesetzt werden. Des Weiteren spielt auch der Preis für Emissionszertifikate bei der Berechnung der Erzeugungskosten eine Rolle.

Nach dem Eingang aller Angebote und Nachfragen berechnet sich der Marktpreis **38**
analog zu dem zuvor beschriebenen Kalkül, an der Schnittstelle von Angebots- und Nachfragekurve. Alle Anbieter, die Preisforderungen kleiner oder gleich dem Markträumungspreis geboten haben, vermarkten Strom zu eben diesem Preis. Dieses Verfahren wird als **Merit-Order** bezeichnet.[40] *Swider* et al. kamen 2007 zu dem Schluss, dass die Preisbildung am Spotmarkt durch das **Merit-Order-Verfahren** gut erklärt werden kann.[41]

Weil es die Grenzkosten des zur Bedarfsdeckung gerade noch gebrauchten Kraft- **39**
werks sind, welche über den Strompreis entscheiden, wird das entsprechende Kraftwerk auch als **Grenzkraftwerk** bezeichnet.[42]

Folgender Gedanke zur Preisbildung darf allerdings nicht außer Acht gelassen **40**
werden: Um Kraftwerke überhaupt wirtschaftlich betreiben zu können, müssen sie über die Grenzkosten hinaus Deckungsbeiträge zur Finanzierung der kapitalgebundenen Kosten erwirtschaften. Die zum Teil heftigen Preisspitzen am Spotmarkt bzw. im Kurzfristhandel leisten zur Deckungsbeitragsrechnung einen wesentlichen Beitrag.

---

40 Vgl. dazu etwa *Graeber*, Handel mit Strom aus erneuerbaren Energien, S. 16.

41 Vgl. *Swider/Ellersdorfer/Hundt/Voß*, Preisbildung am deutschen Spotmarkt.

42 Näheres zur Erzeugungslandschaft Deutschlands unter kritischer Würdigung der Kosten und Strukturen der einzelnen Kraftwerksanlagen siehe Kap. 3 Rn 5 ff.

II. Einflussfaktoren auf die Strompreise

41 Aus fundamentaler Sicht ergeben sich die Preise an den Strommärkten, analog zu den beschriebenen Mechanismen auf anderen Märkten, durch das Zusammenspiel von Angebot und Nachfrage. Ein grundlegender Unterschied im Vergleich zu anderen Handelswaren und -gütern ist der Sachverhalt, dass Strom nur mit hohem finanziellen Aufwand und in einem überschaubaren Umfang gespeichert werden kann.[43] Zudem kann Strom kurzfristig lediglich bedingt substituiert werden. Auf den Energiemärkten werden in der Folge äußerst **unelastische Nachfrage- und Angebotsfunktionen**[44] beobachtet,[45] sodass Änderungen im Angebot bzw. von unerwarteten Nachfragespitzen entsprechend hohe Preisänderungen des Markträumungspreises nach sich ziehen.

42 Eine weitere die Strompreisbildung wesentlich beeinflussende Produkteigenschaft liegt in der physikalischen Notwendigkeit, dass sich **Stromangebot und -nachfrage** zu jedem Zeitpunkt in einem Gleichgewicht befinden müssen. Dadurch ist die Nachfrage nach Strom im Zeitverlauf starken Schwankungen ausgesetzt, welche durch die fortwährend bestehenden Angebote an (Reserve-)leistung abgedeckt werden muss, um die Netzstabilität zu gewährleisten.

43 Weitere entscheidende **Einflussfaktoren** für die Preisbildung am **Spotmarkt** für **Strompreise** sind Kraftwerksverfügbarkeit, die aktuelle Last, Temperatur, Windstärke, Sonneneinstrahlung, verfügbare Speicherkapazitäten – also alles fundamentale Größen. Zudem sind Strompreise im Wesentlichen determiniert von verschiedenen Zeitfenstern, welche die empirisch zu beobachtende Zyklizität der Preise prägen. Eine Saisonalität des Strompreisverlaufs lässt sich deutlich über Tages-, Wochen- und Jahresmuster feststellen, welche auf veränderten Nachfragesituationen zu unterschiedlichen Zeitpunkten basieren.

44 Das Tagesmuster des **Strompreisverlaufs** ist deutlich gekennzeichnet vom Arbeitszyklus und seinem Einfluss auf den Stromverbrauch in Gewerbe- und Industriebetrieben. Die Stromnachfrage durch Haushalte und Gewerbebetriebe ist in der Regel in der Nacht gering. Industriebetriebe weisen hierbei unter Umständen abweichende Nachfragestrukturen auf, welche z. B. auf Basis eines Dreischichtbetriebs auch durch erhöhte Stromnachfrage in Nachtstunden gekennzeichnet sein können und somit nicht einem typischen Tagesprofil entsprechen. Der Arbeitszyklus schlägt sich wiederum ebenfalls in der Wochencharakteristik nieder – die Stromnachfrage an Sonntagen und Feiertagen fällt wesentlich gedämpfter aus als an Werktagen. Wobei der Samstag hierbei eine Zwischenstellung einnimmt. Die Stromnachfrage am durchschnittlichen

---

43 Vgl. *Borchert/Schemm/Korth*, Stromhandel, S. 51ff.

44 Vgl. *Burger/Graeber/Schindlmayr*, Managing Energy Risk, S. 187.

45 Vgl. *Ockenfels*, Strombörse und Marktmacht, S. 3ff.

Samstag ist allgemein höher als an einem durchschnittlichen Sonntag, aber wiederum geringer als an Wochentagen von Montag bis Freitag.

Mitunter entstehende **Angebotsverknappungen** auf dem **Strommarkt** äußern sich in starken Preissprüngen. Preisveränderungen können zudem, wie bereits in den theoretischen Ausführungen zu Angebot und Nachfrage skizziert, in der Lageveränderung in der Nachfragekurve begründet sein. 45

Wie beschrieben sind in aller Regel die **Nachfragereaktionen** auf Preisänderungen äußerst gering ausgeprägt, was zu den bereits erwähnten heftigen Preissprüngen führen kann.[46] Ein Grund dafür ist, dass der überwältigende Teil der Nachfrage im Rahmen der Ausgestaltung des heutigen Energiesystems keine Preissignale von der Strombörse erhält, sondern einen Durchschnittspreis bezahlt, der über einen längeren Zeitraum berechnet wurde.[47] Nachfrager, die den Preis nicht beobachten, können überhöhten Preisforderungen nicht ausweichen und damit Anbieter nicht disziplinieren. Die Inelastizität der (Preis-)Nachfrage wird durch eine hohe Volatilität überlagert, die Ausdruck der Nichtspeicherbarkeit und geringer kurzfristiger Substituierbarkeit von Strom ist. Diese Schwankungen übertreffen die vieler anderer Produkte, was sich in der Berechnung von Risikoaufschlägen und dadurch auf die Preise der Terminprodukte niederschlägt. Das vielleicht wichtigste Phänomen von liberalisierten Strommärkten ist vor diesem Hintergrund wenig überraschend die hohe Preisvolatilität, wie die Abbildung 2 verdeutlicht. 46

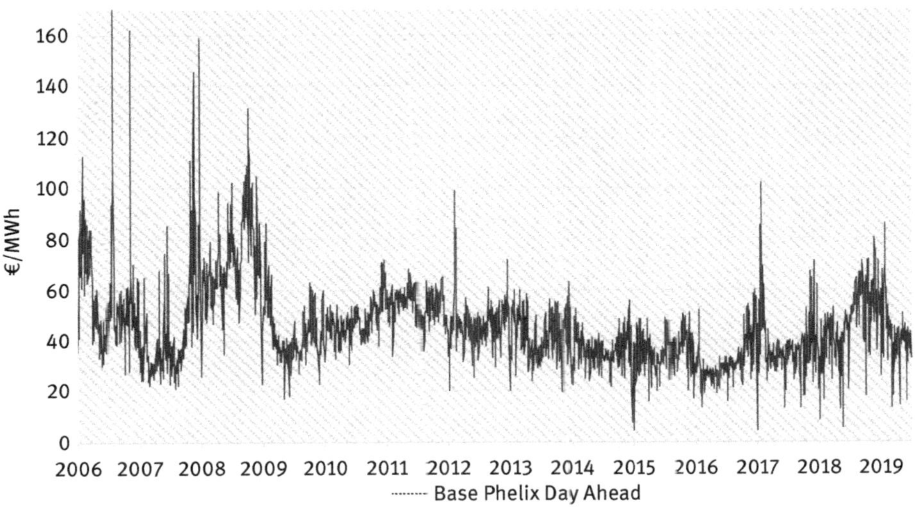

Abb. 2: Strompreise am Spotmarkt EPEX SPOT und Vorläufer von 2006–2019 (in €/MWh)[48]

46 Vgl. *Weron*, Electricity loads and prices, S. 29 f.
47 Vgl. *Ockenfels*, Strombörse und Marktmacht, S. 12.
48 Quelle: European Energy Exchange.

47 Die in Zeiten regulierter Energiemärkte aufgebauten Überkapazitäten bei der Stromproduktion wirken dabei dämpfend auf die **Preisschwankungen** der Märkte. Der durch den Wettbewerb stattfindende Abbau dieser Überkapazitäten wird außerordentliche Preissprünge sogar noch wahrscheinlicher machen; etwa in Zeiten von Kraftwerksausfällen oder extremen Wettersituationen.

48 Aus wettbewerblicher Sicht kann eine Produktion nahe an den Kapazitätsgrenzen dazu führen, dass Marktmacht missbraucht wird. Die Rolle einzelner Anbieter kann dadurch insbesondere in Zeiten eines knappen Angebots eine signifikante Rolle für die Preisbildung spielen.[49] Die Annahme des Modells der vollständigen Konkurrenz hätte an dieser Stelle nur eine bedingte Aussagekraft, obwohl die Märkte geöffnet sind. Was nicht heißen soll, dass das Modell für die Analyse der Energiemärkte gänzlich unbrauchbar ist.[50] Der Einfluss von **Marktmissbrauchspotenzial** auf die Preisbildung auf Energiemärkten, resultierend u. a. aus der Kombination von mitunter auftretenden Kapazitätsengpässen einerseits und unelastischen Angebots- und Nachfragefunktionen andererseits, ist dadurch nicht zu verachten. Perfekter Wettbewerb als grundlegende Annahme erscheint im Kontext Stromhandel diskutabel und wird im weiteren Verlauf mit den sich dadurch ergebenden Konsequenzen für die Preisbildung besprochen werden müssen.[51]

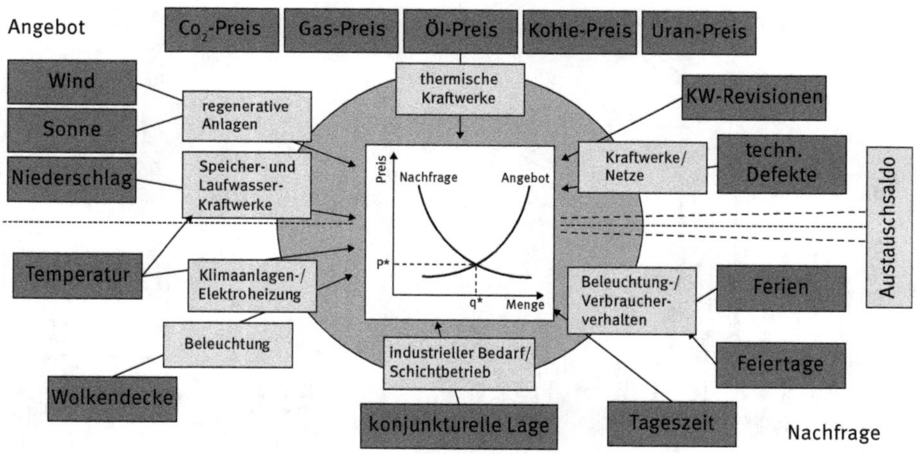

Abb. 3: Determinanten von Strompreisen und ihr Einfluss auf Angebot und Nachfrage[52]

49 Vgl. *Brunke*, Die Strafbarkeit marktmissbräuchlichen Verhaltens, S. 32–38.

50 So kam die BNetzA 2011 in ihrem Monitoringbericht, S. 43, immerhin zu dem Schluss, dass die hohe Anzahl an Wettbewerbern auf den verschiedenen Stufen der energiewirtschaftlichen Wertschöpfungskette zeigt, dass die notwendigen Rahmenbedingungen für einen wirksamen und unverfälschten Wettbewerb auf Haushaltsebene vorliegen.

51 Vgl. *Becker*, Aufstieg und Krise der deutschen Stromkonzerne, S. 143 ff.

52 Quelle: Eigene Darstellung.

Eine genaue Kenntnis über die möglichen Verfahren zur **Preisprognose**, das Wissen um deren Stärken und Schwächen, hilft bei der Einschätzung sich ergebender Risiken und Chancen bei dieser Fülle an Einflussgrößen. Etwa in der Anforderung, die zukünftige Höhe der Strompreise auf stunden- bzw. viertelstundenscharfer Ebene so genau wie möglich zu bestimmen, liegt eine wesentliche Herausforderung für die EVU. Denn Lieferangebote an Endkunden, zum Teil über mehrere Jahre hinweg, müssen auf Basis dieser Prognosen entsprechend kalkuliert und auf Risikofaktoren hin bewertet werden. Nur so kann die Wirtschaftlichkeit der Stromlieferung gewährleistet werden. 49

III. Quantitative vs. qualitative Methoden der Preisprognose

Das **Spektrum möglicher Methoden** zur Vorhersage von zukünftigen Preisen ist groß. Je nach Anforderung und zu betrachtendem Zeithorizont bieten sich unterschiedliche Verfahren mit unterschiedlicher Genauigkeit als zielführend an. Idealerweise ist eine Kombination der verschiedenen möglichen Ansätze bzw. das parallele Durchführen mehrerer, verschiedener Methoden mit kritischem Vergleich der resultierenden Ergebnisse geeignet. Dadurch lässt sich eine Szenario-Abschätzung bestmöglich einordnen. 50

Aus den vorangegangenen Erläuterungen sollte mitgenommen werden, dass durch eine Abschätzung von Stromangebot und -nachfrage der Preis und die Menge bestimmbar scheint. So ist ein erster **Ansatz zur Preisprognose** darin zu sehen, über eine näherungsweise Anordnung der Grenzkosten unter zugrunde liegenden Annahmen der verfügbaren Erzeugungsanlagen und ihrer Wirkungsgrade eine simple Bestimmung der Angebotskurve herzuleiten. Hiermit wird in der Regel grob ein zu erwartender Spotmarktpreis indikativ hochgerechnet. Mit Blick auf eine sukzessive Veränderung der Erzeugungslandschaft durch die immer stärker ausgeprägte Einspeisung erneuerbarer, volatiler Energien ist das Hochrechnen von Spotmarktpreisen über sog. Grenzkostenmodelle und über Erzeugungsspreads jedoch eher wenig präzise. So werden in einem solchen Ansatz etwaige Veränderungen der Kraftwerkslandschaft oftmals nicht adäquat im Rahmen der Kalkulation reflektiert. 51

Eine Preismodellierung unter Berücksichtigung der Veränderungen fundamentaler Einflussfaktoren mit Fokus auf mittel- bis langfristige Zeitfenster kann wiederum durch sog. **Merit-Order-Modelle** vorgenommen werden. Diese tragen Annahmen über die zukünftige Entwicklung von Angebot und Nachfrage Rechnung und können zudem durch weitere diverse Einflussgrößen auf die Strompreisbildung beliebig verkompliziert werden. 52

Je kurzfristiger der Prognosehorizont, desto mehr wird das Spektrum der einbezogenen **Parameter** zur **Preisprognose** um fundamentale Einflussgrößen erweitert. Hierbei kommen insbesondere Kraftwerksverfügbarkeiten, basierend auf Revisionsplanungen sowie den Meldungen von außerplanmäßigen Kraftwerksausfällen, 53 aber auch auf verlässlichen Wetterdaten, eine exponierte Rolle als Prognoseparameter zu.

54 Qualitative Bewertungen auf Basis fundamentaler Daten haben entsprechend auch als Grundlage der Plausibilisierung stochastisch-mathematischer Verfahren zur Preisprognose ihre Berechtigung und sollten entsprechend nicht isoliert im Rahmen von Analysen genutzt werden, da sich hier verschiedene Analyseebenen ideal ergänzen lassen.

55 **Langfristige Prognosen** mittels Fundamentalmodellen sollten sukzessive einem Abgleich mit den empirisch beobachtbaren Spotmarktpreisen unterzogen werden. Dadurch kann eine fortlaufende Überprüfung und Kalibrierung der einzelnen Parameter umgesetzt werden, wodurch die Modelle in ihrer Prognosegüte schrittweise verbessert werden. Eine Erneuerung der Prognosen findet hierbei in der Regel eher vergleichsweise selten auf Quartalsebene oder halbjährlicher Basis statt. Einzelne Prognosen werden dabei oftmals an verschiedene Szenarien und Rahmenparameter geknüpft und parallel entwickelt, sodass eine Einschätzung der Modell-Sensitivitäten gewonnen werden kann. Dadurch können in regelmäßigem Abstand Rückschlüsse auf das Modell bzw. die zugrunde liegende Struktur gewonnen werden.

56 Außerhalb der Modellierung von Preisen auf Prognosebasis der fundamentalen Einflussfaktoren lassen sich Preise auch durch quantitative, stochastische Verfahren mit statistisch-mathematischen Methoden extrapolieren. Wobei zu beachten ist, dass **mathematischen Verfahren der Finanzmarkttheorie** zur Erklärung des Verhaltens von Strompreisen auf Basis von Strompreiszeitreihen mit einer gewissen Vorsicht begegnet werden muss. An dieser Stelle soll nochmals auf die beschriebene Charakteristik einer sehr unelastischen Stromnachfragefunktion und die Stromeigenschaft der Nichtspeicherbarkeit mit all den genannten Auswirkungen auf Preissprünge etc. hingewiesen werden. Nichtsdestoweniger können auch finanzwirtschaftliche Modelle dazu dienen, näherungsweise Preise zu bestimmen bzw. bestimmte Momente einer zukünftigen Preisverteilung unter verschiedenen Rahmenbedingungen entsprechend zu schätzen. In der Regel werden hierzu sog. Mean-Reversion-Modelle genutzt. Wobei die hohe Volatilität von Strompreisen über Erweiterungen z. B. in Form von Sprungkomponenten oder Regime Shifts erfolgt, welche die zum Teil exorbitant hohen Ausreißer in den Stundenpreisen (sog. Spikes) nachzubilden helfen sollen.[53] Vorteil bei der Anwendung stochastischer Modelle gegenüber einer Preisvorhersage per Fundamentalmodell ist die Möglichkeit, auch auf Basis weniger Einflussgrößen und Rahmenparameter bereits eine Vorhersage erhalten zu können, ohne hierfür etwa komplexere Datenbanken pflegen zu müssen.

57 Nicht vermeidbare **Unschärfen** in der **Bestimmung zeitlicher Ausprägungen** sowohl die Angebots- als auch Nachfragefunktion beeinflussender Faktoren müssen

---

53 Vgl. *Seifert*, Preismodellierung und Derivatebewertung, S. 29 f.

wiederum über eine adäquate Einpreisung von Risikoprämien ökonomisch abgesichert werden. Den sich am Markt ergebenden Risiken müssen Unternehmen entsprechend begegnen, um einen drohenden wirtschaftlichen Schaden abzuwenden. Dieser ergibt sich aus der Differenz zwischen Strompreisprognose und tatsächlichem Strombezugspreis zum Zeitpunkt der Lieferung, wobei jedem klar sein sollte, dass ein Restrisiko auch bei paralleler Anwendung aller der oben beschriebenen Verfahren bestehen bleibt und insofern Risikoaufschläge zwingend notwendig sind.

IV. Mengen- und Preisrisiken und ihre Bedeutung für den wirtschaftlichen Vertriebserfolg

Aktiv am Energiemarkt teilnehmende Unternehmen sehen sich einer erheblichen Anzahl von Risiken ausgesetzt. **Preis-** als auch **Mengenrisiken** im Rahmen eines Wettbewerbsmarktes stellen wesentliche Einflussfaktoren auf den wirtschaftlichen Erfolg von EVU dar und sollten im Rahmen der Preiskalkulation bewusst berücksichtigt werden. Ein Risiko ist im Allgemeinen die in einem unzureichend begründeten Informationsstand liegende Gefahr einer negativen Abweichung vom erwarteten Ergebniswert. 58

Das **Marktpreisrisiko** beschreibt die Gefahr finanzieller Verluste aufgrund unerwarteter bzw. nicht adäquat berücksichtigter Energiepreisentwicklungen im Rahmen der Beschaffung und Lieferpreisbildung. Diesem Risiko kann der Einkauf mit einer geeigneten Beschaffungsstrategie begegnen. Es empfiehlt sich hierbei eine fortlaufende Beobachtung der jeweiligen Marktpreise, um frühzeitig auf Preisentwicklungen reagieren zu können. Marktpreisrisiken entstehen für Unternehmen immer dann, wenn das eigene Portfolio von den Bewegungen an den Großhandelsmärkten abhängig ist. Falls diese Abhängigkeit von schwankenden Spotmarktpreisen komplett ausgeschlossen werden soll, kann z.B. durch Abschluss eines stichtagsbezogenen Vollversorgungsvertrages dieses Preisrisiko umgangen werden. Die Energiekosten werden sodann bei Vertragsabschluss zu einem festen Preis fixiert. Die Aufgabe eines Portfoliomanagers besteht hierbei darin, den richtigen Zeitpunkt für die Energiebeschaffung zu bestimmen. Solche Vollversorgungsverträge mit fester Preisfixierung auf Basis eines bei Abschluss definierten Zeitpunktes waren typisch für die Zeit vor der Deregulierung. Sie werden vereinzelt aber auch heute noch ausgehandelt. 59

Der Nachteil einer solchen Strategie besteht allerdings darin, dass der Kunde auch keinen Nutzen aus eventuell sinkenden Stromgroßhandelspreisen ziehen kann. Ebenso können EVU ohne bereits weit im Vorfeld fixierte Strombezugspreise als Wettbewerber mit einer näher am Marktpreis liegenden Beschaffung (z.B. eine Spotmarktbeschaffung in Zeiten fallender Marktpreise), aufgrund ihrer verminderten Bezugskosten im Rahmen des Wettbewerbs zur Belieferung von Endkunden, kompetitivere Preise anbieten. Die preislich vollumfänglich fixierten Mengen, welche zur Endkundenbelieferung abgesetzt werden sollen, sind somit nur schwer verkäuflich, 60 was auf die enge Verknüpfung von Preis- und Mengenrisiken i. S. d. Marktrisiken hinweist.

61 Eine **Absicherung gegen Marktpreisrisiken** erfolgt durch das gezielte zeitliche Streuen von Beschaffungstransaktionen. Dadurch ist es möglich, im Rahmen einer strategisch aufgebauten vorfristigen Eindeckung einzelner Positionen, das Risiko über die Zeit zu streuen. Der Einfluss des Marktpreisrisikos wird dadurch von einem auf mehrere Zeitpunkte verteilt und damit gesenkt. Der Aufbau eines gestaffelten Plans zur Eindeckung mit Strommengen, unter Vorgabe der zeitlichen Streuung der einzelnen Transaktionen, sowie zu erfüllender Mindestpreisfixierungsquoten über den Zeitablauf vor Lieferung, ist hierbei relevante übliche Maßnahme im Markt zur Senkung von Preisrisiken (sog. zeitliche Diversifikation).

62 Bei der **Verteilung** einzelner **Preis- bzw. Mengenfixierungen** ist eine möglichst gleichmäßig verteilte Positionsgröße zu beachten. Der Fokus liegt deshalb auf der Planbarkeit und Absicherung des Ergebnisses unter Berücksichtigung sämtlicher mit den Beschaffungstransaktionen verbundener interner und externer Risiken.

63 Im Gegensatz zum Preisrisiko entstehen **Mengenrisiken** wie weiter oben schon angedeutet dann, wenn die prognostizierte und beschaffte Energiemenge vom tatsächlich verbrauchten Strombezug abweicht. Dies kann zu erheblichen Kostensteigerungen bei der Beschaffung von Strommengen bzw. zu Wertverlusten bei einer zu hohen Mengeneindeckung führen, da die Differenz der Beschaffungsmenge zum tatsächlichen Verbrauch vom Lieferanten entweder kurzfristig veräußert oder aber nachbeschafft werden muss und dadurch ggf. Zusatzkosten entstehen, die mit den im Vorfeld vereinbarten Lieferpreisen nicht gedeckt werden können.

64 Im Rahmen stark schwankender Marktpreise bieten sich durch ein effektives **Risikomanagement** allerdings demgegenüber auch Chancen, die Kosten für Handelsgeschäfte bzw. den Energiebezug des Absatzportfolios zu minimieren. Dafür notwendig ist zunächst das Erkennen potenzieller Risiken und die Fähigkeit, sich im gleichen Atemzug über Möglichkeiten bewusst zu sein, auf diese hiermit verbundene Volatilität entsprechend taktisch reagieren zu können. Risiken stehen entsprechend Chancen gegenüber – mit Blick auf die verschiedenen Zeitfenster bei der Energiebeschaffung bieten sich hier durch die Preisvolatilität am Markt durchaus Optimierungsmöglichkeiten.[54]

V. Bewertung von Marktpreisrisiken

65 Ein Energieversorger hat üblicherweise eine Reihe von Absatzpositionen gegenüber Endkunden und Vertriebspositionen aus dem Großhandel etwa gegenüber Industrie-

54 Vgl. Kap. 4.

kunden. Demgegenüber existieren Beschaffungsportfolios, die aus Kraftwerkspositionen und Lieferverträgen bestehen können. Sind die Portfoliowerte abhängig von Spotmarktpreisen, entstehen dem Unternehmen, wie beschrieben, Marktpreisrisiken. Das Unternehmen gegen diese abzusichern, ist **Aufgabe des Portfoliomanagers**. Aggregiert man nun alle Beschaffungs- und Vertriebsportfolios, ergibt sich dadurch (viertel-)stundengenau die Nettoposition des Unternehmens. Liegen alle Nettopositionen als Standardprodukte am Termin- bzw. Spotmarkt vor, werden aktuelle Marktpreise für die Wertbestimmung der aktuellen Nettoposition herangezogen. Das Volumen an offenen Positionen sowie die Volatilität der Portfoliowertschwankungen bestimmen hierbei das Risiko.

Die **Volatilität** dient im Rahmen der Risikobewertung als standardisiertes Risiko- 66
maß.[55] So findet dieses Maß etwa Eingang in das Modell zur Messung von Marktpreisrisiken im Sinne einer Schätzung zukünftiger Schwankungsbreiten. Hierbei handelt es sich um sog. historische Volatilität. Als historische Volatilität bezeichnet man Volatilitätskennzahlen, die man rechnerisch aus Zeitreihen beobachteter Wertänderungen der Vergangenheit ermittelt.

Einen möglichen Ansatz, das Risiko der Höhe einer Marktpreisschwankung in 67
einem gegebenen Zeitfenster zu beziffern, bietet der **Value-at-Risk**-Ansatz,[56] der in der Praxis wohl das am häufigsten zum Einsatz kommende Risikomaß ist. Der Value-at-Risk-Wert eines Portfolios beziffert den bei einer Markt-zu-Markt-Bewertung kalkulatorisch ermittelten maximal möglichen Verlust, der in einem gegebenen Zeithorizont mit einem vorgegebenen Konfidenzniveau nach gesetzten Rahmenparametern der Modellierung nicht überschritten wird. Das Value-at-Risk-Konzept basiert auf der Vorgehensweise, das Risiko (also die negative Abweichung des tatsächlichen Ergebniswertes vom erwarteten Ergebniswert) über eine statistische Fortschreibung von Vergangenheitswerten zu quantifizieren und mit einer Wahrscheinlichkeitsaussage zukünftiger Eintrittsmöglichkeiten zu verknüpfen. Für die Berechnung des Value-at-Risk muss dafür eine Wahrscheinlichkeitsverteilung für zukünftige, relative Portfoliowertänderungen existieren.[57] Angenommen wird zumeist, dass diese Änderungen einer t-Verteilung oder log-Normalverteilung folgen. Die statistischen Informationen der Risikofaktoren werden in Form einer Varianz-Kovarianz-Matrix berücksichtigt. Über ein Simulationsverfahren wird die Berechnung des Value-at-Risk durchgeführt. Das Vorgehen ist dabei (grob) folgendes:

Zunächst werden aus historischen Daten die relativen Preisänderungen des Risi- 68
kofaktors innerhalb des Portfolios kalkuliert, woraus sich Mittelwert und Standardabweichung berechnen lassen. Mit der Annahme über den stochastischen Verlauf des

---

55 Vgl. *Borchert/Schemm/Korth*, Stromhandel, S. 72f.
56 Vgl. *Marrison*, Risk Measurement, S. 136f.
57 Vgl. *Dowd*, Value at Risk, S. 38f.

Risikofaktors steht und fällt dieser Ansatz. Für die Preise am Spotmarkt hat sich in der langen Frist etwa gezeigt, dass diese trotz der zum Teil kurzfristig extrem hohen Volatilität um einen bestimmten Wert schwanken werden.[58] Die Bewegungen um dieses langfristige Niveau werden etwa durch einen **Mean-Reverting**-Prozess, z. B. den **Ornstein-Uhlenbeck-Prozess** abgebildet:

$$dX_t = \theta(\mu - Xt)dt + \sigma dW_t, X_0 = \alpha$$

69 Wobei W_t einen **Wiener-Prozess** und a den Anfangswert des Prozesses beschreibt. Für die Simulation müssen aus den historischen Daten die drei Parameter μ (Gleichgewichtsniveau), θ (Steifigkeit) und σ (Streuung) geschätzt werden. Mithilfe einer stochastischen Simulation werden diese Änderungen dann wieder mit einem Modell n-mal erzeugt. Multipliziert man alle Renditen mit den aktuellen Preisen entstehen absolute Preisdifferenzen. Dadurch können absolute Portfoliopreisänderungen berechnet werden. Geordnet nach der Größe lässt sich eine theoretische Verteilungsfunktion aller simulierter Portfoliowerte erstellen. Je nach Risikoneigung kann der potenzielle Verlust am entsprechenden Quantil (üblich ist das 5 %-Quantil) abgelesen werden. Kritisch an diesem Ansatz ist die historische Simulation. Dadurch können unerwartete, bisher noch nicht aufgetretene Änderungen nicht abgebildet werden. Positiv an dem Ansatz ist hingegen, dass die historische Simulation ohne Annahmen über Volatilität und Korrelation der Portfoliobestandteile auskommt und somit ein sehr unkompliziert zu berechnendes Verfahren darstellt.

VI. Preiskalkulation unter Unsicherheit

70 Im Falle von nicht vollumfänglich im Vorfeld der Lieferung bestimmbaren Energiebezugskosten (was die Regel im Strom- und Erdgasvertrieb an Letztverbraucher darstellt) kommt hierbei für EVU die Frage nach der adäquaten Berücksichtigung von Risiken im Rahmen der Vertriebspreisbildung auf. Von zentraler Bedeutung für ein EVU ist also die möglichst genaue Prognose über geplante Absatzmengen und über die Verfügbarkeit von Erzeugungsmengen zur Deckung dieser Bedarfe. Auf Basis der aktuellen Terminmarktpreise sowie zugrunde liegender Annahmen über die Struktur zwischen Angebot und Nachfrage zu unterschiedlichen Zeitpunkten auf Basis historischer Daten werden Prognosen über zukünftige Spotmarktpreise auf stundenscharfer Ebene im Rahmen sog. Shapes über **Hourly Price Forward Curves** (HPFC) gebildet.[59] Eine stündlich differenzierte Forward-Curve wird für die Bewertung der einzelnen

58 Vgl. *Borchert/Schemm/Korth*, Stromhandel, S. 54 f.
59 Vgl. *Burger/Graeber/Schindlmayr*, Managing Energy Risk, S. 239 ff.

Handelsgeschäfte im Spothandel sowie für die Kalkulation bzw. Verrechnung von Risikopositionen verwendet, um Lieferungen zu bepreisen. Die Berechnungsbasis der Forward-Curves liefern historische Preisdaten (wie z.B. historische Spotpreise der EEX) und aktuelle Preise für Standardhandelsprodukte (aktuelle Terminmarktpreise der EEX oder aktuelle OTC-Terminmarktpreise). Ausgehend von den historischen Preisdaten werden Verhältnisse einzelner Stunden bzw. Zeiträume zueinander ermittelt. Auf der Basis aktueller Marktpreise wird hierbei eine arbitragefreie Forward-Curve generiert, welche, mit einer gewissen Unschärfe verbunden, zukünftig zu erwartende Marktpreise zum Zeitpunkt der Lieferung vorhersagt. Hierbei ist allerdings auf eine adäquate Einpreisung der Beschaffungskosten offener Mengen (Risikoaufschlag) im Hinblick auf das Preisrisiko zu achten, um zusätzliche (vermeintlich höhere) Beschaffungskosten entsprechend erlösen zu können.

VII. Die Herausforderung der Preis- und Mengenprognose

Im Hinblick auf die **Wirtschaftlichkeit von Energielieferungen** spielen schwankende Marktpreise in Kombination mit der in der Regel fehlenden Möglichkeit der exakten Bestimmung der Energiebedarfsmengen von Letztverbrauchern eine wesentliche Rolle. 71

Der **Preis** für ein **Spotmarktprodukt** bildet sich – wie in den vorstehenden Ausführungen kurz angerissen[60] – erst am Vortag der Lieferung im Rahmen einer auktionsbasierten Preisbildung. Um das Risiko volatiler Preise einzugrenzen, decken sich Nachfrager nicht allein am Spotmarkt zum Zeitpunkt unmittelbar vor Lieferung ein, sondern nutzen dafür ebenso ihre Möglichkeiten, sich im Vorfeld der Lieferung auf dem Terminmarkt und vereinzelt auch im Optionsmarkt[61] abzusichern. 72

Gleiches gilt äquivalent für Erzeuger, die ihre Kapazitäten ebenso vor dem Risiko starker Preisschwankungen schützend, bereits „auf Termin" veräußern können. Bei einem **Terminkontrakt**[62] werden – wie bereits beschrieben[63] – Mengen und Preise bei Vertragsabschluss festgelegt, während die Lieferung und die Bezahlung in der Regel erst im Laufe der vereinbarten Lieferperiode stattfinden, was die Frage nach einem fairen Preis für eine Risikoprämie für den Zwischenzeitraum unmittelbar entstehen lässt. 73

---

60 Vgl. Rn 33ff.

61 Dies wird eher nur vereinzelt von großen Marktteilnehmern mit entsprechend hiermit verbundener notwendiger Fachkompetenz und Infrastruktur im Risikomanagement sowie weiteren grundlegenden Bedingungen wie Liquiditätsvorhaltung und der Finanztermingeschäftsfähigkeit umgesetzt.

62 Im Falle an der Börse gehandelter Terminkontrakte spricht man von Future, während das entsprechende außerbörslich gehandelte Produkt als Forward bezeichnet wird.

63 Vgl. Rn 34.

74 Als sog. **Forward-Prämie** $FP_t(T)$ bezeichnet man die Differenz zwischen dem aktuellen Forward-Preis $p_{F,t}(T)$ für die Lieferperiode T sowie dem für diese Lieferperiode zu erwartenden Spotmarktpreis $E_t[p_t]$:

$$FP_t(T) = p_{F,t}(T) - E_t[p_t]$$

75 Die Differenz kann sowohl positiv (Contango) als auch negativ (Backwardation) sein.[64] **Backwardation** bedeutet also, dass erwartete zukünftige Marktpreise niedriger sind als die heute handelbaren Terminprodukte für die entsprechende Lieferperiode. Mit anderen Worten, es ist die aktuelle Nachfrage im physischen Markt größer als die Nachfrage in der Zukunft – man benötigt den Rohstoff sofort und nicht erst in der Zukunft. Weil auf spekulativen Märkten aber Produzenten eher als die Kunden zum Absichern von Preisrisiken neigen, ist Backwardation eher als Normalfall anzunehmen.[65]

76 Im Hinblick auf die **Terminmarktpreisniveaus** im Verhältnis zum Spotmarktpreis zum Zeitpunkt der Lieferung lässt sich aus heutiger Sicht **keine** explizite **Regelmäßigkeit** ableiten.

77 Abbildung 4 veranschaulicht, dass in der jüngeren Vergangenheit der arithmetisch gemittelte Spotmarktpreis des Jahres (gestrichelte Linie) unter dem durchschnittlichen Terminmarktpreis für ein Jahresband Baseload (schwarze Linie) notierte.

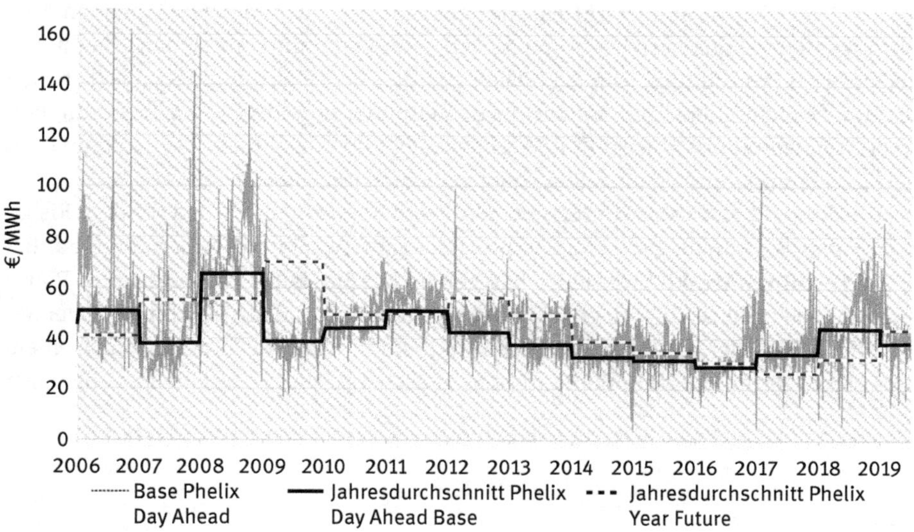

Abb. 4: Spotmarkt- zu Terminmarktniveau auf Basis einer Frontjahresbeschaffung[66]

64 Vgl. *Erdmann/Zweifel*, Energieökonomik, S. 313.
65 Vgl. *Erdmann/Zweifel*, Energieökonomik, S. 313.
66 Quelle: European Energy Exchange.

Allerdings bilden die Jahre 2009 und 2011 sowie 2017 und 2018 die immer wieder auftretenden beeindruckenden Ausnahmen von dieser Verhältnismäßigkeit und verdeutlichen die Notwendigkeit eines fundierten **Risikomanagements zur Begrenzung von Marktpreisrisiken**. Das Beispiel verdeutlicht, dass weder eine rein kurzfristige noch eine rein langfristige Strategie der Strombeschaffung optimal ist und eine Beschaffungsstrategie mit einseitiger Ausrichtung auf Spotmarktbezug von Strom, bei gleichzeitig im Vorfeld auf mittelfristiger Ebene fixierten Stromabsatzpreisen, ein nicht zu unterschätzendes Risikopotenzial birgt. Beleg hierfür können die in Regelmäßigkeit durch schlechtes Risikomanagement induzierten Insolvenzen bundesweit auftretender Energieversorger mit kompetitiver Lieferpreisgestaltung sein. 78

Bei den vorangegangen Ausführungen[67] darf nicht vergessen werden, dass Spotmarktpreise, die Bildung von Preisprognosen sowie Kalkulation von Risikoaufschlägen in der Summe einen eher geringen **Einfluss** auf den **Letztverbraucherpreis** für Strom, gleichzeitig aber einen hohen Einfluss auf die Profitabilität eines EVU – im Hinblick auf Vertriebsmargen – haben. In diesem Sinne sind die beschriebenen Verfahren zur Abbildung von Marktvolatilität und zur Berechnung des Risikos einer offenen Position eine unumgängliche Notwendigkeit, will man im Marktumfeld bestehen. Durch Verordnungen und durch Gesetze bestimmte Preisbestandteile bilden den größten Teil des Endkundenpreises, deren Beeinflussung allerdings nur bedingt bzw. überhaupt nicht von Unternehmerseite vorgenommen werden kann. Welche Kalkulationsmöglichkeiten sich bieten, die eigene Marge so zu bestimmen, dass man im Marktumfeld konkurrenzfähig ist und bleibt, soll Gegenstand des nächsten Kapitels sein. 79

C. Die Notwendigkeit der Anpassung von Tarifpreisen

Der Verkauf von Strom und Erdgas ist immer noch das zentrale Vertriebsprodukt der meisten Energieversorgungsunternehmen in Deutschland. 80

Aufgrund der im Rahmen der Marktliberalisierung entfachten Transparenz von Haushaltskundenpreisen[68] und dem Eintritt neuer Marktteilnehmer im Retail-Geschäft gibt es in Deutschland seit der Marktöffnung einen sich sukzessive aufbauenden starken **Nachfragermarkt** im **Endkundenbereich** mit kontinuierlich zunehmendem Margendruck. Dies könnte ein Indiz für einen funktionierenden Wettbewerb darstellen und scheint den gewünschten Effekt der Marktliberalisierung auf den ersten Blick zu bestätigen. 81

---

67 Vgl. Rn 33 ff.

68 U. a. durch den Erfolg von Vergleichsportalen wie verivox.de und alternativer Anbieter von Preisvergleichen.

82 Diese Tendenz zu verstärktem Verdrängungswettbewerb zeigte sich in den letzten Jahren insbesondere im Stromvertrieb, findet aber nach und nach ebenso im Wettbewerb um Erdgasabsatz an Letztverbraucher statt.[69] Am Beispiel der **Strompreiskalkulation** möchten wir nachfolgend überblicksartig Überlegungen und Vorgehensweisen zur **Bestimmung von Tarifpreisen** und der **Höhe von Margen und Aufschlägen** skizzieren. Aufgrund des hohen Preisdrucks durch alternative Anbieter in Wettbewerbsgebieten bleibt den Versorgern neben der Veredlung von Stromtarifen – z. B. durch zusätzliche Produkt-Add-Ons oder aber durch Vertrieb von Grünstromtarifen mit entsprechenden Distinktionen zu Wettbewerbern mit angebotenen Graustromlieferungen – zunehmend nur die Möglichkeit, Kosten zu senken, um ein positives Ergebnis zu sichern.

83 **Herausforderung** hierbei ist es, im **Wettbewerbsumfeld** bestehen zu können, aber im gleichen Zuge durch die mindestens kostendeckende Kalkulation der Lieferangebote in Verbindung mit einer Ausgestaltung von Mindestmargen die Profitabilität der Energielieferungen nachhaltig zu sichern. Dies bedeutet, die einzelnen Tarife sukzessive in ihrer Profitabilität auf den Prüfstand zu stellen und unwirtschaftliche Tarifangebote auslaufen zu lassen, um diese kontinuierlich durch wirtschaftliche Lieferangebote zu ersetzen.

I. Preiskomponenten in den Letztverbraucherpreisen und die Möglichkeit der Beeinflussbarkeit

84 Wie erwähnt, können EVU nicht auf alle der einzelnen Preisbestandteile eines Stromtarifs Einfluss nehmen. Am Beispiel der diversen Komponenten des Strompreises in Berlin für einen Haushaltskunden mit beispielhaften 2.100 kWh Verbrauch im Jahr, welche in der untenstehenden Abbildung in ihrer prozentualen Höhe aufgeführt worden sind (vgl. Abbildung 5), lassen sich die einzelnen **Preisbestandteile** nach ihrer Herkunft und Höhe ablesen. Die beiden für die Preisgestaltung wesentlichen Faktoren bilden einerseits Aufschläge zur Deckung von Vertriebs-(gemein-)kosten, von Kosten der Belieferungsprozesse und der Abwicklung/Abrechnung der Belieferung sowie Marge (16,01 %) und andererseits der Anteil der Beschaffungskosten (12,56 %). Nur auf diese zwei grundlegenden Preiskomponenten hat das EVU einen gestaltenden Einfluss.

69 Vgl. BNetzA, Monitoringbericht 2013, S. 22 f., abrufbar unter http://www.bundeskartellamt.de/SharedDocs/Publikation/DE/Berichte/Energie-Monitoring-2013.pdf.

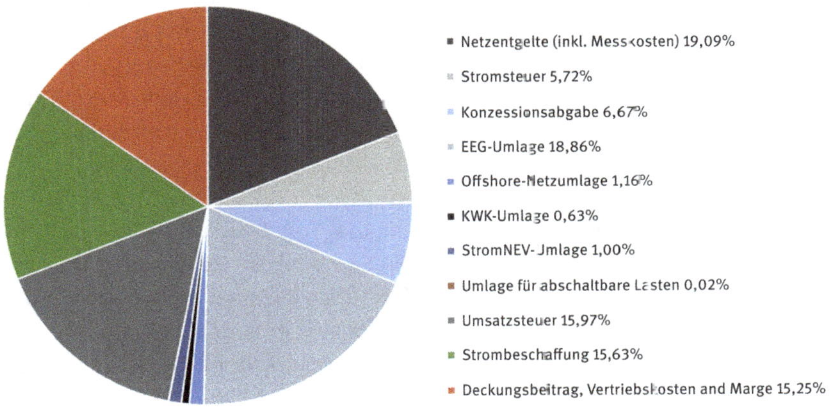

Abb. 5: Strompreisbestandteile 2019 – angenommener Verbrauch von 2 100 kWh/a[70]

Nicht alle der **Preisbestandteile** sind hierbei spezifische Größen – als Bestandteile in der Ausgestaltung von **Letztverbraucherpreisen** sind sowohl absolute Entgelte (u. a. für Messung und Abrechnung im Netz) als auch variable Preisbestandteile (beispielsweise die zu leistenden staatlichen Abgaben und Umlagen) im Preis enthalten. Mit Blick auf die sukzessive Veränderung von Letztverbraucherpreisen über die letzten acht Jahre haben sich diverse Preiskomponenten stark in ihrer Höhe verändert[71] und eine stetige Anpassung der eigenen Preisgestaltung in der Belieferung von Kunden scheint für EVU unausweichlich. 85

Die Vertriebspreisbildung und die Anpassung bestehender Tarifpreise sind in verschiedenen Verfahren möglich. Neben der hier aufgeführten rein energiewirtschaftlichen Betrachtung der **Preiskalkulation von Tarifen** liegen auch energierechtlich explizite Rahmenbedingungen als Restriktionen vor, die bei der Kalkulation beachtet werden müssen. Die rechtliche Sicht erfährt an anderer Stelle in der vorliegenden Publikation eine kritische Würdigung.[72] 86

II. Bottom-Up- vs. Top-Down-Kalkulationen

Zur Kalkulation von Vertriebspreisen können verschiedene Verfahren angewendet werden. Gängig sind sowohl die Bottom-Up- als auch die Top-Down-Methode zur 87

70 Quelle: Eigene Darstellung.

71 Vgl. Kap. 1 bzgl. den einzelnen Preiskomponenten und der Höhe der einzelnen Preisbestandteile.

72 Vgl. insbesondere Kap 6.

Bestimmung von Vertriebspreisen. **Bottom-Up** meint in diesem Zusammenhang das Aufsummieren sämtlicher einzelner Kostenbestandteile, versehen mit entsprechenden Risikoaufschlägen und einer finalen Definition einer Vertriebsmarge „on top". Bei dieser Art der Kostenkalkulation werden spezifische unternehmensinterne Transferpreise und Vertriebs- und Verwaltungskostenkalkulationen zum Einsatz gebracht, um einen finalen Vertriebspreis für den Absatz an Letztverbraucher zu errechnen.

88 Verglichen mit der Bottom-Up-Methode geht die **Top-Down-Kalkulation** von Wettbewerberpreisen bzw. einem allgemeinen Preisniveau der Belieferung des entsprechenden Kundensegments als Referenz aus und passt bei einer angestrebten Marge die Kosten mit Blick auf die einzelnen Preisbestandteile entsprechend an.

89 Hierbei werden die Preisbestandteile soweit zurückgerechnet, bis lediglich die Marge des durchschnittlichen Wettbewerbers als „Rest abzüglich aller Kosten" verbleibt. Das Verfahren der Rückrechnung bestehender Wettbewerberpreise durch sukzessive Subtraktion sämtlicher Preiskomponenten[73] ist auch als **retrograde Deckungsbeitragsrechnung** am Markt bekannt, da hiermit die zu erzielenden Deckungsbeiträge im Abgleich mit Wettbewerbspreisgestaltungen in ihrer Höhe indikativ bestimmt werden können. Diese Marktanalysen empfehlen sich sowohl für die Einschätzung der Wettbewerbssituation im angestammten Netzgebiet als auch in einem erweiterten Liefergebiet im sog. „Out-of-area-Geschäft" außerhalb des heimischen Verteilnetzes.

90 Der aus der Analyse hervorgehende **Preissetzungskorridor im Wettbewerb** zeichnet ein genaues Bild über Margenspielräume und Konkurrenzfähigkeit der aktuellen oder geplanten Tarifpreise (vgl. Abbildung 6).

73 Sofern Informationen über die Komponenten verfügbar sind.

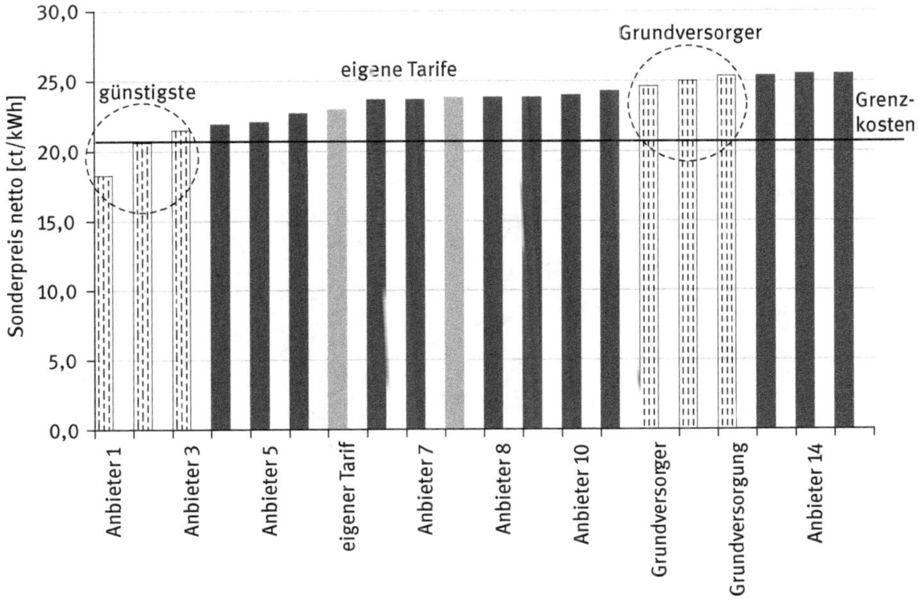

Abb. 6: Analyse der Wettbewerberpreise – schematische Beispieldarstellung[74]

Eine **Verknüpfung beider Verfahren** zur sukzessiven Summierung der einzelnen Preisbestandteile bei gleichzeitiger Rückrechnung der Wettbewerberpreise zur Bestimmung möglicher Deckungsbeiträge am Markt, ist hierbei zu empfehlen. Die nachfolgende grafische Darstellung des Vorgehens zur Kalkulation von Preisen in der Verknüpfung zwischen Bottom-Up-Kalkulation und Top-Down-Preisanpassung, im Kontext der Wettbewerberpreise, verdeutlicht den Mehrwert der Kombination beider Verfahren: 91

74 Quelle: Eigene Darstellung.

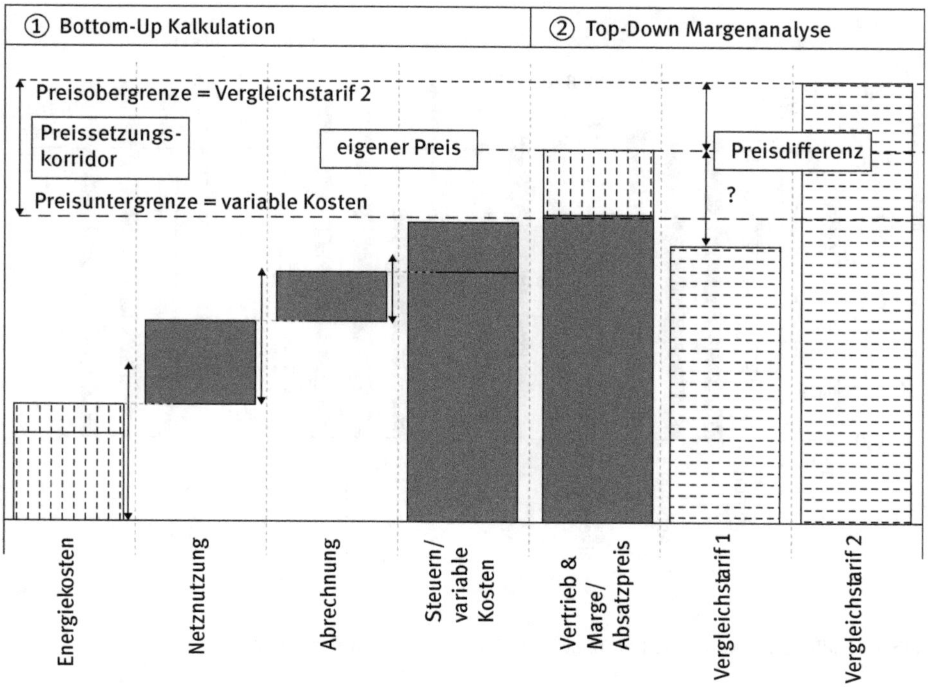

Abb. 7: Tarifpreissetzung in der Verknüpfung von Bottom-Up- und Top-Down-Kalkulation[75]

92 Im **Preissetzungskorridor** können die Tarifpreise für neue Vertriebsprodukte in Kenntnis der zu erwartenden Über- oder auch Unterdeckung damit gezielt entwickelt und verabschiedet werden. Eine spezifische Tarifkostenentwicklung nach obiger Vorgehensweise kann schließlich Grundlage zur Weiterentwicklung der kundensegment- und liefergebietsspezifischen Margenentwicklung werden. Bei der Absatzpreisentwicklung individuell auf einzelne Zielgruppen und Vertriebsregionen zugeschnittener Tarife werden dabei die Zielmargen und weitere Vorgaben der Vertriebsleitung mit aktuellen Informationen zu Intensität und Preisspektrum der Anbieter konfrontiert.

III. Segmentspezifische Tarifpreiskalkulation

93 Modernes **Absatzportfolio-Management** im Energievertrieb muss ganzheitlich strukturiert werden – so kann der aktuelle Tenor der Lieferanten am Markt zusammengefasst werden. Die Tage opulenter Tarifvielfalt, unstrukturierter, interner Tarif-

75 Quelle: Eigene Darstellung.

subvention und -preisentwicklung auf der „grünen Wiese“ sind angesichts des Wettbewerbsdrucks und der Kundenerwartungen wohl endgültig gezählt.

So wird die Herausforderung eines „Großeinsatzes“ zur Preisanpassung sämtlicher Tarife zum Jahresende auf Basis des veränderten Niveaus der Abgaben- und Umlagensituation mehr und mehr durch **fortlaufendes Management des Absatzportfolios** abgelöst, welches das Risiko- und Stresslevel der erforderlich werdenden Maßnahmen minimiert und erfolgreiche Produktentwicklung möglich macht. **94**

Die zunehmende Dynamisierung und Flexibilisierung der Beschaffungsmodelle der EVU ermöglichen inzwischen eine spezifische **Beschaffungskostenkalkulation** je Tarifsegment und hiermit die zunehmende Individualisierung von Tarifen. Durch definierte Aufschlagsbildung anhand der Vorgaben des Risikomanagements werden so segmentspezifische Beschaffungskosten entwickelt. Durch eine solche Transferpreisstruktur wird der Lieferant zur Bildung sowohl von risiko- als auch kostenminimalen, das heißt wettbewerbsfähigen, Tarifpreisen befähigt. **95**

Am anderen Ende des Kalkulationsprozesses stellt sich die sachgemäße Umlage der Vertriebs- und Verwaltungskosten auf die Tarife bzw. einzelne Kundensegmente als Herausforderung dar. Eine möglichst verursachungsgerechte Allokation interner Verwaltungs- und Vertriebskosten auf die einzelnen Tarife im Vorfeld der Berechnung eines neu am Markt zu etablierenden Produktes ist bei vielen Energieversorgern mangels angemessener Erhebungstiefe der Kostenstrukturen nur schwer umsetzbar. An dieser Stelle kommen idealerweise die Erkenntnisse einer fundierten **Prozess- und Vertriebskostenanalyse** zum Einsatz, welche eine sachgerechte Allokation auf einzelne Segmente ermöglicht. Die dabei zu Tage geförderten Kostenstrukturen geben Aufschluss über die betriebliche Effektivität und Effizienz in der Kundenbelieferung. **96**

Dabei ermittelte Belastungen durch Vertriebs- und Verwaltungskosten werfen in der Regel Fragen nach der Kostenplausibilität und passenden Kostenverteilungsmodellen auf. Die angestrebte Kostenzuteilung auf einzelne Tarifsegmente sollte in einem spezifischen Allokationsmodell der Vertriebs- und Gemeinkosten umgesetzt werden, welches idealerweise eine nach Tarifen, Kundensegmenten, Liefergebieten und nach Wettbewerbsniveau unterscheidende Kostenzuweisung erlaubt. Die althergebrachte, Verallgemeinerung von **Beschaffungs- und Vertriebskosten** über das gesamte Absatzportfolio ist im Rahmen moderner Tarifentwicklung generell nicht mehr als zeitgemäß anzusehen. Dieser mangelnde Fokus auf die verschiedenen Kundengruppen ist allerdings weiterhin im Markt als weit verbreitet einzustufen. **97**

Kapitel 3
Erzeugung

Preise und vor allem Endkundenpreise haben mannigfaltige Einflussfaktoren und entstehen über mehrere Wertschöpfungsstufen hinweg. Betrachtet man in der Energiewirtschaft die Preisgestaltung, so steht zumeist die Energiewandlung, umgangssprachlich auch Erzeugung genannt,[1] von Primärenergieträgern in Nutzenergie am Beginn der Wertschöpfungsstufen. Für die vorliegende Betrachtung mit Absicht vernachlässigt, wird in diesem Zusammenhang natürlich die Gewinnung der (fossilen) Energieträger, die sich auf globalen Energiemärkten abspielt und sicherlich ein eigenes Kapitel, wenn nicht gar Buch, verdient. 1

Der Fokus des folgenden Kapitels ist der Umwandlung bzw. Erzeugung von elektrischem Strom in Deutschland gewidmet. Dem Kapitel vorangestellt ist eine Beschreibung der maßgeblich eingesetzten Erzeugungstechnologien im deutschen Strommarkt der jüngeren Vergangenheit.[2] Die so prominente wie fast omnipräsente Begrifflichkeit der deutschen Energiewende, die bisher zuvorderst eine Stromerzeugungswende darstellt, wird dabei ebenso aufgegriffen. Neben der Darstellung wichtiger Kennzahlen wie CO_2-Emissionen, Anteile am Markt sowie entsprechender Kapazitäten der einzelnen Technologien wird in diesem Teil auch der Versuch unternommen, die wichtigsten Meilensteine bzw. Entwicklungen nachzuzeichnen, wobei es aufgrund des Umfangs des Kapitels zwangsläufig bei einem Überblick bleiben muss, der auch keinen Anspruch auf Vollständigkeit erhebt. 2

Um einen Eindruck zu erhalten, weshalb sich die zuvor genannten Entwicklungen auf die Anteile des deutschen Stromerzeugungsmixes auswirken, werden im Punkt B. und C. die ökonomischen Rationale hinter der Vermarktung von Kraftwerkskapazitäten aufgezeigt sowie eine Übersicht gewährt, welche Märkte von Kraftwerken bedient werden können. 3

Zu guter Letzt wird das Bild abgerundet durch den Versuch eines Fazits und Ausblicks, wie sich die deutsche Energiewende weiterentwickelt und vor welche Herausforderungen die Stromwirtschaft noch gestellt wird. 4

---

1 Im vorliegenden Kapitel werden die Begriffe Energiewandlung und Energieerzeugung vereinfachend synonym verwendet, der physikalisch vorgebildete Leser möge dies entschuldigen.

2 Vgl. Rn 5 ff.

https://doi.org/10.1515/9783110716306-003

A. Die Stromerzeugungslandschaft in Deutschland

5 Viele Kraftwerksstandorte und -technologien in Deutschland entspringen einer gewachsenen Struktur, die einer Zeit vor der Liberalisierung der Strommärkte entstammt. Um zu verstehen wie und wieso sich die **deutsche Stromerzeugungslandschaft** entwickelt, ist ein grundlegendes Verständnis des **Großhandelsmarktes** von Nöten. Nicht nur, aber auch aufgrund des in Deutschland bestehenden **Marktdesigns**, das an anderer Stelle des Buches[3] expliziter dargestellt ist, leiten sich die Anteile der verschiedenen Kraftwerkstypen an der Stromerzeugung im Netzregelverbund der Bundesrepublik Deutschland ab. Dieser auch als **„Energy-only"-Markt** bezeichnete Großhandelsmarkt für elektrischen Strom bildet den Dreh- und Angelpunkt für den Einsatz der deutschen Stromerzeugung. Grundsätzlich ist dieser Markt seit Beginn des neuen Jahrtausends liberalisiert und folgt marktlichen Regeln. Dennoch sei an dieser Stelle erwähnt, dass durch eine Vielzahl rechtlicher Normen auch dieser Markt stark durch staatliche Lenkungsansätze beeinflusst wird. Dieser „Energy-only"-Markt folgt der grundlegenden Prämisse, dass ein Kraftwerk, um in Betrieb zu sein, mindestens seine Grenzkosten[4] verdient.

6 Aufgrund der Langfristigkeit von Investitionen in Kraftwerken sind auch heute, knapp 20 Jahre nach der **Liberalisierung** der Märkte, viele **Kraftwerkskapazitäten** aus der Zeit vor der Liberalisierung noch am Markt aktiv. Mit 15 verschiedenen Primärenergieträgern ist die deutsche Erzeugerlandschaft, verglichen mit anderen europäischen Flächenstaaten, sehr heterogen.

I. Beschreibung der aktuellen Kraftwerkskapazitäten und der Entwicklung seit 2011

7 Abbildung 1 zeigt die aktuell installierten Kapazitäten aufgeschlüsselt nach **Primärenergieträger** im Jahr 2019. Grob gesagt bestehen aktuell ca. 100,4 GW an installierter elektrischer Leistung aus konventionell, fossil gefeuerten bzw. betriebenen Anlagen und ca. 121 GW aus Anlagen zur Nutzung Erneuerbarer Energien. Von den 100,4 GW an konventioneller Erzeugung stellen kohlegefeuerte (Braun- und Steinkohle) den größten Anteil mit ca. 43,5 GW, gefolgt von erdgasgefeuerten Kraftwerken mit knapp 30 GW und Kernenergieanlagen mit bislang noch 8,1 GW. Eine Besonderheit der Darstellung sind **Pumpspeicherkraftwerke** (ca. 9,8 GW), die aufgrund ihres Aufbaus eigentlich weder vollumfänglich als konventionelle noch als erneuerbare Stromerzeuger bezeichnet werden können. Speicherkraftwerke beziehen den Strom aus dem deutschen Netz zu Zeiten niedriger Preise und speisen den Strom bei hohen Preisen

3 Vgl. Kap. 4 Rn 2ff. und Kap. 2 Rn 10ff.
4 Vgl. Rn 22ff.

wieder aus. Da die bezogene Arbeit jedes Jahr schwankt und jeweils Anteile auf erneuerbare bzw. konventionelle Erzeugung umgelegt werden müssten, was die Statistiken der installierten Leistungen verzerren würde, hat sich für diese Art der Auswertung die Zuordnung zur konventionellen Erzeugung durchgesetzt. Neben diesen größeren Blöcken bestehen noch Kapazitäten in geringerem Maße, die Mineralölprodukte, Deponiegas, Klärgas, nichtbiogene Reststoffe sowie sonstige nicht erneuerbare Energieträger als Brennstoffe verwenden.

Auf der Seite der **Erneuerbaren Energien** stechen ganz klar Photovoltaik (ca. 8
47,4 GW) und Windkraft (59,3 GW) hervor, die in Summe 106,7 GW an installierter Leistung ausmachen. Gefolgt von Biomasse- und Laufwasserkraftwerken stellen diese vier Umwandlungstechnologien fast 99 % der erneuerbaren Kraftwerkskapazitäten. Während die beiden erstgenannten Technologien stark dargebotsabhängig (bezogen auf die jeweilige Sonneneinstrahlung und Windstärke) sind, sind die beiden Letztgenannten regelbar und können im sogenannten Lastfolgebetrieb die jeweilige Nachfrage bis zur Maximallast befriedigen.

Vergleicht man diese Zahlen mit dem Beginn der Veröffentlichung der soge- 9
nannten **Kraftwerksliste der Bundesnetzagentur** im Jahr 2011[5] so ist zu erkennen, dass sich die konventionellen Kapazitäten in Summe kaum verändert haben (2011: 102,5 GW; 2019: 103,5GW). Nahezu verdoppelt haben sich hingegen die Kapazitäten Erneuerbarer Energien von ca. 66,5 GW im Jahr 2011 auf ca. 121 GW. Dieser Zuwachs ist hauptsächlich dem Zubau von Photovoltaikanlagen (+19,8 GW) und Windkraftanlagen, onshore wie offshore (in Summe +30 GW), zu verdanken.

5 BNetzA-Kraftwerksliste, abrufbar unter https://www.bundesnetzagentur.de/DE/Sachgebiete/ElektrizitaetundGas/Unternehmen_Institutionen/Versorgungssicherheit/Erzeugungskapazitaeten/Kraftwerksliste/kraftwerksliste-node.html.

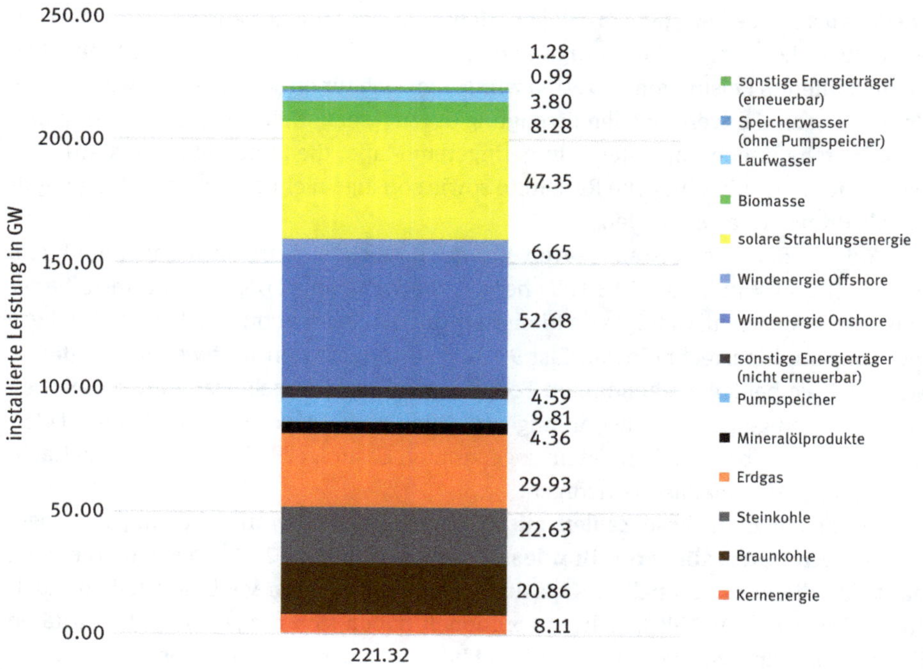

Abb. 1: Installierte Kraftwerkskapazitäten in Deutschland, Stand: 1.4.2020[6]

10 Bei Betrachtung dieser Kapazitäten und dem Einbeziehen der politischen Entscheidungen der (jüngeren) Vergangenheit ist schnell zu erkennen, dass dem deutschen Energiesystem weiterhin einschneidende Veränderungen bevorstehen.

11 Hier ist zum einen der, nach vielem Hin und Her am 30.6.2011[7] endgültig beschlossene, sogenannte Atomausstieg nach der Katastrophe von Fukushima vom 11.3.2011 zu nennen, der zu einer endgültigen Stilllegung aller in Deutschland betriebenen Kernkraftwerke bis Ende 2022 führt. Neben diesen Kapazitäten aus Kernenergie soll nun auch bis spätestens zum Jahr 2038 allen kohlegefeuerten Anlagen die Verstromung von kohlebasierten Brennstoffen untersagt werden. Diese „Stilllegungen" erfolgen auf Basis eines zunächst mit breiter gesellschaftspolitischer Beteiligung unter zähem Ringen erarbeiteten Kohleausstiegsprogramms im Jahr 2019,[8] welches dann im Jahr 2020 im **Gesetz zur Reduzierung und zur Beendigung der Kohleverstro-**

6 Eigene Darstellung nach BNetzA-Kraftwerksliste Stand 1.4.2020.

7 Dreizehntes Gesetz zur Änderung des Atomgesetzes (AtG) v. 31.7.2011 (BGBl. I S. 1704).

8 Abschlussbericht „Kommission „Wachstum, Strukturwandel und Beschäftigung", abrufbar unter https://www.bmwi.de/Redaktion/DE/Downloads/A/abschlussbericht-kommission-wachstum-strukturwandel-und-beschaeftigung.pdf?__blob=publicationFile.

mung[9] kurz KVBG mündete. Hierin ist vorgesehen, Kraftwerksbetreiber, zunächst mittels eines Ausschreibungsverfahrens zur Feststellung der benötigten Prämien, dazu zu bringen, die Kohleverstromung einzustellen. Diese Ausschreibungen werden bis 2024 durchgeführt und haben das Ziel, die Kohleverstromungskapazitäten bis 1.1.2027 marktlich getrieben zu verringern. Je nach Erfolg dieser Ausschreibungen beginnt dann ab 2027 bis zum Zieldatum 2038 die Phase der behördlich angeordneten Verbote der Kohleverstromung für Kraftwerksbetreiber, die prämienlos erfolgen soll. Grundsatz dieser angeordneten Verstromungsverbote und der Reihenfolge der Kraftwerksstilllegungen ist die Idee, die Kraftwerke nach Alter und Emissionsintensität zu sortieren und somit den größten CO_2-Emittenten zuerst die Kohleverstromung zu untersagen. Im Gegensatz zum soeben beschriebenen Ausschreibungsverfahren für Steinkohlekraftwerke und kleine Braunkohleeinheiten, werden größere Kapazitäten in der Braunkohle durch bilaterale Verträge zwischen der Bundesregierung und den Betreiberkonsortien verhandelt.

Mit Kernenergie- und Kohleausstieg werden somit in Summe ca. 52 GW, also ungefähr die Hälfte der bestehenden konventionellen Kraftwerke, innerhalb von gut 20 Jahren nicht mehr zu Verfügung stehen. 12

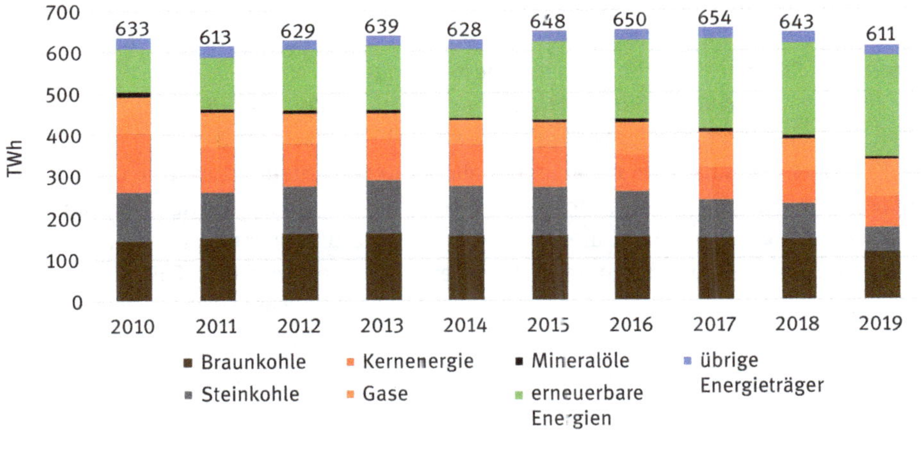

Abb. 2: Bruttostromerzeugung nach Primärenergieträgern 2010–2019[10]

9 Gesetz zur Reduzierung und zur Beendigung der Kohleverstromung (Kohleverstromungsbeendigungsgesetz – KVBG) v. 8.8.2020 (BGBl. I S. 1818).

10 Eigene Darstellung nach AG Energiebilanzen, Energieverbrauch in Deutschland im Jahr 2019, S. 26, Tab. 12: Bruttostromerzeugung in Deutschland von 1990 bis 2019 nach Energieträgern, Stand 12/2019, abrufbar unter https://ag-energiebilanzen.de/index.php?article_id=29&fileName=ageb_jahresbericht2019_20200325_dt.pdf.

13 Es gilt nun, diese Stromerzeugungskapazitäten und zuvorderst auch die darin erzeugten Strommengen adäquat zu ersetzen. Um hierfür ein Gefühl zu entwickeln, sollte natürlich neben der Betrachtung der reinen Stromerzeugungskapazitäten ein Blick in die Mengenbilanzen nicht ausbleiben. So wurden zum Beispiel im Jahr 2019 knapp 43 % des in Deutschland verbrauchten Stroms aus Erneuerbaren Energien gewonnen. Bei einem leistungsbezogenen Anteil an den Erzeugungskapazitäten von ca. 55 % zeigt dies zum einen eine verringerte Stromerzeugung bezogen auf die installierte Leistung, zum anderen ist die häufig beschworene sehr geringe **Vollbenutzungsstundenzahl**[11] von Erneuerbare-Energien-Anlagen im Vergleich zu konventionellen Anlagen nicht so niedrig. Interessant ist ebenfalls zu beobachten, dass die Stromerzeugung aus Braunkohle bis zum Jahr 2018 relativ konstant bei ca. 150 TWh lag (ca. 25 % des Gesamtstromverbrauchs), um im Jahr 2019 auf ca. 114 TWh zurückzugehen. Hier zeigt sich zum ersten Mal auch die Wirksamkeit hoher CO_2-Preise für Anlagen, die unter das **TEHG**[12] – sprich den europäischen Emissionshandel – fallen. Ebenfalls signifikant ist der Rückgang der Stromerzeugung aus Steinkohle um fast 45 % innerhalb von drei Jahren (2016 bis 2019), der auf den gleichen Grund zurückzuführen ist.

14 Der Rückgang der Stromerzeugung aus Kernkraftwerken um ca. 22 TWh entspricht der zuvor genannten Außerbetriebsetzung infolge des „Atomausstiegs" und ist insofern wenig verwunderlich. Kompensiert werden diese Produktionsrückgänge natürlich über die Zunahme erneuerbarer Stromproduktion, aber auch durch die Steigerung der Stromabsätze durch gasgefeuerte Anlagen.

15 In diesem Zusammenhang sicherlich ein interessanter Fakt und für die Preisbildung bzw. die Marktbedingungen relevant ist die Tatsache, dass der Zubau an Erneuerbare-Energie-Anlagen und konventionellen Stromerzeugungsanlagen tendenziell auf leistungsbezogen kleinere Einheiten im Vergleich zu vor 2010 errichteten konventionellen Anlagen zurückzuführen ist. Natürlich sind im gleichen Zeitraum die Leistungen einzelner Windkraftanlagen gestiegen, jedoch wiegt dieser Faktor nicht die Verschiebung bzw. Stilllegungen großer Anlagen im konventionellen Bereich auf. Dieser dezentralere Ansatz ist zum einen technologieimmanent, da Windkraftanlagen bzw. Solarparks (ganz zu schweigen von den vielen PV-Anlagen auf den Dächern der Republik) eine um den Faktor 10–10.000 geringe Leistung haben, als zum Beispiel ein großes Steinkohlekraftwerk.

16 Die Fragmentierung des bundesdeutschen Erzeugungsportfolios ist auch bei gasgefeuerten Anlagen zu erkennen. Der Trend hin zu kleineren flexibleren Motorenkraftwerken bzw. offenen Gasturbinen (das heißt Gasturbinenkraftwerke ohne trägen Dampfkreislauf) hat grundsätzlich zwei Auslöser. Der erste Grund hierfür dürfte die

11 Vollbenutzungsstunden entsprechen dem Quotienten aus produzierter Strommenge und installierter Leistung einer Stromerzeugungsanlage.

12 Treibhausgas-Emissionshandelsgesetz v. 21.7.2011 (BGBl. I S. 1475), zuletzt geändert durch Gesetz v. 8.8.2020 (BGBl. I S. 1818).

höhere Flexibilität dieser Anlagen sein, die aufgrund der erneuerbaren, volatilen Stromeinspeisung zunehmend ausgeprägtere Preisspitzen bzw. -senken wirtschaftlich bedienen müssen. Jedoch spielt auch ein weiteres Argument eine nicht zu vernachlässigende Rolle, nämlich die grundsätzliche Überlegung von Wirtschaftsunternehmen, kleinteiligere Investitionsprojekte zu nutzen, um eine Risikodiversifikation in einem sich in massiven Umbrüchen befindlichen Markt vorzunehmen.

Unter der sicherlich nicht falschen Annahme, dass annähernd 100 % der erneuer- 17
baren Stromerzeugung auch eine Förderung nach dem EEG erhält,[13] lässt sich konstatieren, dass nunmehr über 40 % der erzeugten Strommengen ihre Erlöse nicht nur aus der Vermarktung der Strommengen an einer Börse bzw. durch eine an den Börsenpreis angelegte Preisbildung erzielen. Hierbei bisher noch gar nicht berücksichtigt sind weitere Förderungen, wie zum Beispiel für Strom aus **KWK-Anlagen**, die auch Investitionen anreizen, die wahrscheinlich allein aus dem Energy-only-Markt nicht angereizt würden.

II. Entwicklung der CO_2-Bilanz der deutschen Stromerzeugung

Die Entwicklung der CO_2-Emissionen der deutschen Stromversorgung folgt zwangs- 18
läufig dem zuvor dargestellten Änderungsprozess in der deutschen Stromerzeugung. Aufgrund der sich in der jüngeren Vergangenheit entwickelnden Dynamik, das Braun- und Steinkohle (hohe spezifische CO_2-Emissionsfaktoren) zugunsten Erneuerbarer Energien oder Erdgas weniger Strom produzieren, ergibt sich auch in den letzten fünf Kalenderjahren eine Verringerung des deutschen CO_2-Emissionsfaktors des deutschen Strominlandsverbrauchs von knapp 25 % auf mittlerweile 427 kg CO_2/MWh_{el}. Zuvor wurde der Zubau an erneuerbaren Energien und der damit zu erwartende Rückgang der CO_2-Emissionen durch verschiedene Aspekte gedämpft. So wurden nach Abschaltung der Kernkraftwerke die frei werdenden Strommengen zunächst vermehrt durch kohlegefeuerte Anlagen ersetzt. Dies war einem niedrigen CO_2-Faktor nicht zuträglich.

---

13 Vgl. Rn 54 Nr. 3.

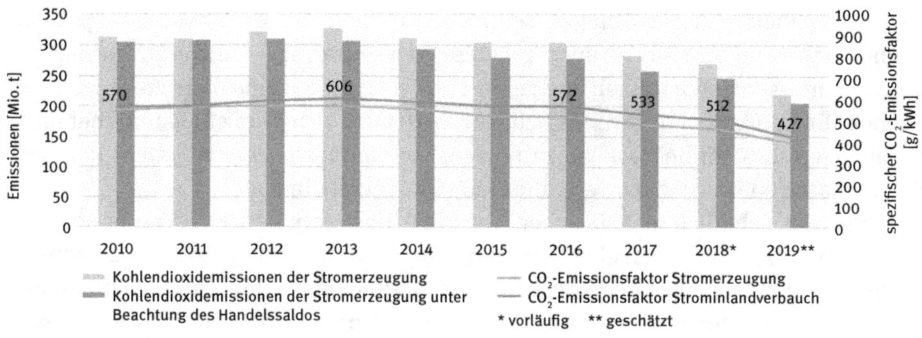

Abb. 3: Entwicklung der spezifischen CO_2-Emissionen der deutschen Stromerzeugung[14]

19 Auch die Kombination aus niedrigen Preisen für CO_2 an den europäischen Börsen, niedrigen Kohlepreisen und moderaten bis hohen Erdgaspreisen war nicht von Vorteil für die Verschiebung hin zu CO_2-armen bzw. neutralen Erzeugungstechnologien. In den letzten Jahren änderte sich das Verhältnis der ausschlaggebenden Preise zueinander. Exemplarisch seien hier die Preise für **CO_2-Emissionszertifikate** der letzten Jahre dargestellt.

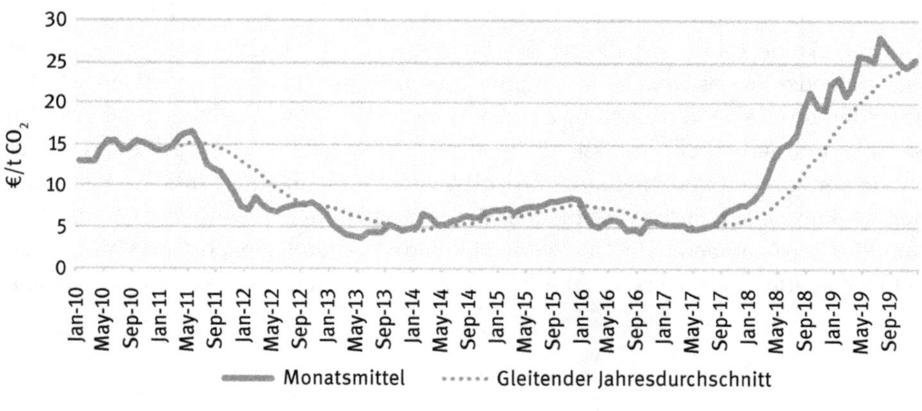

Abb. 4: Entwicklung der Preise für CO_2-Emissionszertifikate seit 2010[15]

14 Eigene Darstellung nach Umweltbundesamt, Entwicklung der spezifischen Kohlendioxid-Emissionen des deutschen Strommix 1990–2018, abrufbar unter https://www.umweltbundesamt.de/bild/entwicklung-der-spezifischen-kohlendioxid-1.

15 Eigene Darstellung nach AG Energiebilanzen, Energieverbrauch in Deutschland im Jahr 2019, S. 31, Abb. 13: EU Emission Allowances auf dem EEX-Spotmarkt von 2008–2019, abrufbar unter https://ag-energiebilanzen.de/index.php?article_id=29&fileName=ageb_jahresbericht2019_20200325_dt.pdf.

Die Korrelation zwischen **Preisentwicklung** in Abbildung 4 mit dem zurückgehenden CO_2-Fußabdruck des deutschen Strommixes führt den Beweis, dass CO_2-Preise die Erzeugung von Strom stark beeinflussen und somit bei entsprechendem Preissignal auch zu einer Wirkung führen. 20

Dies hat wohl auch die deutsche Bundesregierung erkannt, die Ende 2019 im Rahmen des hart verhandelten Klimaschutzprogramms 2030[16] einen nationalen Emissionshandel für Brennstoffe[17] beschlossen hat, der ergänzend zum europäischen Handelssystem einen Preis für CO_2-Emissionen festlegt. Für den Bereich der Stromerzeugung hat dies Auswirkungen auf Anlagen mit einer Feuerungswärmeleistung von unter 20 MW, was umgerechnet ungefähr eine Stromerzeugungskapazität von ca. 8 MW entspricht. Die Zukunft wird zeigen, wie sich dies auf die Klein- und Kleinsterzeuger von Strom auf Basis von fossilen Brennstoffen auswirkt. Dennoch scheint der Weg zu einer CO_2-neutralen Stromerzeugung zumindest eingeschlagen. Betrachtet man den Zeitraum seit 1990, so ist in der deutschen Stromwirtschaft der spezifische CO_2-Strommix fast halbiert worden. Es ist somit erst die Hälfte des Weges beschritten. 21

B. Flexibilitäten und gesicherte Leistung von Stromerzeugungsanlagen

Bedingt durch die technischen Unterschiede zwischen den Erzeugungstechnologien bestehen erhebliche Unterschiede hinsichtlich der Steuerbarkeit von Stromerzeugungsanlagen. Unter Flexibilität versteht man bei Kraftwerken verschiedene Aspekte. Hierzu zählen Fähigkeiten, die begrifflich zusammengefasst werden können unter Kalt- und Warmstartfähigkeit, Lastwechselgeschwindigkeiten, das heißt die Möglichkeit, im Betrieb verschiedene Leistungen abzurufen, Mindestbetriebsdauern oder auch Mindeststillstandzeiten. Im Gegenzug dazu kann unter den Begriff **„gesicherte Leistung“**, die Möglichkeit des Lastfolgebetriebs subsumiert werden. Der Begriff „gesicherte Leistung“ ist jedoch ein umstrittener Aspekt,[18] auf den hier nicht in aller Tiefe eingegangen werden kann. Vereinfacht und zusammengefasst bedeutet er, dass eine Stromerzeugungsanlage als gesicherte Leistung gilt, sofern sie zu jeder Zeit den Strombedarf einer definierten Nachfragesituation erfüllen kann, ohne z. B. auf bestimmte Wetterbedingungen angewiesen zu sein. 22

---

16 https://www.bundesregierung.de/breg-de/themen/klimaschutz/klimaschutzprogramm-2030-1673578.

17 Gesetz über einen nationalen Zertifikatehandel für Brennstoffemissionen (Brennstoffemissionshandelsgesetz – BEHG) v. 2.12.2019 (BGBl. I S. 2728).

18 Stellungnahme zum zweiten Fortschrittsbericht der Bundesregierung für das Berichtsjahr 2017 Expertenkommission zum Monitoring-Prozess „Energie der Zukunft“ Randziffer 62, abrufbar unter https://www.bmwi.de/Redaktion/DE/Downloads/E/ewk-stellungnahme-zusammenfassung.pdf?__blob=publicationFile&v=4 und https://www.bmwi.de/Redaktion/DE/Downloads/E/ewk-stellungnahme.pdf?__blob=publicationFile&v=4.

23 **Kernkraftwerke** benötigen ähnlich wie Braunkohlekraftwerke viel Zeit für das An- und Abfahren. Aus dem Kaltbetrieb dauert das Anfahren zehn bis zwölf Stunden. Auch im laufenden Betrieb ist ein automatisierter Produktionsverlauf entlang des Strombedarfs (Lastfolgebetrieb) nur sehr eingeschränkt möglich. Zudem bleibt ein Betrieb mit weniger als 50 % Leistung den – derzeit meist verwandten – Druckwasserreaktoren technisch versagt. Die Leistung gilt hingegen als gesichert.

24 **Braunkohlekraftwerke** sind schwerfällig. Sie haben aus einem Stillstandsmodus von mehr als 48 Stunden (sog. Kaltstart) Anfahrzeiten von 9 bis 15 Stunden. Daher sind sie nicht geeignet, schnell auf Veränderungen der Netzlast zu reagieren. Zudem ist ihre Produktion auch im laufenden Betrieb nur bedingt steuerbar, denn sie können aus technischen Gründen häufig nicht oder nur unter großen Effizienzverlusten unter eine Leistung von 50 % der Maximallast gedrosselt werden.

25 Auch **Steinkohlekraftwerke** sind nicht schnell steuerbar. Zwar dauert ein Kaltstart weniger lange als bei einem Braunkohlekraftwerk, jedoch macht die Anfahrdauer von sechs bis acht Stunden ein schnelles Reagieren auf Nachfrageschwankungen unmöglich. Technologische Anpassungen bei neueren Anlagen machen zwar einen Lastfolgebetrieb leichter möglich jedoch sind auch hier physikalische Grenzen zu beachten die hauptsächlich aus der Trägheit der Wasser-Dampfkreisläufe herrühren. Die Leistung von Kohlekraftwerken gilt auch als gesichert.

26 Die **Steuerungsfähigkeit** von Anlagen, die **erneuerbare Energien** einsetzen, unterscheidet sich naturgemäß erheblich danach, welche Technologie eingesetzt wird. Biomassekraftwerke unterschieden sich nicht relevant von fossilen Kraftwerken. **Wasserkraftwerke** (Laufwasser- und Pumpspeicherkraftwerke) gelten sogar als besonders gut regelbar. Ganz anders sieht es aber mit Anlagen aus, die Strom aus Wind und Sonne gewinnen. Diese Anlagen sind zwar grundsätzlich gut bis sehr gut regelbar, sie produzieren nur dann Strom, wenn die natürlichen Gegebenheiten – also Wind und Sonnenschein – dies ermöglichen. Diese Anlagen sind insofern asymmetrisch steuer- bzw. regelbar. Sofern die Primärenergiequelle Wind oder solare Einstrahlung zu Verfügung steht, können diese Anlagen sehr gut und schnell abgeregelt werden, wenn der Strom nicht benötigt wird.

27 Bei **Gaskraftwerken** hängt die Steuerbarkeit der Anlagen sehr stark von der gewählten Anlagentechnik ab. Grundsätzlich sind so gut wie alle Gaskraftwerke flexibler und Lastwechsel einfacher vorzunehmen als bei feststoffgefeuerten Anlagen. Dennoch besteht auch innerhalb der Gaskraftwerke eine große Spannbreite an Flexibilität in Form von Laständerungsgeschwindigkeiten und An- und Abfahrgeschwindigkeiten. In absteigender Reihenfolge der Flexibilität von Anlagen sind hier Gasmotorenkraftwerke, offene Gasturbinenkraftwerke sowie **kombinierte Gas- und Dampfkraftwerke** (GuD) genannt.

28 Bei einem Vergleich der technischen Fähigkeiten der Anlagentypen und der erzeugten Strommengen nach Brennstoffeinsatz wie in Abbildung 2 dargestellt, ist schnell ersichtlich, dass sich die Kapazitäten der verschiedenen Anlagentypen tat-

sächlich entsprechend den sich ändernden Anforderungen anpassen und eine Transformation des Marktes ersichtlich ist.

C. Kostenstrukturen von Stromerzeugungsanlagen

Die unter Punkt A. vorgestellten funktionellen Unterschiede zwischen unterschiedlichen Kraftwerkstypen korrespondieren mit unterschiedlichen Kosten und Kostenstrukturen. Mit anderen Worten: Manche Anlagentypen produzieren kostengünstiger als andere. Dies ist aber kein feststehendes Verhältnis. Denn je nach Auslastung verändert sich das Bild teilweise erheblich. 29

Mit der Vielfalt der Erzeugungstechnologien in der Bundesrepublik verbunden ist 30
eine große Varianz der realisierten Kraftwerksleistungen, da die „Idealgröße" unterschiedlicher Kraftwerkstypen sich deutlich unterscheidet. Auch die Wirkungsgrade und Nutzungsstunden sind ebenso different wie Lebensdauer und Investitionskosten. Eine Übersicht bzw. Zusammenfassung dessen findet sich in Tabelle 1.

Tab. 1: Darstellung der relevanten Leistungsklassen und grundsätzlichen technischen und ökonomischen Kennzahlen nach Kraftwerkstyp und Brennstoff [19]

typische Größen	Dampfkraftwerk (DKW)	Dampfkraftwerk (DKW)	Gasturbine (GT)	Gas- und Dampfkraftwerk (GuD)	Gasmotorenkraftwerke (GMK)	Windkraftanlagen (WKA)	Photovoltaik (PV)	Laufwasserkraftwerk (LW)
eingesetzte Primärenergie	Steinkohle (SK)	Braunkohle (BK)	Erdgas (EG)	Erdgas (EG)	gasförmige Brennstoffe	Strömungsenergie	solare Strahlungsenergie	Strömungsenergie
realisierte Leistungen [MW]	30–1000	50–1000	5–400	40–600	0,01–10	12	0,01–80 (Freiflächenanlagen)	0,5–100
Gesamtwirkungsgrad [%-Pkte] bezogen auf Kondensationsstromerzeugung	40	38	36	60	49	40	18	79

19 Eigene Darstellung aus Referenzprojekten.

Tab. 1: (fortgesetzt)

benötigte durchschnittl. Jahresvolllaststunden [h]	6500	7000	1200	4000	3500	1500–2500	800–1200	5500
Lebensdauer	35	35	15	35	15	20	20	60
geschätzte Investitionskosten [€/kW]	2.500	2.600	500	1200	1000	1.500	1.200	4.500
steuerbar	ja	ja	ja	ja	ja	nein	nein	teilweise

31 Zur Darstellung der **Kostenstruktur** hat sich die Aufteilung nach fixen[20] und variablen[21] Stromgestehungskosten etabliert. Zusammenfassend lässt sich festhalten: Rein aus der Kostenstruktur ergibt sich eine klare Kostenhierarchie.[22]

I. Fixe Kosten im Kraftwerksbetrieb

32 Die fixen Kosten sind für eine erste Übersicht unterteilbar nach den Bestandteilen **Kapital-, Instandhaltungs-, Personal- und Versicherungskosten** (s. Tabelle 2). Diese Kosten stellen Aufwände dar, die zur Bereitstellung der Anlage von Nöten sind, unabhängig davon ob tatsächlich Strom erzeugt wird oder nicht. Hier handelt es sich also um Gelder, die ausgegeben sind, bevor die erste Kilowattstunde ins Netz eingespeist wird.

33 Bestimmend an den Fixkosten sind naturgemäß die **Kapitalkosten**. Diese beschreiben den Einsatz von Fremd- und Eigenkapital, um die Investition in das Kraftwerk zu tätigen. Neben den in Tabelle 1 dargestellten Abschätzungen der absoluten Investitionskosten stellt Tabelle 2 die relativen Anteile der Kapitalkosten im Vergleich zu weiteren fixen Kosten dar. Die Erneuerbaren Energien weisen hierbei den größten Anteil an Kapitalkosten an den fixen **Betriebskosten** aus. Erdgasbasierte Kraftwerke stellen wiederum eine mittlere Gruppe dar, während Kohlekraftwerke zwar spezifisch

20 Vgl. Rn 32 ff.
21 Vgl. Rn 35 ff.
22 Vgl. Rn 41 f.

mit die höchsten Kapitalkosten aufweisen, daneben allerdings auch relativ hohe Anteile für Wartung aufgrund des Verschleißes aufweisen

Tab. 2: Abschätzung der üblichen prozentualen Verteilung von fixen Betriebskosten nach Kraftwerkstyp[23]

[%]	DKW-BK	DKW-SK	GuD	GT-KW	GMK	WKA	PV	LW
fixe Kosten, Summe	**51**	**40**	**20**	**30**	**25**	**95**	**98**	**96–99**
Kapitalkosten	77	75	79	84	81	45–70	97	89
Wartung/Instandhaltung	15	15	6	5	9	20–45	1	5
Personal	4	5	11	7	5	–	–	4
Versicherungen/Overheads	4	4	4	5	5	10–20	2	2

Während der Anteil an Personalkosten, Versicherungen und Overheads ein unterschiedliches Bild liefert und zum Teil auch sicherlich stark von den Strukturen der betreibenden Unternehmen abhängt, lässt sich deutlich erkennen, dass sich der Anteil an **Instandhaltungskosten** scheinbar zu den Gaskraftwerken hin reduziert und bei Wind und Photovoltaik die niedrigsten Anteile annimmt. Dabei ist zu beachten, dass bei den fixen Kosten lediglich terminierte Wartungs- und Instandhaltungsmaßnahmen betrachtet sind. Infolge von Lastwechseln durch An- und Abfahren der Kraftwerke auftretende ungeplante Reparaturen und Wartungsmaßnahmen werden als Teil der variablen Kosten angesehen. Diese werden auch in Form von An-/Abfahrkosten im Rahmen der Einsatzplanung in modernen Systemen abgebildet. 34

II. Variable Kosten im Kraftwerksbetrieb

Unter **variablen Kosten** werden im Kraftwerksbetrieb die Kosten subsumiert, die nur dann anfallen, wenn Strom erzeugt wird. Diese auch als kurzfristige Gestehungskosten oder Grenzkosten bekannten Kostenpositionen, setzen sich aus den zuvor bereits eingeführten Instandhaltungskosten aufgrund von An- und Abfahrvorgängen und verbrauchsgebunden Kosten zusammen. Hierbei ist der Unterschied zwischen dargebotsabhängigen erneuerbaren Energien und dem Bereich der konventionellen, Brennstoff benötigenden Kraftwerke signifikant: Während für konventionelle Kraftwerke der überwiegende Anteil der Stromvollkosten durch die Brennstoffbeschaffung und -verwendung anfällt, so sind dargebotsabhängige Erzeugungstechnologien naturgemäß ohne Brennstoffkosten zu kalkulieren. 35

23 Eigene Darstellung aus Referenzprojekten.

36 Des Weiteren sind seit 2005 für fossil betriebene Anlagen die Kosten für CO_2-Emissionen im Rahmen des europäischen Emissionshandels durch die Stromerzeuger zu tragen. Vereinfacht gesagt, muss hier pro emittierter Tonne CO_2 ein entsprechendes Zertifikat erworben werden, was je nach Primärenergieträger unterschiedlich stark ins Gewicht fällt. Bei Wind- und Wasserkraftanlagen sowie Photovoltaik fallen weiterhin Instandhaltungskosten an, die jedoch entsprechend gering sind.

37 Die in Tabelle 3 dargestellten absoluten variablen Kosten dienen nur einer Einschätzung der Größenordnungen und sind – naturgemäß – stark von den jeweiligen Schwankungen der Rohstoffmärkte gesteuert. Entsprechend variieren demzufolge auch die prozentualen Zusammensetzungen der variablen Kosten.

Tab. 3: Abschätzung der üblichen prozentualen Verteilung von variable Kosten – kurzfristige Gestehungskosten nach Kraftwerkstyp[24]

[%]	DKW-BK	DKW-SK	GuD	GT-KW	GMK	WKA	PV	LW
variable Kosten, Summe	**49**	**60**	**80,6**	**71**	**75**	**5**	**2**	**1–4**
Brennstoff	44	69	88	89	85	–	–	–
Instandhaltung	–	–	4	4	6	100	100	100
Hilfs- und Betriebsstoffe/ Reststoffe	6	3	1	–	2	–	–	–
CO_2-Zertifikatskosten	50	27	7	7	7	–	–	–

38 Wie bereits erwähnt werden in thermischen Kraftwerken der Großteil an variablen Kosten durch die Brennstoff- und CO_2-Zertifikatskosten verursacht. Diese Kostenarten hängen direkt vom Anlagenwirkungsgrad, den Beschaffungspreisen der eingesetzten Brennstoffe und deren CO_2-Emissionsfaktoren [Einheit z.B. t $CO_2/MWh_{Brennstoff}$] ab. Die prozentualen Anteile der Brennstoffkosten im Vergleich zu den **CO_2-Zertifikatskosten** hängen damit zusammen, dass Erdgas viel geringere Emissionswerte aufweist als entsprechende Mengen an Stein- oder gar Braunkohle.

39 Neben den reinen Großhandelskosten fallen noch staatliche Abgaben in Form der Energiesteuer und soweit die Anlagen nicht dem europäischen Emissionshandel unterliegen CO_2-Kosten aus dem Brennstoffemissionshandelsgesetz auf die entsprechenden Brennstoffe an. Hierbei nimmt der Verordnungsgeber teilweise eine steuernde Funktion ein, da es gewisse Befreiungstatbestände für aus Sicht des Gesetzgebers förderungswürdige Technologien und Verwendungszwecke gibt. Details hierzu sind im Energiesteuergesetz und nachgelagerten Verordnungen verankert. Exemplarisch sei

24 Abschätzungen aus Referenzprojekten.

hier beispielsweise aber auf die Energiesteuerbefreiung für hocheffiziente KWK-Anlagen hingewiesen.

Einen weiteren Faktor für die Brennstoffkosten stellt die **Transportfähigkeit** von Brennstoffen dar, welche wesentlich von dem Heizwert [Energiegehalt pro Masseneinheit] abhängt. Somit ist Braunkohle mit dem auch aufgrund des hohen Wassergehalts geringen Heizwert nur regional beschränkt zu verwenden, da sonst die spezifischen Transportkosten einem wirtschaftlichen Kraftwerksbetrieb entgegenstehen. Der Transport von Steinkohle ist dahingegen meist über Schifffahrtswege nicht derlei Beschränkungen unterworfen. Neben den rein historischen Gründen tragen auch diese Begrenzungen zu den regionalen Diversitäten bei.[25] Festzuhalten ist hierzu: Mit dem Einsatz von Erdgas als Primärenergie folgt die höchste Flexibilität bei der Standortwahl. 40

III. Kostenhierarchie der Kraftwerkstypen

Im Ergebnis lässt sich festhalten: Anlagen, die erneuerbare Energien verwenden, haben regelmäßig den höchsten Fixkostenanteil. Im laufenden Betrieb verursachen sie aber weniger Kosten als andere Anlagentypen. 41

Die gegenteilige Situation ergibt sich bei Kraftwerken zur Verfeuerung von gasförmigen Brennstoffen. Hier sind die Kapitalkosten relativ gering. Allerdings ist die Wartung kostenaufwendig und naturgemäß ist der Brennstoff der erheblichste Posten im laufenden Betrieb. Bei Anlagen, die Kohle oder Feststoffe verstromen, ergeben sich dementgegen mittlere Verhältnisse von Kapital- und Betriebskosten. Hohe Kapitalkosten und nicht unerhebliche Betriebskosten aufgrund der Komplexität von Dampfkreisläufen und Brennstoffversorgung halten sich die Waage. Wettgemacht wurde dies bisher durch die historisch niedrigeren Brennstoffkosten, die aber zunehmend durch Kosten für CO_2-Zertifikate in einem relevanten Maß steigen und bis hin zur Unrentabilität führen. 42

D. Ökonomischer Effekt der Kosten- und Technologiedifferenzen im deutschen Strommarkt

Aus der Zusammenschau der technischen Möglichkeiten einerseits und der Kostenstrukturen andererseits ergibt sich, dass nicht alle Kraftwerkstypen gleichermaßen zum Einsatz kommen. Vielmehr gilt, dass der Kraftwerksbetreiber nur dann erzeugt, wenn er am Strommarkt (zumindest) die variablen Kosten der Anlage erwirtschaftet.[26] 43

25 Vgl. Rn 41f.
26 Vgl. Rn 44ff.

I. Anlagenbetrieb bei Deckungsbeitragserwirtschaftung

44 Die generelle Logik des **Kraftwerkseinsatzes** richtet sich nach der Möglichkeit des Kraftwerksbetreibers, Deckungsbeiträge mit dem Betrieb der Anlage zu erwirtschaften. Dies ist dann der Fall, wenn die zu erzielenden Erlöse am Strommarkt mindestens die variablen Kosten aus dem Kraftwerkseinsatz decken. Durch Maximierung der kurzfristigen Erlöse werden Deckungsbeiträge zur Amortisation der Investition, Deckung der weiteren fixen Betriebskosten und – im besten Falle – noch zusätzliche Erträge erwirtschaftet. Mit anderen Worten: Anlagen werden dann betrieben, wenn sie mehr als ihre laufenden Kosten einbringen.

45 Die Darstellung der kurzfristigen Erlöse – bzw. der Deckungsbeiträge – für Kraftwerke erfolgt in der Energiewirtschaft häufig über sogenannte Spreads.

46 Hierbei wird für die Darstellung der Erlössituation der sogenannte **Spark Spread** für gasgefeuerte Anlagen bzw. Dark Spread für Steinkohle befeuerte Anlagen herangezogen. Exemplarisch ergibt sich der Spark Spread mit den Börsenstrompreisen (P_{EEX}) und den Brennstoffkosten (K_{BS}) aus der unten dargestellten Formel. Im Falle einer außerbörslichen Vermarktung würde für P_{EEX} der entsprechende Stromerlös bzw. der anlegbare Strompreis angesetzt:

$$S = P_{EEX} - \frac{1}{\eta_{el}} \cdot K_{BS}$$

47 Hierbei werden der elektrische Wirkungsgrad der entsprechenden Anlage und die (erwarteten) Brennstoffkosten frei Kraftwerk, sowie die prognostizierten Erlöse aus der Stromvermarktung in Ansatz gebracht.

48 Nach Einführung des Emissionshandels im Jahr 2005 erweiterte sich diese Erlösgleichung um die Kosten für **CO_2-Zertifikate** (K_{CO2}) unter Verwendung des **Emissionsfaktors** (EMF). Der so entstehende Ansatz wird als Clean Spark Spread (CSS) bezeichnet:

$$CSS_{clean} = P_{EEX} - \frac{1}{\eta_{el}} (K_{BS} + EMF \cdot K_{CO2})$$

49 Eine weitere Besonderheit ergibt sich für KWK-Anlagen, da diese neben Strom auch Wärme erzeugen und daraus Erlöse generieren. Somit ist der Spread mit der **Stromkennzahl** (σ) also dem Verhältnis von Stromproduktion und Wärmeproduktion und den erzielbaren Wärmepreisen ($P_{Wärme}$) zu erweitern:

$$S_{clean,KWK} = S_{clean} + \frac{1}{\sigma} P_{Wärme}$$

50 Die hier aufgeführten Formeln stellen zunächst nur die Grundausprägung einer **Grenzkostenbetrachtung** dar. Dieser Optimierungsansatz lässt sich beliebig erweitern um kurzfristige Wartungs- und Betriebskosten, Netzentgelte für den Brennstoffbezug (bei Erdgas), Steuern und Abgaben sowie An- und Abfahrkosten. Kompliziert wird es dann, wenn sich die entsprechende Kostenposition nicht nur direkt in einer

Stunde niederschlägt, sondern im Zusammenhang über mehrere Stunden entstehen. Beispielsweise haben manche Anlagentypen einen Wartungsvertrag, der eine bestimmte Anzahl von Starts und Stopps vorsieht. Bei einer Einsatzplanung ist nun darauf zu achten, die Anlage nicht wegen einer lukrativen Stunde in Betrieb zu nehmen, da die „versteckten" Kosten aus Wartung und Betriebsführung den möglicherweise auf den ersten Blick positiven Deckungsbeitrag zunichtemachen.

Auch erlösseitig gibt es noch weitere Positionen wie zum Beispiel die Optimierung 51
der vermiedenen **Netzentgelte**, hier die **Leistungspreiskomponente** im Speziellen. Nach einem relativ komplizierten Verteilschlüssel und der zeitgleichen Jahreshöchstlast ergeben sich die Zahlungen der vermiedenen Netzentgelte,[27] die nicht unerhebliche Teile der Erlöse ausmachen.

Ein weiterer Aspekt, der in einer solchen Optimierungsüberlegung eine Rolle 52
spielt, sind **Mindestbetriebsdauern** von Anlagen. Hier weisen speziell Dampfkraftwerke (je größer desto träger bzw. anfälliger für Schäden bei schnellen Lastwechseln) ein Defizit gegenüber kleineren flexiblen Anlagen auf.

Aufgrund dieser Nebenbedingungen ergeben sich zum Teil Betriebsregime, die 53
entgegen dem oben aufgeführten Grundfall auch einen Kraftwerksbetrieb bei kurzfristig negativen Spreads wirtschaftlich sinnvoll erscheinen lassen. In der Regel werden jedoch solche Einsatzplanungen über eine kommerzielle Software mit einprogrammierten Optimierungsalgorithmen erarbeitet.

II. Vermarktungsformen für Stromerzeugungsanlagen

Der dargestellte Mechanismus[28] greift unabhängig von dem Markt, auf dem die Anla- 54
ge sich bewegt. Da die technischen Anforderungen sich je nach Markt unterscheiden, gibt es aber erhebliche Differenzen bei der Frage, welche Kraftwerke überhaupt als Grenzkraftwerk in Frage kommen. Hierbei sind folgende Märkte zu unterscheiden:

1. Der Stromverkauf über **Großhandelsmärkte** bildet die erste Kategorie. Für diese treffen in vollem Umfang, die unter Punkt C dargestellten Mechanismen zu, die im Ergebnis zu einer geringen Auslastung von Gaskraftwerken führen. Dabei ist zu beachten, dass die Großhandelsmärkte nicht unbedingt nur an der Börse zu verorten sind, auch im **OTC-Handel** greifen die beschriebenen Mechanismen.
2. Des Weiteren spielt die (Eigen-)Versorgung von **Industriestandorten** oder großen **gewerblichen Verbrauchern** eine große Rolle für den Stromabsatz aus dem deutschen Kraftwerkspark. Diese Situation ist besonders dann anzutreffen, wenn ein Industriebetrieb den Energiefremdbezug substituieren kann. Zum großen Teil

27 Vgl. Umsetzungshilfen zur Ermittlung des Entgelts für dezentrale Einspeisung des VKU, abrufbar unter https://www.vku.de/publikationen/2020/umsetzungshilfen-zur-ermittlung-des-entgelts-fuer-dezentrale-einspeisung-vermiedene-netznutzungsentgelte/.

28 Vgl. Rn 44ff.

auch historisch bedingt, existieren in Deutschland eine Vielzahl von sogenannten Industriekraftwerken, die zum Teil in Industrieprozessen anfallende Reststoffe als Brennstoffe, Haupt- oder Ersatzbrennstoffe einsetzen. Erzeugungsanlagen, die der Industrieversorgung zuzuordnen sind, unterliegen zwar der gleichen unter D.I. dargestellten Einsatzlogik setzen jedoch für den erzielbaren Strompreis neben dem reinen Großhandelspreis noch weitere Kostenkomponenten einer Fremdbelieferung über das Netz der allgemeinen Versorgung an, da hier noch weitere zum Teil kompliziertere Befreiungen von Strompreiskomponenten zum Tragen kommen. Der so bestimmte Strompreis wird auch als anlegbarer Strompreis einer Strom-(eigen-)Erzeugung bezeichnet.

3. Als weitere Möglichkeit, Strom zu veräußern, ist das EEG zu nennen, welches dem Anlagenbetreiber eine Vergütung zuspricht, die über einen **Wälzungsmechanismus** durch den Anschlussnetzbetreiber ausgezahlt wird. Mit der Vermarktung von Erzeugungsanlagen über das EEG existieren zwei grundsätzliche Vermarktungsoptionen: Zum einen über fixe Vergütungen und zum anderen über die **Direktvermarktung**. Da die Vermarktung über die **Fixvergütung** durch den Gesetzgeber zunehmend auf Anlagen mit geringen elektrischen Leistungen beschränkt wird, erlangt die Direktvermarktung wachsende Bedeutung. Der Vermarkter erhält bei der Direktvermarktung Erlöse aus dem Stromverkauf und aus der Marktprämie. Da sich die Höhe der **Marktprämie** an den fixen Vergütungssätzen orientiert, sind die finanziellen Risiken aus der Stromvermarktung verhältnismäßig gering. Sofern höhere Erlöse als an der Strombörse erzielt werden können, sind Zusatzerlöse möglich.
4. Viele kleine, zum Teil private Betreiber von meistens Photovoltaikanlagen, deren wirtschaftliches Rational nicht auf der Vermarktung von Strom basiert, haben in den letzten Jahren zunehmend auf eine Mischform der unter 2.) und 3.) beschriebenen Stromvermarktung bzw. -verwendung gesetzt. Anlagenbetreiber, die vorrangig auf den Eigenverbrauch der erzeugten Strommengen setzen, kalkulieren die Wirtschaftlichkeit der Anlage gegen den in 2.) dargestellten anlegbaren Strompreis und speisen ein/vermarkten den Reststrom gemäß der in 3.) beschriebenen Form. Aus dieser Mischkalkulation muss sich somit, unter Annahme eines „homo oeconomicus" die Wirtschaftlichkeit der Anlage ergeben. Die Förderung solcher Ansätze wird auch durch die europäische Normengebung explizit gefördert[29] und findet Eingang in die nationale Gesetzgebung.

55 Interessant ist an dieser Stelle zu beobachten, dass drei der vier möglichen Vermarktungsansätze nur bedingt durch den Strommarkt signifikant beeinflusst werden, sondern die Wirtschaftlichkeit der Erzeugungsanlagen eher aus der Vermeidung bzw.

29 Vgl. RL 2018/2001/EU v. 11.12.2018 zur Förderung der Nutzung von Energie aus erneuerbaren Quellen (ABl. EU Nr. L 328 S. 82).

Verringerung von staatlich induzierten Kosten bzw. der Vermeidung von Infrastrukturkostenbeiträgen (z. B. Netzentgelten und Umlagen für **Systemstabilität**) herrührt.

Als letzter und auch kleinster „Markt" sind die sogenannten **Systemdienstleistungen** für den deutschen Netzregelverbund zu nennen. Hierbei handelt es sich um 56
die Bereitstellung von abrufbaren Kapazitäten, die außerhalb des eigentlichen Marktgeschehens zur Stabilisierung des deutschen Stromnetzes aktiviert werden können. Näheres hierzu ist in § 13 EnWG[30] geregelt, der die Reserven unterteilt in:

1. **Netzreserve** (§ 13d EnWG) zur Überwindung von Engpässen im Stromnetz für den Fall, dass die bestehenden Kraftwerke nicht für den Redispatch (netzentlastende Maßnahme) ausreichen.
2. **Kapazitätsreserve** (§ 13e EnWG) zur Absicherung von Zeitintervallen, bei denen der deutsche Strommarkt versagt, das heißt die Stromnachfrage vom Angebot an Kraftwerkskapazitäten nicht mehr gedeckt werden kann.
3. **Sicherheitsbereitschaft** für Braunkohlekraftwerke (§ 13e EnWG), die frühzeitig abgeschaltet wurden und noch als Schutzmaßnahme, falls der Strommarkt dauerhaft versagt, betriebsbereit gehalten werden. Diese Sicherheitsbereitschaft wird allgemein auch Klimareserve genannt und dient hauptsächlich der vorzeitigen Einsparung von CO_2 aufgrund des Nichtweiterbetriebs von emissionsintensiven Braunkohlekraftwerken, die anderweitig noch länger in Betrieb geblieben wären.

Diesen drei Reserven gemein ist die Tatsache, dass die darin gebündelten Anlagen 57
dauerhaft nicht mehr am Strommarkt teilnehmen dürfen. Sofern diese Reserven eingesetzt werden, erhalten die Betreiber der Anlagen ihre Kosten ersetzt. Die so entstehenden Kosten werden durch die Übertragungsnetzbetreiber in die Netzentgelte gewälzt.[31]

Im Gegensatz hierzu stellt der Regelenergiemarkt eine den Strommarkt ergänzen- 58
de Vermarktungsform dar, auf dem sich Kraftwerksbetreiber nach entsprechenden Regeln parallel bzw. zeitgleich bewegen dürfen. Die Regelenergievermarktung als Teil der Netz-Systemdienstleistung stellt einen Ausschreibungsmarkt für Kraftwerkskapazitäten dar. Diese Ausschreibungen haben die Besonderheit, dass sie als einzige Marktform bereits das Zurverfügungstellen von Kraftwerkskapazität honorieren. Hierbei stellt ein Regelenergiekraftwerk dem Übertragungsnetzbetreiber Kraftwerksleistung zu Verfügung, über die dieser im Falle eines Bedarfs an Regelenergie (der Bedarf richtet sich nach der kurzfristigen Leistungsbilanz der ÜNB, die sich aus Angebot und Nachfrage in quasi-Echtzeit ergibt) sehr kurzfristig verfügen kann. **Regelenergieanbieter** erzielen Erlöse aus der Leistungsvorhaltung und im Falle des Abrufs der

30 Energiewirtschaftsgesetz (EnWG) v. 7. 7. 2005 (BGBl. I S. 1970, 3621), zuletzt geändert durch Gesetz v. 8. 8. 2020 (BGBl. I S. 1818, 1848).

31 Vgl. BNetzA/BKartA, Monitoringbericht 2019, S. 200 ff., abrufbar unter https://www.bundesnetzagentur.de/SharedDocs/Mediathek/Berichte/2019/Monitoringbericht_Energie2019.pdf?__blob=publicationFile&v=6.

Leistung eine Vergütung in Form eines Arbeitspreises. Die Höhe der Preise richtet sich nach dem Pay-as-bid-Verfahren, d. h. dem Regelenergieanbieter werden die Preise entrichtet, welche dieser in der Ausschreibung geboten hat. Kraftwerksvermarkter haben die Möglichkeit positive (d. h. Erhöhung der **Einspeiseleistung**) und negative Regelenergie (Einsenkung der Einspeiseleistung) in drei verschiedenen **Regelenergieausschreibungen** anzubieten.

59 Sofern die Kraftwerke die Möglichkeit haben neben Strom auch Wärme auszukoppeln **(Kraft-Wärme-Kopplung)**, steht diesen die Möglichkeit frei, am Nah- bzw. Fernwärmemarkt teilzunehmen. Im Allgemeinen stellt diese Absatzmöglichkeit keinen wirklichen Markt dar, da auf der Wärmeseite häufig vertikal integrierte Vertriebsansätze etabliert sind. Der Wettbewerb findet daher häufig mit nicht leitungsgebundenen, dezentralen Versorgungkonzepten statt. Je nach Blickwinkel wird Wärme häufig als Nebenprodukt angesehen und kann ebenfalls den Wärmebedarf von Industrieunternehmen oder an Wärmenetze angeschlossenen Gewerbebetrieben sowie Haushaltskunden decken.

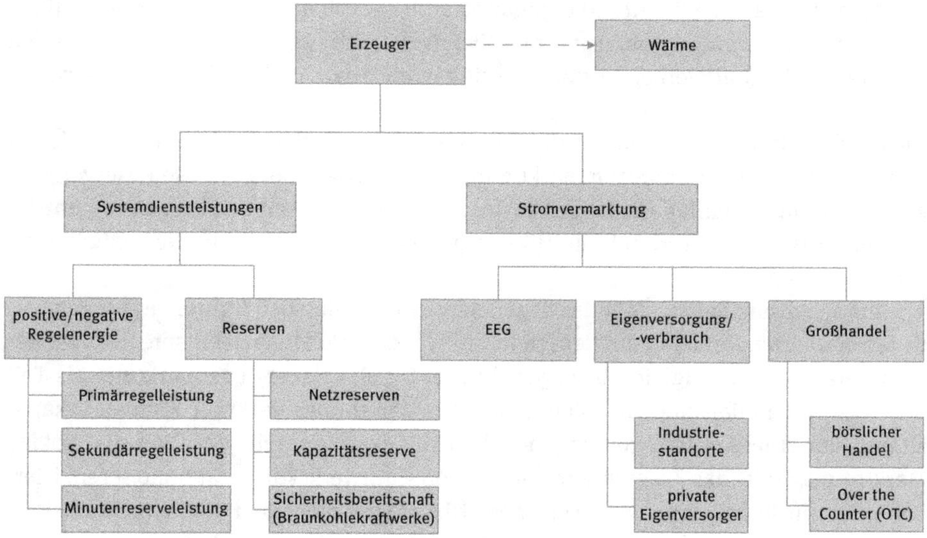

Abb. 5: Darstellung der verschiedenen Märkte und Abnehmer[32]

60 Für Kraftwerksbetreiber bestehender regelbarer Kraftwerke, die in das Netz der allgemeinen Versorgung unterhalb der Höchstspannungsebene einspeisen und keine Förderung nach dem EEG erhalten (weder noch **Marktprämienmodell** noch feste Vergütung), sind neben den Erlösen aus Stromverkäufen weiter Zahlungsflüsse aus

32 Quelle: Eigene Darstellung.

vermiedenen Netzentgelten erzielbar. Diese stehen dem Anlagenbetreiber aufgrund der Logik der Netzentgeltkalkulation im Sinne der **Netzentgeltverordnung** zu. Sinngemäß erhält der Anlagenbetreiber von seinem Anschlussnetzbetreiber die Erlöse für die vermiedenen Netzentgelte, die der Netzbetreiber gegenüber der nächsthöheren Spannungsebene zwischen Einspeise- und Entnahmestelle einspart. Die Höhe richtet sich dann nach dem jeweiligen Arbeits- und Leistungspreis der nächsthöheren Spannungsebene des Netzbetreibers und der Entlastungswirkung des jeweiligen Kraftwerks. Im Rahmen des **Netzentgeltmodernisierungsgesetzes** (NEMoG)[33] wurde diese Regelung beschränkt auf Anlagen, die vor 2018 bzw. bei steuerbaren Anlagen vor 2023 in Betrieb gegangen sind.

E. Fazit und Ausblick

Wie an vielen Stellen dieses Textes bereits angedeutet, befindet sich die deutsche Stromerzeugung im Wandel hin zu einem möglichst CO_2-neutralen Kraftwerkspark. Die Disruptionen, die der Markt erfährt, sind gewaltig und gerade mit dem bevorstehenden Kohleausstieg steht dem deutschen Versorgungssystem eine Herkulesaufgabe bevor. 61

Die beschriebenen Preisbildungsmechanismen zum Einsatz des kostengünstigsten Kraftwerks haben weiterhin Bestand, um kurzfristig den effizientesten Mix an Stromerzeugungskapazitäten zu bestimmen. Mit Einführung neuer Kostenpositionen wie dem BEHG behält das System seine Gültigkeit, alleine die Formeln mögen komplexer werden. 62

Jedoch fordern die künftigen Transformationen auch immense Investitionen in die Erzeugungsinfrastruktur. Sei es im Bereich der bestehenden Erneuerbaren, der Brückentechnologien auf Basis von Erdgas oder auch bei der Entwicklung neuer Technologien, um eine Stromerzeugung mit der schwarzen Null bei Emissionen aufzubauen. Zunehmend beherrschen erneuerbare Energien die Preisbildung am Referenzmarkt Strombörse. Da diese jedoch nur geringe kurzfristige Stromgestehungskosten aufweisen und deren Kapitaldienst durch entsprechende Förderinstrumente wie das EEG abgefangen werden, ist es fraglich inwiefern also zukünftig der Energy-only-Markt[34] dauerhaft die Transformation des Erzeugungsmarktes refinanzieren kann, sollten die Preise sich auf einem niedrigen Niveau einpendeln. Der häufig zu lesende Ruf nach Speichertechnologien, die bei noch weiter stark wachsenden Erneuerbaren Anteilen für einige Beobachter des Strommarkts zwingend nötig sind, wird verpuffen, 63

33 Gesetz zur Modernisierung der Netzentgeltstruktur (Netzentgeltmodernisierungsgesetz – NEMoG) v. 17.7.2017 (BGBl. I S. 2503).

34 Vgl. Ausführungen der Bundesregierung zum Strommarktdesgin aus dem Jahr 2015, abrufbar unter https://www.bmwi.de/Redaktion/DE/Publikationen/Energie/weissbuch.html.

da auch diese wohl Opfer des niedrigen Strompreisniveaus werden und sich somit außerhalb des eigentlichen Marktes refinanzieren müssen.

64 Auch die stark wachsende Segmentierung des Absatzmarktes für Stromerzeugungsanlagen (Eigenversorgung in der Industrie, für Privathaushalte aber auch an der Börse oder börsenähnlich) macht die Kalkulation von Preisen nicht einfacher und schwächt das System eines Energy-only-Marktes.

65 Für Planer und Investoren ist es daher noch wichtiger, sich bei der Konzeptionierung der Erzeugungsanlage klare Ziele und Vorgaben zu geben, welche „Märkte" mit der jeweiligen Anlage denn adressiert werden sollen und fast noch wichtiger, wie lange das Geschäftsmodell in Zeiten einer Transformation Bestand haben soll.

Kapitel 4
Ein- und Verkauf

A. Strom- und Gasgroßhandel

I. Überblick

So unterschiedlich die Commodities Strom und Gas sind – Strom wird vorrangig verbrauchsnah in ganz Europa erzeugt, Gas hingegen wird nur in wenigen Ländern (außerhalb Europas, z. B. Norwegen, Russland, Algerien) gefördert und ist speicherbar –, so unterschiedlich sind z. T. auch (noch) die Großhandelsmärkte für Strom und Gas, insbesondere was die Preisentwicklung betrifft. Während die Strompreise steigen, sinken die Gaspreise.[1] Beiden gemeinsam ist aber, dass der Handel immer mehr an die Börse verlagert wird. 1

Ausgangspunkt der Betrachtung ist die **Liberalisierung** im Jahre 1998: Auf dem Strommarkt hat der Stromhandel als Folge der Liberalisierung stetig an Bedeutung gewonnen. Vor der Liberalisierung herrschte noch keine direkte Konkurrenz zwischen verschiedenen Anbietern[2] mit der Folge, dass der Strompreis nach Maßgabe von Durchschnittskosten gebildet wurde.[3] Mit der Liberalisierung und der Öffnung der Märkte drangen mehr Akteure auf den Markt,[4] die Voraussetzungen für die Bildung eines Handelsmarktes für Strom waren geschaffen.[5] Der Preis wurde nun durch Angebot und Nachfrage bestimmt; die Preise sanken zunächst bis 2002 deutlich, um danach kontinuierlich zu steigen.[6] Grund hierfür ist vor allem die Zusammensetzung der einzelnen Preiskomponenten: Nicht nur die erhöhten Brennstoffeinsatzkosten, steigende staatliche Abgaben und Umlagen, die Einführung von staatlich regulierten Entgelten wie Netznutzungsentgelten, der Atomausstieg und die gestrichene Zuteilung kostenloser Emissionsberechtigungen für die Stromerzeugung beeinflussen den Preis, son- 2

1 Zu den Strompreisen siehe: https://strom-report.de/strompreise/strompreisentwicklung/; zu den Gaspreisen siehe https://energiemarie.de/energiepreis/gaspreis/gaspreisentwicklung.

2 Folge war, dass die Kunden letztlich nur zwischen der Eigenerzeugung des Stroms und dem Bezug von einem Versorgungsunternehmen wählen konnten.

3 *Schiffer*, Jahrbuch 2014, S. 389.

4 In Deutschland gibt es (Stand 2020) 1.353 Stromlieferanten, 907 Stromnetzbetreiber, 90 Stromerzeuger (> 100 MW) und 68 Stromhändler, vgl. https://de.statista.com/statistik/daten/studie/173884/umfrage/zahl-der-unternehmen-in-den-einzelnen-marktbereichen-des-energiemarktes.

5 Zenke/Schäfer/*Ritzau/Schuffelen*, Energiehandel in Europa, S. 92.

6 Vgl. https://www.was-war-wann.de/historische_werte/strompreise.html; https://de.statista.com/statistik/daten/studie/914784/umfrage/entwicklung-der-strompreise-in-deutschland-verivox-verbraucherpreisindex/.

https://doi.org/10.1515/9783110716306-004

dern vor allem auch die Förderung der erneuerbaren Energien.[7] Hinzu kommt, dass der **Stromhandel** maßgeblich an der **Börse** (sowohl am Spot- als auch am Terminmarkt) stattfindet; hier wird letztlich der Beschaffungspreis für Strom festgelegt. Gleichzeitig nehmen die nicht-steuerbaren Leistungen zu und damit der Bedarf an flexibel einsetzbaren Regel- und Reserveleistungen. Dies wird sicherlich auch Auswirkungen auf den Stromgroßhandel und die Großhandelspreise haben: Der Handel wird sich immer mehr auf den kurzfristigen Handel konzentrieren – **Day-ahead-** und insbesondere **Intraday-Handel**[8] –, um kurzfristig Schwankungen auszugleichen und damit Ausgleichsenergiekosten zu reduzieren.

3 Gleiches dürfte für den **Gasmarkt** gelten: Die Liberalisierung des europäischen Energiemarktes hatte zunächst keine spürbaren Auswirkungen auf den Gasmarkt. Anders als im Strombereich gab es kaum neue Wettbewerber, keine Preisdifferenz, nur geringe Handelsaktivitäten; noch immer kamen langfristige Lieferverträge zum Einsatz.[9] Erst ab etwa 2006 zeigten sich Änderungen: So wurden im Jahre 2006 vom BKartA alle **langfristigen Lieferverträge** zur Endkundenversorgung für rechtswidrig erklärt,[10] sodass die Lieferverträge neu verhandelt werden mussten. Die Einführung des Entry-Exit-Modells,[11] also die Einspeisung des Erdgases über sog. Entry-Punkte (an den Staatsgrenzen oder im Inland in Form von Erdgasspeichern) in den virtuellen Handelspunkt (VHP) und Entnahme des benötigten und gebuchten Gases an den sog. Exit-Punkten, vereinfachte den Gastransport (zumindest) innerhalb eines Marktgebietes und verstärkte den Wettbewerb. Die Anzahl der Marktgebiete[12] in Deutschland verringerte sich kontinuierlich bis heute auf zwei und damit gibt es weniger kostenpflichtige Überschreitungen von Marktgebietsgrenzen. Seit 2007 kann Gas – neben Strom – an der European Energy Exchange (EEX) in Leipzig (am Spot- und Terminmarkt) gehandelt werden. Daneben wird Gas weiterhin außerbörslich im OTC-Geschäft an den virtuellen Handelspunkten der Marktgebiete gehandelt; auch dies wird für die Ermittlung der Marktpreise herangezogen.[13] Der Gashandel an der Börse wächst seitdem

---

7 *Gould*, E&M powernews, 6.6.2014.

8 Vgl. hierzu ausführlich *Croonen* im Interview mit *Krägenow*, E&M powernews, 8.1.2014; *Krägenow*, E&M powernews, 16.1.2014.

9 Zenke/Schäfer/*Diem*, Energiehandel, S. 283.

10 BKartA, Beschl. v. 13.1.2008 – B8-113/03-1 – abrufbar unter: http://www.bundeskartellamt.de/SharedDocs/Entscheidung/DE/Entscheidungen/Kartellverbot/2006/B8-113-03-1.html.

11 Das Entry-Exit-Modell, auch Zweivertragsmodell, ist ein Abrechnungssystem zur Vergütung von Transportkapazitäten. Anders als bisher entfällt dabei die Buchung von Leitungskapazitäten entlang eines fiktiven physischen Transportpfades; vielmehr genügt die Buchung ausreichender Kapazität am jeweiligen Einspeise- und Ausspeisepunkt.

12 Im Jahr 2006 waren es noch über 40 Marktgebiete (26 für H-Gas und 15 für L-Gas), vgl. Monopolkommission, Sondergutachten 59, S. 104.

13 *Schiffer*, Jahrbuch, S. 380.

stetig,[14] immer mehr Akteure drängen auf den Gasmarkt.[15] Gleichzeitig ist die Erdgasförderung in Deutschland rückläufig[16] und die Förderung aus unkonventionellen Erdgasquellen, z.B. Erdgasförderung aus Ton- und Schieferformation, sog. Fracking, gewinnt zumindest (bislang) außerhalb Deutschlands zunehmend an Bedeutung. All dies hat dazu geführt, dass der Gasmarkt deutlich liquider, transparenter und wettbewerbsorientierter geworden ist. Dies spiegelt sich letztlich auch (künftig) verstärkt im Preis wider. Über Jahre hinweg milde Temperaturen bei gleichzeitigem Anstieg des Gasangebots, auch durch verflüssigtes Erdgas (LNG), führen zu sehr niedrigen Gaspreisen sowohl im Spot als auch im Terminmarkt. Negative Preise auch im Gasmarkt sind nicht mehr auszuschließen.

II. Darstellung der Märkte

1. Überblick

Die Geschäfte an den Energiemärkten lassen sich unterschiedlich kategorisieren. Kriterien können der Handelsort, der Markt, die Erfüllung oder der Erfüllungsort sein. 4
Das Handelsgut ist ein weiteres Differenzierungsmerkmal, also ob nun Strom, Gas, Öl, Verschmutzungsrechte, Fisch, Schweinehälften, Soja, Korn, Kohle, Frachtraten oder Wetterderivate gehandelt werden sollen. Bei physisch erfüllten Produkten wird überdies hinsichtlich des Erfüllungsortes unterschieden, wo also Strom geliefert oder wo die Kohle angelandet werden soll.

Der **Großhandelsmarkt** für Strom bzw. Gas findet sowohl direkt an der Börse als auch im außerbörslichen OTC-Markt statt. 5
Hierbei lassen sich die Produkte in Produkte mit physischer Erfüllung (tatsächliche Energielieferung) und in rein finanziell zu erfüllende Produkte (sog. Derivate) einteilen. Als weiteres Unterscheidungskriterium wird der Markt genannt.[17] Die Produkte können am Terminmarkt (d.h. die Erfüllung eines Geschäfts zu einem späteren Zeitpunkt, z.B. Wochen-, Monats-, Quartals- und Jahresprodukte) und kurzfristig – zumeist zur Optimierung des Portfolios – am Spotmarkt bzw. Kassamarkt (d.h. Lieferung, Abnahme und Bezahlung innerhalb eines kurzen Zeitraums, in der Regel zwei Tage) erworben werden. Vereinfacht dargestellt ergibt sich folgendes Bild:

14 Vgl. hierzu EEX, Halbjahresvolumen 2020 EEX-Newsroom, abrufbar unter https://www.eex.com/de/newsroom/.

15 In Deutschland gibt es (Stand 2020) 1.047 Lieferanten, 720 Gasnetzbetreiber, 31 Gasspeichergesellschaften und 68 Gashändler, vgl. https://de.statista.com/statistik/daten/studie/173884/umfrage/zahl-der-unternehmen-in-den-einzelnen-marktbereichen-des-energiemarktes/.

16 LBEG, Erdöl und Erdgas, S. 36ff.

17 Vgl. Horstmann/Cislarczyk/*Niedrig*, Energiehandel, Rn 57.

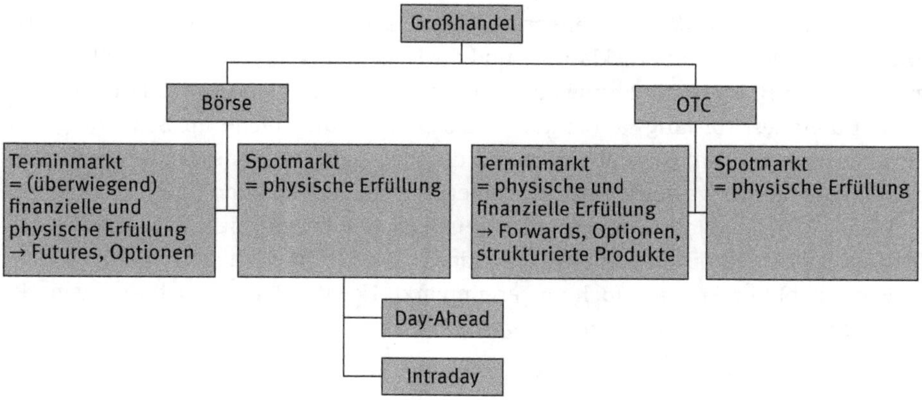

Abb. 1: Überblick der Produkte[18]

6 Der **Spotmarkt** an der EEX (Gas) bzw. an der EPEX Spot SE (Strom) wird nochmals hinsichtlich der Preisfeststellung unterteilt. So spricht man von einem Auktionsmarkt, wenn der Preis bzw. die Preise im Wege einer (einmaligen) Auktion ermittelt wird bzw. werden. Kontinuierlicher Handel liegt hingegen vor, wenn es während der Handelszeit immer dann zu einer Preisfeststellung kommt, wenn sich zwei Aufträge ausführungsfähig gegenüberstehen. Der Day-ahead-Markt für Strom der EPEX Spot SE ist ein Auktionsmarkt, wohingegen beispielsweise der Intraday-Markt im Wege des fortlaufenden Handels betrieben wird.[19]

2. Physische und finanzielle Erfüllung

7 Bei der **Energiebeschaffung** steht für Unternehmen der Energiewirtschaft sowie für eine Vielzahl von Industrieunternehmen (derzeit noch) die physische Bedarfsdeckung mit Strom und Gas im Vordergrund.

8 Hierzu wird Strom an zugeordneten Einspeisestellen (Beschaffung) bzw. zugeordneten Entnahmestellen (Abgabe) in einem Bilanzkreis auf der Grundlage von Fahrplänen und Gas am jeweiligen Einspeise- bzw. Ausspeisepunkt auf Basis von Nominierungen geliefert.

9 Zusätzlich existieren für den Gashandel physische und **virtuelle Handelspunkte** (sog. Hubs); dies sind Knotenpunkte, an denen mehrere Pipelines miteinander verbunden sind. Während die physischen Handelspunkte den Gashandel ortsgebunden auf der Ferngasebene und damit entkoppelt vom Gasabsatzmarkt der angrenzenden

---

18 Quelle: Eigene Darstellung.

19 Vgl. EPEX Spot SE, Handelsbedingungen, Article 1.1. § 1, 14.8.2020, abrufbar unter https://www.epexspot.com/en/downloads.

Marktgebiete ermöglichen, decken die virtuellen Handelspunkte zusätzlich das gesamte Marktgebiet sowohl horizontal (von Marktgebietsgrenze bis zur Marktgebietsgrenze) als auch vertikal (vom Importeur bis zum Endkunden) ab und gewährleisten damit eine freie Zuordnung von Ein- und Ausspeisekapazitäten innerhalb eines Marktgebietes.[20]

Wird keine physische Erfüllung verlangt, erfolgt eine finanzielle Erfüllung. In einem solchen Fall wird die Energielieferung durch Barausgleich (Ausgleichszahlung) ersetzt; dieser richtet sich nach dem jeweiligen **Referenzpreis** am Spotmarkt, d.h. wenn der Referenzpreis höher als der im Termingeschäft ausgehandelte ist, erhält der Käufer einen Ausgleich; ist er niedriger, muss er einen Ausgleich leisten. Im Regelfall ist der Terminhandel an der Börse auf eine finanzielle Erfüllung gerichtet; hingegen wird im Spothandel ausnahmslos physisch erfüllt. 10

Hinweis !

Nach dem Kreditwesengesetz (KWG) sind **Warenderivate** aufsichtspflichtige Finanzinstrumente. Warenderivate in diesem Sinne sind Termingeschäfte auf Energie (z.B. Strom, Gas, Öl, Kohle), die nicht nur eine in die Zukunft hinausgeschobene Erfüllung haben, sondern zusätzlich finanziell erfüllbar sind, d.h. das abgeschlossene Geschäft sieht bereits vor, dass eine der beiden Parteien nach freier Wahl die Lieferung durch eine finanzielle Differenzzahlung ersetzen, oder über eine Börse oder eine Multilaterale Handelsplattform (MTF) gehandelt werden kann. Nach der überarbeiteten Markets in Financial Instruments Directive (**MiFID II**) gilt ein Termingeschäft auf Waren auch dann als Finanzinstrument, wenn es über eine sog. Organisierte Handelsplattform (OTF) geschlossen wird. Von den Derivaten werden dann nur noch solche Geschäfte nicht erfasst, die als Strom- bzw. Gasgeschäfte im Sinne der Regulation on wholesale Energy Market Integrity and Transparency (**REMIT**) gelten, über ein OTF gehandelt werden und physisch erfüllt werden müssen.

3. Der Spotmarkt

Der Spotmarkt dient der kurzfristigen **Optimierung der Portfolios**, um z.B. kurzfristig auf abweichende Verbrauchsverhalten, Wetterbedingungen, Erzeugungsleistung usw. zu reagieren, um Lieferengpässe oder ein Überangebot zu vermeiden oder Abweichungen von Verbrauchs- und Erzeugungsprognosen und zu erfüllenden Vertragsvolumina aus Termingeschäften auszugleichen, also letztlich dem **Glattstellen** des **Beschaffungs- und Absatzportfolios**. Die Spotprodukte werden fast ausschließlich physisch erfüllt und der überwiegende Anteil wird börslich gehandelt.[21] Am **Day-ahead-Markt** werden Produkte mit physischer Erfüllung am Folgetag gehandelt. Hier sind Einzelstunden als Handelseinheit bekannt, wobei Einzelstunden überwiegend an 11

20 Vgl. hierzu ausführlich Zenke/Schäfer/*Lokau*/*Däuper*, Energiehandel, S. 58f.

21 Vgl. EPEX Spot SE, abrufbar unter https://www.strommarkttreffen.org/2019-01-16_Orifici_Day-Ahead_und_Intraday_Was_wuerde_sich_mit_Stromabkommen_aendern.pdf.

Börsen gehandelt werden.[22] Am **Intraday-Markt** werden Einzelstunden bis zu 45 Minuten vor physischer Erfüllung gehandelt. Neu sind 15-Minuten-Kontrakte eingeführt worden.[23]

12 Der Spotmarkt fungiert zudem als Referenzmarkt zur physischen Erfüllung zunächst nur finanziell abgeschlossener Geschäfte.

a) Der Spotmarkt für Strom der EPEX Spot SE

13 Der Spotmarkt für Strom weist eine der höchsten Volatilitäten auf. Dies liegt vor allem daran, dass Strom – anders als beispielsweise Gas – nicht speicherbar ist und sich daher jede Veränderung der Abnahme oder Produktionssituation unmittelbar im Marktpreis widerspiegelt.

14 Der Spotmarkt für Strom für Deutschland wird – gemeinsam für die Spotmärkte in Österreich, Frankreich, dem Vereinigten Königreich, den Niederlanden, Belgien, der Schweiz und Luxemburg – von der EPEX SPOT SE betrieben, einer Tochtergesellschaft der EEX. Bei Stromprodukten werden die Produkte mit Ausnahme der Einzelstunden und 15-Minuten-Kontrakte jeweils nochmals hinsichtlich ihres Lasttyps unterschieden. Die Unterscheidung hinsichtlich des **Lasttyps** ist in erster Linie Ergebnis des Stromverbrauchs und der bestehenden Kraftwerkslandschaft.[24] Verbrauchsbedingt ist die Unterscheidung in **Grund- und Spitzenlast**, weil am Tag innerhalb der Woche mehr verbraucht wird als während der Nachtstunden. Ebenso trägt diese Unterteilung dem technischen Umstand Rechnung, dass Kraftwerke, insbesondere größere, wirtschaftlich nur unterbrechungsfrei für mehrere Stunden auf einer Leistungsstufe betrieben werden können.[25] Da die verbrauchsorientierte Lastkurve aber auf Einzelstundenebene teilweise von den Standardprodukten erheblich abweicht, erfolgt die Anpassung über Einzelstunden bzw. ¼-Stunden-Kontrakte als kleinste Handelseinheit:

- Im **Day-ahead-Markt**[26] werden Stundenauktionen – das ganze Jahr an 365 Tagen – durchgeführt, in denen die 24 Stunden des folgenden Tages handelbar sind. Das Mindestvolumen der Kontrakte beträgt dabei 0,1 MW.
- Der **Intraday-Markt**[27] umfasst Stromgeschäfte, die noch am laufenden Tag erfüllt werden. Der Handel ist jeden Tag und rund um die Uhr möglich. Das Geschäft muss spätestens 45 Minuten vor Lieferbeginn abgeschlossen sein. Gehandelt wird mit Blöcken zu ganzen Stunden oder Viertelstunden.

22 Vgl. Arthur Andersen, Energiehandel, S. 12.
23 Vgl. EPEX Spot SE; Handelsbedingungen, abrufbar unter https://www.epexspot.com/en/downloads.
24 Vgl. Haubrich/*Krasenbrink*, Energieversorgung, S. 94, 95.
25 Vgl. *VDEW*, Versorgungswirtschaft, S. 50.
26 Vgl. hierzu https://www.epexspot.com/en/tradingproducts.
27 Vgl. hierzu https://www.epexspot.com/en/tradingproducts#intraday-trading.

Hinweis
Der **Intraday-Markt**, der das Kaufen und Verkaufen von Strom kurz vor dem Liefertermin ermöglicht, gewinnt mehr und mehr an Bedeutung. Denn oftmals kann erst kurz vor Lieferbeginn aufgrund aktueller Informationen über den tatsächlichen Verbrauch, Wetterbedingungen, ggf. ungeplante Kraftwerksausfälle adäquat reagiert werden, um Positionen zu optimieren, um z. B. Bilanzabweichungen im Bilanzkreis so gering wie möglich zu halten. Auch wird der Intraday-Handel zunehmend für spekulatives Handeln im Wege von automatisiertem Handel bzw. Algo-Trading genutzt.

Hingegen wird z. B. die Regelenergie auf Viertelstunden-Ebene abgerechnet, sodass aufgrund des noch vorherrschenden Handelsproduktes Einzelstunden eine Restgröße verbleibt. Diese Lücke wird durch die **15-Minuten-Kontrakte** geschlossen, die beispielsweise am börslichen Intraday-Markt gehandelt werden und dieses Produkt steht im Wettbewerb zu Viertelstunden-Liefermengen als Fahrplangeschäft im OTC-Markt. Diese Produkte dienen der weiteren Verringerung des Regelenergiebedarfs. Bezogen auf das Handelsvolumen steigt das Handelsvolumen des Intraday-Handels stark, ist aber gegenüber dem Volumen des Einzelstundenmarktes (Day-ahead-Markt) deutlich geringer.[28] Der Standard-Bilanzkreisvertrag der BNetzA verlangt daher eine viertelstundenscharfe, ausgeglichene Bilanz, die ohne einen entsprechenden Handel nicht erreicht werden kann.[29] Insofern ist die Teilnahme am Viertelstunden-Handel zur Sicherstellung der Prognosepflicht nahezu zwingend erforderlich. 15

Tipp
Jeder Marktakteur sollte daher prüfen, wie er selbst oder über einen Dienstleister an diesem arbeitsintensiven Markt aktiv werden kann. Automatisiertes Handeln kann dabei den Arbeitsaufwand deutlich reduzieren.

aa) Einbettung des physischen Handels in die Netztopografie

Um die Funktionsweise der **Spotbörse** besser zu verstehen, ist es hilfreich, die Börse zunächst in das gesamte Abwicklungsprocedere einzuordnen. Hierzu soll der Zusammenhang zwischen Handelsebene und Netzbetrieb an nachfolgendem Bild erläutert werden:[30] 16

28 https://www.energate-messenger.de/news/188711/handelsvolumen-an-der-epex-spot-ueber steigt-567-mrd-kwh.

29 Vgl. BNetzA, Standard-Bilanzkreisvertrag, abrufbar unter https://www.bundesnetzagentur.de/DE/Service-Funktionen/Beschlusskammern/1_GZ/BK6-GZ/2018/BK6-18-061/BK6-18-061_Standardbilanzkreisvertrag_01_08_2020.pdf?__blob=publicationFile&v=2.

30 Vgl. hierzu auch Schwintowski/Scholz/Schuler/*Pilgram*, Energiehandel, S. 314, Rn. 53.

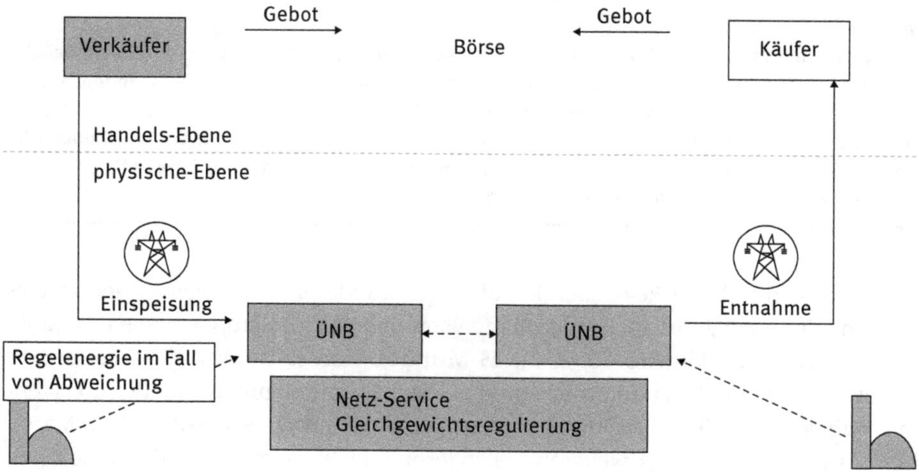

Abb. 2: Handelsbeziehung und physikalischer Ausgleich[31]

17 Käufer und Verkäufer platzieren jeweils ihre Gebote an der Börse, die wiederum die Preise für die jeweiligen Einzelstunden ermittelt und jedem Handelsteilnehmer einzeln das jeweilige Geschäft bestätigt. Dabei kommt jeweils ein getrennter Vertrag zwischen Käufer und dem Börsenträger einerseits und Verkäufer und Börsenträger andererseits zustande. Da die Börse nicht nur die Preisfeststellung, sondern auch die finanzielle Abwicklung übernimmt, transferiert die Börse, genauer gesagt das Clearinghaus der Börse, das Geld vom Käufer zum Verkäufer auf der Grundlage der getätigten Geschäfte, unabhängig von der tatsächlichen Lieferung. Damit ist das Handelsgeschäft abgeschlossen. Aus diesem resultiert die Pflicht des Verkäufers, zu einem bestimmten Zeitpunkt die veräußerte Menge Strom in das Netz einzuspeisen, an das er angeschlossen ist, und die korrespondierende Pflicht des Käufers, den Strom aus dem Netz zu nehmen, an das er angeschlossen ist. Man erkennt die einem normalen Kaufvertrag innewohnenden Abnahme- und Lieferverpflichtungen, wobei die Lieferung und Abnahme nicht unmittelbar, sondern über Mittler, die Netzbetreiber, erfolgt. Die Geschäfte gelten als erfüllt, wenn die dem Handel folgenden Fahrpläne jeweils mit den entsprechenden Mengenangaben rechtzeitig beim Übertragungsnetzbetreiber eingegangen sind. Die Rechtzeitigkeit ergibt sich dabei aus der Anforderung des Übertragungsnetzbetreibers, der die Fahrpläne für den Folgetag in der Regel bis 14.30 Uhr haben will.

18 Kommt es beispielsweise zu einer Leistungsstörung auf der Verkäuferseite, weil dieser nicht in der Lage ist, den Strom, den er an der Börse verkauft hat, auch einzuspeisen, registriert der entsprechende Netzbetreiber dieses Defizit und gleicht die

31 Quelle: Eigene Darstellung.

Differenzmenge durch Ausgleichsenergie aus. Die Verantwortung für die Übernahme der Ausgleichsenergie wird durch den Bilanzkreisvertrag festgelegt, der die Nutzung von Bilanzkreisen bzw. Unterbilanzkreisen regelt. Da der Handel letztlich nur auf Bilanzkreisebene erfolgt, sind Netzanschluss- und Netznutzungsverträge entbehrlich, wodurch auch reine Stromhändler an dem physischen Handel teilnehmen können.

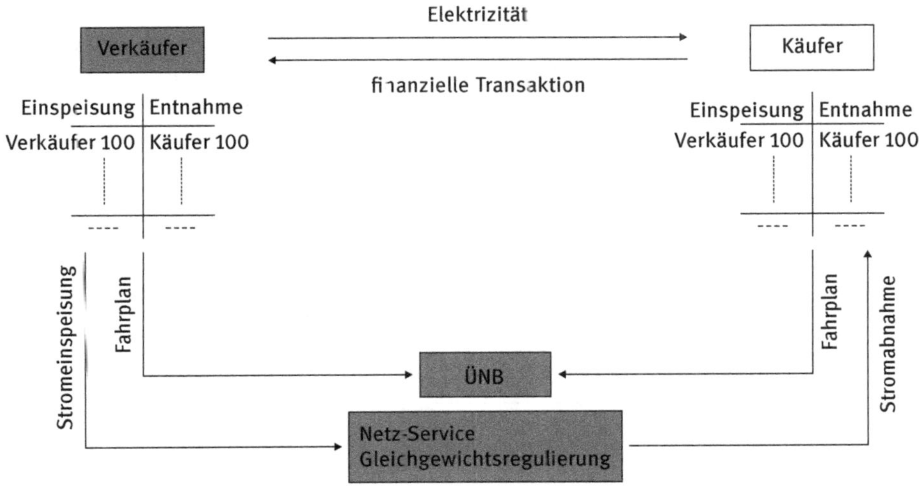

Abb. 3: Fahrplanbeziehungen[32]

Das informative Bindeglied zwischen der Handelsebene und der physikalischen Ebene sind die **Fahrpläne**. Mit den Fahrplänen werden in einem standardisierten Verfahren die Informationen über die Austauschbeziehungen zwischen den einzelnen Bilanzkreisen dem jeweiligen Übertragungsnetzbetreiber mitgeteilt, d.h. welche Menge in einer bestimmten Viertelstunde eingespeist und an welchen Bilanzkreis diese Menge geliefert werden soll. Ein **korrespondierender Fahrplan** kommt vom Beziehenden. Beide Fahrpläne werden vom Übertragungsnetzbetreiber abgeglichen und stellen die Grundlage für die Abrechnung der Ausgleichsenergie dar. Der Börsenträger tritt also als normaler Bilanzkreisverantwortlicher auf, mit der Ausnahme, dass bei abweichenden Fahrplänen dem Börsenfahrplan der Vorzug gegeben wird, da der Träger der Börse per Definition und infolge des Preissetzungsmechanismus auf der Einspeise- und Entnahmeseite identische Mengen hat. 19

32 Quelle: Eigene Darstellung.

bb) Die Preisermittlung

20 Die **Preisermittlung** am **Spotmarkt** erfolgt auf der Basis der eingehenden Gebote der Marktakteure und erfolgt im Wege einer zweiseitigen Auktion. Die Börse erhält von den Börsenteilnehmern und den anerkannten Brokern Excel-ähnliche Tabellen, bei denen in der ersten Spalte die Stunden aufgeführt sind. In der ersten Zeile sind die Preisschritte mit den Preisgrenzen -1000 und +3000 eingetragen. Diese technischen Preisgrenzen werden von der Börse vorgegeben und jeder Teilnehmer, der an der Auktion teilnehmen möchte, muss eine Information darüber abgeben, welche Mengen bei diesen Preisen von ihm ge- oder verkauft werden sollen.[33] Es sind somit auch negative Preise möglich, jedoch ist zur Vereinfachung im nachfolgenden Beispiel darauf verzichtet worden. In der beigefügten Abbildung 4 sind beispielsweise die Stunden 1 bis 4 abgetragen:

Preis in €/MWh

Lieferstunde	Stunde	0	6,9	7	16,9	17	17,1	17,2	149,9	150	3000
	1	200,0	200,0	100,0	100,0	0,0	−75,0	−75,0	−75,0	−275,0	−275,0
	2	154,9	154,9	42,6	42,6	6,3	6,3	0,0	0,0	−20,0	−20,0
	3	−57,0	−57,0	−100,0	−100,0	−100,0	−175,0	−175,0	−175,0	−325,0	−325,0
	4	200,0									200,0

Volumina in MWh

Abb. 4: Beispiel eines Gebots[34]

21 In dieser Tabelle möchte der Teilnehmer für die 1. Stunde bei einem Preis von 0,00 € 200 MWh Strom kaufen. Bei einem Börsenpreis von 6,90 € möchte er auch 200 MWh kaufen und bei einem Börsenpreis von 7,00 € möchte er nur noch 100 MWh kaufen, wobei negative Vorzeichen Verkaufspositionen bezeichnen. Hinter dieser Preis-Volumensänderung kann folgende Überlegung stecken: Der Teilnehmer hat einen Gesamtbedarf in dieser Stunde von 200 MWh und verfügt über eine Bezugsalternative in Höhe von 100 MWh zu einem Grenzkostensatz von 7,00 €, beispielsweise durch ein eigenes Kraftwerk. Steigt der Börsenpreis auf ein Niveau oberhalb von 7,00 €, ist es für den Teilnehmer wirtschaftlicher, zunächst sein eigenes Kraftwerk in dieser Stunde zur Lastabdeckung zu nutzen und lediglich die Restmenge über die Börse zu beziehen.[35] In der Stunde 4 bestimmt der Teilnehmer, dass er immer den Bedarf von 200 MWh über die Börse beziehen möchte, weil er über keine anderen Bezugsalternativen verfügt. Man erkennt bereits aus diesem Gebotstypus, dass es sich hier nicht um Han-

33 Vgl. hierzu ausführlich §§ 16 ff. Bedingungen für den Handel, Version 0055a (6.7.2020); abrufbar unter: https://www.eex.com/fileadmin/EEX/Downloads/Rules/Trading_Conditions/DE/20200706_EEX_Handelsbedingungen_0055a_D_FINAL.pdf.

34 Quelle: Eigene Darstellung.

35 Vgl. auch *Kremp/Rosen*, Kommunalwirtschaft 1/2002, 21, 22.

del im klassischen Sinne, also um das Ausnutzen von Preisbewegung und Zeitverlauf handelt, sondern dass hier die Beschaffungsoptimierung im Vordergrund steht. Es werden lediglich die unterschiedlichen Beschaffungsalternativen in der Reihenfolge ihrer Bezugskosten genutzt, wobei die Börse eine Alternative darstellt.

Ab einem bestimmten Zeitpunkt nimmt die Börse keine neuen oder Änderungen bestehender Gebote mehr an. Derzeit ist dieser Zeitpunkt auf 12.00 Uhr festgelegt. Nach Zugang der Gebote interpretiert die Börse diese Tabellen. Aus der diskreten Preis-Mengenkombination werden nun im Wege der linearen Interpolation stetige Kurven gebildet. Möchte der Teilnehmer bei einem Wert von 0,00 € und von 6,90 € 200 MWh beziehen, so erkennt die Börse daraus, dass der Teilnehmer auch 200 MWh bei allen Preisen zwischen 0,00 € und 6,90 € beziehen will. Als Ergebnis erhält man grafisch gesehen eine individuelle **Nachfrage-** und eine individuelle **Angebotskurve**. Da die Börse von allen Teilnehmern unterschiedliche Gebote für eine Stunde erhält, summiert die Börse die einzelnen individuellen Gebotskurven je Stunde, um im nächsten Schritt zu einer aggregierten Nachfrage und aggregierten Angebotskurve zu gelangen. Diese aggregierte Nachfragekurve zeichnet sich dadurch aus, dass mit Zunahme des Preises die Nachfrage abnimmt. Die Angebotskurve verläuft umgekehrt. Der Schnittpunkt der aggregierten Nachfragekurve mit der aggregierten Angebotskurve bestimmt den markträumenden **Gleichgewichtspreis**, den sog. **Market-Clearing-Price**. Bei diesem Preis sind alle Anbieter bereit, die ermittelte Menge anzubieten und alle Nachfrager sind bereit, diese Menge nachzufragen, d. h. der Börsenmarkt ist in dieser Stunde geräumt.[36] 22

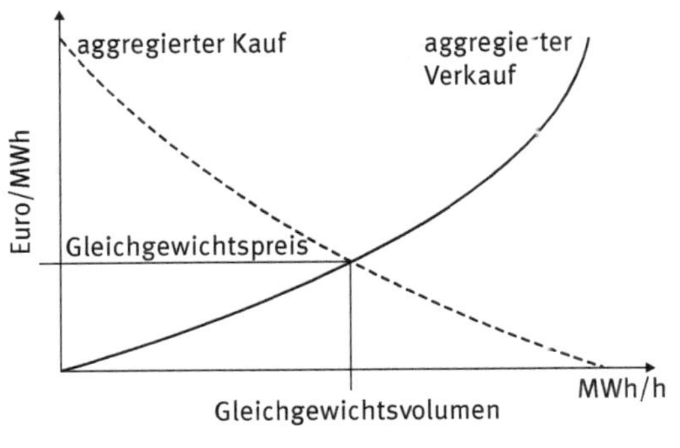

Abb. 5: Preisermittlung im Auktionsmarkt[37]

Das Ergebnis ist der **Gleichgewichtspreis** für diese Stunde. Dieser ermittelte Gleichgewichtspreis wird nun in die individuellen Gebote eingesetzt und es wird so ermittelt, welche Menge der Teilnehmer gehandelt hat. Dieses Prozedere findet für alle 23

36 Vgl. Bartsch/Röhling/Salje/Scholz/*Machate*, Stromwirtschaft, S. 447, 451.

37 Quelle: Eigene Darstellung.

24 Stunden des Folgetages einzeln statt. Da innerhalb der Auktion auch Blöcke, also die Zusammenfassung mehrerer Stunden, gehandelt werden, werden auch **Blockpreise** ermittelt, wobei der jeweilige Blockpreis das arithmetische Mittel der Einzelstundenpreise ist.

24 Die EPEX Spot SE ermittelt aus den Einzelpreisen tägliche Indizes als Referenzwerte. Diese Indizes heißen Physical Electricity Index, kurz Phelix. Die EPEX Spot SE berechnet den Phelix Base und den Phelix Peak. Der Phelix Base bzw. der Index für die Grundlast ist das arithmetische Mittel aller 24 Preise und beschreibt damit den Tagesdurchschnittspreis. Der Phelix Peak ist das arithmetische Mittel aller 12 Tagesstunden; der Stunden 9 bis 20 und gibt damit einen Durchschnittspreis für den Tagesstrom wieder. Diese Indizes sind auch die Grundlage für den EEX-Terminmarkt.

b) Spotmarkt für Gas

25 Für Gas existiert ein eigener Spotmarkt, auf dem seit 2011 rund um die Uhr gehandelt werden kann. Der Handel erfolgt für den laufenden Tag, die kommenden beiden Tage und das kommende Wochenende. Mit dem Spotmarkt Gas wird neben den beiden deutschen Marktgebieten GASPOOL und NCG auch das Marktgebiet der Niederlande TTF (Title Transfer Facility) abgedeckt sowie durch die Integration der Powernext in die EEX zum 1.1.2020 ebenso die Marktgebiete Österreich, Belgien, Tschechien, Dänemark, Frankreich, Italien, Spanien und Großbritannien.[38]

26 Am Spotmarkt für Gas werden Blockkontrakte für Tagesgrundlast und Wochenendgrundlast gehandelt; diese können jeweils zwei Tage gehandelt werden, also day ahead und einen Tag zuvor.

27 Zusätzlich gibt es den Within-day-Handel, der dem Intraday-Handel im Strom entspricht und Kontrakte über die verbleibenden Lieferstunden des aktuellen Handelstages mit einer Vorlaufzeit von drei Stunden zur kurzfristigen Optimierung des Handelsportfolios ermöglicht. Der Handel erfolgt im Wege des fortlaufenden Handels.

c) Außerbörsliche Spotmarktprodukte

28 Anders als der börsliche Handel ermöglicht der außerbörsliche Handel, also der **OTC-Handel** („over the counter“, engl. für „über den Tresen“), das individuelle Aushandeln der Produkte zwischen Käufer und Verkäufer, u.a. zu Lieferzeitpunkt, Lieferort, Lieferzeitraum, Menge, Preis. Der Handel erfolgt also rein bilateral auf Basis von entsprechenden Rahmenverträgen, in der Regel im „Telefonhandel“ bzw. rein elektronisch, zum Teil auch anonymisiert über Brokerplattformen (z.B. ICAP).

38 Vgl. https://www.eex.com/de/maerkte/erdgas.

Der Spotmarkt im OTC-Handel ist ebenso auf Transaktionen zur kurzfristigen Erfüllung gerichtet, wobei sich die Käufer und Verkäufer bilateral auf den Preis sowie die sonstigen Vertragsbedingungen einigen. 29

4. Der Terminmarkt

Der Terminmarkt ist dadurch gekennzeichnet, dass Produkte für die nächsten Wochen, Monate, Quartale und Jahre gehandelt werden, d. h. hier werden langfristige Geschäfte geschlossen, bei denen bereits die Bedingungen der Lieferung vereinbart werden (u. a. Menge, Preis), die eigentliche Erfüllung (physisch oder finanziell) aber zu einem späteren Zeitpunkt – auf „Termin" – erfolgt. Der Terminmarkthandel dient nicht nur der Absicherung gegen fallende oder steigende Preise, sondern wird vielfach auch zur Ausnutzung von Arbitrage-Effekten sowie zur Spekulation genutzt. 30

Begriff „Arbitrage"
Als Arbitrage wird das risikolose Ausnutzen von Preisunterschieden von gleichen Waren an unterschiedlichen Märkten bezeichnet.

Durch die finanzielle Erfüllung der Kontrakte wird die Abnahme- und Lieferverpflichtung durch die Verpflichtung ersetzt, einen entsprechenden Ausgleich in Geld zu leisten bzw. zu empfangen (Barausgleich). Beim Kauf eines Futures oder auch beim Verkauf eines Futures ist allerdings nicht sofort der gesamte Kontraktwert fällig, sondern der Börsenteilnehmer hat zunächst eine Grundsicherheit zu hinterlegen, die sog. **Initial Margin**. Anschließend wird an jedem Handelstag die Differenz zwischen den Settlement-Preisen (bzw. am Kauftag dem Kauf- bzw. Verkaufspreis) und dem täglichen Kurs des Futures finanziell ausgeglichen, sog. **Variation Margin**. 31

Begriff „Futures-Kontrakt"
Der **Future** ist ein standardisiertes, in der Regel börslich gehandeltes Termingeschäft, bei dem in der Regel ein finanzieller Ausgleich (Cash Settlement) geleistet wird, dessen Höhe die Differenz zum Preis des Underlyings während der Lieferperiode ist. Ein Futures-Kontrakt bezeichnet die vertragliche Verpflichtung, eine festgelegte Menge Strom zu einem zuvor fest definierten Preis in einer fest definierten zukünftigen Lieferperiode zu beziehen bzw. zu liefern bzw. die entsprechenden Geldzahlungen zu leisten.

Tipp
Da die EEX German Power Futures (früher Phelix-Futures) ausschließlich finanziell erfüllt werden, ist zusätzlich für eine physische Erfüllung ein Engagement am Auktionsmarkt erforderlich, ein/e entsprechende/r Bezug/Lieferung über die tägliche Spotbörse.

a) Der Terminmarkt für Strom an der EEX

32 Am Stromterminmarkt der EEX werden derzeit insbesondere finanzielle Futures mit dem Phelix als Underlying, der Preisnotierung der EPEX Spot SE für das Marktgebiet Deutschland sowie eine ganze Reihe weiterer Futures mit Referenzpreisen anderer Marktgebiete, physische Futures sowie finanzielle Optionen mit dem EEX German Power Futures als Underlying gehandelt,[39] und zwar mittlerweile auf 20 europäischen Märkten.[40]

33 Die Börse bietet Futures-Kontrakte sowohl für Grund- als auch für Spitzenlast an. Jeweils handelbar sind die nächsten vier Wochen, der laufende Monat, die nächsten neun Monate, die nächsten elf Quartale und die nächsten sechs Jahre. Damit sind Strompreisabsicherungen mit einem zeitlichen Vorlauf von maximal sechs Jahren möglich, wobei die nächsten drei Jahre zu den gängigen Absicherungszeiträumen gehören.[41]

34 Die EEX-German-Power-Futures-Kontrakte[42] umfassen ein fest definiertes Liefervolumen, das sich aus dem Produkt aus der Lieferrate (1 MW), dem Lasttypus und der Anzahl der jeweiligen Liefertage ergibt. So hat ein Monatskontrakt Baseload mit 30 Liefertagen ein Kontraktvolumen von 720 MWh und kann zur Preisabsicherung einer Stromlieferung von 1 MW konstanter Leistung im gesamten Monat genutzt werden.

35 Seit November 2004 bietet die EEX daneben europäische Optionen auf die Phelix Futures (bzw. heute EEX-German Power) an, mit denen sich Käufer und Verkäufer gegen steigende oder fallende Preise absichern können. Hierbei bietet die EEX Kaufoptionen (Calls) und Verkaufsoptionen (Puts) für die nächsten fünf Liefermonate, sechs Lieferquartale sowie die jeweils nächsten drei oder vier Lieferjahre des Basiswertes an. Für jedes Lieferjahr des Basiswertes sind bis zu vier Kontrakte mit unterschiedlichen Verfallterminen verfügbar, die jeweils am Ende eines Quartals im vorangehenden Jahr liegen.

---

i **Begriff „Option"**

Optionen sind Kaufoptionen (**Calls**) oder Verkaufsoptionen (**Puts**), bei denen dem Käufer das Recht, nicht aber die Pflicht, eingeräumt wird, zu einem bestimmten Ausübungszeitpunkt eine bestimmte Menge eines Gutes (Basiswert, Underlying) zu einem zuvor festgelegten Ausübungspreis zu kaufen

---

39 Vgl. zu den an der EEX gehandelten Produkten: EEX, Kontraktspezifikation, Version 0072a, abrufbar unter https://www.eex.com/fileadmin/EEX/Downloads/Rules/Contract_Specifications/20200706_EEX_Kontraktspezifikationen_0072a_D_FINAL.pdf.

40 Vgl. https://www.eex.com/de/eex-ag/eex20.

41 Zum Handel angebotene Fälligkeiten umfassen Day-, Weekend-, Week-, Month-, Quarter- und Year-Futures.

42 Vgl. hierzu sowie zu Beispielen Schwintowski/Scholz/Schuler/*Pilgram*, Energiehandel, S. 316, Rn. 14.

oder zu verkaufen. Der Verkäufer der Option als sog. Stillhalter erhält den Kaufpreis der Option als Optionsprämie und ist im Falle der Ausübung der Option verpflichtet, den Basiswert zum Ausübungspreis zu kaufen bzw. zu verkaufen.

Optionen sind Handelsinstrumente, bei denen der Käufer einer Option ein Recht zugestanden bekommt, wohingegen der Verkäufer von dem Wahlrecht des Käufers abhängig ist und deshalb auch als Stillhalter bezeichnet wird. Für die Überlassung des Ausübungsrechts bezahlt der Käufer den Preis der Option, die sog. **Optionsprämie**. 36

Die Ausübung bei Optionen auf Jahres-Futures ist auf den zweiten Donnerstag im Dezember festgelegt worden. Damit erwirbt der Optionskäufer das Recht, am Ausübungstag die Zuteilung des Underlyings zum festgelegten Ausübungspreis, dem **Strike Price**, verlangen zu können. Der Stillhalter ist vom Wahlrecht des Käufers abhängig und erhält hierfür die Optionsprämie. 37

Liegt bei einem Call der Marktpreis des Underlyings über dem Ausübungspreis, ist es für den Käufer – ungeachtet seiner physischen Positionen – wirtschaftlich sinnvoll, die Option auszuüben. Ihm wird dann das Underlying zum Ausübungspreis zugeteilt und er kann es sofort zum höheren Marktpreis veräußern und erzielt die Differenz zwischen Ausübungspreis-Preis und Marktpreis des Underlyings als Erlös. Dabei erzielt der Teilnehmer erst einen Gewinn, wenn der Marktpreis des Underlying soweit über dem Ausübungspreis liegt, dass auch die bezahlte Optionsprämie abgedeckt ist und das Geschäft einen Totalgewinn erwirtschaftet. 38

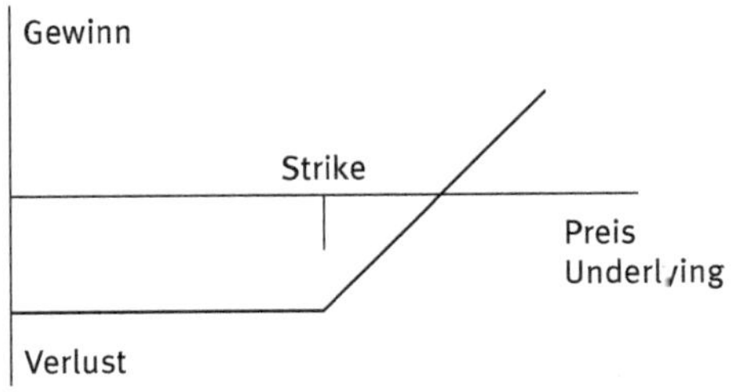

Abb. 6: Vorteilhaftigkeit beim Kauf eines Calls[43]

Die French Power Futures und die übrigen Power Futures der EEX sind analog der German Power Futures aufgesetzt, weisen jedoch eine geringere Liquidität auf. 39

43 Quelle: Eigene Darstellung.

b) Der Terminhandel für Gas an der EEX

40 Der Gashandel an der EEX ist in den letzten Jahren deutlich gestiegen, so wurden im Jahr 2019 insgesamt mehr als 800 TWh an den EEX-Gasmärkten gehandelt.[44] Zur Weiterentwicklung der Gasmärkte ist die EEX im Jahr 2013 eine Kooperation mit der französischen Börse Powernext SA eingegangen, die seit dem 1.1.2020 in die EEX integriert ist.[45]

---

i **Begriff „Spread"**
Ein **Spread** ist die Differenz zwischen zwei Kursen. Der Bid-ask-Spread ist dabei die Differenz zwischen dem besten Kauf- und Verkaufspreis einer Ware zu einem bestimmten Zeitpunkt.

! **Tipp**
Soweit ein Spread zwischen verschiedenen Handelsplätzen besteht, hat ein Händler die Möglichkeit, durch den gleichzeitigen Kauf und Verkauf von Kontrakten für ein gleichzeitiges Underlying an den verschiedenen Märkten Arbitragegewinne zu erzielen.

---

41 Am Terminmarkt der EEX werden physische Future-Kontrakte für den Handel an den Virtuellen Handelspunkten in den Marktgebieten GASPOOL und NetConnect Germany (NCG) sowie für nahezu alle europäischen Staaten[46] angeboten.

42 Beim börslichen Gashandel erfolgt daher – anders als im Stromhandel – regelmäßig eine tatsächliche Lieferung von Gas, d. h. der Verkäufer ist verpflichtet, das Gas im jeweiligen Marktgebiet zur Verfügung zu stellen, und der Käufer ist verpflichtet, das Gas abzunehmen.

---

i **Begriff „Physischer Future"**
Bei einem **physischen Future** erfolgt die Erfüllung der Geschäfte durch physische Gaslieferung im jeweiligen Marktgebiet. Physische Futures unterscheiden sich während der Handelsperiode, also dem Zeitraum vor Eintritt der Lieferung, nicht von finanziellen Futures; bei beiden erfolgt ein tägliches mark to market zur täglichen Realisierung von Gewinnen und Verlusten. Bei physischen Futures wird zwei Tage vor Eintritt in die Lieferperiode der Schlussabrechnungspreis ermittelt.

---

44 https://de.statista.com/statistik/daten/studie/169809/umfrage/handelsvolumen-an-der-eex-am-spot-und-terminmarkt-fuer-erdgas/.

45 Vgl. https://www.eex.com/de/maerkte/erdgas.

46 Vgl. hierzu https://www.eex.com/de/maerkte/strom-terminmarkt/strom-futures.

c) Außerbörsliche Terminmarktprodukte

Außerbörslich werden überwiegend Forward-Kontrakte mit physischer Erfüllung in der Lieferperiode gehandelt. Grundlage für diese Geschäfte sind EFET-Verträge.[47] 43

Begriff „Forward-Kontrakt"

Der **Forward** ist ein individuell ausgestaltetes, nicht börslich gehandeltes Termingeschäft, bei dem Käufer und Verkäufer u. a. den Preis des Handelsproduktes, die Liefermenge sowie den Fälligkeitszeitraum bzw. Lieferzeitraum miteinander vereinbaren und bei dem eine physische Erfüllung erfolgt.

B. Bedeutung von erneuerbaren Energien

I. Vermarktung von EEG-Strom vor Einführung der Marktprämie

Mittlerweile stammen rund 35 % des in Deutschland produzierten Stroms aus erneuerbaren Energien. Erneuerbare Energien werden im Rahmen des Erneuerbare-Energien-Gesetz (EEG)[48] mittels fester Einspeisevergütung gefördert. Die Einspeisevergütungen liegen zum Teil deutlich über den aktuellen Marktpreisen und decken die gesamten Erzeugungskosten einschließlich einer Marge für den Investor ab.[49] 44

Bei der klassischen Vermarktung im Rahmen des EEG nehmen die Verteilernetzbetreiber (VNB) den Strom auf und leiten ihn an die Übertragungsnetzbetreiber (ÜNB) weiter. Diese veräußern den gesamten so aufgenommenen Strom am Spot- und Intraday-Markt und erzielen dabei den Spotmarktwert. Die Differenz zwischen dem erzielten Spotmarktwert und den Auszahlungen für die festen Einspeisevergütungen erheben die Übertragungsnetzbetreiber im Wege der **EEG-Umlage** von den nicht privilegierten Endverbrauchern. 45

1. Physische Wälzung

Vor Einführung der Ausgleichsmechanismusverordnung (AusglMechV)[50] gab es die sog. physische Wälzung.[51] Die Verteilernetzbetreiber haben die unstrukturierten Volumina mengen- und strukturgleich an die ÜNB übergeben. Diese haben hieraus Mo- 46

---

47 Vgl. Bartsch/Röhling/Salje/Scholz/*Stuhlmacher/Stappert*, Stromwirtschaft, S. 1319, 1322.

48 Gesetz für den Ausbau erneuerbarer Energien (Erneuerbare-Energien-Gesetz – EEG 2017), Erneuerbare-Energien-Gesetz v. 21.7.2014 (BGBl. I S. 1066), zuletzt geändert durch Verordnung v. 19.6.2020 (BGBl. I S. 1328).

49 Vgl. § 21 EEG.

50 Vgl. Ausgleichsmechanismusverordnung (AusglMechV) v. 17.7.2009 (BGBl. I S. 2101), zuletzt geändert durch Gesetz v. 21.7.2014 (BGBl. I S. 1066).

51 Vgl. *Buchmüller/Schnutenhausen*, et 11/2009, 75.

nats-Base-Bänder geformt, indem sie Mindermengen beschafft und Mehrmengen veräußert haben. Diese Differenzmengen sind direkt oder indirekt über die Day-ahead-Märkte und Intraday-Märkte gehandelt worden, sodass die Volumina bereits preisstrukturbestimmend waren.

2. Vermarktung aufgrund der AusglMechV

47 Mit Abschaffung der physischen Wälzung, also der Weitergabe der EEG-Mengen im Wege eines Base-Bandes an die endkundenbeliefernden Bilanzkreise, erhöhte sich das durch die ÜNB gehandelte Volumen, da nicht nur Differenzen auf dem Markt gehandelt wurden, sondern die Gesamtmenge. Dies führte zu einem deutlichen Anstieg der Handelsmengen im Day-ahead-Markt der EPEX SPOT SE, jedoch nicht zur Erhöhung der Handelsvolumina an der im gleichen Marktgebiet handelnden EXAA. Aufgrund der AusglMechV sind die Übertragungsnetzbetreiber angehalten, den Strom im Wege einer Market Order am Day-ahead-Markt der EPEX SPOT SE im Marktgebiet Deutschland/Österreich zu veräußern. Damit sind die ÜNB quasi über Nacht zu den größten Akteuren am Spotmarkt geworden. Damit ist die ihnen zugedachte Rolle, der Betrieb der Übertragungsnetze und die Sicherstellung der Versorgungssicherheit, um die ihnen nicht zugedachte Rolle des Händlers erweitert worden.

3. Vermarktung von EEG-Strom im Wege der Marktprämie

48 Die Bedeutung der Vermarktung durch die Übertragungsnetzbetreiber hat mit der **Marktprämie** abgenommen. Mittlerweile sind mit Sommer 2019 nahezu die gesamte Windkraft, 50 % der Bioenergie sowie 50 % der Photovoltaik in der **Direktvermarktung.**[52] Damit wird lediglich der Rest durch die ÜNB vermarktet. Von der Einführung der optionalen Marktprämie versprachen sich die Initiatoren eine Integration der erneuerbaren Energien in die wettbewerblichen Märkte.

49 Im Rahmen der Marktprämie erhält der Anlagenbetreiber den Marktwert. Die Differenz zwischen technologiespezifischem Marktwert und anzulegendem Wert erhält er weiterhin vom Verteilernetzbetreiber, sodass beide Zahlungen zusammengenommen genau dem anzulegenden Wert entsprechen. Um den Anlagebetreiber zu dieser Vermarktungsform zu inzentivieren, führte der Gesetzgeber die **Managementprämie** bei der optionalen Direktvermarktung ein, die 2015 bei 4,00 €/MWh lag. Für die verpflichtende **Direktvermarktung** gibt es keine Managementprämie mehr, denn diese ist bereits im anzulegenden Wert enthalten. Die **Fernsteuerbarkeit** ist Voraussetzung für die Direktvermarktung. Ökonomisch bedeutet mithin die verpflichtende Direktver-

52 Vgl. BMWi, Monitoring der Direktvermarktung, abrufbar unter https://www.erneuerbare-energien.de/EE/Redaktion/DE/Downloads/Berichte/monitoring-der-direktvermarktung-q1-2020.pdf;jsessionid=D91F855332166BEF74F769F943ADC2B4?__blob=publicationFile&v=3.

marktung eine implizierte Erhöhung der Einspeisevergütung um die Managementprämie gekürzt um den Betrag, den der Direktvermarkter für seine Dienstleistung der Direktvermarktung erhält. Im Geschäft der Direktvermarkter ist es überwiegend so, dass der Direktvermarkter ein festes Dienstleistungsentgelt bekommt und den Marktwert garantiert. Zusätzlich stellt er eine Bankbürgschaft für drei Monate, denn dies ist der risikobehaftete Zeitraum, falls der Direktvermarkter nicht seinen finanziellen Verpflichtungen nachkommt. Dieser Zeitraum ist durch die unsinnige gesetzliche Reglung bestimmt, dass EEG-Anlagen immer nur für vier Wochen mit vierwöchigem Vorlauf in und aus der Direktvermarktung wechseln können. Völlig unverständlich in der Branche ist, warum bei der Einspeisung nicht die gesetzlichen Wechselfristen wie bei Abnahmestellen, nämlich zehn Werktage, gelten.

Der Marktwert ist beispielsweise bei stetigen erneuerbaren Energien der Phelix **50**
Base der EPEX SPOT SE für das Marktgebiet Deutschland/Luxemburg. Zum einen wird hier per Gesetz ein Referenzwert festgelegt, der ökonomisch zur Folge hat, dass alle Mengen im Wege der Marktprämie nur am Referenzmarkt gehandelt werden, denn jede Abweichung hiervon bedeutet eine Spekulation, für die man die Direktvermarktung nicht benötigen würde. Die gesetzgeberische Fokussierung auf den Day-ahead-Markt der EPEX SPOT SE ist kritisch zu sehen, denn hierdurch wird per Gesetz eine Vermarktung der EEG-Mengen, die im Wege der Direktvermarktung vermarktet werden, faktisch auf den Day-ahead-Markt der EPEX SPOT SE begrenzt.[53]

a) Day-ahead-Markt als Preisreferenz

Zudem ist die Fokussierung auf den Day-ahead-Markt insbesondere für fluktuierende **51**
Einspeiser wenig zielführend. Es ist mittlerweile eine Binsenweisheit, dass die Prognose umso besser wird, je kürzer die Zeitspanne zwischen Prognose und zu prognostizierendem Zeitraum ist. Insofern ist es fraglich, was den Gesetzgeber veranlasst haben mag, den **Day-ahead-Preis** als Referenzpreis zu wählen. Der Begründung ist zu entnehmen, dass man den Day-ahead-Preis gewählt habe, weil es beim Day-ahead-Markt einen eindeutigen Referenzpreis aufgrund des Auktionsmodells gebe.[54] Dieses Argument ist einschlägig. Andererseits sei der Auktionsmarkt gewählt worden, weil er deutlich mehr Liquidität aufweise als der Intraday-Markt. Dieses Argument verkennt die Tatsache, dass die Entscheidung des Gesetzgebers signifikant die Liquidität der Märkte beeinflusst. Die Entscheidung, den Intraday-Markt als Referenzpreis zu nehmen, hätte die Liquidität dieses Marktes so nachhaltig gestärkt, als dass dieses Argument von selbst entkräftet worden wäre. Die Verringerung der Prognoseabweichung aufgrund des kürzeren Prognosezeitraumes hätte hingegen die Transaktionskosten der Direktvermarktung deutlich reduziert, sodass die im Gesetz genannten Gründe

53 Vgl. *Hölder*, Energy 2.0 I/2013, 2.
54 Vgl. BT-Drucks. 16/8148 sowie BT-Drucks. 16/9477.

nicht Platz greifen.[55] Als Ergebnis ist festzuhalten, dass mittels der Direktvermarktung die gleichen Mengen und die gleiche Struktur am Day-ahead- und Intraday-Markt gehandelt werden, wie vor Einführung der Marktprämie. Lediglich die Akteursvielfalt hat bei der Vermarktung zugenommen. Dieser, aus wettbewerblicher Sicht erfreulichen Entwicklung, steht andererseits das Auflösen des Vermarktungsportfolios als Nachteil gegenüber und es stellt sich die Frage, ob die Vorteile der Marktprämie überwiegen.

b) Auflösen des Vermarktungsportfolios

52 Wurde in der Vergangenheit das gesamte EEG-Portfolio durch die ÜNB vermarktet, verteilt es sich heute über die Vielzahl an Direktvermarkter und die ÜNB. Dabei ist die Verteilung keineswegs gleichmäßig, sondern wie auch aus den Direktvermarktungszahlen erkennbar, wird Wind fast ausschließlich und Photovoltaik lediglich zu 30 % von den Direktvermarktern vermarktet. Erneuerbare Energien werden je hälftig von den Direktvermarktern und ÜNB vermarktet, jedoch mit Zunahme zugunsten der Direktvermarkter und in Ermangelung eines wesentlichen Zubaus damit zulasten der ÜNB.

53 Durch die Auflösung des Vermarktungsportfolios sinkt die **Prognosegüte** bei den ÜNB und die Strukturierungskosten, also die Differenz zwischen Marktwert und den tatsächlichen Erlösen, steigen bei den ÜNB gegenüber der Vermarktung aller EEG-Anlagen in der Vergangenheit. Grund hierfür ist, dass sich Abweichungen unterschiedlicher Technologien gegenseitig aufheben, sodass die Gesamtabweichung kleiner ist als die Summe der Einzelabweichung. Praktisch gesprochen führen eine positive Prognoseabweichung (es wird mehr produziert als prognostiziert) und eine negative Prognoseabweichung (es wird weniger produziert als prognostiziert) idealiter zu einem vollständigen Ausgleich, sodass es zu keiner Ausgleichsenergie-Inanspruchnahme, weder positiv noch negativ, kommt. Dieser Gedanke ist bereits aus der Portfoliotheorie von *Markowitz* bekannt. Das Gesamtrisiko zweier nicht oder negativ korrelierter Risiken ist geringer als die Summe der Einzelrisiken. Ebenso verhält es sich mit den stetigen EEG-Erzeugern, denn deren Abweichungen sind völlig unabhängig von Wettereinflüssen, die einen Einfluss auf die Abweichungen weder bei Wind noch bei Photovoltaik haben. Wird jetzt das gesamte EEG-Portfolio – wie oben dargestellt – zerrissen, wird der Ausgleichseffekt innerhalb eines Portfolios aufgehoben. Dieser Verlust des Portfolioeffektes könnte durch eine Verbesserung der Prognosegüte aufgefangen werden, denn es ist anzunehmen, dass privatwirtschaftlich und auf Gewinn orientierte Direktvermarkter alles unternehmen werden, die Prognosegüte zu ihrem Vorteil zu verbessern. Volkswirtschaftlich ist diese Entwicklung begrüßenswert, wenn

55 Vgl. *Jäger*, Windprognosen.

die Verbesserung bei den Direktvermarktern nicht im gleichen Maße zu einer Verschlechterung bei den ÜNB führt. Langfristig dürfte dies zutreffen.

Geht man aber davon aus, dass sich Windkraftanlagen besser prognostizieren lassen als Photovoltaik-Anlagen und verbleiben bei den ÜNB die schlechter zu prognostizierenden Photovoltaik-Anlagen, ist in Bezug auf die Verteilungsfrage von den gesamten Vorteilen zu berücksichtigen, dass die Vorteile aus Prognoseverbesserung bei den privaten Direktvermarktern verbleiben, die Nachteile aus der Auflösung des Vermarktungsportfolios aber bei den ÜNB. Diese Entwicklung wird durch die verpflichtende **Direktvermarktung** weiter verstärkt, weil kleinere Photovoltaik-Anlagen unter 100 kW von der Direktvermarktung ganz ausgeschlossen sind. Bereits heute sind von 50.000 MW rund 25.000 MW Kleinanlagen kleiner 100 kW. Die ÜNB bleiben also „Resterampe" für Photovoltaik-Direktvermarktung und werden infolgedessen die höchsten Strukturierungskosten aufweisen. Die in total zu erwartenden Prognoseverbesserungen werden aber mit der **Managementprämie** erkauft. Zusammenfassend kann man sagen, dass mit Einführung der Marktprämie voraussichtlich die Prognosegüte, insbesondere von Windkraftanlagen steigen wird; gleichwohl andererseits Portfolioeffekte aufgrund der ungleichen Aufteilung der EEG-Menge verloren gehen. Hier kann erwartet werden, dass die Prognoseverbesserungen die Verluste auf fehlende Portfolioeffekte überwiegen dürften. Zu beachten ist aber, dass die EEG-umlagepflichtigen Endverbraucher die höheren Strukturierungskosten zu tragen haben, wohingegen die Vorteile der Prognoseverbesserung bei den Direktvermarktern verbleiben. Insgesamt ist die zu begrüßende Prognoseverbesserung mit der Managementprämie teuer erkauft worden. In Bezug auf den Anspruch, eine bessere Integration der EEG-Anlagen in den Markt zu erwirken, versagt das **Marktprämienmodell** vollständig. Im alten Regime vor Einführung der Marktprämie wurde der gesamte Strom am Markt der EPEX Spot SE verkauft. Dies erfolgt auch weiterhin aufgrund der Referenzierung auf den Day-ahead-Preis. Eine Integration in Retailmärkte oder Terminmärkte erfolgt weiterhin nicht. Hier wurden in der Vergangenheit verschiedene „echte" Integrationsmodelle diskutiert, die sich ggf. besser in den Großhandelsmarkt und die Preisfindung einbetten lassen.[56] Heute erfüllen **Power Purchase Agreements** (PPA) den Wunsch der Endabnehmer, die ihren Strombezug nachweislich aus erneuerbaren Anlagen realisieren wollen. 54

II. Negative Preise

Negative Preise entstehen, wenn das Stromerzeugungsangebot bei positiven Preisen größer ist als die Nachfrage. Konventionelle Kraftwerke und jene, die Systemdienst- 55

56 Vgl. hierzu ausführlich Herbes/Friege/*Leprich/Hoffmann/Luxenburger*, Marketing Erneuerbarer Energien, S. 233.

leistungen erbringen, können bzw. dürfen nicht ihre Stromerzeugung reduzieren, was dazu führt, dass die Mengen „zu jedem Preis" angeboten werden. Andere, flexible Marktakteure reduzieren ihre Erzeugung und decken ihren Strombedarf durch den Zukauf anstelle einer Eigenerzeugung. Andere Marktakteure erhöhen ihre Nachfrage, z.B. für die Elektrolyse zur Herstellung von (grünem) Wasserstoff. Durch diese Mengenveränderung kommen Angebot und Nachfrage ins Gleichgewicht, jedoch bei einem negativen Preis. In Bezug auf EEG-Anlage gilt, wenn der Wert der Stundenkontrakte für die Preiszone für Deutschland am Spotmarkt der Strombörse in der vortägigen Auktion in mindestens sechs aufeinanderfolgenden Stunden negativ ist, verringert sich der anzulegende Wert für den gesamten Zeitraum, in dem die Stundenkontrakte ohne Unterbrechung negativ sind, auf null.[57] Damit soll erreicht werden, dass diese EEG-Anlagen abgeschaltet werden, um den weiteren Preisverfall zu begrenzen. Voraussetzung hierfür ist, dass EEG-Anlagen von den Anlagenbetreibern bzw. Direktvermarktern ferngesteuert werden können, um auf solche Marktsignale reagieren zu können.

1. Bedeutung der Fernsteuerbarkeit

56 Ab dem 1.1.2013 wurde mit der Zahlung eines Fernsteuerungsbonus die Nachrüstung der Fernsteuerung gefördert. Heute ist die **Fernsteuerung** gemäß § 20 Abs. 1 Nr. 3 (EEG 2017) Voraussetzung für die Auszahlung der Marktprämie, um den Betrieb von Anlagen größer 100 kW installierter Leistung stärker an der Entwicklung der Großhandelspreise auszurichten. So werden beispielsweise viele **Windkraftanlagen** in der Direktvermarktung durch den Direktvermarkter abgeschaltet, wenn der Börsenpreis unter den Wert von -70 €/MWh fällt. Negative Preise sind aber immer dann zu erwarten, wenn ein hohes Windaufkommen ist, was positiv korreliert mit der Häufigkeit der Abschaltung seitens der Verteilernetzbetreiber. Ökonomisch hat aber der Direktvermarkter ein Interesse, dass der VNB und nicht der Direktvermarkter die Anlage abregelt, weil die Abschaltung durch den VNB nahezu vollständig finanziell kompensiert wird. Für den Netzbetreiber kann es aber schwierig sein, zu beurteilen, welche Anlagen bereits abgeschaltet sind, sodass schalttechnisch eingerichtet wird, dass die Schaltung des VNB prioritär gegenüber der des Direktvermarkters ist. Teilweise erfolgt aus diesem Grund die **Fernsteuerbarkeit** gleich direkt über die **Schalteinrichtung** des Verteilernetzbetreibers. Die Abschaltung durch den Direktvermarkter bei -70 €/MWh erfolgt, weil der Direktvermarkter durch die Abschaltung einen ökonomischen Vorteil zu erreichen versucht. Er schaltet ab, obwohl er die nicht produzierte Menge mit dem durchschnittlichen Marktwert vergüten muss. Er hofft also, dass sein individueller Marktwert mit Abschaltung höher ausfällt und der so erzielte Mehrerlös

57 Vgl. § 51 EEG (2017), https://de.statista.com/statistik/daten/studie/618751/umfrage/anzahl-der-stunden-mit-negativen-strompreisen-in-deutschland/; Managementprämienverordnung (MaPrV) v. 2.11. 2012 (BGBl. I S. 2278).

die Kompensationskosten an den Anlagenbetreiber überlagert. Da dieser Wert a priori nicht bekannt ist, wird er näherungsweise mit dem Wert der Marktprämie angesetzt.

Der Gesetzgeber hat sich von der Fernsteuerung eine Entlastung des EEG-Kontos 57
versprochen. Man argumentiert, dass das EEG-Konto bei negativen Preisen besonders belastet wird, weil kein positiver Beitrag durch Erlöse vom Spotmarkt käme.[58] Die individuelle Abschaltung hat aber auch einen Preiseffekt. Dadurch, dass die abgeschalteten Mengen nicht mehr am Day-ahead-Markt angeboten werden, wird das Stromangebot verringert und der Preisdruck nimmt ab. In Abhängigkeit von der Steigung der Nachfragekurve verändert sich ceteris paribus der Preis. Je steiler die Nachfragekurve ist, umso stärker steigt der Preis.

Obgleich in der Vergangenheit zunächst ein (weiterer) Anstieg der Anzahl der 58
Stunden mit negativen Preisen zu beobachten gewesen ist, ist davon auszugehen, dass mit weiterem Fortschreiten des Atomausstiegs und den ersten Abschaltungen von Kohlekraftwerken kaum noch negative Stundenpreise vorkommen werden, weil damit unflexible Erzeugungsleistung aus dem Markt ausscheidet.[59]

2. Bedeutung von Flexibilitäten

Wenn also die **Fernsteuerung** und der Atom- und Kohleausstieg die Ausschläge der 59
negativen Preise begrenzen und teilweise sogar die negativen Preise ganz verhindern, stehen diese im Spannungsverhältnis mit der Überlegung, Flexibilitäten werthaltiger zu machen.

Flexibilitäten in der Stromproduktion werden mit Zunahme der fluktuierenden 60
Einspeiser Wind und Photovoltaik immer wichtiger, um auf Produktionsschwankungen, genauer gesagt, bei Rückgang der Produktion zur Aufrechterhaltung der Versorgungssicherheit reagieren zu können. Ganz häufig werden in diesem Zusammenhang Gaskraftwerke als flexible Lieferanten genannt, aber derzeit würde die Wertigkeit der Flexibilität nicht hinreichend entlohnt. In diesem Zusammenhang wird die Einführung der dynamischen EEG-Umlage vorgeschlagen.[60] Diese besagt, dass in Zeiten hoher Spotpreise eine hohe EEG-Umlage bezahlt wird; in Zeiten niedriger Preise erfolgt nur eine geringe bis gar keine Umlagen-Zahlung. Mit diesem Instrument wird die Schwankungsbreite der Spotpreise mittels eines Hebels weiter verstärkt und es soll eine Dynamisierung der Nachfrage in Abhängigkeit der Spotpreise bewirkt werden. Man

---

58 Vgl. Agora, Negative Strompreise. Ursache und Wirkung, abrufbar unter https://www.agora-energiewende.de/fileadmin2/Projekte/2013/Agora_NegativeStrompreise_Web.pdf.

59 Vgl. Statista, abrufbar unter https://de.statista.com/statistik/daten/studie/618751/umfrage/anzahl-der-stunden-mit-negativen-strompreisen-in-deutschland.

60 Vgl. Agora, Der Spotmarktpreis als Index für eine dynamische EEG-Umlage, abrufbar unter https://www.agora-energiewende.de/fileadmin2/Projekte/2014/dynamische-eeg-umlage/Agora_RAP_Spotmarktpreis_als_Index_fuer_dyn_EEG-Umlage_web.pdf.

will damit das Potenzial der Nachfrageverschiebung mobilisieren und einen Anreiz schaffen, die Nachfrage stärker am Spotpreis auszurichten.

a) Abrechnung und Nachholeffekte

61 Es ist für die EEG-Umlagen berechnenden ÜNB eine sehr aufwendige Abrechnung, die EEG-Umlage in Abhängigkeit von Strom-Spotpreisen zu berechnen. Gleichwohl erscheint die Abrechnungsform darstellbar.

62 Die umzulegenden EEG-Kosten werden a priori geschätzt und dann mittels Zuschlagsfaktoren auf die Stundenpreise am Spotmarkt verteilt. Wenn das Steuerungsinstrument greift, ist der Stromverbrauch in Stunden mit niedrigem Preis höher (von den Preiseffekten der erhöhten Nachfrage wird an dieser Stelle abstrahiert) als in der Ursprungsverteilungsfunktion. Infolgedessen ist am Ende des Jahres das Mittelaufkommen geringer als angenommen, weil mehr Stromverbräuche bei niedrigen Preisen mit niedriger EEG-Umlage zu verzeichnen waren als vorher. Dieses auflaufende Defizit muss dann wieder in das neue Jahr fortgeschrieben werden. Zusätzlich ist anzumerken, dass dieses Steuerungsinstrument nur auf EEG-umlagepflichtige Endverbraucher, mithin nicht auf stromintensive Unternehmen wirkt.

b) Mangelnde Sensibilität der Nachfrage

63 Die dynamische EEG-Umlage führt zu einer Verstärkung der Wirkung von Preisunterschieden einzelner Stundenpreise. Sie soll Anreize schaffen, die Nachfrage zu dynamisieren und in Zeiten hoher Stromproduktion aus Wind und Photovoltaik und damit in Zeiten niedriger Strompreise zu verlagern. Bereits in der Vergangenheit gab es bei Kunden mit registrierender Leistungsmessung (rLM), also bei jenen Kunden, wo ermittelt wird, wann sie ihren Strom verbrauchen, Tarife, die unterschiedliche Preise für preisintensivere Stunden (Hochtarif) und Preise für Verbräuche in Niedrigpreisphasen kannten. Diese Tarife spiegeln die Preisstrukturen der Großhandelsmärkte mit Base- und Peak-Preisen wider. Die Verteilung innerhalb der Preiszonen war dagegen unerheblich. Bereits diese Grobeinteilung hat nicht zu einer Umverteilung der Stromnachfrage geführt. Man könnte nunmehr argumentieren, die Anreize hätten nicht ausgereicht, um Umverlagerungen zu erreichen. Es ist aber bei der Belieferung von rLM-Kunden überwiegend so, dass die Vertragspreise auf der Grundlage historischen Verbrauchsverhaltens kalkuliert und dann vertraglich ganz überwiegend ohne Unterscheidung in Hoch- und Niedrigpreis für die Vertragslaufzeit fixiert werden. Soweit Tranchenmodelle zum Einsatz kommen, spielen Terminpreise eine preisbestimmende Rolle, jedoch nur in Ausnahmefällen Spotpreise oder Spotpreisstrukturen. Dies hat zur Folge, dass die gesamte Spotpreisverteilung für das Verbrauchsverhalten der Industriekunden unerheblich ist. Selbst der Versorger ist von der Spotpreisverteilung nur geringfügig betroffen, weil er über den Spotmarkt nur seine offenen Restmengen, in der Regel preis- oder volumensneutral hedgt, beschafft und insofern von der Preis-

verteilungskurve nur dann betroffen ist, wenn sie sich gegenüber dem Zeitpunkt der Kalkulation verändert.

Wird jetzt die EEG-Umlage gegenüber dem Versorger in Abhängigkeit vom Spotpreis erhoben, führt die Abkehr vom Mengenbezug hin zu einem Preisbezug für den Versorger zu Risiken oder Chancen. Bleibt also der Versorger bei seinem derzeitigen Preismodell und gibt Endkundenpreise unabhängig von der Spotpreisentwicklung vor, trägt er das Risiko bzw. die Chance, durch den von ihm gewählten Umlageschlüssel auf den Endkunden von der Differenz zwischen der Preisbestimmung der EEG-Umlage seitens des ÜNB und seiner Berechnung absatzseitig zu profitieren. Er könnte bspw. weiterhin eine mengenbasierte Umlage verlangen, die einen höheren Betrag generiert als die spotpreisbasierte Berechnung. Gleichsam kann hier auch ein Risiko entstehen. Wenngleich die Erhebung der EEG-Umlage kundenseitig auch auf der Basis der Spotpreise risikoneutral ist, dürfte es unwahrscheinlich sein, dass sich diese Erhebungsform durchsetzen dürfte, da der Kunde aus oben genannten Gründen gar keinen Bezug zu Spotpreisen hat und diese Berechnungen für befremdlich und wenig nachvollziehbar hält. Entscheidend ist aber, dass die vermeintliche Steuerungswirkung auch in diesem Fall auf die EEG-Umlage beschränkt bliebe, da der eigentliche Strompreis von der Spotpreisstruktur unabhängig ist bzw. diese nur mit erheblichem Zeitverzug zur Geltung kommt. Mit der Einführung von **Smart Metern** werden auch neue Preismodelle erwartet, sodass abzuwarten ist, ob hierdurch ein stärkerer Spotpreisbezug zu beobachten ist, sodass das hier vorgestellte Modell Wirkung entfalten könnte. 64

c) Ausgleichseffekte

Ein weiteres Argument ist die Ausgleichswirkung. Greift das Steuerungsinstrument, 65
wird die Nachfrageverlagerung in billige Stunden einen Preisauftrieb in diesen Stunden und gleichzeitig eine Preisreduktion in den teuren Stunden hervorrufen, sodass am Ende alle Stundenpreise identisch wären. Diese modelltheoretische Betrachtung zeigt aber, dass dieses Modell langfristig dazu führen würde, die Preise auszugleichen, womit die Werthaltigkeit von Flexibilitäten aber sinken würde. Gleichwohl haben alle Instrumente, die auf Preisstrukturen aufbauen, das Problem, dass sie zum Abbau von Preisdifferenzen beitragen und modelltheoretisch zur Beseitigung der Preisdifferenzen führen, weshalb ihre Funktionsweise endlich ist. Auch Pumpspeicherkraftwerke oder Photovoltaik-Anlagen mit Ost-West-Ausrichtung nutzen die systematischen Preisunterschiede aus und profitieren solange davon, wie diese Preisunterschiede existieren. Je mehr diese Anreize ausnutzen, umso geringer fallen die Preisunterschiede aus. Ein typisches Windhund-Phänomen.

C. Strukturierte Energiebeschaffung

I. Hintergrund

66 In der Vergangenheit nutzten Unternehmen der Energiewirtschaft sowie Industrieunternehmen vorrangig klassische **Vollversorgungsverträge**, mit denen der gesamte Energiebedarf in der Regel über einen (regionalen) Versorger zum Festpreis[61] sichergestellt wird. Der Grund dafür ist recht simpel: Vollversorgungsverträge geben ein gewisses Maß an Planungssicherheit hinsichtlich Bezug und Preis; etwaige Risiken wie z. B. Mengen- oder Preisänderungsrisiken trägt der Lieferant. Allerdings stehen den Vorteilen der Vollversorgungsverträge auch Nachteile gegenüber: So besteht eine Abhängigkeit vom Lieferanten während der Laufzeit, ein hohes Preisrisiko aufgrund des beim Abschluss des Vertrages fest vereinbarten Preises und schließlich eine geringe Flexibilität, z. B. auf etwaige fallende oder steigende Preise zu reagieren bzw. kurzfristig Änderungen des Bedarfs auszugleichen.

67 Um Beschaffungskosten und Risiken optimal steuern zu können, gehen immer mehr Unternehmen dazu über, ihren Energiebedarf im Rahmen der strukturierten Beschaffung zu decken. Bei der strukturierten Beschaffung wird der jeweilige Energiebedarf in einzelne, standardisierte und an der Börse handelbare Produkte zerlegt und diese zu unterschiedlichen Zeitpunkten eingekauft. Der Restbedarf wird gleichzeitig am Spotmarkt beschafft.

68 Hierfür ist es erforderlich, entsprechend des prognostizierten Bedarfs, die „richtigen“ Produkte zu wählen sowie günstige Beschaffungszeiträume zu identifizieren.

! **Hinweis**

Bei der strukturierten Beschaffung sind – je nach dem konkreten Bedarf sowie der Risikogeneigtheit – verschiedene Modelle denkbar. Dies sind häufig die indexorientierte Beschaffung, die Tranchenbeschaffung sowie das Portfoliomanagement.

Bei der **indexorientierten Beschaffung** wird der jeweilige Energiebedarf in Teilmengen aufgeteilt, die zu festgelegten Zeitpunkten an der Börse zu den jeweils gültigen Durchschnitts- bzw. Schlusskursen (Base, Peak) automatisch eingekauft werden.

Tranchenverträge sind Vollversorgungsverträge mit Preisfixierung. Auch hierbei wird der Energiebedarf in Teilmengen aufgeteilt, allerdings erfolgt die Beschaffung und damit die Preisfixierung nicht automatisch, sondern – je nach Marktlage – auf Wunsch des Einkäufers, sodass letztlich flexible und individuelle Tranchen beschafft werden.

Auch beim **Portfoliomanagement** – der anspruchsvollsten Beschaffungsform – werden Tranchen zu unterschiedlichen Zeitpunkten beschafft, allerdings primär im Großhandelsmarkt. Hierbei wird der Energiebedarf so weit wie möglich in standardisierte Produkte zerlegt, die einzeln – je nach Nachfrage- bzw. Bedarfsänderung – gehandelt werden. Dieses Modell eignet sich vor allem für Unternehmen

---

61 Der Preis beinhaltet alle Strombeschaffungspreise (einschließlich der eingepreisten Risikoprämien) und zudem i. d. R. auch die Netznutzungsentgelte.

mit einem hohen Bedarf und gleichmäßigem Lastprofil, in der Regel für Unternehmen mit einem Bedarf von mehr als 100 GWh/a.

Der Einstieg in die strukturierte Beschaffung bietet die Chance, durch den Einsatz mittel- und kurzfristiger Produkte den Energieeinkauf zu teuren Preisen zu vermeiden sowie Risikoaufschläge langfristiger Verträge zu reduzieren. Gleichzeitig sind hiermit aber auch Herausforderungen (z.B. die kontinuierliche Marktbeobachtung und Preiscontrolling) und Risiken (z.B. Marktpreis- und Liquiditätsrisiko, Mengenrisiko, Versorgungsrisiko, Kontrahentenausfallrisiko, operative Risiken) verbunden, die es einzudämmen gilt. 69

II. Anforderungen an die Organisation für eine strukturierte Energiebeschaffung

Um einerseits die Chancen einer strukturierten Beschaffung optimal zu nutzen und andererseits die hiermit verbundenen Risiken wirksam und nachhaltig zu minimieren, ist ein geeignetes und effizientes Risikomanagement eine zentrale Aufgabe und unerlässliches Element der Energiebeschaffung. Dies muss entsprechend in der Aufbauorganisation des Unternehmens abgebildet werden. 70

1. Risikomanagement

Für die Etablierung eines geeigneten unternehmensspezifischen Risikomanagements müssen (zuvor) der individuelle Beschaffungsbedarf und die Risikogeneigtheit des Unternehmens sowie die mit diesen verbundenen relevanten Risiken bestimmt und bewertet werden. Auf dieser Basis können Beschaffungsalternativen identifiziert und letztlich die individuelle Beschaffungsstrategie festgelegt werden. Zudem müssen sich diese Aspekte in einem umfassenden Vertragsmanagement, einem adäquaten Controlling und letztlich auch einer geeigneten IT-Struktur widerspiegeln. 71

a) Festlegung und Bewertung relevanter Risiken

Zunächst gilt es, die mit der Energiebeschaffung einhergehenden Risiken zu identifizieren und zu bewerten, insbesondere auch dahingehend, inwieweit etwaige Risiken eingegangen werden können, welche Grenzen gelten sollen und schließlich Vorkehrungen zur Risikominimierung. Die bestehenden Risiken überschneiden sich zum Teil, lassen sich aber im Wesentlichen in die Kategorien **Marktrisiken**, **Kreditrisiken** und **operationelle Risiken** einteilen.[62] Die für den Energiehandel relevanten Risiken zeigt die nachfolgende Abbildung: 72

---

62 Vgl. hierzu ausführlich Zenke/Schäfer/*Borchert*/*Roggenbau*/*Körner*, Energiehandel, S. 269 ff.

Abb. 7: Überblick der Risiken[63]

73 Das größte Risiko in der Energiebeschaffung ist das Preisrisiko, auch Marktpreisrisiko, das das gesamte Handelsportfolio eines Unternehmens betrifft, d. h. sowohl physische als auch derivative Energiehandelsprodukte.[64] Das Preisrisiko resultiert aus der Volatilität der Preise am Beschaffungsmarkt (und zwar am Termin- und Spotmarkt sowie OTC-Markt) und meint das Risiko finanzieller Verluste aufgrund unerwarteter Preisentwicklungen.

Tipp

Um das Marktpreisrisiko zu minimieren, ist es erforderlich, die jeweiligen Positionen – in Abhängigkeit von der Handelsaktivität – mindestens handelstäglich zu aktuellen Marktpreises zu bewerten (Mark to Market), insbesondere unter Heranziehung von sog. Risikokennziffern (z. B. Sensitivitäten, singuläre Kennziffern (u. a. Value-at-Risk – VaR oder Profit at Risk – PaR) sowie Stress-Tests)[65] und Hedgingprodukte zur Risikosteuerung sowie ein Handlungsrahmen (Limits) zu definieren.

74 Das **Liquiditätsrisiko** kann zum einen den Markt betreffen, also wenn z. B. am Markt für ein bestimmtes Produkt eine zu geringe Nachfrage oder ein zu geringes Angebot herrscht und deshalb offene Handelspositionen nicht geschlossen und damit ein

63 Quelle: Eigene Darstellung.

64 Vgl. auch Schwintowski/*Scholz*/*Schuler*, Energiehandel, S. 473, Rn 115.

65 Hierzu ausführlich Zenke/Schäfer/*Borchert*/*Roggenbau*/*Körner*, Energiehandel, S. 271 f.

bestehender Bedarf nicht gedeckt werden kann. Zum anderen ist davon das Risiko umfasst, für die Beschaffung einer benötigten Energiemenge zu einem bestimmten Zeitpunkt nicht über die hierfür erforderliche Liquidität zu verfügen.

Tipp **!**

Dem Liquiditätsrisiko kann begegnet werden, indem in der Beschaffungsstrategie der Einsatz von Hedgingprodukten, die regelmäßige Beobachtung des Marktes bzw. Zahlungsmodalitäten festgelegt werden.

Das **Mengenrisiko** besteht darin, dass es Abweichungen zwischen Kurzfrist- und 75 Langfristprognosen bzw. zwischen der prognostizierten/beschafften Energiemenge und der tatsächlich verbrauchten Menge gibt mit der Folge, dass die Differenzmenge kurzfristig beschafft (ggf. zu einem höheren Preis) bzw. veräußert (ggf. nicht mehr mit Gewinn) werden muss.

Tipp **!**

Um das Mengenrisiko zu begrenzen, bietet es sich an, in der Beschaffungsstrategie den Einsatz von Optionen vorzusehen sowie die Prognosegenauigkeit durch den Einsatz spezieller Energiedatenmanagementsysteme zu verbessern.

Unter **Kontrahentenausfallrisiko** wird der Ausfall eines Vertragspartners verstan- 76 den, der seinen Vertragspflichten nicht oder nicht rechtzeitig nachkommen kann. Auch dies kann dazu führen, dass Fehlmengen kurzfristig am Markt beschafft bzw. veräußert werden müssen.

Tipp **!**

Zur Minimierung des Kontrahentenausfallrisikos sollten die Vertragspartner – sowohl vor Aufnahme der Vertragsbeziehung als auch währenddessen – laufend einer sorgfältigen Bonitätsprüfung unterzogen werden, z. B. aufgrund externer oder interner Ratings, der Gesellschaftsstruktur, Kennzahlen aus dem Jahresabschluss. Zudem ist es erforderlich, Vereinbarungen über finanzielle Absicherungen (z. B. Bürgschaft, Garantie, Vorauszahlung) in Abhängigkeit von der wirtschaftlichen Situation des Vertragspartners zu treffen bzw. von vornherein Sicherheiten, ggf. auch des Mutterunternehmens (z. B. Patronatserklärung) zu fordern.

Ein weiteres Risiko kann daraus resultieren, dass neue Produkte eingeführt werden 77 bzw. sich aufgrund wandelnder Rahmenbedingungen oder Regulierungsvorhaben die Klassifikation von Produkten ändert[66] und deshalb die Nachfrage für etablierte

---

66 Vgl. Rn 96.

Produkte sinkt bzw. diese nicht mehr in der bisherigen Form eingesetzt werden können.

78 Schließlich sieht sich die Energiebeschaffung mit operationellen Risiken konfrontiert. Diese umfassen insbesondere unternehmensinterne Risiken, die aus individuellen oder organisatorischen Fehlern bei der Abwicklung der strukturierten Beschaffung resultieren. Erfasst sind hiervon u.a. der Ausfall von IT-Systemen, Fehlverhalten von Mitarbeitern, ablauforganisatorische bzw. Managementfehler sowie unvollständige oder fehlerhafte Verträge.

b) Festlegung von Handlungs- und Risikorichtlinien

79 Allein das Identifizieren und Bewerten von Risiken genügt nicht; zusätzlich ist es erforderlich, dies in einem unternehmensinternen Handbuch – in der Regel **Risikohandbuch** oder **Organisationshandbuch** – festzuschreiben. Dabei sollte das Handbuch sowohl die Risiken als auch die Beschaffungsstrategie einschließlich freigegebener Produkte bzw. Produktaufbau, Beschaffungsvorgaben, insbesondere Beschaffungszeiträume sowie die Limits enthalten.

80 Zusätzlich sind im Handbuch die Prozesse und Abläufe, z.B. der Beschaffung, der Marktbeobachtung, der Risikobewertung sowie eines regelmäßigen (transparenten) Reportings über beschaffte Mengen, offene Positionen sowie die realisierten Preise und aktuellen Marktpreise zu beschreiben. Es sind etwaige Schnittstellen (z.B. zwischen Handel und Vertrieb) klar abzubilden und die jeweiligen Aufgaben zuzuordnen.

81 Schließlich sind die jeweiligen Verantwortlichkeiten sowie Prozessverantwortlichen zu benennen, interne Anweisungen zu erteilen, Vertretungsregeln festzulegen usw. Auch dies muss im Handbuch enthalten sein.

c) Überwachung und Reporting

82 Überdies gilt es, regelmäßig zu überprüfen, ob hinsichtlich der im Handbuch niedergelegten Erkenntnisse und Festlegungen Anpassungsbedarf besteht. Zudem ist kontinuierlich zu prüfen, ob die im Handbuch festgeschriebenen Abläufe eingehalten werden bzw. ob auch insoweit Anpassungen erforderlich sind. Auch insofern sind entsprechende Verantwortlichkeiten zu benennen.

2. Aufbauorganisation

83 Die (Neu-)Ausrichtung von z.B. der Vollstromversorgung auf eine strukturierte Beschaffung wirkt sich nicht nur auf ein zu erweiterndes Risikomanagement aus, sondern auch auf den organisatorischen Aufbau innerhalb des Unternehmens. Hierbei können sich Unternehmen z.B. an den auf deutscher Ebene von der Bundesanstalt für Finanzdienstleistungen (BaFin) herausgegebenen Mindestanforderungen an das Risi-

komanagement[67] (MaRisk) sowie den Mindestanforderungen an die Compliance-Funktion und die weiteren Verhaltens-, Organisations- und Transparenzpflichten nach §§ 31 ff. WpHG für Wertpapierdienstleistungsunternehmen[68] (MaComp) orientieren. Diese gelten zwar originär nur für den Finanzmarkt; ihnen kommt aber eine – nicht verbindliche – Leitbildfunktion auch für Unternehmen anderer Wirtschaftsbereiche zu.

Danach ist insbesondere eine funktionale (und räumliche) Trennung zwischen den verschiedenen Bereichen, vorrangig zwischen Beschaffung, Abwicklung und Controlling, aber auch zur Geschäftsleitung erforderlich. **84**

So hat der Handel sämtliche Aktivitäten – d.h. der Abschluss von Handelsgeschäften nebst Konditionen und ggf. Nebenabreden, etwa genutzte Abweichungen, die zudem an die Geschäftsleitung zu berichten sind – transparent zu dokumentieren. Das Risikocontrolling überwacht die Handelsgeschäfte, bewertet die hiermit verbundenen Risiken und erstellt hierüber Berichte. Zusätzlich ist eine unabhängige interne Revision einzurichten, die alle Aktivitäten und Prozesse des Unternehmens selbständig und unabhängig prüft. Etwa festgestellte Mängel sind dabei der Geschäftsleitung zu melden. **85**

Im Übrigen gilt auch hier, dass feste Prozesse hinsichtlich Ablauf und Zuständigkeit definiert, im internen Handbuch dokumentiert und schließlich auch umgesetzt werden. **86**

3. Auswirkung des EEG auf die Preiskalkulation in der strukturierten Beschaffung

Die gesamte Preisstrukturkurve, also die Verteilung der Einzelpreise über den Tag, hat sich bereits verändert und wird sich noch weiter verändern. Der Photovoltaik ist es zuzurechnen, dass der Base Peak Spread deutlich zurückgegangen ist. Mittlerweile gibt es ganze Tage, an denen der Peak-Preis unterhalb des Base-Preises liegt. Obgleich die mittels Photovoltaik-Anlagen produzierte Strommenge geringer ist als die von Windkraftanlagen, ist ihre Preiswirkung solange stärker wie der Peak-Preis oberhalb der Base-Preise liegt. Insbesondere in den sonnenintensiven Mittagsstunden bekommt die Preiskurve eine „Delle", das heißt die Mittagspreise liegen unter den Morgen- und Nachmittagspreisen. Insbesondere die Morgen- und Abendstunden erzielen neue Preishochstände, weil zu diesen Zeiten noch nicht oder nicht mehr genügend Photovoltaik-Strom in den Markt gedrückt wird. Neben der Photovoltaik wirkt insbesondere die fluktuierende Windeinspeisung auf die Preisstrukturkurve, sodass Bepreisungs- **87**

---

67 Neue Mindestanforderungen an das Risikomanagement (MaRisk) v. 15.11.2017, abrufbar unter https://www.bafin.de/SharedDocs/Veroeffentlichungen/DE/Fachartikel/2017/fa_bj_1711_MaRisk.html.

68 Rundschreiben 5/2018(WA) – Mindestanforderungen an die Compliance-Funktion und weitere Verhaltens-, Organisations- und Transparenzpflichten (MaComp) v. 19.4.2018, zuletzt geändert am 29.4.2020, abrufbar unter https://www.bafin.de/SharedDocs/Veroeffentlichungen/DE/Rundschreiben/2018/rs_18_05_wa3_macomp.html.

modelle wie eine Hourly-Price-Forward-Curve (HPFC)[69] mit hohen Unsicherheiten in Bezug auf ihre Aussagekraft behaftet sind. Mit dieser Methode werden komplexe Lieferstrukturen bepreist und insbesondere die Restlast, also jene Menge, die nicht mehr durch Standardprodukte abgedeckt werden kann, bewertet.

88 Diese Modelle funktionieren allerdings nicht für Fälle, in denen die strukturbestimmenden Faktoren fluktuierend sind. So gibt es z. B. windreiche und weniger windige Januare und noch stärker unterscheiden sich die Windeinspeisungen unterschiedlicher Tage und Stunden, sodass die zur Bewertung von Lastkurven herangezogenen HPFC immer geringere Aussagekraft erhalten. Hedging-Strategien, die eine vollständige Absicherung der Absatzlast vorschreiben und damit dem Ziel der Margensicherung dienen, sind damit nur noch schwer umsetzbar. Dies muss bei der Beschaffungsstrategie berücksichtigt werden, muss aber auch zu höheren Risikoaufschlägen bei der Bepreisung von Kundenlastgängen führen.

4. Auswirkungen des EEG auf die Bilanzkreisbewirtschaftung

89 Teil der strukturierten Beschaffung ist die Bewirtschaftung eines eigenen Bilanzkreises. In der Vergangenheit war die Abwicklungsaufgabe keine besondere Herausforderung, weil man nach dem Day-ahead-Handel seinen Fahrplan mit der Verbrauchsprognose und gegebenenfalls Erzeugungsprognose an den Übertragungsnetzbetreiber gesendet hat. Auch hier haben die fluktuierenden Einspeiser für Veränderung gesorgt. Seitens der Übertragungsnetzbetreiber wird immer eine viertelstundenscharfe Bewirtschaftung eines Bilanzkreises erwartet.[70] Diese Bewirtschaftung erfordert mithin auch den Viertelstunden-Handel, der bisher nur als fortlaufender Handel, beginnend ab 15.00 Uhr des Vortages, stattfand. Nunmehr hat die EPEX SPOT SE auch eine Viertelstunden-Auktion als quasi Eröffnungsauktion des Intraday-Handels eingeführt, sodass man vorschnell zu dem Ergebnis kommen könnte, mit der Teilnahme an dieser Auktion würde man der Verpflichtung zur Ein-Viertelstunden-Bewirtschaftung nachkommen. Vielmehr ist aber davon auszugehen, dass auch weiterhin ein Agieren im fortlaufenden Ein-Viertelstundenhandel erforderlich ist, um kurzfristig auf Preis- und/oder Mengenänderungen reagieren zu können. Hat man fluktuierende Einspeiser in seinem Portfolio oder Verbraucher mit fluktuierenden Eigenerzeugungsanlagen, ist der fortlaufende Ein-Viertelstundenhandel unabdingbar. Gestärkt wird dieses Argument durch die Tatsache, dass zwischen der Eröffnungsauktion und dem fortlaufenden Handel interessante Preisdifferenzen genutzt werden können.

---

69 HPFC gibt die aktuell erwarteten Preise zukünftiger Energiebezüge oder -lieferungen in zeitlicher Auflösung an und wird aus den aktuellen Forward- und Futures-Preisen mithilfe von Modellen berechnet.

70 Vgl. Bilanzkreisvertrag Nr. 5.1.

Tipp

Da die Bundesnetzagentur überdies die nachträgliche Fahrplankorrektur abschaffen will (BK 6), ist ein unmittelbarer Versand der Fahrpläne nach dem Handel erforderlich. All dies erfordert einen 24/7-Handelsbereich und erhöht den Druck auf die strukturierte Beschaffung.

III. Rechtliche Anforderungen

Unternehmen haben bei der strukturierten Beschaffung – neben der Einrichtung eines adäquaten Risikomanagements[71] – weitere Herausforderungen zu meistern. So sind die entsprechenden Verträge zu schließen und die regulatorischen Neuerungen zu beobachten und entsprechend umzusetzen: 90

1. Vertragsmanagement

Für den Ein- bzw. Verkauf von Energie im Rahmen der strukturierten Beschaffung ist ein umfassendes Vertragsmanagement unerlässlich, das von den Verträgen mit den Handelspartnern über Bilanzkreisverträge bis hin zu den Verträgen mit den Netzbetreibern geht. 91

Um Energiegroßhandelsgeschäfte tätigen zu können, bedarf es des Abschlusses entsprechender Verträge mit anderen Marktteilnehmern, mit denen die Modalitäten der Abwicklung vereinbart werden, insbesondere zum Zustandekommen der einzelnen Deals (z. B. Abschlussvollmachten, Art und Weise des Zustandekommens – telefonisch, Faxbestätigung), zu den Zahlungsmodalitäten und ggf. Sicherheiten usw. Hierfür bieten sich Rahmenverträge an, sei es, dass individuell ausgestaltete Rahmenverträge oder standardisierte Handelsrahmenverträge, z. B. der EFET-Rahmenvertrag[72], verwendet werden. Daneben sind Energielieferverträge mit dem (End-)Kunden abzuschließen, sofern die Beschaffung als Dienstleistung für Kunden erfolgt, ist dies ebenfalls entsprechend im Vertrag abzubilden. Hierbei ist zu berücksichtigen, dass diese so ausgestaltet werden, dass sie sich einerseits im Rahmen der vom Unternehmen vorgegebenen Grenzen sowie freigegebenen Tätigkeiten bewegen und ande- 92

71 Vgl. Rn 79 ff.

72 Der EFET-Rahmenvertrag ist ein von der European Federation of Energy Traders (EFET) herausgegebenes Standardvertragswerk, das mittlerweile das am weitesten verbreitete Vertragskonstrukt im Energiegroßhandelsmarkt darstellt. Die Vertragstexte für Strom und Gas einschließlich Anlagen sind auf der Homepage der EFET abrufbar unter: http://www.efet.org/; vgl. ausführlich zum EFET-Vertrag: Zenke/Schäfer/*Dessau*/*Fischer*, Energiehandel, S. 548 ff., 554 ff.

rerseits keine aufsichtspflichtigen Dienstleistungen im Sinne des Kreditwesengesetzes[73] (KWG) ohne Finanzdienstleistungserlaubnis[74] erbracht werden.

93 Zusätzlich sind Bilanzkreisverträge mit den Übertragungsnetzbetreibern bzw. Marktgebietsverantwortlichen zu schließen, in deren Regelzone bzw. Marktgebiet die Handelsgeschäfte und Energielieferungen erfolgen sollen.

94 Schließlich sind Netzanschluss- und Anschlussnutzungsverträge mit den vorgelagerten Netzbetreibern erforderlich.

2. Anpassungsbedarf aufgrund der Energiemarktregulierung?

95 Soweit man im Energiegroßhandel aktiv ist, müssen auch immer die aktuellen Entwicklungen, vor allem im regulatorischen Bereich, kontinuierlich beobachtet und ggf. hierauf reagiert werden, indem z.B. Verträge überarbeitet, die Aufbauorganisation angepasst und (regelmäßig) das interne Handbuch entsprechend aktualisiert werden.

a) Finanzmarktrichtlinie – MiFID II

96 Bis 2017 war der Energiehandel von den Regulierungen des Finanzmarktes (weitgehend) ausgenommen. Die damalige Finanzmarktrichtlinie (sog. **MiFID I**)[75] und das sie umsetzende KWG[76] stellt Unternehmen unter Aufsicht, die in Bezug auf Finanzinstrumente bestimmte Finanzdienstleistungen erbringen und sich nicht auf eine Ausnahme berufen können. Eben solche Ausnahmen konnten Unternehmen der Energiewirtschaft bislang nutzen.

97 Doch mit der Überarbeitung der Finanzmarktrichtlinie, der sog. **MiFID II**,[77] wurde alles anders: Die Europäische Union zog Konsequenzen aus der Finanzkrise 2008 und beschloss die Überarbeitung der MiFID, mit der die Finanzmärkte sicherer, effizienter und transparenter gemacht werden sollen. Mit der MiFID II wird zum einen der Begriff des „Finanzinstrumentes“ erweitert und zum anderen die Ausnahmen eingeschränkt:

---

73 Kreditwesengesetz i. d. F. der Bek. v. 9.11.1998 (BGBl. I S. 2776), zuletzt geändert durch Gesetz v. 10.7.2020 (BGBl. I S. 1633).

74 Vgl. hierzu Zenke/Schäfer/*du Buisson/Zenke/Dessau*, Energiehandel, S. 209 ff.

75 Richtlinie 2004/39/EG des Europäischen Parlaments und des Rates v. 21.4.2004 über Märkte für Finanzinstrumente (MiFiD) (ABl EU Nr. L 145 S. 1 ff.).

76 Nach § 32 KWG benötigt derjenige eine Erlaubnis, der im Inland gewerbsmäßig Finanzdienstleistungen oder Bankgeschäfte (bestimmte definierte Dienstleistungen, bezogen auf Finanzinstrumente) erbringt und sich nicht auf Ausnahmen berufen kann. Wer ohne Genehmigung handelt, diese aber braucht, macht sich u.a. strafbar. Vgl. hierzu ausführlich Zenke/Schäfer/*du Buisson/Zenke/Dessau*, Energiehandel, S. 209 ff.

77 Richtlinie 2014/65/EU des Europäischen Parlaments und des Rates v. 15.5.2014 über Märkte für Finanzinstrumente (MiFiD II) (ABl EU Nr. L 173 S. 349 ff.).

- Emissionsberechtigungen sind nun in jedem Fall Finanzinstrumente, unabhängig davon, wo sie erworben werden oder ob es sich um Spot- oder Termingeschäfte handelt.
- Zu den beaufsichtigten Märkten zählt neben der Börse und den sog. multilateralen Handelsplattformen (MTF) auch eine weitere Kategorie: die organisierten Handelsplattformen (OTF), um den außerbörslichen Handel transparenter zu machen. Damit sollen auch kleinere Brokerplattformen (und die auf ihnen geschlossenen Termingeschäfte) der MiFID II unterliegen. Insoweit sieht die MiFID II allerdings vor, dass solche Termingeschäfte auf Gas oder Strom nicht als Derivate eingestuft werden, die an einem OTF gehandelt werden und ausschließlich physisch zu erfüllen sind.
- Die Ausnahmen erfahren insoweit Einschränkungen, dass die bisherige Haupttätigkeitsausnahme[78] gestrichen, die Nebentätigkeitsausnahme[79] insoweit eingeschränkt wurde, dass jedenfalls das Handeln für eigene Rechnung zur Ausführung von Kundenaufträgen („executing of client orders") nicht mehr gedeckt ist.

Unternehmen, die am Energiegroßhandel aktiv sind und ggf. zugleich die Beschaffung (als Dienstleistung) für andere übernehmen, müssen also genau prüfen, ob sie Finanzinstrumente nutzen und hierauf Finanzdienstleistungen erbringen. Sie sollten also insbesondere eine Produktliste erstellen, die (regelmäßig) mit der Rechtsabteilung bzw. einem Rechtsanwalt abgestimmt wird. Soweit sie sich auf eine Ausnahme berufen können, ist dies gleichwohl mit der zuständigen Aufsichtsbehörde, der BaFin, abzustimmen und ggf. ein sog. **Negativtestat** einzuholen. Andernfalls ist ein entsprechender Erlaubnisantrag zu stellen. Die Lizenzierung bedeutet aber auch, dass die Risiken aus dem Energiehandel mit ausreichend Eigenkapital zu hinterlegen sind. 98

b) OTC-Derivateverordnung – EMIR

Mit der Verordnung über OTC-Derivate, zentrale Gegenparteien und Transaktionsregister (EMIR)[80] – vorrangig für den Finanzmarkt konzipiert – soll die Transparenz und das Risikomanagement auf dem Markt für außerbörslich gehandelte (OTC-)Deri- 99

78 Die damalige Haupttätigkeitsausnahme sah vor, dass alle Unternehmen, die vor allem (als Haupttätigkeit) den Handel mit Waren bzw. mit Warenderivaten betrieben haben, von der Aufsicht ausgenommen sind.

79 Auf die sog. Nebentätigkeitsausnahme konnte sich ein Unternehmen berufen, das nicht primär eine Bank ist oder zu einer Bankengruppe gehört, wenn sich Finanzdienstleistungen auf Warenderivate beschränken und gleichzeitig gegenüber Kunden der Haupttätigkeit erbracht werden.

80 Verordnung (EU) Nr. 648/2012 des Europäischen Parlaments und des Rates v. 4.7.2012 über OTC-Derivate, zentrale Gegenparteien und Transaktionsregister (European Market Infrastructure Regulation – EMIR) (ABl EU Nr. L 201 S. 1ff.).

vate verbessert werden. Hierzu sieht die Verordnung nebst den hierzu erlassenen konkretisierenden Durchführungs- und technischen Regulierungsstandards vor, dass seit dem 12.2.2014 Derivatekontrakte an ein **Transaktionsregister** zu melden sind und seit dem 15.3./15.9.2013 bestimmte Risikominderungstechniken zu etablieren sind.[81] Die 2019 in Kraft getretene EMIR-Refit[82] sieht allerdings Erleichterungen vor.

100 Soweit also im Rahmen der strukturierten Beschaffung Derivate eingesetzt werden, muss das Unternehmen die jeweiligen Geschäfte melden (und zwar sämtliche Informationen zum „life cycle“) und „formalisierte“ Prozesse für die rechtzeitige Bestätigung der Derivatekontrakte, die Abstimmung zum Portfolio, zur Beherrschung der mit der Verwendung von Derivaten verbundenen Risiken, zur frühzeitigen Erkennung und Ausräumung von Meinungsverschiedenheiten sowie zur Beobachtung des Wertes ausstehender Kontrakte einführen. Hier bietet sich z. B. der Abschluss des von der EFET herausgegebenen EMIR-Agreements an.

101 Dies bedeutet zugleich, dass die vorhandenen Geschäfts- und IT-Prozesse angepasst bzw. erweitert und im internen Handbuch abgebildet sowie die Verantwortlichkeiten festgelegt werden.

c) Transparenzverordnung – REMIT/MTSG

102 Schließlich sind die – speziell für den Energiemarkt geltenden – Vorgaben der Verordnung über die Integrität und Transparenz des Energiegroßhandelsmarktes (**REMIT**)[83] zu beachten. Zum Schutz der Marktintegrität und zur Verbesserung der Transparenz im Energiesektor enthält die REMIT Verbote zum Insiderhandel und zur Marktmanipulation sowie umfangreiche Meldepflichten.[84]

103 Die Verbote zum Insiderhandel und zur Marktmanipulation gelten seit dem Inkrafttreten der REMIT (28.12.2011), sodass Unternehmen Insiderhandel und Marktmanipulationen unterlassen müssen. Hierzu müssen entsprechende interne Vorkehrungen getroffen werden, um ein integres Marktverhalten sicherzustellen, insbesondere sind die potenziell betroffenen Mitarbeiter – z. B. in Schulungen – zu sensibilisieren und die Vorgaben und Prozesse zum Umgang mit Insiderinformatio-

---

81 Vgl. hierzu ausführlich *Zenke/Fischer*, EnWZ 2013, 211 ff.; *Zenke/Fischer*, ZRFC 2013, 112 ff.

82 Verordnung (EU) Nr. 2019/834 des Europäischen Parlaments und des Rates v. 20.5.2019 zur Änderung der Verordnung (EU) Nr. 648/2012 in Bezug auf die Clearingpflicht, die Aussetzung der Clearingpflicht, die Meldepflichten, die Risikominderungstechniken für nicht durch eine zentrale Gegenpartei geclearte OTC-Derivatekontrakte, die Registrierung und Beaufsichtigung von Transaktionsregistern und die Anforderungen an Transaktionsregister (EMIR-Refit) (ABl EU Nr. L 141 S. 42 ff.).

83 Verordnung (EU) Nr. 1227/2011 des Europäischen Parlaments und des Rates v. 25.10.2014 über die Integrität und Transparenz des Energiegroßhandelsmarkts (REMIT – Regulation on wholesale Energy Market Integrity and Transparency) (ABl EU Nr. L 326 S. 1 ff).

84 Vgl. hierzu ausführlich *Zenke/Fischer*, EnWZ 2013, 211 ff.; *Zenke/Fischer*, ZRFC 2013, 112 ff.

nen[85] einschließlich der Verbote sowie Überwachungsprozesse einzurichten und im internen Handbuch festzulegen.

Daneben sieht die REMIT umfangreiche Meldepflichten sowohl für Fundamentaldaten[86] als auch für Transaktionsdaten vor. Die Konkretisierung der Einzelheiten der Meldung von Transaktionsdaten, also z. B. über erworbene und veräußerte Produkte, Parteien der Transaktionen, die vereinbarten Mengen und Preise, die Tage und Uhrzeiten der Ausführung, erfolgen in sog. Durchführungsrechtsakten, den Implementing Acts.[87] 104

Daneben sieht auch das Markttransparenzstellengesetz (**MTSG**)[88] – umgesetzt im Energiewirtschaftsgesetz[89] (EnWG) bzw. im Gesetz gegen Wettbewerbsbeschränkungen[90] (GWB) – eigene Meldepflichten in Bezug auf Handels-, Transport-, Kapazitäts-, Erzeugungs- und Verbrauchsdaten vor. 105

Unternehmen, die im Strom- und Gasgroßhandel aktiv sind, müssen also zur Erfüllung der REMIT- und MTSG-Anforderungen ihre Geschäfts- und Zusammenarbeitsprozesse anpassen und ggf. erweitern, ein Meldewesen aufbauen und hierfür die notwendige IT-Struktur bereitstellen sowie sich bei der Bundesnetzagentur registrieren. Auch hier gilt wieder, dass die jeweiligen Verantwortlichkeiten festzulegen und die Prozesse und Zuständigkeiten einschließlich der Kontrollmechanismen im internen Organisationsbuch enthalten sein müssen. 106

---

85 Als Insider-Information gelten alle im Unternehmen bekannten Umstände, die zu einer erheblichen Beeinflussung der Strom- oder Gaspreise führen können. Hierzu gehören etwa Kenntnisse über installierte Erzeugungskapazitäten, Produktionsplanungen, Fahrplanänderungen oder Speicheranlagen. Dies ist in Deutschland z. B. regelmäßig nur relevant, wenn eine Erzeugungsanlage mit mehr als 100 MW elektrischer Brutto-Leistung betrieben wird.

86 Umfasst sind hiervon alle physischen Daten, d. h. zur Kapazität, Nutzung und Verfügbarkeit von Anlagen zur Produktion, zum Verbrauch, zur Speicherung und zum Transport von Strom und Erdgas (auch als LNG).

87 Vgl. zu den Meldepflichten der REMIT Zenke/Schäfer/*Dessau/Fischer*, Energiehandel, S. 536 ff.

88 Gesetz zur Einrichtung einer Markttransparenzstelle für den Großhandel mit Strom und Gas (MTSG) v. 5.12.2012 (BGBl. I S. 2403).

89 Gesetz über die Elektrizitäts- und Gasversorgung (Energiewirtschaftsgesetz – EnWG) v. 7.7.2005 (BGBl. I S. 1970, 3621), zuletzt geändert durch Gesetz v. 8.8.2020 (BGBl. I S. 1818).

90 Gesetz gegen Wettbewerbsbeschränkungen (GWB) i. d. F. der Bek. v. 26.6. 2013 (BGBl. I S. 1750, 3245), zuletzt geändert durch Gesetz v. 25.6.2020 (BGBl. I S. 1474).

Kapitel 5
Preisanpassungsregelungen in Sonderkundenverträgen

A. Einführung

Zu den – zumindest wirtschaftlich – **bedeutsamsten Klauseln energiewirtschaftlicher Verträge** gehören neben den eigentlichen **Entgeltregelungen** die diese begleitenden sog. **Preisanpassungsklauseln**. Aufgrund der bestehenden Gefahr erheblicher Rückforderungen seitens der Vertragspartner (Kunden, Netznutzer) im Falle der Unwirksamkeit von Preisanpassungsklauseln, ist besonderer Wert auf ihre **rechtssichere Formulierung** zu legen. Dem jeweiligen **Versorgungsunternehmen** bereitet es grundsätzlich wenig Mühe, den Ausgangs- oder einen Festpreis für die Versorgungsleistung bei Vertragsschluss festzulegen, da diese i. d. R. aus der eigenen Bezugs- und Kostenkalkulation hergeleitet werden können bzw. im Falle der Netzzugangsentgelte im Rahmen der Vorgaben der Anreizregulierung gebildet werden. Da **Versorgungsverträge** häufig für eine **längere Laufzeit** (oder sogar auf unbestimmte Dauer) abgeschlossen werden, besteht aber die Notwendigkeit, Preise und Entgelte auch während dieser Laufzeit anzupassen. **Gründe** hierfür sind typischerweise 1
- die allgemeine Marktentwicklung,
- die eigene Beschaffung des Versorgungsunternehmens (Vorversorgerpreise) oder etwa
- die Veränderung bei Steuern, Abgaben oder sonstigen hoheitlichen Belastungen.

Zentrale Bedeutung für die vertragliche Regelung von Versorgungspreisen kommt daher den **Preisanpassungsklauseln** zu, welche für den Verwender die Möglichkeit vorsehen, während der Vertragslaufzeit eine Anpassung des ursprünglich vereinbarten Versorgungsentgelts zu verlangen und durchzusetzen. 2

B. Preisanpassungsregelungen in der Energiewirtschaft – ein Überblick

I. Einführung

Preisanpassungsklauseln finden sich in versorgungswirtschaftlichen Verträgen, insbesondere in den Bereichen **Strom** und **Gas**, im Wesentlichen in zwei unterschiedlichen **Ausprägungen**. Man **unterscheidet** 3
- zwischen den Verträgen zur Abwicklung des Netzzugangs einerseits und
- den Lieferverträgen andererseits.

https://doi.org/10.1515/9783110716306-005

4 Der Grund für diese **Differenzierung** liegt auch in der durch das **EnWG**[1] vorgeschriebenen **Entflechtung von Netzbereich und Vertrieb.** Die Trennung und Neugestaltung der Vertrags- und Kundenverhältnisse im **Dreieck**
- Netzbetreiber,
- Netznutzer und
- Lieferkunden

hat das Thema einer **transparenten Vertragsgestaltung** auch bei Entgeltklauseln weiter in den Vordergrund gerückt.

II. Netzwirtschaftliche Verträge (Netzanschluss- und Netznutzungsverträge)

5 Die **Verträge zur Abwicklung des Netzzugangs untergliedern** sich typischerweise in
- den Netzanschluss-,
- den Anschlussnutzungsvertrag und
- die Netznutzungsverträge.

6 Letztere sind – abhängig davon, wer Netznutzer ist – in
- **Lieferantenrahmenverträge** (Lieferant ist Netznutzer, sog. „All-inclusive"-Belieferung) und
- **separate Netznutzungsverträge** (Letztverbraucher regelt Netznutzung eigenverantwortlich direkt mit dem Netzbetreiber, Belieferung über einen sog. **reinen Liefervertrag**)

unterteilt.[2]

7 Während für Netzanschluss- und Anschlussnutzungsverträge **Preisanpassungsklauseln** regelmäßig nicht von Relevanz sind (da sie nur die Errichtung bzw. Nutzung des Anschlusses zur Entnahme von Elektrizität und damit keine wiederkehrenden entgeltpflichtigen Leistungen betreffen), sind sie für **Netznutzungsverträge** von **entscheidender Bedeutung.** Preisanpassungsklauseln finden sich in diesen Netznutzungsverträgen in unterschiedlicher Ausprägung. Differenziert werden im Wesentlichen drei **Anwendungsfälle**:
- Anpassung der Netznutzungsentgelte,
- Entgeltanpassung aufgrund veränderter oder neu erhobener Steuern, Abgaben oder sonstiger hoheitlicher Belastungen,
- Anpassungen sonstiger Entgelte.

---

1 Gesetz über die Elektrizitäts- und Gasversorgung (Energiewirtschaftsgesetz – EnWG) v. 7.7.2005 (BGBl. I S. 1970, 3621), zuletzt geändert durch Gesetz v. 8.8.2020 (BGBl. I S. 1818).

2 Näheres dazu *Theobald/de Wyl/Eder*, Wechsel des Stromlieferanten, S. 74 ff.; Held/Theobald/*Eder*, Kommunale Wirtschaft im 21. Jahrhundert, S. 333 ff.

III. Sonderkundenverträge (Strom- und Gaslieferverträge)

Höchste **Relevanz** haben Preisanpassungsklauseln insbesondere aufgrund stetig schwankender Energiebezugspreise, die es erforderlich machen, die Lieferentgelte in Versorgungsverträgen in regelmäßigen Abständen anzupassen. Da hierdurch stets das Verhältnis von Versorgungsleistung und Gegenleistung (Entgelt) betroffen ist, sind an die **Ausgestaltung von Regelungen zur Entgeltanpassung**, gerade in **Versorgungsverträgen, hohe Anforderungen** gestellt. Nicht zuletzt beeinflusst eine Entgeltanpassung für das Versorgungsunternehmen immer auch die Beziehung zu den Kunden, die Außendarstellung und die Marktchancen insgesamt. 8

In der früher monopolistisch geprägten Versorgungswirtschaft war es dabei häufig – grundsätzlich fälschlicherweise – nicht einmal üblich, einen **ausdrücklichen Preisänderungsvorbehalt** zu formulieren. 9

Dabei ist die **Vereinbarung** eines **Preisänderungsvorbehaltes** zwar im Rahmen der Grundversorgung nach § 36 EnWG wegen der Vorschrift des § 5 Abs. 2 und 3, § 5a StromGVV[3] bzw. GasGVV[4] nicht notwendig.[5] Vergleichbare Regelungen finden sich in § 4 Abs. 1 und 2 AVBWasserV[6] und § 4 Abs. 2 AVBFernwärmeV.[7] Die **rechtssichere Weitergabe von Entgeltanpassungen** erlangt aber besondere Wichtigkeit im Bereich der sog. **Sonderkundenverträge**.[8] 10

C. Der Rechtsrahmen für Preisanpassungen

I. Grundlagen

Die Frage, ob Preisanpassungsregelungen einer rechtlichen, im Streitfall einer **gerichtlichen Überprüfung standhalten**, beurteilt sich nicht nur nach dem gesetzlichen und untergesetzlichen Rahmen, sondern auch anhand der zahlreichen und hin- 11

3 Verordnung über Allgemeine Bedingungen für die Grundversorgung von Haushaltskunden und die Ersatzversorgung mit Elektrizität aus dem Niederspannungsnetz (Stromgrundversorgungsverordnung – StromGVV) v. 26.10.2006 (BGBl. I S. 2391), zuletzt geändert durch Verordnung v. 14.3.2019 (BGBl. I S. 333). Die StromGVV ist seit dem 8.11.2006 in Kraft.

4 Verordnung über Allgemeine Bedingungen für die Grundversorgung von Haushaltskunden und die Ersatzversorgung mit Gas aus dem Niederdrucknetz (Gasgrundversorgungsverordnung – GasGVV) v. 26.10.2006 (BGBl. I S. 2391, 2396), zuletzt geändert durch Gesetz v. 29.8.2016 (BGBl. I S. 2034). Die GasGVV ist seit dem 8.11.2006 in Kraft.

5 Zu Preisanpassungen im Rahmen der Grundversorgung *vom Wege/Finke*, ZNER 2007, 118 f.

6 Verordnung über Allgemeine Bedingungen für die Versorgung mit Wasser (AVBWasserV) v. 20.6.1980 (BGBl. I S. 750, 1067), zuletzt geändert durch Verordnung v. 11.12.2014 (BGBl. I S. 2010).

7 Verordnung über Allgemeine Bedingungen für die Versorgung mit Fernwärme (AVBFernwärmeV) v. 20.6.1980 (BGBl. I S. 742), zuletzt geändert durch Gesetz v. 25.7.2013 (BGBl. I S. 2722).

8 Siehe dazu Rn 52 ff.

sichtlich der zu beachtenden Vorgaben in zunehmendem Maße strenger werdenden **Rechtsprechungspraxis.**[9] Dabei legen die Gerichte bei ihrer Beurteilung zwar die im Folgenden näher dargestellten **rechtlichen Vorgaben** an, legen diese aber zunehmend **extensiver** (und unterschiedlicher) aus.[10] **Preisanpassungsvorbehalte** sind damit der Notwendigkeit einer regelmäßigen Überprüfung hinsichtlich ihrer Aktualität unterworfen, d.h. danach zu kontrollieren, ob sie den jeweils **aktuellen Anforderungen** entsprechen.

12 **Vertragliche Preisanpassungsvorbehalte**, die eine Preisanpassung wegen und auf Grundlage sich verändernder Kosten vorsehen, sind dabei im Grundsatz – dies wird in der **höchstrichterlichen Rechtsprechung** bestätigt – nicht zu beanstanden.[11] Sie stellen ein geeignetes und anerkanntes Mittel zur Bewahrung des Gleichgewichts von Preis und Versorgungsleistung bei länger laufenden Verträgen dar. Die zu beachtende **Grenze** ist jedoch dann überschritten, wenn die Regelung überwiegend oder gar ausschließlich im **Interesse des Verwenders** ausgestaltet ist.

13 Der **Maßstab**, an dem sich Preisanpassungsklauseln in dieser Hinsicht messen lassen müssen, ergibt sich hauptsächlich aus den folgenden Normen und Regelungen.

II. Vertragsrechtliche Vorgaben zur Preisanpassung

1. Das Recht der AGB

14 Die wichtigsten zu beachtenden **Vorschriften** stellen die des Rechts der **AGB** dar (§§ 305ff. BGB[12]). AGB sind für eine Vielzahl von Verträgen vorformulierte Vertragsbedingungen, die eine Vertragspartei (Verwender) der anderen Vertragspartei bei Abschluss eines Vertrages stellt und die nicht individuell ausgehandelt sind.

15 Damit handelt es sich nicht nur bei den als solche betitelten „Allgemeinen Geschäftsbedingungen“ (also beim „Kleingedruckten“), sondern auch bei den Vertragstexten von Sonderkundenlieferverträgen selbst in aller Regel um AGB im Rechtssinn. Folglich unterliegen **Lieferverträge** der **Inhaltskontrolle des AGB-Rechts**. **Zentrale Normen** sind die §§ 307 bis 309 BGB. Ein Verstoß gegen diese führt zur Unwirksamkeit von entsprechenden Vertragsklauseln, ohne dass die Möglichkeit besteht, sie auf das gesetzlich zulässige Maß zu reduzieren (sog. **Verbot der geltungserhaltenden Reduktion**). Diese **strenge Rechtsfolge** einer AGB-rechtlichen Unwirksamkeit führt

---

9 Dazu beispielhaft die aufgeführten aktuellen Gerichtsentscheidungen unten Rn 82ff.

10 Hierzu auch *Finke*, IR 2007, 125ff.

11 BGH, Urt. v. 31.7.2013 – VIII ZR 162/09 – BGHZ 198, 111 = NJW 2013, 3647ff.; BGH, Urt. v. 24.3.2010 – VIII ZR 178/08 – BGHZ 185, 96 = NJW 2010, 2789ff.; BGH, Urt. v. 21.9.2005 – VIII ZR 38/05 – RdE 2006, 52ff. = ZNER 2005, 323f. – Flüssiggas.

12 Bürgerliches Gesetzbuch (BGB) i. d. F. der Bek. v. 2.1.2002 (BGBl. I S. 42, 2909; 2003 I S. 738), zuletzt geändert durch Gesetz v. 12.6.2020 (BGBl. I S. 1245).

in der Konsequenz dazu, dass auf eine unwirksame Preisanpassungsklausel gestützte Preisanpassungen unwirksam sind und vom Kunden die zu viel gezahlten Beträge zurückgefordert werden können. Dies gilt jedenfalls innerhalb der regelmäßigen **Verjährungsfrist** von drei Jahren nach § 195 BGB. Damit ergibt sich für das jeweilige Versorgungsunternehmen bei unwirksamen Preisanpassungsklauseln ein erhebliches, vor allem wirtschaftliches **Risiko**, da sämtliche Preisanpassungen der letzten drei Jahre rückgängig gemacht werden könnten.

2. Schutzzweck

Der **Schutzzweck** dieser gesetzlichen Vorgaben besteht darin, zu verhindern, dass 16
der Verwender von AGB, der diese einseitig vorgibt, den Vertragspartner, der sich gegen solche Vorgaben grundsätzlich nicht zur Wehr setzen kann, gem. § 307 Abs. 1 BGB unangemessen benachteiligt.[13] Wie im Folgenden aufgezeigt, wird als **zentraler Aspekt** die **Vermeidung einer unangemessenen Benachteiligung** des **Vertragspartners** im Zentrum der Beurteilung stehen, ob **Preisanpassungsvorbehalte in Versorgungsverträgen wirksam vereinbart** worden sind. Nicht zu vernachlässigen ist zudem der Gedanke des **Verbraucherschutzes**.[14]

3. Anwendungsbereich des AGB-Rechts

Die **Anwendung** der §§ 305ff. BGB setzt zunächst voraus, dass Preisanpassungsvor- 17
behalte überhaupt der **Kontrolle des AGB-Rechts unterliegen**. Dies gilt im Grundsatz für jegliche Preisanpassungsklausel, die eine einseitige nachträgliche Erhöhung des Entgelts ermöglicht. **Grenzen** setzt allerdings die für Versorgungsverträge stets zu beachtende **Ausnahme** des § 310 Abs. 2 BGB, der die Inhaltskontrolle für Sonderkundenverträge, die sich an die StromGVV/GasGVV[15] anlehnen, einschränkt. Eine **Inhaltskontrolle** nach den §§ 308 und 309 BGB ist danach für **Sonderkundenlieferverträge von Versorgungsunternehmen ausgeschlossen**, soweit ihre Versorgungsbedingungen nicht zum Nachteil der Abnehmer von der StromGVV/GasGVV abweichen. Über § 310 Abs. 2 BGB werden die AGB von Lieferanten gegenüber Sondervertragskunden insoweit von den Verboten der §§ 308 und 309 BGB **freigestellt**.[16] Umgekehrt gilt jedoch auch, dass AGB einer uneingeschränkten Inhalts-

---

13 BGH, Urt. v. 8.2.1978 – VIII ZR 240/76 – BGHZ 70, 304, 310 ff.; BGH, Urt. v. 30.6.1994 – VII ZR 116/93 – BGHZ 126, 326, 332 ff.; Palandt/*Grüneberg*, Überblick vor § 305 BGB Rn 8.

14 Palandt/*Grüneberg*, Überblick vor § 305 BGB Rn 9.

15 Der Wortlaut von § 310 Abs. 2 BGB nimmt auch nach dem Inkrafttreten ihrer für die Belieferung relevanten Nachfolgeregelung – der StromGVV – die AVBEltV/AVBGasV in Bezug. Nach Sinn und Zweck ist § 310 Abs. 2 BGB dahingehend korrigierend auszulegen, dass nunmehr die StromGVV/GasGVV dieser Regelung unterfallen.

16 BGH, Urt. v. 25.2.1998 – VIII ZR 276/96 – RdE 1998, 194 ff.; MüKo/*Basedow*, § 310 BGB Rn 21.

kontrolle insbesondere nach den §§ 308 und 309 BGB unterliegen, wenn und sofern sie zum Nachteil der Kunden von der StromGVV/GasGVV abweichen. Als Extrakt lässt sich § 310 Abs. 2 BGB mithin auf folgende **Formel** reduzieren:

18 **Sondervertragskunden**, auch wenn sie Verbraucher sind, **bedürfen keines stärkeren Schutzes als grundversorgte Kunden** (ehemals Tarifkunden).

19 Es steht den **Lieferunternehmen** daher frei, ihre **AGB für Sondervertragskunden** entsprechend den StromGVV/GasGVV auszugestalten, ohne die Grenzen der §§ 308 und 309 BGB beachten zu müssen.[17]

20 Anwendbar bleibt allerdings das grundsätzliche **Verbot von unangemessenen Benachteiligungen** gem. § 307 Abs. 1 BGB, sodass auch bei der Einhaltung der Regelungen der StromGVV/GasGVV eine abschließende Kontrolle nach dem Verbot der unangemessenen Benachteiligungen und dem AGB-Recht nicht ausgeschlossen ist.[18]

4. Anwendbarkeit des AGB-Rechts gegenüber Unternehmen und juristischen Personen

21 Gegenüber **Unternehmen** oder **juristischen Personen** des öffentlichen Rechts findet die Anwendung des AGB-Rechts über § 310 Abs. 1 BGB eine weitere **Beschränkung**. Bei **Sonderverträgen** gegenüber diesen Kundengruppen finden § 305 Abs. 2 und 3 BGB sowie die §§ 308 und 309 BGB keine Anwendung.

5. Klauselkontrolle nach § 309 Nr. 1 BGB

22 Obwohl § 309 Nr. 1 BGB, nach dessen Wortlaut vorformulierte Preiserhöhungsklauseln in Verträgen, welche dem Verwender das Recht einräumen, einseitig nach Vertragsschluss das Entgelt zu erhöhen, wenn Waren oder Leistungen innerhalb von vier Monaten geliefert oder erbracht werden sollen, unwirksam sind, als einschlägig erachtet werden könnte, findet dieses **Verbot** auf **Dauerschuldverhältnisse keine Anwendung.**[19] Bei **Versorgungsverträgen** (Sukzessivlieferverträgen) handelt es sich jedoch um solche Dauerschuldverhältnisse. § 309 Nr. 1 BGB ist für die Beurteilung der Rechtmäßigkeit von Preisanpassungsvorbehalten in der Versorgungswirtschaft demzufolge vernachlässigbar.[20]

---

17 Begründung des Gesetzentwurfs der Bundesregierung, BT-Drucks. 14/6040, S. 160.

18 Zum Prüfungsmaßstab des § 307 BGB siehe unten Rn 24.

19 Palandt/*Grüneberg*, § 309 BGB Rn 6.

20 Zur Nichtanwendbarkeit von § 309 Nr. 1 BGB auf Sukzessivlieferverträge vgl. BGH, Urt. v. 29.10. 1985 – X ZR 12/85 – NJW-RR 1986, 211, 212.

6. Klauselkontrolle nach § 307 BGB

Soweit Sonderlieferverträgen AGB zugrunde liegen, ist im Ergebnis für die Frage, ob diese den Kunden unangemessen benachteiligen, **zentrale Vorschrift** die **Generalklausel** des § 307 BGB. Dies gilt unabhängig davon, ob AGB verwendet werden und deren Regelungen mit der StromGVV/GasGVV übereinstimmen.[21] 23

Damit gibt § 307 BGB den anzulegenden **Prüfungsmaßstab** vor. Nach § 307 Abs. 1 BGB sind Bestimmungen in AGB unwirksam, wenn sie den Vertragspartner des Verwenders entgegen den Geboten von Treu und Glauben unangemessen benachteiligen. Eine **unangemessene Benachteiligung** liegt dabei vor, wenn der Verwender durch einseitige Vertragsgestaltung missbräuchlich eigene Interessen auf Kosten seines Vertragspartners durchzusetzen versucht, ohne auch dessen Belange hinreichend zu berücksichtigen und ihm einen angemessenen Ausgleich zuzugestehen.[22] Im Bereich der **Preisanpassungsvorbehalte** besteht dieser angemessene Ausgleich insbesondere in der Möglichkeit, sich vom Vertrag zu lösen. Dies erfolgt regelmäßig über die Einräumung eines **Sonderkündigungsrechts**. 24

Eine **Konkretisierung** erfährt die **Generalklausel** des § 307 Abs. 1 BGB durch Abs. 2, sodass die Wirksamkeit einer Klausel zunächst hiernach zu beurteilen ist.[23] Dabei ist der § 307 Abs. 2 Nr. 1 BGB vorrangig, wonach Klauseln in AGB unwirksam sind, wenn ihre Bestimmungen mit wesentlichen Grundgedanken der gesetzlichen Regelung, von der abgewichen wird, nicht zu vereinbaren sind. Damit knüpft § 307 Abs. 2 Nr. 1 BGB an den **vom BGH entwickelten Grundsatz** an, dass den Vorschriften des dispositiven Rechts bei der Inhaltskontrolle von AGB eine Leitbildfunktion zukommt.[24] 25

Die in Bezug genommenen gesetzlichen Regelungen umfassen nicht nur die **geschriebenen Gesetzesbestimmungen**, sondern auch alle 26

- ungeschriebenen Rechtsgrundsätze,
- die Regeln des Richterrechts oder
- die aufgrund ergänzender Auslegung nach §§ 147, 242 BGB und aus der Natur des jeweiligen Schuldverhältnisses zu entnehmenden Rechte und Pflichten.[25]

---

21 MüKo/*Wurmnest*, § 307 BGB Rn 23.

22 BGH, Urt. v. 8.3.1984 – IX ZR 144/83 – BGHZ 90, 280, 284 = NJW 1984, 1531 ff.; BGH, Urt. v. 3.11.1999 – VIII ZR 269/98 – NJW 2000, 1110; BGH, Urt. v. 1.2.2005 – X ZR 10/04 – NJW 2005, 1774, 1775.

23 MüKo/*Wurmnest*, § 307 BGB Rn 23.

24 BGH, Urt. v. 17.2.1964 – II ZR 98/62 – BGHZ 41, 151, 154 = NJW 1964, 1123 ff.; BGH, Urt. v. 4.6.1970 – VII ZR 187/68 – BGHZ 54, 106, 110; BGH, Urt. v. 21.12.1983 – VIII ZR 195/82 – BGHZ 89, 206, 211.

25 BGH, Urt. v. 25.2.1998 – VIII ZR 276/96 – NJW 1998, 1640, 1642; BGH, Urt. v. 21.12.1983 – VIII ZR 195/82 – BGHZ 89, 206, 211; BGH, Urt. v. 12.3.1987 – VII ZR 37/86 – BGHZ 100, 157, 163; BGH, Urt. v. 10.12.1992 – I ZR 186/90 – BGHZ 121, 13, 18.

27 Im Rahmen der Inhaltskontrolle von AGB kommt insbesondere der Entwicklung in der **Rechtsprechung** besondere Bedeutung zu.

28 Auch die Frage, inwieweit der StromGVV/GasGVV für Sonderkundenverträge ein **gesetzliches Leitbild** zuzuschreiben ist, ist vom **BGH** entschieden worden.[26] Der **BGH** erkennt der StromGVV/GasGVV zwar keine abschließende Rechtmäßigkeit im Sonderkundenbereich zu. Dies ergibt sich bereits aus der **strikten Trennung** zwischen

- **grundversorgten Kunden** (ehemals Tarifkunden) und
- **Sonderkunden.**[27]

29 Dennoch haben sie **Indizwirkung** für die **Angemessenheit** einer gleichlautenden Bestimmung in Sonderkundenlieferverträgen. Der **BGH** spricht ausdrücklich davon, die StromGVV/GasGVV enthielten eine **„Leitbildfunktion im weiteren Sinne"**, insbesondere verkörpere sie eine **Wertentscheidung**, die der Verordnungsgeber im Tarifkundenbereich unter Abwägung der gegenläufigen Interessen von Stromkunden und EVU getroffen habe, sodass ihnen ein **„gewichtiger Hinweis"** auf das entnommen werden könne, was auch im Vertragsverhältnis mit Sonderabnehmern **als angemessen** zu betrachten ist.[28] Dies wirkt sich für die **Spruchpraxis der Gerichte** dahingehend aus, dass § 307 BGB im Rahmen der Überprüfung von Bestimmungen in Sonderkundenlieferverträgen, die Regelungen der StromGVV/GasGVV nachgebildet sind, unter Berücksichtigung der sachlichen Unterschiede zur Grundversorgung angewendet wird.

30 In seiner Entscheidung vom 31.7.2013[29] hat der BGH jedoch eine **Einschränkung der Leitbildfunktion** der StromGVV/GasGVV vorgenommen und eine § 4 Abs. 2 AVBGasV nachgebildete Preisanpassungsklausel für unwirksam erklärt. Die Unwirksamkeit einer solchen Klausel folge aus § 307 Abs. 1 BGB, der entgegen dem früheren Verständnis nicht durch § 310 Abs. 2 BGB eingeschränkt werde. Den Vorgaben zur Preisanpassung gegenüber Tarifkunden komme insoweit keine Leitbildfunktion zu, sodass sondervertragliche Preisanpassungsklauseln auch bei Übernahme dieser Regelungen der uneingeschränkten Kontrolle im Hinblick auf Transparenz und Angemessenheit unterliegen. Die Unwirksamkeit der genannten Preisanpassungsklauseln ergibt sich nach dem Urteil daraus, dass diese Anlass und Modus der Entgeltänderung nicht hinreichend transparent abbilden.

31 Neben der **Inhaltskontrolle** beinhaltet § 307 BGB auch den zweiten **entscheidenden Maßstab**, an dem sich Vertragsklauseln messen lassen müssen.

---

26 Noch für die Vorgängerregelungen der AVBEltV/AVBGasV: BGH, Urt. v. 25.2.1998 – VIII ZR 276/96 – NJW 1998, 1640.

27 Dazu Schneider/Theobald/*de Wyl/Soeteber*, HBEnWR, § 11 Rn 6ff.

28 BGH, Urt. v. 25.2.1998 – VIII ZR 276/96 – NJW 1998, 1640, 1642.

29 BGH, Urt. v. 31.7.2013 – VIII ZR 162/09 – BGHZ 198, 111.

Praxishinweis **!**
§ 307 Abs. 1 S. 2 BGB enthält auch das sog. **Transparenzgebot.**

Eine unangemessene Benachteiligung mit der Rechtsfolge der Unwirksamkeit der AGB kann sich danach auch bei **unklaren** oder **unverständlichen Bedingungen** ergeben. Das **Transparenzgebot** schreibt Verwendern von AGB verpflichtend vor, 32
- den Klauselinhalt möglichst weitgehend zu konkretisieren,
- eindeutig und
- verständlich zu formulieren.

Der **Vertragspartner** soll in die Lage versetzt werden, über eine genaue Beschreibung des Tatbestandes und der hieran anknüpfenden Rechtsfolge den Beurteilungsspielraum des Verwenders von AGB zu erkennen, den der Lieferant für seine einseitige Preisanpassung ausnutzen kann.[30] 33

Für die **Beurteilung**, ob Klauseln diese Voraussetzung erfüllen, kommt es in erster Linie auf eine sorgfältige und alle **Umstände des Einzelfalls in Betracht ziehende Ermittlung der Interessen** an.[31] Die Anschauung der Personen, die regelmäßig am Abschluss von Versorgungsverträgen beteiligt sind, ist dabei insbesondere zu berücksichtigen (**Empfängerhorizont**).[32] Die Rechtsprechung differenziert im Rahmen dieser Beurteilung zwischen 34
- Verträgen mit Verbrauchern und
- Verträgen zwischen Unternehmern.

Im ersten Fall ist der bereits erwähnte **Aspekt des Verbraucherschutzes** von besonderer Relevanz. 35

Der **BGH** stellt in **Verträgen mit Verbrauchern strenge Anforderungen** an die **Klarheit** und **Bestimmtheit** und damit an die **Transparenz von Formulierungen für Preisanpassungsvorbehalte**. Er nimmt stets dann eine **unangemessene Benachteiligung** i.S.d. § 307 BGB an, wenn eine **Preisanpassungsklausel** eine **beliebige Erhöhung des Vertragspreises** zulassen würde.[33] Für die Zulässigkeit eines einseitigen Preisänderungsrechts ist es nach der Rechtsprechung des BGH von wesentlicher Bedeutung, ob der Vertrag den Anlass und den Modus der Änderung der Entgelte für die zu erbringende Leistung so transparent darstellt, dass der Verbraucher die etwaigen Änderungen dieser Entgelte anhand klarer und verständlicher Kriterien vorhersehen kann.[34] Der Vertragspartner des Verwenders soll bereits bei 36

30 OLG Stuttgart, Urt. v. 13.1.2005 – 2 U 134/04 – ZNER 2005, 163, 164.
31 BGH, Urt. v. 12.3.1987 – VII ZR 37/86 – WM 1987, 652, 655.
32 MüKo/*Wurmnest*, § 307 BGB Rn 40.
33 BGH, Urt. v. 11.6.1980 – VIII ZR 174/79 – NJW 1980, 2518, 2519; BGH, Urt. v. 18.5.1983 – VIII ZR 20/82 – NJW 1983, 1603, 1604; BGH, Urt. v. 7.10.1981 – VIII ZR 229/80 – BGHZ 82, 21, 24.
34 BGH, Urt. v. 31.7.2013 – VIII ZR 162/09 – BGHZ 198, 111.

Vertragsschluss erkennen können, in welchem Umfang ihn Preiserhöhungen tangieren können. Das erfordert eine klare und verständliche Information über die grundlegenden Voraussetzungen der Ausübung eines solchen Änderungsrechts.[35] Eine unangemessene Benachteiligung liegt jedenfalls dann vor, wenn es eine Preisanpassungsklausel dem Lieferanten ermöglicht, über die Abwälzung konkreter Kostensteigerungen hinaus das zunächst vereinbarte Entgelt ohne jede Begrenzung anzuheben, bspw. um künftig zu erwartende oder schon bekannte Kostensteigerungen (z. B. Bezugskostensteigerungen) im Vorhinein aufzufangen[36] oder sich aufgrund einer besonderen Nachfrage einen weiteren Gewinn zuzuschreiben.[37]

37 Eine **Unangemessenheit von Preisanpassungsklauseln** aus Gründen ihrer **mangelnden Konkretisierung** ist nach der **Spruchpraxis des BGH** aber nicht schon dann gegeben, wenn der Verwender die Preissteigerungsfaktoren in Preisanpassungsklauseln nicht in einer Form angegeben hat, die es dem Vertragspartner bereits bei Abschluss des Vertrages ermöglicht, das Ausmaß der zu erwartenden Erhöhung zu erkennen.[38] Dem Wesen allgemeingültiger Bestimmungen würde es widersprechen, wenn sie für jeden Einzelfall von vornherein so konkret sind, dass Zweifelsfragen nicht aufkommen können. Dies widerspräche der **notwendigen Flexibilität**, die **generalisierende Regelungen** aufweisen müssen.[39] Der Verwender von Preisanpassungsklauseln in AGB will gerade **künftige Entwicklungen** einbeziehen, die bei Abschluss des Vertrages von niemandem abzusehen oder zu berechnen sind.

38 Der **BGH** hat zudem das **Spannungsverhältnis** zwischen der **Transparenz der Klausel** i. S. d. Vorhersehbarkeit des Umfangs der späteren Preiserhöhung und der **Vielzahl von Einflussgrößen**, die eine Preisanpassung notwendig machen können, erkannt und versucht dieses i. S. eines **gerechten Interessenausgleichs** aufzulösen. Anerkanntermaßen hat auch der Verwender solcher Preisanpassungsklauseln in AGB das Bedürfnis, bei notwendig werdenden Preiserhöhungen nur geringen Umfangs nicht stets befürchten zu müssen, eine erhebliche Anzahl seiner Kunden zu verlieren. Andernfalls wäre der Lieferant bereits zu Vertragsbeginn gezwungen, einen Sicherheitsfaktor in die Preiskalkulation einzubeziehen, um unerwartete zusätzliche Kostenbelastungen nicht selbst tragen zu müssen.[40] Seine Stellung im Wettbewerb wäre damit erheblich geschwächt. In der **Rechtsprechung** ist daher anerkannt, dass auch der **Verwender** ein **berechtigtes Interesse** daran hat, zwischenzeitlich notwendig werdende Preiserhöhungen auf den Vertragspartner abzuwälzen, ohne dass sich dieser sofort vom Vertrag lösen kann. In der **Praxis** wird dies häufig dadurch umgesetzt,

35 BGH, Urt. v. 31.7.2013 – VIII ZR 162/09 – BGHZ 198, 111.
36 BGH, Urt. v. 19.11.2002 – X ZR 243/01 – NJW 2003, 501, 509; BGH, Urt. v. 19.11.2002 – X ZR 253/01 – NJW 2003, 746, 747 f.
37 BGH, Urt. v. 21.9.2005 – VIII ZR 38/05 – RdE 2006, 52 ff. – Flüssiggas.
38 BGH, Urt. v. 6.3.1986 – III ZR 195/84 – NJW 1986, 1803, 1804.
39 BGH, Urt. v. 1.12.1981 – KZR 37/80 – BGHZ 82, 238, 243.
40 BGH, Urt. v. 21.9.2005 – VIII ZR 38/05 – RdE 2006, 52 ff. – Flüssiggas.

dass dem **Vertragspartner** erst dann ein **Sonderkündigungsrecht** zusteht, wenn die **notwendige Preiserhöhung** einen **bestimmten Prozentsatz** übersteigt.[41]

Einen **großzügigeren Maßstab** legt der **BGH** bei der Beurteilung von AGB an, die gegenüber **Unternehmern** Verwendung finden. Handelt es sich bei beiden Vertragsparteien um Unternehmer, sind diese aufgrund ihrer Marktkenntnis eher in der Lage, die für ihre Branche bestimmenden Preisfaktoren und damit auch entsprechende Vertragsklauseln in ihrer Wirkung und ihrem Umfang einzuschätzen.[42] Aus diesem Grund sind nach der Rechtsprechung des BGH Preisanpassungsklauseln, die den Gaspreis an die Entwicklung des Preises für leichtes Heizöl koppeln (sog. HEL-Klauseln)[43], in Gaslieferverträgen mit Gewerbekunden angemessen i. S. d. § 307 Abs. 1 BGB.[44] Ein Gewerbekunde vermag die Chancen und Risiken einer solchen Preiskoppelung einzuschätzen. Für ihn ist ersichtlich, dass mit der Anknüpfung an den Marktpreis von Heizöl als einzige Variable kein Bezug auf sonstige künftige Kostensteigerungen und Kostensenkungen beim Gaslieferanten selbst genommen wird bzw. dass diese Kostenentwicklungen für den in Zukunft zu zahlenden Arbeitspreis ohne Bedeutung sind. HEL-Klauseln in Gaslieferverträgen mit Verbrauchern hält der BGH hingegen wegen einer unangemessenen Benachteiligung der Kunden i. S. d. § 307 Abs. 1 BGB für unwirksam.[45] 39

Praxishinweis !

Preisanpassungsklauseln sind daher im **kaufmännischen Rechtsverkehr** auch dann zulässig, wenn dem Kunden für den Fall einer erheblichen Preissteigerung kein Sonderkündigungsrecht eingeräumt wird, falls und sofern seine Interessen auf eine andere Weise hinreichend gewahrt werden.[46]

Einen **angemessenen Interessenausgleich** hat der **BGH** daher auch für den Fall bestätigt, dass ein Verwender von AGB ein nicht näher konkretisiertes Preiserhöhungsrecht formulieren kann, soweit die Vertragsdauer zwingend das Bedürfnis nach einer Preisanpassung mit sich bringt und die **Konkretisierung der Preiserhöhungsfaktoren** auf besondere Schwierigkeiten stößt.[47] 40

---

41 BGH, Urt. v. 7.10.1981 – VIII ZR 229/80 – BGHZ 82, 21, 26 ff.; BGH, Urt. v. 18.5.1983 – VIII ZR 20/82 – BB 1983, 921, 923; BGH, Urt. v. 1.2.1984 – VIII ZR 54/83 – BGHZ 90, 69; BGH, Urt. v. 1.2.1984 – VIII ZR 106/83 – NJW 1984, 1180, 1181.
42 MüKo/*Wurmnest*, § 309 BGB Rn 26.
43 Siehe dazu auch Kap. 7 Rn 63.
44 BGH, Urt. v. 14.5.2014 – VIII ZR 114/13 – BGHZ 201, 230; BGH, Urt. v. 14.5.2014 – VIII ZR 116/13 – NJW 2014, 2715.
45 BGH, Urt. v. 24.3.2010 – VIII ZR 178/08 – BGHZ 185, 96; BGH, Urt. v. 24.3.2010 – VIII ZR 304/08 – RdE 2010, 215 ff.
46 BGH, Urt. v. 27.9.1984 – X ZR 12/84 – BGHZ 92, 200, 203; BGH, Urt. v. 16.1.1985 – VIII ZR 153/83 – BGHZ 93, 252, 256.
47 BGH, Urt. v. 5.2.1957 – V BLw 37/56 – BGHZ 23, 252, 260.

III. Inhalt der Entgeltanpassung: § 315 BGB

41 Hinsichtlich der Vertragsgestaltung von **Sonderkundenlieferverträgen** stellt sich neben dem Recht der AGB stets die Frage, inwieweit § 315 BGB auch auf in diesen enthaltene **Preisanpassungsklauseln Anwendung findet**. Nach § 315 BGB unterliegen solche **einseitigen Bestimmungen von Leistungen** grundsätzlich der **Billigkeitskontrolle. Funktion** des § 315 BGB ist, das schuldrechtliche Bestimmtheitserfordernis, nach dem nur eine bestimmte oder bestimmbare Leistung Gegenstand insbesondere einer vertraglichen Verpflichtung sein kann, für die Fälle zu **modifizieren**, in denen einem Vertragspartner das Recht zur Bestimmung der Leistung eingeräumt ist. Damit soll die andernfalls aus der Unbestimmtheit resultierende Rechtsfolge der Unwirksamkeit von entsprechenden Vertragsklauseln überwunden werden.[48]

42 Der **BGH** hat im Jahre 2007 zwei **wegweisende Leitentscheidungen zur Anwendbarkeit** und dem Umgang mit **§ 315 BGB** im Rahmen von Widersprüchen gegen die Entgelte von Versorgungsunternehmen im Bereich Strom und Gas getroffen.[49] Nach diesen Entscheidungen ist § 315 BGB nur dann anwendbar, wenn die Vertragsparteien ein **einseitiges Leistungsbestimmungsrecht** vereinbart haben. Ob eine solche Vereinbarung vorliegt, ist in Bezug auf den Preis bei Vertragsschluss (Ausgangspreis) und den Preis, der während der Vertragslaufzeit aus einer Preisanpassung resultiert, differenziert zu betrachten.

43 Die **Kenntnis** (bzw. das Kennenmüssen) **des Kunden der geltenden Tarifbedingungen** im Zeitpunkt des Vertragsschlusses (regelmäßig des dem Vertrag beigefügten Preisblatts) schließt nach dem **BGH** ein solches einseitiges Bestimmungsrecht jedoch bereits aus; vielmehr liegt dann ein vereinbarter Preis vor. § 315 BGB ist also gerade nicht anwendbar.

44 Der BGH lehnt in diesem Fall auch eine analoge Anwendbarkeit von § 315 BGB ab. Diese kommt allenfalls dann in Betracht, wenn der Kunde auf die Inanspruchnahme der Tarife im Rahmen der Daseinsvorsorge zwingend angewiesen ist. Durch die **Möglichkeit** des Kunden, seinen **Energielieferanten frei zu wählen**, ist dies jedoch zu verneinen; es fehlt an der Monopolstellung des Lieferanten. Im Ergebnis gelten diese **Leitlinien** gleichermaßen **für die Bereiche Strom und Gas.** Im Bereich **Gas** besteht eine beachtenswerte **Besonderheit**: Der **BGH** lehnt – entgegen der Rechtsprechung vieler unterinstanzlicher Gerichte – die Monopolstellung des Gasversorgers bei der Belieferung mit Heizgas auch für vergangene Zeiträume ab, in denen ein Wechsel des Gasversorgers faktisch kaum möglich war, da der Energieträger Gas im Wettbewerb zu anderen Energieträgern wie etwa Öl und Pellets steht (sog. Substitutionswettbewerb). Mittlerweile besteht mit dem Markteintritt neuer Anbieter Wettbewerb auch innerhalb

---

48 Staudinger/*Mader*, § 315 BGB Rn 1.

49 Strom: BGH, Urt. v. 28.3.2007 – VIII ZR 144/06 – NJW 2007, 1672ff.; Gas: BGH, Urt. v. 13.6.2007 – VIII ZR 36/06 – NJW 2007, 2540ff.

des Gasmarktes, sodass auch ohne Berücksichtigung des Substitutionswettbewerbs kein Monopol des etablierten Gasversorgers besteht.

Auf **Entgelte**, die **aus einer Preisanpassungsmaßnahme** in einem bestehenden Lieferverhältnis resultieren, ist **§ 315 BGB** nach dem **BGH** hingegen im Regelfall **anwendbar**. 45

Praxishinweis
Ein vertraglich vereinbartes einseitiges Preisanpassungsrecht ist als Leistungsbestimmungsrecht i. S. d. § 315 BGB zu qualifizieren. **!**

Die getroffene Bestimmung ist gegenüber dem Kunden nur wirksam, wenn sie der Billigkeit entspricht.[50] Überprüfungsgegenstand ist daher insoweit auch nur der Erhöhungsbetrag, nicht der Ausgangspreis. 46

Die **Anwendbarkeit des § 315 BGB** kann nachträglich wieder entfallen, wenn der angepasste Preis selbst zum „vereinbarten Preis" wird. Der Kunde akzeptiert bei fortgesetzter Energieentnahme eine einseitig vorgenommene Preisanpassung, wenn er die nächste – auf Grundlage dieser Preisanpassung – vorgenommene Abrechnung vorbehaltlos begleicht, ohne die Preiserhöhung in angemessener Zeit zu beanstanden (bei vereinbarten Abschlagszahlungen ist dies die nächste Jahresabrechnung). Der zum Zeitpunkt der Abrechnung geltende Tarif wird zu dem zwischen den Parteien vereinbarten Preis und ist damit zukünftig einer weiteren Überprüfung nach § 315 BGB entzogen.[51] 47

Eine **Differenzierung zwischen Sonder- und Grundversorgungsverträgen** ist hier grundsätzlich nicht mehr erforderlich.[52] Die vorstehenden Grundsätze gelten für beide Lieferverhältnisse gleichermaßen; das Angebot des Grundversorgers steht zu den von dritten Lieferanten angebotenen Sondervertragsprodukten in unmittelbarem Wettbewerb.[53] 48

In allen **Wettbewerbsbereichen** ist § 315 BGB damit nur noch insofern **relevant**, als **einzelne Vertragsgestaltungen** eine **Preis- oder Entgeltanpassung** einseitig, nach billigem Ermessen vorsehen. Solche **Klauseln** müssen sich wiederum an 49

---

50 Preiserhöhungen sind z. B. dann berechtigt, wenn mit der Erhöhung lediglich gestiegene Bezugskosten weitergegeben und diese nicht durch rückläufige Kosten in anderen Bereichen (teilweise) ausgeglichen werden. Ein entsprechender Nachweis ließe sich für das Energieversorgungsunternehmen bspw. über ein Wirtschaftsprüfertestat erbringen.

51 Siehe schon Rn 42.

52 Ein Leistungsbestimmungsrecht i. S. v. § 315 Abs. 1 BGB kann einer Vertragspartei nicht nur durch vertragliche Vereinbarung, sondern auch durch Gesetz (z. B. § 5 Abs. 2, 3 StromGVV/GasGVV) eingeräumt sein, vgl. dazu Rn 42.

53 Bspw. nimmt das Angebot des Lieferanten E-Wie-Einfach unmittelbaren Bezug auf das Grundversorgungsprodukt, wenn ein Tarif angeboten wird, der stets 1 ct (Strom) bzw. 2 ct (Gas) günstiger sein soll als der allgemeine Preis des Grundversorgers.

- § 307 BGB und
- dem **Verbot einer unangemessenen Benachteiligung** sowie
- **dem AGB-rechtlichen Bestimmtheitsgebot**

messen lassen. Eine **hinreichende Konkretisierung** ist anzunehmen, wenn die Klausel hinsichtlich des Bestimmungsmaßstabes so fest umrissen ist, dass eine gerichtliche Überprüfung der Gestaltungserklärung auf offenbare Unbilligkeit oder Unrichtigkeit möglich ist.[54]

50 § 315 BGB und der darin enthaltene Verweis auf Leistungsbestimmungen nach billigem Ermessen stellen eine zutreffende Wertung des Gesetzgebers für die **rechtliche Wirksamkeit von einseitigen Leistungsbestimmungsrechten** dar. Aufgrund der nach dieser Vorschrift möglichen Flexibilität, und auch unter dem Gesichtspunkt der Transparenz, bietet sich die Inbezugnahme dieses **gesetzgeberischen Leitbildes** als **Grenze** in Preis- und Entgeltanpassungsklauseln zur Sicherstellung auch einer AGB-rechtlichen Wirksamkeit an. Gerade nach der **Entscheidung des BGH zu GVV-Klauseln**[55] **in Sonderkundenverträgen** bietet § 315 BGB dem Verwender von Preisanpassungsklauseln mehr Rechtssicherheit hinsichtlich ihrer Wirksamkeit als solche Klauseln, die sich damit begnügen, konkrete Situationen und Umstände zu beschreiben, die zu einer Preisanpassung führen können. Bei letzteren besteht wegen eines möglichen Verstoßes gegen das **Transparenzgebot** die Gefahr, dass sie als unwirksam beurteilt werden.

IV. Kartellrecht

51 Verwenden **marktbeherrschende Unternehmen Preisanpassungsvorbehalte**, so unterliegen solche Klauseln der Überprüfung auch unter **kartellrechtlichen Gesichtspunkten**, insbesondere den Grenzen des speziell für Energieversorgungsverhältnisse **neu geschaffenen § 29 GWB.**[56] Preisvereinbarungen in Energielieferverträgen, die gegen § 29 GWB verstoßen, sind nach § 134 BGB nichtig. Der **BGH** hat zum Verhältnis des Kartellrechts zu § 315 BGB entschieden, dass das **Kartellrecht keine spezialgesetzlichen Regelungen** enthält, die § 315 BGB **verdrängen.**[57] Allerdings ist

---

54 BGH, Urt. v. 27.1.1971 – VIII ZR 151/69 – BGHZ 55, 248.

55 BGH, Urt. v. 31.7.2013 – VIII ZR 162/09 – BGHZ 198, 111.

56 Gesetz gegen Wettbewerbsbeschränkungen (GWB) i. d. F. der Bek. v. 26.6.2013 (BGBl. I S. 1750, 3245), zuletzt geändert durch Gesetz v. 7.8.2013 (BGBl. I S. 3154).

57 Der Kartellsenat des BGH hat in seinem Stromnetzentgelt-Urteil (BGH, Urt. v. 18.10.2005 – KZR 36/04 – RdE 2006, 81ff.) abschließend beurteilt und in seiner Entscheidung v. 28.3.2007 (BGH, Urt. v. 28.3.2007 – VIII ZR 144/06 – NJW 2007, 1672ff.; Gas: BGH, Urt. v. 13.6.2007 – VIII ZR 36/06 – NJW 2007, 2540ff.) nochmals bestätigt, dass das Berufungsgericht außer § 315 BGB auch § 19 GWB zu beachten hat. Bereits 2001 hat er entschieden, dass der Schuldner einseitig bestimmter Entgelte diese sowohl kartellrechtlich als auch entsprechend § 315 BGB überprüfen lassen könne, BGH, Urt. v. 6.3.2001 – KZR 37/99 – NJW 2001, 2541ff.

der kartellrechtliche Missbrauchstatbestand auf den Bereich der Monopolaufsicht zugeschnitten. Kartellrecht und § 315 BGB sind daher nebeneinander anwendbar, dürften i. d. R. jedoch zum selben Ergebnis der Überprüfung führen. Insbesondere dürfte jede **kartellrechtswidrige Preisforderung unbillig** i. S. d. § 315 BGB sein.

D. Preise, Preisbestandteile und Preisanpassungsregelungen in Sonderkundenverträgen

I. Ausprägungen

In **Sonderkundenverträgen** finden sich Preisanpassungsklauseln im Wesentlichen in zwei unterschiedlichen Ausprägungen. Es ist zwischen **Klauseln zu unterscheiden**, 52
- die eine Kompensation von zum Zeitpunkt des Vertragsschlusses nicht vorhersehbaren hoheitlich auferlegten Maßnahmen wie Steuern, Abgaben und sonstigen hoheitlichen Belastungen ermöglichen, und solchen,
- über die ökonomische Marktentwicklungen ausgeglichen werden können.

II. Steuern, Abgaben und sonstige hoheitliche Belastungen

Die **Versorgungswirtschaft** ist aufgrund ihrer starken Inanspruchnahme von Umweltressourcen traditionell Gegenstand starker **regulatorischer und gesetzgeberischer Aktivitäten. Typischerweise** ist mit solchen **gesetzgeberischen Vorgaben** stets eine **Erhöhung des Preisniveaus** verbunden. Um Belastungen aus Steuern und Abgaben an den Verbraucher bzw. an den Kunden – zumindest anteilig – durchreichen zu können, ist die **Vereinbarung sog. Steuern- und Abgabenklauseln** ratsam. Daher finden sie seit jeher Eingang in versorgungswirtschaftliche Liefer- und Netznutzungsverträge. 53

Im **Unterschied zu klassischen Preisanpassungsklauseln**, über die auf eine Veränderung im wirtschaftlichen Marktumfeld reagiert werden kann, behält sich der Verwender von Steuern- und Abgabenklauseln vor, Preisanpassungen vornehmen zu können, die auf eine **hoheitliche Ursache** zurückzuführen und daher nicht von ihm verursacht worden sind oder für ihn unvorhersehbar waren. 54

Steuer- und Abgabenklauseln sind im Regelfall ebenfalls als **AGB** zu qualifizieren und unterliegen somit der **Inhaltskontrolle** nach §§ 305 ff. BGB. Eine solche Regelung umfasst typischerweise **sämtliche Rechtsänderungen**, die Einfluss auf den Preis oder das Netznutzungsentgelt haben können. Allerdings sind für den Verwender einer solchen Klausel normalerweise die Einführung und Ausgestaltung von Steuern und hoheitlichen Abgaben oder Belastungen weder dem Inhalt, der Art noch der Höhe nach vorab oder vorhersehbar bekannt Aus diesem Grund besteht das AGB-rechtliche Problem einer zutreffenden Ausgestaltung der Klausel zur Weitergabe dieser Belas- 55 tungen nach den bereits oben beschriebenen strengen Grundsätzen des AGB-Rechts.[58]

Beispiel

So hat das **Brandenburgische OLG** bspw. eine Steuer- und Abgabenklausel für unwirksam erklärt, weil sie keine nähere Bestimmung der Steuersätze und öffentlich-rechtlichen Abgaben enthielt, die geeignet sein sollten, Preisänderungen auszulösen, und die Klausel auch keinen Aufschluss darüber gab, in welchem zahlenmäßigen oder anteiligen Umfang Preisänderungen zulasten des Kunden möglich sein sollten.[59]

---

56 Allerdings ist anzuerkennen, dass auch der Verwender bei Vertragsschluss nicht antizipieren kann, welche zukünftigen Belastungen in welchem Maße Einfluss auf die zunächst vereinbarte Gegenleistung haben können. Eine Weitergabe solcher staatlichen Lenkungseingriffe ist ihm daher grundsätzlich nicht verwehrt. Zu beachten ist jedoch, dass **nicht jede hoheitliche Maßnahme weitergabefähig** ist. Voraussetzung muss stets sein, dass sie unmittelbaren Einfluss gerade auf die vertraglich geschuldete Leistung hat. Allgemeine, die auszutauschenden Leistungen nur **mittelbar** berührende hoheitliche Belastungen betreffen das Verhältnis der Vertragsparteien zueinander nur indirekt. Entsprechend formulierte Steuer- und Abgabenklauseln dürften nicht mehr den Anforderungen an die hinreichende Bestimmtheit nach § 307 BGB entsprechen und sind folglich i. d. R. **unwirksam**.

57 Wenn und soweit diese Voraussetzungen aber als erfüllt angesehen werden können, sind Steuer- und Abgabenklauseln grundsätzlich als rechtswirksam vereinbart anzusehen. Im Gegensatz zu klassischen Preisanpassungsklauseln bedarf es aufgrund der hoheitlichen Ursache **keiner Kompensationsmöglichkeit** (z. B. eines Sonderkündigungsrechts) für den Vertragspartner. Das bei Vertragsschluss angenommene Gleichgewicht ist nicht zum Vorteil des Verwenders gestört.

58 Eine Besonderheit gilt für **hoheitliche Belastungen (Umlagen)** aus dem

- EEG[60] und
- KWKG[61]
- sowie die mittlerweile zahlreichen weiteren Umlagen (etwa die § 19-StromNEV-Umlage, die Offshore-Haftungsumlage und die AbLaV-Umlage).[62]

---

58 Siehe bereits Rn 14 ff.

59 Brandenburgisches OLG, Urt. v. 3.4.2002 – 7 U 185/01 – RdE 2002, 314, 315.

60 Erneuerbare-Energien-Gesetz (EEG) v. 21.7.2014 (BGBl. I S. 1066), zuletzt geändert durch Gesetz v. 8.8.2020 (BGBl. I S. 1818).

61 Kraft-Wärme-Kopplungsgesetz (KWKG) v. 21.12.2015 (BGBl. I S. 2498), zuletzt geändert durch Gesetz v. 8.8.2020 (BGBl. I S. 1818).

62 Siehe zu den Umlagen Kap. 10.

Diese können 59
- weder als Steuern
- noch als Abgaben oder
- Sonderabgaben definiert werden.[63]

Herkömmlicherweise nehmen **Steuer- und Abgabenklauseln** tatsächlich nur Steuern und Abgaben in Bezug, vernachlässigen jedoch die vorgenannten **weiteren hoheitlichen Belastungen (Umlagen)**, die keine direkten Zahlungen an den Fiskus, sondern lediglich Umwälzungs- und Ausgleichsmechanismen im Markt vorsehen. Der **BGH** hat in den genannten Entscheidungen – dort ging es um die Weitergabe von EEG- bzw. KWKG-Belastungen – eine Aussage lediglich dahingehend getroffen, dass dann, wenn solche zusätzlichen Belastungen bei Vertragsschluss noch nicht absehbar waren, eine **Schließung der vertraglich entstandenen Lücke erforderlich ist**. Damit scheidet eine Weitergabe solcher Belastungen in allen Verträgen aus, die dies nicht ausdrücklich vorsehen, wenn die entsprechende gesetzliche oder hoheitliche Bestimmung zum Zeitpunkt des Vertragsschlusses bereits bekannt war und eine Berücksichtigung sonstiger hoheitlicher Belastungen im Vertragstext nicht getroffen wurde. Obwohl der **BGH** damit in zwei gleichgelagerten Fällen entschieden hat, dass Verträge, die keine über Steuern und Abgaben hinausgehenden Belastungen erfassen, lückenhaft und im Wege der **ergänzenden Vertragsauslegung** auszufüllen sind, sollte nicht darauf verzichtet werden, ebenfalls **„andere hoheitliche Belastungen“**[64] in Formulierungen entsprechender Klauseln zu berücksichtigen, da anderenfalls nur zukünftige, neue Belastungen weitergegeben werden könnten. Dies gilt insbesondere aufgrund der Vielzahl neuer Umlagen, die der Gesetzgeber in den letzten Jahren geschaffen hat. 60

III. Der Energiepreis im engeren Sinn

1. Separierte Preissysteme, Pauschalpreise und Konsequenzen für die Preisanpassung

Die **Formulierung von Preisanpassungsklauseln** bzw. die **Wirksamkeit von Preisanpassungen** ist vor allem davon abhängig, welches **Modell der Preisgestaltung** lieferantenseitig angeboten wird. Dies wird wiederum unter dem Gesichtspunkt der Transparenz und Bestimmtheit von Preisanpassungsvorbehalten relevant. Zum einen kann sich der **Lieferant** entscheiden, einen **Komplettpreis** anzubieten, d.h. die einzelnen Kostenbestandteile einzupreisen. Alternativ hierzu, wobei unterschiedliche 61

63 BGH, Urt. v. 22.12.2003 – VIII ZR 90/02 – RdE 2004, 105; BGH, Urt. v. 30.10.2003 – III ZR 380/02 – IR 2004, 11.

64 Zu den Anforderungen an die konkrete Formulierung LG Itzehoe, Urt. v. 21.12.2006 – 3 O 52/06 – IR 2007, 39.

Ausgestaltungen und auch Mischformen möglich sind, können **einzelne Entgeltbestandteile separat** ausgewiesen werden (z. B. über Kostenelementeklauseln). Letzteres hat den **Vorteil** der besseren **Nachvollziehbarkeit** für den Kunden. Er kann einfach erkennen, für welche (Teil-)Leistung ihm welcher Preis in Rechnung gestellt wird. Auch hinsichtlich Preisanpassungen ist von vornherein offengelegt, in welcher Weise und mit welchem Gewicht Änderungen in den einzelnen Entgeltelementen auf den Gesamtpreis Auswirkungen haben.

! **Praxishinweis**
Die **separate Ausweisung von Kostenbestandteilen** ist gerade im Bereich der **Belieferung von größeren (i. d. R. leistungsgemessenen) Kunden** üblich. Demgegenüber wird ein **Komplettpreis** regelmäßig im **Massenkundengeschäft** zu finden sein.

2. Pauschalpreissystem

62 Den insbesondere durch die **Rechtsprechung** entwickelten strengen **Anforderungen an die Rechtmäßigkeit** unterliegen **Preisanpassungsvorbehalte**, wenn der **Lieferant** einen **Pauschalpreis** anbietet, d. h. die einzelnen Entgeltbestandteile einpreist.

63 Die **vertraglichen Klauseln** sind dann daran zu messen, aus welchen Gründen das bei **Vertragsbeginn** bestehende **wirtschaftliche Gleichgewicht** zwischen den Vertragspartnern ins **Ungleichgewicht** geraten und eine **Entgeltanpassung notwendig** ist. Beachtenswert ist, dass veränderte **Marktsituationen** zu einer Schieflage der Kalkulation des Lieferanten führen können, sich für dessen Kunden jedoch zunächst als neutral darstellen. Macht der **Lieferant** jedoch wegen seines **anerkannten Interesses**[65] von seinem **Preisanpassungsrecht** Gebrauch, muss auch dem **Kunden** eine **Reaktionsmöglichkeit** zustehen, um seinerseits seine Interessen wahren zu können.

! **Praxishinweis**
Diese **Kompensation** wird in aller Regel (mindestens) über die Einräumung eines **Kündigungsrechts** erzielt.

64 Dabei muss berücksichtigt werden, dass Preisanpassungen in Sonderkundenverträgen grundsätzlich des Einverständnisses des Vertragspartners bedürfen, da es sich zugleich um eine Vertragsänderung handelt. Das stellt den Lieferanten vor erhebliche **Abwicklungsschwierigkeiten.** Prinzipiell müsste jeder seiner Vertragspartner sein

65 Siehe dazu bereits Rn 12ff.

Einverständnis (i. d. R. durch eine Unterschrift) bekunden. Dies ist für die Praxis des Massenkundengeschäftes untauglich. Zulässigerweise kann jedoch in Verträgen auch ein vereinfachtes Verfahren vereinbart werden. **Vorab im Vertrag** festzulegen, dass ein Schweigen des Kunden auf den Antrag des Lieferanten auf Preiserhöhung unter Zugeständnis einer ausreichend langen Reaktionsfrist und einer entsprechenden Information seine Zustimmung dokumentiert, wird typischerweise den Vorgaben von § 308 Nr. 5 BGB nicht gerecht.[66]

3. Keine Möglichkeit der Preisanpassung durch öffentliche Bekanntgabe in Sonderkundenverträgen

Im Zusammenhang mit der **Überprüfung von Preisanpassungsklauseln nach dem** 65 **AGB-Recht** und der **Ausnahmevorschrift des § 310 Abs. 2 BGB stellte sich in der Vergangenheit die Frage**, ob – wie bei Grundversorgungsverträgen (§ 5 Abs. 2 StromGVV/GasGVV) – eine Preisanpassung durch öffentliche Bekanntgabe auch in Sondervertragsverhältnissen wirksam vereinbart werden kann.[67] Dies wurde nunmehr vom BGH ablehnend entschieden.[68] In dem vom BGH zu entscheidenden Fall hatte sich der Versorger vorbehalten, die Änderung der Preise – entsprechend § 4 Abs. 2 AVBGasV – öffentlich bekannt zu geben.

Praxishinweis !
§ 4 Abs. 2 AVBEltV/AVBGasV lässt wie die Nachfolgeregelung in § 5 Abs. 2 StromGVV/GasGVV eine **Preisänderung** gegenüber grundversorgten Kunden **durch öffentliche Bekanntgabe** zu. Eine individuelle Mitteilung über die Preisanpassung sollten die Kunden nicht erhalten.

Der BGH ging in seiner Entscheidung davon aus, dass § 4 Abs. 2 AVBGasV keine Leit- 66 bildfunktion zukommt und Preisanpassungsklauseln in Sonderverträgen auch bei Übernahme der Regelung der uneingeschränkten Kontrolle nach § 307 BGB unterliegen. Die Unwirksamkeit einer § 4 Abs. 2 AVBGasV nachgebildeten Regelung – und damit auch der Möglichkeit einer Preisänderung durch öffentliche Bekanntgabe –

66 Vgl. BGH, Urt. v. 9.12.2015 – VIII ZR 349/14 – NJW 2016, 2101.
67 So z. B. LG Bonn, Urt. v. 7.9.2006 – 8 S 146/05 – RdE 2007, 84; LG Verden, Urt. v. 5.7.2007 – 5 O 419/06 – IR 2007, 235 f. mit Anm. *Finke*.
68 BGH, Urt. v. 31.7.2013 – VIII ZR 162/09 – BGHZ 198, 111.

ergebe sich daraus, dass diese Anlass und Modus einer Preisanpassung nicht hinreichend transparent abbilde.

4. Separierte Preissysteme: gleitende Weitergabe einzelner Entgeltbestandteile

67 Wählt der Lieferant die Variante der **separaten Ausweisung einzelner Preisbestandteile**, legt er bei Vertragsschluss **einzelne Entgeltelemente** offen. Der Vertragspartner kann insbesondere hinsichtlich

- der Netznutzungsentgelte,[69]
- der Steuern,
- der Abgaben und
- der sonstigen hoheitlichen Belastungen (Umlagen) sowie
- der Konzessionsabgabe

sofort beurteilen, welchen Einfluss diesbezügliche Änderungen auf seine Gegenleistung haben. Dies erhöht die **Transparenz** und **Nachvollziehbarkeit** für den Vertragspartner.

68 In Ergänzung zu den bereits dargestellten rechtlichen Maßstäben, an denen sich Preisanpassungsklauseln messen lassen müssen,[70] sind für sog. **Kostenelementeklauseln** zudem folgende inhaltliche Vorgaben zu beachten:

- Wichtig für die rechtssichere Weitergabe von Änderungen der Höhe nach, die nur einzelne Elemente des Gesamtpreises betreffen, ist die Offenlegung der Höhe der Entgeltbestandteile bei Vertragsbeginn. Nur so ist sichergestellt, dass der Vertragspartner die Entwicklung der Preise überhaupt nachvollziehen kann.
- Des Weiteren formuliert der **BGH** in seiner Rechtsprechung[71] (und zwischenzeitlich auch die nachrangigen Gerichte[72]), dass es der Nachvollziehbarkeit für den Kunden bei Kostenelementeklauseln widerspricht, wenn nicht auch die Gewichtung der einzelnen Kostenelemente im Hinblick auf ihre Bedeutung für die Kalkulation des Gesamtpreises ausgewiesen wird.

69 Dieses schränkt in der **Praxis**, gerade gegenüber Verbrauchern, die **Tauglichkeit von Kostenelementeklauseln** stark ein.

70 Eine **Klauselgestaltung unter separater Ausweisung einzelner Kostenbestandteile** führt dazu, dass die genannten Entgeltelemente für den Versorger **„ertragsneutral"** sind, da sie in der jeweils gültigen Höhe durchgereicht werden. Da es

---

69 Nach § 40 Abs. 1 EnWG sind Stromlieferanten ohnehin verpflichtet, in ihren Rechnungen das Netznutzungsentgelt gesondert auszuweisen.

70 Siehe bereits Rn 23 ff.

71 BGH, Urt. v. 21.9.2005 – VIII ZR 38/05 – RdE 2006, 52 ff. – Flüssiggas.

72 OLG Bremen, Urt. v. 16.11.2007 – 5 U 42/06 – ZNER 2008, 65 ff.; LG Bremen, Urt. v. 24.5.2006 – 8 O 1065/05 – Versorgungswirtschaft 2006, 178 ff. – Gaspreis; dazu *Eder/Finke*, IR 2006, 182 f.

aber in der **marktorientierten Wirtschaftsordnung** auch in anderen Bereichen nicht üblich ist, die einer Leistung zugrunde liegende **Kalkulation** in jedem Bestandteil offenzulegen, ist es auch in der Versorgungswirtschaft bislang nicht üblich, sämtliche Kostenbestandteile – und damit die gesamte Kalkulation – offenzulegen.

Eine **Besonderheit** ergibt sich für die **Weitergabe der Netznutzungsentgelte.** 71

Reicht der Lieferant diese an seinen Kunden durch, muss er berücksichtigen, dass 72
diese nicht erst unter Einhaltung einer Vorankündigungsfrist unmittelbar auch gegenüber seinem Kunden wirksam werden sollten. Das sollte vertraglich fixiert werden. Gleiches gilt hinsichtlich nachträglicher Änderungen in den Netznutzungsentgelten, bspw. weil die zugrunde liegende Genehmigung mit Rechtsmitteln angegriffen wurde, somit nachträglich möglicherweise für einen bereits abgerechneten Zeitraum hinsichtlich der Netznutzungsentgelte ein neues Niveau gilt, was eine **Nachberechnung** erforderlich macht.

5. Kein Sonderkündigungsrecht bei separierten Preissystemen

Durch das Gesetz zur Neuregelung energiewirtschaftlicher Vorschriften vom 26.7. 73
2011[73] hat das EnWG einige Änderungen erfahren. So ist in § 41 EnWG ein neuer Abs. 3 eingeführt worden, welcher in seinem S. 2 dem Letztverbraucher ein fristloses Kündigungsrecht einräumt, sofern der Lieferant die Vertragsbedingungen einseitig ändert.

Der Wortlaut des § 41 Abs. 3 EnWG lautet: 74

> *„Lieferanten haben Letztverbraucher rechtzeitig, in jedem Fall jedoch vor Ablauf der normalen Abrechnungsperiode und auf transparente und verständliche Weise über eine beabsichtigte Änderung der Vertragsbedingungen und über ihre Rücktrittsrechte zu unterrichten. Ändert der Lieferant die Vertragsbedingungen einseitig, kann der Letztverbraucher den Vertrag ohne Einhaltung einer Kündigungsfrist kündigen."*

Mittlerweile klargestellt hat der BGH mit seinem Urteil vom 9.12.2015, dass das **Son-** 75
derkündigungsrecht in § 41 Abs. 3 S. 2 EnWG **nur bis zum Zeitpunkt des Wirksamwerdens der Vertrags- bzw. Preisanpassung** ausgeübt werden kann (und nicht etwa noch danach als „zeitlich unbegrenztes Recht" fortbesteht).[74]

Fraglich ist jedoch, ob ein solches Kündigungsrecht auch bei separierten Preissys- 76
temen besteht, die ja gerade eine automatische Weitergabe von Kosten an den Verbraucher (und keine einseitige Änderung) vorsehen. Der Wortlaut der Norm spricht von einer **„einseitigen Vertragsänderung"**. Das kann sachgerecht nur dahingehend verstanden werden, dass die Änderung der Vertragsbedingungen auf einem Willensentschluss des Lieferanten beruht, dieser sich also bewusst und willentlich für eine

73 BGBl. I S. 1554.
74 BGH Urt. v. 9.12.2015 – VIII ZR 349/14 – NJW 2016, 2101.

Vertragsänderung entschieden haben muss. Einseitigkeit liegt demnach nicht vor, wenn dem Lieferanten nach dem Vertrag gar kein Ermessen bezüglich einer etwaigen Vertragsänderung zusteht.[75]

77 Anderenfalls würde dem Wort „einseitig" in § 41 Abs. 3 S. 2 EnWG kein eigenständiger Sinngehalt zukommen. Wollte man den Kunden vor jeder Änderung der Konditionen eines Vertrages mit einem Kündigungsrecht schützen, hätte § 41 Abs. 3 S. 2 EnWG bestimmen müssen, dass ein Kündigungsrecht bei jeglicher Vertragsänderung besteht, gleichgültig worauf diese beruht. [76]

78 Des Weiteren lässt sich anführen, dass schon nach dem Wortlaut eine einseitige Vertragsänderung voraussetzt, dass zumindest eine der beiden beteiligten Parteien die Vertragsänderung willentlich herbeigeführt hat. Bei starren Kostenelementeklauseln, die die genauen Parameter für die Kostenweitergabe im Vorhinein festlegen, ist die Entwicklung der Preise hingegen ungewiss, und kann nicht von den Parteien beeinflusst werden. Hierin liegt nicht die vertragliche Einräumung eines einseitigen Vertragsanpassungsrechts, sondern lediglich die rechtsgeschäftlich zulässige Vereinbarung von detailliert fixierten Parametern für die zukünftige Preisentwicklung.[77] Es fehlt an einem Entscheidungsspielraum des Lieferanten für die zukünftige Preisentwicklung. Diese ist vom Lieferanten nicht einseitig gestaltbar, sondern von beiden Parteien vorher konsensual abgesprochen.[78] Wenn jedoch schon keine einseitige Vertragsanpassung vorliegt, besteht auch kein Sonderkündigungsrecht nach § 41 Abs. 3 S. 2 EnWG.

79 Ausweislich der Gesetzesbegründung ging der Gesetzgeber davon aus, durch Einführung der Vorschrift nur die derzeit ohnehin geltende Rechtslage zu kodifizieren.[79] Der Vorschrift sollte also eine klarstellende Funktion zukommen.[80] Zu der Frage wann eine einseitige Vertragsänderung i. S. d. § 41 Abs. 3 S. 2 EnWG vorliegt, schweigt die Begründung. Insofern spricht auch die historische Auslegung der Klausel dafür, dass dem Letztverbraucher kein Sonderkündigungsrecht zusteht, wenn der Energieversorger kein vertragliches Ermessen bezüglich einer etwaigen Kostenänderung hat.

80 Auch der Sinn und Zweck dieser Regelung spricht dagegen, dem Kunden bei separierten Preissystemen ein Sonderkündigungsrecht einzuräumen. Erkennbar sollte der Kunde – dem Wortlaut entsprechend – vor einseitigen Eingriffen in das Synallagma durch ein Lösungsrecht vom Vertrag geschützt werden. Wenn aber die vertragliche Einigung schon in einer variablen (von keinem Vertragspartner beeinflussbaren) Preisgestaltung besteht, ist für diesen Schutzgedanken kein Raum. Ein

---

75 Dazu ausführlich *Eder/Reiter*, EnWZ 2020, 9 f.; *Eder/Rumpf*, EnWZ 2015, 105, 108.
76 *Eder/Reiter*, EnWZ 2020, 9 f.; *Eder/Rumpf*, EnWZ 2015, 105, 108.
77 Vgl. *Büdenbender*, NJW 2007, 2945, 2946.
78 Vgl. *Büdenbender*, NJW 2007, 2945, 2947.
79 BR-Drucks. 343/11, S. 215.
80 BR-Drucks. 343/11, S. 215.

weitergehender Eingriff in die Vertragsfreiheit ist insofern nicht geboten. Die Weitergabe von bspw. geänderten Umsatzsteuersätzen und vergleichbaren Belastungen ist vollständig marktüblich und wird – auch rechtlich – ohne Kündigungsrecht durchgeführt.

Diesem Ergebnis steht auch nicht das Urteil des BGH vom 5.7.2017[81] entgegen. 81
Zwar bezieht sich diese Entscheidung explizit auf ein Sonderkündigungsrecht nach § 41 Abs. 3 S. 2 EnWG für den Anwendungsbereich einer Weitergabe der Belastung von neu eingeführten, weggefallenen oder geänderten Steuern, Abgaben oder sonstigen hoheitlichen Belastungen. Allerdings hatte sich der Energieversorger in dem vom BGH zu entscheidenden Fall ein **(einseitiges) Preisanpassungsrecht** im Vertrag vorbehalten und gerade keine automatisierte Weitergabe der hoheitlichen Belastungen (in der jeweils geltenden Höhe) vorgesehen. Handelt es sich um eine einseitige Preisanpassung, findet die Vorschrift des § 41 Abs. 3 S. 2 EnWG selbstverständlich Anwendung.[82]

E. Wichtige Gerichtsentscheidungen

I. Flüssiggas-Entscheidung des BGH

Die von einem Unternehmer gegenüber Verbrauchern zum Abschluss von **Flüssiggas-** 82
belieferungsverträgen verwendete Klausel:

> *„Wenn sich nach Abschluss des Vertrages die Gestehungspreise für Flüssiggas, die Material-, Lohn-, Transport- und Lagerkosten oder die Mineralöl- bzw. Mehrwertsteuersätze ändern, kann S. (= Beklagte) im Umfang der Veränderungen dieser Kostenfaktoren pro Liefereinheit den vorstehend angegebenen derzeitigen Gaspreis ändern.*
>
> *Wenn sich die vorgenannten Kosten ermäßigen, kann der Kunde die Neufestsetzung des Preises im Rahmen der Veränderung der Kostenfaktoren verlangen.“*

hält nach Auffassung des **BGH**[83] der **Inhaltskontrolle** nach § 307 Abs. 1 BGB **nicht stand.**

Im Verfahren vor dem **BGH** hatte ein Verbraucherverband den Verwender der 83
Klausel, einen Flüssiggaslieferanten, auf Unterlassung der Verwendung der genannten Klausel verklagt. Der Flüssiggaslieferant hat im Verfahren vorgetragen, die durch die Klausel eröffnete Möglichkeit der Kunden, im Falle von Kostensenkungen eine Neufestsetzung des Preises zu verlangen, stelle gegenüber dem Preisanpassungsrecht

81 BGH, Urt. v. 5.7.2017 – VIII ZR 163/16 – ZIP 2018, 1451.
82 BGH, Urt. v. 5.7.2017 – VIII ZR 163/16 – ZIP 2018, 1451.
83 BGH, Urt. v. 21.9.2005 – VIII ZR 38/05 – RdE 2006, 52ff. – Flüssiggas.

ein **ausreichendes Gegengewicht** dar. Der **BGH** hat dies im Ergebnis abgelehnt und eine Unwirksamkeit der Vertragsbestimmung wegen eines Verstoßes gegen § 307 BGB angenommen.

84 Der **BGH** führt aus, dass die **Klausel** weder die **Voraussetzungen** noch den **Umfang** einer Gaspreiserhöhung hinreichend bestimmt regelt. Die Vertragspartner des Versorgers seien auf dieser Grundlage nicht in der Lage, die Berechtigung von Preiserhöhungen verlässlich nachzuvollziehen. Dem Lieferanten werde so die Möglichkeit eröffnet, das in dem ursprünglich vereinbarten Gaspreis zum Ausdruck kommende Gleichgewicht von Leistung und Gegenleistung zu seinen Gunsten zu verändern, ohne dass dem Kunden ein effektiver, kompensierender Ausgleich zur Verfügung steht.

85 Die verwendete Klausel widerspricht den **Anforderungen** an eine **zulässige Kostenelementeklausel**, wenn sie Preisänderungen an die Entwicklung bestimmter betriebsinterner Berechnungsgrößen koppelt. Diese können die Kunden weder kennen noch zumutbar in Erfahrung bringen. Die Klausel gewährt der Beklagten so einen **praktisch unkontrollierbaren Spielraum** zur Erzielung zusätzlicher Gewinne.

86 Der Klausel fehlt es zudem an einer **Gewichtung der einzelnen Kostenelemente** im Hinblick auf ihre Bedeutung für die Kalkulation des Gaspreises. Für den Kunden sei nicht vorhersehbar, wie sich die Erhöhung einzelner Kostenpositionen auf den vereinbarten Gaspreis auswirkt. Schließlich erlaubt die Klausel eine Preiserhöhung selbst dann, wenn sich zwar ein Kostenelement nach oben verändert hat, dieses jedoch durch ein Absinken eines anderen Kostenfaktors kompensiert wird, die Gesamtkosten daher unverändert sind.

87 Das Recht des Kunden, eine Neufestsetzung des Gaspreises zu verlangen, sei von der Entwicklung derselben Kostenfaktoren abhängig, die für das Recht der Beklagten zur einseitigen Preiserhöhung maßgeblich sind. In diese **betriebsinternen Berechnungsgrößen** habe der Kunde jedoch keinen Einblick und könne daher nicht erkennen, wann und in welchem Umfang er eine Senkung des Gaspreises verlangen kann. Das Recht des Kunden könne die **unangemessene Benachteiligung** durch die Beklagte daher nicht ausgleichen.

II. Entscheidung des BGH zu sog. GVV-Klauseln

88 In einer Entscheidung vom 31.7.2013 hatte sich der BGH[84] mit der Frage auseinanderzusetzen, ob die nachfolgenden Klauseln in Sonderlieferverträgen wirksam vereinbart werden können:

> *„Ändern sich die allgemeinen veröffentlichten Tarifpreise (Haushalt und Gewerbe) [des Versorgungsunternehmens], so ist [das Versorgungsunternehmen] berechtigt, die Vertragspreise angemes-*

84 BGH, Urt. v. 31.7.2013 – VIII ZR 162/09 – BGHZ 198, 111.

sen zu ändern. Die Änderungen werden wirksam mit der Bekanntgabe der geänderten Preise ab dem in der Bekanntgabe angegebenen Zeitpunkt ...“

„Die Preise des Sonderabkommens HS sind an den Tarif H II, die Preise des Sonderabkommens GS an den Tarif G II der ab 1. Oktober 1981 gültigen allgemeinen Tarife für die Versorgung mit Gas [des Versorgungsunternehmens] gebunden. Ändern sich die Grundpreise dieser Tarife, so ändern sich auch die Grundpreise der Sonderabkommen im gleichen Verhältnis; ändern sich die Arbeitspreise, so ändern sich die Arbeitspreise der Sonderabkommen um den gleichen Betrag.“

In seiner Entscheidung hat der BGH diese § 4 Abs. 2 AVBGasV bzw. der Nachfolgeregelungen in § 5 Abs. 2 StromGVV/Abs. 3 GasGVV nachgebildeten Preisanpassungsklauseln (sog. GVV-Klauseln) für unwirksam erklärt. Die Unwirksamkeit der Klauseln folgt aus § 307 Abs. 1 BGB, der – entgegen dem früheren Verständnis – nicht durch § 310 Abs. 2 BGB eingeschränkt werde. Den Vorgaben zur Preisanpassung gegenüber Tarifkunden komme insoweit keine „Leitbildfunktion“ zu, sodass sondervertragliche Preisanpassungsklauseln auch bei Übernahme dieser Regelungen der uneingeschränkten Kontrolle im Hinblick auf Transparenz und Angemessenheit unterliegen. Die Unwirksamkeit der genannten Preisanpassungsklauseln ergebe sich – dem Gericht zufolge – daraus, dass diese Anlass und Modus der Entgeltänderung nicht hinreichend transparent abbilden. **89**

In diesem Zusammenhang hat der BGH in der Urteilsbegründung auch die von ihm in vergangenen Entscheidungen aufgestellten Anforderungen an Transparenz und Angemessenheit von Preisanpassungsklauseln aufgegriffen und ausdrücklich bestätigt. Ein Vorbehalt des Lieferanten, die Preise einseitig zu ändern, müsse nach dem BGH die Verpflichtung des Versorgers vorsehen, Einsparungen in gleichem Umfang Rechnung zu tragen wie gestiegenen Kosten. Weiterhin müssten die Klauseln die Möglichkeit des Kunden, die Preisanpassung auf ihre Billigkeit überprüfen zu lassen, hinreichend deutlich erkennen lassen. An diesen Voraussetzungen fehle es bei einem bloßen Verweis auf § 4 Abs. 2 AVBGasV. **90**

Die Folgen der Unwirksamkeit der Preisanpassung seien auch nicht durch Herleitung eines einseitigen Preisanpassungsrechts des Versorgers im Wege einer ergänzenden Auslegung des Liefervertrages zu begrenzen. Allerdings bestätigte der BGH (obwohl die Voraussetzungen im konkreten Fall nicht vorlagen) seine Rechtsprechung, wonach der Kunde sich nicht auf die Unwirksamkeit derjenigen Preiserhöhung berufen kann, wenn er nicht innerhalb eines Zeitraums von drei Jahren nach Zugang der Jahresabrechnung, der der erhöhte Vertragspreis erstmals zugrunde lag, widersprochen hat. **91**

III. BGH zur Wirksamkeit von HEL-Klauseln gegenüber Verbrauchern

92 Der BGH hat in zwei Urteilen vom 24.3.2010 – VIII ZR 178/08[85] und VIII ZR 304/08[86] – Klauseln in Erdgas-Sonderkundenverträgen, die den Arbeitspreis für Erdgas allein an die Entwicklung des Preises für extra leichtes Heizöl (sog. HEL-Klauseln) binden, wegen einer unangemessenen Benachteiligung der Kunden i.S.d. § 307 Abs. 1 BGB für unwirksam erklärt.

93 Das Gericht sieht in den **HEL-Klauseln** jeweils dem AGB-Recht unterfallende Preisanpassungsklauseln. Dadurch, dass Grund- und Arbeitspreis – auf letzteren bezogen sich die HEL-Klauseln – in der Vertragsurkunde fest beziffert waren, habe es aus der maßgeblichen Sicht des Kunden von Anfang an einen festen und keinen variablen Preis gegeben. Die HEL-Klausel sei so zu verstehen, dass sie die feste Preisabrede lediglich ergänzte. Die HEL-Klausel sei daher eine Preisanpassungsklausel (Preisnebenabrede) und keine Preisabrede, die – aus Gründen privatautonomer Vertragsgestaltung – nicht dem AGB-Recht unterliege. Als Preisanpassungsklausel begründe die HEL-Klausel aber nach Ansicht des BGH eine unangemessene Benachteiligung der Sondervertragskunden i.S.d. § 307 Abs. 1 S. 1 BGB, da es kein schutzwürdiges Interesse an ihrer Verwendung gebe. Laut BGH spricht vieles dafür, dass die HEL-Klauseln die Erhaltung einer bestimmten Werterelation zwischen Erdgaslieferung und Geldzahlung bezwecken. Die Angemessenheit setze aber eine Prognose voraus, dass sich der Marktpreis für die Erdgaslieferung typischerweise ähnlich wie der Marktpreis für HEL entwickelt. Eine solche Prognose scheitere aber bereits daran, dass es nach Auffassung im Bereich der Belieferung von leitungsgebundenem Gas an Endverbraucher mangels wirksamen Wettbewerbs nach wie vor keinen Marktpreis gibt. Die Tatsache, dass der Gaspreis vielfach parallel zum Preis für leichtes Heizöl fixiert wird, beruhe lediglich auf einer gefestigten Praxis und nicht auf Markteinflüssen.

94 Ein berechtigtes Interesse an der Verwendung von HEL-Klauseln gegenüber Verbrauchern ergibt sich nach Ansicht des BGH auch nicht daraus, dass Gaslieferanten ein – vom BGH anerkanntes – Interesse haben, Kostensteigerungen während der Vertragslaufzeit an Sondervertragskunden weiterzugeben. HEL-Klauseln seien nicht in der Lage, die tatsächlichen Kostenentwicklungen der Lieferanten weiterzugeben. Zum einen gewährleisteten sie aufgrund ihrer vielfältigen Ausgestaltungen regelmäßig keine Korrelation der Bezugskosten des Lieferanten zu den für den Endkunden berechneten Arbeitspreisen. Zum anderen berücksichtigten sie nicht, dass ein Anstieg der Bezugskosten durch Kostensenkungen in anderen Bereichen (z.B. Absenkungen der Netzentgelte) ausgeglichen werden könne.

85 BGH, Urt. v. 24.3.2010 – VIII ZR 178/08 – BGHZ 185, 96.
86 BGH, Urt. v. 24.3.2010 – VIII ZR 304/08 – RdE 2010, 215.

IV. BGH zur Wirksamkeit von HEL-Klauseln gegenüber Gewerbekunden

In zwei Entscheidungen vom 14.5.2014 hat sich der BGH[87] erneut mit der Wirksamkeit von HEL-Klauseln auseinandergesetzt. Anders als bei den Gaslieferverträgen in den Entscheidungen vom 24.3.2010 handelte es sich jedoch um **Gaslieferverträge mit Gewerbekunden**. Den beiden Entscheidungen lagen leicht unterschiedliche Preisanpassungsklauseln zugrunde. So fand sich in dem dem einen Rechtsstreit[88] zugrunde liegenden Gasliefervertrag mit einer Wohnungsbaugenossenschaft eine ausdrücklich als variabler Arbeitspreis vereinbarte HEL-Formel, auf die dann in einer weiteren Anlage zum Vertrag für spätere Änderungen des Preises (zu jedem Quartal) Bezug genommen wurde. In dem anderen Rechtsstreit[89] enthielt der Gasliefervertrag mit einer Porzellanfabrik hingegen die ausdrückliche Bezifferung des Arbeitspreises in Währung/kWh, der dann in einer weiteren Ziffer im Vertrag durch die dort benannte Berechnungsmethode (HEL-Formel) als veränderlich vereinbart war. 95

Der BGH hat entschieden, dass eine in den AGB eines Gaslieferungsvertrages mit Gewerbekunden enthaltene Preisregelung, die sowohl der Berechnung des bei Vertragsbeginn geltenden Arbeitspreises als auch der Berechnung späterer Preisänderungen dient, zwar eine der Inhaltskontrolle nach § 307 BGB unterliegende Preisnebenabrede darstelle; die HEL-Klausel als Preisnebenabrede jedoch der inhaltlichen Kontrolle standhalte und demzufolge wirksam sei. Angemessen i.S.d. § 307 Abs. 1 BGB seien HEL-Klauseln in Gaslieferverträgen mit Gewerbekunden deshalb, weil die maßgebliche Frage, ob die Koppelung des Gaspreises an den Preis für leichtes Heizöl für einen Gewerbekunden sachgerecht und akzeptabel sei, der kaufmännischen Entscheidung und Beurteilung des als Unternehmer handelnden Gaskunden unterliege. Dieser habe die Chancen und Risiken einer Preiskoppelung einzuschätzen. Für den Gewerbekunden sei ersichtlich, dass mit der Anknüpfung an den Marktpreis von Heizöl als einzige Variable kein Bezug auf sonstige künftige Kostensteigerungen und Kostensenkungen beim Gaslieferanten selbst genommen werde bzw. dass diese Kostenentwicklungen für den in Zukunft zu zahlenden Arbeitspreis ohne Bedeutung ist. 96

V. BGH zur Reichweite von § 41 Abs. 3 S. 2 EnWG

In zwei Entscheidungen hat sich der BGH in jüngerer Vergangenheit mit der Reichweite und Anwendung von § 41 Abs. 3 S. 2 EnWG auseinandergesetzt.[90] Zunächst hat der 97

87 BGH, Urt. v. 14.5.2014 – VIII ZR 114/13 – BGHZ 201, 230 sowie BGH, Urt. v. 14.5.2014 – VIII ZR 116/13 – NJW 2014, 2715.
88 BGH, Urt. v. 14.5.2014 – VIII ZR 116/13 – NJW 2014, 2715.
89 BGH, Urt. v. 14.5.2014 – VIII ZR 114/13 – BGHZ 201, 230.
90 BGH, Urt. v. 9.12.2015 – VIII ZR 349/14 – NJW 2016, 2101 und BGH, Urt. v. 5.7.2017 – VIII ZR 163/16 – ZIP 2018, 1451.

BGH in seiner Entscheidung vom 9.12.2015 klargestellt, dass trotz des in dieser Hinsicht nicht eingeschränkten Wortlauts von § 41 Abs. 3 S. 2 EnWG ein **Sonderkündigungsrecht** für den betroffenen Kunden **nur bis zum Wirksamwerden der Vertrags- bzw. Preisanpassung** zulässig ist. Anderenfalls wäre es möglich gewesen, dass betroffene Kunden auch zeitlich deutlich zurückliegende Preisanpassungen zu einem beliebigen, späteren Zeitpunkt noch zum Anlass für eine (gegebenenfalls rückwirkende) Kündigung des Energieliefervertrages hätten nehmen können, was dem Sinn und Zweck der Regelung erkennbar nicht entsprochen hätte.[91]

98 In der sogenannten **„Stromio-Entscheidung"** des BGH aus dem Jahr 2017 hat der BGH § 41 Abs. 3 S. 2 EnWG zwar explizit auf eine Preisanpassung aus Anlass der Änderung von Steuern, Abgaben und hoheitlichen Belastungen erstreckt.[92] Dabei ist jedoch zu beachten, dass sich die Entscheidung auf eine Vertragsgestaltung bezieht, bei der sich der Energielieferant gerade nicht dazu verpflichtet hatte, Steuern, Abgaben und hoheitliche Belastungen in der jeweils gültigen Höhe „automatisch" durchzureichen. Stattdessen hatte sich der Energielieferant eine einseitige Preisanpassung vorbehalten, sodass die Anwendung von § 41 Abs. 3 S. 2 EnWG in dem zugrunde liegenden Fall nicht überrascht, sondern inhaltlich richtig ist. Damit ist jedoch nicht die Aussage verbunden, dass § 41 Abs. 3 S. 2 EnWG ein Sonderkündigungsrecht des Kunden auch für die Fälle gewährt, in denen der Lieferant im Rahmen eines separierten Preismodells hoheitlich veranlasste Kosten schlicht „durchreicht" – in diesen Fällen kommt, wie bereits oben gezeigt, kein Sonderkündigungsrecht zur Anwendung.[93] Darauf weist auch der BGH in seiner „Stromio-Entscheidung" hin und führt dazu aus, dass eine **einseitige Preisanpassung** nicht vorliegt, wenn ein **Preisanpassungs-Automatismus** vereinbart wurde und die Weitergabe von Kosten dann nicht mehr auf einer eigenen Willensentscheidung des Energielieferanten beruht.[94]

VI. BGH zur Wirksamkeit einer allgemeinen Preisanpassungsklausel in einem Stromsonderkundenvertrag

99 In einem ausführlich begründeten Urteil vom 25.11.2015 hat der BGH eine sorgfältig ausgestaltete Preisanpassungsklausel in einem Stromliefervertrag gegenüber Sonderkunden für wirksam erklärt.[95] Dabei hat der BGH klargestellt, dass es **nicht erforderlich ist, die gerichtliche Überprüfbarkeit der Preisanpassung nach § 315 BGB** explizit in der Klausel zu erwähnen (da sich diese Rechtsfolge bereits aus dem Gesetz ergibt). Im Übrigen ist es nach dem BGH nicht erforderlich, alle denkbaren Kostenfak-

91 BGH, Urt. v. 9.12.2015 – VIII ZR 349/14 – NJW 2016, 2101.
92 BGH, Urt. v. 5.7.2017 – VIII ZR 163/16 – ZIP 2018, 1451.
93 Dazu bereits oben Rn 73ff.
94 BGH, Urt. v. 5.7.2017 – VIII ZR 163/16 – ZIP 2018, 1451.
95 BGH, Urt. v. 25.11.2015 – VIII ZR 360/14 – BGHZ 208, 52.

toren bereits in der Preisanpassungsklausel aufzuführen – dies wäre nach den Aussagen des BGH eine übersteigerte Anforderung an die notwendige Transparenz.[96]

F. Ausblick

Bereits diese beispielhaften Entscheidungen zeigen, dass die **Rechtsprechung äu-** 100
ßerst strenge Anforderungen an die Ausgestaltung von Preisanpassungsklauseln vorsieht.

In der **Gesamtbetrachtung** muss auch bei der Anwendung der strengen Vor- 101
gaben des AGB-Rechts darauf geachtet werden, dass eine **Klausel**, die einen **sachgerechten und nachvollziehbaren Ausgleich der Interessen beider Vertragspartner** vorsieht, keine unangemessene Benachteiligung i.S.v. § 307 BGB darstellen kann. Dabei ist dem Interesse des jeweiligen Versorgungskunden an Preissicherheit und einer Transparenz hinsichtlich möglicher Preissteigerungen letztlich nur durch ein **Kündigungsrecht** wirksam Rechnung zu tragen.

96 BGH, Urt. v. 25.11.2015 – VIII ZR 360/14 – BGHZ 208, 52.

Kapitel 6 Grundversorgung

A. Grundlagen der Grundversorgung

1 Die Grundversorgung ist eigentlich ein Relikt aus alten Monopolzeiten, als der Verbraucher keine Wahl zwischen verschiedenen Versorgern hatte. Regelmäßig gab es nur einen einzigen Versorger, der in der Lage war, an der Anschlussstelle des Verbrauchers mit Strom und/oder Gas zu versorgen. Aus diesem Grund war es im Rahmen der staatlichen Daseinsvorsorge erforderlich, einem Unternehmen die Versorgungspflicht für jedermann aufzuerlegen. Die Situation hat sich zwischenzeitlich geändert. Sowohl bei der Strom- als auch bei der Gasversorgung gibt es jetzt eine Vielzahl von Versorgern und Tarifen zur Auswahl.[1]

2 Gleichwohl hat die Grundversorgung auch heute noch ihre Berechtigung. Auch wenn der Abschluss eines Strom- und Gasliefervertrages durchaus einfach ist und z. B. auch über Vergleichsportale teilweise direkt online erfolgen kann, gibt es auch mehr als 20 Jahre nach der Liberalisierung der Strom- und Gasmärkte noch eine hinreichend große Anzahl von Kunden, die sich nicht um einen Versorger bemühen. Auch diese sollen nicht sprichwörtlich „im Dunkeln“ stehen. Auch gibt es Kunden, die sich bei einem Umzug keinen Versorger suchen und einfach das Licht anschalten, andere Kunden bekommen wegen ihrer Bonität möglicherweise keinen Sondervertrag angeboten. Für all diese Kunden muss es aber die Möglichkeit einer Strom- und Gasversorgung geben, da diese selbstverständlich zur staatlichen Daseinsvorsorge gehört.

3 Auch wenn die Wechselmöglichkeit zu anderen Versorgern besteht, hat der Gesetzgeber im § 36 EnWG[2] eine **Grundversorgungspflicht** geregelt. Grundsätzlich ist die Strom- und Gasversorgung auch im liberalisierten Markt Aufgabe der **Daseinsvorsorge.** Der Staat hat mit der Grundversorgung sichergestellt, dass eine Versorgung der Kunden durch mindestens ein Versorgungsunternehmen, dem Grundversorger, sichergestellt ist.

---

1 Im Internet ist eine Vielzahl von Vergleichsportalen vorhanden, in denen sich ein Verbraucher den für ihn passenden Versorger und Tarif aussuchen kann. Regelmäßig hat er hier die Wahl aus deutlich mehr als 100 verschiedenen Tarifen von unterschiedlichen Versorgungsunternehmen, vgl. Kap. 1 Rn 27 ff.

2 Energiewirtschaftsgesetz (EnWG) v. 7.7.2005 (BGBl. I S. 1970, 3621), zuletzt geändert durch Gesetz v. 8.8.2020 (BGBl. I S. 1818).

https://doi.org/10.1515/9783110716306-006

I. Grundversorgungspflichtiges Unternehmen

4 Zur Grundversorgung ist das Unternehmen verpflichtet, dass die meisten Haushaltskunden in dem **Netz der allgemeinen Versorgung** beliefert. Räumlich wird bei der Bestimmung des Grundversorgers auf das Gebiet einer Gemeinde abgestellt.[3] Was „die meisten Haushaltskunden" sind, bestimmt sich nicht durch die Anzahl der versorgten Personen oder der gelieferte Menge an Energie, sondern durch die Anzahl der Verträge. Die Bestimmung des Grundversorgers erfolgt durch den Netzbetreiber, da diesem sämtliche Informationen zu der Anzahl der versorgten Kunden vorliegen.

5 Die **Eigenschaft** als **Grundversorger** ist allerdings nicht statisch. Der Netzbetreiber hat in einem dreijährigen Rhythmus, beginnend im Jahr 2006, zu überprüfen, welches Versorgungsunternehmen die **meisten Haushaltskunden** versorgt. Hierfür sieht § 36 Abs. 2 S. 2 EnWG den 1.7. als Stichtag für die Ermittlung vor. Bis zum 30.9. des gleichen Jahres hat der Netzbetreiber die Eigenschaft des Grundversorgers auf seiner Homepage zu veröffentlichen. Lieferanten haben dann bis zum 31.10. Zeit, bei der jeweils zuständigen Landesbehörde Einwände gegen die vom Netzbetreiber getroffenen Feststellungen zu erheben.

II. Grundversorgungsberechtigte Energiekunden

6 Wer aus der Grundversorgung berechtigt ist, wird in § 36 Abs. 1 EnWG geregelt, dies sind Haushaltskunden.

7 Der Begriff des Haushaltskunden wiederum wird in § 3 Nr. 22 EnWG wie folgt definiert:

> *„Letztverbraucher, die Energie überwiegend für den Eigenverbrauch im Haushalt oder für den einen Jahresverbrauch von 10.000 Kilowattstunden nicht übersteigenden Eigenverbrauch für berufliche, landwirtschaftliche oder gewerbliche Zwecke kaufen."*

8 Diese Definition bringt einige Unschärfen mit sich.

9 Unzweifelhaft in die Grundversorgung fallen Kunden, welche die Energie ausschließlich im privaten Haushalt verbrauchen. Soweit diese Ausschließlichkeit nicht mehr gegeben ist, kann es problematisch werden. Ein Großteil des Problems kommt daher, dass die in der Norm angegebene Grenze von 10.000 kWh wohl willkürlich gegriffen ist. In der Stromversorgung mag diese noch sinnvoll sein, bei der Gasversorgung ist der Verbrauch schon für einen normalen Haushalt, der Gas zu Heizzwecken verwendet, deutlich zu gering. Offenbar hat man versucht, einen Gleichklang zwischen den Medien herbeizuführen, der an dieser Stelle aber fehl geht. Regelmäßig dürfte der Gasverbrauch in einem durchschnittlichen Haushalt jenseits von

3 *Schwintowski*, EWerk 2018, 3, 4.

10.000 kWh liegen, sodass allenfalls eine Relevanz für Kochgaskunden und Haushalten mit ein oder zwei Personen besteht.

Es wird insbesondere bei gemischt genutzten Immobilien, etwa bei dem Betreiben eines Geschäftes oder einer Rechtsanwaltskanzlei in einem Haus, dass gleichzeitig auch zu eigenen Wohnzwecken verwandt wird, darauf ankommen, welchem Nutzungsbereich der überwiegende Teil des Strom- und/oder Gasverbrauchs zuzuordnen ist. Je nach Einordnung gibt es deutlich unterschiedliche Rechtsfolgen.[4] Der Grundversorger wird diese Abgrenzung nicht selbst vornehmen können, insbesondere dann nicht, wenn er dem Eigentümer lediglich eine einheitliche Rechnung stellt. Daher obliegt es dem Eigentümer dem Grundversorger durch Vorlage geeigneter Unterlagen nachzuweisen, dass er Haushaltskunde i. S. d. § 3 Nr. 22 EnWG ist und einen Anspruch auf die Grundversorgung hat. 10

Rechtlich nicht ganz einfach zu beantworten ist die Frage, wie ein Gewerbekunde zu behandeln ist, der sich schwankend an der 10.000 kWh-Grenze bewegt. Solange er (wieder) unterhalb dieser Grenze ist, hat er zweifelsfrei einen Anspruch auf die Grundversorgung. Verlässt er diesen Bereich, verliert er diesen Anspruch. Allerdings ist es den Vertragsparteien unbenommen einen Grundversorgungsvertrag auch außerhalb eines Anspruchs abzuschließen, in einem solchen Fall wird man dann aber davon ausgehen müssen, dass die verbraucherschützenden Regelungen (z. B. eingeschränkte Kündigungsrechte) in einem solchen Fall nicht gelten.[5] 11

III. Wirkung der Grundversorgung

Ein Haushaltskunde i. S. d. § 3 Nr. 22 EnWG hat gegenüber dem Grundversorger einen Anspruch auf eine Versorgung zu den Allgemeinen Bedingungen und Allgemeinen Preisen. Eine nähere Ausgestaltung hat der Gesetzgeber in der StromGVV[6] und der GasGVV[7] vorgenommen. 12

Auch Haushaltskunden, die keinen Versorger gewählt haben und gleichwohl Strom/Gas aus dem Versorgungsnetz entnehmen, werden dem Grundversorger zugeordnet und begründen mit diesem einen Versorgungsvertrag in der Grundversorgung. Letztlich bedeutet dies, dass ein Haushaltskunde immer einen Versorger hat, der ihn mit Strom und Gas versorgt. Auf den ersten Blick klingt diese Regelung auch für den Versorger positiv. Ihm werden die Kunden quasi ohne eigenes Zutun zugeführt und er vergrößert seinen Kundenstamm, was nicht nur einen weiteren Vorteil 13

4 Vgl. sogleich Rn 12ff.

5 Vertiefend *Ehring/Rausch*, Versorgungswirtschaft 2020, 5ff.

6 Stromgrundversorgungsverordnung (StromGVV) v. 26.10.2006 (BGBl. I S. 2391), zuletzt geändert durch Verordnung v. 14.3.2019 (BGBl. I S. 333).

7 Gasgrundversorgungsverordnung (GasGVV) v. 26.10.2006 (BGBl. I S. 2391, 2396), zuletzt geändert durch Gesetz v. 29.8.2019 (BGBl. I S. 2034).

bei der nächsten Bestimmung des Grundversorgers bringt, sondern darüber hinaus auch zu einer Steigerung des Umsatzes beiträgt.

14 Grundsätzlich wird man einer solch positiven Bewertung durchaus zustimmen und in den überwiegenden Fällen ist dies sicherlich auch positiv. Auf der anderen Seite allerdings, hat der Grundversorger keine Wahl, wen er als Kunden nimmt oder nicht. Er muss jeden Haushaltskunden bis zur Grenze der wirtschaftlichen Unzumutbarkeit versorgen. Die Grenze der wirtschaftlichen Unzumutbarkeit dient im Wesentlichen dazu, die Verfassungsmäßigkeit der Grundversorgung sicherzustellen, da diese durch den Kontrahierungszwang in die Grundrechte der Eigentumsfreiheit (Art. 14 GG[8]), der Berufsfreiheit (Art. 12 GG) und der Allgemeinen Handlungsfreiheit (Art. 2 Abs. 1 GG) eingreift.[9] Diese Grenze dürfte indes nur schwer zu erreichen sein. In der Praxis stellt sich hier dann oftmals die Frage, auf was es für die Feststellung der **wirtschaftlichen Unzumutbarkeit** ankommt, auf das konkrete Versorgungsverhältnis[10] und/oder auf die Unzumutbarkeit für das Unternehmen des Grundversorgers.[11] Überzeugender ist hier, auf das einzelne Vertragsverhältnis abzustellen. Gelingt es für den einzelnen Kunden nicht einmal mehr die Fixkosten zu decken, die für seine Versorgung entstehen, weil beispielsweise die Kosten für die Umlagen nicht abgedeckt werden,[12] so führt dies mutmaßlich nicht zu einer Unzumutbarkeit der Grundversorgung für den Versorger als solches. Allerdings stört dies bereits das vereinbarte Äquivalenzprinzip und hat mindestens mittelbar auch Auswirkungen auf die Kalkulation des Grundversorgungstarifs insgesamt. Daher wäre es mehr als unbillig dem Grundversorger ein reaktionsloses Zuwarten solange aufzuzwingen, bis die Grundversorgung insgesamt nicht mehr gedeckt ist. Dies ginge zulasten aller Kunden, da diese dann die Mehrkosten zu tragen hätten.

15 Im Übrigen wird dem Grundversorger mit der StromGVV und der GasGVV die **Ausgestaltung** des **Vertragsverhältnisses** vorgegeben, von denen die Versorger nur sehr begrenzt abweichen können. Gerade die Frage des Rechts zur **Preisanpassung** macht dies deutlich.[13] Immer wieder haben Kunden bemängelt, dass eine solche Preisanpassungsmöglichkeit nicht existieren würde, da es hieran in der GVV fehlt bzw. die dort enthaltene Regelung nicht wirksam ist. Diese Rechtsauffassung einmal als richtig unterstellt, bedeutet dies, dass der Versorger zwar die vertragliche Verpflichtung zur Versorgung eingehen muss, im Gegenzug allerdings kein Recht zur Preisanpassung haben würde. Dass Preisanpassungen notwendig sind, wird man

8 Grundgesetz für die Bundesrepublik Deutschland (GG) v. 23.5.1949, zuletzt geändert durch Gesetz v. 15.11.2019 (BGBl. I S. 1546).

9 BerlKommEnR I 1/*Busche*, § 36 EnWG Rn 17.

10 *Busche*, § 36 EnWG Rn 19; Theobald/Kühling/*Heinlein*/*Weitenberg*, § 36 EnWG Rn 73 ff.

11 OLG Dresden, Urt. v. 17.11.2009 – 9 U 1467/09 – RdE 2010, 186 ff. = ZfK 2010, 6.

12 Zum Umfang der Umlagen vgl. Kap. 1 Rn 9 ff.

13 Vgl. sogleich Rn 15 ff. sowie Kap. 1 und 5.

hierbei nicht in Frage stellen können, sodass es zu einer wirtschaftlich kaum hinnehmbaren Situation kommt.

Der Grundversorger wird vielmehr auf seine Rechte aus der StromGVV/GasGVV verwiesen. Dies meint oftmals das Recht zur **Versorgungsunterbrechung** gemäß § 19 StromGVV/GasGVV. Hierbei ist allerdings festzuhalten, dass Gerichte ein solches **Sperrrecht** vielfach dann verneinen, wenn der Kunde zuvor die Unbilligkeit der Preise gerügt hat und auch nur den Erhöhungsbetrag einbehält. 16

B. Preisanpassungsrecht

Zwischen allen Marktteilnehmern, seien es Versorger, Verbraucher, Gerichte oder auch Kartellbehörden wird nicht ernsthaft in Zweifel gezogen, dass ein Versorger in der Lage sein muss, die Preise für die Versorgung mit Strom und Gas zu verändern. 17

Alles nach dieser grundlegenden Festlegung ist aber zwischen Versorgern und Kunden umstritten. Oftmals wird schon ganz grundlegend in Zweifel gezogen, ob ein Grundversorger überhaupt das Recht hat, Preisanpassungen vorzunehmen. 18

I. Einordnung in die Grundversorgung

Bevor der Frage nachgegangen werden kann, ob und wenn ja inwieweit eine Preisanpassung in der Grundversorgung möglich ist, ist jeweils zu klären, ob es sich bei dem Versorgungsverhältnis um eines in der Grundversorgung oder im Sonderkundenbereich handelt. 19

1. Relevanz der Abgrenzung

Die Frage, ob eine **Grundversorgung** oder ein **Sonderkundenverhältnis** vorliegt, ist von entscheidender Bedeutung für die Frage, welcher **Prüfungsmaßstab** anzuwenden ist und wo die Schwerpunkte einer Prüfung sind. 20

In **Sonderkundenverträgen**[14] liegt der Schwerpunkt von Auseinandersetzungen bei der Frage des Ob der Preisanpassung. Insbesondere kommt es in diesen Fällen darauf an, ob die Preisanpassungsklausel den Anforderungen, welche das Recht der **Allgemeinen Geschäftsbedingungen** (AGB) stellt, genügt. Die Anforderungen des BGH sind derartig komplex, dass bisher keine der geprüften **Preisanpassungsklauseln** vom BGH bestätigt wurde. Im Gegenteil: Die ursprünglich als mit dem AGB-Recht vereinbare spiegelbildliche Abbildung der Preisanpassungsmöglichkeit aus 21

14 Vgl. Kap. 5.

§ 4 Abs. 2 AVBEltV[15]/AVBGasV[16] in Sonderverträgen,[17] wurde nach einer Entscheidung des EuGH[18] vom BGH ausdrücklich wieder aufgegeben.[19]

22 Ist diese Hürde erst einmal genommen, dürfte eine Prüfung der Einhaltung der vertraglichen vereinbarten Voraussetzungen unproblematischer sein.

23 In der **Grundversorgung** verhält es sich oftmals anders. **Preisanpassungen**, welche ihre Berechtigungen direkt in der StromGVV/GasGVV finden, unterliegen keiner Prüfung nach dem AGB-Recht, § 307 Abs. 3 BGB. Hier liegt, wie auch die Rechtsprechung zeigt, der Schwerpunkt bei dem Umfang einer möglichen Preisanpassung.

2. Abgrenzung

24 Wie die **Grundversorgung** vom **Sondervertrag** abzugrenzen war, hat die Rechtsprechung eine gewisse Zeit beschäftigt, bis sich der BGH mit dieser Frage auseinandergesetzt hat:

25 In seiner Entscheidung vom 15.7.2009[20] stellte der BGH darauf ab, ob das Versorgungsunternehmen die Versorgung zu öffentlich bekannt gemachten Bedingungen im Rahmen seiner Versorgungspflicht oder im Rahmen der Vertragsfreiheit anbietet. Maßgeblich kommt es hierbei auf die Sicht des durchschnittlichen Kunden an. Hierbei kam es für das Gericht auch auf die Bezeichnung des Tarifs an.[21]

! Tipp

Zur Vermeidung von Verwirrungen sollte in der Grundversorgung darauf verzichtet werden, Tarifbezeichnungen zu verwenden, die eine Sondervertragseigenschaft nahelegen könnten. Dies dürfte insbesondere Begriffe wie „Sonder", „Spezial" etc. betreffen.

---

26 Mithin wird man das Vertragsverhältnis analysieren und auslegen müssen. Kommt beispielsweise ein Kunde ohne ausdrücklichen Vertragsschluss auch in den Genuss des Vertrages, spricht viel für eine Versorgung in der Grundversorgung. Werden demgegenüber von der GVV abweichende Bedingungen angeboten, etwa eine feste Laufzeit oder eine Preisgleitklausel, wird wohl von einem Sondervertrag ausgegangen werden müssen.

---

15 Verordnung über Allgemeine Bedingungen für die Elektrizitätsversorgung von Tarifkunden (AVBEltV) v. 21.6.1979 (BGBl. I S. 684), zum 7.11.2006 außer Kraft getreten.

16 Verordnung über Allgemeine Bedingungen für die Gasversorgung von Tarifkunden (AVBGasV) v. 21.6.1979 (BGBl. I S. 676), zum 7.11.2006 außer Kraft getreten.

17 BGH, Urt. v. 15.7.2009 – VIII ZR 225/07 – BGHZ 182, 59.

18 EuGH, Urt. v. 21.3.2013 – C-92/11 – NJW 2013, 2253.

19 BGH, Urt. v. 31.7.2013 – VIII ZR 162/09 – NJW 2013, 3647.

20 BGH, Urt. v. 15.7.2009 – VIII ZR 225/07 – BGHZ 182, 59.

21 BGH, Urt. v. 11.5.2011 – VIII ZR 42/10, Rn 34 – BGHZ 189, 356.

3. Best-Preis-Abrechnung

Besondere Abgrenzungsschwierigkeiten ergeben sich oftmals dann, wenn eine Versorgung im Rahmen einer Best-Preis-Abrechnung erfolgt. Best-Preis-Abrechnung bedeutet, dass der Kunde je nach seinem Verbrauchsverhalten automatisch in eine bestimmte Preiszone eines Tarifs eingestuft wird. 27

Grundsätzlich kann ein Versorgungsunternehmen auch mehrere Grundversorgungstarife anbieten.[22] Auch insoweit kommt es dann jeweils auf die konkrete Ausgestaltung des Tarifs an. Verbleibt es bei einer Best-Preis-Abrechnung auch allein bei den Bedingungen der GVV, so ist auch in diesem Fall von einer Grundversorgung auszugehen.[23] 28

II. Rechtsprechung in Deutschland

Mitte des Jahres 2004 sorgte in der Frage nach der Berechtigung der Preisanpassung ein Urteil des AG Heilbronn[24] für Furore. Auch wenn in diesem Verfahren der Verbraucher, ein ehemaliger Richter des AG Heilbronn, letztlich vor dem BGH unterlegen war,[25] begann damit eine Welle von Widersprüchen von Verbrauchern und sich daraus ergebend eine hohe Anzahl von Gerichtsverfahren gegen Versorgungsunternehmen. Die Widersprüche der Verbraucher halten bis heute an, wenn sich auch die Intensität und der Umfang der Auseinandersetzungen reduziert hat. Auch hat sich die Auseinandersetzung thematisch verlagert. 29

1. Entscheidungspraxis bis zum Jahr 2015

Die erste Frage, ob den Unternehmen überhaupt ein **einseitiges Preisbestimmungsrecht** zukam, hat der BGH im Jahr 2007 geklärt. Im **Strompreisurteil** vom 28.3.2007[26] wurde diese Frage noch offengelassen, da es hier nicht entscheidend darauf ankam. In seinem **Gaspreisurteil** vom 13.6.2007[27] wurde dann klargestellt: Einseitige Tariferhöhungen eines Gasversorgers gem. § 4 Abs. 1 und 2 der AVBGasV (und damit auch nach seiner Nachfolgeregelung des § 5 Abs. 2 GasGVV) unterliegen der **gerichtlichen Billigkeitskontrolle** nach § 315 Abs. 3 BGB. Dem legt das Gericht folgende Erwägungen zugrunde: 30

---

22 BGH, Urt. v. 14.7.2010 – VIII ZR 246/08, Rn 27 – NJW 2011, 50, 51; BGH, Urt. v. 11.5.2011 – VIII ZR 42/10, Rn 32 – BGHZ 189, 356, 365; BGH, Urt. v. 31.7.2013 – VIII ZR 162/09, Rn 34 – NJW 2013, 3647, 3649; BGH, Urt. v. 9.12.2015 – VIII ZR 236/12 – EnWZ 2016, 222.

23 OLG Koblenz, Urt. v. 17.6.2010 – U 1092/09.Kart – IR 2011, 36.

24 AG Heilbronn, Urt. v. 15.4.2005 – 15 C 4394/04 – RdE 2005, 176 ff. = ZNER 2005, 177 ff.

25 BGH, Urt. v. 13.6.2007 – VIII ZR 36/06 – BGHZ 172, 315.

26 BGH, Urt. v. 28.3.2007 – VIII ZR 144/06 – N&R 2007, 116 ff. mit Anm. *Wollschläger*.

27 BGH, Urt. v. 13.6.2007 – VIII ZR 36/06 – NJW 2007, 2540 ff.

„Ein materielles Leistungsbestimmungsrecht i.S.v. § 315 Abs. 1 BGB kann einer Vertragspartei nicht nur durch vertragliche Vereinbarung, sondern auch durch Gesetz eingeräumt werden.“[28]

2. Europarechtliche Implikationen

31 Nachdem der BGH mit seiner Entscheidung vom 29.4.2008 das erste Mal im Sonderkundenvertrag zu erkennen gegeben hat, welche Anforderungen er an die Wirksamkeit von Preisanpassungsklauseln stellt,[29] kamen dem OLG Oldenburg[30] Zweifel an der Vereinbarkeit mit der EltRL,[31] was nach einem Urteil des EuGH[32] dazu führte, dass auch der BGH[33] den Verstoß mit der EltRL feststellte.

32 Auch wenn diese Vorgänge zunächst nur für den Sonderkundenvertragsbereich Relevanz hatten, sind Auswirkungen auch auf die Grundversorgung nicht von der Hand zu weisen. Schließlich ging es bei der vorbezeichneten Klausel um die Bezugnahme auf § 4 AVBGasV.

33 Tatsächlich hat der BGH mit seinem Vorlagebeschluss vom 29.6.2011[34] dem EuGH die Frage zur Entscheidung vorgelegt, ob die Preisanpassungsregelung, wie sie der deutsche Verordnungsgeber in den Versorgungsbedingungen bzw. den GVV vorgesehen hat, mit der EltRL im Einklang steht.

34 Der EuGH hat in seinem Urteil vom 23.10.2014[35] dann festgestellt, dass die in der StromGVV und GasGVV zum damaligen Zeitpunkt vorhandenen Preisanpassungsregelungen nicht mit dem europäischen Recht in Einklang stehen und somit kein Preisanpassungsrecht begründen können. Der deutschen Regelung mangelt es daran, dass der Verbraucher nicht rechtzeitig vor einer Preisanpassung durch den Versorger in einer transparenten Weise über den konkreten Anlass, Voraussetzungen und Umfang dieser informiert wurde.

35 Die AVBEltV und die AVBGasV sind an die Vorgaben der Richtlinie nicht angepasst worden, genauso wenig wie Regelungen der StromGVV und GasGVV, welche 2006 an deren Stelle getreten sind.

36 Das Gericht hat das Urteil keiner zeitlichen Beschränkung unterworfen und begründet eine Wirkung für die Vergangenheit damit, dass von den Prozessparteien nicht dargelegt worden sei, welche Auswirkungen sich ergeben würden. Diese Wir-

---

28 Hier unter Rückgriff auf BGH, Urt. v. 17.5.1994 – X ZR 82/92 – BGHZ 126, 109, 120 zu § 12 Abs. 3 Gesetz über Arbeitnehmererfindungen; Palandt/*Grüneberg*, § 315 BGB Rn 4; Soergel/*Wolf*, § 315 BGB Rn 29; Bamberger/Roth/*Gehrlen*, § 315 BGB Rn 3; Staudinger, § 315 BGB Rn 255; Erman/*Hager*, § 315 BGB Rn 10.

29 BGH, Urt. v. 29.4.2008 – KZR 2/07 – RdE 2008, 204.

30 OLG Oldenburg, Vorlagebeschl. v. 14.12.2010, 12 U 49/07 – ZNER 2011, 76 ff.

31 RL 2009/72/EG v. 13.7.2009 (ABl EU Nr. L 211 S. 55).

32 EuGH, Urt. v. 21.3.2013 – C-92/11 – ZNER 2013, 147.

33 BGH, Urt. v. 31.7.2013 – VIII ZR 162/09 – NJW 2013, 3647.

34 BGH, Beschl. v. 29.6.2011 – VIII ZR 211/10 – NJW 2011, 3096.

35 EuGH, Urt. v. 23.10.2014 – C-359/11 und C-400/11 – EnWZ 2014, 560 ff.

kung liegt allerdings auf der Hand: In sämtlichen Grundversorgungsverträgen Strom und Gas sind die Preisanpassungen bisher ohne Rechtsgrund vorgenommen worden. In einem solchen Fall steht dem Kunden für den nichtverjährten Zeitraum ein Rückforderungsanspruch zu. Dies begründete für die Versorger unmittelbar ein erhebliches finanzielles Risiko. Sie befanden sich zwangsläufig in einer Zwickmühle. Sie mussten innerhalb der Grundversorgung zwingend nach den Vorgaben der StromGVV/GasGVV versorgen, ein Abweichen hiervon war (und ist) rechtlich unzulässig. Das Einhalten der Regelungen hat sich nunmehr allerdings als europarechtswidrig herausgestellt, sodass insoweit die Gefahr bestand, dass die Versorger für die Versäumnisse des Verordnungsgebers bei der Umsetzung europäischen Rechts haften würden.

3. Umsetzung der EuGH-Entscheidungen in Deutschland

Die Entscheidungen des EuGH waren insbesondere in zweierlei rechtlichen Aspekten 37
zu bedenken, für zukünftige Preisänderungen und für Preisänderungen in der Vergangenheit.

a) Auswirkungen für die Vergangenheit

Große rückwirkende Auswirkungen sind durch die Entscheidungen des EuGH auf die 38
Gasversorger nicht zugekommen. Zwar geht der BGH[36] auch davon aus, dass die Regelungen der § 4 AVBEltV/AVBGasV wegen Verstoßes gegen europäisches Recht kein Preisanpassungsrecht begründen können. Dies führt allerdings dazu, dass der Vertrag lückenhaft wird, da es an einer Preisanpassungsregelung fehlt.

Eine solche Preisanpassungsregelung ist nach Auffassung des BGH allerdings 39
notwendig, da der Versorger ein berechtigtes Interesse an der Weitergabe von gestiegenen Bezugskosten habe. Hierbei nahm der BGH auch in den Blick, dass der Versorger einer Kontrahierungspflicht unterliegt und Grundversorgungsverträge nur sehr eingeschränkt kündbar sind. Wollte man einen Grundversorger mehrere Jahre trotz sich verändernder Gestehungskosten an dem Ausgangspreis festhalten, würde dies zu einer Störung des Äquivalenzprinzips führen. Dies würde ein redlicher Kunde nicht wollen. Vielmehr hätte der Kunde, wäre die Unwirksamkeit der Preisanpassungsregelung in der Verordnung bekannt gewesen, ein entsprechendes vertragliches Anpassungsrecht für steigende Kosten vereinbart. Genauso hätte auch ein Versorger ein Anpassungsrecht für sinkende Gestehungskosten zugunsten des Kunden vereinbart.

Der BGH hat die Frage, ob die von ihm gefundene rechtliche Lösung europarechts- 40
konform ist, nicht erneut dem EuGH vorgelegt. Dass dies ausgeblieben ist, hat durchaus für Unmut bei den betroffenen Verbrauchern gesorgt. Diese haben hierin einen Verstoß gegen den Anspruch auf den gesetzlichen Richter gesehen und das BVerfG an-

36 BGH, Urt. v. 28.10.2005 – VIII ZR 158/11 und VIII ZR 13/12 – BGHZ 207, 209.

gerufen. Während die erste BGH-Entscheidung noch ohne Begründung nicht zur Entscheidung vom BVerfG angenommen wurde,[37] wurde die Nichtannahme der zweiten Verfassungsbeschwerde, die sich gegen die Entscheidung des BGH vom 26.4.2016[38] richtete, begründet.[39] Die Nichtvorlage verstieß nicht gegen Art. 101 Abs. 1 S. 2 GG.

b) Auswirkungen für die Zukunft

41 Schon vor der Entscheidung des EuGH hatte der deutsche Verordnungsgeber reagiert und die StromGVV und GasGVV geändert[40] und die Intransparenz der Preisregelung beseitigt. Der Grundversorger muss nunmehr einzelne Preisbestandteile, die in dem Grundversorgungspreis enthalten sind, in der Veröffentlichung benennen. Dies sind die staatlichen Umlagen und die Steuern sowie die der Regulierung unterliegenden Netzentgelte und Entgelte für den Messstellenbetrieb.

42 Bei Preisanpassungen hat der Grundversorger künftig Umfang, Anlass und Voraussetzung für die Preisanpassung anzugeben und die Kunden auf das Kündigungsrecht hinzuweisen. Ändern sich die eingepreisten staatlichen Belastungen ist der Grundversorger jederzeit berechtigt, die Preise neu zu kalkulieren und anzupassen. Führt der Saldo zu einer Senkung, so besteht eine Verpflichtung zur Preisanpassung.

43 Streitig ist hin und wieder, welchen Detaillierungsgrad die Mitteilung der Preisanpassung an den Kunden haben muss und welche Rechtsfolgen sich an ein Ausbleiben einer (hinreichenden) Mitteilung knüpfen. Der Umfang der Preisanpassung, letztlich also die Mitteilung des Preises, entsprach schon immer der Rechtslage. Nunmehr müssen auch noch zum Anlass und zu den Voraussetzungen Aussagen getätigt werden. Hierdurch soll der Verbraucher in die Lage versetzt werden, die Preisänderungen nachvollziehen und möglichst verstehen zu können. Es kann von dem Grundversorger keine mehrseitige detaillierte Darstellung mit der Vorlage von Kalkulationen und Ausweis der Marge erwartet werden. Eine zu ausführliche Erläuterung der Gründe von Preisänderungen wird von einzelnen Gerichten im Sonderkundenbereich als intransparent angesehen.[41] Aber auch zu knapp wird die Darstellung nicht ausfallen dürfen, da eine Nachvollziehbarkeit der Gründe für die Preisanpassung notwendig sein dürfte. Auch der geänderte Umfang der nach § 2 Abs. 3 S. 1 Nr. 5 StromGVV/ § 2 Abs. 3 S. 1 Nr. 7 GasGVV zu veröffentlichen Preisbestandteile ist darzustellen. Im Umkehrschluss hieraus, dürfte die weitere Aufgliederung des Preises oder einzelner Preisbestandteile nicht erforderlich sein.

37 BVerfG, Beschl. v. 16.9.2016 – 1 BvR 2971/15 – n. v.
38 BGH, Beschl. v. 26.4.2016 – VIII ZR 76/13 – BeckRS 2016, 9348.
39 BVerfG, Beschl. v. 17.11.2017 – 2 BvR 1131/16 – NJW-RR 2018, 305.
40 Verordnung zur transparenten Ausweisung staatlich gesetzter oder regulierter Preisbestandteile in der Strom- und Gasgrundversorgung (BGBl. I S. 1631).
41 OLG Düsseldorf, Urt. v. 20.10.2016 – I-20 U 37/16 – GRUR-RR 2017, 11.

C. Umfang der gerichtlichen Preisprüfung

Die grundlegenden Fragen sind in der Rechtsprechung geklärt, sodass die hohe Anzahl von Gerichtsverfahren sich mit der Rechtsprechung verringert hat. Oftmals wird allein noch über Besonderheiten in der jeweiligen Preisgestaltung diskutiert, immer wieder stellen sich aber Fragen. 44

I. Gerichtliche Zuständigkeit

Die erste Fragestellung bei einer gerichtlichen Streitigkeit ist immer die Frage, welches Gericht zuständig ist. Im Zivilprozess ist dies eigentlich leicht zu beantworten, da die erstinstanzliche Zuständigkeit sich nach dem Streitwert richtet. Nach §§ 23, 71 GVG[42] sind die Amtsgerichte für Streitigkeit bis zu einem Streitwert von bis zu 5.000,00 € zuständig. 45

Hintergrund, warum es dann doch nicht so einfach ist, ist § 102 EnWG. Nach dieser Norm sind – streitwertunabhängig – alle sich aus dem EnWG ergebenden Streitigkeiten den **Landgerichten**, und hier den **Kammern für Handelssachen**, zugeordnet. Einige Amtsgerichte haben dieses zum Anlass genommen, sich selbst für unzuständig zu erklären und den Rechtsstreit an das jeweilige Landgericht zu verweisen.[43] Aber auch Landgerichte, welche wiederum die Amtsgerichte für zuständig hielten, haben sich für unzuständig erklärt.[44] 46

Für eine Zuständigkeit der Landgerichte wurden sachliche Argumente ins Feld geführt, nämlich, dass es sich um Streitigkeiten handele, die teilweise auch Bezug auf das EnWG nehmen, da bei der Frage der Rechtmäßigkeit der Preisanapassungen auch der § 1 Abs. 1 EnWG zu beachten ist[45] und teilweise praktische Argumente, nämlich die bessere personelle und fachliche Ausstattung der Landgerichte.[46] 47

Überzeugen kann keines dieser Argumente. Bei der Frage des wirksam ausgeübten Preisanpassungsrechts geht es allein um eine zivilrechtliche Frage, die sich mit den Normen des BGB beantworten lässt. Auch die immer wieder bemühte und verlangte Billigkeitsprüfung richtet sich allein nach dem Zivilrecht, mithin um die Anwendung des § 315 BGB. Das EnWG spielt hierbei keine Rolle und auch die Tatsache, 48

42 Gerichtsverfassungsgesetz i. d. F. der Bek. v. 9.5.1975 (BGBl. I S. 1077), zuletzt geändert durch Gesetz v. 10.7.2020 (BGBl. I S. 1648).

43 AG Nordhorn, Beschl. v. 11.6.2009 – 3 C 1426/08 – n. v.; AG Erfurt, Beschl. v. 30.1.2008 – 5 C 1938/07 – n. v.

44 Z. B. OLG Köln, Beschl. v. 3.4.2008 – 8 W 19/08 – NJW-RR 2009, 987.

45 OLG Koblenz, Beschl. v. 9.2.2007 – W 50/07 – n. v.

46 *Holling/Peters*, ZNER, 2007, 161.

dass es sich um einen Energielieferungsvertrag handelt, macht die Streitigkeit nicht zu einer solchen nach dem EnWG.[47]

49 Der letzteren Auffassung haben sich zahlreiche Oberlandesgerichte[48] angeschlossen, sodass die Frage der Zuständigkeit nunmehr als geklärt angesehen werden kann.

50 Hierneben wurde auch diskutiert, ob eine Zuständigkeit der Kartellgerichte gem. § 87 GWB[49] gegeben ist. Eine solche ist aber fernliegend und wird auch von den Gerichten nicht angenommen. Um eine solche Zuständigkeit begründen zu können, müsste der sich hierauf berufende Kunde substantiiert vortragen, dass der Versorger eine marktbeherrschende Stellung innehat und diese missbraucht.[50] Soweit ersichtlich, ist dieser Vortrag bisher noch keinem Kunden gelungen. Es fehlt schon an einer marktbeherrschenden Stellungen eines Versorgers auf dem liberalisierten Strom- und Gasmarkt, bei dem bundesweit zahlreiche Anbieter zur Verfügung stehen.[51]

II. Überprüfung von Preisanpassungen vor Anpassung der Grundversorgungsverordnung an die europäische Richtlinie

51 Welche Folgen sich aus der Preisanpassung durch die oben[52] dargestellte Umsetzung der Entscheidungen des EuGH ergeben, ist von besonderer Bedeutung.

52 Der BGH[53] hat festgestellt, dass eine Preisanpassung aufgrund einer vertraglichen Regelung erfolgt. Diese ist zulässig, soweit der Versorger seine eigenen „(Bezugs-)Kosten" weitergibt. Durch die Verwendung der Klammer macht der BGH deutlich, dass die Kostensituation insgesamt zu betrachten ist, und es keine Beschränkung auf die Bezugskosten gibt. Dass der Versorger allein diese Kosten weitergegeben hat, wird er darlegen und beweisen müssen. Der so veränderte Preis wird zum vereinbarten Preis.

53 Soweit der Versorger über die Weitergabe der reinen Kostensteigerung hinausgeht, fehlt es an einem Preisanpassungsrecht.[54] Das hiermit einhergehende Risiko

47 *Wollschläger/Beermann*, IR 2010, 2 m. w. N.

48 OLG Oldenburg, Beschl. v. 3.1.2011 – 5 AR 35/10 – MDR 2011, 505; OLG Frankfurt a.M., Beschl. v. 16.12.2010 – 11 AR 3/10 – WuW 2011, 415; OLG München, Beschl. v. 15.5.2009 – AR (K) 7/09 – ZNER 2009, 399; OLG Düsseldorf, Beschl. v. 13.12.2010 – VI-W (Kart) 8/10 – IR 2011, 85; OLG Celle, Beschl. v. 1.10.2010 – 13 AR 5/10 (Kart) – WuW 2011, 82.

49 Gesetz gegen Wettbewerbsbeschränkungen i. d. F. der Bek. v. 26.6.2013 (BGBl. I S. 1750, 3245), zuletzt geändert durch Gesetz v. 25.5.2020 (BGBl. I S. 1474).

50 OLG Celle, Beschl. v. 1.10.2010 – 13 AR 5/10 (Kart) – WuW 2011, 82.; OLG Düsseldorf, Beschl. v. 13.12.2010 – VI-W (Kart) 8/10 – IR 2011, 85; OLG Frankfurt a.M., Beschl. v. 16.12.2010 – 11 AR 3/10 – WuW 2011, 415.

51 Vgl. Kap. 1 Rn 27 f.

52 Vgl. Rn 31 ff.

53 BGH, Urt. v. 28.10.2015 – VIII ZR 13/12 – NJOZ 2016, 1521.

54 *Ahnis/Deinert*, EnWZ 2017, 16, 18.

langjähriger Rückforderungsprozesse hat der BGH aber begrenzt. Hat der Kunde der Preiserhöhung nicht innerhalb eines Zeitraums von drei Jahren nach Zugang der Jahresrechnung widersprochen, wird der so unbeanstandet gebliebene Preis zum Ausgangspreis.[55]

Mit diesem Verständnis ist für eine Anwendung des § 315 BGB kein Raum mehr. Die Preisanpassung erfolgt aufgrund einer vertraglichen Vereinbarung und unterliegt – ähnlich der Anwendung einer automatisch wirkenden Preisklausel – keinem Ermessen des Versorgers. 54

III. Überprüfung von Preisänderungen nach Neufassung der Grundversorgungsverordnung

Das zuvor dargestellte Verständnis bezieht sich allein auf Preisanpassungen vor der Neufassung der Grundversorgungsverordnungen am 30.10.2014. Ab diesem Zeitpunkt stützt sich das Preisänderungsrecht wieder auf eine gesetzliche Grundlage, sodass eine Anwendbarkeit des § 315 BGB wieder eröffnet ist. 55

1. Anwendbarkeit des § 315 BGB in Zeiten des Wettbewerbs

Eine Frage, welche in diesem Zusammenhang immer wieder diskutiert wird, ist die Frage, ob § 315 BGB in Zeiten des Wettbewerbs überhaupt zur Anwendung kommen kann. 56

Im Strombereich hat sich der BGH bereits 2007 gegen eine Preisprüfung nach § 315 BGB ausgesprochen. In seinem Urteil vom 28.3.2007[56] heißt es: 57

> *„Nach den rechtsfehlerfreien Feststellungen des Berufungsgerichts war der Beklagte auf die Belieferung durch die Klägerin auch nicht angewiesen, sondern hatte die Möglichkeit, Strom von einem anderen Anbieter seiner Wahl zu beziehen. Damit fehlt es [...] an einer Monopolstellung der Klägerin als Grundlage einer entsprechenden Anwendung des § 315 BGB.“*

Diese Entscheidung ist richtig und gilt heute mehr denn je. Jeder Verbraucher kann zwischen zahlreichen Versorgern wählen. Ist er mit seinem Versorger unzufrieden, sei es wegen des Preises oder sei es wegen einer fehlenden persönlichen Erreichbarkeit, kann er jederzeit wechseln.[57] 58

Zahlreiche unterinstanzliche Gerichte haben in der Vergangenheit diesen Weg eingeschlagen und eine Billigkeitsprüfung von Grundversorgungstarifen nicht durch- 59

55 BGH, Urt. v. 15.4.2015 – VIII ZR 59/14 – BGHZ 205, 43.

56 BGH, Urt. v. 28.3.2007 – VIII ZR 144/06 – N&R 2007, 114 mit Anm. *Wollschläger*.

57 Zahlreiche Vergleichsportale im Internet zeigen den Verbrauchern eine Vielzahl von unterschiedlichen Anbietern mit unterschiedlichen Tarifen auf.

geführt.[58] Auch wenn hiergegen teilweise dogmatische Argumente ins Feld geführt werden, insbesondere dass die Anwendung von § 315 BGB keine Monopolstellung voraussetzt, sondern vielmehr allein die Kompensation eines einseitigen Leistungsbestimmungsrechts ist, überzeugt dieser Ansatz nicht.

60 Die Versagung einer gerichtlichen Überprüfung ist gerade in der Situation der Grundversorgung richtig. Anders als der Versorger kann sich ein Verbraucher jederzeit der Grundversorgung entziehen und mit einem beliebigen Versorger einen Strom- oder Gaslieferungsvertrag abschließen. Er bedarf nicht des Schutzes des § 315 BGB. Vielmehr kommt ein Verstoß gegen Treu und Glauben in Betracht, wenn ein Kunde, der jederzeit den Versorger wechseln kann, den Versorger in einen kostspieligen Gerichtsprozess zwingt.

61 Das LG Münster[59] hat dies auf den Punkt gebracht.

> *„Die Möglichkeit einer gerichtlichen Billigkeitskontrolle soll eine Vertragspartei vor dem Missbrauch privatautonomer Gestaltungsmacht der anderen Partei schützen. [...] Es ist nicht sachgerecht und dem Zweck des § 315 BGB nicht entsprechend, wenn ein Energiekunde den Versorger gerichtlich zur Offenlegung betriebswirtschaftlicher Interna wie den Bezugspreisen und der Kostenentwicklung in den anderen Bereichen der Energieversorgung zwingen kann, obwohl er sich jederzeit ohne nennenswerten Aufwand vom Vertrag lösen und mit einem anderen Anbieter kontrahieren kann."*

62 Dieser Trend in der Rechtsprechung scheint sich weiter fortzusetzen.[60]

2. Gegenstand der Prüfung

63 Bei der Frage, welchen Umfang die gerichtliche Prüfung hat, sind grundsätzlich zwei Prüfungsvarianten denkbar. Zum einen die Prüfung des gesamten Preises, zum anderen nur die Prüfung von Preisänderungen.

a) Keine Prüfung des Ausgangspreises

64 Seit jeher forderten Verbraucher immer eine vollständige Prüfung des Preises der Versorger. Dass dies nicht zu erfolgen hat, hat der BGH bereits früh für Gasliefer-

---

58 LG Mühlhausen, Urt. v. 4.3.2008 – 3 O 1132/06 – RdE 2008, 215; LG Köln, Urt. v. 4.2.2009 – 90 O 35/08 – BeckRS 2010, 4604; AG Halle (Westfalen), Urt. v. 9.6.2009 – 2 C 272/09 – n. v.; AG Ahaus, Urt. v. 24.6.2009 – 16 C 646/08 – BeckRS 2011, 19058; AG Bad Oldesloe, Urt. v. 21.7.2009 – 2 C 471/08 – n. v.; LG Frankenthal, Urt. v. 10.9.2009 – 2 HK O 90/09 – RdE 2010, 73; AG Neustadt a. Rbge., Urt. v. 6.10.2010 – 41 C 11/10 – IR 2011, 40; LG Mönchengladbach, Urt. v. 15.9.2011 – 6 O 61/11 – IR 2011, 346; AG Viersen, Urt. v. 27.9.2011 – 32 C 54/10 – n. v.

59 LG Münster, Urt. v. 13.7.2010 – 06 S 70/09 – ZNER 2010, 609.

60 LG Ellwangen, Urt. v. 17.8.2012 – 2 O 366/10 – IR 2012, 356; LG Schweinfurt, Urt. v. 21.9.2012 – 32 S 20/10 – n. v.

verträge festgestellt.[61] Vorher hatte der BGH dies für Stromlieferungsverträge in der Grundversorgung geklärt.[62] Diese Rechtsauffassung wird auch in den Instanzgerichten umgesetzt.

Der Anfangspreis ist auch nicht in entsprechender Anwendung von § 315 BGB auf seine Billigkeit hin zu überprüfen, wie dies früher teilweise vertreten wurde. Eine entsprechende Anwendung des § 315 BGB auf vereinbarte Preise liefe der Intention des Gesetzgebers zuwider, der eine staatliche Prüfung und Genehmigung der Gastarife gerade abgelehnt hat. 65

Bei der Gasversorgung begründet der BGH diese Entscheidung damit, dass der Verordnungsgeber seinerzeit die Bundestarifordnung Gas (BTOGas), nach der in der Vergangenheit die Allgemeinen Tarife von Gasversorgungsunternehmen geprüft wurden, abgeschafft und gerade keine Genehmigung der Tarife vorgesehen hatte. Eine solche war auch nicht notwendig, da der Kunde jederzeit einen anderen Wärmeträger wählen konnte. 66

Im Strombereich wurde die Notwendigkeit der fehlenden Prüfung der Billigkeit damit begründet, dass dem Stromkunden eine Vielzahl von Tarifen zur Verfügung stand, sodass für eine gerichtliche Überprüfung keine Notwendigkeit besteht. Diese Argumentation dürfte im Übrigen jetzt auch für die Gasversorgung gelten. 67

Auch wenn von Verbraucherseite immer wieder heftige Kritik an der Entscheidung geäußert und eine vollständige Überprüfung des Preises gefordert wird,[63] überzeugt die Entscheidung. § 315 BGB setzt voraus, dass einer Vertragspartei ein (vertragliches) Bestimmungsrecht eingeräumt wird und eine Bestimmung getroffen wird. Hieran fehlt es allerdings. Das Entgelt wird von dem Versorgungsunternehmen dem Kunden angeboten, dieser nimmt es an. Mithin haben die Vertragsparteien ein bestimmtes Entgelt vereinbart. Eine einseitige Bestimmung erfolgt hier nicht. 68

b) Überprüfung der Preisveränderungen

Einer gerichtlichen Überprüfung unterliegen damit nur noch Preisveränderungen, ausgehend von einem Preissockel. 69

aa) Preissockel als Überprüfungsgrundlage

Dieser Preissockel kann der bei Vertragsschluss geltende Ausgangspreis sein, muss es allerdings nicht. Insbesondere dann, wenn der Grundversorgungsvertrag schon über viele Jahre läuft, wäre der Preis zu Vertragsbeginn auch kaum eine angemessene Basis für die Vertragspreisgestaltung zwischen den Vertragsparteien. 70

---

61 BGH, Urt. v. 13.6.2007 – VIII ZR 36/06 – IR 2007, 206 f.; BGH, Urt. v. 19.11.2008 – VIII ZR 295/07 – NJW 2009, 283.

62 BGH, Urt. v. 28.3.2007 – VIII ZR 144/06 – N&R 2007, 114 mit Anm. *Wollschläger*.

63 *Fricke*, ZNER 2011, 130.

71 Der Preissockel wird im laufenden Vertragsverhältnis immer wieder neu bestimmt und hängt davon ab, ob der Kunde den Grundversorgungspreisen widersprochen hat oder nicht. Hat der Kunde dies nicht getan, gibt es einen neuen Ausgangspreis, von dem aus die weiteren Prüfungen durchgeführt werden.

72 Gegen diese Rechtsprechung wird eingewandt, dass es hierbei dann zu Preisüberprüfungen und im Zweifelsfall auch zu unterschiedlichen (billigen) Entgelten kommen kann. Tatsächlich ist dieser Befund richtig, rechtlich aber nicht zu beanstanden. Bei § 315 BGB handelt es sich um die zivilrechtliche Möglichkeit der Überprüfung einer Entscheidung des Vertragspartners zur Preisanpassung. Dem zivil-(prozess-)rechtlichen Grundsatz folgend, wirkt eine solche Entscheidung aber ohnehin immer nur zwischen den Parteien des Vertrages oder zu einem späteren Zeitpunkt des Prozesses. Mithin kann das Entgelt, welches für den einen Kunden billig ist, für einen anderen Kunden auch unbillig sein.

73 Dass ein solches Auseinanderfallen möglich ist, hat der BGH in seiner Stornierungsentgeltentscheidung[64] für auf § 315 BGB gestützte Klagen im Eisenbahninfrastrukturbereich festgestellt.[65]

bb) Prüfungsumfang

74 Einige rechtliche Unsicherheiten bestehen derzeit immer noch bei der Frage, was genau wie geprüft wird.

75 Klar ist der Maßstab der Prüfung: Bei der Frage ob eine Preiserhöhung billig ist oder nicht, ist zu prüfen, ob das Versorgungsunternehmen zum einen lediglich die gestiegenen Bezugskosten weitergegeben hat und zum anderen Kostenentwicklungen des Unternehmens nicht die Bezugskostensteigerung kompensiert haben. Aber: Eine Steigerung der sonstigen Kostenposition kann zu einer (weiteren) Entgelterhöhung führen.

76 Die Spannweite, was genau zu prüfen ist, ist hierbei groß.

3. Billigkeitsnachweis durch Preisvergleich

77 Teilweise sehen Gerichte den Billigkeitsnachweis dann als erbracht an, wenn das Unternehmen in einem Preisvergleich mit anderen Versorgungsunternehmen sich nicht als unbillig herausstellt. Hierbei genügt es auch, wenn das Unternehmen einen Platz im Mittelfeld einnimmt.[66]

78 Begründet wird diese Rechtsauffassung damit, dass sich ein Preis, der sich als Markt- und Wettbewerbspreis als marktgerecht und innerhalb eines Preisgefüges als

64 BGH, Urt. v. 18.10.2011 – KZR 18/10, Rn 22 – NVwZ 2012, 189, 191.

65 Vgl. *Jung*, N&R 2012, 45.

66 LG Düsseldorf, Urt. v. 16.4.2008 – 34 O (Kart) 168/07 – RdE 2008, 213.

marktüblich oder sogar günstig darstellt, einer Billigkeitsüberprüfung nach § 315 BGB standhält.

Auch wenn eine solche Prüfung sich von einer Kostenprüfung im klassischen Sinne löst, so hat die dahinter liegende Argumentation etwas für sich. Die Überprüfung von Versorgerpreisen soll sicherstellen, dass der Grundversorger seine (vermeintliche) überragende Stellung gegenüber dem Kunden nicht ausnutzt. Bei einem Preisvergleich wird dies hinreichend sichergestellt. In einem solchen Fall ergibt sich, dass dem Kunden ein Entgelt in Rechnung gestellt wird, das andere Kunden auch zahlen. Da niemand ernsthaft ein kollusives Zusammenwirken aller Versorger annimmt, ist ein günstiger oder ein mittlerer Preis dem Kunden, der natürlich auch jederzeit zu einem günstigeren Anbieter wechseln könnte, durchaus zuzumuten. 79

Insoweit ist ein Preisvergleich immer eine geeignete Prüfung zu Beginn eines jeden Verfahrens. Erst wenn sich hier Auffälligkeiten ergeben, kann immer noch eine vertiefte Billigkeitsprüfung vorgenommen werden. 80

4. Nachweis der gestiegenen Bezugskosten

Bei dem Nachweis der gestiegenen Bezugskosten[67] ist derzeit noch nicht abschließend geklärt, in welchem zeitlichen Rahmen dies zu erfolgen hat. 81

Eine Auffassung[68] spricht sich für eine Betrachtung des gesamten Zeitraums aus, die andere Auffassung[69] will jede einzelne Preisanpassung auf seine Billigkeit hin untersuchen. In einem Punkt besteht bei beiden Ansichten Einigkeit: Es kommt allein auf die Situation bei dem Versorger selbst an. Ob hierneben etwaige Preisanpassungsklauseln in den Bezugsverträgen unwirksam sind,[70] spielt keine Rolle und ist durch das Gericht nicht zu überprüfen. 82

Vorzugwürdig ist die erste Auffassung, der sich auch die überwiegende Anzahl der Oberlandesgerichte angeschlossen hat.[71] Nicht nur, dass diese sich näher an den grundlegenden Entscheidungen des BGH orientiert,[72] vielmehr ist sie auch besser geeignet, die tatsächlichen Gegebenheiten bei einer Preisbildung abzubilden. Insbesondere die Gasbezugskosten, die oftmals an die Entwicklung des Börsenpreises gekop- 83

67 Gleiches gilt im Folgenden auch für die sonstigen Kosten.

68 OLG Koblenz, Urt. v. 12.4.2010 – 12 U 18/08 – IR 2010, 154; LG Krefeld, Urt. v. 9.7.2010 – 1 S 8/10 – IR 2010, 205.

69 LG Köln, Urt. v. 14.8.2009 – 90 O 41/07 – IR 2009, 352.

70 Etwa, weil die Preisanpassungsklausel gegen AGB-Recht verstößt oder eine kartellrechtswidrige Laufzeit vereinbart wurde.

71 OLG München, Urt. v. 1.10.2009 – U (K) 3772/08, Rn 43 – IR 2010, 35f.; OLG München, Urt. v. 28.1.2010 – U (K) 4221/09 – n. v.; OLG Hamm, Urt. v. 6.3.2008 – 2 U 114/07, Rn 66 – ZNER 2008, 68ff.; OLG Koblenz, Urt. v. 12.4.2010 – 12 U 18/08, Rn 12 – IR 2010, 154f.; a. A. OLG Nürnberg, Urt. v. 9.12.2008 – 1 U 1105/08 – n. v.; OLG Celle, Urt. v. 19.8.2010 – 13 U 82/07 (Kart), Rn 39ff. – ZNER 2011, 63, 64ff.

72 BGH, Urt. v. 19.11.2008 – VIII ZR 138/07, Rn 35 – BGHZ 178, 362, 376f.

pelt sind, sind hierdurch sehr volatil.[73] Verlangt man vom Versorger jede Kostenschwankung preiswirksam werden zu lassen, würde dies zu einer Vielzahl von Preisanpassungen im Kalenderjahr führen müssen. Nicht nur das dies weder im Interesse des Kunden noch im Interesse des Versorgers ist, würde sich hierdurch auch der finanzielle Aufwand deutlich erhöhen. Auch wird man dem Versorger das Recht einräumen müssen, kleinere Kostensteigerungen nicht unmittelbar preiswirksam werden zu lassen, ohne das die Gefahr besteht, die Kostensteigerung nicht mehr nachholen zu können.

84 Schließlich werden die Interessen des Verbrauchers auch mit einer Betrachtung über den gesamten, der Billigkeitsprüfung unterliegenden, Zeitraum gewahrt. Kam es in dieser Zeit zu keinem höheren Anstieg der Preise als die Kosten gestiegen sind, hat er das billige Entgelt gezahlt.

85 Auch für den Nachweis der Angemessenheit gibt es keine Vorgaben. Grundsätzlich stehen dem Versorger alle Beweismittel der ZPO zur Verfügung. Keinesfalls ist es hierbei so, dass stets die gesamte Kalkulation vorgelegt werden muss. Auch kommt es nicht auf den Absolutbetrag der Bezugskosten an, sondern eben nur auf deren Veränderung. Bezugskostensteigerungen können grundsätzlich auch durch Urkunden oder Zeugen belegt werden. Auch ein Sachverständigengutachten kommt in Betracht. Ein von dem Versorger in Auftrag gegebenes Sachverständigengutachten ist dann allerdings im zivilprozessualen Sinne lediglich erweiterter Parteivortrag. Diesen allerdings muss der Kunde substantiiert entgegentreten. Dort, wo dies nicht erfolgt, gelingt der Billigkeitsnachweis ohne Weiteres.

5. Darlegung von Senkungspotenzial

86 Ganz besondere Anforderungen an den Nachweis der Billigkeit stellt das LG Dortmund. Das Gericht meinte, der Versorger müsse nicht nur den Nachweis der gestiegenen Bezugskosten und der Nichtkompensation durch rückläufige sonstige Kosten erbringen. Vielmehr liege es auch in seiner Verantwortung nachzuweisen, dass etwa existierende Kostensenkungspotenziale ausgeschöpft wurden.

87 Nicht nur, dass diese Entscheidung den Vorgaben des BGH widerspricht. Es stellt den Versorger auch vor nichtlösbare prozessuale Probleme. Es stellt sich die Frage, wie der Beweis einer negativen Tatsache, das Nichtvorliegen von Kostensenkungspotenzialen, nachgewiesen werden soll. Nicht einmal die Vorlage der Kalkulation, die vom BGH ausdrücklich nicht gefordert wird, würde hieran etwas ändern. Aus dieser sähe man nämlich ohnehin nur die Ist-Situation der Kosten, nicht aber die alternativen Einsparpotenziale. Nur dann wird man in diesem Punkt von dem Versorger einen konkreten Vortrag verlangen können, wenn der Kunde konkrete Anhaltspunkte für ein Einsparpotenzial substantiiert vorgetragen hat. Das LG Dortmund ließ aber in der

---

73 Zur Preisbildung an der Börse vgl. Kap. 2.

Entscheidung Ausführungen darüber, wie es sich einen solchen Nachweis vorstellen würde, vermissen.

Im Übrigen ist aber auch zu konstatieren, dass diese Auffassung viel zu weit geht **88**
und die Anforderungen an Versorger überspannt. Eine gewisse unternehmerische Entscheidung wird man den Versorgern noch überlassen müssen und auch darf man nicht aus dem Blick verlieren, dass die Preisgünstigkeit nur eines der Ziele des § 1 EnWG ist. Hierneben sind aber auch noch beispielsweise die Umweltverträglichkeit und auch die Versorgungssicherheit Ziele, die durchaus im Widerspruch zu der Preisgünstigkeit stehen. Dies lässt das LG Dortmund gänzlich außer Betracht.

Kapitel 7
Fernwärmeversorgung

A. Preisänderungsmöglichkeiten bei der Fernwärmeversorgung

1 Die Fernwärmeversorgung unterscheidet sich hinsichtlich der **Preisänderungsmöglichkeiten** in vielen Punkten von anderen Medien in der Versorgungswirtschaft.[1] Nicht nur, dass **Fernwärme** als Wärmeträger substituierbar ist,[2] beispielsweise hat der Verordnungsgeber mit der AVBFernwärmeV[3] Regelungen zur Gestaltung von Preisänderungsklauseln vorgegeben[4] und ermöglicht bspw. auch eine Verlängerung der nach § 309 Nr. 9 BGB[5] grundsätzlich auf maximal zwei Jahre begrenzten Vertragsdauer auf zehn Jahre (§ 32 AVBFernwärmeV).

2 Gerade diese langen Vertragsbeziehungen sind es, die eine Preisanpassungsmöglichkeit notwendig machen. Hierzu sind mehrere Optionen denkbar und kommen in der Praxis in unterschiedlicher Ausprägung zur Anwendung.

I. Preisänderungsklausel

3 Die wohl am weitesten verbreitete Möglichkeit zur Preisänderung ist die Verwendung einer **automatischen Preisänderungsklausel**. Deren grundlegende Ausgestaltung schreibt § 24 Abs. 4 AVBFernwärmeV[6] vor. In der Praxis sieht die Umsetzung typischerweise folgendermaßen aus:

$$\text{Beispielpreis}_{neu} = \text{Preis}_{alt} * (0{,}5 * \text{Gas}_{neu}/\text{Gas}_{alt} + 0{,}2 * \text{Lohn}_{neu}/\text{Lohn}_{alt} + 0{,}3\ \text{Markt}_{neu}/\text{Markt}_{alt})$$

4 Automatisch wirkende Preisänderungsklauseln haben den Vorteil, dass sie über viele Jahre hinweg die Kostenentwicklung bei den Gestehungskosten der Fernwärme nachbilden können. Bei einem regelmäßig wiederkehrenden Anwendungszeitpunkt wis-

---

1 Vgl. zu den jeweiligen Besonderheiten der anderen Medien in der Versorgungswirtschaft die Kap. 5, 6 und 8.

2 Zum kartellrechtlichen Streit vgl. Rn 121 ff.

3 Verordnung über Allgemeine Bedingungen für die Versorgung mit Fernwärme v. 20.6.1980 (BGBl. I S. 742), zuletzt geändert durch Gesetz v. 25.7.2013 (BGBl. I S. 2722).

4 Hierzu Rn 25 ff.

5 Bürgerliches Gesetzbuch (BGB) i. d. F. der Bek. v. 2.1.2002 (BGBl. I S. 42, 2909; 2003 I S. 738), zuletzt geändert durch Gesetz v. 12.6.2020 (BGBl. I S. 1245).

6 Zu den Voraussetzungen des § 24 Abs. 4 AVBFernwärmeV vgl. Rn 44 ff.

https://doi.org/10.1515/9783110716306-007

sen sowohl Fernwärmeversorger als auch Fernwärmekunde, was jeweils auf sie zukommt. Allerdings ist die Konzeption von Preisänderungsklauseln nicht immer einfach. Dies gilt nicht nur für Anforderungen in kalkulatorischer, sondern auch in rechtlicher Hinsicht.[7]

5 Die Rechtsprechung, die in der Vergangenheit zu Preisänderungsklauseln – vor allem im Gasbereich[8] – ergangen ist, macht deutlich, dass zwischen dem Rechtsanwender und den Gerichten oft Uneinigkeit darüber besteht, wann eine Preisänderungsklausel mit den Vorgaben des Rechts der **Allgemeinen Geschäftsbedingungen** im Einklang steht.[9]

6 Im Gegensatz zur Klauselgestaltung im Gas- und Strombereich, gibt es für Wärmepreisänderungsklauseln normative Vorgaben in § 24 Abs. 4 **AVBFernwärmeV**. Während vorformulierte Gas- oder Strompreisklauseln einer **Inhaltskontrolle** nach §§ 305 ff. BGB unterliegen, gilt dies in Wärmelieferverträgen nur für die Fallkonstellation des § 1 Abs. 3 S. 1 AVBFernwärmeV oder für Verträge mit Industriekunden (§ 1 Abs. 2 AVBFernwärmeV). Im Übrigen ist die Preisänderungsklausel stets nur an § 24 Abs. 4 AVBFernwärmeV zu messen, der als **Spezialregelung** eine Prüfung am Maßstab des § 307 BGB ausschließt.[10] Die vom BGH zu Preisklauseln im Gas- und Strombereich entwickelten Grundsätze sind daher auf die Fernwärmeversorgung nur sehr eingeschränkt übertragbar.

7 Eine Wärmepreisänderungsklausel ist vor allem nicht schon deswegen zu beanstanden, weil mit ihr nicht ausschließlich Änderungen der Erzeugungs- und Lieferkosten an die Kunden weitergegeben werden. Im Gegenteil: Weil die Wärmepreise auch an der Preisentwicklung auf dem Wärmemarkt auszurichten sind, wäre es sogar unzulässig, nur die eigene Kostenentwicklung des Versorgers in der Formel abzubilden. Dagegen sind Preisänderungsklauseln in Gassonderverträgen regelmäßig wegen Verstoßes nach § 307 Abs. 1 BGB unwirksam, wenn mit ihnen nicht lediglich Kostensteigerungen während der Vertragslaufzeit an die Verbraucher weitergegeben werden.[11]

8 Die Orientierung an Kosten und Marktpreisen ist nur auf den ersten Blick eine Vereinfachung. Die Ausgestaltung einer Preisänderungsklausel verlangt dem Fernwärmeversorgungsunternehmen große Sorgfalt ab. Es muss nicht nur seine Investitions- und Refinanzierungskosten im Blick haben, sondern auch die Kosten für die lau-

---

7 Vgl. vertiefend mit praktischen Beispielen *Kraft/Wollschläger*, Leitfaden Fernwärmepreise.

8 BGH, Teilurt. v. 29.4.2008 – KZR 2/07 – BGHZ 176, 244; BGH, Urt. v. 17.12.2008 – VIII ZR 274/06 – BGHZ 179, 186; BGH, Urt. v. 28.10.2009 – VIII ZR 320/07 – NJW 2010, 993; BGH, Urt. v. 13.1.2010 – VIII ZR 81/08 – NJW-RR 2010, 1202; BGH, Urt. v. 6.6.2013 – IX ZR 204/12 – NJW 2013, 2345, 2347.

9 Siehe die Ausführungen zu den AGBs in Kap. 5 und 6.

10 BGH, Urt. v. 6.4.2011 – VIII ZR 66/09, Rn 25 ff. – ZNER 2011, 304, 308; der BGH leitet dieses Ergebnis mit ausführlicher Begründung aus einem Umkehrschluss aus § 1 Abs. 3 S. 2 AVBFernwärmeV, aus der Intention des Gesetzgebers bei Schaffung des § 27 AGBG sowie aus dem Wortlaut von § 310 Abs. 2 BGB ab.

11 Vgl. BGH, Urt. v. 24.3.2010 – VIII ZR 304/08, Rn 32 ff. und 43 ff. – NJW 2010, 2793, 2796 ff.

fende Bereitstellung von Fernwärme bedenken. Insbesondere vor dem Hintergrund, dass die Verträge über die Lieferung von Fernwärme oftmals mit einer Erstlaufzeit von zehn Jahren geschlossen werden, ist dies keine einfache Aufgabe.

Wenn eine Preisänderungsklausel nach § 24 Abs. 4 AVBFernwärmeV erst einmal 9
konzipiert ist, klar bestimmte Zeitpunkte für die Ermittlung neuer Preise vorgibt und mit dem Kunden vertraglich vereinbart wurde, sind spätere Preisänderungen eine rein rechnerische, **automatische Folge**. Bei einer wirksamen Klausel kann der Kunde lediglich den mathematischen Vorgang beanstanden, nicht aber die Angemessenheit der Wärmepreise. Weil dem Versorgungsunternehmen kein Entscheidungsspielraum mehr zukommt, ist insbesondere auch eine **Billigkeitskontrolle** der Preisgestaltung gem. § 315 Abs. 3 BGB **ausgeschlossen**.[12]

II. Preisänderung durch öffentliche Bekanntmachung

Was aber gilt, wenn trotz sorgfältiger Konzeption eine Preisänderungsklausel nach 10
einigen Jahren nicht mehr die tatsächlichen Kosten abbildet oder aus anderen Gründen einer Aktualisierung bedarf? Gegenwärtig wird diskutiert, ob Fernwärmelieferanten das Recht haben, ihre Preise und Preisänderungsklauseln durch öffentliche Bekanntmachung gemäß § 4 Abs. 2 AVBFernwärmeV einseitig anzupassen.[13] § 4 Abs. 2 AVBFernwärmeV lautet:

> *„Änderungen der allgemeinen Versorgungsbedingungen werden erst nach öffentlicher Bekanntgabe wirksam."*

Diese Norm zeichnet sich, was den Regelungsinhalt angeht, nicht durch ein besonders 11
hohes Maß an Klarheit aus. Streitig ist erstens, ob aus ihr unmittelbar ein materielles Recht zu (einseitigen) Vertragsänderungen folgt oder ob es sich stattdessen um eine reine Formvorschrift zur Bekanntgabe neuer Bedingungen handelt. Zweitens ist vor allem fraglich, ob das Änderungsrecht auch die Preise und die Preisänderungsklausel erfasst.

1. Der BGH bleibt vage

Der BGH musste bislang noch nicht entscheiden, ob § 4 Abs. 2 AVBFernwärmeV die 12
Wärmeversorger zu Preisänderungen durch öffentliche Bekanntgabe berechtigt. Im Rahmen einer wettbewerbsrechtlichen Streitigkeit hat aber der I. Zivilsenat geprüft, ob ein Fernwärmeversorger seinen Kunden dadurch irregeführt habe, dass er ankün-

12 BGH, Urt. v. 11.10.2006 – VIII ZR 270/05, 1. Leitsatz und Rn 18 ff. – NJW 2007, 210, 211.
13 Vgl. ausführlich *Wollschläger*, EnWZ 2020, 57 ff.; *Dibbern/Wollschläger*, CuR 2011, 148.

digte, durch öffentliche Bekanntmachung ein neues Preissystem einzuführen.[14] Ohne ein entsprechendes Anpassungsrecht könnte dies eine unwahre Angabe gem. § 5 Abs. 1 S. 2 Nr. 1 UWG[15] sein. Der I. Zivilsenat stellte klar, dass der Versorger lediglich eine Rechtsansicht äußerte, der **keine eindeutig geklärte höchstrichterliche Rechtslage** entgegenstehe. Insbesondere könne das Urteil des VIII. Zivilsenats vom 19.7.2017[16] nicht als eindeutige Klärung der Rechtslage angesehen werden,

> *„weil die relevante Passage (Rn. 57) sich nicht in den tragenden Entscheidungsgründen, sondern in den Hinweisen für das weitere Verfahren befindet, und die relevante Rechtsfrage nur indirekt behandelt.“*[17]

13 In dem in Bezug genommenen Urteil vom 19.7.2017 ging es um die Preise eines Fernwärmeversorgungsvertrages, der durch tatsächliche Entnahme zustande gekommen war (§ 2 Abs. 2 AVBFernwärmeV). Die Preisregelung für gleichartige Versorgungsverhältnisse war während der Vertragslaufzeit angepasst worden. Der VIII. Zivilsenat hatte den Rechtsstreit an das Berufungsgericht zurückverwiesen und (in Rn 57) prüfen lassen, ob die neue Preisregelung

> *„gemäß §§ 145 ff. BGB durch aufeinander bezogene korrespondierende Willenserklärungen der Parteien (Angebot und Annahme) Vertragsbestandteil wurde und – sollte dies der Fall sein – […] ob die Anforderungen von § 24 Abs. 4 Satz 1 AVBFernwärmeV […] noch gewahrt sind“.*[18]

14 Möglicherweise ist der BGH also der Ansicht, dass – sofern im (schriftlichen) Liefervertrag kein besonderes Anpassungsrecht vereinbart wurde – der Fernwärmeversorger seine Preisregelung in laufenden Vertragsverhältnissen ausschließlich durch **korrespondierende Willenserklärungen** ändern kann.[19] Ausdrücklich verlangt der VIII. Zivilsenat im Urteil vom 19.7.2017 eine **Annahme** der neuen Preisregelung durch den Kunden. Der Kunde müsse dazu sein Einverständnis mit den neuen Preisen erklären und einseitige Änderungen gem. § 4 Abs. 2 AVBFernwärmeV wären ausgeschlossen – egal, ob eine öffentliche Bekanntgabe erfolgt oder nicht. Die (nachträglich) mit dem Kunden vereinbarte Preisregelung bleibe sodann an § 24 Abs. 4 S. 1 AVBFernwärmeV zu messen.[20]

15 Eine Begründung für diese Ansicht ist in den knappen Hinweisen des BGH allerdings nicht enthalten. Offen bleibt daher auch, ob möglicherweise individuelle Besonderheiten des Falles den BGH zu jenem Hinweis veranlassten. Das Berufungsgericht

---

14 BGH, Urt. v. 23.4.2020 – I ZR 86/19 – CuR 2020, 134 ff. und I ZR 85/19 – EnWZ 2020, 254 ff.
15 Gesetz gegen den unlauteren Wettbewerb i. d. F. der Bek. v. 3.3.2010 (BGBl. I S. 254), zuletzt geändert durch Gesetz v. 18.4.2019 (BGBl. I S. 466).
16 BGH, Urt. v. 19.7.2017 – VIII ZR 268/15 – NJW-RR 2017, 1200.
17 BGH, Urt. v. 23.4.2020 – I ZR 86/19, Rn 39 – CuR 2020, 134 ff.
18 BGH, Urt. v. 19.7.2017 – VIII ZR 268/15, Rn 57 – NJW-RR 2017, 1200.
19 So OLG Frankfurt a. M., Urt. v. 21.3.2019 – 6 U 190/17 – GRUR-RR 2019, 440.
20 Siehe hierzu Rn 44 ff.

jedenfalls, dem der VIII. Zivilsenat am 19.7.2017 seinen Prüfungshinweis erteilte, entschied im Anschluss gleichwohl, dass in § 4 Abs. 2 AVBFernwärmeV ein einseitiges Abänderungsrecht im Hinblick auf Preisklauseln enthalten sei.[21]

Denkbar ist daher auch, dass der I. Zivilsenat am 23.4.2020 eine Verallgemeinerung der „Hinweise für das weitere Verfahren" des VIII. Zivilsenats verhindern wollte und schon deshalb betonte, die Rechtslage könne nicht als geklärt angesehen werden. Richtig ist jedenfalls die Darstellung, der VIII. Zivilsenat habe *„die relevante Rechtsfrage nur indirekt behandelt"*[22]. Bis direkt über den Regelungsgehalt von § 4 Abs. 2 AVBFernwärmeV entschieden wird, bleibt die Intention des BGH offen. 16

2. Recht zu einseitigen Vertragsänderungen

Der Regelungsgehalt von § 4 Abs. 2 AVBFernwärmeV ist durch Auslegung zu konkretisieren. Der BGH rügte am 23.4.2020 die ungenaue Wiedergabe des Regelungsgehalts durch das beklagte Versorgungsunternehmen wie folgt: 17

> *„Während die Vorschrift bestimmt, dass Änderungen der allgemeinen Versorgungsbedingungen erst nach öffentlicher Bekanntgabe wirksam werden, hat die Beklagte den Inhalt der Vorschrift so wiedergegeben, dass allgemeine Versorgungsbedingungen durch öffentliche Bekanntgabe wirksam geändert werden können."*[23]

Dies ist richtig: Die Norm spricht nicht von einem Recht zu Anpassungen. Auch kommt das Wort „Preise" in § 4 Abs. 2 AVBFernwärmeV nicht vor. Streng nach dem **Wortlaut** ausgelegt, handelt es sich um eine rein formale Vorgabe für das Wirksamwerden neuer Bedingungen. 18

Indem die Verordnung formale Wirksamkeitsvoraussetzungen für Vertragsänderungen regelt, setzt sie allerdings **systematisch** voraus, dass Änderungen materiell überhaupt möglich sind. Dass Änderungen möglich sein sollen, folgt im Übrigen auch aus § 4 Abs. 1 AVBFernwärmeV, der von den *„jeweiligen allgemeinen Versorgungsbedingungen"* spricht. Nachträglich zwischen den Parteien vereinbarte Änderungen sind hiermit nicht gemeint; sie sind immer möglich und werden durch die (individualvertragliche) Einigung als solche wirksam – eine Pflicht zur öffentlichen Bekanntgabe individueller Änderungen ist nicht existent und wäre verfehlt. Vielmehr geht § 4 Abs. 2 AVBFernwärmeV ganz selbstverständlich von der Existenz eines einseitigen Anpassungsrechts zugunsten des Versorgers aus. 19

Nach der **Intention des Verordnungsgebers** sollen sich auf der Grundlage von § 4 Abs. 2 AVBFernwärmeV Änderungen der Versorgungsbedingungen vollziehen können, ohne dass eine Kündigung der laufenden Verträge erfolgen muss.[24] Dies kor- 20

21 LG Würzburg, Urt. v. 29.1.2019 – 3 S 1994/17, Rn 41 – juris.
22 BGH, Urt. v. 23.4.2020 – I ZR 86/19, Rn 39 – CuR 2020, 134 ff.
23 BGH, Urt. v. 23.4.2020 – I ZR 86/19, Rn 39 – CuR 2020, 134 ff.
24 BR-Drucks. 90/80, S. 37 f.

respondiert mit der weiteren Besonderheit, für Fernwärmelieferverträge auch gegenüber Verbrauchern eine Erstlaufzeit von bis zu zehn Jahren zuzulassen (§ 32 Abs. 1 S. 1 AVBFernwärmeV). Diese lange Laufzeit ist erforderlich, um die hohen Investitionskosten der Fernwärmeversorgung refinanzieren zu können, ohne sie bereits bei Vertragsschluss oder in den ersten Lieferjahren vollständig an den Kunden weiterzureichen. Um während der langen Vertragsbindung auf tatsächliche oder rechtliche Änderungen angemessen reagieren zu können, ist eine einseitige Abänderungsbefugnis zugunsten des Versorgers mittels öffentlicher Bekanntgabe letztlich die (rechts-) technisch einzig praktikable Vorgehensweise.[25] Eine restriktiv am Wortlaut orientierte Auslegung der Norm widerspricht mithin der **Verordnungsbegründung** und dem Leitbild der Verordnung.

3. Preise als Teil der Versorgungsbedingungen

21 Das einseitige Anpassungsrecht betrifft auch die Preise und Preisänderungsklauseln. Der Wortlaut von § 4 Abs. 2 AVBFernwärmeV erwähnt Preise und Preisänderungsklauseln zwar nicht ausdrücklich. Dies ist aber auch entbehrlich, weil sich aus dem Kontext die Anwendbarkeit klar ergibt. Denn **allgemeine Versorgungsbedingungen** sind gem. der Legaldefinition in § 1 Abs. 1 S. 1 AVBFernwärmeV Vertragsmuster oder Vertragsbedingungen für den Anschluss an die Fernwärmeversorgung und für die Versorgung mit Fernwärme, die für eine Vielzahl von Verträgen vorformuliert sind. Preisänderungsklauseln werden in aller Regel für alle vergleichbaren Kunden eines Versorgungsgebietes vorformuliert. Gemäß § 1 Abs. 1 S. 1 AVBFernwärmeV gelten für diese Klauseln deshalb die §§ 2 bis 34 AVBFernwärmeV – insbesondere also das Anpassungsrecht nach § 4 Abs. 2 AVBFernwärmeV sowie die inhaltlichen Vorgaben nach § 24 Abs. 4 AVBFernwärmeV. Individuell zugeschnittene Preisformeln sind dagegen keine allgemeinen Versorgungsbedingungen im Sinne der Definition. Sie sind nicht einseitig anpassbar, unterliegen aber auch nicht der Kontrolle nach § 24 Abs. 4 AVBFernwärmeV.

22 Auch das **Preisblatt** und mit ihm **einzelne Preise** sind nichts anderes als vertragliche Bedingungen für die Versorgung mit Fernwärme. Aus § 4 Abs. 2 AVBFernwärmeV folgt daher ein Recht zur Änderung dieser Preise, was vor allem dann relevant wird, wenn eine Preisänderungsklausel nicht vereinbart wurde.

23 Weiterhin war zu den parallelen Normen der **Strom- und Gasversorgung** lange anerkannt, dass sich aus ihnen ein materielles (Preis-)Anpassungsrecht ergibt; heute gilt dies weiterhin für die (konkretisierten) Regelungen der StromGVV und GasGVV.[26] Im Bereich der **Wasserversorgung** ist ebenfalls anerkannt, dass § 4 Abs. 2 AVB-

25 LG Würzburg, Urt. v. 29.1.2019 – 3 S 1994/17, Rn 42 – juris.

26 Siehe dazu Kap. 6.

WasserV[27] den Wasserlieferanten nicht nur zur Anpassung seiner Versorgungsbedingungen berechtigt, sondern unmittelbar auch zu einseitigen Preisänderungen.[28] Die Verordnungsbegründung betont, dass sich nach § 4 Abs. 1 und Abs. 2 AVBWasserV *„grundsätzlich auch Preisänderungen ohne entsprechende Kündigung der laufenden Verträge nach öffentlicher Bekanntgabe vollziehen können“*[29]. Der Wortlaut des § 4 Abs. 2 AVBWasserV ist zwar ausführlicher gegenüber § 4 Abs. 1 und Abs. 2 AVBFernwärmeV. Er lautet:

> *„Änderungen der allgemeinen Versorgungsbedingungen werden erst nach öffentlicher Bekanntgabe wirksam. Dies gilt auch für die dazugehörenden Preise, sofern sie nicht dem Kunden im Einzelfall mitgeteilt werden.“*[30]

Der zweite Satz (*„Dies gilt auch für die dazugehörenden Preise, sofern sie nicht dem Kunden im Einzelfall mitgeteilt werden.“*) stellt klar, dass zu den Versorgungsbedingungen auch die Preise gehören – was sich ohnehin bereits aus § 1 Abs. 1 AVBWasserV ergibt. Dafür, dass allein der Satz konstitutiv für das Preisänderungsrecht im Wasserbereich wäre, gibt es keine Anhaltspunkte. Vielmehr verfolgt die Ergänzung den Zweck, anstelle der öffentlichen Bekanntgabe als formelle Voraussetzung der Änderung auch eine individuelle Mitteilung an den Kunden zuzulassen. 24

Auch der Umstand, dass der Verordnungsgeber mit § 24 Abs. 4 AVBFernwärmeV eine spezielle Regelung zur Ausgestaltung von Preisänderungsklauseln getroffen hat, steht der Annahme eines allgemeinen Preisänderungsrechts nach § 4 Abs. 2 AVBFernwärmeV nicht entgegen. § 24 Abs. 4 AVBFernwärmeV regelt selbst kein Recht zur Preisänderung. Stattdessen schreibt die Norm *„Kriterien vor, die in Preisgleitklauseln berücksichtigt werden müssen“*[31]. Auf diese Weise wird kein bestimmtes System für Preisänderungen vorgegeben, sondern es wird definiert, wie Preisänderungsklauseln – falls sie denn als Mittel der Preisänderungen gewählt werden – auszugestalten sind. 25

Dies bestätigt ein Vergleich mit der Parallelnorm § 24 Abs. 3 AVBWasserV, die die Anforderungen an Preisänderungsklauseln im Wasserbereich regelt. Die Möglichkeit zu Preisänderungen nach § 4 Abs. 2 AVBWasserV bleibt davon unberührt. § 24 Abs. 3 AVBWasserV ist nur dann einschlägig, wenn *„die Anpassung von Preisen an geänderte wirtschaftliche Verhältnisse mit Hilfe von Preisänderungsklauseln erfolgen soll“*[32]. 26

Schließlich machen die hohen Investitionskosten der Fernwärmeversorgung und die damit einhergehenden langen Vertragslaufzeiten es erforderlich, dem Versorger 27

---

27 Verordnung über Allgemeine Bedingungen für die Versorgung mit Wasser (AVBWasserV) v. 20.6.1980 (BGBl. I S. 750, 1067), zuletzt geändert durch Verordnung v. 11.12.2014 (BGBl. I S. 2010).

28 Siehe hierzu Kap. 8.

29 BR-Drucks. 196/80, S. 37.

30 Zum Preisänderungsrecht im Bereich der Wasserversorgung siehe Kap. 8.

31 BR-Drucks. 90/80, S. 56.

32 BR-Drucks. 196/80, S. 52.

ein Preisanpassungsrecht zuzugestehen. Der Verordnungsgeber hatte die erheblichen Investitionskosten im Blick und ermöglichte deshalb mit § 32 Abs. 1 AVBFernwärmeV eine Erstlaufzeit von zehn Jahren, um die Kosten zu refinanzieren. Es greift zu kurz, dem Versorger *„die sich daraus ergebenden Nachteile"* aufzuerlegen.[33] Außerdem widerspräche es dem **Leitbild der AVBFernwärmeV**, den Versorger auf kurzfristige Lieferverträge und Änderungskündigungen zu verweisen.[34] Das Preisgefüge und die Kostenstruktur lassen sich kaum über zehn Jahre vorhersehen. Würde man dies vom Versorger verlangen oder ihm einseitig die Nachteile von Kostenänderungen aufbürden, müsste er in seine Preise von Beginn an einen Risikoaufschlag einkalkulieren, um Unsicherheiten abzubilden. Dies wäre sicher nicht im Interesse der Kunden. Zusätzlich würde dem Versorger jeder Anreiz genommen, seine Wärmeerzeugung zu modernisieren oder effizienter auszugestalten, weil veränderte Kosten schnell dazu führen, dass die Preisformel nicht mehr den Anforderungen von § 24 Abs. 4 AVBFernwärmeV entspricht und nichtig wird. Auch dies liegt nicht im Interesse der Parteien. Es wird der Problematik daher allein gerecht, dem Versorger ein Recht zu nachträglichen Preisanpassungen bzw. Anpassungen der Preisänderungsklausel gemäß § 4 Abs. 2 AVBFernwärmeV zuzubilligen.

4. Rechtsfolge

28 Gegenüber einseitigen Preisänderungen nach § 4 Abs. 2 AVBFernwärmeV ist der Kunde auch nicht schutzlos. Vielmehr darf der Fernwärmeversorger die Preise nur in den Grenzen **billigem Ermessens** (§ 315 Abs. 1 BGB) anpassen. Anders als im Gas- oder Strombereich[35] kommt es dabei nicht nur darauf an, lediglich gestiegene Gestehungskosten an die Kunden weiterzugeben, die nicht durch rückläufige Kosten in anderen Bereichen wieder ausgeglichen werden können. Weil der Verordnungsgeber besonderen Wert darauf gelegt hat, dass sich die Fernwärmepreisgestaltung nicht losgelöst von den Preisverhältnissen am Wärmemarkt vollziehen kann,[36] ist bei der Ermessensausübung zusätzlich die Preisentwicklung der übrigen Energieträger für Raumheizung in den Blick zu nehmen.[37] Schließlich ist auch die neue Preisänderungsklausel zusätzlich an § 24 Abs. 4 AVBFernwärmeV zu messen.[38]

---

33 OLG Frankfurt a. M. – Urt. v. 21.3.2019 – 6 U 190/17.

34 So aber der Vorschlag des OLG Frankfurt a. M. Es lehnt u. a. mit diesem Argument ein Preisanpassungsrecht nach § 4 Abs. 2 AVBFernwärmeV ab (Urt. v. 21.3.2019 – 6 U 190/17).

35 Zu den Anforderungen an billige Preisänderungen des Grundversorgers für Gas oder Strom: BGH, Urt. v. 13.6.2007 – VIII ZR 36/06 – BGHZ 172, 315 und BGH, Urt. v. 19.11.2008 – VIII ZR 138/07 – BGHZ 178, 362.

36 BR-Drucks. 90/80, S. 56.

37 Zum Marktelement in Preisänderungsklauseln siehe Rn 71 ff.

38 LG Würzburg, Urt. v. 29.1.2019 – 3 S 1994/17, Rn 43 – juris.

Die Änderung wird erst nach öffentlicher Bekanntgabe wirksam; eine rückwirkende Veröffentlichung ist nicht möglich. Einer tatsächlichen Kenntnisnahme der Kunden von der Preisänderung bedarf es nicht.[39] Den Interessen der Kunden wird dadurch ausreichend Rechnung getragen, dass die Preisänderungen einer gerichtlichen **Billigkeitskontrolle** nach § 315 Abs. 3 BGB unterliegen.[40] Kommt es zu einer gerichtlichen Billigkeitskontrolle, obliegt es dem Versorgungsunternehmen, im Einzelnen darzulegen, weshalb die Preisänderung bzw. die Klauseländerung angemessen ist. Daneben kann der Kunde die Kostenorientierung und Transparenz einer neuen Formel gemäß § 24 Abs. 4 AVBFernwärmeV überprüfen lassen. 29

Tipp !
Auch wenn ein einseitiges Anpassungsrecht aufgrund der regelmäßig langen Vertragslaufzeiten sachgerecht ist, sind einseitige Preisanpassungen problematisch, weil der BGH selbst die Rechtslage als nicht geklärt ansieht. Stattdessen sollte versucht werden, mit dem Kunden eine vertragliche Einigung herbeizuführen, die auch dokumentiert wird (insbesondere die Gegenzeichnung des Angebots durch den Kunden). In dieser können dann auch andere Punkte, wie z. B. eine geänderte Vertragslaufzeit oder eine Anpassung der bestellten Leistung, geregelt werden.

III. Festpreisregelung

1. Eingeschränkte Eignung

Eine weitere Möglichkeit zur Regelung von Preisen für die Fernwärmeversorgung besteht darin, einen **Festpreis** vorzusehen, der keiner Preisänderung unterliegt. Festpreise sind derzeit in der Fernwärmeversorgung eher selten anzutreffen, da einige tatsächliche und rechtliche Besonderheiten zu beachten sind. 30

In tatsächlicher Hinsicht ist zu bedenken, dass die Fernwärmeversorgung regelmäßig mit **hohen Investitionskosten** in die Wärmeerzeugungs- und -verteilungsanlagen verbunden ist. Für den Versorger sind die Kunden nicht beliebig austauschbar, da er die Fernwärme nicht über größere Distanzen transportieren kann. Zum einen fehlt es hierzu bereits – anders als im Strom- und Gasbereich – an einem bundesweiten Fernwärmeversorgungsnetz; zum anderen gibt es technische Beschränkungen aufgrund der Wärmeverluste bei einem Transport über längere Strecken. Deswegen müssen die Investitionskosten stets im eigenen Versorgungsgebiet erlöst werden, was eine **langfristige Kundenbindung** erfordert. 31

In rechtlicher Hinsicht ist bei einer Festpreisregelung Folgendes zu beachten: Ein Festpreis dürfte – um eine sachgerechte Kostenprognose zu ermöglichen – stets nur für einen **begrenzten Zeitraum** von ein bis zwei Jahren sinnvoll sein. Nach Ablauf 32

39 LG Nürnberg-Fürth, Urt. v. 22.5.2013 – 3 O 4143/12 – CuR 2013, 125.
40 LG Nürnberg-Fürth, Urt. v. 22.5.2013 – 3 O 4143/12 – CuR 2013, 125.

dieser Zeit muss ein **neuer Vertrag** geschlossen werden, oder – da ein Fernwärmeversorger außerhalb eines Anschluss- und Benutzungszwangs seinen Kunden gegenüber keinem Kontrahierungszwang unterliegt – die Versorgung ist einzustellen.

33 Ein neuer Vertrag (mit gegebenenfalls neuem Preis) kommt nur zustande, wenn sich sowohl Fernwärmeversorgungsunternehmen als auch Kunde über die Versorgung mit Fernwärme und die Bedingungen der Versorgung einig sind. Sinnvoll ist es, diese Vertragseinigung in einem schriftlichen Vertrag niederzulegen.[41] Daneben ist die Fortsetzung der Lieferbeziehung auf Basis eines stillschweigenden Vertragsschlusses (oder auch: Vertrag durch sozialtypisches Verhalten) möglich, indem der Kunde nach Ende seines bisherigen Vertrages weiterhin Wärme aus dem Versorgungsnetz entnimmt. Ob in diesem Fall tatsächlich neue Preise gelten, hängt allerdings davon ab, was die aktuellen Preise *„vergleichbarer Versorgungsverhältnisse"* gemäß § 2 Abs. 2 AVBFernwärmeV sind.

2. Problematik des stillschweigenden Vertragsschlusses

34 Solch ein **stillschweigender Vertragsschluss** ist mit **rechtlichen Unklarheiten verbunden.** Denn weil es im Wärmebereich keine Grundversorgung i.S.d. § 36 Abs. 1 EnWG gibt, gibt es auch keine gesetzliche Ausgestaltung eines Versorgungsverhältnisses ohne ausdrücklichen Vertragsschluss. In § 2 Abs. 2 AVBFernwärmeV heißt es hierzu lediglich:

> *„Kommt der Vertrag dadurch zustande, daß Fernwärme aus dem Verteilungsnetz des Fernwärmeversorgungsunternehmens entnommen wird, so ist der Kunde verpflichtet, dies dem Unternehmen unverzüglich mitzuteilen. Die Versorgung erfolgt zu den für gleichartige Versorgungsverhältnisse geltenden Preisen."*

a) Preisänderungsklausel als Teil des Preises

35 Der Wortlaut ist ähnlich schlicht, wie der bei § 4 Abs. 2 AVBFernwärmeV.[42] Daher wurde in der Literatur die Regelung oftmals so verstanden, dass bei der bloßen Entnahme von Fernwärme ein faktischer Vertrag mit dem vollständigen Inhalt zustande kommt, wie er üblicherweise auch in schriftlicher Fassung von dem Versorgungsunternehmen angeboten wird.[43] Dieser Ansicht ist der BGH in einem Fall, in dem es um die Frage von Vertragslaufzeiten und Kündigungsfristen geht, nicht gefolgt.[44] Stattdessen entschied er, dass bei einer reinen Entnahme von Fernwärme durch den

---

41 Grundsätzlich unterliegen Fernwärmeversorgungsverträge keinem besonderen Formerfordernis. Zu Beweiszwecken ist allerdings eine schriftliche Fixierung immer sinnvoll.

42 Vgl. Rn 10.

43 *Klotz*, RdE 2011, 88, 92; *Witzel/Topp*, Versorgungsbedingungen Fernwärme, S. 212; *Wollschläger/Meyer*, IR 2009, 82, 84.

44 BGH, Urt. v. 15.1.2014 – VIII ZR 111/13 – NJW 2014, 1296.

Kunden, der zuvor keinen schriftlichen Vertrag mit dem Versorger abgeschlossen hat, die **Ergänzenden Allgemeinen Versorgungsbedingungen nicht** zum **Vertragsinhalt** werden.[45] Denn es sei im Zeitpunkt der Entnahme (also im Zeitpunkt des faktischen Vertragsschlusses) nicht hinreichend klar, ob und gegebenenfalls welche ergänzenden Bedingungen in den Vertrag einbezogen werden sollen, sodass sich die Parteien darüber nicht einigen können.

Dass die Belieferung nach der bloßen Entnahme von Wärme fortan zu den für gleichartige Versorgungsverhältnisse geltenden Preisen erfolgt, stellt der BGH nicht in Abrede. Im Hinblick auf spätere Preisänderungen stellt sich daher die Frage, ob der BGH die jeweiligen Preisänderungsklauseln des Versorgers (§ 24 Abs. 4 AVBFernwärmeV) als Teil der „Preise" ansieht, die gemäß § 2 Abs. 2 AVBFernwärmeV automatisch zum Vertragsinhalt werden, – oder ob die Preisänderungsklauseln stattdessen Teil der Ergänzenden Allgemeinen Versorgungsbedingungen sind und ohne rechtsgeschäftliche Einbeziehung (regelmäßig ein schriftlicher Vertrag) nicht gelten. Nur wenn die Preisänderungsklauseln Teil der „Preise" nach § 2 Abs. 2 AVBFernwärmeV sind, können in deren Anwendung auch im Rahmen faktischer Verträge Preisänderungen durchgeführt werden. Da sich die aktuellen Wärmepreise ohne die Preisänderungsklauseln meistens gar nicht beziffern lassen, ist dies regelmäßig der Fall. 36

Im Urteil vom 18.12.2019[46] hat sich der BGH klar dazu positioniert, dass bei einem konkludent nach § 2 Abs. 2 AVBFernwärmeV geschlossenen Liefervertrag *„die zum Zeitpunkt des Vertragsschlusses geltende Preisanpassungsklausel [...] Bestandteil des [...] Vertragsverhältnisses"* wird. Die dogmatische Begründung hierfür ist offen. In einem früheren Urteil, in welchem der BGH über die **Wirksamkeit** einer **Preisänderungsklausel** eines konkludenten Vertrages zu befinden hatte, stellte der BGH ebenfalls klar, dass die zum Zeitpunkt des faktischen Vertragsschlusses geltende **Preisänderungsklausel** Bestandteil des zu beurteilenden Vertragsverhältnisses geworden ist.[47] Für die rechtliche Begründung der Einbeziehung gab es aus Sicht des BGH zwei Möglichkeiten, zwischen denen er sich nicht entscheiden musste. Zum einen könne die Klausel *„als Preisbestimmung für gleichartige Versorgungsverhältnisse nach § 2 Abs. 2 S. 2 AVBFernwärmeV zu werten"* sein und daher *„ohne Weiteres auch im Verhältnis der Parteien zur Anwendung kommen"*. Zum anderen könnte die öffentlich bekanntgegebene *„Klausel (§ 1 Abs. 4, § 2 Abs. 3 AVBFernwärmeV) unmittelbar in den zwischen den Parteien zustande gekommenen Energieliefeungsvertrag einbezogen worden sein"*[48]. 37

Vor allem eine **Einbeziehung** der **Preisänderungsklausel** nach § 2 Abs. 2 S. 2 AVBFernwärmeV überzeugt. Deutlich wird dies bereits bei einem Blick in die 38

45 BGH, Urt. v. 15.1.2014 – VIII ZR 111/13, Rn 16 – NJW 2014, 1296.
46 BGH, Urt. v. 18.12.2019 – VIII ZR 209/18, Rn 17 – NJW 2020, 1205.
47 BGH, Urt. v. 6.4.2011 – VIII ZR 66/09 Rn 14 – ZNER 2011, 304, 306.
48 BGH, Urt. v. 6.4.2011 – VIII ZR 66/09 Rn 14 – ZNER 2011, 304, 306.

Verordnungsbegründung. Nach dem Willen des Verordnungsgebers stellt § 2 Abs. 2 AVBFernwärmeV *„u. a. klar, zu welchen Bedingungen und Preisen Abnehmer zu versorgen sind, deren Versorgungsvertrag durch sozialtypisches Verhalten zustande gekommen ist“*[49]. Zwar haben die „Bedingungen“ keinen Eingang in den Wortlaut der Norm gefunden. Die Erläuterung des Verordnungsgebers zeigt aber, dass insofern keine Unklarheit über den Vertragsinhalt bestehen soll. Zumindest was die Preisbildung betrifft, müssen daher die jeweiligen Bedingungen automatisch zum Vertragsinhalt werden.

39 Dies ist auch sachgerecht. Die im Falle eines faktischen Vertragsschlusses geltenden „Preise“ gleichartiger Versorgungsverhältnisse lassen sich regelmäßig ohne die gültige Preisänderungsklausel des jeweiligen Versorgers gar nicht beziffern. Anders als im Bereich der Strom- und Gasversorgung werden für Fernwärme üblicherweise keine absoluten Preise in Cent pro kWh veröffentlicht. Stattdessen werden die aktuellen Preise in Anwendung der Preisformel und der relevanten (öffentlich zugänglichen) Preisindizes rechnerisch ermittelt. Dies ist eine Folge des § 24 Abs. 4 AVBFernwärmeV, der für Preisänderungsklauseln mathematische „Berechnungsfaktoren“ vorgibt. Aus der Systematik der Verordnung folgt daher, dass der Begriff „Preise“ in § 2 Abs. 2 S. 2 AVBFernwärmeV zwingend die **Berechnungsmethodik** der **Preise** umfassen muss, also die jeweilige Preisänderungsklausel.

40 Nur bei Geltung der Berechnungsmethodik (also der Preisänderungsklausel) können auch gegenüber Kunden, die durch die bloße Entnahme von Wärme einen Vertrag geschlossen haben, Schwankungen der Marktverhältnisse und der Erzeugungskosten bei der Preisbildung berücksichtigt werden. Aufgrund der Langfristigkeit der Versorgungsverträge ist dies aus Sicht des Verordnungsgebers erforderlich.[50] Außerdem müsste ein Versorger andernfalls vergleichbaren Kunden letztlich verschiedene Preise in Rechnung stellen: Für Kunden mit schriftlichem Vertrag die gemäß einer Preisänderungsklausel errechneten Preise und für Kunden mit faktischem Vertrag die veröffentlichten Preise nach § 4 Abs. 2 AVBFernwärmeV oder diverse Festpreise – je nach Zeitpunkt des faktischen Vertragsschlusses. Dadurch wäre das Versorgungsunternehmen im Massenkundengeschäft vor erhebliche logistische Probleme gestellt.

b) Gleichartige Versorgungsverhältnisse

41 Es kommt vor, dass es für einen Wärmekunden infolge seiner Größe oder besonderen Abnahmestruktur keine *„gleichartigen Versorgungsverhältnisse“* gemäß § 2 Abs. 2 AVBFernwärmeV gibt. Betroffen hiervon sind insbesondere Contracting-Fälle, die für einen Einzelfall gestaltet wurden, gleichwohl aber den Regelungen der AVBFernwärmeV unterliegen. Hier kann unklar sein, welche Preise gelten, wenn der Kunde

49 BR-Drucks. 90/80, S. 36.
50 BR-Drucks. 90/80, S. 56.

ohne Unterzeichnung eines Vertrages Wärme nutzt, und ob die geltenden Preise in Anwendung einer Preisänderungsklausel angepasst werden können.

Es kann in diesen Fällen auf einen zwischen den Parteien selbst früher geschlossenen oder angebotenen schriftlichen Vertrag zurückgegriffen werden. Die Verwendung der Mehrzahl *„gleichartige Versorgungsverhältnisse"* zur Bezeichnung des Maßstabes für die Bemessung des geschuldeten Preises ist nicht so zu verstehen, dass auf eine Mehrzahl von Verträgen des Versorgungsunternehmens oder anderer Versorgungsunternehmen mit deren Kunden abzustellen sei.[51] Die sprachliche Fassung des Verweises ist lediglich dem Umstand geschuldet, dass der Verordnungsgeber bei der Formulierung der abstrakt-normativen Regelung unterschiedlichen Versorgungs- und Marktverhältnissen als Vergleichshorizont Rechnung getragen hat.[52] Daher können auch die Preise aus einem einzelnen weiteren Versorgungsverhältnis herangezogen werden; namentlich aus einem (Contracting-)Vertrag zwischen den Parteien, der unmittelbar zuvor beendet wurde oder der (noch) nicht wirksam vereinbart wurde. 42

c) Exkurs: keine Geltung Allgemeiner Versorgungsbedingungen

Im Falle eines faktischen Vertragsschlusses verbleibt das Problem, dass die Allgemei- 43
nen Versorgungsbedingungen des Versorgungsunternehmens nach der Rechtsprechung des BGH dem Kunden gegenüber keine Anwendung finden.[53] Allgemeine Versorgungsbedingungen regeln neben der Vertragslaufzeit und der Kündigungsfrist beispielsweise Einzelheiten zum Umfang der Lieferungen, zur Ausübung des Zutrittsrechts sowie zu Zahlungs- und Abrechnungsmodalitäten. Schon allein aufgrund dieser Unklarheiten ist stets der Abschluss eines schriftlichen Versorgungsvertrages gegenüber dem faktischen Vertrag vorzugswürdig. Da sich faktische Verträge infolge der bloßen Entnahme von Fernwärme nicht immer vermeiden lassen, müssen entweder der Verordnungsgeber oder die Gerichte hier zwingend tätig werden, um die sowohl für den Versorger als auch für den Kunden unklare Situation abzuwenden.

Tipp !

Fernwärmeversorgungsverträge sollten vorsorglich immer schriftlich abgeschlossen werden, um Unklarheiten eines faktischen Vertrages zu vermeiden.

---

51 Brandenburgisches OLG, Urt. v. 10.6.2015 – 7 U 4/14 – EnWZ 2015, 371.
52 Brandenburgisches OLG, Urt. v. 10.6.2015 – 7 U 4/14 – EnWZ 2015, 371.
53 BGH, Urt. v. 15.1.2014 – VIII ZR 111/13 – NJW 2014, 1296.

B. Regelung des § 24 AVBFernwärmeV

I. Anwendungsbereich

44 Auf vorformulierte Lieferverträge finden die §§ 2 bis 34 AVBFernwärmeV Anwendung (vgl. § 1 Abs. 1 AVBFernwärmeV). Preisänderungsklauseln müssen die Voraussetzungen des § 24 Abs. 4 AVBFernwärmeV erfüllen. Nur im Falle der Wärmeversorgung von Industriekunden oder bei individuellen Verträgen gelten die Regelungen der AVBFernwärmeV nicht automatisch (vgl. §§ 1 Abs. 2 und Abs. 3 AVBFernwärmeV).

1. Industriekunden

45 Der Begriff des **Industrieunternehmens** ist ein unbestimmter Rechtsbegriff, der nicht legal definiert wird. Die Anlehnung an die Handwerksordnung ist ein geeigneter Definitionsmaßstab. Hiernach liegt ein Industrieunternehmen vor,[54] wenn
- eine gewisse Betriebsgröße besteht,
- der Betriebsinhaber nicht unmittelbar mitarbeitet,
- eine arbeitsteilige Produktion erfolgt und
- Maschinen verwendet werden.

46 Diese Definition bedarf einer Ergänzung. Nicht jeder größere Gewerbebetrieb mit arbeitsteiliger Produktion unter Einsatz von Maschinen ist zugleich ein Industrieunternehmen i.S.v. § 1 Abs. 2 AVBFernwärmeV. Hinzukommen muss ein **spezieller Wärmebedarf**, der Industriekunden von anderen Wärmekunden unterscheidet. In der Verordnungsbegründung[55] heißt es hierzu:

> *„Ausgenommen sind Anschluss und Versorgung von Industrieunternehmen (Absatz 2). Diese Versorgungsverhältnisse müssen von den Beteiligten nach ihren spezifischen Bedürfnissen (z.B. Prozesswärme) geregelt werden können. Sie haben weitgehend den Charakter von Sonderabnahmeverhältnissen, wie sie bei der Versorgung mit Strom und Gas vorkommen. Diese werden ebenfalls nicht von den gesetzlich normierten allgemeinen Versorgungsbedingungen erfasst werden. Industrieunternehmen sind vom handwerksmäßig, land- oder forstwirtschaftlich betriebenem Gewerbe zu unterscheiden, für das die Verordnung Anwendung finden soll."*

47 Es kommt nach dem Willen des Verordnungsgebers also darauf an, ob ein Unternehmen „spezifische Bedürfnisse" hat. Beispielhaft nennt er dazu „Prozesswärme", also Wärme, die für technische Verfahren wie Trocknen, Schmelzen oder Schmieden benötigt wird. Besondere Kenntnisse oder Fähigkeiten des Kunden, wie beispielsweise Er-

54 *Witzel/Topp*, Versorgungsbedingungen Fernwärme, S. 51f., Theobald/Kühling/*Wollschläger*, § 1 AVBFernwärmeV, Rn 15ff.
55 BR-Drucks. 90/80, S. 35.

fahrungen im Abschluss von Wärmelieferverträgen, sind dagegen für die Einordnung als „Industriekunde" nach § 1 Abs. 2 AVBFernwärmeV unerheblich.

2. Individualvereinbarung

Nach § 1 Abs. 3 AVBFernwärmeV ist der Anwendungsbereich der Verordnung auch dann nicht eröffnet, wenn die Parteien eine **Individualvereinbarung** getroffen haben. Die individuelle Vereinbarung kann dabei mehrere oder auch nur einzelne Regelungen betreffen. Insbesondere ist es möglich, einen **vorformulierten Vertrag** zu schließen und nur im Hinblick auf die Preisregelung individuell von § 24 Abs. 4 AVBFernwärmeV abzuweichen. 48

Voraussetzung für eine von den Vorgaben der AVBFernwärmeV abweichende **Individualvereinbarung** ist gemäß § 1 Abs. 3 S. 1 AVBFernwärmeV, dass das Versorgungsunternehmen dem Kunden einen Vertragsschluss zu den Allgemeinen Bedingungen der AVBFernwärmeV angeboten hat und der Kunde mit den Abweichungen ausdrücklich einverstanden ist. Der Kunde muss die Möglichkeit haben, eine Preisregelung zu vereinbaren, wie sie auch für vergleichbare Kunden gilt. Trifft er anschließend mit dem Versorgungsunternehmen bewusst eine abweichende Vereinbarung, so sind die Vorgaben des § 24 Abs. 4 AVBFernwärmeV hierauf nicht anwendbar. Auf diese Weise werden **Preisänderungsklauseln** wirksam, die beispielsweise den Anforderungen an die Verständlichkeit nicht genügen würden. 49

Die **Darlegungs- und Beweislast** dafür, dass eine **Preisänderungsklausel** individuell ausgehandelt wurde, liegt beim Verwender der Klausel, also regelmäßig beim Versorgungsunternehmen. Im Zweifel wird ein vorformulierter Text als Allgemeine Versorgungsbedingung einzuordnen sein.[56] 50

Tipp !
Individualvereinbarungen sind rechtlich kaum angreifbar, oftmals aber schwer zu beweisen. Daher empfiehlt es sich, gleich bei Vertragsschluss sorgfältig zu dokumentieren, dass bewusst eine Abweichung von der üblicherweise verwendeten Preisänderungsklausel gewünscht ist.

Ein **Aushandeln** einzelner **Vertragsbedingungen** ändert nichts daran, dass die übrigen Vertragsbedingungen vorformulierte Klauseln bleiben.[57] So hat beispielsweise eine individuelle Vereinbarung über die Laufzeit des Wärmeliefervertrages keine Auswirkungen auf die Beurteilung der Preisänderungsklausel. 51

56 BGH, Urt. v. 15.12.1976 – IV ZR 197/75, Rn 26 – NJW 1977, 624, 626.
57 Palandt/*Grüneberg*, 79. Aufl. 2020, § 305 Rn 18.

II. Anforderungen im Einzelnen

52 Für **vorformulierte Preisänderungsklauseln** gibt § 24 Abs. 4 S. 1 und 2 AVBFernwärmeV folgende Anforderungen vor:

> *„Preisänderungsklauseln dürfen nur so ausgestaltet sein, daß sie sowohl die Kostenentwicklung bei Erzeugung und Bereitstellung der Fernwärme durch das Unternehmen als auch die jeweiligen Verhältnisse auf dem Wärmemarkt angemessen berücksichtigen. Sie müssen die maßgeblichen Berechnungsfaktoren vollständig und in allgemein verständlicher Form ausweisen.“*

53 Eine Wärmepreisänderungsklausel muss demnach die **Kosten** für die Erzeugung und Bereitstellung der Fernwärme abbilden und die Verhältnisse auf dem **Wärmemarkt** repräsentieren. Dabei ist sicherzustellen, dass die Gewichtung beider Elemente angemessen ist. Daneben muss die Klausel für die Kunden **verständlich** und **nachvollziehbar** sein. Mit diesen Vorgaben wollte der Verordnungsgeber den wirtschaftlichen Bedürfnissen in der Fernwärmeversorgung Rechnung tragen und zugleich die gegenläufigen Interessen von Versorgungsunternehmen und Wärmekunden in einen angemessenen Ausgleich bringen. Werden die Vorgaben nicht erfüllt, ist die Klausel gemäß § 24 Abs. 4 AVBFernwärmeV i. V. m. § 134 BGB nichtig.[58]

1. Kostenelement

a) Bedeutung des Kostenelements

54 Die Erzeugungskosten hängen i. d. R. überwiegend von den Brennstoffkosten ab, während die Bereitstellungskosten vor allem durch die Lohnkosten und in geringem Maße durch die Materialkosten bestimmt werden.[59] Auch die Kosten für Transport und Verteilung der Fernwärme fließen in die Bereitstellungskosten mit ein.[60]

55 Preisänderungsklauseln im Wärmebereich müssen sich daher an der Entwicklung dieser Kosten orientieren. Dabei bedeutet Kostenorientierung aber **nicht Kostenechtheit**, weswegen sie nicht dazu zwingt, Preise spiegelbildlich zur jeweiligen Kostenstruktur auszugestalten.[61] Der Grundsatz der Kostenorientierung ist jedoch dann tangiert, wenn die Preise oder einzelne ihrer Bestandteile kostenmäßige Zusammenhänge nicht mehr hinreichend erkennen lassen.[62] Dies erfordert, dass als Bemessungsgröße ein Indikator gewählt wird, der an die tatsächliche Entwicklung

---

58 Vgl. BGH, Urt. v. 18.12.2019 – VIII ZR 209/18, Rn 16 – NJW 2020, 1205.
59 BGH, Urt. v. 6.4.2011 – VIII ZR 273/09, Rn 39 – BGHZ 189, 131, Rn 39.
60 BGH, Urt. v. 13.7.2011 – VIII ZR 339/10, Rn 23 – NJW 2011, 3222, 3225.
61 BGH, Urt. v. 6.4.2011 – VIII ZR 273/09, Rn 38 – BGHZ 189, 131, Rn 38; BGH, Urt. v. 13.7.2011 – VIII ZR 339/10, Rn 24 – NJW 2011, 3222, 3225; BGH, Urt. v. 25.6.2014 – VIII ZR 344/13, Rn 24 – BGHZ 201, 363.
62 BGH, Urt. v. 6.4.2011 – VIII ZR 273/09, Rn 38 – BGHZ 189, 131, Rn 38; BGH, Urt. v. 13.7.2011 – VIII ZR 339/10, Rn 24 – NJW 2011, 3222, 3225; BGH, Urt. v. 25.6.2014 – VIII ZR 344/13, Rn 24 - BGHZ 201, 363.

der Kosten des bei der Wärmeerzeugung überwiegend eingesetzten Brennstoffs anknüpft.[63]

Ein veröffentlichter Preisindex – der üblicherweise zur Abbildung der Kosten verwendet wird – verläuft oft nicht identisch mit den individuellen Kosten eines Unternehmens. Gleichwohl ist ein Index für den eingesetzten Energieträger zur Kostenorientierung geeignet, wenn sichergestellt ist, dass sich die konkreten Kosten im Wesentlichen – wenn auch mit gewissen Spielräumen – in gleicher Weise entwickeln wie der Index.[64] 56

Tipp !

Üblicherweise werden die verbrauchsabhängigen Kosten (Brennstoffe) in einer Formel zur Anpassung des Arbeitspreises berücksichtigt und die verbrauchsunabhängigen Kosten (Lohn, Investitionen) in einer Formel zur Anpassung des Grundpreises. Diese Aufteilung ist aber nicht zwingend. Möglich wäre es beispielsweise auch, sämtliche Indizes in einer einzigen Formel für den Wärmepreis abzubilden.

Zur Abbildung der **Erzeugungskosten** ist daher im ersten Schritt zu klären, welcher **Brennstoff** überwiegend zur Wärmeerzeugung eingesetzt wird. Im zweiten Schritt ist ein **Bemessungsfaktor** zu wählen, dessen Entwicklung im Wesentlichen gleich verläuft, wie die tatsächlichen Kosten für den Bezug des Brennstoffs.[65] 57

Zur Abbildung der **Bereitstellungskosten** ist es regelmäßig sachgerecht, die Entwicklung der **Lohnkosten** in Bezug zu nehmen. Dies kann dadurch geschehen, dass auf einen Tariflohn abgestellt wird. Dabei ist darauf zu achten, dass der Tariflohn im jeweiligen Versorgungsunternehmen auch Anwendung findet. Häufig eignet sich der Tarifvertrag für kommunale Versorgungsbetriebe (TV-V), aber auch individuelle Tarifverträge kommen in Betracht, sofern sie öffentlich zugänglich sind.[66] Ferner gibt auch das Statistische Bundesamt Wiesbaden beispielsweise die Entwicklung von Arbeitskosten im Wirtschaftszweig „Energiewirtschaft" bekannt.[67] 58

Um die **Investitions- und Vorhaltekosten** des Versorgers abzubilden, darf zur Berechnung von Grundpreisänderungen auf einen Index abgestellt werden, der die 59

---

63 BGH, Urt. v. 6.4.2011 – VIII ZR 273/09, Rn 38 – BGHZ 189, 131, Rn 38; BGH, Urt. v. 13.7.2011 – VIII ZR 339/10, Rn 24 – NJW 2011, 3222, 3225; BGH, Urt. v. 25.6.2014 – VIII ZR 344/13, Rn 24 – BGHZ 201, 363.

64 BGH, Urt. v. 6.7.2011 – VIII ZR 37/10, Rn 43 – NJW, 2011, 3219, 3222; BGH, Urt. v. 13.7.2011 – VIII ZR 339/10, Rn 25 – NJW 2011, 3222, 3225; BGH, Urt. v. 25.6.2014 – VIII ZR 344/13, Rn 24 – BGHZ 201, 363.

65 BGH, Urt. v. 13.7.2011 – VIII ZR 339/10, Rn 25 – NJW 2011, 3222, 3225.

66 Dies ist aus Gründen der Transparenz zu beachten; siehe dazu im Einzelnen Rn 90ff.

67 Statistisches Bundesamt, Wiesbaden, Fachserie 16, Reihe 4.3: Verdienste und Arbeitskosten, „Index der Tarifverdienste und Arbeitszeiten".

Preisentwicklung des investitionsgüterproduzierenden Gewerbes[68] abbildet.[69] Der BGH stellte klar, dass es sich hierbei um einen Faktor handelt, der weder die Verhältnisse auf dem Wärmemarkt noch die konkreten Kosten des Unternehmens widerspiegelt. Der Index knüpft an die für den Grundpreis relevante Entwicklung der Investitionskosten an und erfasst diese in pauschalierter Form. Dies ist im Rahmen des von § 24 Abs. 4 AVBFernwärmeV gewährten Spielraums zulässig.[70]

! **Tipp**

Preisindizes des Statistischen Bundesamtes sind gut als Bemessungsfaktoren geeignet, da sie objektiv die Preisentwicklung wiedergeben und frei zugänglich sind. Oft gibt es aber viele ähnliche Indizes für einen Oberbegriff: beispielsweise Stundenlohn und Monatslohn, mit und ohne Sonderzahlungen, alte und neue Bundesländer, gesamtes Bundesgebiet etc. Es sollte der Index gewählt werden, der den individuellen Kosten am nächsten kommt.

b) Einsatz verschiedener Brennstoffe

60 Häufig wird Fernwärme nicht lediglich unter Einsatz eines einzigen Brennstoffes erzeugt. Auch wenn ein Heizkraftwerk primär mit Erdgas betrieben wird, kommt es oft bei kurzzeitig hoher Nachfrage (Spitzenlast) ergänzend zum Einsatz von Heizöl. Denkbar ist auch, dass beispielsweise eine heizölbasierte Wärmeerzeugung später durch eine Erzeugung mittels Biogas ergänzt wird.

61 In diesen Fällen ist es nicht erforderlich, jede einzelne Kostenposition auch in der Preisformel abzubilden. Stattdessen reicht es bei Einsatz unterschiedlicher Brennstoffe regelmäßig aus, wenn sich die Preisänderungsklausel an der Kostenentwicklung des überwiegend eingesetzten Brennstoffs ausrichtet.[71] Kommt dagegen zwei Brennstoffen eine ähnlich große Bedeutung für die Fernwärmeerzeugung zu, sollten die Kosten beider Brennstoffe in der Preisformel berücksichtigt werden.

c) Mittelbare Kostenorientierung

62 Nicht unbedingt erforderlich ist es, in die Preisänderungsklausel einen Bemessungsfaktor aufzunehmen, der unmittelbar die Entwicklung der Brennstoffkosten berücksichtigt. Alternativ ist es möglich, einen **Preisindex** zu wählen, der zumindest mittelbar die eigenen Erzeugungskosten des Versorgungsunternehmens abbildet. Dies

68 Z. B. Veröffentlichung des Statistischen Bundesamtes, Wiesbaden, Fachserie 17 Preise Reihe 2: Preise und Preisindizes für gewerbliche Produkte (Erzeugerpreise), dort „1 Index der Erzeugerpreise gewerblicher Produkte (Inlandsabsatz)", lfd. Nr. 3 „Erzeugnisse der Investitionsgüterproduzenten".

69 BGH, Urt. v. 13.7.2011 – VIII ZR 339/10, Rn 32 – NJW 2011, 3222, 3226.

70 BGH, Urt. v. 13.7.2011 – VIII ZR 339/10, Rn 31 f. – NJW 2011, 3222, 3225 f.

71 BGH, Urt. v. 13.7.2011 – VIII ZR 339/10, Rn 26 – NJW 2011, 3222, 3225.

kommt beispielsweise in Betracht, wenn die Wärme zwar mit Erdgas erzeugt wird und der Gasbezugspreis an den Preis für leichtes Heizöl (HEL) gebunden ist. In diesem Fall kann in der Formel ein Index für den Preis von HEL verwendet werden, obwohl Heizöl tatsächlich bei der Erzeugung gar nicht zum Einsatz kommt.[72]

An die Wirksamkeit solcher **„mittelbarer Preisrepräsentanten"** sind nach der Rechtsprechung des BGH hohe Anforderungen zu stellen. Denn weil in der Praxis vielfältige unterschiedliche HEL-Preisbindungen anzutreffen sind, ist die Anknüpfung von Preisanpassungen an einen bestimmten **HEL-Index** nicht ohne Weiteres mit der Entwicklung der Erdgasbezugskosten gleichzusetzen.[73] Ein HEL-Index ist nur dann geeignet, die Gasbezugskosten ausreichend abzubilden, wenn feststeht, dass das jeweilige Versorgungsunternehmen seinerseits gegenüber seinem Vorlieferanten einer Ölpreisbindung unterliegt, die ihrer Art und ihrem Umfang nach im Wesentlichen der gegenüber den Endkunden praktizierten HEL-Bindung entspricht.[74] Um dies beurteilen zu können, ist der gesamte Änderungsmechanismus beider Klauseln miteinander zu vergleichen.[75] Insbesondere ist im Vorlieferantenvertrag nicht „irgendeine" Anbindung an HEL ausreichend, sondern dem HEL-Parameter muss im Wesentlichen das gleiche Gewicht zukommen.[76] Dazu ist namentlich zu prüfen, 63

- ob in beiden Verträgen als Referenzgröße vergleichbare Notierungen des Produkts „leichtes Heizöl" herangezogen werden (einschließlich der Verbrauchssteuern),
- ob die Gasbezugspreise daneben nicht noch an zusätzliche Indizes gebunden sind,
- ob ein ähnlicher Äquivalenzfaktor verwendet wird,
- ob vergleichbare (oder sogar identische[77]) Berechnungszeiträume zugrunde liegen.[78]

Mit diesen Kriterien knüpft der BGH an seine Rechtsprechung zur Wirksamkeit von HEL-Preisklauseln in Erdgassonderverträgen[79] an. Jene Preisklauseln waren an den Vorgaben der §§ 307 ff. BGB zu messen, die aufgrund der Spezialregelung in § 24 64

72 BGH, Urt. v. 25.6.2014 – VIII ZR 344/13, Rn 28 f. – BGHZ 201, 363.
73 BGH, Urt. v. 6.4.2011 – VIII ZR 273/09, Rn 40 – BGHZ 189, 131, Rn 40.
74 BGH, Urt. v. 6.4.2011 – VIII ZR 273/09, Rn 41 – BGHZ 189, 131, Rn 41; BGH, Urt. v. 25.6.2014 – VIII ZR 344/13, Rn 25 – BGHZ 201, 363.
75 BGH, Urt. v. 19.7.2017 – VIII ZR 268/15, Rn 43 – NJW-RR 2017, 1200; BGH, Urt. v. 18.12.2019 – VIII ZR 209/18 Rn 27 – NJW 2020, 1205.
76 BGH, Urt. v. 19.7.2017 – VIII ZR 268/15, Rn 43 – NJW-RR 2017, 1200; BGH, Urt. v. 18.12.2019 – VIII ZR 209/18, Rn 27 – NJW 2020, 1205.
77 BGH, Urt. v. 18.12.2019 – VIII ZR 209/18, Rn 36 – NJW 2020, 1205.
78 BGH, Urt. v. 6.4.2011 – VIII ZR 273/09, Rn 42 – BGHZ 189, 131, Rn 42; BGH, Urt. v. 25.6.2014 – VIII ZR 344/13, Rn 25 – BGHZ 201, 363.
79 BGH, Urt. v. 24.3.2010 – VIII ZR 178/08 – BGHZ 185, 96 und BGH, Urt. v. 24.3.2010 – VIII ZR 304/08 – NJW 2010, 2793.

Abs. 4 AVBFernwärmeV im Wärmebereich nicht anwendbar sind.[80] Gleichwohl will der BGH die Grundsätze insofern auf die Fernwärmeversorgung übertragen, als hinsichtlich der Kostenorientierung eine **unmittelbare Anknüpfung** an die beim Fernwärmeversorger anfallenden Kosten der Erzeugung und Bereitstellung der Fernwärme geboten ist.[81] Das Gebot der Kostenorientierung verlangt hier nach der BGH-Rechtsprechung einen **Gleichlauf der Brennstoffbezugs- und der Fernwärmeerzeugungskosten.**[82] Die Bereitstellungskosten des Fernwärmeversorgers sind also noch zusätzlich in den Blick zu nehmen. Der erforderliche Gleichlauf der Erzeugungskosten kann aber nicht durch Einbeziehung anderer Kostenkomponenten kompensiert werden.[83] **Bereits die unterschiedliche Gewichtung des HEL-Parameters** in den Preisanpassungsregeln des Bezugs- und des Fernwärmelieferungsvertrages soll dazu führen, dass das Gebot der Kostenorientierung nicht eingehalten wird, weil es zu einer **überproportionalen Weitergabe von Preissteigerungen** kommen kann.[84] Weiterhin sollen Abweichungen von dem geforderten „Gleichlauf" auch nicht etwa deshalb unschädlich sein, weil § 24 Abs. 4 AVBFernwärmeV nicht nur die Berücksichtigung des Kostenelements, sondern auch die des Marktelements erfordert. Denn ein Verstoß gegen das Gebot der Kostenorientierung kann nicht durch Einhaltung des Gebots der Marktorientierung „geheilt" werden.[85]

65 Die Vorgaben des BGH an eine mittelbare Kostenorientierung sind **streng**. Ein Versorger, der Fernwärme mit Gas erzeugt, kann seine Fernwärmepreise zwar gleichwohl an Heizöl koppeln, wenn der gewählte Index demjenigen im eigenen Gasbezugsvertrag gleichkommt.[86] Enthält die Preisbildung im Gasbezugsvertrag aber beispielsweise nur einen Index für schweres Heizöl (HSL), scheidet HEL auch als mittelbarer Preisrepräsentant aus. Gleiches soll gelten, wenn die Berechnungszeiträume der Indizes verschoben sind, wenn der Gas-Bezugspreis noch an weitere Indizes gekoppelt ist, die in der Fernwärmepreisklausel nicht auftauchen[87] oder wenn der Bezugsvertrag an einen HEL-Index der Rheinschiene anknüpft, die Fernwärmepreise dagegen an einen HEL-Index des Berichtsortes Hamburg gekoppelt sind. Dies ist nach dem BGH selbst dann nicht anders zu bewerten, wenn sich die konkreten Gasbezugspreise und Wärmepreise tatsächlich gleich entwickeln. Denn eine mehr oder weniger zufällige Paral-

80 Ausnahmen sind Individualverträge und Verträge mit Industriekunden, BGH, Urt. v. 6.4.2011 – VIII ZR 273/09, Leitsatz a) – BGHZ 189, 131; BGH, Urt. v. 6.7.2011 – VIII ZR 37/10, Rn 17 ff. – NJW 2011, 3219.
81 BGH, Urt. v. 18.12.2019 – VIII ZR 209/18, Rn 22 – NJW 2020, 1205.
82 BGH, Urt. v. 18.12.2019 – VIII ZR 209/18, Rn 35 – NJW 2020, 1205.
83 BGH, Urt. v. 18.12.2019 – VIII ZR 209/18, Rn 35 – NJW 2020, 1205.
84 BGH, Urt. v. 18.12.2019 – VIII ZR 209/18, Rn 28 – NJW 2020, 1205 – dort 75 % gegenüber 100 %.
85 BGH, Urt. v. 18.12.2019 – VIII ZR 209/18, Rn 38 – NJW 2020, 1205.
86 Eine mittelbare Kostenorientierung hat der BGH, Urt. v. 25.6.2014 – VIII ZR 344/13, Rn 29 – IR 2014, 211 f. – genauer untersucht und für tauglich erachtet. Dabei hob er hervor, dass HEL die einzige Variable im Gasbezugsvertrag gewesen ist, dieselbe örtliche Notierung herangezogen wurde und auch die Berechnungszeiträume im Gleichklang verliefen.
87 BGH, Urt. v. 18.12.2019 – VIII ZR 209/18, Rn 32 f. und 37 – NJW 2020, 1205.

lele reicht nicht aus. Stattdessen ist **generell sicherzustellen**, dass sich die vom Kunden zu tragende Preiskomponente der Wärmebezugskosten **nicht anders entwickeln kann** als die Kosten des Brennstoffbezugs.[88]

Angesichts dieser engen Vorgaben stellt sich die Frage, inwieweit bei einer mittel- 66
baren Kostenorientierung überhaupt Raum für eine „Orientierung“ bleibt. Der BGH selbst lässt keinen Spielraum für Abweichungen von der Formel im Bezugsvertrag erkennen. Im Ergebnis sollte eine Preisänderungsklausel aus dem Brennstoffeinkauf daher mathematisch unverändert übernommen werden, um den Anforderungen an eine mittelbare Kostenorientierung gerecht zu werden.

Tipp !

Zu beachten ist, dass die Preisklausel im Bezugsvertrag regelmäßig nur die Erzeugungskosten des Fernwärmeversorgers beeinflusst; seine Bereitstellungskosten (insbesondere Lohn und Material) sind zusätzlich zu berücksichtigen. Gleiches gilt für das Marktelement. Die Preisklausel aus dem Bezugsvertrag ist also regelmäßig zu erweitern.

---

d) Einkauf von Fernwärme durch das Versorgungsunternehmen

Nicht immer ist das Fernwärmeversorgungsunternehmen auch dasjenige Unterneh- 67
men, welches die Wärme selbst produziert. Teilweise kaufen Versorgungsunternehmen fertige Wärme selbst beim Erzeuger ein, um sie dann an die eigenen Wärmekunden zu verteilen. In diesem Fall stellt sich die Frage, ob es zur Kostenorientierung der Fernwärmepreise im Liefervertrag mit dem Endkunden auf die Kosten des Erzeugers oder auf die Kosten des Versorgers ankommt. Richtigerweise ist die Preisänderungsklausel in diesem Fall so auszugestalten, dass die Klausel die Entwicklung der Wärmebezugskosten, mithin die Kosten für den Einkauf von Fernwärme, angemessen berücksichtigt.[89] Insbesondere die Brennstoffkosten des Vorlieferanten sind dagegen unerheblich.[90]

Der Wortlaut des § 24 Abs. 4 S. 1 AVBFernwärmeV stellt lediglich auf die Kosten 68
des „Unternehmens“ ab. Ein Vergleich mit den übrigen Normen der AVBFernwärmeV zeigt aber, dass der Begriff „Unternehmen“ stets verkürzt und als Synonym verwendet wird, wenn im selben Paragrafen bereits von dem „Fernwärmeversorgungsunternehmen“ gesprochen wurde. Auch Sinn und Zweck des § 24 Abs. 4 AVBFernwärmeV weisen deutlich darauf hin, dass allein die Kostensituation des Versorgers maßgeblich ist. Denn § 24 Abs. 4 AVBFernwärmeV regelt – wie die AVBFernwärmeV insgesamt – das **Vertragsverhältnis** zwischen **Fernwärmeversor-**

---

88 BGH, Urt. v. 18.12.2019 – VIII ZR 209/18, Rn 34 – NJW 2020, 1205.
89 BGH, Urt. v. 19.7.2017 – VIII ZR 268/15, Rn 33 – NJW-RR 2017, 1200.
90 BGH, Urt. v. 19.7.2017 – VIII ZR 268/15, Rn 37 – NJW-RR 2017, 1200.

gungsunternehmen und dessen **Kunden**. Vorlieferanten sind vom Anwendungsbereich überhaupt nicht erfasst und daher nach der Verordnung zu keinerlei Kostennachweis verpflichtet. Sinnvollerweise kann § 24 Abs. 4 AVBFernwärmeV deshalb nur eine Abbildung der Kostensituation des Fernwärmeversorgungsunternehmens verlangen.

69 Dieses Ergebnis wird bestätigt durch die Verordnungsbegründung. Theoretisch ist es denkbar, dass sich die Kosten des Erzeugers und des Versorgers unterschiedlich entwickeln. Wären die Fernwärmepreise der Endkunden an die Kosten des Erzeugers gekoppelt, könnten die Preise sinken, obwohl der Versorger möglicherweise höhere Einkaufspreise zu zahlen hat. Dies würde schlimmstenfalls dazu führen, dass der Versorger nicht mehr kostendeckend liefern kann und früher oder später die Fernwärmeversorgung einstellen muss. Diese Konsequenz ließe sich nicht mit der Intention des Verordnungsgebers vereinbaren, für den die kostenorientierte Fernwärmepreisgestaltung ein zentrales Anliegen war.[91]

70 Sofern Erzeugung und Versorgung durch unterschiedliche Unternehmen geleistet werden, haben sich Preisänderungsklauseln an den Kosten des Versorgungsunternehmens zu orientieren.[92] Eigene **Bereitstellungskosten** (primär Personal) fallen zweifellos an und müssen über die Fernwärmepreise erlöst werden. Die Kosten für **Wärmeerzeugung** sind dann sämtliche Preise, welche der Versorger für den Einkauf von Wärme an seinen Vorlieferanten zu zahlen hat. Begrifflich treffender ist daher auf die **Gestehungskosten** abzustellen. Im Verhältnis zum Vorlieferanten werden üblicherweise ebenfalls Preisänderungsklauseln verwendet. Deshalb wird ein Preisänderungsparameter gegenüber dem Endkunden nur dann als geeignet angesehen werden können, wenn feststeht, dass der Versorger gegenüber seinem Vorlieferanten einer Bindung an einen Preisänderungsparameter unterliegt, der seiner Art und seinem Umfang nach im Wesentlichen der von ihm gegenüber seinen Endkunden praktizierten Bindung an diese Bezugsgröße entspricht.[93] In diesem Zusammenhang ist auch zu berücksichtigen, dass die Weitergabe solcher Kostensteigerungen als unangemessen anzusehen ist, die der Versorger auch unter Berücksichtigung des ihm zuzubilligenden unternehmerischen Entscheidungsspielraums ohne die Möglichkeit einer Preiserhöhung aus betriebswirtschaftlichen Gründen vermieden hätte.[94]

2. Marktelement

71 Neben den Kostenelementen muss eine Preisänderungsklausel im Wärmebereich auch ein **Marktelement** enthalten. Dadurch sollen die Preise fortlaufend an die jewei-

91 BR-Drucks. 90/80, S. 56.
92 Dieser Auffassung hat sich angeschlossen BGH, Urt. v. 19.7.2017 – VIII ZR 268/15, Rn 40 – NJW-RR 2017, 1200.
93 BGH, Urt. v. 19.7.2017 – VIII ZR 268/15, Rn 40 – NJW-RR 2017, 1200.
94 BGH, Urt. v. 19.7.2017 – VIII ZR 268/15, Rn 49 – NJW-RR 2017, 1200.

ligen Verhältnisse auf dem Wärmemarkt angeglichen werden (vgl. § 24 Abs. 4 S. 1 AVBFernwärmeV). Auf diese Weise wollte der Verordnungsgeber den wirtschaftlichen Bedürfnissen in der Fernwärmeversorgung Rechnung tragen und zugleich die gegenläufigen Interessen von Versorgungsunternehmen und Wärmekunden in einen angemessenen Ausgleich bringen.[95] Mit dem Wärmemarkt ist nach einer Entscheidung des VIII. Zivilsenats des BGH der **allgemeine**, d. h. der sich auch auf andere Energieträger erstreckende **Wärmemarkt** gemeint, der sich außerhalb der Einflusssphäre des Fernwärmeversorgungsunternehmens entwickelt hat;[96] also nicht nur das Marktsegment Fernwärme und auch nicht stets die rein lokalen Gegebenheiten.[97]

Die Stellungnahme hin zu einem einheitlichen Wärmemarkt ist zu begrüßen. Nur auf diese Weise kann es gelingen, die Fernwärmepreise – wie es der Verordnungsgeber wollte – an die Preisentwicklung der übrigen Energieträger anzubinden und so auch bei der Fernwärmeversorgung die Konkurrenzenergien zu berücksichtigen, auch wenn die kartellrechtliche und zivilrechtliche Marktdefinition nicht deckungsgleich sind.[98] 72

Es ist also ein **Bemessungsfaktor** zu wählen, der für möglichst viele Energieträger auf einem möglichst großen Gebiet repräsentativ ist. Welcher Bemessungsfaktor hierfür geeignet oder nicht geeignet ist, musste der BGH bislang nicht entscheiden, weil die bisher zu überprüfenden Preisänderungsklauseln schon nicht die Anforderungen an das Kostenelement erfüllten.[99] 73

a) Mögliche Indizes als Marktelement

In der Praxis ist als **Marktelement** häufig (noch) ein **HEL-Index** anzutreffen. Nach *Witzel*[100] ist es sachgerecht, direkt an den Preis für HEL als Marktführer anzuknüpfen, weil der HEL-Preis die Preise für alle anderen Energieträger mitbestimme. Allerdings datiert die letzte Auflage des Werkes aus dem Jahre 1997 und in den vergangenen Jahren hat der Einfluss von HEL stetig nachgelassen. Noch im Jahre 2006 hielt das Brandenburgische OLG einen HEL-Index ebenfalls für geeignet. Es entschied, dass die 74

95 BGH, Urt. v. 25.6.2014 – VIII ZR 344/13, Rn 21 – BGHZ 201, 363.

96 BGH, Urt. v. 13.7.2011 – VIII ZR 339/10, Rn 21 – NJW 2011, 3222, 3224.

97 Der BGH, Urt. v. 25.6.2014 – VIII ZR 344/13, Rn 19 – BGHZ 201, 363 stellt klar, dass das Berufungsgericht *„missverständlich von einem ‚Fernwärmemarkt' gesprochen hat"*.

98 Zur kartellrechtlichen Marktabgrenzung vgl. Rn 121 ff.

99 Konkret ließ der BGH im Urt. v. 13.7.2011 – VIII ZR 339/10, Rn 22 – NJW 2011, 3222, 3224 offen, ob ein *„Faktor ‚H' für leichtes Heizöl [...] entweder allein [...] oder zusammen mit dem gewählten bundesweiten Gaspreisindex (‚G') eine hinreichende Abbildung der Verhältnisse auf dem Wärmemarkt gewährleistet"*. Im Urt. v. 6.7.2011 – VIII ZR 37/10 – NJW 2011, 3219, 3222 heißt es in Rn 42 knapp: *„Die Klausel berücksichtigt zwar [...] beim verwendeten Brennstoff und beim Strom den Marktpreis; sie lässt aber auf der Grundlage der bisherigen Feststellungen nicht erkennen, ob ein Bezug zu den konkreten Kosten der Erzeugung und der Bereitstellung der Fernwärme besteht."*

100 Witzel/Topp/*Witzel*, Versorgungsbedingungen Fernwärme, S. 182.

streitgegenständliche Preisänderungsklausel zutreffend ein Marktelement enthält, indem sie den Arbeitspreis nach dem Preis für HEL bemisst. Denn es entspräche *„allgemeiner Erfahrung, dass gegenwärtig der Preis für leichtes Heizöl die Preise der anderen Energieträger üblicherweise mitbestimmt“*[101].

75 Seither hat sich die Bedeutung von HEL für den Wärmemarkt allerdings weiter relativiert. Mittlerweile kommt auch den **Gaspreisen** erhebliche Bedeutung zu und es gibt spezielle Indizes, welche gezielt die Preisentwicklung für Wärme repräsentieren.[102] Vor allem **Mischindizes** sind als **Marktelement** vorzugswürdig. Mit ihnen wird dem Umstand Rechnung getragen, dass sich der allgemeine Wärmemarkt auch auf andere Energieträger erstreckt, die zur Raumheizung genutzt werden. Weil HEL weiterhin relevant für die Kostenentwicklung vieler Energieträger ist, kommt ein **HEL-Index** ebenfalls als Marktelement in Betracht. Der BGH hat dem HEL-Index als Marktelement – obwohl dazu Gelegenheit bestanden hätte – jedenfalls keine Absage erteilt, sondern vielmehr den Unternehmen einen Gestaltungsspielraum belassen, der allerdings mit einer Nachweispflicht im gerichtlichen Verfahren einhergeht.[103] Im Streitfall sei (mithilfe eines Sachverständigen) die angemessene Berücksichtigung des Marktelementes nachzuweisen.[104] Empfehlenswert erscheint es daher, soweit man nicht gleich auf den Wärmemarktindex des Statistischen Bundesamtes abstellt, den HEL-Index beispielsweise mit einem (börslichen) Gasindex zu kombinieren, um die Vielfältigkeit des Wärmemarktes abzubilden.

b) Doppelfunktion eines Index?

76 Diskutiert wird auch, ob mit einem einzigen Index sowohl die Erzeugungskosten als auch die Verhältnisse auf dem Wärmemarkt abgebildet werden können. Diese Frage stellt sich beispielsweise dann, wenn die Fernwärme unter Einsatz von Heizöl erzeugt wird und ein HEL-Index auch als Marktelement dienen soll. Häufig wird die doppelte Funktion in der mathematischen Formel verkürzt als ein einziger Index aufgeführt.

Beispiel für getrennte Schreibweise von Kosten- und Marktelement:
$AP = AP_O * (0{,}1 + 0{,}4 * (HEL/HEL_O) + 0{,}5 * (HEL/HEL_O))$

Beispiel für zusammengezogene Schreibweise von Kosten- und Marktelement:
$AP = AP_O * (0{,}1 + 0{,}9 * (HEL/HEL_O))$

101 Brandenburgisches OLG, Urt. v. 21.6.2006 – 7 U 175/05 – RdE 2007, 19, 20.

102 Bspw. den vom Statistischen Bundesamt, Wiesbaden, veröffentlichten Wärmemarktindex Verbraucherpreisindizes für Deutschland, CC13-77.

103 So auch *Thomale*, CuR 2011, 64, 68.

104 BGH, Urt. v. 19.7.2017 – VIII ZR 268/15, Rn 55 – NJW-RR 2017, 1200.

Rechnerisch ergibt sich kein Unterschied: Der **Arbeitspreis** für **Fernwärme** (AP) ist in beiden Fällen zu 90 % an einen HEL-Index gebunden. 77

Teilweise wird vertreten, dass Kosten- und Marktelement durch unterschiedliche Preisindizes abgebildet werden müssen und dass die verkürzte Darstellungsform zur Unwirksamkeit der Preisänderungsklausel führt.[105] Teilweise nimmt die Rechtsprechung aber auch an, dass ein HEL-Faktor gleichzeitig als Kosten- und Marktelement fungieren kann.[106] 78

Obwohl die Verwendung eines einheitlichen Index nicht unproblematisch ist, ist sie zuzulassen. Im Wortlaut des § 24 Abs. 4 S. 1 AVBFernwärmeV ist von unterschiedlichen Preisindizes keine Rede. Dort wird schlicht eine angemessene Berücksichtigung der **Kostenentwicklung** und der Verhältnisse auf dem **Wärmemarkt** verlangt. Durch wie viele Indizes dies umgesetzt wird, bleibt im Übrigen dem jeweiligen Versorgungsunternehmen überlassen. Es bedarf im Preisblatt auch keiner Erläuterung dazu, welche **Indizes** zur Abbildung der **Erzeugungskosten**, der **Bereitstellungskosten** oder des Wärmemarktes dienen. Warum eine unmissverständliche Kopplung des Preises an eine bestimmte Bezugsgröße vorgenommen wird, ist eine Frage der inhaltlichen Angemessenheit, die sich nicht aus der Preisänderungsklausel selbst ergeben muss.[107] 79

Auch aus dem Kontext der Norm lassen sich keine Vorgaben zur Anzahl oder zur mathematischen Darstellungsweise der Bemessungsfaktoren entnehmen. 80

Die **Verordnungsbegründung** betont die Zielsetzung kostenorientierter Fernwärmepreise und den Willen des Verordnungsgebers, dass sich die Fernwärmepreisgestaltung nicht losgelöst von den Preisverhältnissen am Wärmemarkt vollziehen soll.[108] Dieser Zielsetzung wird eine Preisänderungsklausel ohne Weiteres auch dann gerecht, wenn Kosten- und Marktelement in der Formel als ein einziger Faktor dargestellt werden. Unter der Voraussetzung, dass ein einzelner Index gefunden wird, der sowohl die Preise für Raumenergie (mit-)bestimmt als auch die konkreten Erzeugungskosten des jeweiligen Versorgungsunternehmens, spricht nach der Verord- 81

---

105 Zum Beispiel LG Frankfurt/Oder, Urt. v. 28.2.2012 – 6a S 113/11 – BeckRS 2012, 70837. Dieser Entscheidung ist schon deswegen nicht zuzustimmen, weil das LG Frankfurt/Oder als Marktelement den Erdgaspreis des örtlichen Vorlieferanten in Betracht gezogen hat und dazu ausdrücklich auf den *„Wärmemarkt in der Stadt E."* abstellte. Dieser Maßstab widerspricht deutlich der BGH-Rechtsprechung, wonach der lokale Markt gerade nicht maßgeblich ist (BGH, Urt. v. 13.7.2011 – VIII ZR 339/10, Rn 21 – NJW 2011, 3222, 3224). Zu Recht befindet sich die Entscheidung des LG Frankfurt/Oder aktuell zur Überprüfung beim BGH (VIII ZR 106/12 – anhängig, Stand: Oktober 2020).

106 So erstinstanzlich das AG Potsdam in dem Fall, über den der BGH am 25.6.2014 – VIII ZR 344/13 – BGHZ 201, 363 – zu entscheiden hatte. Der BGH stellte dazu lediglich klar, dass diese Feststellungen des AG Potsdam für ihn gem. § 559 Abs. 2 ZPO bindend sind und dass es „möglich ist", dass der HEL-Faktor aufgrund seiner Ausstrahlungswirkung auf andere Energieträger die Preisentwicklung auf dem Wärmemarkt widerspiegelt (Rn 40 ff.).

107 BGH, Urt. v. 6.4.2011 – VIII ZR 66/09, Rn 34 – ZNER 2011, 304, 309.

108 BR-Drucks. 90/80, S. 56.

nungsbegründung nichts gegen die doppelte Funktion eines Index als Markt- und Kostenelement. Eine Aufteilung in zwei Faktoren verbessert die Kostenorientierung nicht; die Doppelung wäre für die betroffenen Kunden aber unnötig verwirrend, ginge also zu Lasten der Transparenz.

82 Zu dem gleichen Ergebnis führt auch eine Betrachtung von Sinn und Zweck des § 24 Abs. 4 AVBFernwärmeV. Die Norm wurde in die Verordnung aufgenommen, weil die Langfristigkeit der Versorgungsverträge es erforderlich macht, dass sich notwendige Preisanpassungen im Rahmen von Preisänderungsklauseln, d. h. ohne Kündigung der Vertragsverhältnisse, vollziehen können.[109] Auch hierfür ist es unerheblich, welche mathematische Schreibweise einer Formel gewählt wird.

83 Die Verwendung eines **einheitlichen Index** zur Abbildung von **Kosten- und Marktelement** ist daher grundsätzlich nicht zu beanstanden.[110] Problematisch könnte es allerdings sein, im Einzelfall die konkrete **Gewichtung** von Kostenelement einerseits und Marktelement andererseits sowie deren „angemessenes Verhältnis" dazulegen.[111] Erläuterungen hierzu müssen sich aber nicht aus der Preisänderungsklausel selbst ergeben. Ausreichend ist es, wenn der Versorger die Angemessenheit bei der Konzeption der Klausel beachtet und erforderlichenfalls begründen kann. Daher steht auch die Pflicht zu angemessener Gewichtung der Verwendung eines einheitlichen Index nicht entgegen.

84 Zu beachten ist weiterhin, dass nach § 24 Abs. 4 S. 3 AVBFernwärmeV bei Anwendung der Preisänderungsklausel der **prozentuale Anteil des die Brennstoffkosten abdeckenden Preisfaktors** an der jeweiligen Preisänderung gesondert auszuweisen ist. Dadurch soll dem Kunden vor Augen gehalten werden, in welchem Umfang die Preise von dem Primärenergieeinsatz und dessen preislicher Entwicklung beeinflusst werden, um so das Energiesparen beim Kunden zu fördern.[112] Wird eine mathematische Formel mit unterschiedlichen Bemessungsfaktoren verwendet, lässt sich regelmäßig bereits aus der Gewichtung der einzelnen Indizes der prozentuale Anteil des Brennstoffes ableiten.[113] Dass in der Gewichtung keine Prozentangabe enthalten ist, ist unschädlich. Beispielsweise aus der Angabe „0,65 HEL/HEL_0" in der Formel kann der Kunde nach einigem Studium der Klausel erkennen, dass sich der prozentuale Anteil der Brennstoffkosten (HEL) auf 65 % beläuft.[114]

---

109 BR-Drucks. 90/80, S. 56.

110 Vgl. auch BGH, Urt. v. 25.6.2014 – VIII ZR 344/13, Rn 40 ff. – BGHZ 201, 363.

111 Dazu sogleich Rn 86 ff.

112 Witzel/Topp/*Witzel*, Versorgungsbedingungen Fernwärme, S. 191; BGH, Urt. v. 11.10.2006 – VIII ZR 270/05, Rn 8 – NJW 2007, 210, damals noch zu § 24 Abs. 3 S. 3 AVBFernwärmeV a. F.

113 Vgl. BGH, Urt. v. 11.10.2006 – VIII ZR 270/05, Rn 8 – NJW 2007, 210 und BGH, Urt. v. 6.4.2011 – VIII ZR 66/09, Rn 36 – ZNER 2011, 304, 309.

114 LG Itzehoe, Urt. v. 18.11.2008 – 1 S 82/08 – IR 2009, 39 f.

Tipp
Manche Formeln sind mathematisch so gestaltet, dass eine Gewichtung des Brennstoff-Faktors beispielsweise von 0,65 nicht zugleich einen Anteil von 65 % bedeutet. In diesen Fällen ist darauf zu achten, dass der Kunde jedenfalls an anderer Stelle erkennen kann, wie stark Veränderungen der Brennstoffkosten seine Wärmepreise beeinflussen. **!**

Dient HEL allerdings nicht mehr allein zur Abbildung der Brennstoffkosten, sondern daneben zur Berücksichtigung der Verhältnisse auf dem Wärmemarkt, reicht ein Blick in die Formel nicht aus, um den prozentualen Anteil des Faktors für die Brennstoffkosten nachvollziehen zu können. Da § 24 Abs. 4 S. 3 AVBFernwärmeV keine Vorgaben dazu macht, dass der prozentuale Anteil aus der Formel selbst abzulesen sein müsste, wird die Wirksamkeit der Formel hierdurch nicht berührt. Wichtig ist aber, dass jedenfalls „bei Anwendung" der Preisänderungsklausel für den Kunden erkennbar ist, in welchem Umfang die Kosten für die **Primärenergie** seine **Wärmepreise** beeinflussen. Dieses Verständnis könnte beispielsweise durch eine entsprechende Erläuterung auf dem vereinbarten **Preisblatt** oder durch einen Zusatz auf der jeweiligen Preisänderungsmitteilung erreicht werden. 85

3. Angemessenes Verhältnis

Nach dem Wortlaut des § 24 Abs. 4 S. 1 AVBFernwärmeV müssen Kosten- und Marktelement **angemessen** berücksichtigt werden. Denn neben einer kostenorientierten Preisbemessung soll gewährleistet sein, dass sich die Gestaltung der Fernwärmepreise nicht losgelöst von den Marktverhältnissen vollziehen kann.[115] Beiden Bemessungsfaktoren wird grundsätzlich der gleiche Rang zugewiesen und Abstufungen sind nur im Rahmen der Angemessenheit zulässig.[116] 86

Tipp
Oft ist es angemessen, das Kostenelement etwas stärker zu gewichten, weil die preisbildenden Erzeugungs- und Bereitstellungskosten besonderen Schwankungen unterliegen. Im Zweifel ist aber jedenfalls eine hälftige Verteilung zwischen Kostenelement(en) und Marktelement sachgerecht. **!**

Die sachgerechte **Gewichtung** der **Bemessungsfaktoren** kann vor allem dann Schwierigkeiten bereiten, wenn dem eingesetzten Brennstoff nicht ohne Weiteres bestimmte Kosten zuzuordnen sind, wie es bei der Erzeugung von Fernwärme in **KWK-Anlagen** oder bei der Verbrennung von **Müll** der Fall ist. Es wäre jedoch unzulässig, 87

115 BGH, Urt. v. 6.4.2011 – VIII ZR 273/09, Leitsatz b) – BGHZ 189, 131, 132.
116 BGH, Urt. v. 6.4.2011 – VIII ZR 273/09, Leitsatz b) – BGHZ 189, 131, 132.

die Brennstoffkosten außer Acht zu lassen, selbst wenn ihnen nur eine untergeordnete Rolle zukommt.[117]

88 Bei der Gewinnung zweier Endprodukte (Elektrizität und Abwärme) durch den Einsatz eines Brennstoffes bei der Kraft-Wärme-Kopplung dürfen die Kosten der eingesetzten Brennstoffe nicht allein der Elektrizitätserzeugung zugeordnet werden. Vielmehr sind die Kosten des eingesetzten Brennstoffes regelmäßig aufzuteilen auf die der Strom- und der Wärmeerzeugung zuzuordnenden Anteile.[118]

89 Falls sich dem Brennstoff (insbesondere Müll oder Abgase) keine Kosten zuordnen lassen, sollten die Bereitstellungskosten (insbesondere Arbeitslohn, Investitionsgüterindex) entsprechend stärker gewichtet werden. Eine erhöhte Gewichtung des Marktelementes ist dagegen zu vermeiden.

4. Transparenzgebot

90 Schließlich müssen die maßgeblichen Berechnungsfaktoren vollständig und in allgemein verständlicher Form ausgewiesen werden (§ 24 Abs. 4 S. 2 AVBFernwärmeV). Damit schreibt die Norm ein Maß an Transparenz und Nachvollziehbarkeit vor, das mindestens dem Niveau der vom BGH im Rahmen einer Inhaltskontrolle nach § 307 Abs. 1 S. 2 BGB geforderten Transparenz von Preisänderungsklauseln entspricht.[119] Folglich muss der Kunde in die Lage versetzt werden, den Umfang der auf ihn zukommenden Preissteigerungen bei Vertragsschluss aus der Formulierung der Klausel erkennen und die Berechtigung einer vom Verwender vorgenommenen Erhöhung an der Ermächtigungsklausel selbst messen zu können.[120]

! Tipp

Man stelle sich nach Alter und Schulbildung einen durchschnittlichen Kunden vor. Die Erläuterungen auf dem Preisblatt sind so zu formulieren, dass sich dieser Kunde – wenn auch mit etwas Zeitaufwand – selbst seine Wärmepreise ausrechnen kann.

91 Um dem gerecht zu werden, muss sich entweder der Preisformel selbst oder den sie ergänzenden Angaben entnehmen lassen, wie die jeweilige **Bezugsgröße** ermittelt wird und aus welchen Komponenten sie sich gegebenenfalls ihrerseits zusammensetzt.[121] Dazu sind alle in einer **Preisformel** enthaltenen Kürzel so genau wie möglich zu definieren. Der Kunde muss nachvollziehen können, wofür beispielsweise „HEL“ und

117 BGH, Urt. v. 6.4.2011 – VIII ZR 273/09, Rn 46 – BGHZ 189, 131, 152.
118 BGH, Urt. v. 6.4.2011 – VIII ZR 273/09, Rn 46 – BGHZ 189, 131, 152.
119 BGH, Urt. v. 6.4.2011 – VIII ZR 66/09, Rn 33 – BB 2011, 1421, 1423.
120 BGH, Urt. v. 24.3.2010 – VIII ZR 304/08, Rn 8 – RdE 2010, 215, 216; BGH, Urt. v. 6.4.2011 – VIII ZR 66/09, Rn 33 – BB 2011, 1421, 1423 m. w. N.
121 BGH, Urt. v. 6.4.2011 – VIII ZR 66/09, Rn 35 – BB 2011, 1421, 1423.

„HEL_0" stehen und wo genau er die Werte findet, die er an ihrer Stelle in der Formel einsetzen muss, um seinen **Wärmepreis** zu **errechnen**. Sobald sich die Werte nicht ausschließlich aus öffentlich zugänglichen Quellen ergeben, sondern der Kunde darauf angewiesen ist, die Angaben des Versorgers ungeprüft zu übernehmen, droht die **Unwirksamkeit** der **Preisänderungsklausel** wegen Verstoßes gegen das **Transparenzgebot**.[122]

Tipp !
Bewährt hat sich die Verwendung von Preisindizes des Statistischen Bundesamtes, weil diese für jedermann einsehbar sind und objektiv ermittelt werden. Zur Abbildung von Erdgaskosten kommt aber beispielsweise auch ein Index der European Energie Exchange (EEX) in Betracht. Bei dessen Verwendung ist darauf zu achten, ob die gewählten Handelspreise auch ohne kostenpflichtigen Account zugänglich sind.

Formulierungen wie der Versorger „ist berechtigt", „darf" oder „kann" die Preise anpassen, sind zu vermeiden. Dadurch würde dem Unternehmen ein Ermessensspielraum eingeräumt, der es bei der gebotenen *„kundenfeindlichsten Auslegung"* der Klausel zuließe, die Formel nur dann anzuwenden, wenn sich daraus **Preiserhöhungen** ergeben. Im Falle von Kostensenkungen würde es der Wortlaut zulassen, dass der Versorger die Berechtigung nicht nutzt und von einer **Preissenkung** absieht. Allein schon diese theoretische Möglichkeit bedeutet eine unangemessene Benachteiligung der Kunden, die zur Unwirksamkeit der Preisänderungsklausel führt.[123] Um dies zu vermeiden, muss die **Formel** zu Preissenkungen gleichermaßen verpflichten wie zu Preiserhöhungen. Es sind idealerweise **klare Zeitpunkte** vorzugeben, zu denen gemäß der Formel zwingend neue Preise wirksam werden. 92

Wichtig ist weiterhin, die Formel und ihre Definitionen regelmäßig auf Aktualität hin zu überprüfen. Wenn beispielsweise ein Index vom Statistischen Bundesamt **umbasiert** wird oder das jeweilige Bundesland nicht mehr nur noch einen einzigen Tarifvertrag des Kommunalen Arbeitgeberverbandes veröffentlicht, sondern mehrere, unterteilt in unterschiedliche Dienstleistungsbereiche, so ist meist eine Aktualisierung der Preisänderungsklausel (bzw. ihrer Definitionen) angezeigt, weil sich die Formel sonst nicht anwenden lässt.[124] 93

Nicht erforderlich ist es, dass sich aus der Klausel ergibt, warum ein bestimmter Index sachgerecht ist oder warum der Arbeitspreis zu welchem prozentualen Anteil an 94

---

122 Vgl. BGH, Urt. v. 6.4.2011 – VIII ZR 66/09, Rn 35 – BB 2011, 1421, 1423.

123 So der BGH zu Preisänderungsklauseln in Gassonderverträgen, die er an § 307 Abs. 1 BGB misst (Urt. v. 29.4.2008 – KZR 2/07 – NJW 2008, 2172). Es ist davon auszugehen, dass der BGH diese Rechtsprechung auch auf Fernwärmepreisklauseln übertragen würde, weil die Spezialnorm § 24 Abs. 4 AVBFernwärmeV insoweit keine Besonderheiten regelt.

124 Hierzu eignet sich insbesondere eine öffentliche Bekanntgabe, siehe Rn 116.

die Entwicklung der Brennstoff-, Lohn- oder Materialkosten gebunden ist. So ist es beispielsweise nicht zu beanstanden, wenn eine Formel als „Korrekturzahlen" einen „Faktor 2,582", einen „Divisor 20,45" oder einen „Summanden 0,04" enthält, ohne dass aus der Klausel hervorgeht, wie sich diese Zahlen berechnen und ob sie ihrer Höhe nach berechtigt sind.[125] Denn auch ohne dieses Verständnis kann die mathematische Formel angewendet werden und führt zu einem eindeutigen Wärmepreis. Die Auswahl der Indizes und deren zutreffende Gewichtung bedarf keiner näheren Erläuterung, denn hierbei handelt es sich nicht um eine Frage der Transparenz, sondern der inhaltlichen Angemessenheit der Klausel.[126]

5. Maßgeblicher Beurteilungszeitpunkt für die Wirksamkeit einer Preisänderungsklausel

95 Wie der gesamte Fernwärmeversorgungsvertrag, so ist auch die **Preisänderungsklausel** regelmäßig auf eine (Erst-)**Laufzeit** von zehn Jahren ausgelegt (vgl. § 32 Abs. 1 AVBFernwärmeV). Diese Laufzeit ist in den hohen Investitionskosten der Fernwärmeversorgung begründet. Während der zehn Jahre kann sich im Hinblick auf die Erzeugungssituation einiges verändern. Zuletzt haben Unternehmen häufig aus Kostengründen von einer erdölbasierten Wärmeerzeugung auf erdgasbasierte Erzeugung umgestellt oder aber eine Wärmeerzeugung aus regenerativen Rohstoffen aufgebaut. Teilweise wird der HEL-Index fortan als mittelbarer Preisrepräsentant in Betracht kommen, dies ist allerdings nicht immer der Fall. Da dies nicht immer der Fall ist, stellt sich die Frage nach dem Schicksal der Preisänderungsklausel.

a) Tatsächliche Verhältnisse bei Vertragsschluss

96 Zunächst ist wichtig, dass der Versorger nicht schon bei Vertragsschluss alle während der Vertragslaufzeit möglicherweise eintretenden Änderungen seiner Kostenstruktur bedenken und in der Preisformel berücksichtigen muss.[127] Stattdessen genügt es für die (anfängliche) Wirksamkeit, die damalige Situation in den Blick zu nehmen. Denn zur Beurteilung der Wirksamkeit einer Preisänderungsklausel nach § 24 Abs. 4 S. 1 AVBFernwärmeV ist grundsätzlich auf die **tatsächlichen Verhältnisse** im **Zeitpunkt des Vertragsschlusses** abzustellen.[128]

97 Wie der BGH zum AGB-Recht entschieden hat, können zwar nachträgliche **Rechtsänderungen** bei der Beurteilung berücksichtigt werden, nicht jedoch Ver-

---

125 BGH, Urt. v. 19.7.2017 – VIII ZR 268/15, Rn 22 – NJW-RR 2017, 1200.
126 BGH, Urt. v. 6.4.2011 – VIII ZR 66/09, Rn 34 – ZNER 2011, 304, 309; BGH, Urt. v. 19.7.2017 – VIII ZR 268/15, Rn 22 – NJW-RR 2017, 1200.
127 BGH, Urt. v. 25.6.2014 – VIII ZR 344/13, Rn 30 – BGHZ 201, 363.
128 BGH, Urt. v. 25.6.2014 – VIII ZR 344/13, Leitsatz a) – BGHZ 201, 363.

änderungen der Verhältnisse in **tatsächlicher** Hinsicht.[129] Die Wirksamkeit einer Preisänderungsklausel ist nicht an § 305 BGB, sondern an § 24 Abs. 4 S. 1 AVBFernwärmeV zu messen,[130] der ein gesetzliches Verbot abweichender Regelungen i. S. d. § 134 BGB enthält.[131] Ausdrücklich hat der BGH klargestellt, dass auch in diesem Kontext nur der anfängliche Sachverhalt entscheidend ist.[132] Denn der Sinn und Zweck von § 24 Abs. 4 AVBFernwärmeV würde verfehlt, wenn eine anfängliche Kosten- und Marktorientierung nur deshalb unbeachtlich würde, weil zu einem späteren Zeitpunkt die Kosten- oder Marktorientierung entfällt.[133]

Diese Rechtsprechung ist sachgerecht. Von dem Versorger kann sinnvollerweise nur erwartet werden, dass er die bei Erstellung der Preisänderungsklausel gegebenen Umstände beachtet. Dagegen kann er Veränderungen nicht berücksichtigen, die sich zu diesem Zeitpunkt noch nicht vorhersehen lassen.[134] 98

b) Konsequenzen bei nachträglicher Änderung der Kostenstruktur

Dass zur (anfänglichen) Wirksamkeit einer Preisänderungsklausel die Situation bei Vertragsschluss maßgeblich ist, bedeutet allerdings nicht, dass künftige Veränderungen der Kostenstruktur gänzlich unbeachtlich wären. Wenn sich nachträglich Umstände einstellen, die dazu führen, dass sich die vereinbarte Preisänderungsklausel nicht länger an den Kosten des Unternehmens orientiert, wird die Klausel **mit Wirkung für die Zukunft nichtig** (ex nunc).[135] 99

Sobald die Preisänderungsklausel nichtig ist, können auf ihrer Grundlage die Preise nicht mehr verändert werden. Das führt nicht dazu, dass stattdessen nur noch die vertraglichen Anfangspreise zu zahlen wären.[136] Vielmehr bleiben die zuletzt zulässigerweise berechneten Preise weiterhin gültig.[137] 100

Weitere mögliche Konsequenzen sind bislang ungeklärt. So ließ der BGH ausdrücklich offen, welche Fernwärmepreise gelten, wenn die Gestehungskosten des 101

129 BGH, Urt. v. 30.3.2010 – XI ZR 200/09, Rn 30 – BGHZ 185, 133, 145.
130 Vgl. oben Rn 6.
131 BGH, Urt. v. 25.6.2014 – VIII ZR 344/13, Rn 31 – BGHZ 201, 363.
132 BGH, Urt. v. 25.6.2014 – VIII ZR 344/13, Rn 31 – BGHZ 201, 363.
133 BGH, Urt. v. 25.6.2014 – VIII ZR 344/13, Rn 36 – BGHZ 201, 363.
134 *Medicus*, NJW 1995, 2577, 2580.
135 BGH, Urt. v. 25.6.2014 – VIII ZR 344/13, Rn 32ff. – BGHZ 201, 363.
136 BGH, Urt. v. 25.6.2014 – VIII ZR 344/13, Rn 44 – BGHZ 201, 363.
137 BGH, Urt. v. 25.6.2014 – VIII ZR 344/13, Rn 43f. – BGHZ 201, 363. Im dortigen Fall entsprach die Preisänderungsklausel bis einschließlich 2009 den Vorgaben des § 24 Abs. 3 AVBFernwärmeV a. F. und wurde ab 2010 nichtig. Der BGH entschied, dass der Versorger „*die im letzten Quartal vor dem Unwirksamwerden der Klausel zulässigerweise berechneten Preise beanspruchen kann*“, also im letzten Quartal 2009.

Versorgers später unter den Betrag fallen, der den zuletzt wirksam zustande gekommenen Fernwärmepreisen zugrunde gelegen hat.[138]

102 Fraglich ist außerdem, ob eine nichtige Preisänderungsklausel **wieder wirksam wird**, sobald die Kosten- und Marktorientierung wieder hergestellt ist. Wie relevant dieser Fall für die Praxis ist, zeigt folgendes Beispiel:

Beispiel
Oft besteht zunächst eine zulässige mittelbare Kostenorientierung, weil die Gasbezugspreise und die Fernwärmepreise jeweils an den gleichen HEL-Index gebunden sind. Kauft der Versorger das Gas dann vorübergehend mit einer HSL-Bindung ein, ist die Kostenorientierung nicht mehr gegeben und die Preisänderungsklausel im Wärmeliefervertrag ist nichtig. Doch schon wenn der Versorger bei der nächsten Gasbeschaffung erneut einer HEL-Preisbindung unterliegt, wäre die Kostenorientierung wieder hergestellt.

---

103 Nach dem Ziel von § 24 Abs. 4 AVBFernwärmeV führt die Wiederherstellung der Kostenorientierung auch zu einer erneuten Wirksamkeit der Preisänderungsklausel. Dies folgt aus § 134 BGB, der hier eine Auslegungsregel darstellt[139] und nach dem zu prüfen ist, welche Sanktion ein Verbotsgesetz nach seinem Sinn und Zweck erfordert.[140] Neben der Nichtigkeit (ex tunc oder ex nunc) kommt daher nach § 134 BGB als abweichende Rechtsfolge auch die **schwebende Unwirksamkeit**[141] oder eine **vorübergehende Unwirksamkeit** nur für die Dauer des verbotswidrigen Zustands in Betracht.[142]

104 Sinn und Zweck von § 24 Abs. 4 AVBFernwärmeV ist es, unter Beachtung eines angemessenen Ausgleichs der gegenläufigen Interessen die geforderte Kosten- und Wärmemarktorientierung der Fernwärmepreise möglichst über die gesamte Vertragslaufzeit zu sichern.[143] Dies ist bei den regelmäßig mehrjährigen Laufzeiten von Wärmelieferverträgen nicht möglich, wenn keine (wirksame) Preisänderungsklausel existiert. Um die Kosten- und Marktorientierung weiterhin sichern zu können, ist es daher zwingend erforderlich, die vereinbarte Preisänderungsklausel künftig wieder anzuwenden.[144]

---

138 BGH, Urt. v. 25.6.2014 – VIII ZR 344/13, Rn 44 a. E. – BGHZ 201, 363.
139 BGH, Urt. v. 25.6.2014 – VIII ZR 344/13, Rn 33 – BGHZ 201, 363.
140 MüKo/*Armbrüster*, § 134, Rn 119.
141 MüKo/*Armbrüster*, § 134, Rn 121.
142 BGH, Urt. v. 25.6.2014 – VIII ZR 344/13, Rn 33 m. w. N. – BGHZ 201, 363.
143 BGH, Urt. v. 25.6.2014 – VIII ZR 344/13, Rn 36 BGHZ 201, 363.
144 Zu diesem Ergebnis scheint auch der BGH, Urt. v. 25.6.2014 – VIII ZR 344/13, Rn 33 – BGHZ 201, 363, zu neigen. Er zieht in seinem Urteil ausdrücklich eine Nichtigkeit „nur für die Dauer des verbotswidrigen Zustands" in Betracht und macht in Rn 44 die Einschränkung, dass der Arbeitspreis „*zumindest für die Dauer seiner fehlenden Kostenorientierung*" bei dem zuletzt verordnungskonform gebildeten Preis stehen bleibt.

C. Änderung von Klauseln während der Vertragslaufzeit

Aus unterschiedlichen Gründen kann es angezeigt sein, die bei Vertragsschluss vereinbarte Preisänderungsklausel nachträglich anzupassen. Da eine veränderte Kostensituation zur Nichtigkeit der Preisänderungsklausel führen kann,[145] ist jedenfalls bei einer dauerhaften Umstellung der Wärmeerzeugung auch eine Anpassung der Klausel geboten. Hierzu eignen sich vor allem die folgenden Möglichkeiten. 105

I. Ordentliche Vertragskündigung

Zunächst ist es möglich, den bestehenden Wärmeliefervertrag ordentlich zu kündigen und zugleich mit der Kündigung ein Angebot für den Abschluss eines neuen Vertrages auszusprechen (sog. Änderungskündigung). In den neuen Vertrag ist sodann die aktuelle Preisänderungsklausel zu integrieren. 106

Der Vorteil dieser Vorgehensweise besteht darin, dass die Gültigkeit der ursprünglichen Klausel eindeutig mit Auslaufen des Altvertrages endet. Der Kunde kann die neue Klausel begutachten und – sofern er mit ihr einverstanden ist – mit seiner Unterschrift ausdrücklich akzeptieren. Durch einvernehmliche Regelungen lassen sich Streitigkeiten über die geltenden Preise vermeiden und rechtssichere Regelungen für die Zukunft treffen. 107

Nachteilig ist dagegen, dass diese Vorgehensweise mit erheblichem **Verwaltungsaufwand** verbunden ist. Erforderlich ist eine Überprüfung des jeweiligen Versorgungsvertrages im Hinblick auf die bestehende Restlaufzeit sowie die vereinbarte Kündigungsfrist. Mit einem individuellen Anschreiben ist dem Kunden die Kündigung zu erklären und die Ausfertigung des neuen Vertragsdokumentes zu übersenden. Darauf, ob und wann der Kunde die Dokumente unterzeichnet und zurückreicht, hat der Versorger keinen Einfluss. Der Verwaltungsaufwand erhöht sich, wenn nicht nur ein einzelner Vertrag, sondern – wie es meist der Fall ist – sämtliche Wärmelieferverträge des jeweiligen Versorgungsunternehmens angepasst werden sollen. Da die Verträge zu unterschiedlichen Zeitpunkten geschlossen wurden und folglich auch über unterschiedlich lange Restlaufzeiten verfügen, sind zahlreiche **Kündigungstermine** zu beachten und einzuhalten. 108

Weiterhin ist nachteilig, dass die restliche **Laufzeit** des bestehenden Versorgungsvertrages durchaus noch mehrere Jahre andauern kann. Eine kurzfristige Implementierung der neuen Preisänderungsklausel scheidet auf diesem Wege regelmäßig aus. 109

Zu bedenken ist schließlich, dass der Kunde trotz Auslaufen des bestehenden Vertrages möglicherweise keinen neuen Versorgungsvertrag abschließt. Wenn er gleich- 110

145 Vgl. hierzu soeben Rn 99 ff.

wohl weiterhin Wärme aus dem Verteilungsnetz entnimmt, käme ein neuer **Vertrag durch sozialtypisches Verhalten** zustande. Welchen Inhalt dieser Vertrag im Einzelnen hat (insbesondere im Hinblick auf Laufzeit und Kündigungsregelung), ist unklar.[146] Es würde fortan diejenige Preisänderungsklausel gelten, die der jeweilige Versorger für gleichartige Versorgungsverhältnisse anbietet.[147]

II. Nachtragsvereinbarung

111 Zumindest die Problematik im Hinblick auf die unterschiedlichen Kündigungstermine und die lange Restlaufzeit bis zum Wirksamwerden der neuen Preisänderungsklausel lassen sich gut anhand einer **Nachtragsvereinbarung** beheben. Mit der Nachtragsvereinbarung bleibt der bisherige Wärmeliefervertrag bestehen, Versorger und Kunde einigen sich aber ergänzend darauf, lediglich die **Preisregelung auszutauschen**. Dies geschieht durch schriftliche Vereinbarung der Vertragspartner auf einem separaten Dokument, dem die neue Preisänderungsklausel beizufügen ist. Anschließend sind die Wärmepreise gemäß den neu vereinbarten Bedingungen zu ermitteln.

112 Ähnlich wirkt auch eine **einvernehmliche Vereinbarung** zwischen Versorger und Kunde, mit welcher der gesamte Wärmeliefervertrag vorzeitig beendet und durch einen neuen Vertrag (mit neuer Preisänderungsklausel) ersetzt wird. Vorteilhaft ist in beiden Fällen, dass der Zeitpunkt für das Wirksamwerden der neuen Preisregelung frei gewählt werden kann. Sofern sich die Parteien einig sind, ist daher selbst eine rückwirkende Umstellung möglich, sodass die neuen Preise schon für die Vergangenheit gelten können.

113 Im Massenkundengeschäft lässt sich diese Lösung gleichwohl nur schwer umsetzen, weil der Versorger keinen Einfluss darauf hat, ob der Kunde die Vereinbarung unterzeichnet oder nicht. Nur wenn die neue Preisänderungsklausel zu günstigeren Preisen führt, starke Preisschwankungen vermeidet oder auf andere Weise für den Kunden vorteilhaft ist, kann mit seiner Zustimmung gerechnet werden.

III. Einseitige Anpassung nach § 4 Abs. 2 AVBFernwärmeV

114 Schließlich kommt eine **einseitige Anpassung** der Preisänderungsklausel über § 4 Abs. 2 AVBFernwärmeV in Betracht. Die Norm sieht vor, dass Änderungen der Allgemeinen Versorgungsbedingungen nach öffentlicher **Bekanntgabe** wirksam werden.[148] Hierbei handelt es sich nicht nur um eine Formvorschrift, sondern um ein ma-

146 Vgl. BGH, Urt. v. 15.1.2014 – VIII ZR 111/13 – NJW 2014, 1296.
147 Siehe hierzu auch Rn 21ff.
148 Siehe hierzu auch Rn 21ff.

terielles Recht zu Vertragsanpassungen.[149] Es sollen sich auf ihrer Grundlage Änderungen der Versorgungsbedingungen vollziehen können, ohne dass eine Kündigung der laufenden Verträge erfolgen muss.[150] Die Änderungsmöglichkeit geht über die in der Verordnungsbegründung ausdrücklich erwähnten technischen Anschlussbedingungen hinaus, was durch den Zusatz „z. B." verdeutlicht wird.

Begrifflich zählt auch das **Preisblatt** zu den Allgemeinen Versorgungsbedingun- 115
gen. Nach hiesiger Auffassung kann auch die dort enthaltene Preisänderungsklausel im laufenden Vertragsverhältnis auf Grundlage von § 4 Abs. 2 AVBFernwärmeV einseitig angepasst werden. Dies gilt vor allem dann, wenn zuvor die Unwirksamkeit der bestehenden Preisänderungsklausel gerichtlich festgestellt worden ist.[151]

Als „öffentliche Bekanntgabe" ist gängig und ausreichend, wenn die Information 116
über die Preisänderung in der **örtlichen Tageszeitung** publiziert wird. Auf die tatsächliche Kenntnisnahme des einzelnen Kunden kommt es bei der Veröffentlichung nicht an, gleichwohl sollte die Zeitung genommen werden, die in dem Versorgungsgebiet die größte Verbreitung hat.[152] Eine rückwirkende Geltung der neuen Klausel ist auf diesem Wege nicht möglich. Frühestens ab Erscheinen der jeweiligen Publikation kann die Änderung wirksam werden, wobei das maßgebliche Datum zu benennen ist.

Tipp !

Obwohl mittlerweile nahezu jeder Haushalt über einen Internetanschluss verfügt, reicht eine öffentliche Bekanntgabe allein auf der Homepage des Fernwärmeversorgungsunternehmens (noch) nicht aus. Es gibt weiterhin viele (vor allem ältere) Wärmekunden, die keinen Zugang zu dieser Informationsquelle haben.

Die Anpassungsmöglichkeit nach § 4 Abs. 2 AVBFernwärmeV gilt jedenfalls für alle 117
Kunden, die in den Anwendungsbereich der AVBFernwärmeV fallen – also nicht für Industriekunden (§ 1 Abs. 2 AVBFernwärmeV) oder Kunden mit individuellen Vertragsbedingungen (vgl. § 1 Abs. 3 AVBFernwärmeV). Jenen Kunden gegenüber ist maßgeblich, was im jeweiligen Versorgungsvertrag geregelt ist.

Zu beachten ist, dass die neue Preisänderungsklausel, die nur mittels öffentlicher 118
Bekanntgabe in den Vertrag eingeführt wird, das Ergebnis einer **umfassenden Kalkulation** sein sollte. Denn einseitig festgesetzte Preise unterliegen der **Billigkeitskontrolle** nach § 315 BGB. Eine einseitig festgesetzte Preisänderungsklausel führt ebenfalls zu neuen Preisen und ist damit Ausdruck eines einseitigen Leistungsbestimmungsrechts. Die neue Preisänderungsklausel ist deshalb auf die Einhaltung billigen

149 Siehe hierzu auch oben Rn 17 ff.
150 BR-Drucks. 90/80, S. 37 f.
151 LG Nürnberg-Fürth, Urt. v. 22.5.2013 – 3 O 4143/12 – CuR 2013, 125; *Held*, NZM 2004, 169, 172.
152 Theobald/*Kühling*/*Wollschläger*, § 4 AVBFernwärmeV, Rn 7.

Ermessen überprüfbar (§ 315 Abs. 3 BGB).[153] Im Zuge einer Billigkeitskontrolle ist vom Versorger darzulegen, welche Überlegungen zur Konzeption der Formel oder zu einzelnen Änderungen geführt haben. Deshalb kann es zum Nachweis billigen Ermessens auch erforderlich sein, eine **Kalkulation vorzulegen.**

IV. Weitere Anpassungsmöglichkeiten

119 Der Vollständigkeit halber soll nicht unerwähnt bleiben, dass neben den genannten gängigsten Möglichkeiten zur Vertragsänderung im Einzelfall noch weitere Optionen zur Verfügung stehen.

120 Wenn sich wesentliche Umstände nach Vertragsschluss schwerwiegend geändert haben, kann von jedem Vertragspartner nach § 313 BGB eine nachträgliche Anpassung des Vertrages verlangt werden. Außerdem können im jeweiligen Wärmeliefervertrag sog. **Korrektur- oder Wirtschaftsklauseln** enthalten sein, die – ihre Wirksamkeit vorausgesetzt – unter den dort genannten Voraussetzungen ebenfalls zu einer Vertragsanpassung berechtigen. Die nichtige Preisänderungsklausel könnte dann durch eine wirksame zu ersetzen sein.[154]

! **Tipp**

Oftmals finden sich im Einzelfall Argumente für ein Recht zur Vertragsanpassung, die sich aus dem Vertrag selbst oder aus sonstigen Umständen ergeben können. Ein Blick auf die jeweiligen Besonderheiten kann sich lohnen.

D. Kartellrechtliche Implikationen

121 Dass die Fernwärmeversorgung ein Monopolmarkt ist, wird vielerorts so angenommen. Doch ist das wirklich zutreffend? Ein genauer Blick lässt durchaus Zweifel aufkommen, ob sich die Fernwärmeversorgung tatsächlich in einem Monopol im rechtlichen Sinne vollzieht. Und diese Zweifel sind berechtigt.

I. Marktabgrenzung in der Fernwärme

122 Grundsätzlich ist es nicht verwerflich, ein Monopolist zu sein, auch wenn in der öffentlichen Wahrnehmung mit dem Monopol oftmals unmittelbar eine negative Wer-

153 LG Nürnberg-Fürth, Urt. v. 22.5.2013 – 3 O 4143/12 – CuR 2013, 125; *Held*, NZM 2004, 169, 172.
154 Vgl. BGH, Urt. v. 18.12.2019 – VIII ZR 209/18, Rn 41 – NJW 2020, 1205.

tung einhergeht. Es gibt Situationen, in denen die Gesamtkosten zur Bereitstellung eines Gutes (beispielsweise die Bereitstellung von Fernwärme durch das dazugehörige Leitungsnetz) deutlich niedriger sind, wenn nur ein Unternehmen und nicht mehrere konkurrierende Unternehmen den Markt versorgen. In der Konsequenz werden dem Monopolisten – vereinfacht gesagt – bestimmte Verhaltensformen untersagt und er unterliegt einer Aufsicht durch die Kartellbehörden. Wenngleich ein Kunde an seinem Wohnort Fernwärme zwar regelmäßig nur von einem einzigen Anbieter beziehen kann, so hätte er doch die Wahl, stattdessen auf andere Weise für Raumheizung oder Warmwassererzeugung zu sorgen. Ob ein Fernwärmeversorger gleichwohl marktbeherrschend ist, oder ob Wärme aus diesem Grund in Konkurrenz zu anderen Energieträgern steht, wird unterschiedlich bewertet.

Ein Unternehmen ist dann marktbeherrschend, wenn es als Anbieter oder Nachfrager einer bestimmten Art von Waren oder gewerblicher Leistungen auf dem sachlich und räumlich relevanten Markt ohne Wettbewerber ist, keinem wesentlichen **Wettbewerb** ausgesetzt ist oder eine im Verhältnis zum Wettbewerber überragende Marktstellung hat (vgl. § 18 Abs. 1 GWB).[155] Bei der Frage, ob also ein Unternehmer eine Monopolstellung innehat, wird man zunächst eine **Marktabgrenzung** in sachlicher und räumlicher Hinsicht vornehmen müssen. 123

1. Sachliche Marktabgrenzung

Von besonderer Bedeutung ist, wie der Markt für die Fernwärmeversorgung sachlich abzugrenzen ist. Hier sind grundsätzlich zwei verschiedene Ansätze denkbar. 124

In der älteren Rechtsprechung[156] und der Literatur[157] wird oftmals von dem Substitutionswettbewerb ausgegangen. Dies bedeutet, dass es keinen losgelösten Markt für Fernwärme gibt, sondern dass es aufgrund des Konkurrenzverhältnisses zwischen Fernwärme und anderen Wärmeträgern für Raumheizung und Warmwasserversorgung auf einen einheitlichen Wärmemarkt ankommt. 125

Einen solchen einheitlichen Wärmemarkt vermögen das BKartA[158] und der Kartellsenat des BGH[159] dagegen nicht zu erkennen. Im Wesentlichen wird dies mit der langen Vertragsbindung in Wärmeversorgungsverträgen[160] und den vermeintlich ho- 126

155 Gesetz gegen Wettbewerbsbeschränkungen i. d. F. der Bek. v. 26.6.2013 (BGBl. I S. 17501, 3245), zuletzt geändert durch Gesetz v. 21.7.2014 (BGBl. I S. 1066).

156 BGH, Urt. v. 13.6.2007 – VIII ZR 36/06 – BGHZ 172, 315.

157 *Eckert*, ZfE 1981, 100 ff.; *Büdenbender*, Zulässigkeit Preiskontrolle Fernwärmeversorgungsverträge, S. 86; *Ehricke*, JZ 2005, 599 ff.; *Klaue*, ZNER 2008, 107.

158 BKartA, Sektorenuntersuchung Fernwärme, Abschlussbericht gem. § 32e GWB, August 2012, Rn 173 ff.; *Becker/Blau*, Preismissbrauchsnovelle, Rn 84 ff.

159 BGH, Urt. v. 10.12.2008 – KVR 2/08 – WuW/E = DE-R 2538, 2540 – Stadtwerke Uelzen.

160 Insbesondere wegen der zehnjährigen Erstlaufzeit gem. § 32 AVBFernwärmeV.

hen Kosten[161] für die Umstellung der Wärmeversorgung begründet. Da auch diese Auffassung anerkennt, dass jedenfalls ein Fernwärmekunde, der sich erstmals einen Wärmeversorger wählt, die freie Auswahl zwischen allen Wärmeträgern hat (zu nennen sind hier beispielsweise: Ölheizung, Gasheizung, Pelletheizung, Solarheizung), wird der sachliche Markt „Fernwärmeversorgung" dann noch unterteilt in „Fernwärmeversorgung Neukunden" und „Fernwärmeversorgung Altkunden".

127 Auch wenn seit der Entscheidung des BGH[162] davon auszugehen ist, dass die Marktabgrenzung in der nächsten Zeit in diesem Sinne erfolgen wird; vermag das Ergebnis nicht zu überzeugen. Es wirkt künstlich, wenn man die Lieferung desselben Produktes (Wärme) zu denselben Bedingungen in zwei verschiedene sachliche Märkte aufteilt. Diese Ansicht lässt außer Acht, dass ein Wärmekunde, der einen Wärmelieferungsvertrag – selbst mit einer zehnjährigen Erstlaufzeit – abschließt, hierbei eine bewusste Entscheidung trifft. Ein solcher Kunde bedarf nicht des Schutzes des Kartellrechtes. Auch das Argument des Umstellungsaufwandes, wenn zu einem späteren Zeitpunkt doch mit einem anderen Energieträger geheizt werden soll, kann nicht überzeugend für die Begründung dieser Auffassung herhalten. Gerade wenn man eine zehnjährige Erstlaufzeit annimmt, dürften Anlagen nach Ablauf dieser Zeit – der frühesten Möglichkeit zur ordentlichen Vertragsbeendigung – bereits ein Alter erreicht haben, bei welchem der wirtschaftliche Wert durch die Abschreibung schon deutlich reduziert ist. Insoweit stellt sich die Frage, ob der wirtschaftliche Aufwand für den Kunden tatsächlich so erheblich ist, wie das BKartA annimmt. Im Übrigen wird man ohnehin davon ausgehen müssen, dass wirtschaftlichen Erwägungen, welche die Kosten der Fernwärmeversorgung im Vergleich zu alternativen Wärmeträgern und ggf. die Umrüstkosten zum Gegenstand haben, die tragenden Gründe für eine Umstellung sind. Auch bleibt völlig unberücksichtigt, dass die Wahl einer Contracting-Lösung ggf. keinen nennenswerten Umrüstungsaufwand verursacht.

128 Entscheidend ist allerdings, dass wegen der notwendigen Kundengewinnung und dem Verbleiben des Kunden im Kundenbestand der Fernwärmeversorger sowohl Neu- als auch Bestandskunden denselben Preis anbieten wird. Etwas anderes wäre auch wirtschaftlich nicht darstellbar. Nähme man nur an, dass der Fernwärmeversorger für Bestandskunden andere, im Zweifel höhere Preise, verlangen würde, käme es sicherlich nicht zu einem weiteren Gewinn von Neukunden, da diese damit rechnen müssen, genau wie die Bestandskunden einer Preiserhöhungspolitik des Versorgers ausgesetzt zu sein und die günstigen Neukundenpreise nur „Lockangebote" sind, die keinen Bestand haben.

129 Es bleibt zu hoffen, dass sich die Kartellbehörde und Kartellgerichte aufgrund der erheblichen Kritik an der von ihnen vorgenommenen Marktabgrenzung mit der

---

161 Zur Höhe der Kosten werden weder von der Rechtsprechung noch vom BKartA nähere Ausführungen gemacht.

162 BGH, Urt. v. 10.12.2008 – KVR 2/08 – WuW/E = DE-R 2538, 2540 – Stadtwerke Uelzen.

Sach- und Rechtslage noch einmal auseinandersetzen und der Diskussion stellen werden.

Jedenfalls im Hinblick auf die Versorgung von großen Fernwärmekunden wie z. B. Industrieunternehmen oder Krankenhäusern geht die Rechtsprechung von einem Substitutionsmarkt aus, bei dem die Fernwärme im Wettbewerb mit anderen Wärmeträgern steht.[163] 130

2. Räumliche Marktabgrenzung

Die Frage der räumlichen Marktabgrenzung ist einfacher zu beantworten und folgt im Ergebnis der sachlichen Marktabgrenzung. Geht man von einem Substitutionswettbewerb aus, so liegt ein bundesweiter, wenn nicht gar europaweiter Wärmemarkt vor. Auf einem solchen Markt hat kein Fernwärmeversorgungsunternehmen eine marktbeherrschende Stellung inne. 131

Geht man mit den Kartellämtern und der Rechtsprechung von einem separaten Fernwärmemarkt aus, so ergeben sich regional stark begrenzte einzelne Märkte, die jeweils durch das Fernwärmeleitungssystem des örtlichen Fernwärmeversorgungsunternehmens begrenzt sind. 132

II. Auswirkungen auf die Preisgestaltung

Bei der Frage, welche Auswirkungen die Einordnung als marktbeherrschendes Unternehmen hat, ist zwischen den kartellrechtlichen und den zivilrechtlichen Folgen zu unterscheiden. Hierbei soll die Marktabgrenzung, wie sie vom BKartA angewendet wird, zugrunde gelegt werden. 133

1. Kartellrechtliche Auswirkung

Die wesentliche kartellrechtliche Konsequenz ist, dass natürlich nur ein Monopolist einer Kontrolle durch die Kartellämter unterliegt. Es kam daher in der Vergangenheit durch zahlreiche Landeskartellbehörden zu **Sektorenuntersuchungen** im Fernwärmebereich.[164] Das BKartA hat, soweit bekannt, gegen sieben Fernwärmeversorgungsunternehmen Ermittlungen wegen eines Anfangsverdachts des Preishöhenmissbrauchs eingeleitet.[165] Eine Missbrauchsverfügung wurde allerdings weder durch das BKartA noch durch eine Landeskartellbehörde erlassen, teilweise wurden die 134

163 OLG Rostock, Urt. v. 5.3.2020 – 16 U 1/18 – NZKart 2020, 331.

164 Neben dem BKartA waren hier in fast allen Bundesländern die Landeskartellbehörden mit eigenen Untersuchungen aktiv, die allerdings nicht in Abschlussberichte gemündet sind.

165 BKartA, Pressemeldung v. 7.3.2013, abrufbar unter https://www.bundeskartellamt.de/SharedDocs/Meldung/DE/Pressemitteilungen/2013/07_03_2013_Fernwaermepreise.html.

Verfahren im Rahmen von Zusagenentscheidungen nach § 32b GWB der betroffenen Wärmeversorger beendet.[166]

2. Zivilrechtliche Auswirkung

135 Die zivilrechtlichen Auswirkungen sind, auch bei Anwendung der Marktabgrenzung nach Auffassung der Kartellgerichte, tatsächlich noch nicht höchstrichterlich geprüft und entschieden worden. Insbesondere bereitet die dieser Auffassung zugrunde liegende Aufteilung des (Fern-)Wärmemarktes zwischen Neu- und Bestandskunden Probleme.

136 Die Vereinbarung eines Preises mit einem Neukunden unterliegt nach Auffassung der Kartellbehörden keiner kartellrechtlichen Kontrolle, weil es insoweit an einer marktbeherrschenden Stellung fehlt. Die wesentliche Frage lautet, ob im laufenden Vertragsverhältnis eine Überprüfung der Entgelte nach kartellrechtlichen Maßstäben vorgenommen werden darf. Tatsächlich wird man dies verneinen müssen. Zunächst erscheint es nicht nachvollziehbar – und darin liegt auch die Schwäche einer solchen Marktabgrenzung – warum ein Preis, der sich am Markt im Wettbewerb gebildet hat, zusätzlich einer Überprüfung nach den Normen des Kartellrechts unterworfen werden soll. Insbesondere dann, wenn – wie es im Markt üblich ist – zwischen Bestandskunden und Neukunden keine Differenzierung des Preises gibt, hat sich der Neukundenpreis ja zweifelsfrei als Marktpreis gebildet. Daraus folgt, dass auch der vermeintliche Monopolpreis tatsächlich ein Marktpreis ist.

137 Im Übrigen scheidet aber ein Kartellverstoß aufgrund folgender Überlegung aus: Kartellrechtlich bedenklich wäre es, wenn der Kartellant, hier also das Fernwärmeversorgungsunternehmen, Entgelte fordert, die sich bei wirksamem Wettbewerb nicht erzielen ließen. Da aber gerade Entgelte auf einem Wärmemarkt mit funktionierendem Wettbewerb vereinbart wurden, muss eine Kartellrechtsprüfung unmittelbar zu einer Bestätigung der Preise führen.

138 Nichts anderes kann für die Anwendung der Preisänderungsklausel während der Vertragslaufzeit gelten. Auch diese wurde mit dem Neukunden im freien Wettbewerb abgeschlossen und ist daher marktgerecht und kartellrechtlich unbedenklich. Die spätere Anwendung einer rein automatisch wirkenden Preisklausel kann nicht mehr zu kartellrechtswidrigen Preisen führen.

---

166 BKartA, Beschl. v. 15.10.2015 – B 8 – 34/13 – EnWZ 2015, 573ff.

Kapitel 8
Gestaltung und Kontrolle von Wasser- und Abwasserpreisen

A. Ausgangslage und Rahmenbedingungen

I. Rahmenbedingungen der Wasserversorgung

1 Die derzeitigen rechtlichen und organisatorischen Rahmenbedingungen der deutschen Wasserwirtschaft ähneln – mit Ausnahme ihrer traditionell kommunalen Struktur – denjenigen, wie sie in der Energiewirtschaft vor etwa 25 Jahren vorzufinden waren. Während in der Strom- und Gasversorgung heute Wettbewerb um die Kunden herrscht, ist die Wasserversorgung weiterhin dadurch geprägt, dass es jeweils einen lokalen Versorger gibt. Abgesehen von wenigen Großkunden mit hohen Abnahmemengen, haben Kunden in der Regel schon rein faktisch keine alternativen Möglichkeiten, Wasser zu beziehen, da der Bau paralleler Leitungen unwirtschaftlich ist. Anders als in der Strom- und Gaswirtschaft kommt grundsätzlich auch keine Mitnutzung der existierenden Leitungen durch einen anderen Versorger in Betracht. Denn zum einen sind die örtlichen Versorgungsnetze, u.a. wegen möglicher Beeinträchtigungen der Wasserqualität, kaum miteinander verknüpft. Zum anderen bestehen keine gesetzlichen Durchleitungsrechte, da Netzbetrieb und Versorgung in der Wasserwirtschaft nicht entflochten sind.[1]

2 Im Hinblick auf die Organisation der Wasserversorgung sind eine Reihe unterschiedlicher Modelle anzutreffen. So gibt es neben privatrechtlich organisierten Versorgern (häufig kommunale Stadtwerke), welche die Wasserversorgung auf der Grundlage eines mit der Kommune geschlossenen Konzessionsvertrages durchführen, z.B. auch Wasserversorger in der Form von Wasser- oder Zweckverbänden, von kommunalen Anstalten oder von Eigenbetrieben.

II. Rechtsgrundlagen und Kontrollregime

3 Diese **unterschiedlichen Organisationsformen** haben zur Folge, dass im Verhältnis des Wasserversorgers zu seinen Kunden **unterschiedliche Rechtsvorschriften** zur Anwendung kommen. Dies betrifft auch die Frage, nach welchen Maßstäben und durch welche Institutionen die Wasserpreise überprüft werden können.

1 Auch wettbewerbsrechtlich darf nach § 31 Abs. 5 GWB (Gesetz gegen Wettbewerbsbeschränkungen i.d.F. der Bek. v. 26.6.2013 (BGBl. I S. 1750, 3245), zuletzt geändert durch Gesetz v. 12.11.2020 (BGBl. I S. 2393)) die Durchleitung grundsätzlich verweigert werden.

https://doi.org/10.1515/9783110716306-008

4 Grundsätzlich ist dabei zu unterscheiden zwischen einem öffentlich-rechtlichen Versorgungsverhältnis mit **Gebühren** und **Beiträgen** einerseits und einem privatrechtlichen Versorgungsverhältnis mit **privatrechtlichen Entgelten** andererseits. Privatrechtlich organisierte Versorger, wie z. B. eine GmbH oder AG können das Versorgungsverhältnis nur privatrechtlich ausgestalten. Öffentlich-rechtlich organisierte Versorger, wie Eigenbetriebe oder Zweckverbände, haben dagegen grundsätzlich die Wahl, ob sie das Versorgungsverhältnis zu den Kunden ebenfalls öffentlich-rechtlich oder aber privatrechtlich ausgestalten wollen.

1. Öffentlich-rechtliche Wasserversorgung

5 Ist das Rechtsverhältnis zwischen Wasserversorger und Kunde öffentlich-rechtlich ausgestaltet, so finden auf die Entgelte die Bestimmungen des **Kommunalabgabengesetzes des jeweiligen Bundeslandes** sowie die **Beitrags- und Gebührensatzungen** des Versorgers Anwendung. Dieser erhebt dann Gebühren und Beiträge mittels eines Bescheides. Kunden, die gegen einen solchen Bescheid vorgehen möchten, steht (je nach Landesrecht ggf. nach vorheriger Durchführung eines Widerspruchsverfahrens) der Rechtsweg zu den Verwaltungsgerichten offen. Daneben ist eine Überprüfung der Gebühren und Beiträge durch die zuständigen Aufsichtsbehörden möglich. Dies sind nicht die Kartellbehörden, sondern je nach Organisationsform des Versorgers die Kommunalaufsichtsbehörden oder sonst landesrechtlich bestimmten Aufsichtsbehörden.

2. Privatrechtliche Wasserversorgung

6 Bei privatrechtlicher Ausgestaltung des Rechtsverhältnisses zwischen Versorger und Kunde kommen die allgemeinen für Verträge geltenden Vorschriften des Bürgerlichen Gesetzbuches[2] (BGB) zur Anwendung. Diese werden bei Tarifkunden überlagert durch die **Verordnung über Allgemeine Bedingungen für die Versorgung mit Wasser[3] (AVBWasserV)** und ergänzt durch etwaige ergänzende Bedingungen des Versorgers zur AVBWasserV. Die Entgelte haben den Charakter vertraglich vereinbarter Leistungen, werden faktisch aber vom Versorger – jedenfalls bei Tarifkunden – einseitig festgesetzt. Unter bestimmten Voraussetzungen unterliegen sie der **Billigkeitskontrolle** nach § 315 BGB. Kunden, die gegen vom Versorger verlangte Entgelte vorgehen möchten, können dies auf dem Zivilrechtsweg tun. Daneben unterliegen die Entgelte der Kontrolle durch die Kartellbehörden nach den Vorschriften des GWB.

---

2 Bürgerliches Gesetzbuch (BGB) i. d. F. der Bek. v. 2.1.2002 (BGBl. I S. 42, 2909; 2003 I S. 738), zuletzt geändert durch Gesetz v. 12.11.2020 (BGBl. I S. 2392).

3 Verordnung über Allgemeine Bedingungen für die Versorgung mit Wasser (AVBWasserV) v. 20.6.1980 (BGBl. I S. 750, 1067), zuletzt geändert durch Verordnung v. 11.12.2014 (BGBl. I S. 2010).

Eine **Entgeltregulierung** ähnlich der Regulierung der Netzentgelte im Strom- und Gasbereich gibt es in der **Wasserversorgung** bisher nicht, auch wenn eine solche insbesondere von der Monopolkommission und teilweise auch von Wasserversorgern selbst – von letzteren vor allem als Reaktion auf das häufig als willkürlich empfundene Vorgehen der Kartellbehörden – gefordert wird. **7**

Im Folgenden werden nur privatrechtliche Entgelte für die Wasserversorgung behandelt. Diese werden aus Gründen der sprachlichen Vereinfachung als Wasserpreise bezeichnet. **8**

III. Wasserpreise im Fokus

In der Vergangenheit haben nicht alle Wasserversorger Wert auf eine nachvollziehbare **Kalkulation** ihrer **Wasserpreise** gelegt, da selten eine praktische Veranlassung bestand, sich mit dieser Frage zu beschäftigen. Dies hat sich geändert, seitdem die Kartellbehörden begonnen haben, die Wasserpreise systematisch zu untersuchen und gegen die dabei als vergleichsweise teuer auffallenden Versorger **kartellrechtliche Missbrauchsverfahren** einzuleiten. Solche Verfahren können mit erheblichen Preissenkungen enden, wenn es einem Versorger nicht gelingt, seine Preise zu rechtfertigen. **9**

Klagen von Kunden gegen „ihre" Wasserpreise sind dagegen bis heute recht selten. Es wird sehr viel häufiger gegen Wassergebühren geklagt als gegen privatrechtliche Wasserentgelte. Auch sind Strom- und Gaspreise viel öfter Gegenstand gerichtlicher Verfahren als Wasserpreise. Dies mag u.a. damit zusammenhängen, dass Wasserversorgungsverträge anders als Stromlieferverträge typischerweise mit dem jeweiligen Grundstückseigentümer und nicht mit den Mietern geschlossen werden, sodass die Zahl der Kunden sehr viel geringer ist und Preiserhöhungen überhaupt nur bei genauer Überprüfung der Nebenkostenabrechnung des Vermieters auffallen. **10**

Kommunal- und sonstige Aufsichtsbehörden gehen selten gegen vermeintlich überhöhte Wassergebühren vor. Systematische Untersuchungen sind bisher aus keinem Bundesland bekannt. Vielmehr häufen sich die Fälle, in denen Kommunalaufsichts- oder Rechnungsprüfungsbehörden unter Verweis auf das Kostendeckungsprinzip und bestehende Haushaltsdefizite zu einer Erhöhung der Wassergebühren mahnen. **11**

B. Preisbildung und Preisanpassung

I. Typische Preiskomponenten

1. Tarifkunden

12 Wasserpreise für Tarifkunden setzen sich typischerweise zusammen aus einem pro Kubikmeter abgenommenen Wassers berechneten **Mengenpreis** und einem verbrauchsunabhängigen **Grundpreis.** Letzterer wird traditionell pro **Wasserzähler** berechnet und in Abhängigkeit von der Zählergröße gestaffelt. Nicht selten berechnen Wasserversorger den Grundpreis auch nach der Zahl der Wohneinheiten; die Rechtsprechung hat diesen Maßstab grundsätzlich gebilligt.[4] Daneben gibt es zunehmend andere Modelle (z. B. nach Abnahmemenge gestaffelter Grundpreis).

13 Zusätzlich zu Grund- und Mengenpreis verlangt die Mehrzahl der Wasserversorger einen **Baukostenzuschuss** als Beteiligung an den Kosten der Errichtung der örtlichen Verteilungsanlagen sowie die Erstattung der **Kosten** der Herstellung des **Hausanschlusses.**[5]

2. Nichttarifkunden

14 Kunden, die keine Tarifkunden sind, gibt es im Bereich der Wasserversorgung relativ selten. Von den Allgemeinen Versorgungsbedingungen abweichende Wasserversorgungsverträge werden in der Regel nur mit Industrieunternehmen und mit Weiterverteilern sowie im Hinblick auf die Löschwasserversorgung geschlossen, da diese gemäß § 1 Abs. 2 AVBWasserV nicht in deren Anwendungsbereich fallen. Mit Haushalts- und Kleingewerbekunden treffen Versorger allenfalls dann besondere Vereinbarungen, wenn die Versorgung zu den Allgemeinen Bedingungen unwirtschaftlich ist, was insbesondere bei weit entfernt liegenden Einzelgrundstücken im Außenbereich mit geringen Abnahmemengen der Fall sein kann.

15 Bei Industriekunden und Weiterverteilern bildet zumeist der Mengenpreis die maßgebliche Preiskomponente. Häufig wird statt eines Grundpreises eine Mindestabnahmemenge (bzw. eine mindestens zu bezahlende Wassermenge) vereinbart. Mit zunehmender Wasserknappheit, verbunden mit stärkeren und länger anhaltenden Bedarfsspitzen, gelangen allerdings auch im Wasserbereich **neue Preismodelle** mit

---

4 BGH, Beschl. v. 22.08.2017 – VIII ZR 279/15 – BeckRS 2017, 126638; BGH, Urt. v. 17.5.2017 – VIII ZR 245/15 – NJW 2018, 46 ff.; BGH, Urt. v. 20.5.2015 – VIII ZR 164/14 – Versorgungswirtschaft 2015, 276 ff. (sowie die Parallelentscheidungen VIII ZR 136/14, 138/14, 140/14, 141/14, 142/14, 145/14, 147/14, 148/14, 149/14, 150/14, 151/14, 152/14, 153/14, 338/14, 339/14, 340/14, 341/14 vom selben Tage); OLG Naumburg, Urt. v. 13.11.2008 – 6 U 63/08 – IR 2009, 95.

5 Vgl. §§ 9 und 10 AVBWasserV.

einer Leistungspreiskomponente, wie es sie im Energiebereich schon länger gibt, in die Diskussion.[6]

II. Ansatzfähige Kosten

Welche Kosten bei der Kalkulation der Wasserpreise ansatzfähig sind, richtet sich **nach betriebswirtschaftlichen Grundsätzen**. Auch für die Kalkulation von Gebühren bestimmen die Kommunalabgabengesetze der Länder übereinstimmend, dass die Kosten nach betriebswirtschaftlichen Grundsätzen zu ermitteln sind. 16

Wie Kosten betriebswirtschaftlich zu ermitteln sind, kann an dieser Stelle nicht ausführlich erläutert werden. Nachfolgend soll jedoch auf einige wichtige Aspekte eingegangen werden, insbesondere auf solche, die auch aus rechtlicher Sicht regelmäßig eine Rolle spielen. 17

1. Wasserpreiskalkulation

a) Gründe für eine Wasserpreiskalkulation

Wichtig ist eine Kalkulation insbesondere dann, wenn es zu einem gerichtlichen oder kartellbehördlichen Verfahren im Hinblick auf die Wasserpreise kommt. Hier ist die Position des betroffenen Wasserversorgers eine wesentlich günstigere, wenn er mittels einer **belastbaren Kalkulation** nachweisen kann, dass seine Wasserpreise auf in zulässiger Weise angesetzten Kosten beruhen. Eine Kalkulation ist aber auch hilfreich, um einen Überblick über die Kostenstruktur zu erhalten und so mögliche Potenziale für Kostensenkungen erkennen zu können. Zudem ermöglicht es eine Kalkulation bei Überlegungen zu Änderungen des Tarifmodells, die Auswirkungen unterschiedlicher Modelle für Versorger und Kunden zu berechnen, und schafft so eine sachliche Entscheidungsgrundlage. 18

b) Spielräume bei Ansätzen und Methodik

Betriebswirtschaftlich gibt es bei der Kalkulation unterschiedliche Gestaltungsmöglichkeiten in Bezug auf Ansätze und Methodik. Dies betrifft zum Beispiel die Nutzungsdauer des Anlagevermögens, die Schlüsselung von Gemeinkosten, die Höhe der Eigenkapitalverzinsung oder die Kalkulationsperiode, um nur einige zu nennen. Es gibt keine gesetzlichen Regelungen, die diese Gestaltungsmöglichkeiten speziell für 19

6 Siehe dazu *Donner/Oelmann/Czichy/Gendries*, Nutzung der Lenkungsfunktion neuer Preismodelle in der Fernwasserversorgung, DVGW ewp 8/2020, 44.

die Kalkulation von Wasserpreisen einschränken.[7] Die Regelungen der Kommunalabgabengesetze – die je nach Bundesland häufig insbesondere die Eigenkapitalverzinsung und die Zulässigkeit der Ertragserzielung betreffen – gelten unmittelbar nur für Gebühren.[8] Sie entsprechend auch auf privatrechtliche Wasserentgelte anzuwenden, erscheint rechtlich kaum angreifbar, ist andererseits aber auch nicht zwingend notwendig. Häufig lehnen sich Wasserversorger an die Vorgaben der **Strom- bzw. Gasnetzentgeltverordnung**[9] (Strom- bzw. GasNEV) für die Kalkulation der Netzentgelte an,[10] welche einerseits Regelungen zu sehr viel mehr Detailfragen enthalten als die Kommunalabgabengesetze, zugleich aber größere Spielräume lassen als diese. Der Bundesgerichtshof (BGH) hat eine entsprechende Heranziehung der Strom- bzw. GasNEV als einen möglichen Ansatz grundsätzlich gebilligt.[11] Auch aus betriebswirtschaftlicher Sicht erscheint dies sachgerecht, solange die Besonderheiten der Wasserversorgung berücksichtigt werden.

2. Kosten der Wassersparte

20 In der Kalkulation dürfen nur diejenigen **Kosten** berücksichtigt werden, die der Wassersparte bzw. der Aufgabe **der öffentlichen Wasserversorgung** zugeordnet werden können, nicht also Kosten, die anderen Sparten oder Aufgaben zuzuordnen sind. Wie die Zuordnung im Einzelnen erfolgt (insbesondere direkte Zuordnung und Anwendung sachgerechter Schlüssel) soll hier nicht Gegenstand sein, problematisch kann jedoch die vorgelagerte rechtliche Frage sein, was zur öffentlichen Wasserversorgung gehört.

21 Dass z.B. die Strom- und Gasversorgung oder die Abwasserbeseitigung andere Sparten darstellen, erscheint ohne Weiteres einsichtig. Genauerer Betrachtung bedarf jedoch das Verhältnis zur Löschwasserversorgung. Auch wenn die Bereitstellung von **Löschwasser** für den sogenannten Grundschutz in den meisten Bundesländern[12] eine von der öffentlichen Wasserversorgung zu unterscheidende kommunale Aufgabe dar-

---

7 Eine Ausnahme bilden hier teilweise die Stadtstaaten. So macht z.B. das Berliner Betriebe-Gesetz (Berliner Betriebe-Gesetz (BerlBG) v. 14.7.2006 (GVBl. S. 827), zuletzt geändert durch Gesetz v. 11.6.2020 (GVBl. S. 535)) Vorgaben ähnlich denen der Kommunalabgabengesetze für die Kalkulation privatrechtlicher Wasserentgelte.

8 Zur besonderen Situation in Rheinland-Pfalz siehe Rn 37.

9 Verordnung über die Entgelte für den Zugang zu Elektrizitätsversorgungsnetzen (Stromnetzentgeltverordnung – StromNEV) v. 25.7.2005 (BGBl. I S. 2225), zuletzt geändert durch Gesetz v. 21.7.2014 (BGBl. I S. 1066); Verordnung über die Entgelte für den Zugang zu Gasversorgungsnetzen (Gasnetzentgeltverordnung – GasNEV) v. 25.7.2005 (BGBl. I S. 2197), zuletzt geändert durch Verordnung v. 14.8.2013 (BGBl. I S. 3250).

10 Vgl. Kap. 9 Rn 1ff.

11 BGH, Beschl. v. 14.7.2015 – KVR 77/13 – IR 2015, 261f. – Wasserpreise Calw II.

12 Eine zumindest teilweise aufgaben- bzw. kostenmäßige Zuordnung der Löschwasserversorgung zur Wasserversorgung nehmen die Wassergesetze der Länder Baden-Württemberg, Nordrhein-Westfalen und Rheinland-Pfalz vor.

stellt, erfolgt die Bereitstellung praktisch dennoch sehr häufig über die Anlagen der öffentlichen Wasserversorgung. Insbesondere die Kartellbehörden sehen es kritisch, wenn dann die durch die Löschwasserbereitstellung entstehenden Kosten bei der Kalkulation der Wasserpreise Berücksichtigung finden; und zwar insbesondere dann, wenn die unentgeltliche Löschwasserversorgung im Konzessionsvertrag nicht geregelt ist.

Betrifft die Kalkulation die Tarifpreise, so müssen zudem Kosten ausgesondert 22 werden, welche aus der Versorgung von **Sondervertragskunden** entstehen.

3. Zuordnung von fixen und variablen Kosten

Wird neben dem Mengenpreis auch ein Grundpreis verlangt, so muss bei der Kalkula- 23 tion zwischen fixen und variablen Kosten unterschieden werden. Denn der **Zweck eines Grundpreises** liegt darin, die fixen, also von der abgenommenen Wassermenge unabhängigen, Kosten zu decken, weshalb die Einnahmen aus dem Grundpreis insgesamt die fixen Kosten nicht übersteigen dürfen. Im Mengenpreis können dagegen auch die Fixkosten ganz oder teilweise Berücksichtigung finden.

4. Beschränkung auf „notwendige" Kosten?

Eine weitere Frage ist, ob alle tatsächlich entstandenen bzw. zu erwartenden Kosten 24 der Wasserversorgung bei der Kalkulation angesetzt werden dürfen oder ob zusätzlich eine Betrachtung vorzunehmen ist, welche die Ansatzfähigkeit auf die „notwendigen" oder die bei „rationeller" oder „wirtschaftlicher" Betriebsführung entstehenden Kosten beschränkt.

Im Rahmen der **kartellrechtlichen Kostenkontrolle** stellt § 31 Abs. 4 Ziff. 3 GWB 25 ausdrücklich auf die Kosten bei „rationeller Betriebsführung" ab. Auch im Übrigen erscheint dem Grunde nach ein Korrektiv notwendig, das bei offensichtlicher Misswirtschaft und groben Fehlplanungen die Ansatzfähigkeit der Kosten beschränkt.

Richtigerweise kann dann aber nur darauf abgestellt werden, ob zum Zeitpunkt 26 der Entscheidung über eine kostenverursachende Maßnahme, wie eine Investition, eine sachgerechte Prognose über deren Notwendigkeit und Wirtschaftlichkeit getroffen wurde. Stellt sich diese im Nachhinein als unzutreffend heraus, ohne dass dies im Prognosezeitpunkt erkennbar war, und können die Kosten dann nicht mehr verringert werden, so müssen sie auch im Rahmen der Kalkulation ansatzfähig sein. Dies gilt zum Beispiel für durch Überkapazitäten verursachte Kosten, wenn zum Zeitpunkt der Anlagenplanung nicht absehbar war, dass Überkapazitäten entstehen würden.

III. Preisanpassungsrecht

1. Tarifkunden

27 Im Verhältnis zu Tarifkunden, die zu den Allgemeinen Versorgungsbedingungen mit Wasser versorgt werden, normiert § 4 Abs. 1 i. V. m. Abs. 2 AVBWasserV ein **gesetzliches Preisanpassungsrecht** des Wasserversorgers.[13] Dieses ist nur an die formale Voraussetzung der öffentlichen Bekanntgabe oder der individuellen Mitteilung an die Kunden geknüpft. Materielle Vorgaben für die Preisanpassung macht die AVBWasserV nicht. Die Anpassung ist aber an § 315 BGB zu messen, d.h. die neuen Preise müssen der Billigkeit entsprechen.

28 Ein Wasserversorger muss also aufgrund des gesetzlichen Preisanpassungsrechts die Preisanpassung nicht in seinen Ergänzenden Versorgungsbedingungen regeln. Daher finden sich im Bereich der Wasserversorgung in der Praxis äußerst selten Preisanpassungsklauseln. Auch § 24 Abs. 3 AVBWasserV, der u.a. vorschreibt, dass Preisanpassungsklauseln kostennah auszugestalten sind, hat aus diesem Grund kaum praktische Bedeutung.

2. Nichttarifkunden

a) Bestehen ausdrücklicher Vereinbarungen

29 Werden mit Kunden von den Allgemeinen Versorgungsbedingungen abweichende Konditionen für die Wasserversorgung vereinbart, so kommt es für das Bestehen und die Voraussetzungen eines Preisanpassungsrechts auf die hierzu getroffenen Vereinbarungen an. Handelt es sich bei diesen tatbestandlich um **Allgemeine Geschäftsbedingungen** (AGB) des Versorgers (oder auch des Kunden), so muss sich die Preisanpassungsklausel an den AGB-rechtlichen Vorgaben messen lassen. Preisanpassungsklauseln stellen sogenannte Preisnebenabreden dar, die der **Inhaltskontrolle** nach § 307 BGB unterliegen. Dieser verbietet eine unangemessene Benachteiligung des Vertragspartners entgegen den Geboten von Treu und Glauben.[14]

30 Ob Preisanpassungen zusätzlich am Erfordernis der Billigkeit gemäß **§ 315 BGB** zu messen sind, hängt davon ab, ob die Preisanpassungsklausel dem Versorger einen Spielraum bei der Anpassung (insbesondere hinsichtlich Höhe und Zeitpunkt) einräumt oder nicht. Verfügt er über einen solchen Spielraum, so handelt es sich um eine **einseitige Preisanpassung** und § 315 BGB ist anwendbar. Erfolgt die Anpassung dagegen über einen vertraglich festgelegten Automatismus (also über eine Preisanpassungsformel oder die Bindung an einen Index), dann sind auch die konkreten Anpas-

---

13 *Morell*, AVBWasserV, § 4 Anm. c) zu Abs. 1; OLG Nürnberg, Urt. v. 15.6.2012 – 1 U 605/11 – IR 2012, 207 f.

14 Zum AGB-Recht siehe Kap. 5 Rn 14 ff.

sungen vertraglich vereinbart und stellen damit keine einseitige Leistungsbestimmung im Sinne von § 315 BGB dar.[15]

b) Versorgung ohne ausdrückliche Vereinbarung

Problematisch sind die nicht selten anzutreffenden Fälle, in denen ein Versorger mit einem Industrieunternehmen keinen Vertrag geschlossen hat und diesen zu Tarifpreisen versorgt. Da die AVBWasserV dann gemäß ihres § 1 Abs. 2 nicht gilt, hat der Versorger auch **kein gesetzliches Preisanpassungsrecht**. Ohne ausdrückliche Vereinbarung kann wegen des klaren Ausschlusses in § 1 Abs. 2 AVBWasserV auch kaum davon ausgegangen werden, dass sich Versorger und Kunde stillschweigend auf die Anwendung der AVBWasserV geeinigt hätten. Vielmehr ist dann von einem **konkludent geschlossenen Vertrag** auszugehen, der den Bestimmungen des BGB unterliegt. Diese kennen kein einseitiges gesetzliches Preisanpassungsrecht, weshalb ohne Zustimmung des Kunden allenfalls über allgemeine Prinzipien wie Störung der Geschäftsgrundlage oder Treu und Glauben eine Preisanpassung möglich ist. Beseitigt werden kann dieser aus Versorgersicht unbefriedigende Zustand dadurch, dass der stillschweigend geschlossene Vertrag gekündigt und ein neuer schriftlicher Vertrag geschlossen wird, der ein Preisanpassungsrecht enthält. 31

IV. Entscheidung für ein neues Tarifmodell

1. Gründe für grundsätzliche Umstellungen des Tarifmodells

Preisanpassungen dienen zumeist dem legitimen Ziel, gestiegene Kosten an die Kunden weiterzugeben. Sie beschränken sich in diesem Fall typischerweise darauf, den Grund- und/oder den Mengenpreis um einen bestimmten Betrag zu erhöhen. 32

Immer mehr Wasserversorger sehen sich aber weiter in die Zukunft blickend veranlasst, über eine grundsätzliche Umstellung des Tarifmodells nachzudenken.[16] Den Hintergrund hierfür bildet der Umstand, dass einerseits der **Fixkostenanteil** im Bereich der Wasserversorgung sehr hoch ist (ca. 80 %), andererseits aber aufgrund sinkender Bevölkerungszahlen und wassersparender Technik die **Wasserabnahme zurückgeht**. Da bisher bei den meisten Wasserversorgern die Fixkosten nur zu einem geringen Anteil über den Grundpreis abgedeckt werden (häufig nur zwischen 10 und 30 %), führt die sinkende Wasserabnahme dazu, dass die Erlöse weit stärker sinken als die Kosten. Aus Versorgersicht wünschenswert sind also Tarifmodelle, bei denen 33

15 Zur Anwendbarkeit von § 315 BGB siehe Kap. 5 Rn 41ff.

16 Zu möglichen Wasserpreismodellen, ihrer Bewertung aus rechtlicher Sicht und im Hinblick auf bestimmte Leitkriterien sowie ihrer Umsetzung vgl. VKU/BBH/MOcons, Wasserpreise zukunftsfest ausgestalten. Welches Modell passt?, 2019.

die Fixkosten zu einem sehr viel höheren Anteil über feste Preiskomponenten abgedeckt werden.

34 Rechtlich wäre ein Grundpreis, der die Fixkosten in voller Höhe abdeckt, zulässig.[17] Politisch ist ein solcher Grundpreis aber kaum durchsetzbar, da dies insbesondere für Kunden mit geringen Abnahmemengen zu erheblichen Preissteigerungen führen kann. Wasserversorger versuchen daher, mit Tarifmodellen den Spagat, den Anteil der mengenunabhängigen Preiskomponenten zu erhöhen, ohne dass es zu übermäßigen Preissteigerungen für bestimmte Kundengruppen kommt. Ein Beispiel hierfür ist das sogenannte **Mülheimer oder Systempreis-Modell**, bei dem von einem zählerbezogenen Grundpreis auf einen sogenannten **Systempreis** umgestellt wird, der für Haushaltskunden nach Zahl der Wohneinheiten und für Gewerbekunden nach Abnahmemenge gestaffelt ist. Zugleich wird der Mengenpreis nicht unerheblich gesenkt. Die Staffelungen werden dabei so kalkuliert, dass die Umstellung für keine Kundengruppe zu gravierenden Mehrbelastungen führt. In Bezug auf die Umsetzung und die erforderlichen Daten weniger komplex ist die generelle Staffelung des **Grundpreises nach Abnahmemengen**.[18]

35 Darüber hinaus kann eine Umstellung des Tarifsystems oder die Versorgung bestimmter Kunden oder Kundengruppen außerhalb des Tarifsystems auch dadurch veranlasst sein, dass bei diesen die **Relation** der von ihnen gezahlten **Entgelte** zu den verursachten **Kosten** in keinem angemessenen Verhältnis steht. Hierunter fallen z. B. saisonal genutzte Ferienhausgrundstücke und Grundstücke in Insellagen mit geringen Abnahmemengen, aber auch umgekehrte Konstellationen wie (nicht industrielle) Gewerbekunden mit hohen Abnahmemengen. In jedem Falle sollten bei Überlegungen zur Umstellung des Tarifsystems alle Kundengruppen in die Betrachtung einbezogen werden, also auch die Nichttarifkunden, da das Preissystem insgesamt schlüssig sein sollte und im Rahmen der Kalkulation die jeweiligen Kosten sachgerecht zugeordnet werden müssen.

36 Bei Wasserversorgern, die damit rechnen müssen, wegen ihrer Preise in den Fokus einer Kartellbehörde zu gelangen, kann das Ziel der Erhöhung der mengenunabhängigen Preisbestandteile mit dem Ziel kollidieren, ein **kartellbehördliches Verfahren** möglichst zu **vermeiden**. Denn die Kartellbehörden bilden zum Vergleich der Preise sogenannte Typfälle mit bestimmten Abnahmemengen (zumeist 80 und/oder 150 m^3/a) und ermitteln für diese aus Grund- und Mengenpreis einen Durch-

---

17 OLG Naumburg, Urt. v. 13.11.2008 – 6 U 63/08 – IR 2009, 95.

18 Rechtlich sprechen durchaus Argumente für die Zulässigkeit einer Staffelung des Grundpreises nach Abnahmemenge (Abnahmemenge als Indikator für die erforderliche Vorhalteleistung), auch wenn das Modell in der Rechtsprechung bisher noch nicht als etabliert angesehen werden kann. Eine solche Staffelung (in Bezug auf Gewerbekunden beim Systempreismodell) billigend: LG Mönchengladbach, Urt. v. 6.4.2017 – 1 O 170/15 – BeckRS 2017, 13692; eine nach Menge gestaffelte Abwasser-Grundgebühr nur in Bezug auf die konkret gewählte Staffelung, nicht aber grundsätzlich beanstandend: OVG Sachsen, Urt. v. 12.6.2019 – 5 A 614/18 – BeckRS 2019, 17846.

schnittspreis pro Kubikmeter. Dadurch führt unabhängig von seiner sachlichen Berechtigung ein hoher Grundpreis – gerade, wenn er wohneinheitenbezogen, der Kunde aber der Hauseigentümer ist – im Vergleich zu Versorgern mit geringerem Grundpreisanteil zu einem hohen Durchschnittspreis und erhöht damit das Risiko, bei einem Preisvergleich „auffällig" zu werden.

2. Rechtliche Gestaltungsspielräume und Grenzen

a) Zivilrechtliche Vorgaben

Welche Tarifgestaltungen jenseits des klassischen Tarifmodells mit Grundpreis pro Zähler und Mengenpreis pro Kubikmeter zulässig sind, ist gesetzlich nicht konkret geregelt. Die Kommunalabgabengesetze der Länder bzw. die einschlägigen Gesetze in den Stadtstaaten machen **nur sehr grobe Vorgaben**. Zudem gelten die Kommunalabgabengesetze für privatrechtliche Entgelte nicht unmittelbar.[19] Auch zivilgerichtliche Rechtsprechung hierzu gibt es, mit Ausnahme des Wohneinheitenmodells, nur vereinzelt.[20] Die Verwaltungsgerichte hatten sich dagegen schon recht häufig mit der Zulässigkeit bestimmter Tarifgestaltungen bei der Erhebung von Gebühren zu befassen. Diese bestimmt sich jedoch wiederum nach den jeweiligen Kommunalabgabengesetzen und ist daher auf privatrechtliche Entgelte gleichfalls nicht ohne Weiteres übertragbar. 37

Als Maßstab bleibt damit letztlich, dass die Entgelte dem billigen Ermessen im Sinne von § 315 BGB entsprechen müssen (dazu sogleich). Diesen unbestimmten Rechtsbegriff auf ein neues atypisches Tarifmodell korrekt anzuwenden, ist nicht unproblematisch. Als „Faustregel" für eine Risikoabschätzung lässt sich formulieren, dass bei einem Tarifmodell, das sich eng an die Vorgaben des Kommunalabgabengesetzes des betreffenden Bundeslandes und die dazu ergangene Rechtsprechung anlehnt, die Aussicht, dass im Streitfalle auch die zivilgerichtliche Rechtsprechung dieses billigt, recht hoch ist. Hinzu kommt die praktische Überlegung, dass die Gefahr von Rechtsstreitigkeiten aus Anlass einer Tarifumstellung je geringer ist, desto besser diese im Vorfeld gegenüber den Kunden kommuniziert wurde und desto niedriger die Mehrbelastungen für bestimmte Kunden oder Kundengruppen sind. 38

19 Eine Ausnahme bildet hier Rheinland-Pfalz, wo gem. § 7 Abs. 9 KAG die wichtigsten Bestimmungen für Gebühren und Beiträge auch auf privatrechtliche Entgelte kommunaler Gebietskörperschaften Anwendung finden.

20 Siehe z. B. BGH, Urt. v. 26.11.1975 – VIII ZR 164/74 – NJW 1976, 709; zum Wohneinheitenmodell siehe oben Rn 12.

b) Aussagen der Kommunalabgabengesetze und der verwaltungsgerichtlichen Rechtsprechung

39 Auch wenn die Kommunalabgabengesetze und die dazu ergangene Rechtsprechung nicht unmittelbar gelten, bilden sie doch eine Orientierung für die Bewertung der Zulässigkeit eines Tarifmodells und sollen daher hier im Überblick dargestellt werden.

40 Im Hinblick auf die **Tarifgestaltung** treffen die **Kommunalabgabengesetze** häufig Aussagen zu folgenden Punkten:

- Zulässigkeit der Berücksichtigung der Kostenverursachung bei der Gebührenbemessung (neben dem Maß der Inanspruchnahme),
- Zulässigkeit einer Grundgebühr,
- zulässiger Anteil der Grundgebühr an den Kosten,
- Zulässigkeit einer Mindestgebühr,
- Zulässigkeit einer Progression oder Degression,
- Zulässigkeit der Berücksichtigung z. B. von sozialen und Umweltaspekten.

41 Ob zu diesen Punkten eine Aussage getroffen wird und ggf. welche, muss anhand des Kommunalabgabengesetzes des jeweiligen Bundeslandes ermittelt werden.

42 Die verwaltungsgerichtliche Rechtsprechung zur Gebührengestaltung befasst sich mit ähnlichen Fragestellungen und konkretisiert und ergänzt die Regelungen des jeweiligen Kommunalabgabengesetzes. Da das Bundesverwaltungsgericht (BVerwG) nur über die Vereinbarkeit einer Gebührenregelung mit Bundesrecht zu entscheiden hat, kann es durchaus vorkommen, dass eine vom BVerwG gebilligte Gestaltung von einem Verwaltungsgericht (VG) oder Oberverwaltungsgericht (OVG) wegen eines Verstoßes gegen das Landesrecht als rechtswidrig angesehen wird.

43 Letzteres betrifft zum Beispiel die Frage, ob die Gebühren nach dem Beitrag eines Kunden oder einer Kundengruppe zur Kostenentstehung bemessen werden dürfen. Die meisten Kommunalabgabengesetze schreiben das Maß der Inanspruchnahme als maßgebliches Kriterium vor und lassen die Berücksichtigung der Kostenverursachung allenfalls nachrangig zu.[21] Der **bundesrechtliche Gleichbehandlungsgrundsatz** erlaubt dagegen auch ein (ausschließliches) Anknüpfen an die **Kostenverursachung.**[22] Grundsätzlich einig ist sich die Rechtsprechung darin, dass bei der Gebührenbemessung eine gewisse **Typisierung** zulässig ist und bei der Entscheidung über den **Gebührenmaßstab** auch **Praktikabilitätserwägungen** berücksichtigt werden dürfen, selbst wenn dies für einzelne Kunden oder Kundengruppen zu einer Ungleichbehandlung führt.[23]

---

21 Eine Ausnahme bildet hier Sachsen. Als einziges Kommunalabgabengesetz stellt § 14 Abs. 1 S. 1 SächsKAG die Gebührenbemessung nach dem Ausmaß der Inanspruchnahme und nach der Kostenverursachung als gleichberechtigte Alternativen nebeneinander.

22 BVerwG, Beschl. v. 24.4.1970 – VII B 58.69 – BeckRS 1970, 31298063.

23 Vgl. z.B. BVerwG, Urt. v. 20.12.2000 – 11 C 7.00 – DVBl 2001, 488 = NVwZ 2002, 199; VGH Bayern, Urt. v. 6.12.2001 – 23 B 01.1018 – BayVerwBl. 2002, 635; HessVGH, Beschl. v. 7.3.2012 – 5 C 206/10.N – NVwZ-RR 2012, 696 = DÖV 2012, 606; OVG NW, Urt. v. 2.2.2000 – 9 A 3915/98 – NVwZ-RR 2001, 122.

Anerkannt ist, dass die **Grundgebühr** nach der Zahl der **Wohneinheiten** bemessen werden darf,[24] auch wenn dies zwangsläufig zu einer Unterscheidung zwischen privaten und gewerblichen Tarifkunden führt. Es muss dann jedoch auch für Gewerbekunden ein tauglicher Maßstab für die Grundgebühr festgelegt werden (z. B. Umrechnung in Wohneinheiten oder Beibehaltung der Zählergröße).[25] Zudem müssen klare Regelungen für die Gebührenbemessung bei **gemischt genutzten Grundstücken** getroffen werden.[26] 44

Kritisch gesehen werden im Hinblick auf Gebühren folgende Gestaltungen: 45

- Staffelung der Grundgebühr nach Abnahmemenge,[27]
- Kombination von Grund- und Mindestgebühr,[28]
- progressive und degressive Gebührenstaffelungen einschließlich „Mengenrabatten", wenn diese im einschlägigen Kommunalabgabengesetz nicht ausdrücklich gestattet und auch sonst nicht sachlich begründet werden,[29]
- Pauschalgebühren und „Flatrates".

Es sei aber nochmals darauf hingewiesen, dass für privatrechtliche Entgelte die rechtliche Bewertung eine andere sein kann, und zwar insbesondere dann, wenn die für Gebühren geltenden Beschränkungen (nur) aus Landesrecht resultieren.

---

24 Vgl. z. B. OVG Berlin-Brandenburg, Urt. v. 22.5.2002 – 2 D 78/00.NE – BeckRS 2003, 2037; OVG Niedersachsen, Beschl. v. 26.8.2002 – 9 LA 305/02 – BeckRS 2003, 25195; OVG Sachsen-Anhalt, Urt. v. 30.1.2003 – 1 L 362/01 – BeckRS 2003, 21434.

25 VGH Bayern, Urt. v. 20.10.1997 – 4 N 95.3631 – BayVerwBl. 1998, 148; OVG Berlin-Brandenburg, Urt. v. 7.11.2012 – OVG 9 A 7.10 – BeckRS 2012, 5907; OVG Sachsen-Anhalt, Beschl. v. 21.6.2011 – 4 L 229/10 – BeckRS 2011, 52507.

26 OVG Berlin-Brandenburg, Urt. v. 7.11.2012 – OVG 9 A 7.10 – BeckRS 2012, 5907.

27 BVerwG, Beschl. v. 11.11.2011 – 9 B 41 11 – BeckRS 2011, 56728; OVG Niedersachsen, Beschl. v. 26.8.2002 – 9 LA 305/02 – BeckRS 2003, 25195; OVG Thüringen, Beschl. v. 26.9.2005 – 4 EO 817/03 – DÖV 2006, 523; eine solche Staffelung nicht grundsätzlich beanstandend: OVG Sachsen, Urt. v. 12.6.2019 – 5 A 614/18 – BeckRS 2019, 17846.

28 BVerwG, Urt. v. 1.8.1986 – 8 C 112.84 – NVwZ 1987, 231 f.; OVG Nordrhein-Westfalen, Urt. v. 20.5.1996 – 9 A 5654/94 – NVwZ-RR 1997, 314.

29 OVG Berlin-Brandenburg, Urt. v. 22.5.2002 – 2 D 78/00.NE – BeckRS 2003, 2037; VGH Hessen, Beschl. v. 25.2.1966 – R V 2/62 – VerwRspr. 1967, 839 ff.; OVG Niedersachsen, Urt. v. 24.2.1997 – 3 K 2811/94 – BeckRS 1997, 21963; OVG Thüringen, Urt. v. 12.12.2001 – 4 N 595/94 – LKV 2002, 534. Kritisch gesehen wird es z. B. auch, wenn bei der üblichen Staffelung der Grundgebühr nach Zählergröße die Gebührensätze nicht linear zur jeweiligen Durchflussmenge steigen, also z. B. die Grundgebühr für einen Zähler der Größe Q3=16 nicht viermal so hoch ist wie für einen Zähler der Größe Q3=4 (sog. Äquivalenzziffernrechnung).

C. Kontrolle von Wasserpreisen durch Kunden

I. Tarifkunden

1. § 315 BGB als Maßstab für Ausgangspreis und Preisanpassung

46 Wasserpreise für Tarifkunden müssen sich an § 315 BGB messen lassen, wonach bei einem einseitigen Leistungsbestimmungsrecht eines Vertragspartners die Bestimmung **im Zweifel nach billigem Ermessen** zu erfolgen hat. Zwar regelt § 315 BGB an sich nur vertraglich eingeräumte Leistungsbestimmungsrechte, es ist jedoch anerkannt, dass er entsprechend auch auf gesetzliche Leistungsbestimmungsrechte wie das des Wasserversorgers aus § 4 Abs. 1 und Abs. 2 AVBWasserV anzuwenden ist.[30]

47 Anders als bei Strom- und Gaslieferverträgen erfolgen nicht nur **Preisanpassungen** einseitig durch den Versorger, sondern auch die Bestimmung des **ursprünglichen** bei Vertragsschluss geltenden **Preises.** Denn Tarifkunden haben normalerweise keine Alternative zum Vertragsschluss mit dem örtlichen Versorger zu dessen Tarifbedingungen. Nicht selten wird dieser faktische Zustand durch eine sogenannte Rumpfsatzung der betreffenden Kommune, die einen Anschluss- und Benutzungszwang enthält, zu einer rechtlichen Pflicht zum Vertragsschluss verstärkt. Daher können Tarifkunden grundsätzlich auch den Ausgangspreis bei Vertragsschluss nach § 315 BGB überprüfen lassen.[31]

48 **AGB-Recht** kann daneben zur Anwendung kommen, wenn ein Versorger in seinen Ergänzenden Bedingungen Regelungen zur Preisbildung und Preisanpassung trifft. Praktisch kommt dies jedoch so gut wie nicht vor.

49 Grundsätzlich können die Gerichte auch bei Klagen von Kunden die Einhaltung der kartellrechtlichen Anforderungen[32] prüfen, was sie in der Praxis teilweise auch tun.[33] Auch wenn die kartellrechtlichen Maßstäbe mit denjenigen des § 315 BGB nicht identisch sind, führen beide dennoch zumeist zu einer vergleichbaren Bewertung.[34]

2. Billiges Ermessen und Prinzipien des öffentlichen Finanzgebarens

50 Die Ausfüllung des unbestimmten Rechtsbegriffs des billigen Ermessens weist bei Wasserversorgungsverträgen gegenüber Strom- und Gaslieferverträgen Besonderheiten auf. Da die **öffentliche Wasserversorgung** eine – je nach Bundesland – freiwillige oder pflichtige **Selbstverwaltungsaufgabe** der Kommunen darstellt, welche diese auch in öffentlich-rechtlicher Form erfüllen können, kommen die sogenannten Prinzipien des öffentlichen Finanzgebarens zur Anwendung. Bei diesen handelt es

30 BGH, Urt. v. 17.5.2017 – VIII ZR 245/15 – IR 2017, 183ff.
31 BGH, Urt. v. 30.4.2003 – VIII ZR 279/02 – Versorgungswirtschaft 2003, 257.
32 Siehe Rn 6ff.
33 Vgl. z.B. OLG Nürnberg, Urt. v. 15.6.2012 – 1 U 605/11 – IR 2012, 207 = et 6/2013, 101.
34 Siehe auch Kap. 5 Rn 51.

sich um die grundlegenden rechtlichen Vorgaben, die Kommunen bei der Erhebung öffentlicher Abgaben zu beachten haben.[35]

Mit deren Geltung auch bei privatrechtlicher Versorgung soll verhindert werden, 51
dass sich Kommunen durch die Wahl einer privatrechtlichen Handlungsform ihren grundlegenden öffentlich-rechtlichen Bindungen entziehen können. Dabei geht die Rechtsprechung davon aus, dass bei Einhaltung der Prinzipien des öffentlichen Finanzgebarens die Preise grundsätzlich auch dem billigen Ermessen im Sinne von § 315 BGB entsprechen.[36]

Namentlich gehören zu den **Prinzipien des öffentlichen Finanzgebarens** das 52
Gleichbehandlungsprinzip, das Äquivalenzprinzip und das Kostendeckungsprinzip. Nach dem **Gleichbehandlungsprinzip** darf bei der Preisgestaltung nicht ohne sachlichen Grund zwischen vergleichbaren Sachverhalten differenziert werden. Umgekehrt muss eine Differenzierung erfolgen, wenn es sich um unterschiedliche Sachverhalte handelt. Das **Äquivalenzprinzip** ist eine besondere Ausprägung des verwaltungsrechtlichen Verhältnismäßigkeitsgrundsatzes und besagt, dass der von einem Kunden zu zahlende Preis nicht außer Verhältnis zur Leistung der Wasserversorgung stehen darf. Das **Kostendeckungsprinzip** schließlich begrenzt die Preise nach oben, indem es vorschreibt, dass die Erlöse aus der Wasserversorgung die Kosten – zu denen auch eine angemessene Eigenkapitalverzinsung und ggf. zusätzlich ein angemessener Gewinn gehört – nicht übersteigen dürfen. Maßgeblich sind hier die Gesamtkosten und die Gesamterlöse der Wasserversorgung von Tarifkunden, nicht das Verhältnis zum einzelnen Kunden.

Die Prinzipien des öffentlichen Finanzgebarens sind nicht gleichzusetzen mit den 53
konkreten Vorgaben des jeweiligen Kommunalabgabengesetzes, welche für privatrechtliche Entgelte gerade nicht unmittelbar gelten. Grundsätzlich können daher auch Tarifgestaltungen den Prinzipien des öffentlichen Finanzgebarens entsprechen, die bei Erhebung von Gebühren nach dem einschlägigen Kommunalabgabengesetz unzulässig wären (z. B. weil ein Mindestpreis vorgesehen, eine Mindestgebühr aber unzulässig ist oder weil mit Großkunden wegen einer geringeren Konzessionsabgabe oder eines geringeren Wasserentnahmeentgelts niedrigere Preise vereinbart werden, was die AVBWassserV zulässt, was bei Gebühren aber problematisch sein kann. Auch erscheint es jedenfalls bei kostenorientierter Betrachtung der Gleichbehandlung zulässig, bei der Preisgestaltung nach der Leitungsebene zu differenzieren, an die ein Kunde angeschlossen ist, wie dies ähnlich für die Strom- und Gasnetzentgelte vorgeschrieben ist.). Das genaue Verhältnis der Prinzipien des öffentlichen Finanzgebarens zu den Bestimmungen des jeweiligen Kommunalabgabengesetzes ist in der Rechtsprechung allerdings weitgehend ungeklärt. Es empfiehlt sich daher, bei der Tarifgestaltung neben der zivilgerichtlichen Rechtsprechung die Bestimmungen des

35 BGH, Urt. v. 5.4.1984 – III ZR 12/83 – VersR 1984, 1040 = NJW 1985, 197.
36 BGH, Urt. v. 17.5.2017 – VIII ZR 245/15 – IR 2017, 183 ff.

Kommunalabgabengesetzes und die dazu ergangene Rechtsprechung zu kennen und sich bei Abweichungen hiervon bewusst zu sein, dass es sich um solche handelt.

3. Prozessuale Aspekte

54 Prozessual unterscheidet sich die **Kontrolle von Wasserpreisen** nach § 315 BGB nicht grundlegend von der Kontrolle von Strom- und Gaspreisen.

55 Der Kunde kann, wenn er schon gezahlt hat, **Leistungsklage** auf **Rückzahlung** des vermeintlich überhöhten Betrages erheben. Oder er kann, wenn er noch nicht gezahlt hat, mittels einer **Feststellungsklage** gerichtlich feststellen lassen, dass und in welcher Höhe der **Preis unbillig** ist und dementsprechend nicht gezahlt werden muss.

56 Auch im Hinblick auf die **Darlegungs- und Beweislast** gelten grundsätzlich die allgemeinen Prinzipien; d. h. im Rückforderungsprozess muss der sich auf die Unbilligkeit berufende Kunde die Tatsachen, aus denen sich diese ergibt, beweisen.[37] Da er hierzu häufig mangels Kenntnis, insbesondere der wirtschaftlichen Grundlagen der Preisbildung, in der Regel nur begrenzt in der Lage ist, kann den Wasserversorger unter bestimmten Voraussetzungen eine sogenannte sekundäre Darlegungs- und Beweislast treffen. Das bedeutet, er muss dann gegebenenfalls konkret dazu vortragen, wie seine Wasserpreise gebildet werden, um den Kunden in die Lage zu versetzen, seinen Vortrag zur Unbilligkeit zu substantiieren. Wie detailliert der Versorger dabei vortragen und vor allem welche Beweismittel er vorlegen muss, ist in der Rechtsprechung nicht abschließend geklärt und hängt stark vom Vortrag des Kunden im jeweiligen Einzelfall ab. Jedenfalls muss nicht von vornherein die **Wasserpreiskalkulation** offengelegt werden. Vielmehr kann, sofern der Vertrag des Kunden ausreicht, um überhaupt eine sekundäre Darlegungs- und Beweislast auszulösen, auch zunächst Beweis in anderer Form, namentlich mittels eines **Gutachtens** eines **Wirtschaftsprüfers** über die Ordnungsgemäßheit der Preise sowie die Benennung des Wirtschaftsprüfers und/oder eines mit der Preisbildung vertrauten Mitarbeiters des Versorgers als Zeugen angetreten werden.[38]

57 Dass die Wasserpreise im Voraus ordnungsgemäß kalkuliert wurden, ist anders als bei Gebühren keine Voraussetzung ihrer Wirksamkeit. Vielmehr betrifft das Vorhandensein einer Kalkulation ausschließlich die Frage der Darlegungs- und Beweislast. Um dieser zu entsprechen, genügt – sofern überhaupt eine Kalkulation vorgelegt werden muss – auch eine erst im Nachhinein (ggf. sogar erst aus Anlass des Prozesses) erstellte Kalkulation.[39]

---

37 OLG Düsseldorf, Urt. v. 12.10.1995 – 13 U 134/94 – NWVBl. 1996, 277.

38 OLG Nürnberg, Urt. v. 15.6.2012 – 1 U 605/11 – IR 2012, 207 f.

39 OLG Nürnberg, Urt. v. 15.6.2012 – 1 U 605/11 – IR 2012, 207 f.

4. Zeitliche Begrenzung der Geltendmachung

a) Verjährung

Für Ansprüche auf Feststellung und Rückzahlung gilt im Bereich der Wasserversorgung gleichfalls die normale dreijährige Verjährungsfrist (§§ 195, 198 Abs. 1 BGB). Die Verjährung von Rückzahlungsansprüchen beginnt damit regelmäßig mit Ablauf des Kalenderjahres, in dem der Kunde die betreffende Jahresrechnung erhalten hat und endet drei Jahre später. Wird also z. B. die Jahresrechnung für 2012 im Laufe des Jahres 2013 übersandt, so beginnt die Verjährung mit Ablauf des 31.12.2013; der Rückzahlungsanspruch ist dann mit Ablauf des 31.12.2016 verjährt. Eine gewisse Einschränkung ergibt sich allerdings dadurch, dass § 198 Abs. 1 BGB für den Verjährungsbeginn auf den subjektiven Umstand der Kenntnis bzw. des Kennenmüssens des Anspruchsinhabers von den anspruchsbegründenden Tatsachen abstellt. Will sich ein Kunde hierauf berufen, so muss er jedoch darlegen und beweisen, dass er bei Übersendung der Rechnung noch nicht wissen konnte, dass die Preise unbillig waren und die Verjährung daher erst später beginnt. Mangelnde Rechtskenntnisse genügen hierfür nicht. 58

b) Akzeptanz des Preissockels

Von der Frage der Verjährung zu unterscheiden ist die Frage, ob der Kunde bei noch nicht verjährten Ansprüchen den Wasserpreis insgesamt angreifen kann oder nur insoweit, wie innerhalb der Verjährungsfrist eine **Preiserhöhung** vorgenommen wurde. Macht der Kunde also z. B. in 2014 die Unbilligkeit in Bezug auf eine Rechnung aus 2013 geltend, ist fraglich, ob das Gericht den gesamten Rechnungsbetrag überprüfen kann oder ein etwaiger Rückzahlungsanspruch auf den Betrag begrenzt ist, der aus einer Preiserhöhung innerhalb der letzten drei Jahre resultiert. 59

Im Strom- und Gasbereich nimmt die Rechtsprechung eine solche Begrenzung vor, wenn der Kunde der Preiserhöhung nicht widersprochen und die Rechnungen ohne Beanstandung gezahlt hat. Sie geht dann davon aus, dass er mit der Preiserhöhung einverstanden war und nimmt dementsprechend eine ergänzende Vertragsauslegung dahingehend vor, dass Kunde und Versorger sich auf den neuen Preis geeinigt haben, also insoweit keine der Billigkeitskontrolle unterliegende einseitige Preisbestimmung vorliegt. Begründet wird dies damit, dass anderenfalls der Kunde auch weit in der Vergangenheit liegende Preiserhöhungen, die sich im aktuellen Preis noch widerspiegeln, angreifen könnte, der Versorger aber nur sehr eingeschränkt rückwirkend eine unbillige Preiserhöhung korrigieren und den Vertrag auch nicht rückwirkend kündigen kann.[40] 60

---

40 Siehe Kap. 6 Rn 70 ff.; im Ergebnis ähnlich für den Bereich der Abwasserbeseitigung: OLG Dresden, Urt. v. 14.7.2015 – 9 U 83/15 – IR 2015, 263 f.

61 Diese Interessenlage ist im Wasserbereich grundsätzlich ähnlich. Auch hier kann der Nichtbeanstandung einer Preiserhöhung innerhalb der Verjährungsfrist die Bedeutung beigemessen werden, dass der Kunde jedenfalls mit diesem Preis einverstanden ist. Richtigerweise ist deshalb – auch wenn es bisher keine Rechtsprechung zu dieser Frage speziell für den Wasserbereich gibt – davon auszugehen, dass etwaige Ansprüche auf diejenigen Preisbestandteile beschränkt sind, die auf innerhalb der Verjährungsfrist beanstandeten Preiserhöhungen beruhen.

62 Etwas anderes kann allenfalls in dem eher theoretischen Fall gelten, dass ein seit Langem unverändert gebliebener und ursprünglich billiger Wasserpreis nachträglich dadurch unbillig geworden ist, dass in diesem Zeitraum die Kosten gesunken sind.

II. Nichttarifkunden

1. § 315 BGB

63 Ob mit Nichttarifkunden vereinbarte Wasserpreise der Billigkeitskontrolle unterliegen, hängt – wie bereits erläutert[41] – davon ab, ob dem Wasserversorger im Vertrag ein **einseitiges Preisbestimmungsrecht** eingeräumt wurde. Bezüglich des ursprünglich vereinbarten Preises ist dies in der Regel nicht der Fall. Bei späteren Preisanpassungen kommt es darauf an, ob die zugrunde liegende Preisanpassungsklausel dem Versorger einen Spielraum einräumt oder die Preisanpassung hinsichtlich Zeitpunkt und Höhe „automatisch" erfolgt. Nur im ersten Fall verfügt der Versorger über ein einseitiges Preisbestimmungsrecht, das der Billigkeitskontrolle unterliegt.

2. AGB-Recht

64 Hat eine in einem Vertrag mit Nichttarifkunden vereinbarte Preisanpassungsklausel den Charakter einer AGB, so ist Gegenstand der gerichtlichen Überprüfung – wie gleichfalls bereits erläutert[42] – auch die Einhaltung der AGB-rechtlichen Anforderungen im Hinblick auf die wirksame Einbeziehung der Klausel in das Vertragsverhältnis und die Vereinbarkeit mit den Vorgaben für die inhaltliche Ausgestaltung einer solchen Klausel. Welche Vorgaben dies sind, ist gerade im Hinblick auf gewerbliche Kunden nicht abschließend geklärt. Es empfiehlt sich daher, Preisanpassungsklauseln individuell zu verhandeln und dies zu dokumentieren, um gar nicht erst in den Anwendungsbereich des AGB-Rechts zu gelangen.

41 Siehe Rn 29 f.
42 Siehe Rn 29 f.

3. Weitere Prüfungsmaßstäbe

Daneben kommen weitere Aspekte in Betracht, unter denen ein Gericht die Wirksamkeit von Preisbestimmungen überprüfen kann. So kann z. B. eine konkrete Preisanpassung deshalb unwirksam sein, weil die vereinbarte Preisanpassungsklausel nicht korrekt angewendet wurde. 65

Wurde kein Preisanpassungsrecht vereinbart, nimmt der Versorger aber dennoch eine Preisanpassung vor, so kann Gegenstand einer gerichtlichen Überprüfung die Frage sein, ob es rechtliche Gesichtspunkte gibt, aus denen sich auch ohne ausdrückliche Vereinbarung ein Preisanpassungsrecht herleiten lässt. 66

D. Kontrolle von Wasserpreisen durch Kartellbehörden

I. Zuständigkeit und Verfahren

Auch wenn die Welle kartellbehördlicher Untersuchungen von Wasserpreisen deutlich abgeebbt ist, sehen viele Wasserversorger in der Kontrolle der Wasserpreise durch die Kartellbehörden größeres „Bedrohungspotenzial" als in Klagen von Kunden. Dies ist in mancherlei Hinsicht durchaus gerechtfertigt, insbesondere deshalb, weil von der **Kartellbehörde** verlangte **Preissenkungen** alle (Tarif-)Kunden betreffen, wohingegen Urteile bei erfolgreicher Klage eines Kunden rechtlich nur im Verhältnis zu diesem verbindlich sind. 67

Zuständig sind grundsätzlich die **Landeskartellbehörden.**[43] Das **Bundeskartellamt** (BKartA) ist originär zuständig nur bei länderübergreifenden Sachverhalten (also insbesondere einem sich über mehrere Bundesländer erstreckenden Versorgungsgebiet). Daneben können Sachen auf Antrag einer Landeskartellbehörde oder des BKartA selbst an dieses abgegeben werden, wenn dies aufgrund der Umstände der Sache angezeigt ist.[44] 68

Die Kartellbehörden führen in der Regel zunächst eine sogenannte **Sektoruntersuchung**[45] nach § 32e GWB durch, bei der sie mittels eines standardisierten Fragebo- 69

43 Zur Zuständigkeit siehe §§ 48, 49 GWB; im Rahmen der laufenden 10. GWB-Novelle ist eine Anpassung der Zuständigkeitsvorschriften geplant.

44 So z. B. im Falle der Berliner Wasserbetriebe. Das BKartA hat im Rahmen dieses Verfahrens Daten über die Wasserversorgung in den 38 größten deutschen Städten erhoben und auf dieser Grundlage einen Bericht zur großstädtischen Wasserversorgung veröffentlicht: BKartA, Bericht über die großstädtische Wasserversorgung, 2016, abrufbar unter https://www.bundeskartellamt.de/SharedDocs/Publikation/DE/Berichte/Wasserbericht-2016.pdf?__blob=publicationFile&v=3.

45 Sektoruntersuchungen der Tarifpreise gab es bisher insbesondere in Baden-Württemberg, Brandenburg, Hessen, Niedersachsen (neue Untersuchung zum Stand 31.12.2019), Sachsen, Sachsen-Anhalt und Thüringen.

gens[46] von allen Wasserversorgern Angaben zu den Preisen sowie wirtschaftliche Daten und Strukturdaten zu den technischen und natürlichen Gegebenheiten im jeweiligen Versorgungsgebiet abfragen. Zur Beantwortung dieser Abfrage sind auch Gebühren erhebende Wasserversorger verpflichtet,[47] obwohl gegen sie nach § 185 Abs. 1 S. 2 GWB kein **Missbrauchsverfahren** eingeleitet werden kann. Nach Auswertung der Daten leiten die Kartellbehörden gegen die Versorger mit den höchsten Preisen sogenannte Missbrauchsverfahren ein. In deren Rahmen erhalten die betroffenen Versorger Gelegenheit, darzulegen, warum ihre Preise höher sind als die anderer Versorger – was in der Praxis meistens nur sehr begrenzt gelingt. Bestätigt sich aus Sicht der Behörde der Verdacht missbräuchlich überhöhter Preise, so erlässt diese eine Preissenkungsverfügung oder einigt sich mit dem Versorger über eine „freiwillige" Preissenkung (sog. Verpflichtungszusage). Anderenfalls stellt sie das Verfahren ein.

70 Gegen eine Preissenkungsverfügung können sich Versorger mittels einer Beschwerde zum zuständigen Oberlandesgericht (OLG) wehren. Gegen dessen Entscheidung ist, ggf. erst nach erfolgreicher Nichtzulassungsbeschwerde, die Rechtsbeschwerde zum BGH möglich.

71 Teilweise führen die Kartellbehörden Sektoruntersuchungen in einem mehr oder weniger regelmäßigen Turnus durch, wobei sich diese Tendenz in den letzten Jahren deutlich abgeschwächt hat.

II. Kontrollmaßstab

72 Den Maßstab für die Bestimmung, ob die Preise eines Wasserversorgers missbräuchlich überhöht und damit kartellrechtswidrig sind, bilden die Regelungen zur allgemeinen Missbrauchsaufsicht in § 19 GWB und zur nur (noch) für Wasser geltenden verschärften Missbrauchsaufsicht in § 31 GWB.[48]

73 Gemäß § 19 Abs. 2 Ziff. 2 GWB liegt ein Missbrauch insbesondere dann vor, wenn ein marktbeherrschendes Unternehmen Entgelte fordert, die von denjenigen abweichen, die sich bei wirksamem Wettbewerb mit hoher Wahrscheinlichkeit ergeben würden. Ähnlich bestimmt § 31 Abs. 4 Ziff. 2 GWB, dass ein Missbrauch insbesondere dann vorliegt, wenn ein Wasserversorgungsunternehmen von seinen Abnehmern ungünstigere Preise fordert als gleichartige Wasserversorgungsunternehmen, es sei denn, der Versorger weist nach, dass der Unterschied auf abweichenden Umständen

---

46 Dieser wurde zwischen dem BKartA und den Landeskartellbehörden abgestimmt. Im Detail verwendet allerdings jede Behörde eine etwas andere Variante.

47 BGH, Beschl. v. 18.10.2011 – KVR 9/11 – NJW 2012, 1150 = RdE 2012, 157 = N&R 2012, 117 – Niederbarnimer Wasserverband.

48 Die Regelungen zur verschärften Missbrauchsaufsicht in §§ 31ff. GWB wurden erst im Rahmen der 8. GWB-Novelle zum 30.6.2013 in das aktuelle GWB integriert. Davor befanden sie sich in § 103 GWB 1990, der über einen Verweis in § 131 GWB für den Wasserbereich weiterhin galt.

beruht, die ihm nicht zurechenbar sind. Nach § 31 Abs. 4 Ziff. 3 GWB ist zudem dann ein Missbrauch gegeben, wenn die Entgelte die Kosten in unangemessener Weise überschreiten; wobei nur die Kosten anzuerkennen sind, die bei einer rationellen Betriebsführung anfallen.

§ 19 GWB und § 31 GWB sind nebeneinander anwendbar und eröffnen den Kartellbehörden jeweils zwei Wege, einen Preismissbrauch festzustellen. 74

1. Vergleichsmarktkonzept

Beim ersten Weg, dem sogenannten Vergleichsmarktkonzept, werden – je nach gewählter Variante – die Preise bzw. die Erlöse des betroffenen Versorgers und dessen Kosten mit denen gleichartiger Versorger verglichen, deren Preise niedriger sind. Ein Missbrauch liegt vor, wenn die höheren Preise nicht auf strukturellen, vom Versorger nicht beeinflussbaren Umständen (wie z. B. Topografie, Siedlungsstruktur, Wasserverfügbarkeit) beruhen, sondern auf unternehmensindividuellen Entscheidungen. Bei einem Vorgehen nach § 31 GWB muss – anders als bei § 19 GWB – der betroffene Versorger seine Preise rechtfertigen, also darlegen und beweisen, dass Preisunterschiede auf ihm nicht zurechenbaren Umständen beruhen. Daher stützen sich die Behörden häufig primär auf § 31 GWB, auch wenn dieser gegenüber § 19 GWB aus Behördensicht den Nachteil hat, dass keine Preissenkungen für die Vergangenheit angeordnet werden können. 75

Die Praxis der Kartellbehörden und die zum Vergleichsmarktkonzept bisher ergangene Rechtsprechung stellen Wasserversorger vor große Schwierigkeiten bei der Rechtfertigung ihrer Preise. 76

So hat der BGH in seiner ersten hierzu ergangenen Entscheidung in Sachen Wasserpreise Wetzlar[49] die Anwendung eines sehr großzügigen Maßstabes auf der Ebene der Gleichartigkeit, also bei der Auswahl der Unternehmen, mit denen das betroffene Unternehmen verglichen wird, bestätigt. Danach ist praktisch eine Bildung von drei **Versorgergruppen** (ländlich, kleinstädtisch, großstädtisch) ausreichend. Dies führt dazu, dass sehr unterschiedliche Versorger miteinander verglichen werden dürfen, was die **Preisrechtfertigung** umso schwerer macht. Gerichtliche Rechtsbehelfe von Versorgern gegen Preissenkungsverfügungen waren bisher vor allem deshalb nicht erfolgreich, weil nach Auffassung der Gerichte[50] nicht ausreichend dargelegt worden war, inwieweit die höheren Preise durch strukturelle, dem Versorger nicht zurechenbare Umstände bedingt sind. Was genau dieser darlegen muss, ist bisher ungeklärt; 77

49 BGH, Beschl. v. 2.2.2010 – KVR 66/08 – et 7/2010, 70 = NJW 2010, 2573 = ZfW 2011, 18 – Wasserpreise Wetzlar.

50 BGH, Beschl. v. 2.2.2010 – KVR 66/08 – et 7/2010, 70 = NJW 2010, 2573 = ZfW 2011, 18 – Wasserpreise Wetzlar; OLG Düsseldorf, Beschl. v. 24.2.2014 – VI-2 Kart 4/12 (V) – IR 2014, 115 = ZNER 2014, 186 ff. = Versorgungswirtschaft 2014, 132 – Berliner Wasserbetriebe.

nach der Entscheidung des OLG Düsseldorf in Sachen Berliner Wasserbetriebe[51] scheint die Erwartung aber dahin zu gehen, dass der Versorger für jedes einzelne **Strukturmerkmal** (z.B. die Höhenunterschiede im Versorgungsgebiet) beziffert, in welcher Höhe sich diesbezügliche Unterschiede zu den Vergleichsunternehmen auf den Preis auswirken. Dass dies, schon weil die Kartellbehörden die entsprechenden Daten der Vergleichsunternehmen nur sehr begrenzt zur Verfügung stellen, praktisch unmöglich ist, wird von der Rechtsprechung bisher nicht anerkannt.

78 Zumindest hat der BGH in seiner Wetzlar-Entscheidung aber bestätigt, dass ein Versorger in jedem Falle Preise verlangen darf, die die bei wirtschaftlicher Betriebsführung entstehenden Selbstkosten decken.

2. Kostenkontrolle

79 Beim zweiten Weg zur Feststellung eines Preismissbrauchs, der sogenannten Kostenkontrolle, wird das Vorliegen überhöhter Preise nicht durch einen Vergleich mit anderen Wasserversorgern ermittelt, sondern durch eine Überprüfung der Kosten nur des betroffenen Unternehmens selbst. Nach diesem Konzept ist bisher nur die Kartellbehörde in Baden-Württemberg vorgegangen. Dass dessen isolierte Anwendung zulässig ist, hat der BGH in Sachen Wasserpreise Calw[52] (anders als noch das OLG Stuttgart als Vorinstanz[53]) bestätigt; mittlerweile ist dies in § 31 Abs. 4 Ziff. 3 GWB auch gesetzlich ausdrücklich geregelt.

80 Bei der Kostenkontrolle werden die Kosten des Versorgers dem Grunde und der Höhe nach daraufhin untersucht, ob sie bei der Kalkulation der Wasserpreise angesetzt werden durften. Mangels Entgeltregulierung im Wasserbereich fehlen hier verlässliche Maßstäbe. In seiner Calw-II-Entscheidung hat der BGH[54] eine Prüfung in Anlehnung an die Strom- und GasNEV als mögliche Methode grundsätzlich gebilligt, dabei aber der Kartellbehörde einen weiten Spielraum zugestanden, ob und inwieweit sie diese Regelungen heranzieht. Die getroffenen Aussagen lassen sich aber nur sehr begrenzt verallgemeinern. Denn beim von den übrigen Kartellbehörden angewandten Vergleichsmarktkonzept gelten andere Kriterien und (bei Heranziehung von § 31 GWB) eine andere Verteilung der Darlegungs- und Beweislast.

---

51 OLG Düsseldorf, Beschl. v. 24.2.2014 – VI-2 Kart 4/12 (V) – IR 2014, 115 = ZNER 2014, 186 ff. = Versorgungswirtschaft 2014, 132 – Berliner Wasserbetriebe.

52 BGH, Beschl. v. 15.5.2012 – KVR 51/11 – NJW 2012, 3243 = ZNER 2012, 485 ff. = N&R 2012, 299 – Wasserpreise Calw I.

53 OLG Stuttgart, Beschl. v. 25.8.2011 – 201 Kart 2/11 – IR 2011, 355 = ZNER 2011, 633 – Wasserpreise Calw I.

54 BGH, Beschl. v. 14.7.2015 – KVR 77/13 – IR 2015, 261 f. – Wasserpreise Calw II.

E. Exkurs: Abwasserpreise

Die Abwasserbeseitigung kann ebenfalls in privatrechtlicher Form durchgeführt werden, wenn auch in der Praxis privatrechtlich ausgestaltete Kundenbeziehungen sehr viel seltener anzutreffen sind als im Bereich der Wasserversorgung.[55] 81

Im Hinblick auf die Bildung und Kontrolle der Abwasserpreise sind einige Besonderheiten zu beachten, die insbesondere daraus resultieren, dass es eine der AVBWasserV vergleichbare Regelung im Bereich der Abwasserbeseitigung nicht gibt. 82

I. Preisanpassungsrecht

Da die AVBWasserV für den Bereich der Abwasserbeseitigung weder unmittelbar noch entsprechend gilt, fehlt es hier an einem gesetzlich normierten Preisanpassungsrecht. Abwasserentsorger behelfen sich praktisch zumeist damit, dass sie die Bestimmungen der AVBWasserV auf die Abwasserbeseitigung anpassen und in die Form Allgemeiner Entsorgungsbedingungen gießen. Diese enthalten dann zumeist auch eine an § 4 Abs. 2 AVBWasserV angelehnte Klausel, wonach Preisanpassungen mit ihrer öffentlichen Bekanntmachung wirksam werden, teilweise ergänzt um eine allgemein gehaltene Formulierung dergestalt, dass der Abwasserentsorger die Preise ändern kann. 83

Lange Zeit ist dieses Vorgehen nicht in Frage gestellt worden. Gerichte, die sich mit Klagen von Kunden gegen die Abwasserpreise zu befassen hatten, gingen selbstverständlich davon aus, dass Abwasserentsorger die Preise einseitig anpassen können.[56] 84

Für Verunsicherung hat hier zwischenzeitlich aber eine Entscheidung des OLG Celle aus dem Jahre 2012[57] gesorgt. Das Gericht stellte dort – insoweit richtig – zunächst fest, dass es sich bei den Allgemeinen Entsorgungsbedingungen eines Abwasserentsorgers um AGB im Sinne der §§ 305 ff. BGB handelt und nicht wie bei der AVBWasserV um eine Rechtsverordnung. Hiervon ausgehend gelangte das Gericht jedoch zu dem Ergebnis, dass es im Bereich der Abwasserbeseitigung **kein gesetzliches Recht** zu **einseitigen Preisanpassungen** gebe und, um ein solches vertraglich durch die Allgemeinen Entsorgungsbedingungen wirksam einzuräumen, dem AGB-rechtlichen Transparenzgebot des § 307 Abs. 2 BGB Genüge getan werden müsse. Dies er- 85

55 Zukünftig wird dies noch seltener der Fall sein, da derzeit viele privatrechtlich handelnde Abwasserentsorger in öffentlich-rechtlicher Rechtsform auf eine öffentlich-rechtliche Entsorgung umstellen. Hintergrund hierfür ist der neue § 2b UStG, der (zumindest in der Lesart der Finanzverwaltung) dazu führt, dass zukünftig die Durchführung der Abwasserbeseitigung durch einen Hoheitsträger bei privatrechtlicher Ausgestaltung der Umsatzbesteuerung unterliegt.

56 BGH, Urt. v. 10.10.1991 – III ZR 100/90 – NJW 1992, 171.

57 OLG Celle, Urt. v. 7.3.2012 – 7 U 62/11 – n. v.

fordere eine Konkretisierung der Voraussetzungen und des Umfangs des Preisanpassungsrechts in den Allgemeinen Entsorgungsbedingungen;[58] eine nicht weiter konkretisierte Formulierung, dass der Abwasserentsorger die Preise ändern kann, genüge dem nicht.

86 Mittlerweile liegen aber weitere Entscheidungen (auch eines anderen Senats des OLG Celle) vor, welche ein einseitiges Preisanpassungsrecht von Abwasserentsorgern bei auf Allgemeinen Entsorgungsbedingungen basierenden Entsorgungsverhältnissen grundsätzlich anerkennen,[59] wobei die Gerichte allerdings unterschiedliche rechtliche Ansätze wählen. So leitete das OLG Celle ein einseitiges ungeschriebenes Preisanpassungsrecht aus der im zu entscheidenden Fall vorhandenen sogenannten Rumpfsatzung des Abwasserentsorgers her, welche trotz im Übrigen privatrechtlicher Ausgestaltung des Rechtsverhältnisses einen Anschluss- und Benutzungszwang regelt. Das OLG Dresden dagegen nahm ein einseitiges Preisanpassungsrecht auf Grundlage einer entsprechenden, nicht näher konkretisierten Preisanpassungsregelung in den AEB des Abwasserentsorgers an. Aufgrund der über § 315 BGB und die grundlegenden Prinzipien des öffentlichen Finanzgebarens geltenden Bindung an das Kostenüberschreitungsverbot hielt es auch nach dem AGB-rechtlichen Transparenzgebot (§ 307 Abs. 1 S. 2 BGB) eine Konkretisierung des Preisanpassungsrechts für nicht erforderlich. Damit liegt zwar weiterhin keine höchstrichterliche Rechtsprechung hierzu vor und insbesondere das OLG Celle hat die Annahme eines Preisanpassungsrechts ausdrücklich nur auf den Fall des Vorliegens einer Rumpfsatzung bezogen. Dennoch dürfte auch nicht über eine solche Rumpfsatzung verfügenden Abwasserentsorgern dem OLG Dresden folgend auf Grundlage der AEB grundsätzlich ein Preisanpassungsrecht zustehen.

87 Für Abwasserentsorger, die verbleibende rechtliche Zweifel ausräumen möchten, kann als praktische Lösung der Erlass einer entsprechenden **Rumpfsatzung** (bei Abwasserentsorgern in privater Rechtsform durch den zuständigen Hoheitsträger) oder eine **Konkretisierung der Preisanpassungsklausel** in den Allgemeinen Entsorgungsbedingungen in Betracht kommen. Letztlich dürfte die Problematik im Ergebnis aber dadurch stark an Bedeutung verlieren, dass derzeit viele Abwasserentsorger in öffentlich-rechtlicher Rechtsform, die bisher über privatrechtliche Entsorgungsverhältnisse verfügten, zu einer öffentlich-rechtlichen Ausgestaltung wechseln, da aufgrund der spätestens zum 1.1.2023 in Kraft tretenden umsatzsteuerlichen Änderungen die Abwasserbeseitigung zukünftig nur noch bei öffentlich-rechtlichen Kundenverhältnissen nicht der Umsatzbesteuerung unterliegt.

---

58 Ähnlich auch der EuGH, Urt. v. 21.3.2013 – C-92/11 – EuZW 2013, 461 = NJW 2013, 2253 = et 12/2013, 114, zwar zu einer Gaspreisanpassungsklausel, aber u. a. zur Auslegung der Richtlinie 93/13/EWG des Rates vom 5.4.1993 über missbräuchliche Klauseln in Verbraucherverträgen (AGB-Richtlinie) (ABl. EU Nr. L 95 S. 29 ff.), auf der das deutsche AGB-Recht beruht.

59 OLG Celle, Urt. v. 2.6.2015 – 13 U 62/14, 13 U 66/14 und 13 U 67/14 – IR 2015, 235 f.; OLG Dresden, Urt. v. 14.7.2015 – 9 U 83/15 – n. v. (alle rechtskräftig).

II. Billigkeitskontrolle

Die geschilderte Problematik betrifft nur die Frage, ob überhaupt ein Preisanpassungsrecht besteht. In jedem Falle müssen auch für Tarifkunden geltende Abwasserpreise der Billigkeit im Sinne von § 315 BGB entsprechen.[60] Insoweit gelten grundsätzlich dieselben Maßstäbe wie für die Wasserpreise,[61] d. h. vor allem die grundlegenden **Prinzipien des öffentlichen Finanzgebarens**, namentlich das Kostendeckungs-, das Gleichbehandlungs- und das Äquivalenzprinzip. Aufgrund sachlicher Unterschiede zur Wasserversorgung können sich aber insbesondere bei der Anwendung des Gleichbehandlungsprinzips Besonderheiten ergeben. Dies betrifft z. B. die in der Regel notwendige gesonderte Berechnung von Schmutz- und Niederschlagswasserentgelten, da der Frischwasserverbrauch nur für die Schmutzwassermenge einen tauglichen Maßstab liefert. 88

III. Kontrolle von Abwasserpreisen durch Kartellbehörden

Auch die Kartellbehörden sind befugt, privatrechtliche Entgelte für die Abwasserbeseitigung zu überprüfen. In der Praxis haben sie von dieser Möglichkeit bisher jedoch nur vereinzelt Gebrauch gemacht. Eine systematische kartellbehördliche Untersuchung der Abwasserpreise hat es bisher in keinem Bundesland gegeben. Grundlage für die Feststellung eines Preismissbrauchs wäre dann die allgemeine Missbrauchsaufsicht nach § 19 GWB, da die verschärfte Missbrauchsaufsicht nach § 31 GWB nur für die Wasserversorgung gilt. 89

60 BGH, Urt. v. 10.10.1991 – III ZR 100/90 – NJW 1992, 171; KG, Urt. v. 15.2.2005 – 7 U 140/04 – IR 2005, 93 = ZMR 2006, 38; OLG Celle, Urt. v. 2.6.2015 – 13 U 62/14, 13 U 66/14 und 13 U 67/14; OLG Dresden, Urt. v. 14.7.2015 – 9 U 83/15 – juris.

61 Siehe dazu Rn 47ff.

Kapitel 9
Netznutzungsentgelte

Netznutzungsentgelte bzw. **Netzentgelte** stellen für die Energiewirtschaft seit der Liberalisierung des Energiesektors eine relevante wirtschaftliche Größe dar. Sie sind nicht lediglich unwesentlicher Teil des Energiepreises.[1] Es liegt aufgrund der volkswirtschaftlich sinnvollen, monopolistischen Infrastruktur der leitungsgebundenen (Energie-)Versorgungsnetze letztlich in der Natur der Sache, dass sich Netzentgelte nicht auf einem wettbewerblichen Markt ausbilden können.[2] 1

Energienetze stellen regelmäßig eine über Jahrzehnte gewachsene Struktur dar, an der – vereinfacht ausgedrückt – alle Energieerzeuger bzw. -versorger auf der einen und alle Energieabnehmer auf der anderen Seite angeschlossen sind.[3] Die Energieversorgung durch Strom, Gas und Wärme[4] ist auf die Infrastruktur, die der Netzbetreiber vorhält, angewiesen. Die **Netzinfrastruktur** wird regelmäßig nur einmal aufgebaut und vorgehalten, da Doppelstrukturen volkswirtschaftlich nachteilig wären. Dieses daraus entstehende natürliche Monopol und die Unabdingbarkeit des Netzes für die Energieversorgung sind der Grund für die Marktmacht des Netzbetreibers. 2

Den Netzbetreiber treffen indes weitreichende gesetzliche Pflichten.[5] Da die Energieversorgung eine essentielle Grundlage für ein funktionierendes Gemeinwesen[6] bildet, ist der Netzbetreiber gesetzlich verpflichtet, das von ihm betriebene Versorgungsnetz dauerhaft und zuverlässig zu betreiben und instand zu halten. Durch **Netzausbau** und **-verstärkung** muss er es an die derzeit äußerst dynamische Entwicklung im Energiesektor anpassen. Netzbetreiber liefern nicht nur die Energie; sie messen, regeln, gleichen Lasten aus und koordinieren sich mit anderen Netzbetreibern. Sie stellen damit sehr wichtige Akteure der Energiewende dar – eine von der Politik und den Notwendigkeiten, die sich aus der Bedrohung des menschlichen Lebensraums durch den sich beschleunigenden Klimawandel ergeben, angetriebene Entwicklung, die neben einem technischen Ausbau auch zunehmend einen systemischen Umbau der Netze erfordert. Die formale, kartellrechtlich inspirierte Betrachtung der Rolle des Netzbetreibers suggeriert mit dem Begriff der Marktmacht eine Stellung, die der Netzbetreiber nicht (mehr) innehat. Letztlich ist es gerade die Netzregulierung, die diese Marktmacht begrenzt und den Netzbetreibern einen sehr umfangreichen und fortlaufend anwachsenden Pflichten- und Regulierungskanon auferlegt. Insofern erscheint 3

1 Vgl. Rn 5 ff.
2 Vgl. dazu *Offenbächer*, RdE Sonderheft 2020, 40.
3 Diese systematische Unterscheidung gilt unabhängig von den tatsächlichen Entwicklungen, die häufig zu einer Überschneidung beider Rollen führen.
4 Zukünftig wird sich diese Trias voraussichtlich um Wasserstoff erweitern.
5 Wie etwa nach den §§ 11 ff. EnWG.
6 Vgl. BVerfGE 66, 248, 258.

https://doi.org/10.1515/9783110716306-009

für den regulierten Netzbetreiber daher der Begriff der **Marktverantwortung** passender als die (ursprünglich gegebene) monopolistisch begründete Marktmacht.

4 Um dieser Marktverantwortung gerecht werden zu können, benötigt der Netzbetreiber entsprechende Finanzmittel. Für seine Tätigkeit ist ihm – neben einer Kostenerstattung – eine angemessene **Eigenkapitalverzinsung** zuzugestehen. Seine Einnahmen erzielt der Netzbetreiber in Form von Netzentgelten für die dem Netznutzer eingeräumte Netznutzung. Um den aufgrund der natürlichen Monopolstellung ansonsten drohenden Missbrauch seiner Stellung als zentrales Glied zwischen Erzeugern und Nachfragern zu verhindern, sind der Netzzugang und die Netzentgelte umfassend reguliert. Der nachfolgende Abschnitt soll eine Einführung und einen Überblick über die Regelungen und die Praxis der Netzentgeltregulierung in den Bereichen Strom und Gas[7] geben.

A. Bedeutung der Netznutzungsentgelte für die Energiepreisentwicklung

5 Verfolgt man die Strom- und Gaspreisentwicklungen der vergangenen Jahre und die parallel hierzu geführten energie- und rechtspolitischen Diskussionen sowie den allgemeinen Widerhall in den Medien, könnte man versucht sein, insbesondere gestiegene Netzentgelte für diese Preisentwicklung verantwortlich machen zu wollen. Auch der Gesetz- und Verordnungsgeber setzte mit der grundlegenden Novelle des EnWG im Jahre 2005[8] und dem Paradigmenwechsel weg vom verhandelten hin zum regulierten Netzzugang einen besonderen Akzent beim Netzbetrieb. Den anderen Stufen der energiewirtschaftlichen Wertschöpfungskette ist sowohl de lege lata wie auch de lege ferenda wenig Aufmerksamkeit zuteil geworden. Man könnte daher verkürzt annehmen, ein Gegensteuern gegen steigende Netznutzungsentgelte hätte einen signifikanten Einfluss auf die allgemeine **Energiepreisentwicklung**.

6 Schaut man genauer hin, ergibt sich allerdings ein etwas differenzierteres Bild. Zunächst ist festzuhalten, dass die **Energiepreise** in den letzten Dekaden – trotz erheblicher Schwankungen und Phasen mit Preissenkungen – insgesamt relativ stark angestiegen sind. Dies gilt insbesondere für Mineralöl, aber auch für Strom und Gas. Deutlich ist dies an der **Entwicklung der Strompreise** für Haushaltskunden in Deutschland seit 1990 zu erkennen. Zunächst war zu beobachten, dass sich der Strompreis nach 1998, als sich die etablierten Marktteilnehmer bedingt durch die Novellierung des EnWG und den anschließend aufkommenden Wettbewerb gezwungen sa-

7 Die Medien Strom und Gas unterscheiden sich grundsätzlich von der Belieferung mit Fernwärme. Fragen des Netzzugangs und damit auch der Netznutzung werden für den Bereich der Fernwärme zwar zunehmend gestellt; eine entsprechende Regulierung besteht jedoch noch nicht.

8 Energiewirtschaftsgesetz (EnWG) v. 7.7.2005 (BGBl. I S. 1970, 3621), zuletzt geändert durch Gesetz v. 8.8.2020 (BGBl. I S. 1818, 1848).

hen, ihre Preise zu senken, um mit konkurrierenden und zum Teil neuen Anbietern mithalten zu können, spürbar reduzierte. Den **Tiefstand** dieser Preisentwicklung bildete insofern das Jahr 2000 mit 13,94 ct/kWh. Bereits im Jahr 2003 war jedoch das Ausgangsniveau von 1998 wieder erreicht. Seitdem hat sich der Strompreis kontinuierlich weiter nach oben entwickelt, auf 29,38 ct/kWh in 2013 und nunmehr auf 30,85 ct/kWh für das Jahr 2019.[9] Damit hat sich der Strompreis seit dem Jahr 2000 mehr als verdoppelt. In diesem Zusammenhang ist aber auch festzuhalten, dass sich diese Entwicklung in den letzten Jahren wiederum erheblich verlangsamt hat. Dabei ist der Anteil der Netznutzungsentgelte von 30 % auf zwischenzeitlich 20 % des Strompreises gefallen. Die Netznutzungsentgelte haben sich zunächst – insbesondere auch durch die eingeführten, strengeren regulatorischen Vorgaben – auf breiter Fläche reduziert. Mit dem erhöhten Investitionsbedarf der vergangenen Jahre, insbesondere auch durch den Systemumbau in den Netzen, sind die Netzkosten und damit die Netznutzungsentgelte wieder gestiegen. Aktuelle Untersuchungen der Bundesnetzagentur (BNetzA) zeigen, dass das durchschnittliche Netzentgelt und das Entgelt für den Messstellenbetrieb im Jahr 2019 in Summe bei 7,22 ct/kWh liegen und damit knapp 24 % des gesamten Strompreises ausmachen.[10] Für Haushaltskunden mit einem Stromverbrauch zwischen 2.500 und 5.000 kWh pro Jahr beträgt der Anteil der Netzentgelte für das Jahr 2019 rund 22 %. Nach einem leichten Rückgang 2018 sind die Netzentgelte für Haushaltskunden 2019 wieder von 7,19 ct/kWh auf durchschnittlich 7,22 ct/kWh gestiegen.[11]

9 BNetzA, Monitoringbericht 2019, S. 31.
10 BNetzA, Monitoringbericht 2019, S. 11.
11 BNetzA, Monitoringbericht 2019, S. 164.

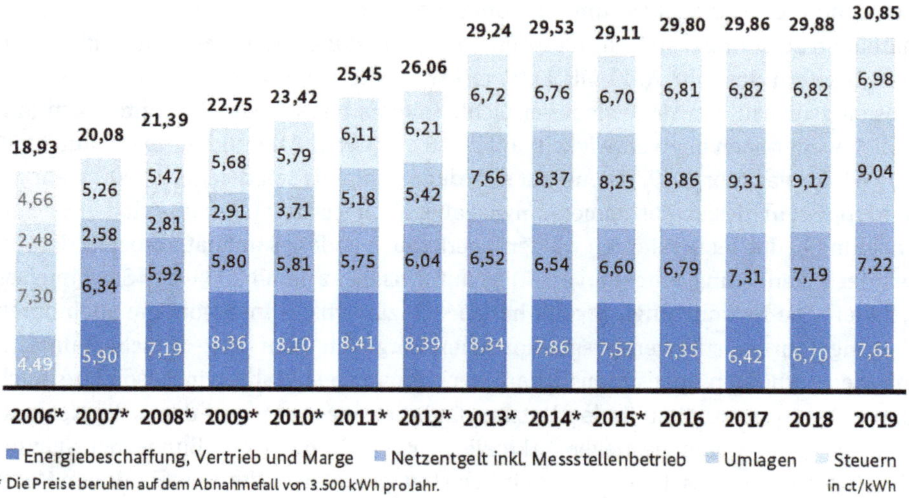

Abb. 1: Strompreisentwicklung für Haushaltskunden (Verbrauch 3500 kWh) von 2006 bis 2019[12]

7 Standen zu Beginn des aktuellen Jahrhunderts die Netzentgelte im Fokus der Diskussion – und sind es im Gewande der Sonderentgelte für Industriekunden zumindest teilweise noch immer – ist die Energiewende mittlerweile als eine wesentliche Ursache für die Strompreisentwicklung identifiziert worden. Einen erheblichen Beitrag für die verbraucherseitige Mehrbelastung beim Strompreis liefert seit einigen Jahren die **EEG-Umlage**. Seit 2014 bilden die verschiedenen Umlagen den größten Einzelposten in den Strompreisen. Durch den fortschreitenden Ausbau der erneuerbaren Energien ist das Strommengenangebot kontinuierlich gestiegen. Dies führte auf dem Energiemarkt zu sinkenden Börsenpreisen; an lastschwachen Tagen sind mittlerweile regelmäßig negative Preise zu beobachten. Die Letztverbraucher konnten von den sinkenden Börsenpreisen wegen des garantierten Abnahmepreises für die Erzeuger aber nicht vollständig profitieren. Auf den ersten Blick paradox: Der Strompreis für Endverbraucher steigt sogar, weil der sinkende Börsenpreis wegen der – jedenfalls bisher – statischen Vergütungssätze sogar eine Erhöhung der EEG-Umlage nach sich gezogen hat.

8 Von der Bundespolitik wurde erkannt, dass sich diese zusätzliche Belastung nicht ausschließlich über die Strompreise abbilden lässt. Die Bundesregierung hat daher die EEG-Umlage für das Jahr 2021 auf 6,5 Cent pro Kilowattstunde festgelegt. Für das Jahr 2020 betrug die Umlage noch 6,756 ct/kWh. Damit sinkt die EEG-Umlage in 2021 für die Verbraucher. Möglich wird diese Senkung aber nur durch einen erheblichen Zuschuss des Bundes in Höhe von 10,8 Mrd. Euro in die Umlagenfinanzierung.

12 Quelle: BNetzA, Monitoringbericht 2019, S. 291.

Ohne diesen **staatlichen Eingriff** in das System würde die EEG-Umlage von aktuell 6,756 ct/kWh erheblich ansteigen und in 2021 bei 9,651 ct/kWh liegen.

Den **Grund** für die **Energiepreisentwicklung** allein bei der Belastung durch die EEG-Umlage zu verorten, würde jedoch gleichfalls zu kurz greifen. Die erfolgreiche Bewältigung der Energiewende erfordert in den kommenden Jahren erhebliche Investitionen in den Um- und Ausbau der Netze. Kostenintensive energiewendebedingte **Investitionen** müssen zunächst die Übertragungsnetzbetreiber in ihr Netz vornehmen. Im Fokus stehen neben der Anbindung von Offshore-Windparks der Ausbau insbesondere der Nord-Süd-Verbindungen, die die Übertragungsnetzbetreiber zu finanzieren haben. Diese erheblichen Investitionen werden sich auch weiterhin in den Netzentgelten niederschlagen. Bereits in den vergangenen Jahren führten diese Investitionen, die über sog. Investitionsmaßnahmen nach § 23 ARegV[13] direkt in die Erlösobergrenzen der Übertragungsnetzbetreiber einfließen, zur **erheblichen Steigerung** der **Entgelte für die Übertragungsnetzebene**. Dabei sind die für die Umsetzung der Energiewende erforderlichen, zusätzlichen Investitionsmaßnahmen nicht gleichmäßig zwischen den vier Übertragungsnetzen verteilt. Dies führte in den vergangenen Jahren zu einer erheblichen Spreizung der Netzentgelte für die Übertragungsnetzebene. 9

Dieses Auseinanderdriften der Netzentgelte der vier Übertragungsnetzbetreiber erreichte ein solches Ausmaß, dass sich der Gesetzgeber veranlasst sah, korrigierend einzuschreiten. Das daraufhin beschlossene Gesetz zur Modernisierung der Netzentgeltstruktur (**Netzentgeltmodernisierungsgesetz**, kurz NEMoG)[14] beinhaltete zwei wichtige Punkte: erstens die schrittweise Vereinheitlichung der **Übertragungsnetzentgelte** sowie zweitens die Abschmelzung der sog. vermiedenen Netzentgelte. Die Übertragungsnetzentgelte sollen mit dem NEMoG bundesweit stufenweise angeglichen werden. Zur Umsetzung enthielt das Gesetz eine Ermächtigung zum Erlass einer Rechtsverordnung durch die Bundesregierung mit Zustimmung des Bundesrates. Diese Verordnung hat das Bundeskabinett im April 2018 beschlossen; der Bundesrat hat anschließend zugestimmt. Die Vereinheitlichung der Übertragungsnetzentgelte soll demnach in fünf Stufen erfolgen. Seit 2019 werden über fünf Jahre hinweg die Entgelte schrittweise angepasst. Im Jahr 2021 sind bereits 60 % der Netzentgeltbestandteile vereinheitlicht. Bis zum Jahr 2023 soll der Vorgang abgeschlossen sein, sodass zum 1.1.2023 die Entgelte für Übertragungsnetze überall in Deutschland gleich hoch sein werden. Derzeit machen die Übertragungsnetzkosten knapp 25 % der Gesamtkosten der Stromnetze aus. 10

Darüber hinaus wurde mit dem NEMoG die Berechnungsgrundlage für **vermiedene Netzentgelte** bei allen Bestandsanlagen auf dem Niveau des Jahres 2016 eingefroren. Denn die zur Einführung der vermiedenen Netzentgelte getroffene Annahme, 11

13 Anreizregulierungsverordnung (ARegV) v. 29.10.2007 (BGBl. I S. 2529), zuletzt geändert durch VO v. 23.12.2019 (BGBl. I S. 2935).

14 Gesetz zur Modernisierung der Netzentgeltstruktur (Netzentgeltmodernisierungsgesetz – NEMoG) v. 17.7.2018 (BGBl. I. S. 2503).

lokal erzeugter und verbrauchter Strom würde die Kosten für das übergeordnete Netz reduzieren, stimmt – jedenfalls für den mittlerweile erheblichen Anteil an Erzeugung aus erneuerbaren Energien – immer weniger: In Norddeutschland erzeugter Windstrom muss vom Norden in die Verbrauchszentren im Süden und Westen des Landes transportiert werden, wofür zusätzliche Leitungen gebraucht werden.[15] Bei der Abschmelzung der vermiedenen Netzentgelte wird unterschieden zwischen volatilen (z.B. Sonne, Wind) und den steuerbaren Erzeugungsanlagen. Für volatile Anlagen wurden die vermiedenen Netzentgelte für Neuanlagen ab dem Jahr 2018 komplett abgeschafft; für die Bestandsanlagen erfolgte ab dem Jahr 2018 eine Reduzierung in drei Schritten; seit 2020 werden für volatile Erzeugungsanlagen keine verschiedenen Netzentgelte mehr berechnet. Das kann im Norden und Osten der Bundesrepublik zu einer spürbaren Dämpfung des Anstiegs der Netzkosten führen und kommt den Stromkunden in diesen Netzgebieten direkt zugute. Steuerbare Neuanlagen, die ab dem 1.1.2023 in Betrieb genommen werden, sollen ebenfalls keine Zahlungen für vermiedene Netzentgelte mehr erhalten.[16]

12 Während die für die Verteilernetzbetreiber vorgelagerten Netzkosten der Übertragungsnetzebene erheblich gestiegen sind, blieben die Gesamtkosten der bundesdeutschen Verteilernetzbetreiber in den vergangenen Jahren weitgehend stabil. Doch auch die **Verteilernetzbetreiber** müssen in ihre Netze investieren. Die Energiewende erfordert eine technische Neuausrichtung der Netzstrukturen, da die Verteilernetze nicht auf die neuen Herausforderungen ausgelegt sind. Dies ist historisch bedingt: Die Verteilernetze hatten im bisherigen Energiesystem nahezu ausschließlich die Aufgabe, den im Übertragungsnetzbereich produzierten Strom an die Endverbraucher weiterzuleiten. Dies hat sich bereits sehr deutlich geändert. Bereits heute wird der weit überwiegende Anteil der erneuerbar erzeugten Energie in die Verteilernetze eingespeist. Dieser Umstand zwingt die Verteilernetzbetreiber zu kostenintensiven **Netzausbaumaßnahmen** (Stichworte: Netzverstärkung, Smart Grids und Elektromobilität), die wiederum über Netzentgelte refinanziert werden müssen.[17]

13 Insgesamt ist der Strompreis in den letzten Jahren kontinuierlich angestiegen. Interessanterweise ist der Netzentgeltanteil derjenige, der in dem dargestellten Zeitraum als einziger zunächst über mehrere Jahre durchgehend gesunken ist, bevor er zuletzt – angetrieben durch die skizzierten Entwicklungen – wieder leicht zugenommen hat. Das mit der EnWG-Novelle 2005 eingeführte Genehmigungsverfahren sorgte von 2005 bis etwa 2009 zunächst für sinkende Netznutzungsentgelte. Da die Energiewende einen Umbau der Netzstrukturen erfordert, werden die Netzkosten und damit auch der **Netznutzungsentgeltanteil am Strompreis** voraussichtlich wieder (leicht) steigen.

15 Vgl. zum Normzweck und der Gesetzeshistorie Theobald/Kühling/*Missling*, § 120 EnWG Rn 1ff.
16 Theobald/Kühling/*Missling*, § 120 EnWG Rn 5ff.
17 Dena, Dena-Verteilnetzstudie, S. 8, geht von einem Investitionsvolumen von 27,5 Mrd. € aus.

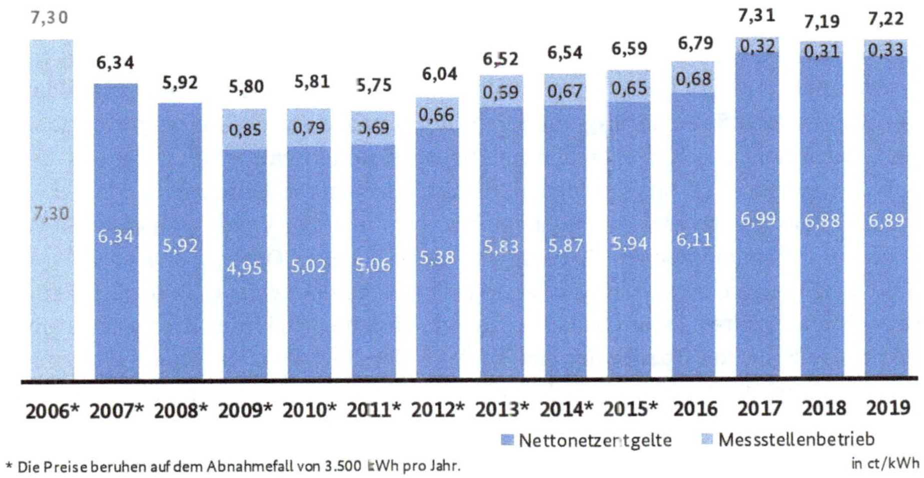

Abb. 2: Entwicklung der Netzentgelte für Haushaltskunden von 2006 bis 2019[18]

Eine andere netzbezogene und energiewendebedingte Diskussion findet unter dem Stichwort **Eigenerzeugung** statt. Aktuell ist ein Trend hin zur Eigenversorgung von Letztverbrauchern auszumachen, dessen Auswirkungen und Ende nicht absehbar sind. Neben einer stetig wachsenden Zahl von Industrie- und Gewerbebetrieben mit einer Eigenerzeugung rüsten auch Letztverbraucher ihre Eigenheime zunehmend mit Kleinstanlagen zur Energieerzeugung aus. Durch eine Kombination dieser Erzeugungsanlagen mit Speichertechnologien werden Netznutzer versuchen, autark von der externen Energieversorgung zu werden. Für Ausfallzeiten bleiben sie jedoch auf die zuverlässige Bereitstellung der Netzinfrastruktur angewiesen. Dieser Trend hat Einfluss auf das **Netzentgeltaufkommen**. Während im Industriebereich über die Berücksichtigung eines (hohen) Leistungspreises jedenfalls ein gewisser Beitrag für die bloße Bereitstellung des Netzes erhoben wird, führt die derzeit geltende Preissystematik in der Niederspannung, die bei fehlender Leistungsmessung von einem Grund- und einem Arbeitspreis ausgeht, zu einer Reduzierung des Netzentgeltvolumens durch eine solche Eigenerzeugung. Der Arbeitspreis ist derjenige Anteil, der für die Stromentnahme aus dem Netz von den Letztverbrauchern erhoben wird. Mehr Eigenerzeugung führt folglich zu einer geringeren Stromentnahme und damit insgesamt zu einer Veränderung des Abnahmeverhaltens, das wegen der Gleichzeitigkeitsfunktion auch Auswirkungen auf die Höhe des Leistungs- und Arbeitspreises hat. Die Energiewende befeuert also zwei Entwicklungen im Hinblick auf die Netznutzungsentgelte. 14

Insbesondere die Stromnetzbetreiber sind durch die erheblichen, strukturellen Veränderungen, bedingt durch die zunehmende **dezentrale Erzeugung** sowie die 15

18 Quelle: BNetzA, Monitoringbericht 2019, S. 293.

einsetzende Nutzung des Netzes auch für die Versorgung des Verkehrssektors, zu flächendeckenden Investitionen angehalten. Die Systemkosten der Verteilernetze werden dadurch voraussichtlich weiter ansteigen. Wegen der sogenannten **Entsolidarisierung der Netzfinanzierung**, die ihren Grund neben der Eigenerzeugung auch in der Reduzierung von Netzentgelten für Industriekunden hat, erklingt der Ruf nach einer Reform der Netzentgeltsystematik schon seit einigen Jahren immer lauter. Im Fokus der Diskussion steht vor allem eine Verlagerung der Preissystematik weg von einer – im Kleinkundenbereich sogar ausschließlichen – Orientierung an den verbrauchten Mengen hin zu einer stärkeren Fixkostenkomponente; etwa im Sinne eines **Kapazitätsentgeltes.** Ferner bedarf es für eine Gesamtoptimierung des Systems einer **Flexibilisierung der Tarife**, um eine gezielte Nutzung der Netze in lastschwachen Zeiten anzureizen. Die amtierende Regierungskoalition hat diese Thematik bereits seit geraumer Zeit identifiziert und mit in ihren Koalitionsvertrag aufgenommen. Auch aus den europarechtlichen Vorgaben entsteht das Erfordernis, eine Anpassung der bisherigen Netzentgeltstrukturen umzusetzen. Ob der angekündigte „große Wurf" noch in der aktuellen, 2021 auslaufenden Legislaturperiode erfolgt, bleibt abzuwarten. Jedenfalls angekündigt ist eine zeitnahe Überarbeitung des § 14a EnWG, die eine Flexibilisierung der Netzentgelte ermöglichen soll.

16 Die Gasverteilernetzbetreiber sehen sich mit der politisch gewollten und mittlerweile Gesetz gewordenen **Wärmewende** konfrontiert.[19] Neben den bereits deutlich spürbaren **klimatischen Veränderungen** in Deutschland, die in den vergangenen Wintern bereits zu erheblich reduzierten Absatzmengen an Gas in den Verteilernetzen geführt haben, steht im Wärmemarkt der Wechsel hin zu CO_2-freien Energieträgern an. Beide Effekte überlagern sich und werden in den nächsten Jahrzehnten zu erheblich steigenden Netzentgelten führen.[20]

B. Regulierung des Netzzugangs

I. Einführung

17 Um die Frage zu beantworten, warum der Netzzugang einer Regulierung bedarf, muss man sich zunächst die originäre Aufgabe der Energieversorgung vor Augen führen. Die Energieversorgung gehört als Sektor elementarer **Grundversorgung** zur **Daseins-**

19 Gesetz zur Vereinheitlichung des Energieeinsparrechts für Gebäude und zur Änderung weiterer Gesetze (Gebäudeenergiegesetz – GEG) v. 8.8.2020 (BGBl. I. S. 1728).

20 Völlig ungelöst sind bisher die Auswirkungen dieser Entwicklungen auf die Netzregulierung. Bereits aktuell getätigte Investitionen laufen Gefahr, zu einem erheblichen Teil entwertet zu werden („stranded investments"), da die kalkulatorischen Nutzungsdauern zahlreicher Versorgungsanlagen deutlich länger laufen als der angestrebte Ausstieg im Jahr 2050.

vorsorge.[21] Wegen der grundsätzlichen gesellschaftlichen Relevanz der Grundversorgung kommt deren sicherer Erbringung eine besondere Bedeutung zu. Dabei muss die Grundversorgung sowohl den Netzzugang als solchen als auch eine Vermeidung von überhöhten Netzentgelten gewährleisten. Ein historischer Überblick zeigt, dass der Netzaufsicht zur Gewährleistung der Grundversorgung in der Vergangenheit mit unterschiedlichen wirtschaftspolitischen Instrumenten begegnet wurde. Zur Zeit der Einführung des EnWG in den 1930er Jahren herrschte noch die Vorstellung, Wettbewerb stelle ein Risiko für die Sicherheit der Grundversorgung dar. Daher wurden zur Sicherung der Grundversorgung monopolistische privatwirtschaftliche Strukturen zugelassen, teilweise haben auch staatliche Institutionen die Aufgabenerfüllung übernommen. Im Laufe der Zeit setzte sich die Erkenntnis durch, dass Monopole mit höherer Wahrscheinlichkeit zu ineffizienter Aufgabenerfüllung führen, was unter anderem die Gefahr einer überteuerten Leistungserbringung in sich berge. Mangels Wettbewerbsanreizen reduziert sich das Interesse von Monopolisten an Innovationen, betriebswirtschaftlich rationaler Betriebsführung und Qualitätssicherung bei der Leistungserbringung. Eine **Monopolstruktur** schien auch nicht mehr der einzige Weg zu sein, um eine sichere Grundversorgung durch die Privatwirtschaft zu gewährleisten. Als Alternative zu einer solchen Monopolstruktur stellte sich ein Regulierungssystem dar, in dem der Staat als Kontrollinstanz und Wettbewerbshüter agiert und zunächst für eine Aufteilung der verschiedenen Marktrollen im Energiesektor sorgt. Erfahrungen mit der Stellung als Wettbewerbshüter hatte der Staat schon durch seine Kartellbehörden gemacht. Diese Erkenntnis führte im Jahr 1998 zur Liberalisierung der zuvor überwiegend monopolistisch organisierten Sektoren Post, Telekommunikation, Bahn und Energie. Den Impuls dazu gaben die (ersten) Binnenmarktrichtlinien der Europäischen Union für Strom[22] und Gas[23].

Die Liberalisierung initiierte eine Marktöffnung und führte zu einer Kontrolle des 18
Geschehens durch Aufsichtsbehörden. Die bestehenden Netze als natürliche Monopole waren indessen bereits in Eigentums-, Pacht- und Konzessionsstrukturen eingebettet, sodass allein eine Marktöffnung keine ausreichende wirtschaftspolitische Maßnahme dargestellt hätte. In Netzwirtschaften ist es für neue Marktteilnehmer aber in hohem Maße unattraktiv, neue Leitungsnetze in Bereichen zu bauen, in denen historisch gewachsene Netzstrukturen vorhanden sind. So überlebte das **natürliche Monopol** der Netzstrukturen die Liberalisierungsbestrebungen. Diese natürliche Monopolstruktur birgt indessen eine erhöhte Missbrauchsgefahr der bestehenden Marktstellung, weil Kunden faktisch den Netzbetreiber nicht wechseln können. An diesem Punkt setzt die Regulierung des Netzzugangs und der Netzentgelte an, die von den Regulierungsbehörden umgesetzt werden.

---

21 *Koenig/Kühling/Rasbach*, Energierecht, S. 203; BVerfGE 66, 248, 258.
22 RL 96/92/EG (EltRL 1996) v. 19.12.1996 (ABl EU Nr. L 27, S. 20).
23 RL 98/30/EG (GasRL 1998) v. 22.6.1998 (ABl EU Nr. L 204, S. 1).

19 Nachdem der nationale Gesetzgeber mit § 6 EnWG 1998 noch recht allgemein geregelt hat, dass das Netz jedermann diskriminierungsfrei zur Verfügung zu stellen sei und keine höheren Entgelte verlangt werden durften als diejenigen, die verbundenen Unternehmen in Rechnung gestellt wurden, hat das europäische Recht mit den Beschleunigungsrichtlinien[24] weitergehende Vorgaben gemacht. Eine Regulierung des Netzzugangs einschließlich der maßgeblichen Bedingungen sollte den nicht vorhandenen Wettbewerb ersetzen. Vonseiten der EU-Kommission wurde der seinerzeit zögerliche Fortschritt bei der Implementierung des Wettbewerbs in Deutschland kritisiert.[25] Schon 2003 folgten die europäischen Beschleunigungsrichtlinien, die den Gesetzgeber veranlassten, mit dem EnWG 2005 eine vollständige Systemumstellung einzuführen – weg von einer **Ex-post-Methodenkontrolle** hin zu einer **Ex-ante-Einzelentgeltgenehmigung.** Ausgangspunkt der umfassenden Neuerung war zunächst die Regelung aus § 21 EnWG 2005.[26]

20 Ausgehend von dieser Vorschrift sollte durch ein umfassendes gesetzliches Regelwerk[27] gewährleistet werden, dass der in einem natürlichen Monopol agierende Netzbetreiber dazu verpflichtet wird, allen Marktteilnehmern **diskriminierungsfreien Netzzugang** zu gewähren. Diskriminierungsfreiheit ist dabei so zu verstehen, dass keinem Marktteilnehmer schlechtere Zugangsbedingungen angeboten werden dürfen als einem anderen, insbesondere einem konzernverbundenen Unternehmen.[28]

21 **Netzentgelte** dienen der **Refinanzierung der Netzinvestitionen** und werden allgemein von den angeschlossenen Netznutzern entrichtet. Im natürlichen Monopol können sich die Preise für die Netznutzung nicht auf einem Markt bilden. Dem sollen die Vorschriften zur Netzentgeltregulierung abhelfen, indem sie detailliert vorgeben, was der Netzbetreiber in die Kalkulation seiner Netzentgelte einbeziehen darf.[29] In einem aufwendigen und komplexen Verfahren unterziehen die Regulierungsbehörden die **Kosten des Netzbetriebs** einer eingehenden Prüfung und legen für den Netzbetreiber nach dem aktuell geltenden System einer **Anreizregulierung** mit einem sog. Revenue Cap die **individuellen Erlösobergrenzen** für eine Regulierungsperiode fest. Mit dieser jährlichen Erlösobergrenze wird dem Netzbetreiber eine behördlich begrenzte Höhe der Einnahmen vorgegeben, die er mit den Netzentgelten erwirtschaften darf. Die staatliche Regulierung greift also bereits präventiv ein, sodass ein Missbrauch der Monopolstellung von vornherein unterbunden wird.

---

24 RL 2003/54/EG v. 26.6.2003 (ABl. EU Nr. L 176, S. 37) und RL 2003/55/EG v. 26.6.2003 (ABl. EU Nr. L 176, S. 57).

25 *Büdenbender/Rosin*, Energierechtsreform, S. 48 f.; KOM(2001) 125 endg. S. 10 ff., 33 ff.

26 Theobald/Kühling/*Missling*, § 21 EnWG Rn 13 ff.

27 Dieses System der „normierenden Entgeltregulierung" ist Gegenstand eines Vertragsverletzungsverfahrens der EU-Kommission gegen die Bundesrepublik Deutschland (Rs. C-718/18); vgl. dazu die am 16.11.2018 eingereichte Klage; Europäische Kommission/Bundesrepublik Deutschland (ABl. C 54, S. 6).

28 Theobald/Kühling/*Missling*, § 21 EnWG Rn 19 ff.

29 Vgl. zur „normierenden Entgeltregulierung" *Offenbächer*, RdE Sonderheft 2020, 40 ff.

II. Komponenten der Netzzugangsregulierung

Fragen des Netzzugangs lassen sich grundlegend in solche nach dem „Ob“, dem „Wie“ und dem „Wie teuer“ unterscheiden. Das „Ob“ und „Wie“ beschreibt dabei die Leistung des Netzbetreibers an den Netznutzer. Die Frage nach dem „Wie teuer“ betrifft die dem Netzbetreiber für die Gewährung des Netzzugangs zustehende Gegenleistung. Diese Trias gilt sowohl für das System eines verhandelten als auch für den regulierten Netzzugang. 22

Belegen lässt sich diese Dreiteilung empirisch anhand der energiewirtschaftlichen Entwicklungen seit 1998: Von der erstmaligen Feststellung der kartellrechtlichen Unwirksamkeit eines langfristigen Strombezugsvertrages durch das LG Mannheim am 16.4.1999[30] ging eine erste Liberalisierungswelle in Richtung des Wechsels des Vorlieferanten aus, die dann schnell in Fragen der Verweigerung (des „Ob“) des Netzzugangs mündete und im Jahre 2000 und 2001 die Kartellgerichte beschäftigte. Der zweiten Welle, betreffend das „Wie“, d.h. die vertraglichen Modalitäten der Gewährung des Netzzuganges in den Jahren 2001 und 2002, folgte im Jahr 2002 die bis heute andauernde dritte Welle, in der nunmehr vornehmlich das „Wie teuer“, d.h. die Höhe der Netznutzungsentgelte in das Zentrum der Debatte gerückt ist. 23

Der Einstieg in den **regulierten Netzzugang** erfolgte mit der Verabschiedung des EnWG und der Netzentgelt- sowie Netzzugangsverordnungen im Strom- und Gasbereich[31] im Jahre 2005. Diese bedeutende Reform des EnWG beinhaltete die Etablierung einer rechtlich determinierten Netzentgeltregulierung sowie als weiteren Paradigmenwechsel mit dem sehr kurzfristig vor dem Ablauf des Gesetzgebungsverfahrens noch eingeführten § 23a EnWG den Schritt von der kartellrechtlich bestimmten Ex-post-Überprüfung hin zur **Ex-ante-Genehmigung** der **Netznutzungsentgelte**. Bei dieser unionsrechtlich nicht determinierten Frage haben sich die Länder, die im Zuge des Gesetzgebungsverfahrens für eine Ex-ante-Genehmigung plädiert hatten, gegen den Bund durchgesetzt, der in seinen Entwürfen noch eine Missbrauchsaufsicht mit Ex-post-Kontrolle vorsah.[32] 24

Die Modalitäten des Netzzugangs im Einzelnen, d.h. das „Wie“, werden auch im System des regulierten Netzzugangs auf vertraglicher Grundlage geregelt. Dies ergibt sich, wie bisher, unmittelbar aus dem EnWG, wo – wie zuvor in §§ 6 Abs. 2, 6a Abs. 8 EnWG 1998 – nun in § 20 Abs. 1a und 1b EnWG von den für den Netzzugang 25

30 LG Mannheim, Urt. v. 16.4.1999 – 7 O 372/98 (Kart) – WuW, 1999, 610.

31 Stromnetzentgeltverordnung (StromNEV) v. 25.7.2005 (BGBl. I S. 2225), zuletzt geändert durch Gesetz v. 23.12.2019 (BGBl. I S. 2935); Gasnetzentgeltverordnung (GasNEV) v. 25.7.2005 (BGBl. I S. 2197), zuletzt geändert durch Verordnung v. 23.12.2019 (BGBl. I S. 2935); Stromnetzzugangsverordnung (StromNZV) v. 25.7.2005 (BGBl. I S. 2243), zuletzt geändert durch Gesetz v. 13.5.2019 (BGBl. I S. 706); Gasnetzzugangsverordnung (GasNZV) v. 3.9.2010 (BGBl. I S. 1261), zuletzt geändert durch Verordnung v. 13.6.2019 (BGBl. I S. 786).

32 Britz/Hellermann/Hermes/*Groebel*, § 21 EnWG Rn 38 ff.

erforderlichen Verträgen die Rede ist. Konkretisiert wird die **vertragliche Umsetzung** des **Netzzugangs** allerdings durch die §§ 23 bis 26 StromNZV. Hiernach sind, wie nach altem Recht,

- Netznutzungs-,
- Lieferantenrahmen- und
- Bilanzkreisverträge

abzuschließen.[33]

26 Der Übergang vom verhandelten zum regulierten Netzzugang schlägt sich darin nieder, dass die genannten Verträge nicht zwischen den Parteien „verhandelt", sondern nach Vorlage von sog. **Standardangeboten** durch den jeweiligen Netzbetreiber seitens der Regulierungsbehörde „genehmigt" werden. Die behördliche Regulierungsbefugnis soll nach § 28 Abs. 3 StromNZV so weit reichen, dass sie sogar selbst unmittelbar Änderungen in den Standardverträgen vornehmen kann. Darüber hinaus kann die Behörde die Standardangebote mit einer Mindestlaufzeit versehen.

27 Obwohl die Vorgaben für die Ausgestaltung der Netznutzungsverträge recht detailliert geregelt sind, werden die Verträge branchenweit nicht einheitlich gestaltet. Dies bedeutet für alle Beteiligten einen hohen Aufwand bei Verhandlung, Prüfung und Abschluss eines Lieferantenrahmenvertrags.[34] Die BNetzA hat sich dieses Problems bereits vor einigen Jahren angenommen und mit dem Ziel der Vereinheitlichung von Lieferantenrahmenverträgen durch Erlass von Festlegungen Lieferantenrahmen- und Netznutzungsverträge einheitlich und rechtlich verbindlich vorgegeben. Dazu hat die BNetzA jeweils ein Konsultationsverfahren durchgeführt, in dem Vertragsmuster den beteiligten Interessengruppen zur Diskussion gestellt wurden. Aktuelle Gültigkeit entfaltet das Muster für Lieferantenrahmen- und Netznutzungsverträge aus dem Jahr 2018, das durch die Festlegung der BNetzA aus dem Jahr 2017 vorgegeben wurde.[35]

28 Zuletzt bestätigte das OLG Düsseldorf, dass die Festlegung der BNetzA aus dem Jahr 2017 zum Muster-Netznutzungsvertrag nicht nur frei von Rechtsfehlern sei, sondern dass die Regulierungsbehörde insbesondere nach § 27 Abs. 1 Nr. 15 StromNZV ermächtigt sei, einzelne Regelungen oder den erforderlichen Mindestinhalt der Netznutzungs- und Lieferantenrahmenverträge nach den §§ 24 und 25 StromNZV vorzugeben. Demnach umfassen die Kompetenzen der BNetzA auch die Herstellung eines vollständigen Vertragsmusters.[36]

---

33 Die vertragliche Ausgestaltung des Netzzugangsmodells Gas entspricht dem inzwischen weitestgehend, die Begrifflichkeiten weichen mit Einspeisevertrag, Ausspeisevertrag, auch als Lieferantenrahmenvertrag, Netzkopplungsvertrag und Bilanzkreisvertrag nur teilweise etwas ab; vgl. Theobald/Kühling/*Hartmann*/*Wagner*, § 20 EnWG Rn 47.

34 Hierzu *de Wyl*/*vom Wege*, ZNER 2008, 20 ff.

35 BNetzA, Beschl. v. 20.12.2017 – BK6-17-168 – n. v.

36 OLG Düsseldorf, Beschl. v. 16.1.2019 – 3 Kart 117/15 (V) – RdE 2019, 180.

Mit Beschluss vom 10.6.2020 hat die BNetzA ein Festlegungsverfahren zur Weiterentwicklung der Netzzugangsbedingungen Strom eröffnet, wodurch auch der Muster-Netznutzungsvertrag und Lieferantenrahmenvertrag Änderungen unterzogen werden.[37] Demnach sollen bei Neuabschlüssen die neuen Muster der Lieferantenrahmen- und Netznutzungsverträge ab dem 1.4.2022 verwendet und zum gleichen Datum bestehende Verträge für Netzbetreiber angepasst werden. Die bis zum 22.7.2020 zur Konsultation gestellten Änderungen fokussieren sich auf Digitalisierung und Automatisierung und umfassen daher u. a. die Übermittlung der Kommunikationsdaten sowie die Einführung eines elektronischen Preisblattes für die Netznutzungsrechnung. Erstmals enthalten die Konsultationsdokumente ein Muster für einen Netznutzungsvertrag Elektromobilität, für welchen eine Abschlussverpflichtung für Netzbetreiber ab dem 1.4.2021 besteht. 29

III. Vom verhandelten Netzzugang zur Netzentgeltregulierung

Vor der (ersten) Liberalisierung des Energiemarktes mit der Energierechtsreform 1998[38] kannte das EnWG 1935 noch keinerlei Regelungen, die sich mit dem Netzzugang beschäftigten. Solcher Regelungen bedurfte es auch nicht, da die monopolistische Organisation der Netzgebiete keine Zugangsregelung für eine diversifizierte Marktteilnehmerstruktur erforderte. Folgerichtig stand daher die Preisgestaltung im Fokus, die bereits vor der Liberalisierung des Energiemarktes durch die Bundestarifordnungen Elektrizität (BTOElt)[39] und Gas (BTOGas)[40] geregelt wurde. Primär ging es darum, die Ausnutzung der Monopolstellung durch die Energieversorger zu verhindern. Im Unterschied zum Elektrizitätsbereich[41] unterlag die Preisgestaltung der Gasversorger allerdings keiner Genehmigungspflicht durch die zuständigen Behörden. Die Vorgaben aus der BTOGas entfalteten für die flächendeckende Gasbelieferung keine echte Relevanz. 30

37 BNetzA v. 10.6.2020 – BK6-20-160 – n.v.; bis zum 22.7.2020 konnten Konsultationsbeiträge abgegeben werden.

38 RL 96/92/EG (EltRL 1996) v. 19.12.1996 (ABl EU Nr. L 27, S. 20); RL 98/30/EG (GasRL 1998) v. 22.6.1998 (ABl EU Nr. L 204, S. 1).

39 Bundestarifordnung Elektrizität v. 18.12.1989 (BGBl. I S. 2255), aufgehoben durch Gesetz v. 7.7.2005 (BGBl. I S. 1970).

40 Bundestarifordnung Gas v. 10.2.1959 (BGBl. I S. 46), aufgehoben durch Verordnung v. 1.11.2006 (BGBl. I S. 2477).

41 Dort galt das Erfordernis für eine Tarifgenehmigung nach § 12 BTOElt.

1. Verhandelter Netzzugang

31 Die europarechtlich determinierte Liberalisierung des Energiemarktes durch die Binnenmarktrichtlinien für Elektrizität und Gas sollte die monopolistischen Strukturen aufbrechen und den Energiesektor für wettbewerbliche Strukturen öffnen. Um Wettbewerb zu fördern, enthielten die Richtlinien Vorgaben, die neuen Marktteilnehmern den Zugang zum Markt ermöglichen sollten, wovon auch der Netzbereich betroffen war.

32 Auf diesen Richtlinien basierte die EnWG-Novelle aus dem Jahre 1998. Damit wurde etwa § 6 EnWG 1998 eingeführt, der Elektrizitätsnetzbetreiber verpflichtete, ihre Netzinfrastruktur Dritten für Durchleitungen diskriminierungsfrei zur Verfügung zu stellen. Die Bedingungen für den Netzzugang Dritter durften nach diesen seinerzeit neuen rechtlichen Vorgaben nicht ungünstiger sein als für Unternehmen, die mit den Netzbetreibern verbunden oder mit ihnen assoziiert waren (sog. „**Diskriminierungsfreiheit**").[42] Vor diese neuen rechtlichen Umstände gestellt, haben die betroffenen Verbände[43] sog. **Verbändevereinbarungen** (VV) entworfen und fortlaufend weiterentwickelt, die zur Realisierung der Durchleitungsverpflichtung vertragliche Vereinbarungen zwischen den Beteiligten vorsahen sowie Vorgaben für die Netzentgeltberechnung enthielten.

33 Die erste **VV Strom** aus dem Jahr 1998 organisierte die Durchleitung des Stroms als Transaktion. Der Netzkunde musste mit jedem Netzbetreiber, dessen Netz er für die Durchleitung nutzen wollte, einen individuellen Vertrag mit eigener Entgeltvereinbarung abschließen. Schon in den Folgejahren ist dieses in der Praxis sehr umständliche System durch die **VV Strom II** und die **VV Strom II plus** revidiert und durch ein transaktionsunabhängiges System ersetzt worden. Der Netzkunde musste danach lediglich mit dem Netzbetreiber kontrahieren, an dessen Netz er angeschlossen war. Nur gegenüber diesem Netzbetreiber hatte der Netzkunde diejenigen, nach einem bestimmten Berechnungsmodell ermittelten Entgelte zu zahlen, die seiner Netznutzung zurechenbar waren. Kosten von vorgelagerten Netzebenen wurden auf die nachgelagerten Ebenen weitergewälzt.[44] Neben diesem transaktionsunabhängigen Modell wurden auch zahlreiche weitere Vorgaben aus der VV Strom II plus in die derzeit geltende StromNEV übernommen.[45]

34 Im **Gasbereich** wurden zeitlich verzögert ebenfalls **VV-Vereinbarungen** veröffentlicht. Gleichwohl entwickelte sich – anders als im Strom – in diesem Zeitraum kein nennenswerter Markt für die Durchleitung von Gas.

35 Die §§ 6 und 6a EnWG legten seit einer weiteren Reform im Jahre 2003 fest, dass die **Durchleitungsbedingungen** „guter fachlicher Praxis" entsprechen mussten. Um

---

42 Zum vertikalen und horizontalen Diskriminierungsverbot beim Netzzugang vgl. Theobald/Kühling/*Missling*, § 21 EnWG Rn 19ff.

43 Zunächst BDI, VDEW und VIK.

44 Vertiefend *Scholtka*/*Brucker*, Entgeltregulierung, S. 15ff. Rn 17–27.

45 Zur Entstehungsgeschichte vgl. Theobald/Kühling/*Missling*, Einf StromNEV Rn 10ff.

dem unbestimmten Rechtsbegriff der „guten fachlichen Praxis“ Konturen zu verleihen, hat der Gesetzgeber mit der EnWG-Reform 2003 eine **Vermutungsregelung** eingeführt, in der er festlegte, dass bei Befolgung der Verbändevereinbarungen die Einhaltung der guten fachlichen Praxis vermutet würde.[46] Neben praktischen Schwächen des verhandelten Netzzugangs sahen schließlich die Beschleunigungsrichtlinien zum Elektrizitäts- und Gasbinnenmarkt (EltRL und GasRL 2003) aus dem Jahre 2003 keinen verhandelten Netzzugang mehr vor, sodass eine erneute Reform anstand.

2. Netzentgeltregulierung nach dem EnWG 2005

Nachdem in den neueren europarechtlichen Richtlinien kein verhandelter Netzzugang mehr vorgesehen war, mussten die **Netzzugangsbedingungen** in Bezug auf deren generelle Ausgestaltung und die Preise reformiert werden. Diese **Reform** erfolgte durch das **EnWG 2005**. Während das EnWG vor der Reform keine über die verbändeseitig konkretisierte gute fachliche Praxis hinausgehenden Vorgaben für den Netzzugang und die Entgeltregulierung enthielt, änderte sich dies unter dem Regime des neuen EnWG und der darauf basierenden Strom- und GasNZV sowie der Strom- und GasNEV gänzlich. Umfangreiche Zugangsbedingungen und konkrete Vorgaben zur Preisbildung bestimmen die Netznutzung seither. 36

Der ursprüngliche **Entwurf der Bundesregierung**[47] zur **Neuregelung** des **Energiewirtschaftsrechts** vom 14.10.2004 beschränkte sich noch auf eine Methodenregulierung,[48] deren Einhaltung durch eine umfängliche **Ex-post-Missbrauchsaufsicht** abgesichert werden sollte. Das Instrument der Ex-ante-Genehmigung sah dieser Gesetzentwurf noch nicht vor. Über Vorschriften zu Vergleichsverfahren und das dem Kartellrecht nachgebildete Missbrauchsverfahren sollte eine nachträgliche Kontrolle der Netznutzungsentgelte erfolgen.[49] Dagegen erachtete der Bundesrat zur Sicherstellung eines funktionierenden Wettbewerbs die Einführung einer Vorabgenehmigung als erforderlich. Zur Vorabgenehmigung der Netznutzungsentgelte zeigte sich die Bundesregierung in ihrer anschließenden Gegenäußerung vom 28.10.2004 durchaus kompromissbereit, indem sie ankündigte „einen Vorschlag zu unterbreiten, der bis zum Inkrafttreten einer Anreizregulierung für Erhöhungen der Netznutzungsentgelte ein Genehmigungsverfahren vorsieht“. Hintergrund für die Forderung des Bundesrates und das Umschwenken der Bundesregierung war letztlich die Tatsache, dass im Sommer 2004 die Übertragungsnetzbetreiber ihre Netznutzungsentgelte teilweise massiv erhöht hatten. Im weiteren Verlauf wurde ein solches Kombinationsmodell, 37

46 Die Einhaltung der Vermutungsregelung allein entband das Gericht aber nicht von einer umfassenden Prüfung der Einhaltung der rechtlichen Regelungen in den §§ 6, 6a EnWG a.F., vgl. BGH, Urt. v. 18.10.2005 – KZR 36/04 – IR 2006, 36f. – „Netzentgelte I“.

47 BR-Drucks. 613/04, S. 21ff.

48 Theobald/Kühling/*Missling*, § 23a EnWG Rn 15ff.

49 Vgl. Theobald/Kühling/*Missling*, § 23a EnWG Rn 32.

bestehend aus einer Methodenregulierung (administriert durch eine Ex-post-Kontrolle auf Einhaltung der Methoden) und einer Vorabgenehmigung – im Falle von beabsichtigten Erhöhungen der Netznutzungsentgelte – in das Netzzugangsmodell Strom integriert; vergleichbare Regelungen im Gasbereich unterblieben allerdings.

38 Dieser Ansatz wurde schließlich zum Ende des laufenden Gesetzgebungsverfahrens noch einmal verschärft: Das endgültig in Kraft getretene EnWG 2005 sah letztlich eine Vorabgenehmigung (**Ex-ante-Kontrolle**) für alle Netznutzungsentgelte vor.

39 Die materiellen Regelungen über die Netzentgelte setzten eine kostenorientierte Entgeltbildung um. Dieses kostenorientierte System im Sinne einer sog. **Cost-Plus-Regulierung**,[50] das in den §§ 21ff. EnWG und den Netzentgeltverordnungen normiert ist, hat die Ziele, Effizienz und Investitionsbereitschaft zu fördern sowie Netzbetreibern zu ermöglichen, angemessene Erlöse zu erwirtschaften.[51] Im Kern gilt dieses Prinzip – mit gewichtigen Modifikationen – im aktuellen System der Anreizregulierung fort.[52]

IV. Die kostenorientierte Entgeltbildung

40 Mit der Einführung des EnWG 2005 unterlagen die regulierten Entgelte einer Ex-ante-Kontrolle. Eine zentrale Bedeutung kam folglich der Vorschrift des § 23a EnWG zu, die das **Genehmigungserfordernis** normierte.

1. Das Genehmigungsverfahren nach § 23a EnWG

41 Zuständig für die **Genehmigung** der nach § 23a EnWG zu beantragenden **Netzentgelte** sind die **Regulierungsbehörden**. Grundsätzlich sind dies im Verteilernetzbetrieb die Landesregulierungsbehörden (LRegB). Reicht das Netz eines Netzbetreibers über das Gebiet eines Landes hinaus oder sind 100.000 Kunden oder mehr unmittelbar oder mittelbar angeschlossen, ist die BNetzA zuständige Behörde für das Genehmigungsverfahren nach § 23a EnWG, vgl. § 54 EnWG. Zur Einführung der Regulierung nach dem EnWG 2005 hat die BNetzA auch in einigen Ländern im Wege der Organleihe die Zuständigkeit für die Regulierungstätigkeiten übernommen. Mittlerweile haben jedoch die Länder Niedersachsen, Mecklenburg-Vorpommern und Thüringen die Staatsverträge über die Organleihe gekündigt und auch (operativ) eigenständige Landesbehörden aufgebaut.[53]

42 Gemäß § 23a Abs. 2 S. 1 EnWG ist die Genehmigung zu erteilen, soweit die Entgelte den Anforderungen des EnWG und der Strom-/GasNEV genügen. Genehmigungs-

50 Schneider/Theobald/*Ruge*, HBEnWR, § 18 Rn 1.

51 BerlKommEnR I 1/*Säcker/Meinzenbach*, § 21 EnWG Rn 28.

52 Vgl dazu unten unter Rn 54ff.

53 In anderen Ländern – wie etwa Schleswig-Holstein – wird dies aktuell noch diskutiert.

gegenstand sind insoweit die Netzentgelte in Form des beantragten Preisblattes. Diese genehmigten Entgelte stellen Höchstpreise dar und dürfen nur überschritten werden, soweit die Überschreitung ausschließlich aufgrund der Weitergabe nach Erteilung der Genehmigung erhöhter Kostenwälzungssätze einer vorgelagerten Netz- oder Umspannstufe erfolgt; eine Überschreitung ist der Regulierungsbehörde unverzüglich anzuzeigen. Eine **Überschreitung der genehmigten Netzentgelte** kommt ohne Genehmigung daher nur in Betracht, soweit dies aufgrund einer Erhöhung der Netzentgelte auf den vorgelagerten Netzebenen erforderlich wird. In diesem Falle hat der Netzbetreiber der zuständigen Regulierungsbehörde ein entsprechend angepasstes Preisblatt sowie im Regelfall auch eine entsprechende Verprobungsrechnung vorzulegen. Im Netzentgeltgenehmigungsverfahren gilt der Amtsermittlungsgrundsatz. Die Regulierungsbehörde ermittelt gemäß § 63 EnWG im Rahmen ihrer Ermittlungsbefugnisse die entscheidungserheblichen Tatsachen von Amts wegen, ohne an das Vorbringen der Beteiligten gebunden zu sein. Damit korrespondierend existiert für den Netzbetreiber eine Mitwirkungspflicht, die sich auf § 23a EnWG gründet.[54]

Auch wenn sich der Anwendungsbereich der Ex-ante-Entgeltgenehmigung nach § 23a EnWG stark reduziert hat, verlieren die in diesem Zusammenhang getroffenen behördlichen Verfahrensvorgaben sowie vor allem auch die mit der Netzentgeltermittlung verbundenen **Dokumentationspflichten der Netzbetreiber** nach § 28 Strom-/GasNEV nicht ihre Bedeutung. Die Berichte nach § 28 Strom-/GasNEV sind auch in der Anreizregulierung – entsprechend reduziert auf die Kostenstellen- und Kostenträgerrechnungen – vorgesehen. Ferner handelt es sich auch bei dem derzeit praktizierten System der Anreizregulierung um ein kostenbasiertes Verfahren, was insbesondere dadurch zum Ausdruck kommt, dass sich das Ausgangsniveau der für eine Regulierungsperiode maßgeblichen Erlösobergrenze nach § 6 ARegV jeweils auf Basis einer Kostenprüfung auf der Grundlage der Daten des letzten abgeschlossenen Geschäftsjahres bestimmt, § 6 Abs. 1 S. 3 ARegV. Dies bedeutet, dass vor Beginn jeder Anreizregulierungsperiode eine Kostenprüfung nach Maßgabe des Teils 2 Abschnitt 1 der Strom-/GasNEV durchzuführen ist. 43

2. Anwendungsbereich der (rein) kostenorientierten Entgeltbildung

Die **Bestimmung der Netzentgelte** im Wege der **Anreizregulierung** ersetzt gemäß 44
§ 21a Abs. 1 EnWG und § 21 Abs. 2 EnWG die kostenorientierte Entgeltregulierung. Die Betreiber, deren Entgelte vormals entsprechend § 23a i. V. m. § 21 Abs. 2 EnWG kostenorientiert gebildet worden sind, unterliegen ab dem 1.1.2009 der Entgeltbestimmung im Wege der Anreizregulierungsmethode. Für eine Anwendung der (rein) kostenorientierten Entgeltbildung bleibt somit kaum noch Raum.

54 BGH, Beschl. v. 3.3.2009 – EnVR 79/07, Rn 21ff. – ZNER 2009, 252f.

45 Im Allgemeinen unterliegen Strom- und Gasnetze als natürliche Monopole der Regulierung im engeren Sinn. Grundsätzlich bestimmt die Anreizregulierung die Netzentgelte von Energieversorgungsnetzen, § 1 Abs. 1 ARegV. Nach § 1 Abs. 2 S. 1 ARegV gilt dieser generelle Grundsatz nicht, wenn in der laufenden Regulierungsperiode noch keine Erlösobergrenze gemäß § 4 ARegV festgelegt worden ist. Dies schließt sowohl neu errichtete als auch den Regulierungsbehörden bisher unbekannte Netze ein. Die Ausnahme in § 1 Abs. 2 S. 1 ARegV betrifft in der laufenden Regulierungsperiode auch Netze, die zunächst als sog. geschlossene **Verteilernetze** eingestuft wurden und deren Status in Netze der allgemeinen Versorgung überführt worden ist. Für die jeweils folgende Regulierungsperiode erkennt § 1 Abs. 2 S. 2 ARegV **Ausnahmen** für Netze an, für die noch nicht genügend Daten zur Bestimmung des Ausgangsniveaus vorliegen.

46 Sofern eine Einstufung als **geschlossenes Verteilernetz** erfolgt, führt der Ausnahmekatalog in § 110 Abs. 1 EnWG die Regelung des § 21 EnWG nicht mit auf. Damit sind die auf dieser rechtlichen Grundlage erlassenen Netzentgeltverordnungen (Strom-/GasNEV) weiterhin anwendbar. Die Betreiber bilden ihre Netzentgelte folglich nach den Vorgaben aus diesen Netzentgeltverordnungen. Die so ermittelten **Netzentgelte** unterliegen keiner Genehmigungspflicht, sondern können **ex-post überprüft** werden, § 110 Abs. 4 EnWG. Zugunsten der Netzbetreiber wird vermutet, dass die Netzentgelte rechtmäßig sind, wenn sie nicht höher sind als diejenigen des vorgelagerten Netzbetreibers.[55]

47 Weder der Anreizregulierung noch dem Genehmigungsverfahren nach § 23a EnWG unterfallen **Kundenanlagen** nach § 3 Nr. 24a und 24b EnWG. Diese sind mangels wettbewerblicher Relevanz quasi **regulierungsfrei.**[56]

48 Entgelte für die Nutzung von **Direktleitungen** fallen ebenfalls nicht unter den Anwendungsbereich der Entgeltregulierung. Betreiber von Direktleitungen sind weder Betreiber von Energieversorgungsnetzen nach § 3 Nr. 4 EnWG, noch stellen sie Energieversorgungsunternehmen nach § 3 Nr. 18 EnWG dar.[57]

3. Der Weg in die Anreizregulierung

49 Mit Einführung der Anreizregulierung im Jahre 2009 stand erneut ein Wechsel der Regulierungsmethode an, welcher sich bereits zwei Jahre nach der Einführung der Netzentgeltgenehmigungspflicht gemäß § 23a i. V. m. § 21 Abs. 2 EnWG anbahnte.

Das Instrument der Anreizregulierung gründete auf der EnWG-Novelle aus dem Jahr 2005, mit der die Verordnungsermächtigung in § 21a EnWG als eigenständige Norm aufgenommen wurde. Damit setzten sich im Ergebnis die Länder im Bundesrat

55 Theobald/Kühling/*Jacobshagen*/*Kachel*, § 110 EnWG Rn 93.

56 Vgl. zum Begriff der Kundenanlage und ihrer Reichweite: BGH, Beschl. v. 12.11.2019 – EnVR 65/18, Rn 19, 26 – IR 2020, 106 f.; BGH, Beschl. v. 12.11.2019 – EnVR 66/18, Rn 17 ff. – RdE 2020, 193 ff.

57 Vgl. dazu Theobald/Kühling/*Jacobshagen*/*Kachel*, § 110 EnWG Rn 40.

durch, welche – im Gegensatz zur damaligen Bundesregierung – ein weitergehendes Bekenntnis zur **Anreizregulierung** durch eine klar formulierte **Verordnungsermächtigung** gefordert hatten. Seitdem folgt die Netzentgeltbildung im System der Anreizregulierung aus dem Zusammenwirken von §§ 21, 21a EnWG, der ARegV und den weiterhin anzuwendenden Vorschriften der StromNEV und GasNEV.

Das Motiv für die **Einführung der Anreizregulierung** war die Erkenntnis, dass eine rein kostenbasierte Netzentgeltregulierung, deren maßgebliche Grundlage das Prinzip der Kostendeckung darstellt, keine ausreichenden Anreize für Netzbetreiber setzt, zugunsten ihrer Kunden über geringere Kosten zu niedrigeren Netzentgelten zu gelangen.[58] Das **Kostendeckungsprinzip** hat zur Folge, dass grundsätzlich – von dem in § 21 Abs. 2 S. 1 EnWG enthaltenen Regulativ vergleichbarer Kosten eines effizienten und strukturell vergleichbaren Netzbetreibers abgesehen – Kostensteigerungen des Netzbetriebs in der Folge zu höheren Netzentgelten führen. Mit Einführung der Anreizregulierung zum 1.1.2009 erfolgt die Entgeltbildung seither, wie in den §§ 21 Abs. 2, 21a Abs. 1 EnWG vorgesehen, mittels einer Methode, die **Anreize für eine effiziente Leistungserbringung** setzt (**Anreizregulierung**). Die Anreizregulierungsverordnung (ARegV) trat am 6.11.2007 in Kraft. Nicht einmal ein halbes Jahr später – und damit noch weit vor dem eigentlichen Beginn der Einführung des neuen Regulierungsrahmens – war die Verordnung bereits Gegenstand von ersten Änderungen. Damit wurde ein fortdauernder „Reparaturprozess" der ARegV in Gang gesetzt, der letztlich bis heute anhält. 50

In diesem andauernden Reparatur- und Reformprozess der Anreizregulierung ist insbesondere die große **ARegV-Novelle aus dem Jahr 2016**[59] hervorzuheben. Am 14.9.2016 ist nach einem mehrjährigen, intensiven politischen Diskussionsprozess eine novellierte Anreizregulierungsverordnung in Kraft getreten. Mit dieser grundlegenden Reform der Anreizregulierung wurde der Ansatz der kostenorientierten Regulierung erheblich gestärkt. Die Novellierung der Anreizregulierung war erforderlich geworden, um den Netzausbau kostengünstig und zügig voranzubringen und die entsprechenden Investitionsanreize für die Netzbetreiber zu setzen. Seit Einführung der Anreizregulierung wurde der bis zu 7-jährige Zeitverzug zwischen einer getätigten Investition und dem Kapitalrückfluss über die Erlösobergrenzen – nicht nur vonseiten der Netzbetreiber – erheblich kritisiert. Daher sah sich der Verordnungsgeber veranlasst, den Investitionsrahmen für Verteilernetzbetreiber grundlegend zu modernisieren. Die ganz zentrale Änderung durch die ARegV-Novelle bestand in der Einführung des **Kapitalkostenabgleichs**. Damit werden die Kapitalkosten letztlich jahresscharf in den Erlösobergrenzen abgebildet. Zudem ging mit der ARegV-Novelle die Absenkung des fixen Anteils der dauerhaft nicht beeinflussbaren Kosten im ver- 51

58 Säcker/Busse von Colbe/*Haucap*/*Rötzel*, Anreizregulierung, S. 61.
59 VO v. 14.9.2016 (BGBl. I 2016, S. 2147).

einfachten Verfahren von bisher 45 % auf 5 % und eine erhebliche Erhöhung der Transparenz einher.

V. Die Anreizregulierung

1. Systematik und Funktionsweise der ARegV

52 Die grundlegende **Systematik der Anreizregulierung** wurde bereits mit der EnWG-Novelle 2005 in § 21a EnWG gesetzlich vorgegeben. Allerdings hat der Gesetzgeber die Entscheidung, ob und wann es zum Systemwechsel in eine Anreizregulierung kommen sollte, in die Hände des Verordnungsgebers gelegt. Mit der im Jahre 2007 erlassenen ARegV hat der Verordnungsgeber schließlich die Entscheidung zu einem Übergang in eine Anreizregulierung mit Wirkung zum 1.1.2009 getroffen.[60] Die **ARegV regelt**, in welcher Art und Weise sowie nach welchen Methoden und Verfahren Anreize für eine effiziente Leistungserbringung durch die Netzbetreiber gesetzt werden sollen.

53 Der grundlegende Unterschied in der Anreizregulierung besteht in der zeitweisen **Entkopplung der Erlöse von den Kosten** des Netzbetreibers.[61] Dies erfolgt durch die Vorgabe individueller Erlösobergrenzen, die im Grundsatz von der Entwicklung der Kosten losgelöst ist. Die Erlösobergrenzen werden bereits für zukünftige Jahre festgelegt und dürfen nur unter bestimmten Bedingungen und nach genauen Vorgaben angepasst werden. Die Regulierungspraxis hat indes frühzeitig aufgezeigt, dass eine Entkoppelung von der Kostenentwicklung über fünf Jahre – genau genommen von bis zu acht Jahren[62] – nicht mehr zu sachgerechten und vor allem verhältnismäßigen Netzentgelten führt. Folgerichtig haben die ARegV-Novellen auch jeweils zu Durchbrechungen dieses Grundprinzips der Entkoppelung von Kosten und Erlösen geführt. Dies gilt insbesondere für die Einführung des Kapitalkostenabgleichs mit der ARegV-Novelle aus dem Jahre 2016.[63]

2. Festlegung von Erlösobergrenzen

54 Die Erlösobergrenze bestimmt den zulässigen, netzentgeltbezogenen Gesamterlös eines Netzbetreibers pro Kalenderjahr, § 4 Abs. 1 ARegV. Diese Methode (sog. revenue cap) ist, wie § 21a Abs. 2 EnWG zeigt, nicht zwingend. Alternativ sieht die gesetzliche Regelung die Möglichkeit der Bestimmung einer Preisobergrenze (sog. price cap) vor.

---

60 Ausführlich Theobald/Kühling/*Hummel*, Einf ARegV.

61 Siehe BNetzA, Bericht nach § 112a EnWG, Rn 145; *Ludwigs*, NVwZ 2008, 954; *Säcker/Meinzenbach*, RdE 2009, 1, 14.

62 Das Basisjahr für eine Regulierungsperiode liegt drei Jahre vor deren Beginn; die Kosten des Basisjahres 2021 für Strom bilden die Grundlage der Erlösobergrenzen für die Jahre 2024–2028.

63 Siehe oben unter Rn 51.

Die **Festlegung** der **Erlösobergrenzen** für jedes Kalenderjahr der Regulierungsperiode erfolgt durch die für den Netzbetreiber zuständige Regulierungsbehörde. Die Dauer einer Regulierungsperiode beträgt gemäß § 3 Abs. 2 ARegV fünf Jahre. Zur Entlastung sowohl der betroffenen Unternehmen als auch der zuständigen Behörden sind die Regulierungsperioden für Strom- und Gasnetzbetreiber um ein Jahr versetzt.[64] Das aufwendige und mehrere Jahre andauernde Verfahren zur Festlegung der Erlösobergrenzen wird von Amts wegen eröffnet. Der Abschluss des Verfahrens hat nach den Vorgaben der Verordnung **vor Beginn der Regulierungsperiode** zu erfolgen. Dies gelingt in der Regulierungspraxis leider immer seltener.

Maßgebende Vorschriften für die **Ermittlung der Erlösobergrenzen** sind die 55
§§ 5 bis 16, 19, 22, 24 und 25 ARegV. Die Vorgaben aus diesen Vorschriften sind in der Berechnungsgrundlage für die Bestimmung der Erlösobergrenze nach § 7 i.V.m. Anlage 1 ARegV, der sog. Regulierungsformel, berücksichtigt.[65] Die Veröffentlichung der Netzentgelte erfolgt gemäß § 20 Abs. 1 S. 1 EnWG spätestens bis zum 15.10. des Vorjahres. Dabei können auch lediglich vorläufige Entgelte veröffentlicht werden, sofern noch nicht alle Daten für eine endgültige Ermittlung der Netzentgelte vorliegen. Dies ist in der Regulierungspraxis regelmäßig der Fall, da häufig noch Bescheide der zuständigen Regulierungsbehörden ausstehen und die Netzbetreiber insoweit Annahmen treffen müssen. Für die Netzkunden ist dies insoweit ärgerlich, da Änderungen zum endgültigen Preisblatt sachgerechte Preiskalkulationen erschweren. Da die Erlösobergrenzen ohnehin im Nachhinein über das Regulierungskonto[66] ausgeglichen werden, entsteht jedenfalls insoweit kein wirtschaftlicher Nachteil für die Netzkunden.

a) Ausgangsniveau

Die Bestimmung der Erlösobergrenzen erfolgt zunächst auf **Basis einer kosten-** 56
basierten Netzkostenermittlung nach Maßgabe der Strom-/GasNEV.[67] Nach § 6 Abs. 1 S. 3 ARegV wird die **Kostenprüfung** im vorletzten Kalenderjahr vor Beginn der Regulierungsperiode auf der Grundlage der Daten des letzten abgeschlossenen Geschäftsjahres, dem sog. **Basisjahr**, durchgeführt. Das Ergebnis der Kostenprüfung stellt gemäß § 6 ARegV das **Ausgangsniveau** dar, das die Basis für die Erlösobergrenzenermittlung bildet.[68] Insoweit handelt es sich auch bei dem in der ARegV normierten Verfahren der Anreizregulierung grundsätzlich um ein Verfahren kostenorientierter Entgeltbildung i.S.v. § 21 Abs. 2 S. 1 EnWG.

---

64 Um dies zu erreichen, sah § 34 Abs. 1b ARegV für die 1. Regulierungsperiode Gas lediglich einen Zeitraum von vier Jahren vor.
65 *Koenig/Kühling/Rasbach*, Energierecht, S. 120.
66 Dazu unter Rn 88ff.
67 Vgl. zur Netzkostenermittlung unten unter Rn 93ff.
68 Britz/Hellermann/Hermes/*Groebel*, § 21a EnWG Rn 18.

57 Das Basisjahr, auch als Fotojahr bezeichnet, stellt dabei die Grundlage für die regulatorische Kostenprüfung dar. Der Begriff des Basisjahres, der in § 6 Abs. 1 S. 4 ARegV eingeführt worden ist, verdeutlicht bereits sprachlich, dass die Erlösobergrenzen für eine Regulierungsperiode auf der Grundlage der Kosten eines konkreten, abgeschlossenen Geschäftsjahres beruhen. Solche Kosten aus dem Basisjahr, die dem Grunde oder der Höhe nach auf einer **Besonderheit des Geschäftsjahres** beruhen, bleiben indessen bei der Bestimmung des Ausgangsniveaus nach § 6 Abs. 2 S. 1 ARegV unberücksichtigt. Diese Regelung soll verhindern, dass für das Basisjahr Kosten angesetzt und im Ausgangsniveau berücksichtigt werden, die lediglich auf besonderen, in gewissem Sinne einmaligen Ereignissen beruhen. Denn in der Anreizregulierung bleibt das Ausgangsniveau aus dem Basisjahr für die Dauer einer Regulierungsperiode von fünf Jahren maßgeblich. Dies rechtfertigt es, Besonderheiten, die zufällig in einem Jahr vorlagen, auszublenden. Die häufig anzutreffende Praxis der Regulierungsbehörden, für die Ermittlung etwaiger Besonderheiten lediglich auf einen Durchschnittswert aus den Vorjahren abzustellen, wird allerdings den Anforderungen, die die Rechtsprechung an die Auslegung der Vorschrift hinsichtlich laufend anfallender Kosten des Netzbetriebs stellt, nicht gerecht.[69]

b) Kostenbestandteile in der Erlösobergrenze

58 Die Erlösobergrenze setzt sich gemäß der Formel aus Anlage 1 zu § 7 ARegV aus vier unterschiedlichen Kostenbestandteilen zusammen:
- dauerhaft nicht beeinflussbare Kostenanteile, § 11 Abs. 1 i. V. m. § 11 Abs. 2 ARegV,
- vorübergehend nicht beeinflussbare Kostenanteile, § 11 Abs. 1 i. V. m. § 11 Abs. 3 ARegV,
- beeinflussbare Kostenanteile, § 11 Abs. 4 ARegV und
- volatile Kostenanteile.

59 Beeinflussbare und unbeeinflussbare **Kostenbestandteile** kennt bereits § 21a Abs. 4 S. 1 EnWG. Die im Wege der Anreizregulierung vorgegebenen Effizienzvorgaben für die Netzbetreiber betreffen allein die beeinflussbaren Kostenanteile nach § 11 Abs. 4 ARegV. Diese Kostenanteile stellen nach der Systematik der Regulierungsformel veränderbare Ineffizienzen dar und sind von den Netzbetreibern über den Verlauf der Regulierungsperiode abzubauen.

69 Vgl. BGH, Beschl. v. 25.4.2017 – EnVR 57/15, Rn 22 – ZNER 2018, 49 ff.; OLG Düsseldorf, Beschl. v. 4.7.2018 – 3 Kart 82/15, Rn 84 – BeckRS 2018, 21739; OLG Schleswig, Beschl. v. 9.9.2019 – 53 Kart 4/18 – IR 2019, 302 f.

c) Effizienzwert

Der jeweilige **Anteil der beeinflussbaren Kosten** eines Netzbetreibers, die im Laufe einer Regulierungsperiode abzubauen sind, wird im Wege eines **Effizienzvergleichs** nach Maßgabe der §§ 12 bis 14 ARegV ermittelt. Mit diesem relativen Vergleich zwischen den Netzbetreibern sollen die individuellen Ineffizienzen eines Netzbetreibers identifiziert und im Wege der Vorgabe **individueller Effizienzvorgaben** über die Dauer einer Regulierungsperiode abgebaut werden. Der **Effizienzvergleich** erfolgt dabei gemäß § 13 Abs. 1 ARegV unter Berücksichtigung von **Aufwands- und Vergleichsparametern**. 60

- Bei den **Aufwandsparametern** handelt es sich um die nach § 12 Abs. 4a und § 14 ARegV ermittelten Kosten; von den ermittelten Gesamtkosten sind die sog. dauerhaft nicht beeinflussbaren Kostenanteile abzuziehen (sog. bereinigte Gesamtkosten).
- Die **Vergleichsparameter** werden in § 13 Abs. 3 ARegV bestimmt; als Vergleichsparameter kommen Parameter zur Beschreibung der Versorgungsaufgabe und der Gebietseigenschaften in Betracht. Die Parameter müssen geeignet sein, die Belastbarkeit des Effizienzvergleichs zu stützen. Dies ist insbesondere bei exogenen Parametern, also solchen, die nicht durch Entscheidungen des Netzbetreibers bestimmbar sind, der Fall. Ferner sollten sie messbar oder mengenmäßig erfassbar sein.

Im Zuge der ARegV-Reform 2016 wurde in § 13 Abs. 3 S. 4 ARegV die nicht abschließende Liste der möglichen Vergleichsparameter bearbeitet und durch eine neue Nr. 7 erweitert. Durch die Auswahl der Vergleichsparameter soll nunmehr auch die **„Heterogenität der Aufgaben der Netzbetreiber** möglichst weitgehend abgebildet werden", vgl. § 13 Abs. 3 S. 8 ARegV. Gleichzeitig wurde § 13 Abs. 4 ARegV (a. F.) aufgehoben, wonach für die 1. und 2. Regulierungsperiode gewisse **Pflichtparameter** vorgesehen waren. Die Vorgabe von Pflichtparametern wurde nicht verlängert, da sich herausgestellt hatte, dass bei der Vorgabe sog. Pflichtparameter die Gefahr besteht, dass diese die Versorgungsaufgabe und die relevanten Unterschiede in der Gebietsstruktur der Netzbetreiber nicht eindeutig wiedergeben.[70] 61

Der Effizienzvergleich wurde für die ersten drei Regulierungsperioden von der BNetzA – mit Unterstützung von externen Gutachtern – bundesweit durchgeführt. Die in der Anlage 2 zur ARegV vorgesehenen **Vergleichsmethoden (DEA, SFA)** sehen dabei eine Ausrichtung am effizientesten Netzbetreiber vor (sog. **Frontier-Ansatz**). Der **Mindesteffizienzwert** wird gemäß § 12 Abs. 4 S. 1 ARegV auf 60 % festgelegt.[71] 62

Die Durchführung des Effizienzvergleichs der Verteilernetzbetreiber (VNB) Gas für die 2. Regulierungsperiode hat der BGH mit Beschlüssen vom 12.6.2018 als rechts- 63

70 Hierzu jeweils kurze Erläuterungen in der Regierungsvorlage, BR-Drucks. 296/16, S. 38 f.

71 Zum System des Effizienzvergleichs ausführlich Theobald/Kühling/*Hummel*, Einf ARegV.

widrig eingestuft und die BNetzA zur **Neuberechnung der Effizienzwerte** der beschwerdeführenden Netzbetreiber aufgefordert.[72] Nach Auffassung des BGH war die Einbeziehung der ehemaligen regionalen Fernleitungsnetzbetreiber in den Effizienzvergleich der Verteilernetzbetreiber Gas zwar nicht zu beanstanden, jedoch war die von der BNetzA vorgenommene Schätzung des in der 2. Regulierungsperiode zwingend zu verwendenden Vergleichsparameters der versorgten Fläche bei den in Rede stehenden Netzbetreibern nicht sachgerecht.

64 Eine **Anpassung** des auf diesem Wege ermittelten **Effizienzwertes** erfolgt im Fall unternehmensindividueller Besonderheiten im Wege der Ermittlung eines **bereinigten Effizienzwertes nach § 15 ARegV**. Durch eine Verschärfung dieser Norm im Jahre 2013,[73] die bereits zuvor sehr restriktiv von den Behörden ausgelegt wurde, dürfte sie zukünftig praktisch kaum mehr eine Rolle spielen. Dies ist sehr kritisch zu bewerten, da die Kostentreiberanalyse im Effizienzvergleichsverfahren nur auf solche Kostentreiber reagiert, die über den gesamten Datensatz als statistisch signifikant erkannt werden. Die Besonderheiten einzelner Netzbetreiber oder Netzbetreibergruppen werden folglich nicht mehr in einem ausreichenden Maße berücksichtigt. Dies dürfte gegen die gesetzliche Vorgabe des Gebots verstoßen, dass die den Netzbetreibern abgeforderten Effizienzvorgaben auch erreichbar und sogar übertreffbar sein müssen.

65 Zur **Bestimmung** der **Ineffizienz** sind zunächst die Gesamtkosten heranzuziehen. Gesamtkosten sind die im Wege der Kostenprüfung nach § 6 Abs. 1 ARegV ermittelten Kosten. Von den Gesamtkosten werden die dauerhaft nicht beeinflussbaren Kosten abgezogen (sog. bereinigte Gesamtkosten). Dieser Wert für die bereinigten Gesamtkosten ist Grundlage der Effizienzermittlung. Die Ineffizienz gemäß § 15 Abs. 3 ARegV wird über die Multiplikation der bereinigten Gesamtkosten mit der Differenz aus Hundert und dem Effizienzwert berechnet. Dieser Anteil der Kosten wird als beeinflussbare Kosten oder als sog. ineffiziente Kosten bezeichnet.

66 Parallel dazu ist eine Effizienzwertermittlung auf der Basis einer Vergleichbarkeitsrechnung nach § 14 Abs. 1 Ziff. 3 ARegV durchzuführen. Die Kapitalkosten zur Durchführung des Effizienzvergleichs sollen so bestimmt werden, dass ihre Vergleichbarkeit möglichst gewährleistet ist und Verzerrungen berücksichtigt werden, wie sie insbesondere durch unterschiedliche Altersstruktur der Anlagen, Abschreibungs- und Aktivierungspraktiken entstehen können. Hierzu hat die Regulierungsbehörde eine **Vergleichbarkeitsrechnung** zur Ermittlung von Kapitalkostenannuitäten nach Maßgabe des § 14 Abs. 2 ARegV durchzuführen. Aufgrund der zwei von der Verordnung vorgegebenen Methoden zur Durchführung des Effizienzvergleichs und der gemäß § 14 ARegV zugrunde zu legenden Kostenbasen entstehen so insgesamt vier individuelle Effizienzwerte. Sowohl die zur Anwendung kommenden Methoden DEA und SFA

72 BGH, Beschl. v. 12.6.2018 – EnVR 53/16 – EnWZ 2018, 317; BGH, Beschl. v. 12.6.2018 – EnVR 54/17 – BeckRS 2018, 15489.

73 VO zur Änderung von Verordnungen auf dem Gebiet des Energiewirtschaftsrechts v. 14.8.2013 (BGBl I S. 3250).

als auch die herangezogenen Aufwandsparameter enthalten aufgrund der Komplexität der Materie methodische Unsicherheiten und nicht vermeidbare Datenfehler. Daher sehen die Regelungen in § 12 Abs. 3, 4a ARegV Schutzmechanismen vor, um die gesetzlich gebotene Erreichbarkeit und Übertreffbarkeit der Effizienzvorgaben zu gewährleisten. Bei einer Abweichung der durch diese beiden Methoden und die unterschiedlichen Kostenbasen ermittelten Effizienzwerte ist hiernach der jeweils höhere Wert anzuwenden (sog. „**Best-of-four-Abrechnung**").

Die Festlegung der Erlösobergrenzen gibt den Unternehmen vor, dass die im Effi- 67
zienzvergleich ermittelten **Ineffizienzen innerhalb von einer Regulierungsperiode gleichmäßig und vollständig abgebaut** werden müssen; dies stellt die **individuelle Effizienzvorgabe** für die **Netzbetreiber** dar. § 16 Abs. 1 S. 2 ARegV sah abweichend hiervon für die 1. Regulierungsperiode vor, dass der **Abbau der ermittelten Ineffizienzen erst nach zwei Regulierungsperioden** abgeschlossen sein muss. Seit der 2. Regulierungsperiode erfolgt der Abbau in der Weise, dass die Ineffizienzen zum Ende der jeweiligen Regulierungsperiode vollständig abgebaut sein müssen.

Die Bestimmung der Erlösobergrenzen erfolgt in Anwendung der **Regulierungs-** 68
formel in Anlage 1 zu § 7 ARegV. Aus diesen nach § 32 Abs. 1 Nr. 1 ARegV durch die Regulierungsbehörden festzulegenden **Erlösobergrenzen** hat der Netzbetreiber in der Folge die Netzentgelte selbständig und nach Maßgabe des § 21 Strom-/GasNEV zu ermitteln.

Sondervorschriften für die Ermittlung des Effizienzwertes gelten für Übertra- 69
gungsnetzbetreiber und Fernleitungsnetzbetreiber, § 22 ARegV. Der Effizienzwert der vier Übertragungsnetzbetreiber wird auf der Grundlage eines internationalen Effizienzvergleichs ermittelt. **Fernleitungsnetzbetreiber** unterliegen einem nationalen Effizienzvergleich. Sofern ein solcher nicht möglich sein sollte, könnten sie ebenfalls einem internationalen Vergleich unterzogen werden.

d) Qualitätsvorgaben

Die gesetzlichen Ziele der Energieversorgung stehen in einem Spannungsverhältnis 70
zueinander. Dies liegt für die Ziele der Preisgünstigkeit auf der einen und der Sicherheit der Energieversorgung auf der anderen Seite auf der Hand. Dieses Spannungsverhältnis hat der Gesetzgeber zum Anlass genommen, neben dem (zentralen) Anreizsystem zur Kostensenkung ein weiteres Element im Regulierungsrahmen aufzunehmen, welches verhindert, dass sich der für die Netzbetreiber entstehende Kostendruck einseitig zulasten der Sicherheit und Zuverlässigkeit des Netzbetriebs auswirkt.[74] Um das Ziel einer sicheren Energieversorgung zu gewährleisten, sieht der Verordnungsgeber in § 18 ARegV die Möglichkeit vor, eine **Qualitätsregulierung** einzuführen. Gegenstand einer solchen, dem Anreiz von (reinen) Kostensenkungen entgegenwirkenden

74 Britz/Hellermann/Hermes/*Groebel*, § 21a EnWG Rn 1.

Qualitätsregulierung können sowohl die **Netzzuverlässigkeit** als auch die **Netzleistungsfähigkeit** sein.

71 Ab dem 1.1.2012 ist für den **Strombereich** eine Qualitätsregulierung eingeführt worden, die sich an Netzunterbrechungen und damit an der Netzzuverlässigkeit orientiert. Seitdem bestimmt die BNetzA das Qualitätselement für die einzelnen Netzbetreiber für jeweils zwei oder drei Jahre. Das insoweit „vierte" Qualitätselement umfasste die Kalenderjahre 2019 und 2020. Zukünftig beabsichtigt die BNetzA, das Qualitätselement jährlich zu berechnen, was frühestens für das Kalenderjahr 2021 erfolgen kann.[75] Grundsätzlich können im Zusammenhang mit der Bestimmung des Qualitätselements Festlegungen der Regulierungsbehörden auf „drei Stufen" erlassen werden: Zu Beginn des Verfahrens erfolgt eine Festlegung zur Datenerhebung gemäß § 27 Abs. 1 S. 1 Nr. 4 ARegV, welche noch keine inhaltlichen Bindungswirkungen entfaltet. Darauf kann eine sog. Methodenfestlegung erfolgen, für welche die §§ 19 und 20 ARegV den Rahmen vorgeben.[76] Den Abschluss bildet schließlich die Festlegung des Qualitätselements gegenüber dem einzelnen Netzbetreiber durch die Festlegung eines individuellen Zuschlags oder Abschlags (Bonus/Malus) auf die Erlösobergrenzen gemäß § 4 ARegV.[77]

72 Für die **Netzleistungsfähigkeit** dürfte es deutlich schwieriger werden, geeignete Parameter für eine solche Bewertung zu finden. Es bestehen – auch international – keine praktischen Erfahrungen mit einem auf die Leistungsfähigkeit zugeschnittenen Qualitätselement. Die Netzleistungsfähigkeit ist ferner Gegenstand zahlreicher gesetzlicher Regelungen im Energierecht, sodass kein eindeutiger Anwendungsbereich für ein Qualitätselement verbliebe.

73 Im **Gasbereich** wurde bisher von der Einführung einer Qualitätsregulierung abgesehen, da noch keine geeignete Datengrundlage zur Verfügung steht. Auch spielen Versorgungsunterbrechungen im Gas keine mit dem Strombereich vergleichbare Rolle. Zwar werden Versorgungsunterbrechungen gleichermaßen systematisch erfasst. Während jedoch beim Strom eine Unterbrechung zum sofortigen Ausfall von Verbrauchern führt, sorgen Störungen im Gasfluss zunächst nur für einen sinkenden Gasdruck. Zahlreiche Nutzungen, wie etwa Gasthermen in Privathaushalten, werden durch kurzfristige Unterbrechungen auch nicht in ihrem Betrieb eingeschränkt. Der zeitliche Beginn der Anwendung des Qualitätselements für Gasversorgungsnetze war in § 19 Abs. 2 S. 3 ARegV a. F. zunächst so bestimmt, dass die Anwendung des Qualitätselements erfolgen „soll", und zwar „zur oder im Laufe der zweiten Regulierungsperiode".[78] Im Zuge der ARegV-Reform 2016 wurde diese Anwendungsvorgabe insofern abgeschwächt, dass im Gasbereich nunmehr ein Qualitätselement eingeführt

75 Bericht der BNetzA gem. § 112a Abs. 3 EnWG; BT-Drucks. 18/356, S. 72f.

76 Von einer solchen Methodenfestlegung hat die BNetzA auch teilweise abgesehen und die Methode erst in den finalen Bescheiden gegenüber den einzelnen Netzbetreibern bestimmt.

77 Theobald/Kühling/*Hummel*, § 19 ARegV Rn 5ff.

78 So die amtliche Begründung der Regierungsvorlage von 2007, BR-Drucks. 417/07, S. 62.

werden „kann" und zwar „im Laufe der zweiten oder zu Beginn oder im Laufe einer späteren Regulierungsperiode".[79]

e) Genereller sektoraler Produktivitätsfaktor

Bei der **Erlösobergrenzenfestlegung** ist nach § 9 Abs. 1 ARegV der sog. **generelle sektorale Produktivitätsfaktor** (**GSP**) zu berücksichtigen. Nach § 21a Abs. 4 S. 7 EnWG müssen die Vorgaben für die Entwicklung oder Festlegung der Lösung begrenzt innerhalb einer Regulierungsperiode den Ausgleich der allgemeinen Geldentwertung unter Berücksichtigung eines generellen sektoralen Produktivitätsfaktors vorsehen. Zu diesem Zweck kann der Verordnungsgeber nach § 21a Abs. 6 S. 2 Nr. 5 EnWG Regelungen zum Verfahren bei der Berücksichtigung der Inflationsrate unter Einbeziehung der Besonderheiten der Einstandspreisentwicklung und des Produktivitätsfortschritts in der Netzwirtschaft erlassen. In Umsetzung dieser Ermächtigungsgrundlage regelt § 9 Abs. 1 und 3 ARegV die Festsetzung eines generellen sektoralen Produktivitätsfaktors durch die BNetzA, welcher nach der Regulierungsformel in Anlage 1 zu § 7 ARegV den gemäß § 8 ARegV berechneten Wert der allgemeinen Geldwertentwicklung modifiziert.[80] Die allgemeine Geldwertentwicklung wird nach § 8 ARegV unter Bezugnahme auf den Verbraucherpreisgesamtindex (VPI) bestimmt und auch als Inflationsrate bezeichnet. 74

Der GSP hat bereits eine bewegte Geschichte hinter sich. Nachdem seitens der Netzbetreiber mit Erfolg bezweifelt worden war, dass eine derartige Regelung von der seinerzeit im Gesetz enthaltenen **Verordnungsermächtigung** gedeckt war,[81] hat der Gesetzgeber nach dieser höchstrichterlichen Entscheidung die Verordnungsermächtigung den Anforderungen angepasst.[82] Obwohl dieses „Reparaturgesetz" keinen Hinweis auf eine rückwirkende Anwendung enthielt, ist eine solche von der Rechtsprechung angenommen worden.[83] Durch weitere Entscheidungen des BGH ist die Anwendung des § 9 ARegV in rechnerischer Hinsicht für die Praxis im Wesentlichen geklärt. Neue Fragen werden bei der Bestimmung des generellen sektoralen Produktivitätsfaktors für den Zeitraum ab der 3. Regulierungsperiode auftreten.[84] 75

Der **GSP-Wert** wird nach § 9 Abs. 1 ARegV ermittelt, indem die Abweichung des netzwirtschaftlichen Produktivitätsfortschritts vom gesamtwirtschaftlichen Produktivitätsfortschritt und der gesamtwirtschaftlichen Einstandspreisentwicklung von der 76

79 BR-Drucks. 296/16, S. 40.
80 BGH, Beschl. v. 31.1.2012 – EnVR 16/10 – juris, Rn 21.
81 BGH, Beschl. v. 28.6.2011 – EnVR 48/10 – RdE 2011, 308; BGH, Beschl. v. 28.6.2011 – EnVR 34/10 – IR 2011, 206.
82 Holznagel/Schütz/*Dichtl-Rebling*/*Kresse*/*Schneider*, § 9 ARegV Rn 231ff.; zum Gesetzgebungsverfahren kritisch *Koenig*, N&R 2012, 183f.
83 BGH, Beschl. v. 31.1.2012 – EnVR 16/10 – ZNER 2012, 272 = N&R 2012, 174.
84 Theobald/Kühling/*Hummel*, § 9 ARegV Rn 3.

netzwirtschaftlichen Einstandspreisentwicklung ermittelt wird.[85] Für die ersten beiden Regulierungsperioden ist der Wert mit 1,25 bzw. 1,5 % durch den Verordnungsgeber festgesetzt worden. Für die laufende 3. und zukünftige Regulierungsperioden ist der Wert von der BNetzA zu ermitteln; denn § 9 Abs. 3 S. 1 ARegV gibt vor, dass die BNetzA den generellen sektoralen Produktivitätsfaktor ab der 3. Regulierungsperiode jeweils vor Beginn der Regulierungsperiode für die gesamte Regulierungsperiode nach **Maßgabe von Methoden**, die dem **Stand der Wissenschaft** entsprechen, zu ermitteln hat. Die LRegB können bei der Bestimmung der Erlösobergrenzen den durch die BNetzA ermittelten generellen sektoralen Produktivitätsfaktor anwenden, § 9 Abs. 4 ARegV.

77 Mit Beschlüssen vom 21.2.2018 (BK 4-17-093 – Gas) sowie vom 28.11.2018 (BK-4-18-056 – Strom) hat die BNetzA den GSP i. H. v. **0,49 % für Betreiber von Gasversorgungsnetzen** und i. H. v. **0,90 % für Betreiber von Elektrizitätsversorgungsnetzen** festgelegt. Die Festlegung gilt dabei für die jeweilige 3. Regulierungsperiode. Aufgrund zahlreicher Unzulänglichkeiten – insbesondere auch im Ablauf des Verfahrens betreffend den Gasbereich – im Verwaltungsverfahren und der fundamentalen Kritik an der Vorgehensweise der BNetzA, haben zahlreiche Netzbetreiber gegen diese Festlegungen eine Beschwerde eingelegt. Mit Entscheidungen vom 10.7.2019[86] und 18.12.2019[87] hat das OLG Düsseldorf den Beschluss der BNetzA vom 21.2.2018 betreffend die Festlegung des GSP Gas aufgehoben und die Behörde verpflichtet, den Wert erneut zu ermitteln. Die dagegen erhobenen Rechtsbeschwerden sind zu Redaktionsschluss noch beim BGH anhängig.

f) Kapitalkostenabgleich für Verteilernetzbetreiber

78 Seit Beginn der 3. Regulierungsperiode gelten für Verteilernetzbetreiber die Regelungen der ARegV-Novelle 2016 zum Kapitalkostenabgleich. Diese Veränderung im regulatorischen Rahmen stellt die bedeutendste Veränderung der Vorgaben für die Anreizregulierung seit deren Bestehen dar. Für den wirtschaftlich bedeutenden Bereich der Kapitalkosten, der bei Netzbetreibern als Infrastrukturanbietern bis zur Hälfte der gesamten Netzkosten ausmachen kann, kommt es durch den **Kapitalkostenabgleich** letztlich wieder zu einer vornehmlich kostenorientierten Regulierung. Statt einer Entkoppelung der Erlöse von den Kosten findet für Kapitalkosten vielmehr eine jahresscharfe Weitergabe dieser Kosten in den Erlösobergrenzen statt.[88] Für Verteilernetzbetreiber findet ein jährlicher Abgleich statt, sodass die Erlösobergrenze an die

85 Im Einzelnen Holznagel/Schütz/*Dichtl-Rebling*/*Kresse*/*Schneider*, § 9 ARegV Rn 45 ff.

86 OLG Düsseldorf, Beschl. v. 10.7.2019 – VI-3 Kart 721/18 (V) – RdE 2019, 510 ff.

87 OLG Düsseldorf, Beschl. v. 18.12.2019 – VI-3 Kart 401/18 (V) – n. v.

88 Entsprechend intensiv ist auch um diese Regelung im Vorfeld politisch gerungen worden. Schließlich hat sich die Einsicht durchgesetzt, dass die aktuellen Anforderungen an Netzbetreiber nicht ohne eine Anpassung des Regulierungsrahmens hätten bewältigt werden können.

Veränderungen der Kapitalkosten angepasst wird. In die vor Beginn der Regulierungsperiode festgelegte Erlösobergrenze fließen zwar die Kapitalkosten mit dem Stand des Basisjahres ein. Dieses Ausgangsniveau wird indes von vornherein durch den Kapitalkostenabzug gemäß § 6 Abs. 3 ARegV reduziert. Der Kapitalkostenabzug berücksichtigt die Fortschreibung der Kapitalkosten, bei denen es durch im Zeitverlauf absinkende kalkulatorische Restwerte zu reduzierten Kapitalkosten kommt.[89] Vollständig entfallen die Kapitalkosten für Sachanlagevermögen, für welches die kalkulatorischen Nutzungsdauern abgelaufen sind.[90] Diese fundamentale Änderung führt für die Kapitalkosten zu einer Abkehr vom Budgetprinzip. Der Kapitalkostenabgleich setzt sich aus zwei Elementen zusammen, dem Kapitalkostenaufschlag einerseits und dem Kapitalkostenabzug andererseits.

Der mit der ARegV-Novelle im Jahre 2016 neu eingeführte § 10a ARegV regelt den Kapitalkostenaufschlag. Dieses Instrument dient dazu, den Anstieg der Kapitalkosten abzubilden, der sich aus den nach dem Basisjahr getätigten Investitionen ergibt. Dieses wesentliche Element der ARegV-Novelle wurde vom Verordnungsgeber mit der Zielsetzung eingeführt, Kapitalkosten aus Investitionen, die nach dem Basisjahr vom Netzbetreiber getätigt werden und daher nicht in die Festlegung der Erlösobergrenze der nächsten Regulierungsperiode eingeflossen sind (Neuinvestitionen), ohne Zeitverzug und ohne Unterscheidung zwischen Ersatz- und Erweiterungsinvestitionen in der Erlösobergrenze zu berücksichtigen.[91] Bei der Ermittlung des durch § 10a ARegV eingeführten Kapitalkostenaufschlags sind ausschließlich solche Kapitalkosten zu berücksichtigen, die für Neuinvestitionen in dem Kalenderjahr anfallen, für das der Aufschlag beantragt wird. Früher entstandene Kapitalkosten können dagegen nicht berücksichtigt werden. Soweit die Kapitalkosten der sog. Zwischenjahre, also zwischen dem Basisjahr der 3. Regulierungsperiode und deren Beginn im Jahre 2018 (Gas) und 2019 (Strom), betroffen sind, hat der BGH die Genehmigung eines Kapitalkostenaufschlags für diesen Zeitraum abgelehnt.[92] Weiter sieht § 5 Abs. 1a ARegV[93] den Abgleich von Plankosten mit Ist-Kosten vor, wonach der Netzbetreiber die Differenz aus dem genehmigten Kapitalkostenaufschlag nach § 10a ARegV und dem Kapitalkostenaufschlag, wie er sich bei der Berücksichtigung der tatsächlich entstandenen Kapitalkosten ergibt, zu ermitteln hat. Der anzuwendende Zinssatz nach § 10a Abs. 8 ARegV ist derjenige, der im Basisjahr für die Berechnung der Erlösobergrenze der jeweils nächsten Regulierungsperiode maßgeblich ist.[94] Inzwischen hat der Verordnungsgeber dies durch eine redaktionelle Anpassung der Vorschrift klargestellt.[95] 79

89 Theobald/Kühling/*Hummel*, § 10a ARegV Rn 5f.
90 Für die jeweils anzusetzenden Nutzungsdauern vgl. Anlage 1 (zu § 6 Abs. 5 S. 1 Strom-/GasNEV).
91 BR-Drucks. 296/16, S. 34.
92 BGH, Beschl. v. 5.5.2020 – EnVR 59/19 – RdE 2020, 404ff. – Kapitalkostenaufschlag I.
93 Abs. 1a eingefügt mit VO v. 14.9.2016 (BGBl. I S. 2147).
94 OLG Düsseldorf, Beschl. v. 7.3.2019 – VI-5 Kart 49/18 (V) – EnWZ 2019, 183.
95 VO v. 14.3.2019 (BGBl. 2019 I S. 333).

g) Vereinfachtes Verfahren

80 Die Regelung des § 24 Abs. 1 ARegV sieht für Netzbetreiber, an deren Gasverteilernetz weniger als 15.000 Kunden oder an deren Elektrizitätsverteilernetz weniger als 30.000 Kunden unmittelbar oder mittelbar angeschlossen sind, die Möglichkeit zur Teilnahme an einem sog. vereinfachten Verfahren nach Maßgabe des § 24 Abs. 2 ARegV vor. Wie der Kundenbegriff zu verstehen ist, wird in der ARegV nicht normiert. Die Rechtsprechung hat die Frage dahingehend beantwortet, dass die Anzahl der Zählpunkte und nicht lediglich die Anzahl der Netzanschlüsse maßgeblich ist, sodass auch die mittelbar angeschlossenen Kunden für die Ermittlung der Kundenzahl heranzuziehen sind.[96] Reformbestrebungen, die zuvor genannten Schwellenwerte abzusenken, sind bisher gescheitert. Mit Blick auf die bereits aktuell zu beobachtende Komplexität des Regulierungssystems und die auch damit in Zusammenhang stehende Überlastung der Behörden, die mitunter zu erheblichen zeitlichen Verzögerungen der laufenden regulatorischen Verfahren führt, sollte von derlei Erwägungen auch eher Abstand genommen werden.

81 Im vereinfachten Verfahren erfolgte in der 1. Regulierungsperiode ein **pauschaler Ansatz des Effizienzwertes von 87,5 %**; ab der 2. Regulierungsperiode kommt jeweils der gewichtete durchschnittliche Effizienzwert aus dem Effizienzvergleich der vorangegangen Regulierungsperiode zum Ansatz. Damit wird sichergestellt, dass sich der Effizienzwert für Unternehmen im vereinfachten Verfahren jedenfalls grundsätzlich an der (durchschnittlichen) Entwicklung der Effizienzwerte der gesamten Branche orientiert.

! **Praxishinweis**
Die Regulierungsbehörden haben den Effizienzwert für die 2. Regulierungsperiode für Unternehmen im vereinfachten Verfahren auf 96,14 % (Strom) und auf 89,97 % (Gas) festgelegt. Die gemittelten Effizienzwerte für die 3. Regulierungsperiode betragen 96,69 % (Strom) und 93,46 % (Gas).[97] Für die nachfolgende 4. Regulierungsperiode laufen die maßgeblichen Veröffentlichungsfristen zum 1.1.2021 (Gas) und 1.1.2022 (Strom). Die derzeit nur als Abschätzung ermittelten Effizienzwerte liegen bei 96,92 % (Strom) und 92,21 % (Gas). Bemerkenswert ist dabei der leicht verschlechterte Wert für den Gasbereich.

82 Mit der ARegV-Reform 2016[98] wurde in § 24 Abs. 2 S. 3 ARegV der pauschalierte Ansatz für dauerhaft nicht beeinflussbare Kostenanteile auf lediglich 5 % der Gesamtkosten statt der zuvor angesetzten 45 % verringert. In diesem Zusammenhang wurde dieser pauschale Ansatz aber auch nur noch auf bestimmte dauerhaft nicht beeinflussbare

---

96 OLG Nürnberg, Beschl. v. 31.3.2009 – 1 W 988/08 – IR 2009, 156 f.; Rechtsbeschwerde wurde zurückgenommen, siehe BGH, Beschl. v. 20.4.2010 – EnVR 20/09 – BeckRS 2010, 10581.
97 Theobald/Kühling/*Hummel*, § 24 ARegV Rn 42c.
98 VO v. 14.9.2016 (BGBl. I S. 2147).

Kostenanteile bezogen. Im **vereinfachten Verfahren** entfallen eine Reihe von Auskunfts- und Mitteilungspflichten. Die Teilnahme am vereinfachten Verfahren ist freiwillig; sie wird von der zuständigen Behörde nur auf Antrag gewährt. Der Antrag zur Teilnahme am vereinfachten Verfahren ist gemäß § 24 Abs. 4 S. 1 ARegV bis zum 31.3. des vorletzten Kalenderjahres vor Beginn derjenigen Regulierungsperiode zu stellen, in der der Netzbetreiber am vereinfachten Verfahren teilnehmen möchte.

Praxishinweis !
Netzbetreiber, die sich für das vereinfachte Verfahren entscheiden, haben daher für die 4. Regulierungsperiode ihren Antrag bis zum 31.3.2022 (Strom) und bis zum 31.3.2021 (Gas) zu stellen.

3. Anpassungsmöglichkeiten der Erlösobergrenze

Die Vorschriften der ARegV sehen **Anpassungsmöglichkeiten in Bezug auf die Er-** 83
lösobergrenzen während einer Regulierungsperiode vor. Systematisch sind diese Anpassungen als Abweichung vom Grundsatz der Entkopplung der Kosten von den Erlösen einzuordnen. Die in dem Festlegungsbescheid bestimmten Erlösobergrenzen sind nicht endgültiger Natur. Vielmehr ergibt sich die endgültige Erlösobergrenze erst nach den weiteren zur Anpassung der Erlösobergrenze vorgesehenen Schritten, § 4 Abs. 2 S. 2 ARegV. So sieht § 4 Abs. 3 bis 5 ARegV verschiedene Möglichkeiten zur Anpassung im Laufe der Regulierungsperiode vor, welche teils durch den Netzbetreiber, teils durch die zuständige Regulierungsbehörde auf Antrag oder von Amts wegen erfolgen.

a) Anpassungen nach § 4 Abs. 3 ARegV

Nach § 4 Abs. 3 Nr. 1 ARegV führen eine **Änderung des Verbraucherpreisindexes** 84
und nach § 4 Abs. 3 Nr. 2 ARegV **Änderungen nicht beeinflussbarer Kostenanteile** zu einer durch den Netzbetreiber selbst vorzunehmenden Anpassung der Erlösobergrenze. Auf die Mitwirkung der Regulierungsbehörde kommt es in diesem Fall nicht an, vgl. § 4 Abs. 3 S. 2 ARegV. Der Netzbetreiber ist jedoch verpflichtet, die Regulierungsbehörde über die Änderung der Erlösobergrenze zu informieren, § 28 S. 1 Nr. 1 ARegV. Zudem veröffentlicht die BNetzA regelmäßig Hinweise zur Anpassung der Erlösobergrenze nach § 4 Abs. 3 ARegV.[99] Der materielle Abgleich und damit die Prüfung der Richtigkeit dieser Anpassungen erfolgt nach Ablauf des jeweiligen Kalenderjahres über das Regulierungskonto.[100]

99 Vgl. zuletzt etwa BNetzA, Hinweise für Verteilernetzbetreiber Elektrizität zur Anpassung der Erlösobergrenze und zur Bildung der Netzentgelte für das Kalenderjahr 2021.
100 Vgl. dazu unter Rn 88 ff.

b) Anpassungen nach § 4 Abs. 4 ARegV

85 In § 4 Abs. 4 ARegV finden sich die Konstellationen zur Anpassung der Erlösobergrenze, die jeweils auf Antrag des Netzbetreibers durch die zuständige Regulierungsbehörde erfolgt.

86 Der Antrag auf Anpassung der Erlösobergrenze nach Maßgabe des § 10 ARegV auf Ansatz eines Erweiterungsfaktors für Verteilernetzbetreiber kann seit Beginn der 3. Regulierungsperiode nicht mehr gestellt werden. Zwar ist § 10 ARegV unverändert im Text der Verordnung erhalten geblieben. Doch wurde der Erweiterungsfaktor für Verteilernetzbetreiber im Rahmen der ARegV-Reform 2016 durch den neuen Kapitalkostenabgleich für Verteilernetzbetreiber – bestehend aus dem Kapitalkostenabzug gemäß § 6 Abs. 3 ARegV und dem Kapitalkostenaufschlag gemäß § 10a ARegV – abgelöst. Demgemäß bestimmt § 34 Abs. 7 S. 1 ARegV, dass § 10 ARegV ab der 3. Regulierungsperiode nicht mehr anzuwenden ist.[101] Daraus resultierend kann der Netzbetreiber nunmehr beantragen, dass eine Anpassung nach Maßgabe des § 10a ARegV erfolgt, bei welcher es sich um die Genehmigung des zuvor beantragten Kapitalkostenaufschlags handelt.

87 § 4 Abs. 4 S. 1 Nr. 1a, S. 3 ARegV gewährt dem Netzbetreiber die Möglichkeit eines Antrags auf Auflösung des Regulierungskontosaldos und § 4 Abs. 4 S. 1 Nr. 2 ARegV sieht schließlich eine Härtefallregelung für den Netzbetreiber vor, wonach dieser durch Antrag geltend machen kann, dass die Beibehaltung der bisher festgelegten Erlösobergrenzen für ihn wegen eines unvorhersehbaren Ereignisses eine nicht zumutbare Härte darstellen würde.

c) Anpassungen nach § 5 ARegV: Regulierungskonto

88 Über das in § 5 Abs. 1 ARegV normierte **Regulierungskonto** werden drei Arten von Abweichungen ausgeglichen: zum einen **Differenzen**, die sich in erster Linie aus Mengenabweichungen **gegenüber** den nach § 4 ARegV **zulässigen Erlösen** ergeben (Abs. 1 S. 1). Zum anderen wird die **Abweichung** der **prognostizierten Kosten von den Ist-Kosten** bei ausgewählten Kostenbestandteilen (Abs. 1 S. 2)[102] berücksichtigt sowie die **Abweichung** zwischen den Ist-kosten und den insoweit zulässigen **Erlösen bei Messstellenbetrieb und Messung** (Abs. 1 S. 3).[103] Nach § 5 Abs. 1 S. 2 ARegV dient das Regulierungskonto für die dort aufgeführten Nummern des § 11 Abs. 2 ARegV, also die dauerhaft nicht beeinflussbaren Kostenanteile, dem Ausgleich der prognostizierten Kosten mit den Ist-Kosten. Dies sind diejenigen Kostenanteile, für die bei der Bildung der Erlösobergrenze eines Kalenderjahres nicht die Ist-Kosten des

---

101 Ausführlich Theobald/Kühling/*Hummel*, § 4 ARegV Rn 54.

102 Eingefügt mit VO zur Änderung der ARegV v. 14.3.2012 (BGBl. I S. 489).

103 Eingefügt mit VO zum Erlass von Regelungen über Messeinrichtungen im Strom- und Gasbereich v. 17.10.2008 (BGBl. I S. 2006 ff.).

vorletzten Kalenderjahres maßgeblich, sondern gemäß § 4 Abs. 3 S. 1 Nr. 2 Hs. 3 ARegV Planwerte für das laufende Kalenderjahr anzusetzen sind. Der Abgleich von Plankosten und Ist-Kosten ist auch für Kosten nach § 11 Abs. 5, also für volatile Kostenanteile, vorzunehmen.[104] Im Hinblick auf Abweichungen von Kosten und Erlösen aus dem Bereich des Messwesens ist die praktische Umsetzung unklar. Wenngleich sich der Anwendungsbereich der Vorschrift bezogen auf den modernen Messstellenbetrieb etwas konkretisiert hat, zeigt die aktuelle Regulierungspraxis, dass hier noch reichlich Klärungsbedarf besteht.[105]

Mit der ARegV-Novelle im Jahre 2016 wurde die Systematik zur Abwicklung des Regulierungskontos grundlegend geändert. Zuvor wurde das Regulierungskonto von der zuständigen Regulierungsbehörde geführt. Die Ermittlung des Saldos erfolgte zum Ablauf einer Regulierungsperiode. Das Ergebnis wurde mit der Festsetzung der Erlösobergrenzen festgestellt. Seit dem Jahr 2017 wird für jedes Jahr der **Regulierungskontosaldo** ermittelt und auf Antrag des Netzbetreibers von der Regulierungsbehörde genehmigt. Der Genehmigungsbescheid regelt dabei die Verteilung des Saldos nach Maßgabe des § 5 Abs. 3 S. 2 ARegV. **89**

4. Evaluierung der Anreizregulierung

Nach § 33 ARegV treffen die BNetzA regelmäßig Evaluierungs- und Berichtspflichten im Zusammenhang mit der Anreizregulierung. Den letzten Evaluierungsbericht hat die **BNetzA** der Bundesregierung nach einem intensiven Diskussionsprozess mit den betroffenen Stakeholdern Anfang 2015 vorgelegt. Der Evaluierungsbericht wurde dann die maßgebliche Grundlage für die ARegV-Novelle aus dem Jahr 2016. Der nächste Bericht zur Evaluierung der Anreizregulierung ist dem Bundeswirtschaftsministerium bis Ende Dezember 2023 vorzulegen. **90**

Dem finalen Evaluierungsbericht geht regelmäßig ein monatelanger Prozess voraus, welcher aus verschiedenen Phasen besteht. Er beginnt mit der Konsultation und verläuft über die Anhörung zur Datenerhebung bis hin zu verschiedenen Workshops mit Verbänden und Netzbetreibern. Entsprechend diesem langwierigen Vorlauf dürfte die Konsultation zum nächsten Evaluierungsbericht bereits im Jahr 2022 beginnen. Da die ARegV in einer Zeit erarbeitet worden ist, in der die politische Agenda im Energiesektor primär die Etablierung eines wirksamen Wettbewerbs in den Fokus genommen hat, haben sich die Rahmenbedingungen mit der Energiewende grundlegend geändert. Der Evaluierungsprozess bietet daher eine Chance, kritisch zu hinterfragen, inwieweit das System einer (reinen) Anreizregulierung noch immer den richtigen rechtlichen Rahmen schafft, obwohl das Energiesystem vor einem grundlegenden Wandel steht. In europäischen Nachbarländern hat man die Notwendigkeit zu einer Verände- **91**

---

104 Theobald/Kühling/*Hummel*, § 5 ARegV Rn 35.

105 So bereits zur vorherigen Regelung *Missling*, IR 2010, 98, 99: „alles andere als klar und eindeutig".

rung bereits erkannt, obwohl dort überwiegend weniger anspruchsvolle Ausbaupfade für die erneuerbaren Energien festgelegt sind. Gleichwohl besteht **international** eine **Tendenz**, sog. **Investitionswellen** und deren Auswirkungen mit in das System einer Anreizregulierung **aufzunehmen**.

92 Der **Evaluierungsprozess** hat sich allerdings nicht nur auf die **Investitionsbedingungen** zu beschränken. Es ist auch zu untersuchen, inwieweit mögliche **alternative Anreizregulierungssysteme** zur Anwendung kommen könnten. In der Diskussion ist u.a. die Einführung einer sog. Yardstick-Regulierung. Allerdings stellt sich die Frage, inwieweit in Dekaden eines Systemumbaus mit einer Yardstick-Regulierung sachgerechte Rahmenbedingungen gesetzt werden könnten.

VI. Vorgaben zur Ermittlung der Netzentgelte

1. Einführung

93 Die **kostenorientierte Ermittlung von Netzentgelten** erfolgt – grundsätzlich auch im System der Anreizregulierung – nach den Vorgaben der Strom-/GasNEV. Diese sehen für die **Ermittlung von Netzentgelten** einen Dreischritt aus

- Kostenartenrechnung,
- Kostenstellenrechnung und
- Kostenträgerrechnung

vor. Das „Programm" der Netzkostenermittlung wird in **§ 3 Abs. 1 Strom-/GasNEV** vorgegeben.[106]

94 In der **Kostenartenrechnung** werden zunächst die für die Netzentgeltkalkulation berücksichtigungs- und genehmigungsfähigen Netzkosten bestimmt, §§ 4ff. Strom-/GasNEV. Diese bilden in der Folge die Grundlage für die **Kostenstellenrechnung** gemäß §§ 12ff. Strom-/GasNEV. In der **Kostenstellenrechnung** erfolgt eine Zuordnung der ermittelten Netzkosten auf die in der Anlage 2 der Strom-/GasNEV ausgewiesenen Haupt- und Nebenkostenstellen sowie ggf. Hilfskostenstellen. Die Netzentgelte werden schließlich für jede Netz- und Umspannebene im Wege einer **Kostenträgerrechnung** gebildet, vgl. §§ 15ff. StromNEV sowie §§ 13ff. GasNEV. Hierbei werden die Hauptkostenstellen mittels einer **Kostenwälzung** den einzelnen Kostenträgern, d.h. den aus den jeweiligen Netz- und Umspannebenen entnehmenden Netznutzern, zugeordnet.

95 Unter dem Regime der ARegV hat sich – insbesondere der zeitliche – Anwendungsbereich dieser Vorschriften leicht verändert: Die Vorschriften zur **Kostenartenrechnung** finden nach wie vor Berücksichtigung für die **Ermittlung** des **Ausgangs-**

---

106 Ausführlich dazu Theobald/Kühling/*Missling*, Einf StromNEV Rn 1 ff.; BerlKommEnR I 1/*Bartsch*/*Meyer*/*Pohlmann*, § 24 EnWG Anh. B, § 3 StromNEV. Rn 2ff.; BerlKommEnR I 1/*Ludwig*, § 24 EnWG Anh. D, § 3 GasNEV, Rn 7.

niveaus nach § 6 ARegV sowie einzelne **Sondersachverhalte** wie etwa Investitionsmaßnahmen und – mit gewissen Modifikationen – den Kapitalkostenaufschlag. Um aus der nach § 32 Abs. 1 Nr. 1 ARegV festgelegten Erlösobergrenze Netzentgelte abzuleiten, sind die Vorschriften des Teils 2 Abschnitt 2 und 3 der Strom-/GasNEV zur Kostenstellen- und Kostenträgerrechnung weiterhin gemäß § 17 Abs. 1 ARegV maßgeblich.

2. Kostenartenrechnung

Die in der **Netzentgeltkalkulation** berücksichtigungsfähigen **Kostenarten** sind in den §§ 5 bis 11 Strom-/GasNEV abschließend aufgeführt. Die Regelungen sind – bis auf die Sonderregelung zur Verlustenergie im Strom gemäß § 10 StromNEV – für Strom und Gas weitgehend im Wortlaut identisch. 96

Nach § 4 Abs. 1 Strom-/GasNEV sind nur aufwandsgleiche bzw. **bilanzielle** sowie **kalkulatorische Kosten ansatzfähig**. Durch die Einschränkung, dass es sich dabei um die Kosten eines effizienten und strukturell vergleichbaren Netzbetreibers handeln muss, wird ein uneingeschränkter Vollkostenansatz ausgeschlossen.[107] 97

Aus § 21 Abs. 2 EnWG als der höherrangigen Norm lässt sich ferner ableiten, dass bei der Netzkostenermittlung alle aufwandsgleichen und kalkulatorischen Kosten oder Kostenbestandteile, die sich ihrem Umfang nach im Wettbewerb nicht einstellen würden, grundsätzlich nicht berücksichtigungsfähig sind. Der Kostenbegriff erfährt insoweit eine normative Korrektur. Diese am Wettbewerbsgedanken orientierte Korrektur kann jedoch nicht abstrakt erfolgen, sondern bedarf einer konkreten und repräsentativen Ermittlung von Vergleichsdaten. Grundlage konnte insoweit nur eine nach Maßgabe des § 21 Abs. 3 EnWG und den im 3. Teil der StromNEV normierten Vorgaben zum Vergleichsverfahren durchgeführte Erhebung sein. 98

Ob ein solches **Vergleichsverfahren** bei Unternehmen, die der Anreizregulierung unterfallen, überhaupt noch durchgeführt werden dürfte, war bereits bisher zweifelhaft. Anderenfalls hätten sich die zahlreichen Vorgaben und Schutzmechanismen, welche die ARegV für die Effizienzwertermittlung – und damit für einen Unternehmensvergleich bezogen auf die effizienten Kosten – vorsieht, auf der Ebene der Kostenprüfung umgehen lassen. Daher war der Anwendungsbereich dieses Vergleichsverfahrens grundsätzlich auf die Verfahren zu beschränken, die als Genehmigungsverfahren nach § 23a EnWG erfolgten. Mittlerweile hat der Verordnungsgeber auch die entsprechenden Konsequenzen gezogen und die Vorschriften aus dem 3. Teil der Strom- und GasNEV komplett gestrichen.[108] 99

---

107 *Koenig/Kühling/Rasbach*, Energierecht, S. 93.

108 Aufgehoben durch Art. 1 Nr. 14 der Verordnung v. 20.6.2018 zur schrittweisen Einführung bundeseinheitlicher Übertragungsnetzentgelte (BGBl. I S. 867).

100 Die **aufwandsgleichen Kostenpositionen** sind grundsätzlich der nach § 6b Abs. 3 EnWG zu erstellenden Gewinn- und Verlustrechnung (GuV) für den Bereich Elektrizitätsübertragung/-verteilung bzw. Gasfernleitung/-verteilung (sog. Sparten-GuV) zu entnehmen. Ausgehend von der **Sparten-GuV** des letzten abgeschlossenen Geschäftsjahres bzw. des Basisjahres in der Anreizregulierung gemäß § 6 ARegV ist zur Bestimmung der Netzkosten eine **kalkulatorische Rechnung** zu **erstellen**. Die Preisbildung folgt somit dem grundlegenden Prinzip einer kalkulatorischen Kostenrechnung.

! **Praxishinweis**
Die nächsten Basisjahre in der Anreizregulierung sind im Gas 2025 und im Strom 2021 und dann wieder 2026. Da die Bilanzwerte aufgrund einer Mittelwertbildung Eingang in die kalkulatorische Rechnung finden, sind für die Netzkostenermittlung die Jahresabschlüsse 2024 und 2025 für Gas sowie 2025 und 2026 für Strom von erheblicher Relevanz.

101 Die **kalkulatorischen Kostenpositionen** sind nach Maßgabe der Kalkulationsvorschriften der Strom-/GasNEV zu ermitteln. Zu den kalkulatorischen Kosten gehören die kalkulatorischen Abschreibungen (§ 6 Strom-/GasNEV), die kalkulatorische Eigenkapitalverzinsung (§ 7 Strom-/GasNEV) sowie die kalkulatorische Gewerbesteuer (§ 8 Strom-/GasNEV). Die kalkulatorischen Kostenpositionen ersetzen die entsprechenden handelsrechtlichen Größen aus den Tätigkeitsabschlüssen.

102 **Einzelkosten des Netzes** sind dem Netz gemäß § 4 Abs. 4 Strom-/GasNEV **direkt zuzuordnen**. Die Kosten des Netzes, die sich nicht oder nur mit unvertretbar hohem Aufwand als Einzelkosten direkt zuordnen lassen, sind als Gemeinkosten dem Netzbereich verursachungsgerecht zuzuschlüsseln. Die Anforderungen an die **Schlüsselbildung und Gemeinkostenzuordnung** finden sich in § 4 Abs. 4 Strom-/GasNEV. Die zugrunde gelegten Schlüssel müssen sachgerecht sein und dem Grundsatz der Stetigkeit entsprechen; sie sind für sachkundige Dritte nachvollziehbar und vollständig zu dokumentieren. Diese Dokumentation ist in dem nach § 28 Strom-/GasNEV anzufertigenden Bericht vorzunehmen.

103 Bei der **Netzkostenermittlung** sind kostenmindernde Erlöse und Erträge (§ 9 Strom-/GasNEV) zu berücksichtigen. Alle weiteren außerordentlichen Aufwendungen und Erträge sind der Regulierungsbehörde gemäß § 4 Abs. 6 Strom-/GasNEV anzuzeigen.[109]

104 Schließlich ist bei Unternehmen, die (noch) nicht der Anreizregulierung unterfallen, auch das Ergebnis der periodenübergreifenden Saldierung nach § 11 Strom- bzw.

109 Auch diese Vorschrift stammt noch aus der Entwurfsfassung der Netzentgeltverordnungen, die lediglich eine Ex-post-Regulierung vorsahen. Wegen der Genehmigungspflicht sowie dem heutigen Modell der Anreizregulierung kommt der Regelung praktisch keine Bedeutung zu.

§ 10 GasNEV als Kostenposition zu berücksichtigen. Für Netzbetreiber, die der Anreizregulierung unterliegen, spielen diese Vorgaben keine Rolle mehr; der Mechanismus wird über das Regulierungskonto nach § 5 ARegV umgesetzt.

Soweit die Strom-/GasNEV zu einzelnen Bereichen der Kostenermittlung keine besonderen Regelungen treffen, sind die Leitsätze für die Preisermittlung aufgrund von Selbstkosten nach der Anlage zur Verordnung PR Nr. 30/53[110] ergänzend heranzuziehen. In der Regulierungspraxis haben diese Leitsätze allerdings zu keiner Zeit eine nennenswerte Bedeutung erlangt. 105

Die der **Ermittlung der Netzentgeltkalkulation** zugrunde liegenden **Kosten** erfolgt gemäß § 3 Abs. 1 S. 5 StromNEV bzw. § 3 Abs. 1 S. 4 GasNEV **auf Basis der Daten des letzten abgeschlossenen Geschäftsjahres**, wobei gesicherte Erkenntnisse über das Planjahr berücksichtigt werden können. In der Anreizregulierung scheidet die Berücksichtigung von Plankosten im Ausgangsniveau aus.[111] 106

3. Aufwandsgleiche Kostenpositionen

Die Ermittlung aufwandsgleicher Kostenpositionen ist in § 5 Strom-/GasNEV geregelt. 107 **Aufwandsgleiche Kosten** sind der nach § 6b Abs. 3 EnWG zu erstellenden **Sparten-GuV** des maßgeblichen Geschäftsjahres zu **entnehmen**. Anders als bei den Kapitalkosten, stellen die aufwandsgleichen Kosten aus den Gewinn- und Verlustrechnungen des Tätigkeitsbereichs Fernleitung/Übertragung oder Verteilung die wesentliche Grundlage für die anzustellende Kostenrechnung dar. Sie sind nach Maßgabe des § 4 Abs. 1 Strom-/GasNEV bei der Bestimmung der Netzkosten zu berücksichtigen.

Zur Einführung der Regulierung nach der Strom-/GasNEV war umstritten, in 108 welcher Höhe die **Kosten** für die **Beschaffung von Fremdkapital** in den aufwandsgleichen Kosten zu berücksichtigen waren. Im Zentrum der rechtlichen Auseinandersetzungen stand die Frage, wie die von § 5 Abs. 2 Strom-/GasNEV vorgegebene Begrenzung auf „kapitalmarktübliche Zinsen für vergleichbare Kreditaufnahmen" umzusetzen ist.[112] Die Regulierungsbehörden erkannten hier einen ihnen zukommenden Beurteilungsspielraum und setzten die Umlaufrendite von festverzinslichen Anleihen der öffentlichen Hand im Durchschnitt der letzten zehn Jahre an. Dieser Vorgehensweise erteilte der BGH eine Absage.[113] Zwar sei dieser Maßstab eine taugliche Vergleichsbasis, aber keinesfalls abschließend. Entsprechend dem Aufschlag bei der Eigenkapitalverzinsung nach § 7 Abs. 4 StromNEV (a. F.) müsse auch hier ein Risikoaufschlag vorgenommen werden.

---

110 Leitsätze für die Preisermittlung aufgrund von Selbstkosten, Anlage zur Verordnung PR Nr. 30/53 v. 21.11.1953 (LS. VO Nr. 30/53).

111 Holznagel/Schütz/*Schütz/Schütte*, § 10 StromNEV Rn 6.

112 Zum Hintergrund *Scholtka/Brucker*, Entgeltregulierung, S. 37 Rn 77; Schneider/Theobald/*Theobald/Zenke/Lange*, HBEnWR, § 19 Rn 113 ff.

113 BGH, Beschl. v. 14.8.2008 – KVR 42/07 – ZNER 2008, 222 ff.

109 Die Regelung zur Höhe der anerkennungsfähigen Fremdkapitalkosten war immer eng mit der Bestimmung der kalkulatorischen Eigenkapitalverzinsung für das die zugelassene Eigenkapitalquote von 40 % übersteigende Eigenkapital verknüpft. Schließlich war dieses nach der ursprünglichen Fassung des § 7 Abs. 1 S. 5 Strom-/GasNEV *„nominal wie Fremdkapital zu verzinsen"*. Diese Vorgabe hat der Verordnungsgeber im Jahr 2013 geändert und die Ermittlung des Zinssatzes für den die zugelassene Eigenkapitalquote übersteigenden Anteil des Eigenkapitals in einem neu eingefügten § 7 Abs. 7 Strom-/GasNEV geregelt.[114] Der Verordnungsgeber reagierte damit auf die in der Vergangenheit geführten Rechtsstreitigkeiten; die Neuregelung sollte Rechtssicherheit hinsichtlich des Risikozuschlags schaffen.[115] Der für die Bestimmung der kalkulatorischen Eigenkapitalverzinsung maßgebliche Zinssatz setzt sich nach § 7 Abs. 7 Strom-/GasNEV aus den dort aufgeführten drei von der Deutschen Bundesbank veröffentlichten Zinsreihen zusammen, aus denen ein Mittelwert des auf die letzten zehn abgeschlossenen Kalenderjahre bezogenen Durchschnitts zu bilden ist. Diese Neuregelung in § 7 Abs. 7 Strom-/GasNEV hat auch Auswirkungen auf die Prüfung der aus Sicht der Regulierungsbehörden anerkennungsfähigen Fremdkapitalkosten. Insbesondere die BNetzA prüft die nach § 5 Abs. 2 Strom-/GasNEV maßgebliche Kapitalmarktüblichkeit des Fremdkapitalzinssatzes durch Rückgriff auf die in § 7 Abs. 7 Strom-/GasNEV aufgeführten Zinsreihen. Dabei hat die BNetzA für das jeweilige Jahr der Kreditaufnahme den Jahresmittelwert dieser Zinssätze gebildet und um einen Sicherheitszuschlag in Höhe von 0,1 % erhöht. Diese Vorgehensweise wurde gerichtlich bestätigt.[116]

110 Der anfänglich ebenfalls sehr umstrittenen **Ansatzfähigkeit** von **Plankosten** kommt seit der Einführung der ARegV nur noch eine eingeschränkte Bedeutung zu. Soweit die Anreizregulierung Anwendung findet, gilt § 6 Abs. 3 ARegV. Die Norm schließt die Anwendung von Planansätzen in der Kostenprüfung gemäß § 3 Abs. 1 S. 5 Hs. 2 StromNEV und § 3 Abs. 1 S. 4 Hs. 1 GasNEV aus. Stattdessen legt sie fest, dass Kosten, die dem Grunde oder der Höhe nach auf einer Besonderheit des Basisjahres beruhen, bei der Ermittlung des Ausgangsniveaus unberücksichtigt bleiben. Diese Vorschrift modifiziert in gewissem Sinne das generelle **Plankostenverbot** in der **Anreizregulierung**. Durch diese Vorgabe sind die geltend gemachten Kosten des Basisjahres gleichwohl in einer zeitlichen Hinsicht zu beurteilen. Dabei darf es nicht nur einseitig zu Kürzungen des Ausgangswertes aus dem Basisjahr kommen; gleichermaßen ist denkbar, dass eine Kostenposition in einem Jahr außergewöhnlich niedrig

114 VO zur Änderung von Verordnungen auf dem Gebiet des Energiewirtschaftsrechts v. 14.8.2013 (BGBl. I S. 3250).

115 BR-Drucks. 447/13, 15.

116 OLG Düsseldorf, Beschl. v. 4.7.2018 – 3 Kart 82/15 (V) – BeckRS 2018, 21065. Vgl. zu der Entscheidung Schneider/Theobald/*Lange*, HBEnWR, § 17 Rn 114.

ausfällt und es insoweit auch zu einer Verstetigung im Sinne einer Anpassung etwa an das Vorjahresniveau kommen muss.[117]

111 Einen besonderen Schwerpunkt der von den Regulierungsbehörden vorzunehmenden Kostenprüfungen bilden die Kosten für die von den Netzbetreibern in Anspruch genommenen **Dienstleistungen**. Der Verordnungsgeber hat darauf bereits zu Beginn der Anreizregulierung reagiert und in § 4 Abs. 5a Strom-/GasNEV eine Vorschrift implementiert, die ausschließlich die Anerkennungsfähigkeit der für Dienstleistungen entstehenden Kosten zum Gegenstand hat.[118] In dieser ersten Fassung der Norm war hierzu vorgesehen, dass die auf der Grundlage von Dienstleistungsverträgen entstehenden Kosten nur in der Höhe anerkennungsfähig sind, in der sie entstehen würden, wenn der Netzbetreiber die jeweiligen Tätigkeit selbst erbringen würde. Der Verordnungsgeber hat damit die bei der Prüfung der Kosten für die Überlassung betriebsnotwendiger Anlagegüter (§ 4 Abs. 5 Strom-/GasNEV) zugrunde gelegte Systematik auf den Bereich der Dienstleistungen übertragen.[119] Auch für Dienstleistungen sollte demnach eine **Als-Ob-Betrachtung** erfolgen, wobei insoweit die fiktiven Kosten maßgeblich sein sollten, die bei dem Netzbetreiber für die Leistungserbringung entstehen würden. Diese Als-Ob-Betrachtung ist von den Regulierungsbehörden in den Kostenprüfungen indes nie angewendet worden. Die Regulierungsbehörden haben sich auch nach der Einfügung des § 4 Abs. 5a Strom-/GasNEV vielmehr darauf beschränkt, vom Netzbetreiber Nachweise über die Marktgerechtigkeit des jeweiligen Dienstleistungsentgelts zu fordern. Bei Dienstleistungen von verbundenen Unternehmen haben die Regulierungsbehörden indes vorgegeben, dass der Netzbetreiber einen gesonderten Erhebungsbogen („Dienstleisterbogen“) zu befüllen hat, in dem die tatsächlich beim Dienstleistungsunternehmen angefallenen Kosten auszuweisen sind.

112 Diese – der ursprünglichen Norm nicht entsprechende – Prüfungspraxis der Regulierungsbehörden hat der Verordnungsgeber zum Anlass für eine weitere Anpassung des § 4 Abs. 5a Strom-/GasNEV genommen.[120] Die geänderte Vorschrift differenziert nunmehr zwischen den von verbundenen Unternehmen erbrachten Dienstleistungen und sonstigen Dienstleistungen durch Dritte. Für letztere gilt gemäß § 4 Abs. 5a S. 4 Strom-/GasNEV weiterhin der Maßstab der *„kalkulatorischen Als-ob-Berechnung der **fiktiven Kosten** des Betreibers des Elektrizitätsversorgungsnetzes“*.[121] Für die Prüfung dieser Vorgabe ist folglich nicht die Angemessenheit der vereinbarten Dienstleistungs-

117 Vgl. dazu auch Schneider/Theobald/*Lange*, HBEnWR, § 19 Rn 94; wohl anders OLG Düsseldorf, Beschl. v. 19.8.2020 – VI-3 Kart 776/19, Rn 68 f. – BeckRS 2020, 20676.

118 Vgl. Energiewirtschaftsrechtsänderungsverordnung (EnWRÄndVO) v. 3.9.2010 (BGBl. I S. 1261).

119 Holznagel/Schütz/*Schütz/Schütte*, § 4 StromNEV/GasNEV Rn 70: „Die Vorschrift war damit Absatz 5 nachgebildet“. Vgl. dazu unten unter Rn 120.

120 Zweite Verordnung zur Änderung der Anreizregulierungsverordnung v. 14.9.2016 (BGBl. I S. 2147).

121 Holznagel/Schütz/*Schütz/Schütte*, § 4 StromNEV/GasNEV Rn 77.

entgelte zu prüfen. Es sind vielmehr Feststellungen zu den fiktiven Kosten einer Selbsterbringung zu treffen. Dabei darf sich die Regulierungsbehörde nicht lediglich auf unsubstantiierte Annahmen stützen.[122] Soweit die Dienstleistung von einem mit dem Netzbetreiber verbundenen Unternehmen erbracht wird, gilt demgegenüber die neu eingefügte Vorgabe des § 4 Abs. 5a S. 2 Strom-/GasNEV, nach der auf diejenigen Kosten abzustellen ist, die tatsächlich bei dem Dienstleistungsunternehmen entstanden sind und nach den Vorgaben der Strom-/GasNEV anerkennungsfähig sind. Im Ergebnis ist daher eine eigene Kostenprüfung für den verbundenen Dienstleister durchzuführen. Um eine nachvollziehbare Grundlage für eine solche Kostenprüfung zu schaffen, haben die Regulierungsbehörden in Vorbereitung der Festlegung der Erlösobergrenzen für die 4. Regulierungsperiode in den Jahren 2019 und 2020 Festlegungen erlassen, die mit einem Netzbetreiber verbundene Dienstleistungsunternehmen dazu verpflichten, einen eigenen Tätigkeitsabschluss nach § 6b EnWG aufzustellen. Die konkret gewählte Vorgehensweise im Wege einer Allgemeinverfügung begegnet jedoch erheblichen rechtlichen Zweifeln: Die Festlegungen bleiben unbestimmt, ob die Verpflichtung bereits aus § 6b EnWG unmittelbar folgt oder aber eine Ergänzung der Prüfungspflichten gemäß § 6b Abs. 6 EnWG umgesetzt werden soll. Eine Erweiterung des Kataloges an Tätigkeiten im Sinne des § 6b Abs. 3 EnWG wäre indes nicht über die Ermächtigungsgrundlage in § 6b Abs. 6 EnWG gedeckt. Soweit die Pflicht bereits aus § 6b EnWG direkt folgen sollte, bedarf es keines gesetzeswiederholenden Verwaltungsaktes, der als solcher unzulässig wäre.

4. Kalkulatorische Kostenpositionen

a) Restwerte und Abschreibungen des Sachanlagevermögens

113 Die wirtschaftlich bedeutendste Vermögensposition stellt bei Netzbetreibern regelmäßig das Sachanlagevermögen dar. Die §§ 6ff. Strom-/GasNEV sehen insoweit den Ansatz kalkulatorischer Kostenpositionen in der Netzkostenermittlung vor. Nach § 6 Abs. 1 Strom-/GasNEV ist zur Gewährleistung eines langfristig angelegten leistungsfähigen und zuverlässigen Netzbetriebs die Wertminderung der betriebsnotwendigen Anlagegüter in Form von kalkulatorischen Abschreibungen bei der Kostenermittlung in Ansatz zu bringen. Die Verzinsung des von den Netzbetreibern eingesetzten Eigenkapitals erfolgt gemäß § 7 Strom-/GasNEV im Wege einer **kalkulatorischen Eigenkapitalverzinsung.**

114 Im Verfahren zum Erlass der Netzentgeltverordnungen wurde zunächst einheitlich die Methode der Nettosubstanzerhaltung zugrunde gelegt. In den schließlich erlassenen Verordnungen wurde dann allerdings zwischen Anlagegütern unterschieden, die ab dem 1.1.2006 (sog. Neuanlagen) bzw. davor (sog. Altanlagen) aktiviert wurden. Die **Nettosubstanzerhaltung** entsprach der unter dem Regime der Verbän-

122 OLG Schleswig, Beschl. v. 26.9.2019 – 53 Kart 4/18 – EnWZ 2019, 453ff.

devereinbarungen praktizierten Methode. Sowohl aufgrund der geäußerten Kritik von Netznutzern als auch von Wirtschaftswissenschaftlern wurde durch den Bundesrat jedenfalls für sog. Neuanlagen ein Systemwechsel zur Methode der **Realkapitalerhaltung** vorgeschlagen und letztlich auch durchgesetzt. Die methodische Trennung zwischen Alt- und Neuanlagen setzt sich noch für einige Jahrzehnte in einer unterschiedlichen Behandlung bei der Ermittlung der kalkulatorischen Restwerte, der jeweiligen Abschreibungen sowie der anzuwendenden Zinssätze fort.

In § 6 Abs. 2 Strom-/GasNEV ist die gemäß der Methode der **Nettosubstanzerhaltung** vorzunehmende kalkulatorische Abschreibung für **Altanlagen** beschrieben. Das Wesen der Nettosubstanzerhaltung liegt im Ausgleich der anlagen- bzw. anlagengruppenspezifischen Teuerung für den eigenfinanzierten Teil des Kapitals zum Zwecke des Substanzerhalts. Dieser Substanzerhalt des eigenfinanzierten Anteils der Altanlagen wird durch Abschreibungen auf den jeweiligen Tagesneuwert, also den unter Berücksichtigung der technischen Entwicklung maßgeblichen Anschaffungswert zum jeweiligen Bewertungszeitpunkt, gewährleistet. Für die kalkulatorischen Abschreibungen auf den fremdfinanzierten Anteil der Anlagegüter bleiben allein die historischen Anschaffungs- und Herstellungskosten maßgeblich. 115

Die **kalkulatorischen Abschreibungen** der **Altanlagen** bestimmen sich schließlich aus den so ermittelten Abschreibungen für den eigenfinanzierten Anteil der Anlage 1, gewichtet mit der Eigenkapitalquote und den Abschreibungen für den fremdfinanzierten Anteil mit der Fremdkapitalquote, wobei die Eigenkapitalquote nach § 6 Abs. 2 S. 4 StromNEV kalkulatorisch auf 40 % begrenzt ist. 116

Als problematisch hat sich in der Vergangenheit die Frage der der **Tagesneuwertermittlung** zugrunde zu legenden Indexreihen erwiesen. Die seinerzeit getroffenen Festlegungen der BNetzA zur Bestimmung der Indexreihen für die Tagesneuwertbildung hielten einer gerichtlichen Prüfung nicht stand.[123] 117

Diese Rechtsprechung hat der Verordnungsgeber zum Anlass genommen, die Ermittlung der Tagesneuwerte mit § 6a Strom-/GasNEV selbst zu regeln. Statt einer Ermächtigung der BNetzA zur Festlegung von **Indexreihen** werden diese nunmehr direkt in den Entgeltverordnungen geregelt. Die Vorschrift bestimmt eindeutig und detailliert, welche Indexreihen des Statistischen Bundesamtes für die Ermittlung der Tagesneuwerte heranzuziehen sind. Die Vorgabe ist dabei auf die einzelnen Anlagegruppen bezogen. Diese im Bereich der Entgeltregulierung durchaus nicht unübliche Praxis, auf Gerichtsentscheidungen mit Verordnungsänderungen zu reagieren, könnte sich hier noch als für das Gesamtsystem gefährlicher „Bumerang“ erweisen: Aufgrund der Detailtiefe und der auf diese Weise unmittelbar vom Verordnungsgeber getroffenen Vorgabe, steht unter anderem diese Regelung der Netzentgeltverordnungen im Visier der Europäischen Kommission, die mit einer Klage vor dem Europäischen 118

123 BGH, Beschl. v. 12.11.2013 – EnVR 33/12 – EnWZ 2014, 129 ff. – Festlegung Tagesneuwerte I.

Gerichtshof die Umsetzung der Binnenmarktrichtlinien durch die Bundesrepublik Deutschland gerügt hat.[124]

119 Für **Neuanlagen** sieht § 6 Abs. 4 StromNEV eine **lineare Abschreibung** ausgehend von den Anschaffungs- und Herstellungskosten des Anlagevermögens vor. Dem im Bereich der Neuanlagen geltenden Grundsatz der Realkapitalerhaltung entsprechend, erfolgt die Verzinsung der Neuanlagen mit einem nicht um die Inflationsrate reduzierten und damit höheren Zinssatz als demjenigen für Altanlagen.[125]

120 Um sicherzustellen, dass die aus der Überlassung von **Sachanlagegütern** an Dritte resultierenden Kosten den Anforderungen des § 21 Abs. 2 EnWG entsprechen und keine Kostenüberhöhung bei der Überlassung von Anlagevermögen stattfindet, stellt § 4 Abs. 5 StromNEV klar, dass Kosten für die Überlassung von betriebsnotwendigen Anlagegütern nur in der Höhe anzuerkennen sind, wie sie anfielen, wenn der Betreiber Eigentümer der Anlagen wäre. Für diese „Als-ob"-Betrachtung hat der Netzbetreiber die erforderlichen Nachweise zu führen.

121 Grundlage der Bestimmung der kalkulatorischen Kostenpositionen sind die nach den Vorgaben der Strom-/GasNEV zu ermittelnden **kalkulatorischen Restwerte** des vorhandenen **Sachanlagevermögens des Netzbetreibers.** Diese kalkulatorischen Restwerte sind der Ausgangswert für die in der jeweiligen Kalkulationsperiode anzusetzenden kalkulatorischen Abschreibungen, § 6 Abs. 5 Strom-/GasNEV. Sie gehen überdies gemäß § 7 Abs. 1 S. 2 Strom-/GasNEV als Teil des zu verzinsenden betriebsnotwendigen Eigenkapitals in die Verzinsungsbasis der kalkulatorischen Eigenkapitalverzinsung ein. Die kalkulatorischen Restwerte sind im Wege einer eigenständigen kalkulatorischen Rechnung zu erstellen. Sie entsprechen regelmäßig nicht den Werten, wie sie sich aus dem handelsrechtlichen Abschluss ergeben. Der Ausgangspunkt der Bewertung ist in beiden Fällen identisch: Grundlage für die Ermittlung sind jeweils die historischen Anschaffungs- und Herstellungskosten. Die Abweichung ergibt sich jedoch daraus, dass die handelsrechtliche gegenüber der kalkulatorischen Abschreibung unterschiedlichen Regeln unterworfen sein kann. Somit sind lediglich die ursprünglichen Anschaffungs- und Herstellungswerte den handelsrechtlichen Abschlüssen zu entnehmen. Alle weiteren Rechenschritte folgen der kalkulatorischen Rechnung. Da die Eigenkapitalverzinsung wiederum Grundlage für die Ermittlung der kalkulatorischen Gewerbesteuer gemäß § 8 StromNEV ist, wirkt sich die Höhe der kalkulatorischen Restwerte mittelbar auch auf diese aus.

122 Im **Strombereich** war die **Ermittlung der Restwerte des vorhandenen Sachanlagevermögens** bei der Einführung der Entgeltregulierung nach dem EnWG 2005 ein zentraler Streitpunkt zwischen den Stromnetzbetreibern und den Regulierungsbehörden. **Umstritten** war insbesondere die **Anwendung und Auslegung des**

124 Vgl. dazu auch Rn 120 ff.; das Vertragsverletzungsverfahren vor dem EuGH (Rs. C-718/18) war zum Zeitpunkt des Redaktionsschlusses noch nicht abgeschlossen.

125 Vgl. § 7 Abs. 4 S. 2 Strom-/GasNEV.

§ 32 Abs. 3 StromNEV.[126] Diese Vorschrift enthält eine **Übergangsregelung**, in welchem Umfang kalkulatorische Restwerte des Sachanlagevermögens bei der erstmaligen Ermittlung der Netzentgelte anzusetzen waren. Die Regulierungsbehörden gingen bei Verteilernetzbetreibern nahezu durchgängig von der Anwendbarkeit der **Vermutungsregelung** des § 32 Abs. 3 S. 3 StromNEV aus und legten der **Restwertermittlung** die kurzen steuerlichen Nutzungsdauern zugrunde, was zu Beginn der Entgeltregulierung nach den Vorgaben der StromNEV zu einer – politisch durchaus gewollten – erheblichen Kürzung der kalkulatorischen Restwerte führte. Zur Begründung verwiesen die Regulierungsbehörden regelmäßig auf die früheren, seitens der Tarifpreisbehörden nach den Vorgaben der BTOElt erteilten Tarifgenehmigungen und die diesem Verfahren zugrunde gelegten Arbeitsanleitungen, soweit diese den Ansatz kurzer steuerlicher Nutzungsdauern zur Ermittlung der kalkulatorischen Abschreibungen enthielten.[127]

Der **BGH** hat die Frage schließlich dahingehend entschieden, dass der **Vermutungsregelung** des § 32 Abs. 3 S. 3 StromNEV ein sehr **weitgehender Anwendungsbereich** zukommt und sogar im Falle von sog. Erstreckungs- und Sammelgenehmigungen nach der BTOElt zu berücksichtigen wäre.[128] Insoweit sei allein entscheidend, ob die BTOElt überhaupt Anwendung gefunden habe und „in irgendeiner Weise" genehmigte Tarife von Dritten gefordert wurden. 123

Angesichts der Tatsache, dass es im **Gasbereich** in der Vergangenheit keine entsprechenden Tarifpreisgenehmigungen gab, stellte sich dieses für den Strombereich zentrale **Problem bei der Gasnetzentgeltkalkulation** in vergleichbarer Form nicht. Entsprechend gestaltete sich die Anwendung der **Übergangsregelung des § 32 Abs. 3 GasNEV** in der behördlichen Regulierungspraxis als deutlich weniger konfliktträchtig: Soweit in der Vergangenheit keine kostenorientierten Preise gefordert wurden – was im Gasbereich regelmäßig der Fall war, stellte die Verordnung die Vermutungsregel auf, dass für die Abschreibung des Sachanlagevermögens der untere Wert der in Anlage 1 zur GasNEV genannten Spannen von Nutzungsdauern zugrunde gelegt worden sind. 124

Darüber hinaus war zunächst umstritten, wie mit **Netzkäufen** in der Vergangenheit umzugehen ist. Die Regulierungsbehörden erkannten allein die ursprünglichen **historischen Anschaffungs- und Herstellungskosten** an, auch wenn die Netzkäufer in der Vergangenheit einen höheren **Kaufpreis** gezahlt hatten. Dies führt nicht nur dazu, dass diese nach früherem Recht zulässigen Investitionen nicht voll refinanziert werden können. In vielen Fällen dürfte es auch das praktische Problem nach sich ziehen, dass ein Ansatz dieser Anschaffungs- und Herstellungskosten unmöglich ist, 125

126 Ausführlich hierzu Theobald/Kühling/*Missling*, § 32 StromNEV Rn 15 ff.; *Hummel/Ochsenfahrt*, IR 2006, 74 ff.; *Ehricke*, RdE 2007, 97 ff.

127 BNetzA, Positionspapier StromNEV v. 7.3.2006, S. 3.

128 BGH, Beschl. v. 14.8.2008 – KVR 36/07, S. 8 ff. – RdE 2008, 337.

weil die Verkäufer die historischen Daten seinerzeit vielfach nicht herausgegeben haben. Das in § 6 Abs. 6 Strom-/GasNEV normierte Verbot von **Abschreibungen unter Null** kann die Nichtanerkennung eines in der Vergangenheit gezahlten Kaufpreises nicht rechtfertigen, will man die in der Vergangenheit zulässigerweise getätigten Investitionen nicht nachträglich unter Verstoß gegen das grundgesetzlich verankerte Prinzip des Vertrauensschutzes entwerten.[129] Der BGH teilte diese verfassungsrechtlichen Bedenken jedoch nicht und erachtet den von den Regulierungsbehörden vertretenen Ansatz der Anschaffungs- und Herstellungskosten für zulässig.[130]

b) Grundlage der kalkulatorischen Eigenkapitalverzinsung

126 Die kalkulatorische Eigenkapitalverzinsung entspricht der den regulierten Netzbetreibern zugestandenen Rendite. Die Ermittlung der in § 21 Abs. 2 S. 1 EnWG gesetzlich garantierten Verzinsung des für den Netzbetrieb eingesetzten Eigenkapitals ist in § 7 Strom-/GasNEV näher ausgestaltet. Zur Ermittlung der Eigenkapitalverzinsung ist zunächst zu klären, für welche Vermögensgegenstände eine Verzinsung – also eine Rendite – zu gewähren ist. Das insoweit relevante betriebsnotwendige Eigenkapital setzt sich gemäß § 7 Abs. 1 S. 2 Strom-/GasNEV neben den kalkulatorischen Restwerten des Sachanlagevermögens insbesondere aus den in § 7 Abs. 1 S. 2 Nr. 4 Strom-/GasNEV aufgeführten Finanzanlagen sowie dem Umlaufvermögen zusammen. Nach höchstrichterlicher Klärung sind auch die in den Jahresabschlüssen des Netzbetreibers ausgewiesenen geleisteten Anzahlungen und Anlagen im Bau als Ausgangsgrößen für die Ermittlung der kalkulatorischen Eigenkapitalverzinsung heranzuziehen.[131]

127 Die in die Netzentgeltverordnungen aufgenommene Regelung zur Ermittlung der kalkulatorischen Abschreibungen[132] anhand eines **fiktiven Anlagenzugangs jeweils zum 1.1.** eines Jahres sollte den Ansatz von unterjährigen Abschreibungen („pro rata temporis") ausschließen; daraus ergab sich indes eine Problemstellung für die Ermittlung der kalkulatorischen Eigenkapitalverzinsung. Nach der Vorgabe des § 7 Abs. 1 S. 4 Strom-/GasNEV sind die bei der Ermittlung des betriebsnotwendigen Eigenkapitals anzusetzenden bilanziellen Ausgangsgrößen mit dem Mittelwert aus Jahresanfangs- und Jahresendbestand heranzuziehen. Die Regulierungsbehörden haben hierzu in der Vergangenheit die Auffassung vertreten, für im Basisjahr aktivierte Sachanlagegüter sei in der Kostenprüfung ein Jahresanfangsbestand von Null anzusetzen. Dieses Vorgehen der Regulierungsbehörden hat der BGH[133] als unzulässig bewertet.

129 Ausführlich hierzu *Schalle/Boos*, ZNER 2006, 20, 24, die hier ebenfalls eine Regelungslücke ausmachen und aus Gründen des Vertrauensschutzes die Anerkennung des Kaufpreises fordern.

130 BGH, Beschl. v. 14.8.2008 – KVR 35/07 – RdE 2008, 341.

131 BGH, Beschl. v. 14.8.2008 – KVR 39/07 – RdE 2008, 323ff. = ZNER 2008, 217ff. = N&R 2008, 203ff. – Vattenfall.

132 Vgl. § 6 Strom-/GasNEV.

133 BGH, NvWZ-RR 2016, 299 = MDR 2016, 169.

Zu Recht hat der BGH auf den Zusammenhang zwischen der ganzjährigen Abschreibung gemäß § 6 Abs. 5 Strom-/GasNEV einerseits und den Konsequenzen für den Ansatz der kalkulatorischen Restwerte andererseits hingewiesen, sodass zwingend ein Zugang des jeweiligen Anlagegutes zum 1.1. zu unterstellen ist.

Ferner ist ungeklärt, inwieweit immaterielle Vermögenswerte bei der Ermittlung der kalkulatorischen Eigenkapitalverzinsung anzusetzen sind. Als Beispiel sind etwa an den vorgelagerten Netzbetreiber gezahlte Investitionskostenzuschüsse zu nennen. Jedenfalls für die kalkulatorischen Abschreibungen solcher immaterieller Vermögensgegenstände hat der BGH die Auffassung der Regulierungsbehörden zurückgewiesen.[134] Da die Netzentgeltverordnungen für immaterielle Vermögenswerte eine Regelungslücke aufwiesen, sei nach den Feststellungen des BGH eine entsprechende Anwendung des § 9 Abs. 2 Strom-/GasNEV geboten, sodass die Abschreibungen über einen Zeitraum von 20 Jahren zu ermitteln sind. Obwohl der BGH in dieser Entscheidung hierauf nicht eingehen musste, sprechen die insoweit von ihm herangezogenen Erwägungen dafür, dass der jeweils zu betrachtende Vermögensgegenstand nicht nur bei der Ermittlung der kalkulatorischen Abschreibungen, sondern auch als Ausgangsgröße für die Bestimmung der kalkulatorischen Eigenkapitalverzinsung zu berücksichtigen ist. 128

Erhebliche Relevanz für die Höhe der zu gewährenden Eigenkapitalverzinsung kommt ferner den in § 7 Abs. 1 S. 2 Nr. 4 Strom-/GasNEV genannten Bilanzwerten der **Finanzanlagen** und des **Umlaufvermögens** sowie des **Abzugskapitals** zu. In ständiger Verwaltungspraxis haben die Regulierungsbehörden in den jeweiligen Kostenprüfungen eine pauschale Begrenzung der Bilanzwerte des Umlaufvermögens vorgenommen.[135] Diese Praxis ist bereits in zahlreichen Entscheidungen vom BGH bestätigt worden.[136] Der damalige Streitpunkt lag darin, ob die in der Bilanz des Netzbetreibers ausgewiesenen Positionen als maßgeblich zu berücksichtigen sind oder weitere Nachweise zu dem Erfordernis der jeweiligen Vermögensposition vorgelegt werden müssen. Auf diese Frage hat bereits vor einer höchstrichterlichen Klärung der Verordnungsgeber durch eine Änderung der Netzentgeltverordnungen[137] reagiert und damit verbindlich vorgeschrieben, dass nur noch die Bilanzwerte des betriebsnotwendigen Umlaufvermögens und der betriebsnotwendigen Finanzanlagen anzuerkennen sind. Den **Nachweis der Betriebsnotwendigkeit** hat der jeweilige Netzbetreiber zu erbringen. Unterlässt er dies, dürfen die Regulierungsbehörden für den anerkennungsfähigen Ansatz auf Durchschnittswerte zurückgreifen.[138] Den Nachweis der Betriebsnotwendigkeit erbringen Netzbetreiber nach Auffassung des BGH, indem sie *„darlegen,* 129

134 BGH, Urt. v. 10.11.2015 – EnVR 26/14 – RdE 2016, 70 ff.

135 Vgl. dazu erstmals: *Missling*, RdE 2008, 7, 11.

136 Erstmalig: BGH, Beschl. v. 3.3.2008 – EnVR 79/07 – ZNER 2009, 252 ff. – SWU Netze.

137 Art. 2 bzw. Art. 3 der VO zum Erlass und zur Änderung von Rechtsvorschriften auf dem Gebiet der Energieregulierung v. 29.10.2007 (BGBl. I S. 2529).

138 Umfassend dazu Schneider/Theobald/*Theobald/Zenke/Lange*, HBEnWR, § 19 Rn 134 ff.

welche kurzfristigen Verbindlichkeiten, Aufwendungen oder laufenden Kosten des Netzbetriebs“ sie bedienen müssen, die eine kurzfristige Liquidität rechtfertigten.[139]

130 Im Mittelpunkt der rechtlichen Auseinandersetzungen über die Anerkennungsfähigkeit von Vermögensgegenständen steht daher die Frage, inwieweit diese als betriebsnotwendig einzustufen sind. Dabei ist es in über einer Dekade Rechtsprechung zu dieser Frage bisher nicht gelungen, eine rechtlich klare – und insbesondere auch praktikable – Vorgabe zu entwickeln, welche Vermögensgegenstände als „betriebsnotwendig“ anzusehen sind. Die dazu in den Wirtschaftswissenschaften üblichen Definitionen werden von den Gerichten regelmäßig mit den Besonderheiten der „kalkulatorischen Welt“ der Regulierung zurückgewiesen. Selbst sachlogische Zusammenhänge zwischen der Aktiv- und Passivseite der Bilanz werden nicht als Rechtfertigung für das Vorhandensein von Vermögensgegenständen akzeptiert. So hat das OLG Düsseldorf – unter Berufung auf die Rechtsprechung des BGH – festgehalten, die Betriebsnotwendigkeit des Umlaufvermögens ergebe sich nicht „automatisch“ aus dem vorhandenen Abzugskapital.[140] Nach Auffassung des OLG Düsseldorf wäre insoweit eine *„dynamische Darstellung des Liquiditätsbedarfs“* erforderlich, die der Netzbetreiber (faktisch) indes nicht erbringen konnte.[141]

131 Für in den neuen Bundesländern ansässige Betreiber von Strom- und Gasversorgungsnetzen ist ferner die Regelung des § 6 Abs. 3 S. 3 Strom-/GasNEV von besonderer Bedeutung. Diese Sonderregelung gibt vor, wie die Anschaffungs- und Herstellungskosten für solche Anlagegüter zu ermitteln sind, die vor der **Wiedervereinigung** im Jahr 1990 errichtet wurden. Da für diese Anlagegüter regelmäßig keine bzw. keine verwertbaren Informationen zu den historischen Anschaffungs- und Herstellungskosten vorliegen, hat der Verordnungsgeber eine Regelung geschaffen, nach der die relevanten Anschaffungswerte anhand *„zeitnaher üblicher Anschaffungs- und Herstellungskosten und einer Rückrechnung mittels der anwendbaren Preisindizes“* ermittelt werden sollen. Insbesondere von der BNetzA ist hierzu die Auffassung vertreten worden, nach dieser Vorschrift sei auf die Werte der sog. **„DM-Eröffnungsbilanzen“** zum 1.7.1990 der damaligen Eigentümer der Betriebsmittel abzustellen. Diese Auffassung hat das OLG Brandenburg[142] zunächst bestätigt. Dabei hat das OLG indes übersehen, dass die in den DM-Eröffnungsbilanzen ausgewiesenen Vermögenswerte ganz überwiegend wirtschaftspolitisch motiviert waren und sich aus diesen Zahlen kein sachgerechtes Bild über den Zustand des Anlagevermögens und dessen Bewertung – insbesondere vor dem Hintergrund der in der Entgeltregulierung zum Tragen kommenden Unternehmenserhaltung – ableiten lässt. So waren es die ostdeutschen Länder, die vehement für eine entsprechende Korrektur des ersten Referentenentwurfs zu § 6 Abs. 3 S. 3 Strom-/GasNEV eingetreten sind, der zunächst tatsächlich eine

---

139 BGH, Beschl. v. 23.6.2009 – EnVR 19/08 – ZNER 2009, 261ff.
140 OLG Düsseldorf, Beschl. v. 4.7.2018 – 3 Kart 82/15, Rn 142 – BeckRS 2018, 21739.
141 OLG Düsseldorf, Beschl. v. 4.7.2018 – 3 Kart 82/15, Rn 145 – BeckRS 2018, 21739.
142 Brandenburgisches OLG, Urt. v. 13.3.2018 – 6 Kart 2/14 – BeckRS 2018, 17473.

Bezugnahme auf die Werte aus der DM-Eröffnungsbilanz[143] vorsah. Diese wurde indes nicht in die letztlich in Kraft getretenen Netzentgeltverordnungen übernommen.[144] Die Entscheidung des OLG Brandenburg hatte vor dem BGH[145] keinen Bestand und wurde entsprechend aufgehoben. Zwar seien unter zeitnahen, üblichen Anschaffungs- und Herstellungskosten solche zu verstehen, die eine zeitliche Nähe zum 1.7.1990 aufweisen würden. Gleichzeitig hat der BGH jedoch hervorgehoben, dass die in einer DM-Eröffnungsbilanz ausgewiesenen Werte nicht ohne Weiteres *„eine geeignete Grundlage für die Ermittlung der Herstellungs- und Anschaffungskosten von DDR-Altanlagen“* darstellen.[146] Sollten die Regulierungsbehörden diese Thematik weiter verfolgen, so wäre nach dieser Rechtsprechung in erster Linie nicht auf etwa noch vorhandene Werte aus DM-Eröffnungsbilanzen abzustellen. Vielmehr wäre zu untersuchen, welche Daten sich noch finden, um vergleichbare und in diesem Sinne übliche Anschaffungs- und Herstellungswerte aus den frühen 1990er Jahren zu ermitteln.

c) Maßgebliche Zinssätze für die Eigenkapitalverzinsung

Die Höhe der gesetzlich garantierten **Eigenkapitalverzinsung** für das von den Netz- 132
betreibern eingesetzte Eigenkapital hängt von den für die Ermittlung dieser Rendite vorgegebenen, **maßgeblichen Zinssätzen** ab. Nähere Regelungen zur Bestimmung dieser Zinssätze finden sich in § 7 Abs. 4 und 5 Strom-/GasNEV. Die Höhe der Eigenkapitalzinssätze, die für das Eigenkapital bis zur zugelassenen Eigenkapitalquote i. H. v. 40 % gelten, war zunächst in den Verordnungen vorgegeben worden.[147] Für die mit Beginn der Anreizregulierung anzuwendenden Eigenkapitalzinssätze hat der Verordnungsgeber in § 7 Abs. 6 S. 1 Strom-/GasNEV die Regulierungsbehörden ermächtigt, per **Festlegung** die Eigenkapitalzinssätze zu bestimmen.[148] Jeweils vor Beginn der Regulierungsperiode wurden die Zinssätze von der BNetzA für deren Dauer festgelegt.[149] Alle bisherigen Allgemeinverfügungen zu den Zinssätzen wurden von Netzbetreibern rechtlich angegriffen. Der BGH ist dabei jeweils zu dem Ergebnis gekommen, dass die von der BNetzA getroffene Entscheidung rechtlich nicht zu beanstanden ist.

143 BR-Drucks. 247/05, 6.

144 Vgl. zu einer im Jahr 2012 vorgenommenen Änderung der Netzentgeltverordnungen, in der diese Frage nochmals auf die Agenda kam: BT-Drucks. 17/11269, 20.

145 BGH, Urt. v. 3.6.2020 – EnVR 50/18 – EnWZ 2020, 311 ff.

146 BGH, Urt. v. 3.6.2020 – EnVR 50/18, Rn 22 – EnWZ 2020, 311 ff.

147 § 7 VI 3 StromNEV: 7,91 % für Neuanlagen und 6,5 % für Altanlagen; § 7 VI 3 GasNEV: 9,21 % für Neuanlagen und 7,8 % für Altanlagen.

148 Gem. § 54 III 3 Nr. 2 EnWG ist für die bundesweite Festlegung der Zinssätze die BNetzA zuständig.

149 BNetzA, Beschl. v. 7.7.2008 – BK4-08-068; 31.10.2011; BK4-11-304 und 5.10.2016 – BK-16-161 – jeweils n. v.

133 Die grundsätzlichen Fragestellungen wurden vom BGH bereits in den Verfahren gegen die von der BNetzA getroffenen Entscheidungen zu den Eigenkapitalzinssätzen für die erste Regulierungsperiode geprüft und entschieden.[150] Der BGH hat festgestellt, dass eine *„uneingeschränkte tatrichterliche Überprüfung"* des Vorgehens der BNetzA geboten ist, soweit es um die Ermittlung der tatsächlichen Grundlagen der in den Netzentgeltverordnungen festgeschriebenen Grundlagen der Zinssatzbestimmung geht.[151] Für den nach § 7 Abs. 5 Strom-/GasNEV zu bestimmenden Wagniszuschlag stehe der BNetzA ein Beurteilungsspielraum zu, der zwar nur eingeschränkt, aber gleichwohl gerichtlich überprüfbar ist. So sei die Entscheidung der Regulierungsbehörde nur dann rechtsfehlerfrei, wenn sie sich anerkannter wissenschaftlicher Methoden bedient und diese in Einklang mit den Vorgaben aus § 21 Abs. 2 EnWG und § 7 Abs. 5 Strom-/GasNEV anwendet. Ferner dürfen keine konkreten Anhaltspunkte dafür feststellbar sein, dass die sich hieraus ergebende Höhe der Eigenkapitalverzinsung das Ziel einer angemessenen, wettbewerbsfähigen und risikoangepassten Verzinsung des eingesetzten Kapitals verfehlt.[152]

134 Auf erheblichen Widerstand in der Branche und der rechtswissenschaftlichen Literatur[153] ist das Ergebnis der Rechtsprechung über die Beschwerdeverfahren gegen die Zinssatzfestlegung der dritten Regulierungsperiode gestoßen. Die BNetzA hatte in der zur dritten Periode getroffenen Entscheidung[154] eine erhebliche Absenkung[155] der Eigenkapitalzinssätze vorgenommen. Aus ökonomischer Sicht besonders augenfällig war der Umstand, dass sich sowohl der sog. risikofreie Basiszinssatz als auch die Marktrisikoprämie gegenüber der Vorperiode reduziert hatte. So kam es zu einer – bisher noch nie in einem solchen Ausmaß zustande gekommenen – Klagewelle gegen die Festlegungen der BNetzA sowohl im Strom- als auch im Gasbereich.[156] Um – nach Maßgabe der bisherigen Rechtsprechung des BGH – die tatsächlichen Grundlagen der Zinssatzfestlegung zu prüfen, hat das OLG Düsseldorf ein Sachverständigengutachten zur Überprüfung des behördlichen Vorgehens eingeholt. Dieses kam insgesamt zu einem sehr deutlichen Ergebnis: Die dem Zinssatz zugrunde liegende Marktrisikoprämie sei zu niedrig festgestellt worden, da die BNetzA die aus der aktuellen Kapitalmarktsituation[157] folgenden Konsequenzen nicht hinreichend berücksichtigt habe.

150 BGH, NVwZ-RR 2015, 457 – Thyssengas GmbH.

151 BGH, Beschl. v. 27.1.2015 – EnVR 39/13, Rn 13 – EnWZ 2015, 273 ff. – Thyssengas GmbH.

152 BGH, Beschl. v. 27.1.2015 – EnVR 39/13, Rn 18– EnWZ 2015, 273 ff. – Thyssengas GmbH.

153 Vgl. etwa: *Burgi*, RdE 2020, 105 ff.; *Mohr*, N&R Beilage 1/2020.

154 BNetzA, Beschl v. 5.10.2016 – BK-16-161 – n. v.

155 Die Zinssätze haben sich von 9,05 % auf 6,91 % (Neuanlagen) bzw. von 7,14 % auf 5,12 % (Altanlagen) reduziert.

156 Insgesamt waren über 1.100 Beschwerdeverfahren gegen diese Festlegungen beim OLG Düsseldorf anhängig.

157 Der gerichtlich bestellte Sachverständige hat insoweit insbesondere auf das historisch außergewöhnlich niedrige Zinsniveau aufgrund der Staatsschuldenkrise im Anschluss an die Finanzkrise in den Jahren 2007/2008 abgestellt.

Das OLG Düsseldorf[158] hat die von der BNetzA getroffene Entscheidung unter Berufung auf die Feststellungen des gerichtlich bestellten Sachverständigen aufgehoben und die BNetzA verpflichtet, erneut über die Eigenkapitalzinssätze zu entscheiden.

Auf die hiergegen von der BNetzA eingelegte Rechtsbeschwerde hat der BGH[159] die Entscheidung des OLG Düsseldorf aufgehoben und die gegen die Zinssatzfestlegung eingelegte Beschwerde des Netzbetreibers zurückgewiesen. Hierfür hat der BGH vorrangig darauf verwiesen, dass die von der BNetzA zur Ermittlung des Wagniszuschlags angewendete Methode als solche nicht zu beanstanden und ferner nicht zu erkennen sei, dass den vom OLG Düsseldorf festgestellten Besonderheiten auf den Kapitalmärkten damit nicht hinreichend entsprochen werden könnte.[160] Diese Bewertung begegnet jedoch angesichts der in § 88 Abs. 4 EnWG zwingend angeordneten Bindung des Rechtsbeschwerdegerichts an die tatrichterlich getroffenen Feststellungen des Beschwerdegerichts erheblichen rechtlichen Bedenken. Überdies ist nicht erkennbar, wie die Entscheidung des BGH mit seiner bisherigen Rechtsprechung in Einklang zu bringen ist. Schließlich hatte das OLG Düsseldorf anhand der vom gerichtlichen Sachverständigen vorgenommenen Prüfungen gerade diejenigen „Anhaltspunkte" festgestellt, aus denen abzuleiten war, dass die festgelegten Zinssätze im Ergebnis unangemessen sind.[161] Dessen ungeachtet muss die Entscheidung des BGH auch unter verfassungsrechtlichen Gesichtspunkten als kritisch bewertet werden, weil hiermit eine erhebliche Einschränkung der Möglichkeiten zur gerichtlichen Überprüfung des Vorgehens verbunden ist.[162] Die von mehreren Netzbetreibern gegen die vom BGH in Parallelverfahren getroffenen Entscheidungen geführten Verfassungsbeschwerden waren bei Redaktionsschluss noch anhängig. 135

5. Kostenstellenrechnung

In den §§ 12 bis 14 StromNEV sowie den §§ 11 bis 12 GasNEV finden sich die Regelungen über die Kostenstellenrechnung. Nach § 12 S. 1 StromNEV bzw. § 11 S. 1 GasNEV sind die nach Maßgabe des § 4 Strom-/GasNEV zu ermittelnden Netzkosten direkt den nach § 13 StromNEV sowie § 12 GasNEV und nach Maßgabe der Anlage 2 der Strom-/GasNEV zu bildenden Hauptkostenstellen zuzuordnen. 136

Soweit eine direkte Zuordnung von Kosten nicht oder nur mit unvertretbar hohem Aufwand möglich ist, sind diese Positionen geeigneten Hilfskostenstellen zuzuordnen. Die **Aufteilung der Netzkosten** hat verursachungsgerecht über eine angemessene **Schlüsselung** zu erfolgen. Die Schlüsselung ist für sachkundige Dritte nachvoll- 137

158 OLG Düsseldorf, Beschl. v. 22.3.2018 – VI-3 Kart 549/16 (V) – BeckRS 2018, 7612.
159 BGH, Urt. v. 9.7.2019 – EnVR 52/18 – RdE 2019, 456ff. – Eigenkapitalzinssatz II.
160 BGH, Urt. v. 9.7.2019 – EnVR 52/18, Rn 48 – RdE 2019, 456ff. – Eigenkapitalzinssatz II.
161 BGH, NVwZ-RR 2015, 457; BGH, Beschl. v. 27.1.2015 – EnVR 39/13, Rn 13 – EnWZ 2015, 273ff. – Thyssengas GmbH.
162 *Burgi*, RdE 2020, 105ff.; *Mohr*, N&R Beilage 1/2020.

ziehbar und vollständig zu dokumentieren. Eine Änderung von Schlüsseln ist nur zulässig, sofern sie sachlich geboten ist. Insoweit gilt, wie bereits bei der Gemeinkostenzuordnung zum Netzbereich nach § 4 Abs. 4 Strom-/GasNEV, der Grundsatz der Stetigkeit der gewählten Schlüssel. Eine Änderung ist in einer für sachkundige Dritte nachvollziehbaren Weise schriftlich zu dokumentieren. Nach § 13 Strom-/§ 12 GasNEV haben die Netzbetreiber als **Maßgrößen der Kostenverursachung** Haupt- und Nebenkostenstellen zu bilden.

138 Die Bildung erfolgt nach Maßgabe der in Anlage 2 der Strom-/GasNEV ausgewiesenen Haupt- und Nebenkostenstellen. Die Unterteilung der Hauptkostenstellen in Nebenkostenstellen soll (auch) der Durchführung **netzbetreiberübergreifender Vergleiche einzelner Kostenstellen** dienen.[163] § 12 S. 2 GasNEV sieht für **Betreiber von örtlichen Verteilernetzen** zusätzlich die **Verpflichtung** vor, jede Haupt- und Nebenkostenstelle nach Ortstransportleitungen und Ortsverteilernetz zu unterteilen. Die nur für Gasverteilernetzbetreiber vorgeschriebene Unterscheidung nach Ortstransportleitungen und Ortsverteilernetz soll eine verursachungsgerechte Ermittlung der Netzentgelte in örtlichen Verteilernetzen erleichtern.[164]

139 Das in § 14 StromNEV verankerte und allein für den **Bereich** der **Stromnetzentgelte** normierte **Prinzip der Kostenwälzung** dient maßgeblich der Effizienz des Netzzugangs, da es – gemeinsam mit dem Grundsatz der transaktionsunabhängigen Entgeltbildung nach § 15 StromNEV – dem Netznutzer den Abschluss von Netznutzungsverträgen mit allen vorgelagerten Netzbetreibern ersparen soll.[165] Die **in § 14 StromNEV geregelte Kostenwälzung** dient dem **Ziel**, eine möglichst verursachungsgerechte Verteilung der Netzkosten auf die Kostenträger zu gewährleisten. Die Kosten einer Netz- oder Umspannebene werden grundsätzlich von den entnehmenden Kunden getragen. Entnehmende Netzkunden sind Letztverbraucher, Weiterverteiler (wie z. B. Stadtwerke) sowie auch die nachgelagerten Netz- oder Umspannebenen desselben Netzbetreibers, § 14 Abs. 2 S. 2 StromNEV.[166]

140 Von praktischer Bedeutung ist der Umstand, dass sich die Eigentümerstrukturen nicht immer netzebenenscharf abgrenzen lassen, sondern sich über eine Netz- oder Umspannebene erstrecken können. In diesem Fall wälzt der vorgelagerte Netzbetreiber sein Netzentgelt auf den nachgelagerten Netzbetreiber, der jedoch auf der gleichen Netz- oder Umspannebene den Strom übernimmt. Der nachgelagerte Netzbetreiber fügt seine Netzkosten für die technisch gleiche Ebene hinzu und stellt diese dem angeschlossenen Netznutzer in Rechnung. Dieses sog. **Pancaking**[167] kann dazu führen, dass der an der nachgelagerten Netzebene angeschlossene Netznutzer erheblich

163 BR-Drucks. 245/05, S. 37 f.
164 BR-Drucks. 247/05, S. 31 f.
165 Theobald/Kühling/*Missling*, Einf StromNEV Rn 51.
166 BR-Drucks. 245/05, S. 37 f.
167 Theobald/Kühling/*Hartmann*/*Wagner*, § 20 EnWG Rn 178 ff.; BNetzA, Leitfaden zur Findung sachgerechter Sonderregelungen in den Fällen der Kostenwälzung nach § 14 Abs. 2 S. 3 StromNEV.

höhere Netzentgelte für die Abnahme aus dieser Netz- oder Umspannebene zahlen muss. Die Vorschrift des § 14 Abs. 2 S. 3 StromNEV erlaubt zur Vermeidung solcher Belastungen die Vereinbarung von Sonderregelungen. In der Regulierungspraxis wird in diesen Fällen häufig ein „fiktives Pachtverhältnis" als Sonderregelung vereinbart. Zwingend ist ein solcher Ansatz freilich nicht. Insbesondere bei vermaschten Netzen sind auch andere Sonderregelungen denkbar.

6. Kostenträgerrechnung

a) Grundlagen

Die **Regelungen zur Kostenträgerrechnung** finden sich jeweils im Abschnitt 3 der 141
Strom-/GasNEV. Da die Kostenträgerrechnung und auch die Kostenwälzung im Gas- und Strombereich unterschiedlichen verordnungsrechtlichen Regeln folgen, werden diese nachfolgend gesondert dargestellt.

b) Strom

Die in § 15 StromNEV geregelten **Grundsätze der Entgeltermittlung** aus den zulässi- 142
gen Kosten orientieren sich im Wesentlichen an der **Praxis aus der Zeit der Verbändevereinbarungen**, die sich nach Auffassung des Verordnungsgebers bewährt haben.[168] Nach § 15 Abs. 1 S. 1 StromNEV ist **Grundlage** des Systems der **Netzentgeltbildung** im Strombereich ein **transaktionsunabhängiges Punktmodell**, wie es auch in § 3 Abs. 1 S. 1 StromNZV seine Grundlage findet. Danach vermittelt der Netznutzungsvertrag bzw. Lieferantenrahmenvertrag den Zugang zum gesamten Elektrizitätsversorgungsnetz. Nach § 15 Abs. 1 S. 2 StromNEV werden die nach § 4 StromNEV ermittelten **Netzkosten über ein jährliches Netzentgelt** gedeckt. Die Vorgabe ist insoweit Teil des der Netzentgeltermittlung zugrunde liegenden **Prinzips der Kostendeckung**, wie es insbesondere in § 15 Abs. 2 StromNEV seinen Ausdruck findet.

Nach § 16 Abs. 1 S. 1 StromNEV hat die **Zuteilung der Kosten einer Netz- oder** 143
Umspannebene auf die aus dieser Netz- oder Umspannebene entnehmenden Netznutzer möglichst verursachungsgerecht zu erfolgen. Zu diesem Zwecke sind für jeden Kostenträger **spezifische Jahreskosten** zu bilden. Die spezifischen Jahreskosten sind insoweit die **„Briefmarke"** der Netz- oder Umspannebene.[169] Für die Zuteilung der spezifischen Jahreskosten einer Netz- oder Umspannebene auf die entnehmenden Netzkunden ist nach § 16 Abs. 2 StromNEV der Anteil maßgeblich, den die jeweiligen Netzkunden an der zeitgleichen Jahreshöchstlast der Netz- oder Umspannebene beanspruchen (**Gleichzeitigkeitsfunktion**).

---

168 BR-Drucks. 245/05, S. 38.
169 BR-Drucks. 245/05, S. 38.

144 Die Regelung aus § 17 Abs. 1 S. 1 StromNEV gibt vor, dass die von Netznutzern zu entrichtenden **Netzentgelte** ihrer **Höhe** nach unabhängig von der räumlichen Entfernung zwischen dem Ort der Einspeisung und dem Ort der Entnahme zu bestimmen sind und lediglich von der **Anschlussnetzebene der Entnahmestelle**, den **Messvorrichtungen** und der **Jahresbenutzungsstundenzahl** abhängen sollen. In struktureller Hinsicht gibt § 17 Abs. 2 StromNEV vor, dass Netzentgelte pro Entnahmestelle aus einem Jahresleistungspreis in €/kW und einem Arbeitspreis in ct/kWh zu bilden sind.

145 Gemäß § 17 Abs. 6 StromNEV ist für **Entnahmen ohne Leistungsmessung** im Niederspannungsnetz anstelle des Leistungs- und Arbeitspreises zunächst nur ein Arbeitspreis in Cent pro Kilowattstunde festzulegen. Daneben kann ein **monatlicher Grundpreis** gebildet werden, der in einem angemessenen Verhältnis zum Arbeitspreis stehen muss. Diese sehr stark an der entnommenen Menge orientierte Systematik befördert das Problem einer zunehmenden **Entsolidarisierung der Finanzierung der Netzinfrastruktur.**[170] Der Trend zur Eigenerzeugung, bei dem Industrie- oder Gewerbeunternehmen sowie Privathaushalte die von ihnen genutzte Elektrizität jedenfalls anteilig selbst erzeugen und überschüssige Energie in das Netz einspeisen, schreitet fort. Zur Zeit der Etablierung der derzeit geltenden Entgeltsystematik war diese Entwicklung noch nicht absehbar; dementsprechend sind deren Konsequenzen nicht bedacht worden. Historisch betrachtet wurde der Großteil der Energie in Großkraftwerken erzeugt, auf den höchsten Netzebenen eingespeist und in den unteren Spannungsebenen entnommen. Bei einem solchen Abnahmeverhalten ist es sinnvoll, die Netzentgelte für Standardlastprofilkunden in der Niederspannung primär am Arbeitspreis auszurichten. Durch die Zunahme von – energiepolitisch durchaus begrüßenswerter – Eigenerzeugung, verschiebt sich die Allokation der Netzkosten hin zu den nicht erzeugenden Abnehmern. Die Dringlichkeit einer **Reform der Entgeltsystematik** wächst daher.[171]

146 Innerhalb des aktuell geltenden Rechtsrahmens ergeben sich nur begrenzte Möglichkeiten für eine Lösung des zuvor beschriebenen Problems. Seit einigen Jahren ist jedenfalls bereits bundesweit ein Trend hin zu höheren Grundpreisen zu beobachten. Diese Entwicklung könnte durch eine Reform der Entgeltsystematik aufgegriffen werden. Möglich wäre es etwa, den Fokus auf die Bereitstellung des Netzes zu legen. Merkmal für die Berechnung eines solchen Grundpreises könnte die Anschlussleistung bzw. Kapazität des Anschlusspunktes sein. Eine solche **Pauschalpreissystematik** würde zwar nicht zu insgesamt günstigeren Netzentgelten führen. Wohl führte sie dazu, dass die Netzinvestitionen, von denen alle Anschlussinhaber profitieren, von vielen Schultern getragen werden, was unter Gerechtigkeitsaspekten zu begrüßen wäre. Daneben stellt sich auch erheblicher Reformbedarf hinsichtlich einer Flexibilisierung der Entgelte, die den vorherigen Überlegungen in gewissem Sinne entgegen-

170 Siehe Rn 15.

171 Vgl. auch oben unter Rn 15.

läuft. Dieser „Quadratur des Kreises" dürfte es wohl auch geschuldet sein, dass zu diesen Fragen zwar zahlreiche Lösungsansätze diskutiert werden; nach wie vor fehlt es jedoch an einer umfassenden Neuorientierung für die Entgeltsystematik.

Mit § 17 Abs. 2a StromNEV ist mit Wirkung ab dem 1.1.2014 die Möglichkeit ge- 147
schaffen worden, unter bestimmten Voraussetzungen für die Abrechnung der Netznutzungsentgelte eine gemeinsame Betrachtung von mehreren Entnahmestellen (sog. „Pooling") vorzunehmen. Innerhalb eines Netzknotens erfolgt dies gemäß § 17 Abs. 2a S. 4 Ziff. 1 StromNEV sogar vorzeichengerecht im Sinne einer Addition der Lastgangzeitreihen.[172] Ausgangspunkt für diese besondere Ermittlung der Grundlagen der Entgeltermittlung ist der Befund, dass der vorgelagerte Netzbetreiber sein Netz insgesamt auf eine geringere Netzanschlusskapazität auslegen kann, wenn der nachgelagerte Netzbetreiber oder Netznutzer die Möglichkeit hat, die von ihm insgesamt abgenommene Last zwischen mehreren Entnahmestellen zu verschieben. Der Normtext und die Gesetzesbegründung stellen dabei auf eine galvanische Verbindung der Entnahmestellen ab. Diese Tatbestandsvoraussetzung wurde aus Sicht der Praxis zutreffend von der Rechtsprechung sehr weit gefasst und auch für induktive Verbindungen angenommen.[173] Gleichwohl ist bemerkenswert, dass diese Auslegung mit dem Willen des Verordnungsgebers begründet wird.[174] Vermutlich liegt die Rechtsprechung mit dieser Annahme sogar richtig: Offensichtlich muss bei der Komplexität der Materie mittlerweile wohl hingenommen werden, dass der Verordnungsgeber das eine meint; aber ausdrücklich das andere schreibt. Eine induktive Verbindung ist jedenfalls der technische Gegensatz zu einer galvanischen Verknüpfung.

§ 15 Abs. 1 S. 3 StromNEV stellt klar, dass für die **Einspeisung elektrischer Ener-** 148
gie keine Netzentgelte zu **entrichten** sind. Vielmehr erhielten bisher Betreiber von dezentralen Erzeugungsanlagen nach § 18 Abs. 1 StromNEV vom Stromverteilernetzbetreiber, in dessen Netz sie einspeisen, ein Entgelt (**sog. vermiedene Netzentgelte**). Nach intensiven – teilweise kontrovers geführten – Diskussionen zur Sachgerechtigkeit der Vergütung für eine dezentrale Einspeisung hat der Gesetzgeber im Jahr 2017 mit dem Gesetz zur Modernisierung der Netzentgeltstruktur (Netzentgeltmodernisierungsgesetz – NEMoG)[175] insbesondere mit der Einführung des § 120 EnWG eine Begrenzung der vermiedenen Netzentgelte herbeigeführt. Hiernach erhalten Betreiber volatiler Erzeugungsanlagen[176] bereits seit dem 1.1.2020 kein Entgelt mehr für dezentrale Erzeugung. Für alle übrigen Anlagen wird ein vermiedenes Netzentgelt nach § 18 StromNEV nur gezahlt, wenn die Erzeugungsanlage vor dem 1.1.2023 in Betrieb genommen wurde. Für die Höhe der Vergütung ist zu beachten, dass gemäß § 120 Abs. 4 EnWG ein Referenzpreisblatt des jeweiligen vorgelagerten Netzbetreibers maß-

172 Vgl. zur Historie BerlKommEnR III/*Mohr*, § 17 StromNEV Rn 12ff.
173 OLG Düsseldorf, Beschl. v. 18.1.2017 – VI-3 Kart 183/15 (V) – RdE 2017, 214, 218.
174 Vgl. dazu auch BerlKommEnR III/*Mohr*, § 17 StromNEV Rn 23.
175 Gesetz. v. 17.7.2017 (BGBl. I S. 2503).
176 Gem. § 3 Nr. 38a EnWG: Wind- und Solarenergieanlagen.

geblich ist, das auf den zum 31.12.2016 geltenden Netzentgelten beruht.[177] Damit soll nach dem Willen des Gesetzgebers vermieden werden, dass dezentrale Einspeiser letztlich noch von weiter ansteigenden Netzentgelten profitieren.[178]

149 § 19 StromNEV enthält Vorgaben zur kalkulatorischen Berücksichtigung und zum Umgang mit **Entgelten für Sonderformen der Netznutzung**. Von der Regelung werden solche Abnahmeverhalten erfasst, bei denen der Lastverlauf bzw. die Leistungsaufnahme deutlich von jenen Annahmen abweicht, die den Preisfindungsgrundsätzen nach § 16 StromNEV zugrunde liegen. In diesen Fällen soll ein **individuelles Netzentgelt** gebildet werden. Dazu hatte der Verordnungsgeber insbesondere auf unterbrechbare Belieferungen etwa für Nachtspeicherheizungen hingewiesen.[179] Durch das Gesetz zur Neuregelung energiewirtschaftsrechtlicher Vorschriften v. 26.7.2011,[180] mit dem auch § 19 Abs. 2 StromNEV grundlegende Änderungen erfahren hat, wurde ein neuer § 14a in das EnWG eingefügt,[181] der für solche unterbrechbaren Versorgungseinrichtungen ein eigenes Preissegment vorsieht, womit sie dem Anwendungsbereich des § 19 Abs. 2 StromNEV entzogen sind.[182] Die Regelung des § 14a EnWG ist seit ihrer Einführung unverändert geblieben und steht aktuell im Mittelpunkt einer weitergehenden politischen Diskussion zur Novellierung der Netzentgeltsystematik und einer damit intendierten besseren Integration flexibler Lasten.[183]

150 Eine hohe praktische Relevanz kommt der Vorschrift des § 19 Abs. 2 StromNEV zu. In seiner aktuellen Fassung sieht § 19 Abs. 2 S. 2 StromNEV die Gewährung eines individuellen (reduzierten) Netzentgelts vor, wenn der Verbrauch eines Letztverbrauchers an einer Abnahmestelle mindestens 7.000 Benutzungsstunden im Jahr erreicht und 10 Gigawattstunden übersteigt. Die hierzu in § 19 Abs. 2 StromNEV zusätzlich enthaltenen Vorgaben sind von der BNetzA noch näher ausgestaltet worden.[184] Die BNetzA hat mit ihrer Festlegung sowohl für die Sonderentgelte bei intensiver Netznutzung (§ 19 Abs. 2 S. 2 StromNEV) als auch für die Sonderentgelte bei atypischer Netznutzung (§ 19 Abs. 2 S. 1 StromNEV) die konkrete Vorgehensweise zur Ermittlung und Anwendung der Entgelte verbindlich geregelt. Da die BNetzA mit diesem Beschluss eine Konkretisierung der Kriterien zur sachgerechten Ermittlung der individuellen Netzentgelte vorgenommen hat, kommt die Regelung des § 19 Abs. 2 S. 7 StromNEV zum Tragen. Die Wirksamkeit einer Vereinbarung über ein solches individuelles Netzentgelt ist entgegen § 19 Abs. 2 S. 5 StromNEV nicht mehr von einer Genehmigung der Regulierungsbehörde abhängig; eine schriftliche Anzeige an die zuständige Regulierungs-

---

177 Theobald/Kühling/*Missling*, § 120 EnWG Rn 13ff.
178 BT-Drucks. 18/11528, S. 18.
179 BR-Drucks. 245/05, S. 40.
180 BGBl. I S. 1554.
181 Theobald/Kühling/*Missling*, § 14a EnWG Rn 1ff.
182 BNetzA v. 14.12.2011 – BK8-11-024, S. 19 – n. v.
183 UA BT-Drucks. 19/16417, S. 7ff.
184 BNetzA, Beschl. v. 11.12.2013 – BK4-13-739 – EnWZ 2014, 88.

behörde ist insoweit ausreichend. Nach § 19 Abs. 2 S. 1 StromNEV darf das individuell vereinbarte Netzentgelt bei atypischem Entnahmeverhalten nicht weniger als 20 % des regulären Netzentgelts betragen. Bei intensivem Entnahmeverhalten gilt § 19 Abs. 2 S. 2 StromNEV, der bei Erreichung der **Mindestvoraussetzungen** vorgibt, dass die Höhe des individuellen 20 % des veröffentlichten Netzentgelts nicht unterschreiten darf. Das minimale Entgelt darf beim Erreichen von 8.000 Benutzungsstunden 10 % des regulär ermittelten Netzentgeltes nicht unterschreiten.

Die dem Netzbetreiber durch die individuellen Vereinbarungen entgangenen Netzentgelte werden gemäß § 19 Abs. 2 S. 13 StromNEV auf die vorgelagerten Netzebenen gewälzt und von den Übertragungsnetzbetreibern erstattet. Nach § 19 Abs. 2 S. 14 StromNEV gleichen die Übertragungsnetzbetreiber die Zahlungen untereinander aus. Die aus diesen **Sonderentgelten** resultierenden Mindereinnahmen der Netzbetreiber werden abschließend durch eine Umlage auf alle Netznutzer verteilt. **151**

Über die Ermittlung des individuellen Netzentgelts bestehen seit deren Aufnahme in das Gesetz erhebliche Streitigkeiten. Diese wurden noch einmal erheblich angefacht durch die vorübergehend in der Verordnung enthaltene vollständige Befreiung von Netzentgelten. Weil sie Zweifel an der Rechtmäßigkeit der Befreiungsvorschriften hatte, leitete die **Europäische Kommission** mehr oder weniger im Schatten eines Beihilfeverfahrens zum EEG ein **Verfahren** auch wegen der individuellen Netzentgelte bzw. **wegen** der **vollständigen Befreiung** ein. Als Reaktion darauf hat der Verordnungsgeber die Vorschrift geändert und die vollständige Befreiung von den Netzentgelten wieder kassiert. Zuvor hatte auch die nationale Rechtsprechung das Vorliegen einer hinreichenden Ermächtigungsgrundlage für die Netzentgeltbefreiung angezweifelt und die Norm für nichtig erklärt.[185] Im Einzelnen ist noch vieles in Bezug auf die Neuregelung unklar und umstritten.[186] **152**

Regulatorisch hatte die BNetzA die **Ermittlung** der **Sonderentgelte** nach § 19 Abs. 2 StromNEV bis 2012 lediglich durch rechtlich nicht verbindliche Leitfäden vorgegeben. Dennoch war in vielen Punkten unklar, wie eine Befreiung vorzunehmen war. Von dieser Regulierungspraxis hat die BNetzA durch den Erlass von Festlegungen Abstand genommen.[187] Mehr Klarheit konnte für die betroffenen Netznutzer und Netzbetreiber in vielen Fällen gleichwohl nicht erreicht werden.[188] **153**

§ 19 Abs. 3 StromNEV enthält eine **Sonderregelung** für solche Fälle, in denen ein Netznutzer sämtliche in einer Netz- und Umspannebene von ihm genutzten Betriebsmittel ausschließlich selbst nutzt. In diesem Falle ist zwischen dem Netzbetreiber und **154**

185 Vgl. zur europarechtlichen Einordnung: Beschl. (EU) 2019/56 der Kommission v. 28.5.2018 über die staatliche Beihilfe SA.34045 (2013/C) (ex 2012/NN) Deutschlands für Bandlastverbraucher nach Paragraf 19 StromNEV (bekannt gegeben unter Aktenzeichen C(2018) 3166).

186 Vgl. zu den einzelnen Fragestellungen BerlKommEnR III/*Mohr*, § 19 StromNEV, Rn 18 ff.

187 Aktuell BNetzA, Beschl. v. 11.12.2013 – BK4-13-739 – EnWZ 2014, 88.

188 Die BNetzA versucht sich in der Praxis damit zu helfen, sog. FAQ-Listen herauszugeben. Die rechtliche Einordnung dieser „Fragen-und-Antworten-Kataloge" ist unklar.

dem Netznutzer für diese **singulär genutzten Betriebsmittel** ein angemessenes Entgelt gesondert festzulegen. Das Entgelt soll sich nach § 19 Abs. 3 S. 2 StromNEV an den individuell zurechenbaren Kosten der singulär genutzten Betriebsmittel dieser Netz- oder Umspannebene orientieren.[189]

155 Mit dem Strommarktgesetz aus dem Jahr 2016[190] wurde mit § 19 Abs. 4 StromNEV ein weiteres Sonderentgelt eingeführt. Danach haben Betreiber von Elektrizitätsversorgungsnetzen Letztverbrauchern, die Strom dem Netz ausschließlich zur Speicherung in einem Stromspeicher entnehmen und den zurückgewonnenen Strom wieder in das Netz einspeisen, ein individuelles Netzentgelt anzubieten, soweit diese nicht die Netzentgeltbefreiung gemäß § 118 Abs. 6 EnWG[191] in Anspruch nehmen.[192] Das Netzentgelt soll abweichend von § 17 Abs. 2 StromNEV nur aus einem Jahresleistungspreis in Euro pro Kilowatt bestehen. Dieser Jahresleistungspreis ist auf den Anteil der entnommenen Strommenge zu reduzieren, der nicht wieder in das Netz eingespeist wird.

156 Als verfahrensmäßig letzten Schritt der **Netzkostenermittlung** sieht § 20 Abs. 1 StromNEV die **Durchführung einer Verprobungsrechnung** vor. Die Verprobungsrechnung soll sicherstellen, dass die prognostizierten Erlöse aus den beantragten Netzentgelten den zulässigen Kosten nach § 4 StromNEV entsprechen. Eine verbindliche Vorgabe zu der Absatzstruktur, über die eine Prognose zu erstellen ist, enthält die Anlage 5 zu § 28 Abs. 2 Nr. 6 StromNEV. Aufgrund des Verweises in § 21 Abs. 1 S. 2 StromNEV ist die Verprobungsrechnung insbesondere in der Anreizregulierung bei der Umsetzung der festgelegten kalenderjährlichen Erlösobergrenzen in Netzentgelte vorzunehmen. Da § 21 Abs. 3 S. 1 StromNEV darüber hinaus vorschreibt, dass die aufgrund einer Anpassung der Erlösobergrenzen durchzuführende Anpassung der Netzentgelte jeweils zum 1.1. eines Kalenderjahres zu erfolgen hat, wird die Verprobungsrechnung jeweils zum Jahresende, d. h. rechtzeitig vor dem 1.1. stattfinden müssen.[193]

157 Die **Kostenträgerrechnung** findet auch nach Einführung der Anreizregulierung gemäß § 17 ARegV weiterhin Anwendung. Zwar wird die Basis für die Entgeltermittlung mittlerweile durch die Erlösobergrenze bestimmt. Die Art und Weise der Entgeltermittlung hat sich aber nicht geändert, weshalb die Vorschriften entsprechend anzuwenden sind.

---

189 Die individuell zurechenbaren Kosten sind an den durchschnittlichen Kosten der genutzten Anlagegüter zu orientieren.

190 Gesetz zur Weiterentwicklung des Strommarktes (Strommarktgesetz) v. 26.7.2016 (BGBl. I S. 1786).

191 Vgl. dazu Theobald/Kühling/*Missling* § 118 EnWG Rn 11 ff.

192 BGH, Beschl. v. 20.6.2017 – EnVR 24/16 – RdE 2017, 462 = EnWZ 2017, 219 ff. – Netzentgeltbefreiung III.

193 Vgl. dazu oben unter Rn 44.

c) Gas

Auf der Ebene der Verteilernetzbetreiber ist im Gasbereich ein Entgelt – vergleichbar mit den Stromnetzentgelten – auf Basis der tatsächlichen Inanspruchnahme des Verteilernetzes zu bilden (§ 18 GasNEV). Insoweit bestehen regelmäßig ein Arbeitspreis in Abhängigkeit von der transportierten Energiemenge in kWh und ein Leistungspreis nach der höchsten Inanspruchnahme des Netzes im Jahr. 158

Anders als im Strombereich werden keine unterschiedlichen Entgelte nach Spannungsebenen gebildet, sondern **Entgelte in Abhängigkeit von der Funktion** des Verteilernetzes als Ortstransportleitung oder Ortsverteilernetz (§ 12 S. 2 GasNEV) bestimmt. Für die Aufteilung in diese Kategorien und für die daraus folgenden Funktionen zur Bestimmung eines verursachungsgerechten Entgeltes haben die Regulierungsbehörden nur wenige Vorgaben gemacht. Der Schwerpunkt der Entgeltverfahren liegt regelmäßig auf der Prüfung der angesetzten Kosten; die Art der Entgeltbildung wird nur daraufhin geprüft, ob dies als verursachungsgerecht angesehen werden kann. 159

Im Unterschied zur StromNEV, die in § 14 eine entsprechende Regelung enthält, fehlen in der GasNEV Vorgaben zur Kostenwälzung zwischen den Netzbetreibern, welche jedoch die vorrangige Regelung in § 20 Abs. 1b EnWG vorsieht. Nach § 20 Abs. 1b S. 6 EnWG sind Gasnetzbetreiber verpflichtet, bei der Berechnung und dem Angebot von Kapazitäten, der Erbringung von Systemdienstleistungen und auch der **Kosten- und Entgeltwälzung** eng zusammenzuarbeiten. Die somit bereits normativ vorgesehene Kostenwälzung wurde mit entsprechenden Kooperationsvereinbarungen der Gasnetzbetreiber (KoV) etabliert. Seit dem 1.10.2020 entfaltet mittlerweile die KoV XI Gültigkeit. Die Kostenwälzung ist in der aktuellen Kooperationsvereinbarung in §§ 6 f. KoV XI geregelt. 160

C. Rechtsschutzmöglichkeiten

I. Einführung

Die Vorschriften aus §§ 75 bis 108 EnWG enthalten Regelungen zu den gerichtlichen Verfahren gegen Entscheidungen der BNetzA und der LRegB. Zunächst regeln die §§ 75 bis 85 EnWG die **gerichtlichen Beschwerdeverfahren** gegen die Entscheidungen der Regulierungsbehörden in der ersten Instanz. Zu diesen Entscheidungen gehört auch die Festlegung der Erlösobergrenzen durch die Regulierungsbehörde, die die Basis für die Entgeltermittlung unter dem Regime der ARegV darstellt. In der zweiten Instanz ist als Rechtsmittel die Rechtsbeschwerde zum BGH statthaft (§§ 86 bis 88 EnWG). 161

Neben dem Rechtsschutz im Hauptsacheverfahren besteht für den Beschwerdeführer die Möglichkeit des Ersuchens von **einstweiligem Rechtsschutz**. Vor dem Hintergrund der in der Praxis anzutreffenden mehrjährigen Verfahrensdauer der Be- 162 schwerdeverfahren, verhilft der Eilrechtsschutz dem Beschwerdeführer zur vorläufigen Sicherung seiner Rechte für die Dauer des gerichtlichen Hauptsacheverfahrens.

II. Beschwerdeverfahren nach dem EnWG

1. Rechtswegeröffnung

163 Die Handlungsform der Festlegung ist eine regulierungsrechtliche Besonderheit im Verwaltungsrecht.[194] **Wenngleich** es sich bei der Festlegung der Erlösobergrenze um einen Verwaltungsakt handelt, ist der Verwaltungsrechtsweg nicht eröffnet. Durch die Zuweisung an die Oberlandesgerichte in erster sowie den Bundesgerichtshof in zweiter Instanz ist in energiewirtschaftlichen Regulierungssachen ein besonders ausgestalteter Zivilrechtsweg eröffnet, obwohl es sich beim Regulierungsrecht – ebenso wie beim Kartellrecht, dem das Energieregulierungsrecht in weiten Teilen nachgebildet ist – materiell um Verwaltungsrecht handelt.[195]

2. Beschwerdearten

a) Anfechtungsbeschwerde

164 Die **Anfechtungsbeschwerde** stellt den Grundfall der Beschwerde gegen regulierungsbehördliche Entscheidungen dar. Gegenstand der Anfechtungsbeschwerde ist eine für den Adressaten belastende Entscheidung der Regulierungsbehörde, deren Aufhebung begehrt wird.

b) Verpflichtungsbeschwerde

165 Die Verpflichtungsbeschwerde hingegen richtet sich grundsätzlich auf das Erlangen einer Entscheidung, auf die der Antragssteller nach § 75 Abs. 3 S. 1 EnWG einen Anspruch geltend machen muss.[196] Gegen die Festlegung der Erlösobergrenzen ist die **Verpflichtungsbeschwerde** nach § 75 Abs. 1 und 3 EnWG die **statthafte Beschwerdeart**, da das Ziel einer solchen Beschwerde in der Festsetzung höherer Erlösobergrenzen besteht.[197] Die Verpflichtungsbeschwerde ist nach dem Grundsatz der Spezialität der Verpflichtungsbeschwerde gegenüber einer Anfechtungsbeschwerde

---

194 Siehe nur BerlKommEnR I 1/*Schmidt-Preuß*, § 29 EnWG Rn 3ff.

195 *Eder/de Wyl/Becker*, ZNER 2004, 3, 10; vgl. auch Elspas/Graßmann/Rasbach/*Kalwa/Göge*, § 75 EnWG Rn 5.

196 Gem. § 75 Abs. 3 S. 2 EnWG gilt es auch als Unterlassung, wenn die Regulierungsbehörde den Antrag auf Erlass der Entscheidung ohne zureichende Begründung in angemessener Frist nicht beschieden hat (Untätigkeit).

197 OLG Stuttgart, Beschl. v. 21.1.2010 – 202 EnWG 3/09, S. 5 – BeckRS 2010, 13187.

vorrangig, sofern die Regulierungsbehörde eine beantragte Entscheidung abgelehnt hat.[198]

166 Die Erlösobergrenze ist das Ergebnis eines umfangreichen und komplexen Verwaltungsverfahrens, welches sich in mehrere Abschnitte unterteilt. Dieses Verfahren endet gemäß § 32 Abs. 1 Nr. 1 ARegV mit der „Festlegung" der Erlösobergrenze. Da § 75 Abs. 1 EnWG von „Entscheidungen der Regulierungsbehörde" spricht, gilt dasselbe für Netzentgeltgenehmigungen nach § 23a EnWG.

167 Der Beschwerdeführer muss **beschwerdebefugt** sein. Diese **Voraussetzung** liegt vor, wenn der **Beschwerdeführer** einen Antrag gestellt hat, der von der Regulierungsbehörde abgelehnt wurde, und geltend macht, auf den Erlass der beantragten Entscheidung einen Rechtsanspruch zu haben. Ferner ist sie anwendbar in von Amts wegen eröffneten Verfahren in der Anreizregulierung.[199]

168 Die Geltendmachung eines eigenen Rechtsanspruchs ist nach dem ausdrücklichen Wortlaut von § 75 Abs. 3 S. 1 Hs. 2 EnWG im Unterschied zur Anfechtungsbeschwerde eine Zulässigkeitsvoraussetzung für die Beschwerde. Der Beschwerdeführer muss also bereits in der Zulässigkeit der Verpflichtungsbeschwerde zumindest die Möglichkeit darlegen, dass der geltend gemachte Anspruch auf Genehmigung der beantragten Entgelte bzw. die begehrte Höhe der Erlösobergrenzen besteht, da die beantragten Netzkosten bzw. Erlösobergrenzen den Anforderungen des EnWG, der ARegV oder der Strom-/GasNEV entsprechen.

169 Die **Verpflichtungsbeschwerde** muss binnen einer Frist von einem Monat nach **Zustellung** der Genehmigungsentscheidung bei der Regulierungsbehörde oder bei dem Beschwerdegericht erhoben werden (§ 78 Abs. 1 EnWG). Die Frist für die Begründung der Beschwerde beträgt einen Monat (§ 78 Abs. 2 S. 2 EnWG) und beginnt mit der Einlegung der Beschwerde.

170 **Zuständiges Beschwerdegericht** ist gemäß § 75 Abs. 4 S. 1 EnWG das für den Sitz der Regulierungsbehörde zuständige OLG. In den Fällen der Genehmigung durch die BNetzA in originärer Zuständigkeit ist dies das OLG Düsseldorf. Sofern die BNetzA im Wege der Organleihe die Aufgabe der LRegB wahrnimmt, ist das OLG zuständig, welches für den Sitz der LRegB, deren Aufgaben wahrgenommen werden, zuständig ist.[200]

198 So auch OLG Düsseldorf, Beschl. v. 29.3.2007 – VI-3 Kart 466/06 (V) – ZNER 2007, 203.

199 Neben der bereits erwähnten Festlegung der Erlösobergrenzen gilt dies auch für Beschwerden gegen die Bestimmung des individuellen Qualitätselements oder die Festlegung des Generellen Sektoralen Produktivitätsfaktors (GSP).

200 BGH, Beschl. v. 29.4.2008 – KVR 30/07 – ZNER 2008, 160.

c) Leistungs- und (Fortsetzungs-)Feststellungsbeschwerde

171 Wenn auch nicht explizit vom Gesetzgeber benannt, finden sich in der Leistungs- und Feststellungsbeschwerde zwei weitere mögliche Beschwerdearten.[201] Diese grundlegenden prozessualen Rechtsinstitute stehen grundsätzlich auch im Regulierungsprozessrecht zur Verfügung.[202] Ziel der Leistungsbeschwerde ist jedes tatsächliche Handeln der Regulierungsbehörde, das **keine Entscheidung i.S.d. § 73 EnWG** darstellt.[203] Relevant wird diese Art der Beschwerde beispielsweise in solchen Fällen, in denen der Beschwerdeführer die Durchsetzung eines Störungsbeseitigungsanspruchs begehrt oder eine Veröffentlichung von Daten als „schlicht hoheitliches Handeln" der Regulierungsbehörden verhindern will.[204] Gerade im Bereich des Regulierungsrechts, welches durch präventive wie repressive belastende Eingriffe geprägt wird, ist ferner ein berechtigtes Interesse an der Feststellung eines konkreten Rechtsverhältnisses denkbar. Entsprechend dem Rechtsgedanken des § 43 Abs. 2 VwGO ist auf die Subsidiarität der Feststellungsbeschwerde, also die Nachrangigkeit gegenüber anderen Beschwerdearten, hinzuweisen.[205]

172 Erledigt sich ein regulierungsbehördlicher Verwaltungsakt, so ist schließlich die **Fortsetzungsfeststellungsbeschwerde** nach § 83 Abs. 2 S. 2 EnWG als statthafte Beschwerdeart gegeben. Für die Zulässigkeit einer solchen Beschwerde bedarf es aufseiten des Beschwerdeführers eines besonderen Feststellungsinteresses, welches rechtlicher, wirtschaftlicher oder ideeller Natur sein kann.[206] Dieses Interesse ist insbesondere in solchen Fällen anzunehmen, wenn aus Sicht des Beschwerdeführers die Gefahr der wiederholten Vornahme der rechtswidrigen Bescheidung besteht.[207]

3. Beteiligung

173 Die Beteiligungsrechte an gerichtlichen Verfahren im Bereich des Regulierungsrechts entsprechen § 67 GWB und sind damit dem Kartellrecht entlehnt. Da eine Beteiligung am Beschwerdeverfahren besondere Verfahrensrechte einräumt, ist es von erheblicher Bedeutung, wer an einem Beschwerdeverfahren zu beteiligen ist.

---

201 So auch *Salje*, § 75 EnWG Rn 17.

202 Zur Feststellungsbeschwerde und den prozessualen Voraussetzungen, denen sie unterliegt BGH, Beschl. v. 14.8.2008 – KVR 42/07 – ZNER 2008, 222 Rn 80 f. – Rheinhessische Energie.

203 Ebenso Britz/Hellermann/Hermes/*Hanebeck*, § 75 EnWG Rn 12; Theobald/Kühling/*Boos*, § 75 EnWG Rn 60a.

204 BerlKommEnR I 2/*Johanns*/*Roesen*, § 75 EnWG Rn 50 f.

205 *Salje*, § 75 EnWG Rn 21.

206 Britz/Hellermann/Hermes/*Hanebeck*, § 83 EnWG Rn 14.

207 Theobald/Kühling/*Boos*, § 75 EnWG Rn 60.

a) Prinzip der Beteiligungskontinuität

Nach § 79 Abs. 1 EnWG sind am Beschwerdeverfahren der Beschwerdeführer, die Regulierungsbehörde und Personen bzw. Personenvereinigungen, deren Interessen durch die Entscheidung erheblich berührt werden und die die Regulierungsbehörde auf Antrag zu dem Verfahren beigeladen hat, beteiligt. Richtet sich die Beschwerde gegen eine Entscheidung der nach Landesrecht zuständigen Behörde,[208] ist die Regulierungsbehörde an dem Verfahren beteiligt, § 79 Abs. 2 EnWG. In analoger Anwendung des § 79 Abs. 2 EnWG wird die BNetzA an Verfahren beteiligt, die sich gegen eine LRegB richten.[209] Das Kartellgericht hat im Gegensatz zum Verwaltungsgericht keine Beiladungskompetenz, wie sie in § 65 VwGO normiert ist. Somit ist nach § 79 EnWG bereits eine Beiladung zum behördlichen Verfahren notwendig, um **Beteiligter im Beschwerdeverfahren** sein zu können. Nicht ausdrücklich benannt ist der Antragsteller als Beteiligter am Beschwerdeverfahren. Dieser ist indes als Beteiligter bereits des Verwaltungsverfahrens auch am Beschwerdeverfahren beteiligt **(Beteiligungskontinuität).** 174

b) Beteiligung am behördlichen Verfahren

Die Beteiligung am behördlichen Verfahren richtet sich nach § 66 Abs. 2 EnWG. Gemäß § 66 Abs. 2 EnWG sind an dem Verfahren der Antragsteller und das Unternehmen bzw. die Person, gegen das bzw. die sich das Verfahren richtet, am Verfahren beteiligt. Ferner sind in ihren Interessen betroffene Personen und Personenvereinigungen am Verfahren beteiligt, wenn sie von der Regulierungsbehörde beigeladen werden. Die **Beiladung** ist **antragsgebunden**. Bei der Beiladung handelt es sich um eine Entscheidung, die im Ermessen der Regulierungsbehörde steht.[210] Ein gebundener Anspruch auf Beiladung und damit auf Beteiligung besteht demgemäß nicht. Vielmehr muss der Beiladungswillige eine erhebliche **Interessenberührung** geltend machen. Diese **Voraussetzung** ist erfüllt, wenn der Beiladungswillige wirtschaftlich von der Entscheidung direkt betroffen ist. Liegen die Voraussetzungen für eine Beiladung vor, entscheidet die Regulierungsbehörde bei Ablehnung des Antrags ermessensfehlerhaft.[211] 175

c) Notwendige Beiladung

Da es möglich sein kann, dass die Grundrechte bislang **unbeteiligter Dritter** von dem Ausgang des Verfahrens **betroffen** werden, hat die Rechtsprechung das Instrument der notwendigen Beiladung aus dem Verwaltungsverfahrensrecht übernommen.[212] 176

---

208 Damit sind Energieaufsichtsbehörden gemeint.
209 Theobald/Kühling/*Boos*, § 79 EnWG Rn 17ff.
210 Ausführlich herleitend *Christiansen*, Optimierung des Rechtsschutzes, S. 102ff.
211 OLG Düsseldorf, Beschl. v. 2.11.2006 – VI-3 Kart 165/06 (V) – ZNER 2006, 349.
212 OLG Düsseldorf, Beschl. v. 2.11.2006 – VI-3 Kart 165/06 (V) – ZNER 2006, 349.

Eine notwendige Beiladung sei erforderlich, wenn Dritte unmittelbar in ihren Rechten berührt würden.

177 Für Beschwerdeverfahren gegen **Netzentgeltgenehmigungen** nach § 23a EnWG oder **Festlegungen der Erlösobergrenzen** war jedenfalls nach bisheriger Rechtsprechung eine Betroffenheit von Netznutzern generell nicht gegeben, da die Festlegung von Netzentgelten im öffentlichen Interesse vorgenommen wird. Gegen die geforderten Netzentgelte könne der Netznutzer ein Missbrauchsverfahren nach § 31 EnWG anstrengen.[213] Eine Betroffenheit scheide auch deswegen aus, weil die behördliche Entscheidung die wirtschaftlichen Interessen des Netznutzers nicht unmittelbar berühre. Vielmehr entfaltet die Genehmigung oder Festlegung als Vorfrage zur privatrechtlichen Erhebung der Netzentgelte eine nur mittelbare, über mehrere Umsetzungsakte transportierte Wirkung gegenüber dem Netznutzer.[214] Mit einer höchstrichterlichen Entscheidung vom 9.7.2019 wurde diese Prämisse jedenfalls hinsichtlich der Festlegung von Eigenkapitalzinssätzen durch die BNetzA vom BGH[215] in Frage gestellt: Die Festlegung der Eigenkapitalzinssätze betreffe auch den Netznutzer unmittelbar in seinen wirtschaftlichen Interessen. Dies begründete der BGH damit, dass trotz der eigentlich für eine unmittelbare Betroffenheit notwendigen Umsetzung ebensolcher Zinssätze durch den Vertragspartner (und der daraus resultierenden nur mittelbaren Betroffenheit durch die Festlegung selbst), dies für den Netznutzer jedoch insoweit unmittelbare Wirkung entfalte, da die Festlegung direkt in die unternehmerische Entscheidung des Vertragspartners einfließe. Dem Netzbetreiber bleibe angesichts der rechtlichen Vorgaben für die Preiskalkulation kein nennenswerter Entscheidungsspielraum für eine eigenständige Entscheidung.[216] Wie bereits oben ausgeführt, wurde die Einführung einer Ex-ante-Regulierung maßgeblich damit begründet, die zahllosen Rechtsstreitigkeiten zwischen Netznutzern und Netzbetreibern zu vermeiden.[217] Es bleibt abzuwarten, ob der BGH mit dieser Entscheidung dazu beiträgt, genau diese Verfahren erneut anzufachen.

III. Eilrechtsschutz

1. Antrag auf vorläufige Anordnung

178 Das Vorgehen im Eilrechtsschutz soll dem Beschwerdeführer effektiven Rechtsschutz ermöglichen. Grundsätzlich hat die Beschwerde nach § 76 Abs. 1 EnWG keine auf-

---

213 OLG Düsseldorf, Beschl. v. 2.11.2006 – VI-3 Kart 165/06 (V) – ZNER 2006, 349 zu Entgeltgenehmigungen; die Entscheidung dürfte nach ihrer Herleitung auch für Erlösobergrenzenfestlegungen gelten.

214 OLG Düsseldorf, Beschl. v. 10.1.2018 – VI-3 Kart 1202/16 (V) – RdE 2018, 365; hier konkret zur Festlegung von Eigenkapitalzinssätzen.

215 BGH, Beschl. v. 9.7.2019 – EnVR 5/18 – ZNER 2019, 441f. = EnWZ 2019, 403ff.

216 BGH, Beschl. v. 9.7.2019 – EnVR 5/18 – ZNER 2019, 441f. = EnWZ 2019, 403ff., Rn 21.

217 Vgl. auch unter Rn 37f.

schiebende Wirkung, sodass regulierungsbehördliche Entscheidungen auch nach Einlegung von Beschwerden weiterhin vollstreckt werden können.[218] Indessen lag die **Verfahrensdauer in der Hauptsache** in der Vergangenheit bei Beschwerdeverfahren nicht selten bei weit über einem Jahr. Wird das Verfahren in zweiter Instanz bis zum **BGH** geführt, kann sich ein solches Verfahren über mehrere Jahre hinziehen. Insoweit stellt sich für die betroffenen Unternehmen die Frage nach den **Möglichkeiten vorläufigen Rechtsschutzes**, mit dessen Hilfe die Rechte des Beschwerdeführers für die Dauer des gerichtlichen Hauptsacheverfahrens vorläufig gesichert werden können.

Ist in der Hauptsache die Verpflichtungsbeschwerde statthaft, so ist die **statthafte Antragsart im vorläufigen Rechtsschutz** der Antrag auf vorläufige Anordnung gemäß § 76 Abs. 3 S. 1 i. V. m. § 72 EnWG. Insoweit richtet sich das Begehren des Netzbetreibers, dessen Genehmigungsantrag ganz oder teilweise abgelehnt wird, auf die Gewährung einer weitergehenden Genehmigung als sie mit dem angegriffenen Bescheid erteilt wurde. 179

Der **Antrag auf vorläufige Anordnung** gemäß § 76 Abs. 3 S. 1 i. V. m. § 72 EnWG ist **begründet**, wenn 180

- der Antragsteller das Bestehen eines Anordnungsanspruchs und
- einen Anordnungsgrund

darlegt und glaubhaft macht.[219] Der **Anordnungsanspruch** entspricht dem in der Hauptsache geltend gemachten Anspruch. Im vorläufigen Rechtsschutzverfahren überprüft das Gericht im Wege einer summarischen Prüfung, ob der Anspruch besteht.

Angesichts der Komplexität der entscheidungserheblichen Tatsachen bei Entgeltgenehmigungsverfahren bzw. Festsetzungen von Erlösobergrenzen wird es regelmäßig kaum möglich sein, Einzelheiten der Beurteilung der Kalkulation im Wege des vorläufigen Rechtsschutzes umfassend aufklären zu können.[220] 181

Nur **ausnahmsweise** darf im **Interesse eines effektiven Rechtsschutzes** eine **vorläufige Anordnung** getroffen werden, die auf eine Vorwegnahme der Hauptsache gerichtet ist.[221] Nach der verwaltungsgerichtlichen Rechtsprechung muss für die Zulässigkeit einer solchen Vorwegnahme die soziale, berufliche oder wirtschaftliche Existenz des Antragstellers gefährdet sein. Die kartellgerichtliche Rechtsprechung erscheint insoweit als etwas großzügiger, wonach die vorläufige Vorwegnahme der Hauptsache im Interesse eines effektiven Rechtsschutzes dringend geboten sein muss oder anderenfalls bis zum rechtskräftigen Abschluss des Beschwerdeverfahrens in der 182

---

218 Eine Ausnahme besteht lediglich gegen behördliche Entscheidungen, die Vorgaben zur Entflechtung betreffen.

219 BerlKommEnR I 2/*Johanns*/*Roesen*, § 76 EnWG Rn 10.

220 Vgl. zur Entgeltregulierung für Schienennetzbetreiber OVG NRW, Beschl. v. 1.12.2017 – 13 B 676/17 – N&R 2018, 359 ff.

221 BerlKommEnR I 2/*Johanns*/*Roesen*, § 76 EnWG Rn 10.

Hauptsache dem Antragsteller ein außergewöhnlicher irreparabler Schaden drohen muss.[222] Dies ist im Einzelfall von den betroffenen Unternehmen darzulegen und vom Gericht abzuwägen.

2. Unbefriedigende Sachlage im Eilrechtsschutz

183 Der Eilrechtsschutz stellt sich in der energierechtlichen Praxis als schwieriges Unterfangen dar. Die Hürden für dessen erfolgreiche Durchsetzung sind extrem hoch. Gleichzeitig hat der Eilrechtsschutz gesteigerte **Bedeutung**, da den Beschwerdeverfahren als solche keine aufschiebende Wirkung zukommt und Verfügungen der Regulierungsbehörde damit grundsätzlich sofort vollziehbar sind. Eine Aussetzung der sofortigen Vollziehbarkeit durch die Regulierungsbehörde ist nach § 77 Abs. 3 S. 2 EnWG zwar möglich, aber an ernstliche Zweifel an der Rechtmäßigkeit der Verfügung geknüpft und wird damit regelmäßig nicht praktiziert.

184 Mangels echter Eilrechtsschutzmöglichkeiten stellen sich für Netzbetreiber und Netznutzer problematische Konstellationen ein. Wird eine zu geringe Erlösobergrenze festgelegt und damit eine zu geringe Einnahmemöglichkeit über Netzentgelte gewährt, muss der Netzbetreiber seine Netzentgelte auf dieser zu niedrigen Grundlage kalkulieren. Zwar könnte der Netzbetreiber eine **vorläufige Entgeltgenehmigung** nach § 76 Abs. 3 i.V.m. § 72 EnWG begehren, aber für eine solche Entgeltgenehmigung bzw. Festlegung von Erlösobergrenzen müsste er einen Anordnungsgrund geltend machen.[223] Faktisch ist diese Möglichkeit aber ausgeschlossen. Die obergerichtliche Rechtsprechung lehnt das Vorliegen eines Anordnungsgrunds ab, weil grundsätzlich eine **rückwirkende Entgeltgenehmigung** möglich sei, wenn der Netzbetreiber im Hauptsacheverfahren obsiege. Der BGH sieht stattdessen eine periodenübergreifende Saldierung als sachgerechte Lösungsmöglichkeit an und lehnt gleichfalls eine Rückwirkung ab.[224] Mit dieser Rechtsprechung wird der **Eilrechtsschutz bei Entgeltgenehmigungen** faktisch **ausgeschlossen**, obwohl er gesetzlich vorgesehen ist. Diese Rechtsprechung ist nicht sachgerecht.

185 Netzbetreiber hingegen sind jedoch gegen, in der Praxis sogar recht häufig vorkommende, Fehlentscheidungen der Regulierungsbehörden nicht hinreichend geschützt. In der Diskussion fällt auf, dass grundsätzlich von einer hohen Solvenz der Verteilernetzbetreiber ausgegangen wird, weshalb deren Interessen geringer gewichtet werden.[225] Ob diese Behauptung zutrifft, sei dahingestellt. Das Argument vermeintlicher Solvenz allein kann jedenfalls nicht überzeugen, um das Interesse der

222 Vgl. OLG Düsseldorf, Beschl. v. 27.9.2007 – VI Kart 11/07 (V), Rn 9 – BeckRS 2008, 1094.

223 So noch OLG Düsseldorf, Beschl. v. 29.3.2007 – VI-3 Kart 466/06 (V) – ZNER 2007, 203, 204; zwischenzeitlich aber OLG Düsseldorf, Urt. v. 6.4.2011 – VI-3 Kart 133/10 (V) – ZNER 2011, 333, 334f.

224 So etwa BGH, Beschl. v. 21.7.2009 – EnVR 12/08 – ZNER 2010, 72; im Anschluss daran OLG Düsseldorf, Urt. v. 6.4.2011 – VI-3 Kart 133/10 (V) – ZNER 2011, 333, 334f.

225 Vgl. etwa *Christiansen*, Optimierung des Rechtsschutzes, S. 238ff.

Netzbetreiber an einem ausreichenden Rechtsschutz geringer zu bewerten. Der faktische **Ausschluss des Eilrechtsschutzes** geht unmittelbar **zulasten der Liquidität des Netzbetreibers**. Dass eine periodenübergreifende Saldierung bzw. der Mechanismus des Regulierungskontos die fehlende Liquidität in der Zukunft wieder auszugleichen vermögen, hilft dem Netzbetreiber unmittelbar in dem betroffenen Zeitraum nicht. Die Rechtslage in Bezug auf den Eilrechtsschutz ist derzeit folglich unbefriedigend und muss im Sinne wirtschaftlicher Handlungsfähigkeit zugunsten der Netzbetreiber de lege ferenda angepasst werden.

IV. Netzentgeltüberprüfung nach § 315 BGB

Da – jedenfalls nach bisheriger Rechtsprechung – eine **Beiladung** von **Letztverbrauchern** zu einem regulierungsbehördlichen Verfahren regelmäßig an der Hürde der erheblichen Interessenberührung gescheitert ist, stellte sich die Frage, wie Letztverbraucher die Höhe der Netzentgelte überprüfen (lassen) können. Die Energieversorgung erfolgt regelmäßig auf privatrechtlicher Basis, sodass eine öffentlich-rechtliche Anfechtungsklage mit inzidenter Normenkontrolle eines Beitragsbescheids wie etwa bei der Abwasserversorgung nicht in Betracht kommt. 186

In der Vergangenheit war umstritten, welche Rolle die **Billigkeitsprüfung** nach § 315 BGB spielen kann. Der BGH hat klargestellt, dass Letztverbraucher die Netzentgelte auf der Grundlage dieser Norm sogar dann überprüfen lassen können, wenn sie zuvor von der zuständigen Regulierungsbehörde genehmigt wurden.[226] 187

Das EnWG schließe eine **Anwendbarkeit** des § 315 BGB nicht aus. Die öffentlich-rechtlichen Regelungen in Bezug auf die Netzentgelte wirken nur zwischen Netzbetreiber und Regulierungsbehörde. Die Ausgestaltung zwischen Netzbetreiber und Letztverbraucher sei aber privatrechtlicher Natur. Die Netzbetreiber seien nicht öffentlich-rechtlich verpflichtet, Netzentgelte in der genehmigten Höhe zu erheben.[227] Auch wenn § 30 Abs. 1 S. 2 Nr. 5 Hs. 2 EnWG davon spreche, dass Entgelte, die die Obergrenze nicht überschreiten, als sachlich gerechtfertigt gelten, könne diese Vorschrift nur Wirkung für das behördliche Missbrauchsverfahren entfalten. Es bestehe **Anspruchskonkurrenz** zwischen einem schuldrechtlichen Anspruch aus § 315 BGB und einem deliktischen Anspruch, der gegebenenfalls das Ergebnis eines Missbrauchsverfahrens sei. Der Regulierungsbehörde komme überdies kein Überprüfungsmonopol zu. Mag diese Argumentation auch schlüssig sein, so bleiben doch erhebliche Zweifel an der Richtigkeit des daraus abgeleiteten Ergebnisses: Schließlich lautete die damalige Be- 188

226 BGH, Urt. v. 15.5.2012 – EnZR 105/10 – RdE 2012, 382, zu Netzentgeltgenehmigungen nach § 23a EnWG. Diese Rechtsprechung dürfte allerdings auch unter Geltung der ARegV Berücksichtigung finden.

227 Respektive die Erlösobergrenze auszuschöpfen.

gründung für die Einführung einer Ex-ante-Regulierung, auf diese Weise sei Rechtssicherheit herbeizuführen. Dieser gesetzgeberische Zweck, der als Rechtfertigung für den immensen Verwaltungsaufwand sowohl aufseiten der Regulierer als auch bei den der Regulierung unterworfenen Unternehmen angeführt wurde, wäre durch eine uneingeschränkte Billigkeitskontrolle von bereits geprüften Netzentgelten bzw. Erlösobergrenzen ad absurdum geführt.

189 Werden Netzentgelte sodann Gegenstand eines gerichtlichen Verfahrens, in dem es um die Prüfung der Billigkeit ebendieser geht, kann sich der Netzbetreiber aufgrund der Verschränkung von zivilrechtlicher Billigkeitskontrolle mit der behördlichen Genehmigungsentscheidung auf die Entgeltgenehmigung nach § 23a EnWG stützen. Die von der Regulierungsbehörde erteilte Genehmigung entfaltet indizielle Wirkung zugunsten des Netzbetreibers im Rahmen der Billigkeitsprüfung.[228] In der Folge liegt es am Netznutzer, die Indizwirkung der Entgeltgenehmigung durch Darlegung substantiierter Behauptungen hinsichtlich eines Fehlgehens der Prüfung durch die zuständige Regulierungsbehörde zu erschüttern.[229] Dies ist in den bisher geführten Verfahren nach Auffassung des Kartellsenats des BGH noch keinem Kläger gelungen.[230] Zuletzt billigte das BVerfG vor dem Hintergrund der von einem Netznutzer gerügten fehlenden prozessualen Waffengleichheit nach Art. 3 Abs. 1 i. V. m. Art. 20 Abs. 3 GG bezogen auf die Beweislast in ebensolchen gerichtlichen Verfahren das Konzept des BGH zur Billigkeitskontrolle.[231] Eine gerichtliche Ex-post-Regulierung der Netznutzungsentgelte scheint aufgrund des bereits gesetzlich vorgegebenen und somit nicht individuellen Prüfungsrahmens des § 315 BGB in Netzentgeltregulierungsfällen (in Form der §§ 21 ff. EnWG und der Strom-/GasNEV) jedenfalls außer Reichweite.[232]

D. Fazit

190 Es bleibt festzuhalten, dass sich seit der **Liberalisierung des Energiesektors** eine erhebliche Entwicklung im Bereich der Netzentgelte vollzogen hat. Diese Entwicklung ist noch längst nicht abgeschlossen.

191 Das **kostenbasierte Entgeltsystem** hat sich grundsätzlich bewährt und als zukunftstauglich erwiesen. Der Wettbewerb, der mit der Regulierung simuliert werden

---

228 BGH, Beschl. v. 8.3.2016 – EnZR 50/14 und Hinweisbeschl. v. 6.10.2015 – EnZR 50/14 – RdE 2016, 401.

229 BGH, Urt. v. 15.5.2012 – EnZR 105/10 – RdE 2012, 382 Rn 38.

230 Vgl. etwa BGH, Beschl. v. 6.10.2015 – EnZR 72/14 – BeckRS 2016, 6673, 8.3.2016 – EnZR 72/14 – BeckRS 2016, 6674; 11.5.2016 – EnZR 72/14 – BeckRS 2016, 10109.

231 BVerfG, Beschl. v. 26.9.2017 – 1 BvR 1486/16, 1 BvR 1487/16, 1 BvR 2490/16 und 1 BvR 2491/16 – NJW 2017, 3507 ff.

232 So auch *Grüneberg*, RdE 2018, 53 ff.

sollte, hat – nicht zuletzt wegen der stark effizienzorientierten Anreizregulierung – endgültig Eingang in den natürlichen Monopolmarkt gefunden. Das kann aber nur ein erster Schritt sein.

Langfristig werden alle Beteiligten von der Energiewende in Deutschland profitieren. Dabei wird sich auch zeigen, dass eine angemessene, an der Investitionstätigkeit orientierte Erhöhung der Netzentgelte, die aus dem Anstieg der Netzkosten durch die Energiewende resultieren dürfte, vom Volumen bei Weitem nicht die Dimensionen erreichen wird, mit denen andere Kostentreiber auf die Energiepreisentwicklung einwirken. Die Versorgungssicherheit in Deutschland und die epochale Wende hin zu einem klimafreundlichen Energierecht sollten daher allen Beteiligten diesen Beitrag wert sein. 192

Kapitel 10
Stromsteuer, EEG-Umlage, Strompreiskompensation: Optimierungsmöglichkeiten bei den Stromkosten

A. Einleitung

Zu Beginn dieses Werkes wurde die Zusammensetzung von Energiepreisen – insbesondere von Strompreisen – erläutert. Wie die Aufschlüsselung zeigt, entfallen bei einem typischen Letztverbraucher nur etwa 30 % des Strompreises auf die Kosten der Strombeschaffung bzw. Stromerzeugung. Mit im Regelfall rund 70 % beruht ein Großteil des **Strompreises** auf **Kostenbestandteilen**, die vom Lieferanten bzw. Erzeuger nicht beeinflussbar sind, weil sie entweder auf Basis gesetzlich vorgegebener Umlagemechanismen erhoben werden (EEG-Umlage, KWK-Umlage, § 19 StromNEV-Umlage, Offshore-Umlage, AbLaV-Umlage) oder aber weil sie regulierte Kostenbestandteile (Netznutzungsentgelte) oder staatlicherseits erhobene Belastungen (Stromsteuer, Konzessionsabgabe, Mehrwertsteuer) betreffen.[1] 1

Zwar lassen sich insbesondere für stromintensive Letztverbraucher gewisse Kostenminderungspotenziale erschließen, z. B. durch Übergang von klassischer Vollversorgung zu strukturierter Beschaffung oder zu professionellem Portfoliomanagement. Wirtschaftlich relevanter ist jedoch die Reduzierung der sonstigen Kostenbestandteile. 2

Die Möglichkeiten der Netzentgeltreduzierung wurden bereits erläutert.[2] Weitere Entlastungen, deren Kenntnis und fristgerechte Umsetzung gerade für stromintensive Letztverbraucher von erheblicher Bedeutung ist, sollen nachfolgend vorgestellt werden. 3

Die EEG-Umlage in 2020 betrug 67,56 €/MWh[3], für 2021 ist von 65,00 €/MWh auszugehen. Die EEG-Umlage übersteigt den auf die Strombeschaffung oder Stromerzeugung entfallenden Preisbestandteil deutlich. Die Möglichkeiten der EEG-Umlagereduzierung über die Besondere Ausgleichsregelung[4] (mit der jedenfalls für stromkostenintensive Unternehmen auch eine Reduzierung der KWK- und der Offshore-Umlage einhergeht) sind von erheblicher wirtschaftlicher Bedeutung und sollen daher in einem ersten Teil erläutert werden.[5] Zum anderen bestehen Optimierungs- 4

1 Siehe dazu Kap. 1 Rn 6 ff.
2 Siehe dazu Kap. 9 Rn 149 ff.
3 Vgl. https://www.netztransparenz.de/EEG/EEG-Umlagen-Uebersicht/EEG-Umlage-2020.
4 Auf die Verringerung der EEG-Umlage im Fall der Eigenversorgung nach den §§ 61 ff. EEG soll hier nicht eingegangen werden.
5 Siehe Rn 6 ff.

https://doi.org/10.1515/9783110716306-010

möglichkeiten in Bezug auf die Stromsteuer, diese sollen in einem zweiten Teil vorgestellt werden.[6]

5 Schließlich können Unternehmen aus bestimmten abwanderungsbedrohten Industrien eine Kompensation für **indirekte CO_2-Kosten**, die nach Einführung des Emissionshandels in der Europäischen Union zu einer zusätzlichen Belastung dieser Industrien führten, geltend machen; dies ist Gegenstand eines dritten Teils.[7]

B. Entlastungs- und Optimierungsmöglichkeiten

I. Reduzierung der EEG-Umlage

6 Das EEG[8] verfolgt das Ziel, den Anteil der Stromerzeugung aus erneuerbaren Energien fortwährend zu erhöhen. In 2050 sollen mindestens 80 % des Bruttostromverbrauchs aus erneuerbaren Energien gedeckt werden.[9] Um dieses Ziel zu erreichen, fördert der Gesetzgeber die Stromerzeugung aus regenerativen Energien. Die Kosten dieser über dem Marktpreis liegenden Förderung werden über einen bundesweiten Ausgleichsmechanismus auf alle Letztverbraucher und grundsätzlich auch auf Eigenversorger (vgl. § 61ff. EEG) verteilt (**EEG-Umlage**). Davon abweichend können stromkostenintensive Unternehmen bestimmter Branchen sowie Schienenbahnen unter gewissen Voraussetzungen eine Reduzierung der EEG-Umlagebelastung in Anspruch nehmen[10] (Besondere Ausgleichsregelung).

1. Einleitung

7 Die **Besondere Ausgleichsregelung** wurde bereits 2003 in das EEG aufgenommen.[11] Sie dient dazu, den Beitrag der stromkostenintensiven Unternehmen zur EEG-Umlage in einem Maße zu halten, welches mit ihrer internationalen Wettbewerbssituation vereinbar ist und die Abwanderung der Unternehmen ins Ausland verhindert, vgl. § 63 Nr. 1 EEG. Bei den Schienenbahnen dient sie dazu, deren intermodale Wettbewerbsfähigkeit zu anderen Verkehrsträgern zu erhalten, vgl. § 63 Nr. 2 EEG. Gleichzeitig sol-

6 Siehe Rn 44ff.

7 Siehe Rn 81ff.

8 Erneuerbare-Energien-Gesetz v. 21.7.2014 (BGBl. I S. 1066), zuletzt geändert durch Gesetz v. 8.8.2020 (BGBl. I S. 1818).

9 Ein aktueller Vorschlag zur Novellierung des EEG zielt darauf ab, dass in 2050 der gesamte Strom treibhausgasneutral erzeugt werden soll, vgl. § 1 Abs. 3 EEG 2021-Entwurf.

10 Ein aktueller Vorschlag zur Novellierung des EEG enthält auch eine Begrenzung für die landstromseitige Versorgung von Schiffen und für die Wasserstoffherstellung, vgl. § 64a und § 65a EEG 2021-Entwurf.

11 Vgl. dazu Altrock/Oschmann/Theobald/*Große*/*Kachel*, EEG, § 40 Rn 7ff.

len durch die Umlagebegrenzung die Gesetzesziele nicht gefährdet werden; die Umlagebegrenzung muss außerdem mit den Interessen der Gesamtheit der Stromverbraucher vereinbar sein, vgl. § 63 EEG. Die Umlagebegrenzung muss beim Bundesamt für Wirtschaft und Ausfuhrkontrolle (BAFA) beantragt werden. Liegen die gesetzlichen Voraussetzungen vor, erlässt die Behörde einen jeweils für ein Kalenderjahr geltenden Begrenzungsbescheid.

2. Antragsberechtigte stromkostenintensive Unternehmen

Antragsberechtigt sind Unternehmen,[12] deren Tätigkeit **insgesamt und an der zu begrenzenden Abnahmestelle** einer Branche nach Anlage 4 des EEG zugeordnet werden kann.[13] 8

Beispiel

Ein Unternehmen, das Papier, Karton oder Pappe herstellt, ist grundsätzlich antragsberechtigt, da diese Tätigkeiten in Ziff. 69 der Anlage 4 zum EEG genannt sind (die EEG-Umlage wird aber nur an den Abnahmestellen begrenzt, an denen Papier, Karton oder Pappe produziert werden). Anderes gilt für ein Unternehmen, das Zeitungen druckt; diese Tätigkeit ist in Anlage 4 des EEG nicht genannt. Damit ist das Zeitungsunternehmen selbst dann nicht privilegiert, wenn es an einer Abnahmestelle Zeitungspapier selbst erzeugt.

Anlage 4 enthält insgesamt 221 Branchen und ist in zwei Listen (Liste 1 und Liste 2) unterteilt. Sowohl die Branchen als auch deren Zuordnung zu Liste 1 bzw. Liste 2 entsprechen den Bestimmungen der **Umwelt- und Energiebeihilfeleitlinien** der Europäischen Kommission.[14] Die Zuordnung zu Liste 1 oder Liste 2 in Anlage 4 des EEG entscheidet darüber, welche Stromkostenintensität ein Unternehmen aufweisen muss. 9

Beispiel

Ein Unternehmen, das Ziegel und sonstige Baukeramik herstellt, muss eine geringere Stromkostenintensität, nämlich mindestens 14 % bzw. 17 %, nachweisen als ein Unternehmen, das keramische Haushaltswaren herstellt, hier sind mindestens 20 % erforderlich. Die zuerst genannten Tätigkeiten gehören gemäß Ziff. 109 zu Liste 1 in Anlage 4 zum EEG; die zweitgenannte Tätigkeit unterfällt hingegen gemäß Ziff. 110 der Liste 2 in Anlage 4 zum EEG.

---

12 Zum Begriff des Unternehmens vgl. die gesetzliche Definition in § 3 Nr. 47 EEG.

13 Unternehmen können unter bestimmten Voraussetzungen auch nach der Härtefallregelung des § 103 Abs. 4 EEG antragsberechtigt sein, vgl. dazu Rn 34.

14 Vgl. Leitlinien für staatliche Umweltschutz- und Energiebeihilfen 2014–2020, 2014/C 200/01, Anhang 5 (ABl EU Nr. C 200 S. 1 ff.).

10 Das EEG bestimmt nicht, nach welchen Maßstäben die Branchenzuordnung bei einem Unternehmen zu erfolgen hat, das mehrere Tätigkeiten ausübt. Mangels gesetzlicher Vorgabe kann zur **Bestimmung des wirtschaftlichen Schwerpunkts** auf die Erläuterungen der WZ 2008 zurückgegriffen werden[15] oder auch auf die analoge Anwendung der Vorgaben in § 15 Abs. 4 StromStV.[16] Für die Zuordnung des Unternehmens zu den Branchen ist der Zeitpunkt des Endes des letzten abgeschlossenen Geschäftsjahres maßgeblich, vgl. § 64 Abs. 7 EEG.

11 Welche Unternehmen unter den Begriff der „Schienenbahnen" fallen, wird in § 3 Nr. 40 EEG definiert.

3. Materielle Begrenzungsvoraussetzungen

12 Unternehmen müssen zunächst einen **Stromverbrauch** von mehr als 1 GWh im letzten abgeschlossenen Geschäftsjahr an der zu begrenzenden Abnahmestelle vorweisen können. Berücksichtigt wird sowohl der von einem Elektrizitätsversorgungsunternehmen bezogene als auch der der EEG-Umlagepflicht unterliegende eigenerzeugte Strom.

13 Weiter muss das Unternehmen eine bestimmte **Stromkostenintensität** nachweisen. Diese beträgt für Unternehmen nach Liste 1 in Anlage 4 des EEG mindestens 14 %, vgl. § 64 Abs. 1 Nr. 2a EEG. Unternehmen nach Liste 2 in Anlage 4 des EEG müssen eine Stromkostenintensität von mindestens 20 % vorweisen können, vgl. § 64 Abs. 1 Nr. 2b EEG. Die Stromkostenintensität ermittelt sich nach § 64 Abs. 6 Nr. 3 EEG; bewertet wird dabei das Verhältnis maßgeblicher Stromkosten zum arithmetischen Mittel der Bruttowertschöpfung in den letzten drei abgeschlossenen Geschäftsjahren des Unternehmens. Die maßgeblichen Stromkosten wiederum ermitteln sich aus den Stromverbräuchen des Unternehmens, multipliziert mit durchschnittlichen Strompreisen, die vom BAFA jährlich bis zum 28.2. des Jahres veröffentlicht werden.[17] Einzelheiten dazu regelt die Besondere-Ausgleichsregelung-Durchschnittsstrompreis-Verordnung (DSPV).[18]

14 Die Bruttowertschöpfung bestimmt sich nach der Definition des Statistischen Bundesamtes, Fachserie 4, Reihe 4.3;[19] allerdings mit den Besonderheiten, dass Personalkosten für Leiharbeitsverhältnisse abzuziehen sind und die Bruttowertschöpfung zu Faktorkosten maßgeblich ist. Letzteres hat zur Folge, dass einerseits sonstige

---

15 Vgl. https://www.destatis.de/static/DE/dokumente/klassifikation-wz-2008-3100100089004.pdf.
16 Vgl. Rn 66.
17 Vgl. https://www.bafa.de/SharedDocs/Downloads/DE/Energie/bar_tabelle_strompreise.html.
18 Vgl. Besondere-Ausgleichsregelung-Durchschnittsstrompreis-Verordnung v. 17.2.2016 (BGBl. I S. 241), zuletzt geändert durch Gesetz v. 22.12.2016 (BGBl. I S. 3106).
19 Vgl. http://www.bafa.de/bafa/de/energie/besondere_ausgleichsregelung_eeg/publikationen/stabua/energie_eeg_bruttowertschoepfung.pdf.

indirekte Steuern in Abzug gebracht werden müssen, andererseits Subventionen für die laufende Produktion berücksichtigt werden können.

Hinweis

!

Nach dem BAFA[20] zählen zu den indirekten Steuern die Grundsteuer, Gewerbesteuer, Kraftfahrzeugsteuern und die Verbrauchssteuern (Bier-, Mineralöl-, Schaumwein-, Tabaksteuer und Branntweinaufschlag), die das Unternehmen auf die selbst hergestellten verbrauchsteuerpflichtigen Erzeugnisse schuldet. Besonderheiten sind für die Gewerbesteuer im Fall gewerbesteuerlicher Organschaften zu beachten. Zu den Subventionen gehören nach Ansicht der Behörde Zuwendungen, die Bund, Länder und Gemeinden oder Einrichtungen der Europäischen Gemeinschaften ohne Gegenleistung an das Unternehmen für Forschungs- und Entwicklungsvorhaben (nicht spezielle Auftragsforschung für den Staat) oder für laufende Produktionszwecke gewähren, um die Produktionskosten zu verringern und/oder die Verkaufspreise der Erzeugnisse zu senken und/oder eine hinreichende Entlohnung der Produktionsfaktoren zu ermöglichen.

Unternehmen, die im letzten abgeschlossenen Geschäftsjahr an einer zu begrenzenden Abnahmestelle zwar einen Stromverbrauch von mehr als 1 GWh vorweisen können, aber die Stromkostenintensitätsschwelle deshalb nicht erreichen, weil ihre Strommengen bzw. ein Teil ihrer Strommengen infolge einer bestandsgeschützten Eigenerzeugung nicht der EEG-Umlage unterliegen, können unter gesonderten Voraussetzungen die Umlagebegrenzung beantragen. Voraussetzung hierfür ist insbesondere, dass – verkürzt gesagt – die selbst erzeugte und selbst verbrauchte Strommenge als EEG-umlagepflichtig eingeordnet wird, vgl. § 64 Abs. 5 a EEG. Die Begrenzungsentscheidung bezieht sich in diesem Fall auf alle Abnahmestellen des Unternehmens, also nicht nur auf diejenigen Abnahmestellen, an denen der Stromverbrauch die 1 GWh-Schwelle überschritten hat. 15

Außerdem muss das antragstellende Unternehmen ein zertifiziertes **Energie- oder Umweltmanagementsystem oder ein alternatives System** betreiben, vgl. § 64 Abs. 1 Nr. 3 EEG. Die Anforderungen unterscheiden sich nach dem Jahresstromverbrauch des Unternehmens: Liegt dieser unter 5 GWh, genügt ein alternatives System nach § 3 SpaEfV[21], das entweder die Anforderungen der DIN EN 16247-1 oder die Anforderungen der Anlage 2 der SpaEfV erfüllt.[22] Unternehmen mit einem Stromverbrauch ab 5 GWh im Jahr müssen ein Energiemanagementsystem betreiben, das den Anforderungen der DIN EN ISO 50001 entspricht bzw. ein Umweltmanagementsystem nach EMAS. 16

---

20 Siehe BAFA-Merkblatt für stromintensive Unternehmen, S. 20 ff., abrufbar unter https://www.bafa.de/DE/Energie/Besondere_Ausgleichsregelung/Antragsverfahren/antragsverfahren_node.html.

21 Spitzenausgleich-Effizienzsystemverordnung v. 31.7.2013 (BGBl. I S. 2858), zuletzt geändert durch Verordnung v. 19.6.2020 (BGBl. I S. 1328).

22 Vgl. Rn 77 ff.

Tipp
Das Energie- oder Umweltmanagementsystem oder ein alternatives System muss in jedem Fall alle Stromverbräuche an der zu begrenzenden Abnahmestelle bzw. an den zu begrenzenden Abnahmestellen vollständig erfassen. Für andere nicht zu begrenzende Abnahmestellen können ggf. die Erleichterungen des § 4 Abs. 1 bis Abs. 3 der SpaEfV zur Anwendung kommen; dazu sollte sich das Unternehmen aber mit dem jeweiligen Zertifizierer bzw. Auditor besprechen und dessen Einschätzung rechtlich bewerten lassen bzw. sich ggf. mit dem BAFA abstimmen.

4. Besondere Vorgaben für neu gegründete Unternehmen, Unternehmensumwandlungen und selbständige Unternehmensteile

17 Die Begrenzung der EEG-Umlage setzt grundsätzlich voraus, dass der Nachweis über die Begrenzungsvoraussetzungen auf die letzten drei abgeschlossenen Geschäftsjahre des antragstellenden Unternehmens bezogen geführt wird, vgl. nur § 64 Abs. 2 Nr. 3 EEG. Ein Geschäftsjahr kann, muss aber nach Auffassung des BAFA nicht zwingend 12 Kalendermonate umfassen.

18 Dies hat zur Folge, dass insbesondere **neu gegründete Unternehmen** nur unter erheblichem Zeitversatz, im Ergebnis erst nach rund vier Jahren, von der Besonderen Ausgleichsregelung Gebrauch machen könnten, obwohl sie ab dem Zeitpunkt ihrer Neugründung auf eine Reduzierung ihrer Strombezugskosten angewiesen sind. Vor diesem Hintergrund ermöglicht § 64 Abs. 4 EEG für neu gegründete Unternehmen eine „gestaffelte" Nachweisführung: Für den ersten Antrag kann das Unternehmen auf Daten aus einem sog. gewillkürten Rumpfgeschäftsjahr zurückgreifen. Dieses Rumpfgeschäftsjahr ist insoweit „gewillkürt", als lediglich dessen Beginn gesetzlich konkretisiert bzw. definiert wird: Nach § 64 Abs. 6 Nr. 2a EEG wird unwiderleglich vermutet, dass der Zeitpunkt der Neugründung derjenige Zeitpunkt ist, an dem erstmals Strom zu Produktionszwecken verbraucht wird. Die vor diesem Zeitpunkt liegenden Stromverbräuche umfassen regelmäßig Bautätigkeiten bzw. Anlagenerrichtungstätigkeiten. Das Ende des „gewillkürten" Rumpfgeschäftsjahres kann das Unternehmen selbst bestimmen. Der Zeitpunkt zum Ende des „gewillkürten" Rumpfgeschäftsjahres sollte jeweils so gewählt werden, dass eine Antragsvorbereitung rechtzeitig vor der Antragsfrist möglich ist.[23]

19 Als neu gegründete Unternehmen werden gemäß § 64 Abs. 6 Nr. 2a EEG nur noch solche Unternehmen angesehen, die mit nahezu vollständig neuen Betriebsmitteln ihre Tätigkeit erstmals aufnehmen; sie dürfen nicht durch Umwandlung entstanden sein; neue Betriebsmittel liegen danach nur dann vor, wenn ein Unternehmen ohne Sachanlagevermögen neues Sachanlagevermögen erwirbt oder schafft. Was genau

23 Siehe dazu auch BAFA-Merkblatt für stromintensive Unternehmen, S. 65ff., abrufbar unter https://www.bafa.de/DE/Energie/Besondere_Ausgleichsregelung/Antragsverfahren/antragsverfahren_node.html.

unter einem „neuen" Betriebsmittel bzw. Sachanlagevermögen verstanden werden muss, ist bislang nicht abschließend geklärt.

20 Der auf Basis eines „gewillkürten" Rumpfgeschäftsjahres ergehende Begrenzungsbescheid muss einen Widerrufsvorbehalt enthalten, vgl. § 64 Abs. 4 S. 2 EEG, damit das BAFA nach Vollendung des ersten abgeschlossenen (vollständigen) Geschäftsjahres die Antragsvoraussetzungen und den Begrenzungsumfang (nachträglich) überprüfen und die EEG-Umlagebegrenzung ggf. ganz oder teilweise widerrufen kann.[24]

21 Handelt es sich dagegen um eine **Unternehmensumwandlung**, ist zu unterscheiden: Das antragstellende Unternehmen kann zur Nachweisführung auf Daten des Unternehmens vor seiner Umwandlung zurückgreifen, wenn die wirtschaftliche und organisatorische Einheit des Unternehmens nach der Umwandlung nahezu vollständig in dem antragstellenden Unternehmen erhalten geblieben ist, sog. identitätswahrende Umwandlung, vgl. § 3 Nr. 45 i. V. m. § 67 Abs. 1 S. 1 EEG. Ist dies nicht der Fall, kommt eine sog. „identitätsverändernde" Umwandlung in Betracht. Dann kann das Unternehmen einen Antrag auf Umlagebegrenzung „wie" ein neu gegründetes Unternehmen stellen, vgl. § 67 Abs. 1 S. 2 EEG. Die Abgrenzung im Einzelfall und die sich daraus ergebenden Konsequenzen für die korrekte Antragstellung sind jedoch schwierig zu bestimmen und zudem von der aktuellen behördlichen Bewertung abhängig.

Tipp !
Antragstellungen im Zusammenhang mit einer geplanten oder bereits durchgeführten Umwandlung bzw. Umfirmierung sollten stets möglichst frühzeitig mit dem BAFA abgestimmt werden.[25]

22 Außerdem können Unternehmen einen Antrag auf Begrenzung der EEG-Umlage für **selbständige Teile des Unternehmens** stellen. Voraussetzung ist dabei zunächst, dass der selbständige Unternehmensteil einem Unternehmen zugehört, das einer Branche nach Liste 1 der Anlage 4 des EEG unterfällt, vgl. § 64 Abs. 5 S. 1 EEG; selbständige Teile eines Unternehmens, dessen Tätigkeit Liste 2 der Anlage 4 des EEG zugehört, sind daher nicht länger privilegiert.[26]

24 Vgl. dazu auch *Große/Kachel*, NVwZ 2014, 1122ff.
25 Zu den Einzelheiten der Antragstellung im Fall der Unternehmensumwandlung BAFA-Merkblatt für stromintensive Unternehmen, S. 66ff., abrufbar unter https://www.bafa.de/DE/Energie/Besondere_Ausgleichsregelung/Antragsverfahren/antragsverfahren_node.html.
26 Vgl. dazu auch *Wesche/Woltering*, CuR 2014, 56, 58f.

Beispiel
Der selbständige Unternehmensteil einer Eisengießerei ist grundsätzlich privilegiert, weil Gießereien gemäß Ziff. 135 der Liste 1 in Anlage 4 des EEG zugehören. Der selbständige Unternehmensteil eines Betriebs zur Herstellung von Metallkonstruktionen ist hingegen nicht länger antragsberechtigt, weil diese Tätigkeit gemäß Ziff. 139 der Liste 2 in Anlage 4 zum EEG unterfällt.

23 Der von der Rechtsprechung eng ausgelegte Begriff des selbständigen Unternehmensteils[27] wurde im EEG wie folgt konkretisiert: Ein selbständiger Unternehmensteil liegt gemäß § 64 Abs. 5 S. 2 EEG nur dann vor, wenn es sich um einen Teilbetrieb mit eigenem Standort oder einen vom übrigen Unternehmen am Standort abgegrenzten Betrieb mit den wesentlichen Funktionen eines Unternehmens handelt, der Unternehmensteil jederzeit als rechtlich selbständiges Unternehmen seine Geschäfte führen könnte, seine Erlöse wesentlich mit externen Dritten erzielt und über eine eigene Abnahmestelle verfügt. Nach dem Verständnis des BAFA muss sich der selbständige Unternehmensteil mit einem „idealtypischen", rechtlich selbständigen Unternehmen vergleichen lassen und sich aus der wirtschaftlichen Gesamtbetätigung des Unternehmens wesentlich herausheben.[28] Über eine eigene Abnahmestelle verfügt ein selbständiger Unternehmensteil nach behördlicher Sicht nur dann, wenn die Voraussetzungen des § 64 Abs. 6 Nr. 1 EEG vorliegen. Hierin ist die „Abnahmestelle" als die Summe aller räumlich und physikalisch zusammenhängenden elektrischen Einrichtungen einschließlich der Eigenversorgungsanlagen definiert, die sich auf einem in sich abgeschlossenen Betriebsgelände befinden und über einen oder mehrere Entnahmepunkte mit dem Netz der allgemeinen Versorgung verbunden sind. Überdies muss diese Abnahmestelle über eigene Stromzähler an allen Entnahmepunkten und Eigenversorgungsanlagen verfügen. Fehlt es an eigenen Stromzählern, geht das BAFA davon aus, dass die Voraussetzungen einer eigenen Abnahmestelle, bezogen auf den selbständigen Unternehmensteil, nicht vorliegen.[29] Die Beantwortung der Frage, ob ein selbständiger Unternehmensteil vorliegt, ist von verschiedenen wertenden Kriterien abhängig, zu denen es Rechtsprechung[30] gibt. Die Antragstellung zur Umlagebegrenzung zugunsten selbständiger Unternehmensteile unterliegt jedoch nach wie

27 Vgl. VGH Hessen, Urt. v. 9.1.2014 – 6 A 1999/13 – IR 2014, 206 ff.; 6 A 71/13 – ZUR 2014, 298 ff.; Vorinstanz: VG Frankfurt, Urt. v. 14.3.2013 – 5 K 2071/12.F – ER 2014, 135.

28 Vgl. BAFA-Merkblatt für stromkostenintensive Unternehmen, S. 20 ff., abrufbar unter https://www.bafa.de/DE/Energie/Besondere_Ausgleichsregelung/Antragsverfahren/antragsverfahren_node.html.

29 Vgl. BAFA-Merkblatt für stromkostenintensive Unternehmen, S. 19, abrufbar unter https://www.bafa.de/DE/Energie/Besondere_Ausgleichsregelung/Antragsverfahren/antragsverfahren_node.html; kritisch hierzu *Große/Kachel*, NVwZ 2014, 1122, 1125.

30 Vgl. etwa VG Frankfurt a. M., Urt. v. 19.03.2020 – 5 K 9248/17.F – IR 2020, 185 f., in dem das Verwaltungsgericht für den Begriff der „wesentlichen" Umsatzerlöse mit externen Dritten eine Größenordnung von über 20 % angenommen hat; das BAFA hingegen stellt auf einen Anteil von über 50 % ab.

vor rechtlichen Unwägbarkeiten, denen letztlich nur durch eine (auch) rechtliche Verselbstständigung des Unternehmensteils begegnet werden könnte.

5. Anforderungen an das Antragsverfahren

Der Antrag auf Umlagebegrenzung muss zwingend elektronisch über das vom BAFA eingerichtete **Online-Portal „ELAN-K2"** gestellt werden. Die Behörde ist zwar ermächtigt, Ausnahmen von der Pflicht zur elektronischen Antragstellung durch Allgemeinverfügung (die im Bundesanzeiger bekannt gemacht werden muss) verbindlich festzulegen, vgl. § 66 Abs. 2 EEG, hat davon aber bislang keinen Gebrauch gemacht. Hinweise zur Antragstellung bzw. zum Online-Portal werden vom BAFA auf dessen Internetseiten veröffentlicht.[31] 24

Der Antrag muss bis spätestens 30.6. eines Jahres beim BAFA gestellt werden, vgl. § 66 Abs. 1 S. 1 EEG. Ausnahmen gelten lediglich für neu gegründete Unternehmen; sie können den Antrag bis zum 30.9. eines Jahres stellen, vgl. § 66 Abs. 1 S. 1, Abs. 3 EEG.[32] 25

Vor Ablauf der Antragsfrist muss das Unternehmen zwingend den Antrag und bestimmte ausschlussfristrelevante Unterlagen beim BAFA einreichen. Zu diesen ausschlussfristrelevanten Unterlagen gehören die **Wirtschaftsprüferbescheinigung** nach § 64 Abs. 3 Nr. 1 lit. c EEG und die **Zertifizierungsbescheinigung** über das **Energie- oder Umweltmanagementsystem** nach § 64 Abs. 3 Nr. 2 EEG.[33] Die übrigen Nachweisunterlagen, zu denen u.a. die Stromlieferungsverträge und die Stromrechnungen für das letzte abgeschlossene Geschäftsjahr sowie der Nachweis über die Klassifizierung des Unternehmens durch das Statistische Landesamt in Anwendung der WZ 2008 zählen, sind somit nicht mehr ausschlussfristrelevant, vgl. § 66 Abs. 1 EEG. Das Fehlen dieser Unterlagen führt also nicht ohne Weiteres zur Fristversäumnis bzw. zur Antragsablehnung. 26

---

31 Siehe https://www.bafa.de/DE/Energie/Besondere_Ausgleichsregelung/ELAN-K2_Online-Portal/elan-k2_online-portal_node.html.

32 Vorgesehen ist außerdem, dass eine Umlagebegrenzung für die landstromseitige Versorgung von Schiffen bis zum 30.9. eines Jahres gestellt werden kann, vgl. § 66 Abs. 3 S. 2 EEG 2021-Entwurf.

33 Vorgesehen ist, dass auch die Zertifizierungsbescheinigung nach § 64 Abs. 3 Nr. 2 EEG von den ausschlussfristrelevanten Unterlagen ausgenommen wird; erforderlich soll dann lediglich sein, dass das Unternehmen eine Angabe zum Energiemanagement- oder Umweltmanagementsystem bzw. dem alternativen System vorlegt, vgl. § 66 Abs. 1 S. 1 EEG 2021-Entwurf.

Tipp

Sind diese Nachweise nicht dem Antrag beigefügt, sollten sie gleichwohl schnellstmöglich und jedenfalls nach Aufforderung der Behörde innerhalb der gesetzten Frist eingereicht werden. Andernfalls ist das BAFA berechtigt, den Antrag wegen mangelnder Mitwirkung des Unternehmens und fehlender Möglichkeit der Prüfung der Antragsvoraussetzungen abzulehnen.[34]

6. Begrenzungsumfang

27 Stromkostenintensive Unternehmen, die die gesetzlichen Voraussetzungen der Besonderen Ausgleichsregelung erfüllen, müssen grundsätzlich lediglich 15 % der jeweiligen EEG-Umlage für denjenigen Stromverbrauch zahlen, der im Begrenzungsjahr 1 GWh überschreitet, vgl. § 64 Abs. 2 Nr. 1 EEG. Für stromkostenintensive Unternehmen, die einer Branche nach Liste 1 der Anlage 4 des EEG zuzuordnen sind, gilt abweichend: Hat deren Stromkostenintensität mindestens 14 % und weniger als 17 % betragen, müssen sie 20 % der jeweiligen EEG-Umlage zahlen.[35]

28 Darüber hinaus gilt eine „Deckelung" der Kostenbelastung in Form eines sog. Caps bzw. Super-Caps: Bei Unternehmen, deren Stromkostenintensität weniger als 20 % betragen hat, wird die EEG-Umlage auf 4 % der Bruttowertschöpfung begrenzt; bei Unternehmen, deren Stromkostenintensität mindestens 20 % betragen hat, reduziert sich die Belastung auf 0,5 % der Bruttowertschöpfung, vgl. § 64 Abs. 2 Nr. 3 EEG.[36]

29 Außerdem sind die privilegierten Unternehmen auch für den über 1 GWh liegenden Stromanteil zur Zahlung einer **„EEG-Mindestumlage"** verpflichtet. Diese beträgt im Regelfall 0,1 ct/kWh bzw. 0,05 ct/kWh für Unternehmen der Nicht-Eisenmetallbranchen (Aluminium, Blei, Zink und Kupfer), vgl. § 64 Abs. 2 Nr. 4 EEG.

Beispiel

Verbraucht ein Unternehmen der Stahlindustrie rund 800 GWh pro Jahr und weist es eine Stromkostenintensität von deutlich über 20 % auf, würde es aufgrund der „Super-Cap"-Regelung des § 64 Abs. 2 Nr. 4 lit. a EEG (Begrenzung der EEG-Umlage auf 0,5 % der Bruttowertschöpfung und unterstellt, die Bruttowertschöpfung ist entsprechend gering) in einem ersten Schritt nur rund 400.000 € zahlen müssen. Da sich bei diesem Betrag aber rechnerisch eine EEG-Umlage von lediglich 0,05 ct/kWh ergäbe, erhöht sich aufgrund der nach § 64 Abs. 2 Nr. 4 lit. b EEG vorgeschriebenen Mindestumlage von 0,1 ct/kWh die Belastung auf 800.000 € im Jahr.

34 Vgl. Gesetzesbegründung, BT-Drucks. 18/1449, S. 47; siehe BAFA-Merkblatt für stromintensive Unternehmen, S. 23, abrufbar unter https://www.bafa.de/DE/Energie/Besondere_Ausgleichsregelung/Antragsverfahren/antragsverfahren_node.html; BAFA-Merkblatt für stromkostenintensive Unternehmen.

35 Für diese Unternehmen ist eine Absenkung der Belastung auf 15 % geplant, vgl. § 64 Abs. 2 Nr. 2 EEG 2021-Entwurf.

36 Vgl. dazu auch *Wustlich*, NVwZ 2014, 1113, 1119.

Stromkostenintensive Unternehmen melden die EEG-Umlage für den Stromverbrauch an einer begrenzten Abnahmestelle direkt gegenüber dem jeweiligen Übertragungsnetzbetreiber, vgl. § 60a S. 1 EEG. Diese Regelung gilt nicht für Schienenbahnen, bei denen die EEG-Umlage nach § 65 EEG begrenzt worden ist; in diesem Fall meldet also weiterhin der Stromlieferant (bzw. das Elektrizitätsversorgungsunternehmen, vgl. § 60 Abs. 1 S. 1 EEG) die EEG-Umlage. 30

7. Härtefallregelung

Die insbesondere durch die **Vorgaben** der **EU-Beihilfeleitlinien** veranlassten Bestimmungen zur Besonderen Ausgleichsregelung im EEG sollen nach dem Willen des Gesetzgebers nicht dazu führen, dass bisher begrenzungsberechtigte Unternehmen in wirtschaftliche Schwierigkeiten geraten.[37] Daher sieht das EEG eine[38] Härtefallregelung vor. 31

Danach können Unternehmen bzw. selbständige Unternehmensteile für den 1 GWh überschreitenden Stromanteil eine Begrenzung der EEG-Umlage i. H. v. 20 % erhalten. Dieser **20 %-Deckel** gilt unter der Voraussetzung, dass das Unternehmen bzw. der selbständige Unternehmensteil über eine bestandskräftige Begrenzungsentscheidung für 2014 verfügt und entweder keiner Branche nach Anlage 4 des EEG zuzuordnen ist oder aber einer Branche nach Liste 2 der Anlage 4 des EEG unterfällt und dabei eine Stromkostenintensität von mehr als 14 % und weniger als 20 % aufweist. 32

Die Regelung findet auch Anwendung auf selbständige Unternehmensteile, die einen bestandskräftigen Begrenzungsbescheid für 2014 haben, aber nicht mehr nach § 64 EEG entlastet werden dürfen, weil sie der Liste 2 des Anhangs 4 des EEG zugeordnet sind (da selbständige Unternehmensteile im Rahmen des § 64 EEG unter den sonstigen Voraussetzungen nur noch bei Unternehmen der Liste 1 des Anhangs 4 zu entlasten sind), vgl. § 103 Abs. 4 S. 2 EEG. 33

Erforderlich ist nach Auffassung des BAFA allerdings, dass das Unternehmen als **Rechtsträger unverändert** besteht. Umwandlungen und sonstige Veränderungen der Rechtsträgeridentität haben nach behördlicher Auffassung zur Folge, dass die Härtefallregelung nicht länger in Anspruch genommen werden kann.[39] 34

---

37 Vgl. Gesetzesbegründung, BT-Drucks. 18/1449, S. 3.

38 Die weitere Härtefallregelung („Verdoppelungsgrenze") wurde 2018 letztmalig gewährt, vgl. § 103 Abs. 3 EEG.

39 Siehe dazu auch BAFA-Merkblatt für stromintensive Unternehmen, S. 13 (Fn. 6), abrufbar unter https://www.bafa.de/DE/Energie/Besondere_Ausgleichsregelung/Antragsverfahren/antragsverfahren_node.html.

Beispiel
Ein Unternehmen der Lebensmittelbranche erreicht an einer Abnahmestelle nicht die für die Begrenzung gemäß § 64 Abs. 1 Nr. 2 lit. b EEG erforderliche Stromkostenintensität von 20 %. Die Stromkostenintensität des Unternehmens beträgt aber über 14 %. Nach der Härtefallregelung hat das Unternehmen einen Anspruch auf Begrenzung seiner Belastung i. H. v. 20 % der regulären EEG-Umlage, solange und soweit es als Unternehmen nicht umgewandelt wird.

8. Schienenbahnen

35 Schienenbahnen haben einen Anspruch auf **Begrenzung** der jeweiligen **EEG-Umlage auf 20 %**, vgl. § 64 Abs. 2 EEG. Voraussetzung ist der Nachweis, dass die Schienenbahn im letzten abgeschlossenen Geschäftsjahr mehr als 2 GWh Strom für den Fahrbetrieb verbraucht hat, vgl. § 65 Abs. 1 EEG. Hierunter fällt lediglich der für den unmittelbar für den Fahrbetrieb im Schienenbahnverkehr selbst verbrauchte Strom, von dem insbesondere die durch Bremsvorgänge erzeugten rückgespeisten Strommengen ausgeschlossen sind.[40]

36 Weitere Voraussetzungen für die EEG-Umlagebegrenzung müssen Schienenbahnen nicht nachweisen. Für die Antragstellung von Schienenbahnen, die entweder an einem Vergabeverfahren für Schienenverkehrsleistungen im Schienenpersonennahverkehr teilgenommen haben oder teilnehmen werden, und Schienenbahnen, die erstmals eine Schienenverkehrsleistung im Schienenpersonenfernverkehr oder im Schienengüterverkehr erbringen werden, hat der Gesetzgeber erleichterte Nachweismöglichkeiten im Kalenderjahr vor der Aufnahme des Fahrbetriebes geregelt, vgl. § 65 Abs. 3 und Abs. 4 EEG. Im Übrigen besteht auch für Schienenbahnen, die neu gegründet worden sind, eine Möglichkeit der Nachweisführung in entsprechender Anwendung derjenigen Vorgaben, wie sie der Gesetzgeber für stromkostenintensive Unternehmen vorgesehen hat, vgl. § 64 Abs. 4 EEG.

37 Für die Antragstellung gelten im Wesentlichen die gleichen Vorgaben wie für stromkostenintensive Unternehmen; Schienenbahnen müssen zum Nachweis jedoch lediglich eine Wirtschaftsprüferbescheinigung vorlegen, vgl. § 65 Abs. 6 EEG.

II. Stromsteuer

38 Seit dem Inkrafttreten des **Stromsteuergesetzes** (StromStG)[41] am 1.4.1999 wird der Verbrauch von Strom besteuert. Als Bundessteuer erfolgt die Erhebung der Stromsteuer durch die Bundesfinanzbehörden. Staatliche Behörden sind die Hauptzollämter.

---

40 Vgl. BAFA-Merkblatt für Schienenbahnen, abrufbar unter https://www.bafa.de/DE/Energie/Besondere_Ausgleichsregelung/Arbeitshilfen/arbeitshilfen_node.html.

41 Stromsteuergesetz v. 24.3.1999 (BGBl. I S. 378; 2000 I S. 147), zuletzt geändert durch Verordnung v. 19.6.2020 (BGBl. I S. 1328).

Die Generalzolldirektionen bilden die Mittelbehörden und das Bundesministerium der Finanzen ist die oberste Behörde.[42]

Eine für die Kostenbelastung mit der Stromsteuer zentrale Vorschrift ist § 9 StromStG, der in Abs. 1 mehrere Möglichkeiten der **Stromsteuerbefreiung** regelt. Weitere wichtige Bestimmungen sind die §§ 9a, 9b und 10 StromStG; sie sehen unterschiedliche Möglichkeiten der **Stromsteuerentlastung** vor. 39

1. Einleitung

Strom, der aus dem Versorgungsnetz zum Verbrauch entnommen wird, unterliegt grundsätzlich der Stromsteuer. Steuerpflichtig ist dabei sowohl derjenige Strom, der von einem Versorger an einen Letztverbraucher geleistet wird bzw. vom Versorger zum Selbstverbrauch entnommen wird, als auch derjenige Strom, der von einem Eigenerzeuger zum Selbstverbrauch entnommen wird, vgl. § 5 Abs. 1 StromStG. 40

Der **reguläre Steuertarif** beträgt 20,50 €/MWh, vgl. § 3 StromStG. Ein **verringerter Steuertarif** gilt für Strom, der zum Fahrbetrieb im Schienenbahnverkehr oder für Oberleitungsbusse entnommen wird. Hier beträgt die Steuer 11,42 €/MWh. Außerdem unterliegt Strom zur Versorgung von Wasserfahrzeugen für die gewerbliche Schifffahrt dem europarechtlich gebotenen[43] **Mindeststeuersatz** von 0,5 €/MWh. 41

Verantwortlich für die Anmeldung der Steuer ist grundsätzlich derjenige Versorger, der den Strom an Letztverbraucher geleistet hat. Als **stromsteuerpflichtiger Versorger** muss er die Stromsteuer selbst berechnen, eine Steuererklärung abgeben und die angemeldete Steuer entrichten. Vielfach üblich ist die jährliche Steueranmeldung, die bis zum 31.5. des auf die Stromentnahme folgenden Kalenderjahres abzugeben ist, vgl. § 8 Abs. 4 StromStG. 42

Tipp !

Die Einordnung als Versorger sollte im Zweifel mit dem Hauptzollamt abgestimmt werden. Dies gilt gerade auch mit Blick auf die in § 1a StromStV[44] geregelten Ausnahmen, etwa bei Stromleistungen innerhalb eines Betriebsgeländes.

Die Steuerbelastung gibt der Versorger in aller Regel über den Stromlieferpreis an Letztverbraucher weiter. 43

---

42 Vgl. Friedrich/Meißner/*Soyk*, Energiesteuern, § 1 StromStG Rn 13ff.

43 Vgl. *Soyk*, Energie- und Stromsteuerrecht, Kap. 14 Rn 6.

44 Stromsteuer-Durchführungsverordnung v. 31.5.2000 (BGBl. I S. 794), zuletzt geändert durch Verordnung v. 14.8.2020 (BGBl. I S. 1960).

2. Stromsteuerbefreiungen

44 Das StromStG regelt in § 9 Abs. 1 insgesamt sechs Möglichkeiten der Stromsteuerbefreiung; diese Aufzählung ist abschließend. Die **Stromsteuerbefreiungen** knüpfen im Wesentlichen an den Einsatz von Strom als Energieerzeugnis im Erzeugungsprozess (sog. **Input-Befreiung**) oder an die Verwendung erzeugten Stroms aus bestimmten Energieträgern bzw. zu bestimmten Zwecken (sog. **Output-Befreiung**) an.

! Tipp

Die Inanspruchnahme der Stromsteuerbefreiung ist teilweise von einer zuvor zu beantragenden **Erlaubnis** abhängig. Die Zollbehörden haben dazu Formularvorgaben bereitgestellt.

---

45 Praxisrelevant sind insbesondere die Stromsteuerbefreiungen des § 9 Abs. 1 Nr. 1 bis Nr. 3 StromStG.

a) Input-Befreiung: Strom zur Stromerzeugung

46 Strom, der zur Stromerzeugung entnommen wird, ist stromsteuerfrei, vgl. § 9 Abs. 1 Nr. 2 StromStG. Die Bestimmung soll vermeiden, dass Strom doppelt besteuert wird; nur das „Enderzeugnis" soll von der Stromsteuer erfasst werden.[45]

47 Was zur **Stromerzeugung** gehört, hat der Verordnungsgeber in § 12 Abs. 1 StromStV konkretisiert. Danach wird Strom dann zur Stromerzeugung i. S. v. § 9 Abs. 1 Nr. 2 StromStG entnommen, wenn er in Neben- und Hilfsanlagen einer Stromerzeugungseinheit, insbesondere zur Wasseraufbereitung, Dampferzeugerwasserspeisung, Frischluftversorgung, Brennstoffversorgung, Rauchgasreinigung oder in Pumpspeicherkraftwerken von den Pumpen zum Fördern der Speichermedien zur Stromerzeugung im technischen Sinne verbraucht wird. Die finanzgerichtliche Rechtsprechung fasst unter die Regelung den Strom, der unmittelbar zur Stromerzeugung eingesetzt wird. Vorgelagerte Prozesse sollen nicht der Stromerzeugung, sondern der Brennstoffherstellung dienen.[46] Berücksichtigt werden können jedoch auch rechtliche Anforderungen an den Betrieb einer Stromerzeugungsanlage: Unter die Steuerbefreiung fallen daher auch Stromverbräuche betriebsnotwendiger Einrichtungen, ohne die ein Kraftwerk nach den atomrechtlichen, gewerberechtlichen, umweltrechtlichen, wasserrechtlichen oder arbeitsrechtlichen Vorschriften oder Auflagen nicht betrieben werden kann.[47]

---

45 Vgl. BT-Drucks. 14/40, S. 12.

46 Vgl. FG Hamburg, Urt. v. 9.11.2010 – 4 K 94/10 – IR 2011, 67 f.; BFH, Beschl. v. 9.9.2011 – VII R 75/10 – CuR 2011, 174 ff.

47 BFH, Urt. v. 13.12.2011 – VII R 73/10 – ZfZ 2012, 106; vgl. auch Bongartz/Jatzke/Schröer-Schallenberg/*Wundrack*, EnergieStG StromStG, § 9 StromStG Rn 18; *Soyk*, Energie- und Stromsteuerrecht, Kap. 17 Rn 9.

In formeller Hinsicht setzt die Inanspruchnahme der Stromsteuerbefreiung aus § 9 Abs. 1 Nr. 2 StromStG voraus, dass zuvor eine **Erlaubnis** zur Entnahme steuerbefreiten Stroms unter Verwendung der amtlich vorgeschriebenen Vordrucke 1420, 1420a und 1420az beim örtlich zuständigen Hauptzollamt beantragt worden ist, vgl. § 9 Abs. 4 Nr. 1 StromStG. 48

Tipp

Die Generalzolldirektion hat in „Informationen zur steuerbegünstigten Entnahme von Strom zur Stromerzeugung nach § 9 Absatz 1 Nummer 2 Stromsteuergesetz“[48] vom 21.6.2020 ihr Verständnis zum Anwendungsbereich der Regelung zusammengefasst.

Bei fehlender Erlaubnis kommt alternativ eine **Steuerentlastung** nach § 12a StromStV in Betracht. Entlastungsberechtigt ist derjenige, der den Strom entnommen hat. Der Antrag ist bei dem örtlich zuständigen Hauptzollamt bis spätestens **zum Ende des auf die Stromentnahme folgenden Jahres** zu stellen. Hierbei sind die amtlich vorgeschriebenen Vordrucke 1454, 1420, 1420az[49] zu verwenden. 49

b) Output-Befreiung: Grüner Strom zum Selbstverbrauch

Nach § 9 Abs. 1 Nr. 1 StromStG ist Strom von der Stromsteuer befreit, der in Anlagen mit einer elektrischen Nennleistung von mehr als 2 MW aus erneuerbaren Energieträgern erzeugt und vom Betreiber der Anlage am Ort der Erzeugung zum Selbstverbrauch entnommen wird. 50

Tipp

Die Generalzolldirektion hat in den „Informationen zum Gesetz zur Neuregelung von Stromsteuerbefreiungen sowie zur Änderung energiesteuerrechtlicher Vorschriften vom 22. Juni 2019 (BGBl. I S. 856)“[50] vom 17.6.2019 ihr Verständnis zum Anwendungsbereich der Regelung zusammengefasst.

In formeller Hinsicht setzt auch diese Stromsteuerbefreiung die vorherige Beantragung einer **Erlaubnis** beim örtlich zuständigen Hauptzollamt voraus, vgl. § 9 Abs. 4 Nr. 1 StromStG. Die amtlich vorgeschriebenen Vordrucke 1421 und 1421a stellt der Zoll im Internet bereit.[51] 51

Bei fehlender Erlaubnis kommt alternativ eine **Steuerentlastung** nach § 12c StromStV in Betracht. Entlastungsberechtigt ist wiederum derjenige, der den Strom entnommen hat. Der Antrag ist bei dem örtlich zuständigen Hauptzollamt bis spätes- 52

48 Abrufbar unter www.zoll.de.

49 Siehe https://www.zoll.de/DE/Fachthemen/Steuern/Verbrauchsteuern/Strom/strom_node.html.

50 Abrufbar unter www.zoll.de.

51 Siehe https://www.zoll.de/DE/Fachthemen/Steuern/Verbrauchsteuern/Strom/strom_node.html.

tens **zum Ende des auf die Stromentnahme folgenden Jahres** zu stellen. Hierbei sind die amtlich vorgeschriebenen Vordrucke 1470, 1421a und 1421az[52] zu verwenden.

c) Output-Befreiung: Dezentrale Stromversorgung aus (kleinen) KWK- und EE-Anlagen

53 Steuerbefreit ist außerdem Strom, der in **Anlagen mit einer elektrischen Nennleistung von bis zu 2 MW aus erneuerbaren Energieträgern oder in hocheffizienten KWK-Anlagen** erzeugt und entweder vom Betreiber der Anlage als Eigenerzeuger im räumlichen Zusammenhang zu der Anlage zum Selbstverbrauch entnommen oder von demjenigen, der die Anlage betreibt oder betreiben lässt, an Letztverbraucher geleistet wird, die den Strom im räumlichen Zusammenhang zur Anlage entnehmen.

54 Erste Voraussetzung des § 9 Abs. 1 Nr. 3 StromStG ist daher die Stromerzeugung in einer Anlage von bis zu 2 MW elektrischer Nennleistung. Der Begriff der **Anlage** ist zwar im StromStG nicht definiert, aber durch § 12b StromStV und die Rechtsprechung des BFH[53] konkretisiert worden: In § 12b Abs. 1 StromStV werden mehrere unmittelbar miteinander verbundene Stromerzeugungseinheiten an einem Standort als Anlage i.S.v. § 9 Abs. 1 Nr. 3 StromStG zusammengefasst. Als unmittelbar miteinander verbunden gelten nach § 12b Abs. 1 S. 2 StromStV auch Anlagen, die in Modulbauweise errichtet wurden, solange sie sich im selben baulichen Objekt befinden.

55 Absatz 2 des § 12b StromStV enthält Anforderungen an eine Zusammenfassung mehrerer **Stromerzeugungseinheiten** zu einer Anlage an unterschiedlichen Standorten. Danach gelten Stromerzeugungseinheiten an verschiedenen Standorten dann als eine Anlage zur Stromerzeugung, wenn sie zum Zweck der Stromerzeugung zentral gesteuert werden und der erzeugte Strom zumindest teilweise in das Versorgungsnetz eingespeist werden soll. Zum Begriff der **zentralen Steuerung** hat sich das BMF in mehreren Erlassen geäußert.[54] Im Wesentlichen wird daraus deutlich, dass eine zentrale Überwachung bzw. Steuerung von mehreren Stromerzeugungseinheiten zur Vermeidung von Fehlern, Störungen oder zur Erhaltung der Netzstabilität nicht unter den Begriff der zentralen Steuerung fallen soll. Gleiches gilt für die zentrale Steuerung zum Zweck der Wärmeerzeugung (sog. wärmegeführte Anlagen). Die Fernsteuerbarkeit von Anlagen zur Direktvermarktung nach dem EEG gilt zwar grundsätzlich als Fall der zentralen Steuerung, vgl. § 12b Abs. 2 S. 1 Nr. 1 StromStV. Eine Ausnahme von diesem Grundsatz soll jedoch dann greifen, wenn die Direktvermarktung des in ein Versorgungsnetz eingespeisten Stroms durch einen Dritten erfolgt, die elektrische

---

52 Siehe https://www.zoll.de/DE/Fachthemen/Steuern/Verbrauchsteuern/Strom/strom_node.html.

53 BFH, Urt. v. 23.6.2009 – VII R 34/08 – StE 2010, 13 ff. und VII R 42/08 – IR 2009, 354 = StE 2010, 9 ff.

54 Vgl. Erlass des BMF v. 19.10.2011 – IV C 2 – S 2741/10/10002 – StE 2012, 6 f.; Erlass BMF v. 30.3.2012 – III B 6 – V 9950/06/10021:020 – StE 2012, 6 f. sowie v. 24.3.2014 – IV A 2 – O 2000/13/10002 – n. v.; siehe auch Bongartz/Jatzke/Schröer-Schallenberg/*Wundrack*, EnergieStG StromStG, § 9 StromStG Rn 32 ff.

Leistung der Anlagen eines Betreibers 2 MW nicht überschreitet und der Strom innerhalb einer Kundenanlage entnommen wird, vgl. § 12b Abs. 3 S. 2 StromStV.

Tipp

Geklärt hat das BMF zudem durch Erlass vom 6.8.2014, dass die Steuerung von Stromerzeugungseinheiten zur Teilnahme am Regelenergiemarkt ebenfalls keine zentrale Steuerung im Sinne der Vorschrift darstellt.[55] Im Einzelfall empfiehlt sich die Abstimmung mit dem örtlich zuständigen Hauptzollamt. !

Werden verschiedene Stromerzeugungsanlagen nach § 12b Abs. 1 oder Abs. 2 StromStV zu einer Anlage i. S. v. § 9 Abs. 1 Nr. 3 StromStG zusammengefasst, gilt die Summe der elektrischen Nennleistungen der einzelnen Stromerzeugungseinheiten als elektrische Nennleistung der Anlage (vgl. § 12b Abs. 3 StromStG). Hierbei ist die „Bruttoleistung" zugrunde zu legen, d. h. ein etwaiger Eigenverbrauch der Anlage kann nicht in Abzug gebracht werden.[56] **56**

Tipp

Die elektrische Nennleistung darf zulässigerweise reduziert werden, wenn sie durch Maßnahmen erfolgt, die vom Anlagenbetreiber nicht verändert werden können, und wenn die Reduktion der Anlagenleistung nicht aufgrund gesetzlicher Vorschriften, behördlicher Anordnung oder dergleichen mehr veranlasst ist.[57] !

Privilegiert ist nunmehr lediglich die Erzeugung von Strom aus erneuerbaren Energieträgern oder in hocheffizienten KWK-Anlagen. **57**

Voraussetzung der Stromsteuerbefreiung aus § 9 Abs. 1 Nr. 3 StromStG ist außerdem die Entnahme des Stroms im räumlichen Zusammenhang zur Anlage, der nach § 12b Abs. 5 StromStV Entnahmestellen in einem Radius von bis zu **4,5 km** um die jeweilige Stromerzeugungseinheit umfassen soll. **58**

55 Vgl. Erlass des BMF v. 6.8.2014 – III B 6 – V 4250/05/10003:004 – StE 2012, 6 f.

56 Vgl. BFH, Urt. v. 7.6.2011 – VII R 55/09, VII R 54/09 – n. v.

57 Vgl. Erlass des BMF v. 12.6.2007 – III A 1 – V 8245/07/0010 – n. v., siehe auch Bongartz/Jatzke/Schröer-Schallenberg/*Wundrack*, EnergieStG StromStG, § 9 StromStG Rn 35 ff.

59 Nach § 9 Abs. 1 Nr. 3 StromStG ist stromsteuerfrei nicht der in der Anlage erzeugte, sondern der durch Letztverbraucher aus dem Versorgungsnetz entnommene Strom. Daher sind Leitungs- und Umspannverluste in Abzug zu bringen, wobei diese Verluste geschätzt werden dürfen.[58] Außerdem kann der Versorger aus Vereinfachungsgründen die steuerfreien Mengen nach eigener Wahl bestimmten Entnahmestellen zuordnen.[59]

60 Zudem muss der in der Anlage erzeugte Strom zeitgleich entnommen werden; Saldierungen über längere Zeiträume sind unzulässig.[60] Die Rechtsprechung hat eine Monats- bzw. Tagessaldierung als unzureichend bewertet.[61] Nach § 11a StromStV soll die **Zeitgleichheit grundsätzlich in geeigneter Form gemessen** werden; es sei denn, es kann auf andere Weise nachgewiesen werden, dass Erzeugung und Entnahme des Stroms zeitgleich erfolgen.

61 In formeller Hinsicht ist auch für diese Stromsteuerbefreiung eine **Erlaubnis** nach den Formularen 1422 und 1422a erforderlich, vgl. § 9 Abs. 4 Nr. 1 StromStG.

! **Tipp**

Die Generalzolldirektion hat in den „Informationen zur steuerbegünstigten Entnahme von Strom zur Stromerzeugung nach § 9 Absatz 1 Nummer 2 Stromsteuergesetz“[62] vom 21.6.2020 ihr Verständnis zum Anwendungsbereich der Regelung zusammengefasst.

---

62 Bei fehlender Erlaubnis kommt wiederum alternativ eine **Steuerentlastung** nach den §§ 12c und 12d StromStV in Betracht. Allerdings gilt die Entlastungsmöglichkeit nur für Strom, der entweder aus erneuerbaren Energieträgern oder in einer hocheffizienten KWK-Anlage erzeugt und vom Anlagenbetreiber im räumlichen Zusammenhang zur Anlage **zum Selbstverbrauch** entnommen worden ist, vgl. § 9 Abs. 1 Nr. 3a StromStG. Die Stromleistung an Letztverbraucher im räumlichen Zusammenhang ist von der Entlastungsmöglichkeit **ausgeschlossen**. Entlastungsberechtigt ist derjenige, der den Strom zum Selbstverbrauch entnommen hat. Der Antrag ist ebenfalls bei dem örtlich zuständigen Hauptzollamt bis **zum Ende des auf die Stromentnahme**

---

58 Vgl. Erlass des BMF v. 18.10.2004 – III A 1 – V 4250 – 9/04 – Versorgungswirtschaft 2015, 112; vgl. auch Eichhorn/Utescher-Dabitz, Besteuerung von Strom, Erdgas und Kohle, S. 520.

59 Vgl. Erlass des BMF v. 18.10.2004 – III A 1 – V 4250 – 9/04 – Versorgungswirtschaft 2015, 112; vgl. auch Eichhorn/Utescher-Dabitz, Besteuerung von Strom, Erdgas und Kohle, S. 520.

60 Vgl. Erlass des BMF v. 18.10.2004 – III A 1 – V 4250 – 9/04 – Versorgungswirtschaft 2015, 112; vgl. auch Eichhorn/Utescher-Dabitz, Besteuerung von Strom, Erdgas und Kohle, S. 520.

61 Vgl. FG Berlin-Brandenburg, Urt. v. 1.8.2012 – 1 K 1106/09 – StE 2012, 16 ff.

62 Abrufbar unter www.zoll.de.

folgenden Jahres zu stellen. Hierbei sind die amtlich vorgeschriebenen Vordrucke 1470 bzw. 1471, 1422a und 1422az[63] zu verwenden.

3. Stromsteuerentlastungen

Sofern der zum Verbrauch entnommene Strom nicht stromsteuerfrei ist, greift ggf. eine **Steuerentlastung**.[64] Hierbei ist zu unterscheiden: Die Stromsteuerentlastung nach § 9a StromStG ermöglicht eine Reduktion der Belastung in voller Höhe, die Stromsteuerentlastungen nach den §§ 9b, 10 StromStG sehen lediglich eine anteilige Entlastung vor. 63

Die Steuerentlastungen in den §§ 9a ff. StromStG setzen insgesamt voraus, dass ein **Unternehmen des produzierenden Gewerbes** bzw. im Fall der Steuerentlastung nach § 9b StromStG auch ein **Unternehmen der Land- und Forstwirtschaft** den Strom entnommen hat. 64

Hinweis

Unternehmen der Land- und Forstwirtschaft haben also nur die Möglichkeit einer Entlastung von der Stromsteuer in Höhe von 5,13 €/MWh. **!**

Welche **Unternehmen** zu denen des produzierenden Gewerbes bzw. der Land- und Forstwirtschaft zählen, ergibt sich aus der Begriffsdefinition in § 2 Nr. 3 StromStG.[65] Entscheidend ist die Einordnung der kleinsten rechtlich selbständigen Einheit. Auch kommunale Eigenbetriebe sind Unternehmen im Sinne des Stromsteuerrechts, vgl. § 2 Nr. 4 StromStG. 65

Für **Unternehmen des produzierenden Gewerbes** ist erforderlich, dass sie überwiegend eine wirtschaftliche Tätigkeit ausüben, die dem Abschnitt C (Bergbau und Gewinnung von Steinen und Erden), Abschnitt D (verarbeitendes Gewerbe), Abschnitt E (Energie- und Wasserversorgung) oder Abschnitt F (Baugewerbe) der Klassifikation der Wirtschaftszweige, Ausgabe 2003 (WZ 2003)[66] zuzuordnen sind. **Unternehmen der Land- und Forstwirtschaft** müssen dem Abschnitt A (Land- und Forstwirtschaft) oder der Klasse 05.02 (Teichwirtschaft und Fischaufzucht) der WZ 2003 unterfallen. Die **Zuordnung** zu einem Abschnitt der WZ 2003 bestimmt 66

---

63 Siehe https://www.zoll.de/DE/Fachthemen/Steuern/Verbrauchsteuern/Strom/strom_node.html.

64 Zum Begriff „Steuerentlastung" vgl. Bongartz/Jatzke/Schröer-Schallenberg/*Wundrack*, EnergieStG StromStG, § 9b StromStG Rn 4.

65 Siehe auch die Rechtsprechungsübersicht von Friedrich/Meißner/*Friedrich*, Energiesteuern, § 2 StromStG Rn 101c ff.

66 Zur Anwendung der WZ 2003 vgl. Bongartz/Jatzke/Schröer-Schallenberg/*Wundrack*, EnergieStG StromStG, § 2 StromStG Rn 18 mit Nachweisen der Rechtsprechung.

sich dabei nach dem Schwerpunkt der wirtschaftlichen Tätigkeit, vgl. § 15 Abs. 2 StromStV.[67] Hierbei hat das Unternehmen gemäß § 15 Abs. 4 S. 2 StromStV die Möglichkeit, den Anteil der Bruttowertschöpfung zu Herstellungspreisen, die Wertschöpfung, die Anzahl der tätigen Personen oder den steuerbaren Umsatz i.S.v. § 1 Nr. 1 des Umsatzsteuergesetzes (UStG)[68] heranzuziehen. Das Hauptzollamt kann die Wahl des Unternehmens lediglich dann gemäß § 15 Abs. 4 S. 3 StromStV zurückweisen, wenn sie zur Bestimmung des wirtschaftlichen Schwerpunkts offensichtlich nicht geeignet ist.

67 Nach der Rechtsprechung des Bundesfinanzhofs darf auch die Beauftragung von Subunternehmern bei der Ausführung von Bautätigkeiten berücksichtigt werden, die anderslautende Regelung in § 15 Abs. 9 StromStV ist insoweit verfassungskonform auszulegen.[69]

a) Steuerentlastung für bestimmte Prozesse und Verfahren

68 Nach § 9a StromStG können Unternehmen des produzierenden Gewerbes für **bestimmte Prozesse und Verfahren** eine Steuerentlastung beanspruchen. Auf diese Weise soll die Wettbewerbsfähigkeit der Unternehmenstätigkeiten auf dem internationalen Markt gefördert werden.[70] Entlastungsfähig ist lediglich Strom, der für die abschließend benannten Prozesse und Verfahren eingesetzt wird. Hierzu gehören die Elektrolyse (§ 9 Abs. 1 Nr. 1 StromStG), verschiedene mineralogische Verfahren (§ 9a Abs. 1 Nr. 2 StromStG), die Metallerzeugung und -bearbeitung (§ 9a Abs. 3 StromStG) sowie der Stromverbrauch in chemischen Reduktionsverfahren (§ 9a Abs. 1 Nr. 4 StromStG).[71]

69 Zur Reichweite des Anwendungsbereichs findet sich in § 17a Abs. 5 StromStV eine Regelung: Danach soll das **Laden** bzw. wieder Aufladen von **Batterien und Akkumulatoren** nicht als Elektrolyse oder chemisches Reduktionsverfahren i.S.d. § 9a StromStG gelten.

70 Für die **Geltendmachung der Steuerentlastung** ist § 17a StromStV zu beachten. Er enthält bestimmte Vorgaben zu Form und Frist des Entlastungsantrags. Der auf dem amtlichen Vordruck 1452 zu stellende Antrag muss spätestens zum Ende des auf die Entnahme folgenden Kalenderjahres beim örtlich zuständigen Hauptzollamt ein-

---

67 Vgl. dazu eingehend *Soyk*, Energie- und Stromsteuerrecht, Kap. 18 Rn 23ff.; Bongartz/Jatzke/Schröer-Schallenberg/*Wundrack*, EnergieStG StromStG, § 2 StromStG Rn 22ff.

68 Umsatzsteuergesetz i.d.F. der Bek. v. 21.2.2005 (BGBl. I S. 386), zuletzt geändert durch Gesetz v. 29.6.2020 (BGBl. I S. 1512).

69 Vgl. BFH, Urt. v. 30.4.2019 – VII R 14/18 – ZfZ 2019, 348ff.

70 Vgl. Gesetzesbegründung, BT-Drucks. 1611/72, S. 47f.

71 Vgl. Friedrich/Meißner/*Friedrich*, Energiesteuern, § 9a StromStG Rn 5 ff; *Soyk*, Energie- und Stromsteuerrecht, Kap. 18 Rn 4.

gereicht werden. Mit dem Antrag ist eine Beschreibung der wirtschaftlichen Tätigkeiten des Unternehmens im maßgebenden Zeitraum nach Formular 1402 einzureichen.

Tipp
§ 17a Abs. 4a StromStV bestimmt, dass der Strom zur Ermittlung der entlastungsfähigen Mengen grundsätzlich gemessen werden muss; auf Antrag kann das zuständige Hauptzollamt jedoch Ausnahmen zulassen, soweit die Steuerbelange dadurch nicht beeinträchtigt werden. **!**

b) Steuerentlastung für Unternehmen des produzierenden Gewerbes oder Unternehmen der Land- und Forstwirtschaft

Die Steuerentlastung nach § 9b StromStG begünstigt neben Unternehmen des produzierenden Gewerbes auch Unternehmen der Land- und Forstwirtschaft. Voraussetzung ist zunächst, dass das Unternehmen nachweislich mit dem Steuersatz von 20,50 €/MWh versteuerten Strom bezogen hat.[72] 71

Tipp
Unternehmen, die eine Steuerentlastung geltend machen wollen, sollten vorab mit ihrem Versorger klären, ob sie ausschließlich Strom beziehen, der mit dem regulären Steuersatz versteuert wird. **!**

Der Begriff der **Stromentnahme** ist im StromStG nicht legal definiert. Nach allgemeinem Verständnis wird die Entnahme von Strom als tatsächlicher Vorgang begriffen.[73] Sie muss einer natürlichen oder juristischen Person zugerechnet werden können. Hierfür ist insbesondere maßgeblich, wer die Sachherrschaft und die Verfügungsgewalt über die stromverbrauchenden Einrichtungen innehat.[74] Die Stromentnahme muss ferner für betriebliche Zwecke erfolgen. Hierunter fällt neben der Stromentnahme für die Haupttätigkeit des Unternehmens auch ein Stromverbrauch für Hilfs- und Nebentätigkeiten.[75] 72

72 Der Bezug von Strom mit einem verringerten Steuersatz von 11,42 €/MWh gem. § 9 Abs. 2 StromStG, von 0,50 €/MWh gem. § 9 Abs. 3 StromStG und steuerfreier Strom nach § 9 Abs. 1 StromStG fällt damit nicht unter den Normanwendungsbereich; vgl. Friedrich/Meißner/*Friedrich*, Energiesteuern, § 9b StromStG Rn 9.

73 Vgl. BT-Drucks. 14/40, S. 10; Friedrich/Meissner/*Meissner*, Energiesteuern, § 5 StromStG Rn 5.

74 BFH, Urt. v. 25.9.2013 – VII R 64/11 – EnWZ 2014, 42, vorangegangen FG München, Urt. v. 21.9.2011 – 14 K 145/10 – CuR 2012, 35; BFH, Urt. v. 22.11.2005 – VII R 33/05 – CuR 2006, 66 ff.; BFH, Beschl. v. 31.1.2008 – VII B 79/07 – StE 2008, 74 ff.

75 Vgl. FG Gotha, Urt. v. 31.7.2008 – II 9/06 – n. v.; Schneider/Theobald/*Rodi*, HBEnWR, § 22 Rn 134.

Tipp
Die Generalzolldirektion hat in den Informationen zur „Person, die Energieerzeugnisse verwendet bzw. Strom entnimmt“[76] vom 29.11.2019 ihr Verständnis zur Entnahme von Strom zusammengefasst; interessant ist dabei insbesondere die Bewertung sog. vollautomatisierter Anlagen.

73 Außerdem bestimmen § 9b Abs. 1 S. 2 und 3 StromStG, dass die Stromentnahme zur Erzeugung von Nutzenergie, also von Licht, Wärme, Kälte, mechanischer Energie und Druckluft (es sei denn, die Druckluft wird in Flaschen oder anderen Behältern abgegeben), nur dann unter die Steuerentlastung fällt, wenn die **Nutzenergie** nachweislich durch ein Unternehmen des produzierenden Gewerbes oder ein Unternehmen der Land- und Forstwirtschaft genutzt worden ist. Für die Auslegung dieser Voraussetzung dürfte zu berücksichtigen sein, dass mit dieser zusätzlichen Anforderung die Steuerentlastung durch sog. Contracting-Modelle unterbunden werden sollte.[77] Wird die Entlastung für den Stromverbrauch zur Nutzenergieerzeugung beantragt, bedarf es immer dann, wenn die Nutzenergie von einem anderen Unternehmen des produzierenden Gewerbes bzw. der Land- und Forstwirtschaft verwendet worden ist, einer Selbsterklärung dieses anderen Unternehmens nach dem amtlichen Formular 1456 und einer Aufstellung der für die Nutzenergieerzeugung entnommenen Strommengen, vgl. § 17c Abs. 1 StromStV. Unter bestimmten Voraussetzungen ist eine Schätzung der zur Nutzenergieerzeugung entnommenen Strommengen möglich, vgl. § 17b Abs. 4 StromStV.

74 Die Steuerentlastung ist unter Verwendung der Formulare 1453, 1402, 1456 und 1139 zu beantragen. Der Antrag muss spätestens zum Ende des auf die Entnahme folgenden Kalenderjahres beim örtlich zuständigen Hauptzollamt eingereicht werden, vgl. § 17b Abs. 1 S. 3 StromStV.

c) Steuerentlastung in Sonderfällen (Spitzenausgleich)

75 Unternehmen des produzierenden Gewerbes können über den sog. **Spitzenausgleich** nach § 10 StromStG eine Steuerentlastung bis zu 90 % des regulären Steuersatzes von 20,50 €/MWh geltend machen.

76 Voraussetzung hierfür ist zunächst, wie für die Steuerentlastung nach § 9b StromStG, die Entnahme nachweislich versteuerten Stroms zu betrieblichen Zwecken. Soweit dabei Strom zur Erzeugung von Nutzenergie entnommen worden ist, gilt ebenso wie für § 9b StromStG, dass die Nutzenergie nachweislich durch ein Unternehmen des produzierenden Gewerbes genutzt worden sein muss.

---

76 Abrufbar unter www.zoll.de.

77 Vgl. *Soyk*, Energie- und Stromsteuerrecht, Kap. 18 Rn 8; Bongartz/Jatzke/Schröer-Schallenberg/*Wundrack*, EnergieStG StromStG, § 9b StromStG Rn 51 ff.

Zusätzlich sind die antragstellenden Unternehmen verpflichtet, für das jeweilige Entlastungsjahr nachzuweisen, dass sie ein **Umweltmanagementsystem** oder ein **Energiemanagementsystem** betreiben. Das Umweltmanagementsystem muss den Vorgaben nach EMAS,[78] das Energiemanagementsystem den Anforderungen der DIN EN ISO 50001 genügen. Lediglich für sog. kleine und mittlere Unternehmen (KMU) gelten vereinfachte Anforderungen: Sie können alternative Systeme zur Verbesserung der **Energieeffizienz** betreiben, die der DIN EN 16247-1 entsprechen müssen. KMU sind solche Unternehmen, die weniger als 250 Mitarbeiter beschäftigen und deren Umsatz 50 Mio. € oder deren Jahresbilanz 43 Mio. € nicht überschreitet. Hierbei sind die Besonderheiten für verbundene Unternehmen sowie für Unternehmen mit der Beteiligung einer öffentlichen Stelle bzw. einer Körperschaft des öffentlichen Rechts zu beachten; diese gelten nicht als KMU, wenn mehr als 25 % der Anteile an dem Unternehmen direkt oder indirekt von öffentlicher Hand gehalten werden. Die Anforderungen an alternative Energieeffizienzsysteme für KMU sind in der Spitzenausgleich-Effizienzverordnung (SpaEfV)[79] konkretisiert: Danach kann das Unternehmen neben dem Energieeffizienzsystem nach DIN EN 16247-1 auch ein alternatives Energieeffizienzsystem wählen, dessen Anforderungen Anlage 2 der SpaEfV bestimmt. Hierfür müssen zunächst die eingesetzten Energieträger erfasst und analysiert werden. Im zweiten Schritt erstreckt sich die Erfassung und Analyse auch auf die energieverbrauchenden Anlagen und Geräte. Drittens sind die Einsparpotenziale zu bewerten. Außerdem sollen eine jährliche Rückkopplung zur Geschäftsführung und die Entscheidung über den Umgang mit den erfassten und bewerteten Daten erfolgen. 77

Je nachdem, ob das Unternehmen ein Energie- oder Umweltmanagementsystem oder ein alternatives System betreibt, ist der Nachweis durch ein gültiges DIN EN ISO 50001-Zertifikat, einen gültigen Eintragungs- oder Verlängerungsbescheid der EMAS-Registrierungsstelle oder einen Nachweis zum alternativen System zur Verbesserung der Energieeffizienz nach dem amtlichen Formular 1449 vorzulegen. Grundsätzlich soll der Nachweis nicht früher als zwölf Monate vor Beginn des Antragsjahres ausgestellt worden sein. Erfolgt die Ausstellung zu einem früheren Zeitpunkt, muss der Nachweis mit einer „Aktualisierungsbescheinigung" verbunden sein. 78

Der Umfang der Entlastung durch den Spitzenausgleich ermittelt sich unternehmensindividuell aus dem Vergleich der Erstattung mit der Stromsteuer und der Entlastung des Unternehmens über die Rentenversicherungsbeiträge. 79

---

78 Art. 13 der Verordnung (EG) Nr. 1221/2009 des Europäischen Parlaments und des Rates v. 25.11.2009 über die freiwillige Teilnahme von Organisationen an einem Gemeinschaftssystem für Umweltmanagement und Umweltbetriebsprüfung und zur Aufhebung der Verordnung (EG) Nr. 61/2001 (ABl EU Nr. L 342 S. 1ff.) sowie der Beschlüsse der Kommission 2001/691/EG und 2006/193/EG (ABl EU Nr. L 342 S. 1ff.).

79 Spitzenausgleich-Effizienzsystemverordnung v. 31.7.2013 (BGBl. I S. 2858), zuletzt geändert durch Verordnung v. 19.6.2020 (BGBl. I S. 1328).

Beispiel

1. Schritt: Ermittlung der Stromsteuerbelastung

Stromverbrauch:	50.000 MWh
Steuersatz:	20,50 €/MWh
Stromsteuer:	1.025.000 €

2. Schritt: Ermittlung der Steuerentlastung nach § 9b StromStG

Entlastungsbetrag:	5,13 €/MWh
Entlastung bei 50.000 MWh:	256.500 €
Abzüglich Sockelbetrag:	250 €
Entlastung:	256.250 €

3. Schritt: Ermittlung Unterschiedsbetrag zu den Rentenversicherungsbeiträgen

Rentenversicherungspflichtiges Arbeitsentgelt:	15 Mio. €
Beitragssatz in 1998:	20,3 %
Arbeitgeberanteil: 15,15 %:	1.522.500 €
Beitragssatz in 2014:	18,9 %
Arbeitgeberanteil: 9,45 %	1.417.500 €
Unterschiedsbetrag:	105.000 €

4. Schritt: Ermittlung der Stromsteuerentlastung nach § 10 StromStG

Stromsteuer (abzüglich § 9b StromStG):	256.250 €
Abzüglich Selbstbehalt:	1.000 €
Abzüglich Unterschiedsbetrag:	105.000 €
Entlastungsgrundlage:	150.250 €
Entlastungsbetrag: (150.250 € x 90 %):	**135.225 €**

80 Der Spitzenausgleich ist unter Verwendung der Formulare 1450, 1402, 1449, 1456, 1458, 1459, 1139 zu beantragen.[80] Der Antrag muss spätestens zum Ende des auf die Entnahme folgenden Kalenderjahres beim örtlich zuständigen Hauptzollamt eingereicht werden, vgl. § 17b Abs. 1 S. 3 StromStV.

III. Beihilfen zur Kompensation für indirekte CO_2-Kosten

81 Seit 2005 unterliegen bestimmte CO_2-ausstoßende (Strom-)Erzeugungsanlagen dem **Emissionshandel**; sie müssen also für jede ausgestoßene Tonne CO_2 ein entsprechendes Zertifikat vorweisen. Die Erzeuger legen die Kosten für die Beschaffung der CO_2-Zertifikate auf die Strompreise um.

80 Vgl. https://www.zoll.de/DE/Fachthemen/Steuern/Verbrauchsteuern/Strom/Steuerbeguenstigung/Steuerentlastungen/Steuerentlastung-nach-Par-10-StromStG/Antrag/antrag_node.html.

1. Einleitung

Mit der Emissionshandelsrichtlinie (EmissH-RL)[81] wurde zum 1.1.2005 das System für den Handel mit Treibhausgasemissionszertifikaten in der Europäischen Union eingeführt. Unternehmen mit besonders stark CO_2-emittierenden Anlagen sind zur Teilnahme am **Emissionshandel** verpflichtet und müssen bis zum 30.4. eines jeden Jahres für die Gesamtemissionen des vorangegangen Jahres eine entsprechende Anzahl an CO_2-Zertifikaten abgeben.[82] Ist ein Anlagenbetreiber dazu nicht in der Lage, muss er u.a. finanzielle Sanktionen fürchten. **Ziel** des Systems ist es, den Handel mit Emissionszertifikaten zu verbessern und auszuweiten, wirtschaftliche Anreize zur Vermeidung von Emissionen zu setzen und damit den Ausstoß von Treibhausgasen insgesamt zu reduzieren. 82

Zu den emissionshandelspflichtigen Anlagen gehören auch Stromerzeuger. 83

Beispiel
Gemäß Anhang I TEHG, Nr. II–IV betrifft dies Energieerzeugungsanlagen mit einer installierten Feuerungswärmeleistung von mindestens 20 MW.

Bei Implementierung des **Emissionshandelssystems** wurde angenommen, dass dieses auch **Auswirkungen auf** die **Strompreisentwicklung** haben würde.[83] Zum einen ist der Marktpreis der Zertifikate, die zur Erfüllung der Abgabepflicht erworben werden müssen, Bestandteil der Grenzkosten der konventionellen Stromerzeugung und damit bei der Preisbildung zu berücksichtigen. So erfolgt die Preisbildung an den Strombörsen nach dem Prinzip der Einheitspreisbildung gemäß der sog. Merit Order, also der nach steigenden Grenzkosten festgelegten Einsatzreihenfolge der Kraftwerke. Danach bestimmt das letzte zur Deckung der Gesamtnachfrage nach Strom erforderliche Kraftwerk, dessen Kosten am Markt noch gedeckt werden können, den Preis für sämtlichen nachgefragten Strom. Sofern es sich dabei um ein emissionshandelspflichtiges Kraftwerk handelt – also beim Einsatz fossiler, CO_2-emittierender Energieträger – setzt dies den Maßstab für den Strompreis. 84

Die Europäische Kommission hat daher im Jahr 2012 Leitlinien erlassen (**EU-Leitlinien**), in deren Rahmen die Mitgliedstaaten nationale Regelungen zur Kompensation indirekter CO_2-Kosten festlegen können.[84] 85

---

81 Richtlinie 2003/87/EG des Europäischen Parlaments und des Rates v. 13.10.2003 über ein System für den Handel mit Treibhausgasemissionszertifikaten in der Gemeinschaft und zur Änderung der Richtlinie 96/61/EG des Rates (EmissH-RL) (ABl EU Nr. L 275 S. 32ff.) i. d. F. v. 23.4.2009 (ABl EU Nr. L 140 S. 63ff.).

82 Zum Anwendungsbereich des Emissionshandels, *Zenke/Fuhr*, CO_2-Zertifikate, Rn 130 ff.

83 Dazu ausführlich Zenke/Wollschläger/*Fuhr*/*Telschow*, § 315 BGB, S. 226ff.

84 Leitlinien für bestimmte Beihilfemaßnahmen im Zusammenhang mit dem System für den Handel mit Treibhausgasemissionszertifikaten nach 2012 (ABl EU Nr. L 158 S. 4ff.)

86 Im deutschen Recht findet sich die gesetzliche Grundlage der Beihilfen für indirekte CO_2-Kosten in § 2 Abs. 1 EKFG.[85] Ob ein Unternehmen tatsächlich eine Beihilfe erhält, bestimmt jedoch nicht das Gesetz, sondern die Deutsche Emissionshandelsstelle (DEHSt) nach einer pflichtgemäßen Prüfung. Die Voraussetzungen der **Beihilfegewährung** sind in einer Richtlinie des Bundesministeriums für Wirtschaft und Technologie (BMWi) festgelegt. Sie setzt die beihilferechtlichen Vorgaben der Europäischen Kommission um und konkretisiert die Voraussetzungen für die Gewährung von Beihilfen wegen indirekter CO_2-Kosten.

! **Tipp**
Es existiert kein Rechtsanspruch auf die Gewährung einer Beihilfe, denn die BMWi-Richtlinie enthält in Nummer 1.2 einen ausdrücklichen Vorbehalt der Verfügbarkeit der erforderlichen Mittel.[86] Allerdings hat jeder Antragsteller einen Anspruch darauf, von der DEHSt gleichbehandelt zu werden. Übersteigt das Antragsvolumen die vorhandenen Mittel, ist über eine anteilige Kürzung der individuellen Förderbeträge zu entscheiden, sofern nicht eine Erweiterung des Fördervolumens im Rahmen eines Nachtragshaushalts erfolgt.

---

2. Voraussetzungen der Beihilfegewährung

87 Die Beihilfe wird gewährt, wenn bestimmte materielle und formelle Voraussetzungen eingehalten werden.

a) Antragsberechtigung

88 Antragsberechtigt sind alle Unternehmen, die beihilfefähige Produkte nach Anhang 2 der EU-Leitlinien herstellen – eine vollständige Zuordnung ist nicht erforderlich. Dies betrifft folgende Sektoren und Teilsektoren:
- Eisenerzbergbau,
- Gewinnung von Mineralien für die Herstellung von chemischen Erzeugnissen,
- Baumwollaufbereitung und -spinnerei,
- Herstellung von Lederbekleidung,
- Teile des Sektors „Herstellung von Holz- und Zellstoff“: Mechanischer Holzschliff,
- Herstellung von Papier, Karton und Pappe,
- Herstellung von sonstigen anorganischen Grundstoffen und Chemikalien,
- Herstellung von sonstigen organischen Grundstoffen und Chemikalien,

---

85 Gesetz zur Errichtung eines Sondervermögens „Energie- und Klimafonds“ v. 8.12.2010 (BGBl. I S. 1807), zuletzt geändert durch Gesetz v. 14.7.2020 (BGBl. I S. 1683).
86 In 2018 betrug die Beihilfe insgesamt 218.495.271.05 €; vgl. DEHSt, Beihilfen für indirekte CO_2-Kosten des Emissionshandels (Strompreiskompensation) in Deutschland für das Jahr 2018; https://www.dehst.de/SharedDocs/downloads/DE/spk/Auswertungsbericht_2018.pdf?__blob=publicationFile&v=3.

- Herstellung von Düngemitteln und Stickstoffverbindungen,
- Teile des Sektors „Herstellung von Kunststoffen in Primärformen“,
- Herstellung von Chemiefasern,
- Erzeugung von Roheisen, Stahl und Ferrolegierungen,
- Teile des Sektors „Herstellung von Stahlrohren, Rohrform-, Rohrverschluss- und Rohrverbindungsstücken aus Stahl“: Nahtlose Stahlrohre,
- Erzeugung und erste Bearbeitung von Aluminium,
- Erzeugung und erste Bearbeitung von Blei, Zink und Zinn,
- Erzeugung und erste Bearbeitung von Kupfer.

Außerdem darf kein **Ausschlussgrund** (Nummer 3 Abs. 2 BMWi-Richtlinie) vorliegen, 89
also etwa ein Insolvenzverfahren über den Antragsteller eröffnet sein.

b) Antragsverfahren

Die Förderung für indirekte CO_2-Kosten kann von antragsberechtigten Unternehmen 90
jeweils rückwirkend für das vorangegangene Jahr zwischen dem 1.3. und dem 31.5. des Folgejahres beantragt werden. Dabei handelt es sich um eine **Ausschlussfrist**, sodass ein verspäteter Antrag keinerlei Berücksichtigung findet. Die Gewährung der Beihilfe steht unter dem Vorbehalt der beihilferechtlichen Genehmigung durch die Europäische Kommission.

Tipp !
Anträge auf Strompreiskompensation sind bis zum 31.5. des Folgejahres jeweils nachschüssig für das vorangegangene Förderjahr zu stellen. Verspätete Anträge finden keine Berücksichtigung.

Die DEHSt hat ein Antragsformular samt Benutzerhandbuch sowie einen Leitfaden 91
zur Antragstellung veröffentlicht, die eine wichtige Ausführungshilfe zur BMWi-Richtlinie darstellen.[87] Die für den Antrag relevanten Informationen sind in das elektronische Formular-Management-System (FMS) einzutragen. Die eingepflegten Daten müssen sodann von einem Wirtschaftsprüfer auf ihre Transparenz und Schlüssigkeit geprüft sowie verifiziert werden (vgl. Nummer 5.3 Abs. 3 BMWi-Richtlinie). Die elektronische Bestätigung der sachlichen Richtigkeit ist als Teil des Beihilfeantrags an die DEHSt zu übermitteln.

87 Vgl. www.dehst.de/DE/Strompreiskompensation/AntragStellen/antrag-stellen_node.html.

Tipp
Der zertifizierende Prüfer darf nicht an der Erstellung des Antrags mitgewirkt haben.

92 Antragstellendes Unternehmen ist diejenige juristische Person, die eine Anlage betreibt. Eigenständige Tochtergesellschaften mit Rechtspersönlichkeit stellen einen gesonderten Antrag. Betreibt ein Antragsteller mehrere Anlagen, sind für jede Anlage einzelne FMS-Einträge zu erstellen, abschließend wird jedoch ein Gesamtbeihilfebetrag gebildet (vgl. Nummer 5.2 BMWi-Richtlinie).

c) Beihilfehöhe

93 Die **Förderhöhe** je Anlage pro Kalenderjahr berechnet sich anhand der BMWi-Richtlinie mit einer festgelegten **Formel**: Sie ist das Produkt aus den Werten der Beihilfeintensität im Abrechnungsjahr (Nummer 5.1 lit. h), dem CO_2-Emissionsfaktor (Nummer 5.1. lit. i), dem durchschnittlichen Börsenpreis für Emissionszertifikate (EUA-Preis, Nummer 5.1 lit. k) sowie der in Ansatz zu bringenden Strommenge der Anlage. Von der Beihilfemenge für jede Anlage eines Antragstellers ist anschließend der Selbstbehalt abzuziehen.

94 Die **Beihilfeintensität** ist ein Degressionsfaktor, der in den EU-Leitlinien festgelegt wurde, für 2020 betrug er 0,75.[88] Der **CO_2-Emissionsfaktor** ist gemäß Anhang IV der EU-Leitlinien für Deutschland auf 0,76 t CO_2/MWh festgesetzt. Der EUA-Preis ist ein *„einfacher Durchschnitt der handelstäglichen EUA-Terminpreise (Schlussangebotspreise) für Lieferung im Dezember des Abrechnungsjahres, die zwischen dem 1. Januar und dem 31. Dezember des Jahres vor dem Abrechnungsjahr an derjenigen EUA-Handelsplattform innerhalb der EU, die im ersten Quartal des Jahres vor dem Abrechnungsjahr das höchste Handelsvolumen dieses Kontraktes aufwies, festgestellt wurden“*[89]. Für das Förderjahr 2019 beträgt der EUA-Preis 16,15 €.[90]

95 Die in Ansatz zu bringende Strommenge ist nicht identisch mit dem tatsächlichen Stromverbrauch zur Herstellung der beihilfefähigen Produkte. Dabei handelt es sich vielmehr um das rechnerische Produkt einer relevanten Produktionsmenge und eines produktspezifischen Stromeffizienzbenchmarks bzw. Fallback-Stromeffizienzbenchmarks, die jeweils von der Europäischen Kommission festgelegt wurden. Die **Bestim-**

88 Für die Jahre bis 2015 betrug der Faktor 0,85, im Zeitraum 2016 bis 2018 dann 0,8 sowie für 2019 0,75.

89 Vgl. BMWi, Bekanntmachung für indirekte CO_2-Kosten v. 23.7.2013, BAnz. v. 6.8.2013, https://www.bmwi.de/Redaktion/DE/Downloads/P-R/richtlinie-beihilfen-co2-kosten.pdf?__blob=publicationFile&v=3.

90 Das BMWi hat daher 567 Mio. € bereit gestellt; vgl. DEHSt, Beihilfen für indirekte CO_2-Kosten des Emissionshandels (Strompreiskompensation) in Deutschland für das Jahr 2018; https://www.dehst.de/SharedDocs/downloads/DE/spk/Auswertungsbericht_2018.pdf?__blob=publicationFile&v=3.

mung der relevanten Produktionsmenge erfolgt auf Grundlage der hergestellten Produktionsmenge im Abrechnungsjahr sowie der zugehörigen Basismenge, vgl. Nummern 5.2.1, 5.2.2 BMWi-Richtlinie. Bezugszeitraum der Basismenge sind die Jahre 2005 bis 2011. Deshalb ist es erforderlich, dass im Antrag an die DEHSt auch die relevanten Informationen für diesen Zeitraum dargestellt und von einem Prüfer verifiziert werden.

Bei dem in Abzug zu bringenden Selbstbehalt handelt es sich um die Höhe der indirekten CO_2-Kosten des Strombezugs von 1.000 MWh pro Kalenderjahr und Anlage. 96

Hinweis

Der Selbstbehalt pro Anlage im Abrechnungsjahr 2018 betrug 4.468,80 € (EUA-Preis 2018 [5,88 €]) x CO_2-Emissionsfaktor [0,76 t CO_2/MWh] x Selbstbehalt [1.000 MWh].

Kapitel 11
Resümee/Ausblick

In diesem Buch haben wir uns dem Preis von Energie auf ganz verschiedene Weise genähert. 1

Am Anfang steht ein Kapitel zur **Entstehung von Preisen** – wie und in welchem Umfeld bildet sich der Preis für Energie eigentlich? Die Energievertriebe erhalten die Energie nicht mehr – wie früher zu den Monopolzeiten üblich – zu den **Durchschnittskosten**, auf Basis langfristig geschlossener Abreden und mit einer Korrekturmöglichkeit wie der **Preisgleitklausel**. Die **Liberalisierung** der Energiemärkte, die die Trennung von Netzbetrieb und Energielieferung einerseits und von Erzeugung und Energievertrieb andererseits als wichtige Merkmale begreift, um den wechselbereiten Abnehmer in einem regen Anbieterwettbewerb zu finden, führte zu neuen und durchaus hoch komplexen Strukturen. 2

Was erst einmal so banal klingt, dass es keinen „Hund mehr hinter dem Ofen hervorlockt“, nämlich, dass das freie Spiel von Angebot und Nachfrage den **Wettbewerb** ausmacht, ist in seiner Reinkultur im Energiemarkt nicht etablierbar. Wettbewerb setzt Freiheit voraus, weil nur dann auch dem Einzelnen der Freiraum der Entfaltung gegeben ist, hat *Adam Smith* schon 1776 gesagt.[1] Nun soll hier nicht die überkommene, jahrzehntelang propagierte Theorie vom Marktversagen im Bereich der leitungsgebundenen Energien[2] wiederbelebt werden. Allerdings ist der Markt für Energie kein Beispiel für optimale wettbewerbliche Theorien. Das zeigen der schnelle Blick auf die Erzeugungsverhältnisse im Strom oder die Importverhältnisse im Gas.[3] 3

Wettbewerb im Energiebereich braucht – dies ist eine (damals nicht banale) Erkenntnis aus der Nachliberalisierungszeit 1999 ff. – die **Regulierung**, die die Freiheit schützt. Diese wiederum sollte zwei Bedingungen erfüllen: Angemessenheit und Verlässlichkeit. In beiden Punkten sind wir vom Optimum klar entfernt. 4

Angemessenheit: Heute muss der Energiemarktteilnehmer über 15.000 Normen kennen und beachten, will er den Markt betreten, Tendenz steigend (bei der Vorauflage waren es noch „nur“ 11.000 Normen[4]). Gesetze, nationale und europäische Verordnungen, nationale und europäische Richtlinien, Festlegungen der verschiedenen Regulierer, ihre FAQs und Auslegungshinweise erfassen vieles kleinteilig, lassen aber auf der anderen Seite auch viele Fragen offen, begründen Systembrüche oder manchmal sogar Markteintrittshindernisse, denn sie sind nicht immer aufeinander abgestimmt. 5

1 *Smith*, Wealth of Nations, S. 22 (dt. Übersetzung von *Recktenwald*, Der Wohlstand der Nationen).

2 Vgl. nur Baur/*Kuhnt*, Deregulierung und Regulierung, VEnergR Bd. 71, S. 81 ff., 95, 98 f.

3 Siehe Kap. 2 und 3.

4 Schäfer/*Zenke*, Kommunalwirtschaft, S. 215, 216.

https://doi.org/10.1515/9783110716306-011

6 **Verlässlichkeit:** Der Energiemarkt war im letzten Jahrzehnt einem heftigen und mehrfachen Wandel unterworfen. Nach Jahrzehnten „ruhigem" Monopol und der lange angekündigten Entscheidung des Gesetzgebers für freiere Strom- und Gasmärkte in 1998 löste die sogenannte Energiewende plötzlich (und am Anfang unbemerkt) eine Kettenreaktion gesetzgeberischer Eingriffe aus. Vor dem Hintergrund der Havarie eines Kernkraftwerks im Hochtechnologieland Japan und ihren schrecklichen Schäden beschloss die Bundesregierung 2011 den sofortigen Ausstieg Deutschlands aus der Kernenergie.[5] Was zunächst nur nach Umsetzung der Ausstiegsentscheidung im Atomrecht, einigen Schadenersatzprozessen der durch die vorzeitige Abschaltung der Kernkraftwerke betroffenen Anlagenbetreiber, einem Streit um die Fortzahlung der Kernbrennstoffsteuer[6] und der fortgesetzten Endlagersuche aussah, zog schnell Weiterungen nach sich. Die Erneuerbare Energie sollte die befürchtete Versorgungslücke schließen und einen deutlichen Ausbau erfahren. Weil diese aber hoch volatil ist, teils (noch) nicht erschlossen, teils als zu teuer angesehen wird, ergaben und ergeben sich weitere Handlungsnotwendigkeiten.

7 **Versorgungssicherheit** (aktuell diskutiert z. B. unter dem Stichwort **Kohleausstieg** und **Umstellung der Gasinfrastruktur auf Wasserstoff**) und **Preiswürdigkeit** der Versorgung machten und machen neue Eingriffe in das deutsche Rechtssystem objektiv und/oder subjektiv erforderlich. Verkompliziert wird das Ganze noch durch den vermehrten europäischen Eingriff, teils direkt und in die letzten Details in bislang nationale Regelungsdomänen. Dies betrifft Erzeuger, Verkäufer, Händler, Transporteure und Abnehmer von Energie gleichermaßen. Die Beweglichkeit der Gesetzgebung entzieht mancher Entscheidung die Grundlage; was gestern richtig war, muss es heute nicht mehr sein. Ständig wird nachgebessert und geschärft.[7]

8 Heute ergibt sich der Preis für eine Kilowattstunde nicht mehr einfach nur aus dem Aufaddieren von Kosten plus Marge. Den Preis richtig zu bestimmen, alle Steuern, Abgaben und staatlichen Umlagen (über 75 % des Strompreises ausmachend) richtig umzulegen und das schließlich gefundene Ergebnis ebenso juristisch richtig (und verständlich) an die Kunden zu kommunizieren – das ist alles andere als banal.[8] Umgekehrt gilt dies für den Abnehmer von Energie. Hat er alle Möglichkeiten

---

5 Wenige Monate nach der gerade beschlossenen Laufzeitverlängerung der Atomkraftwerke bis 2040 wurden acht der damals noch 17 im Betrieb befindlichen Kernkraftwerke vom Netz genommen; bis 2022 soll kein Strom in Kernkraftwerken mehr produziert werden.

6 Die Kernbrennstoffsteuer war ein Teil der noch 2010 beschlossenen Laufzeitverlängerung der Atomkraftwerke. Danach zahlen Kraftwerksbetreiber eine Steuer auf die Verwendung von Plutonium und Uran in Kernkraftwerken, § 1 Abs. 1 KernbrStG (Kernbrennstoffsteuergesetz v. 8.12.2010 (BGBl. I S. 1804)), um sie an den Kosten der Endlagerung des Atommülls zu beteiligen. Man rechnete ursprünglich mit Steuereinnahmen i. H. v. rund 2,3 Mrd. € pro Jahr, nach der Energiewende/dem Atomausstieg mit ca. 600 Mio. € pro Jahr.

7 Vgl. z. B. Kap. 4, 5, 9 oder 10.

8 Vgl. Kap. 5.

erfasst, um Energie zu sparen, Ausnahmen zu bemühen, Erleichterungen geltend zu machen?[9]

Auch in der Zukunft wird es – hier muss man Realist sein – weder einfacher noch (fortlaufend) billiger mit den Preisen und der Preisgestaltung für die Versorgung mit Strom, Gas und Fernwärme. Aktuell im Fokus ist das neue Brennstoffemissionshandelsgesetz, das ab 2021 einen weiteren, energiepreisrelevanten Kostenfaktor schafft. 9

Im Ergebnis lässt sich resümieren. Der Energiemarkt ist komplex, stark reguliert und aktuell nur begrenzt verlässlich. Die Energiewende hat uns Aufmerksamkeit in der Welt verschafft, teils Bewunderung und teils Skepsis darüber, wie man einen solchen Umbau in Einklang mit Wohlstand und Industriewachstum bringen will. Gleichzeitig ergibt sich ein Vermittlungsproblem. Ohne die Verbraucher von Energie wird es schließlich auch nicht mehr gehen. Um die Energieeffizienz zu steigern, werden verbindliche Vorgaben geschaffen, aber auch die bestehenden Förderprogramme aufgestockt. Energie soll auch nicht mehr passiv konsumiert werden – der Energieverbrauch soll stattdessen an die zunehmend volatile Erzeugung angepasst, und auf der Basis des Messstellenbetriebsgesetzes intelligent und digital gesteuert werden (und zwar mit dem Ziel der Förderung zeit- und lastvariabler Energietarife). Die Dynamik der Entwicklung der Energiepreise und ihrer Rechtsgrundlagen wird daher auch zukünftig weiter zunehmen. 10

9 Vgl. Kap. 10.

Stichwortverzeichnis

Die fetten Zahlen verweisen auf die Kapitel, die mageren Zahlen verweisen auf die Randnummern.

https://doi.org/10.1515/9783110716306-012

Y

Z

www.ingramcontent.com/pod-product-compliance
Lightning Source LLC
LaVergne TN
LVHW081352011026
849161LV00013BA/2794